中国文化要略（第4版）汉语国际教育专业考研真题套装

中国文化要略

第 4 版

汉语国际教育专业考研真题

《中国文化要略（第4版）汉语国际教育专业考研真题》编写组 ／ 编

外语教学与研究出版社
北京

图书在版编目（CIP）数据

中国文化要略（第4版）汉语国际教育专业考研真题 /《中国文化要略（第4版）汉语国际教育专业考研真题》编写组编. —— 北京：外语教学与研究出版社，2018.10（2022.2重印）

中国文化要略（第4版）汉语国际教育专业考研真题套装
ISBN 978-7-5135-9960-3

Ⅰ.①中… Ⅱ.①中… Ⅲ.①中华文化-研究生-入学考试-习题集 Ⅳ.①K203-44

中国版本图书馆 CIP 数据核字（2018）第 238092 号

出 版 人　王　芳
项目负责　张俊睿
责任编辑　李彩霞
责任校对　吴晓静
装帧设计　姚　军
出版发行　外语教学与研究出版社
社　　址　北京市西三环北路19号（100089）
网　　址　http://www.fltrp.com
印　　刷　三河市北燕印装有限公司
开　　本　710×1000　1/16
印　　张　51.5
版　　次　2018年10月第1版 2022年2月第2次印刷
书　　号　ISBN 978-7-5135-9960-3
定　　价　96.00元

购书咨询：（010）88819926　电子邮箱：club@fltrp.com
外研书店：https://waiyants.tmall.com
凡印刷、装订质量问题，请联系我社印制部
联系电话：（010）61207896　电子邮箱：zhijian@fltrp.com
凡侵权、盗版书籍线索，请联系我社法律事务部
举报电话：（010）88817519　电子邮箱：banquan@fltrp.com
物料号：299600101

出版说明

《中国文化要略》自1998年面世以来,已经三次改版,其销售量和影响力一直高居同类图书前列,深受读者好评;同时,该书还被国内多所高校列为汉语国际教育硕士专业的考研参考用书,受到了广大考生的关注。为此,作者程裕祯先生对该书内容不断进行修订,力图在内容的准确性、全面性与实用性方面下功夫,不辜负广大考生的期许。《中国文化要略(第4版)》中所涉及的知识点被多所高校纳入"汉语国际教育基础"科目的考试范围,在考试中一般设置有填空题、单项选择题、名词解释、简答题和论述题等题型。为了满足考生们的备考需求,我们整理和编写了《中国文化要略(第4版)汉语国际教育专业考研真题》(以下简称《考研真题》)一书,以供考生参考使用。

《考研真题》收入了国内十余所汉语国际教育硕士专业考研热门院校近几年的"汉语国际教育基础"科目的部分考研真题,依相关知识点在《中国文化要略(第4版)》中的对应位置分章节编排。每章节题目基本包括考试中的各类题型,题目数量能反映出相应部分的知识点在考研真题中的出现频率。书中部分题目在保持核心考点不变的前提下,根据实际情况进行了适度改编和必要补充。每章节全部题目后均附有参考答案,其中单项选择题和判断题还给出详尽的解析,以帮助读者更好地理解和记忆。

在原有内容的基础上,《考研真题》在2021年重印前,增补了部分最新考研试题。新增题目从20余所院校2018—2021年的考研真题中精选而来,能够帮助考生更好地了解近几年汉语国际教育硕士专业考研的命题热点和规律。

《考研真题》一书既可以帮助考生了解各高校汉语国际教育硕士专业考研的命题趋势，以便更有针对性地复习和备考；还可以作为考生在考前的自我检测材料，考生可根据作答情况对自己所掌握的知识点进行查缺补漏，强化复习重点，从容应对考试。

目录

2018—2021 考研真题精选 / 1

第一章　　简论 / 123

第二章　　地理概况 / 126

第三章　　历史纵横 / 133

第四章　　姓氏与名、字、号 / 148

第五章　　汉字 / 152

第六章　　学术思想 / 161

第七章　　宗教信仰 / 181

第八章　　古代教育 / 200

第九章　　科举制度 / 208

第十章　　典籍藏书 / 214

第十一章　科技成就 / 231

第十二章　传统建筑 / 242

第十三章　古典文学 / 252

第十四章　各类艺术 / 285

第十五章　精美器物 / 303

第十六章　风俗习惯 / 307

第十七章　中外文化交流 / 323

2018—2021年考研真题精选

第一章 简论

▶ 填空题

1. 2021新（上海大学）中国文化的外在特点有统一性、连续性、包容性和_____。
2. 2021新（郑州大学）任继愈先生的_____认为，中国文化是儒、道、释三教合一。
3. （北京大学 2018）"文化"一词最早出现在_____。
4. （西北大学 2018）《周易·贲》中说道："观乎天文，以察时变；观乎_____，以化成天下。"这应是中国人论述"文化"的开始。

▶ 判断题

1. 2021新（新疆大学）心态文化层是指人们的社会心理和社会意识形态，包括价值观念、审美情趣、思维方式，以及由此而产生的文学艺术作品。

▶ 简答题

1. （湖南师范大学 2018）中国文化的民族特点是什么？

▶ 论述题

1. （北京外国语大学，中国传媒大学 2020）简述中国文化的特点。

    考点提示▷ 有关中国文化民族特点的考查很灵活，既可以简答题出现，也可作为论述题；既可能考察中国文化的整体特点，也可能分别考察中国文化体现的外在特点和内在特点。回答时，可根据题目要求概括介绍或细致评述。

参考答案

填空题

1. 多样性　　　2. 宗教特性说　　　3.《周易·贲》
4. 人文

判断题

1. ✓

简答题

1.

中国文化的民族特点有外在和内在两种：外在特点指的是中国文化展现出的样子或形态，内在特点说的是中国文化的品性和精神。

中国文化的外在特点可以概括为四个方面，分别是统一性、连续性、包容性和多样性。

第一，统一性。中国文化在发展中以远古时代的华夏文化（即后来的汉文化）为核心，同时吸收了国内各民族文化的精华，形成了一个统一体，这个统一体在中国历史上的任何时刻都未曾分裂和瓦解过。

第二，连续性。中国文化在历史上没有发生中断现象，是一环扣一环向前发展的，不像埃及文化、巴比伦文化和希腊文化那样产生过断档和空白，发生过间隔或跳跃。

第三，包容性。中国文化能够兼收并蓄，吸纳各种不同的文化因子。可以说，"有容乃大"一直是中国文化的本色。

第四，多样性。中国文化在统一性里具有多样性，在整体性里具有差异性。中国幅员辽阔，人口众多，不同地区的文化存在着一定的差异。

中国文化的内在特点如果与西方文化加以比较，大致可以从三个方面去理解。

第一，中国文化突出人文主义精神，不依附于神学独断。在中国人的生活里，宗法道德观念往往才是维系整个社会的根本纽带。

第二，中国文化注重和谐与中庸，不讲求分别与对抗，主张"天下同归而殊途，一致而百虑"。

第三，中国文化富于安土乐天的情趣，不追求冒险与刺激。中国古代一直是一个以农业为主的自然经济社会，人们爱土、敬土、安土，把土地当作自己的生命与依靠，并由安土乐天的心理而产生了一种浓厚的乡土情谊。

▣ 论述题

1.

中国文化的民族特点有外在和内在两种：外在特点指的是中国文化展现出的样子或形态，内在特点说的是中国文化的品性和精神。

中国文化的外在特点概括起来有四个方面，分别是统一性、连续性、包容性和多样性。

中国文化具有统一性的特点，是因为它在发展中以远古时代的华夏文化（即后来的汉文化）为核心，同时吸收了国内各民族文化的精华，形成了一个统一体，这个统一体在中国历史上的任何时刻都未曾分裂和瓦解过。比如，从东汉末年三国并立到南北朝时期，各方政权虽然是分裂和对立的，其文化却是统一的。

中国文化的连续性是说它在历史上没有发生中断现象，是一环扣一环向前发展的，不像埃及文化、巴比伦文化和希腊文化那样产生过断档和空白，发生过间隔或跳跃。中国的"二十四史"把数千年的历史人物和历史事件记载得十分清楚；中国文学从《诗经》、《楚辞》、先秦散文、汉魏诗赋到唐诗、宋词、元曲、明清小说，一直延续下来。

中国文化还具有包容性，这是因为它能够兼收并蓄，吸纳各种不同的文化因子。可以说，"有容乃大"一直是中国文化的本色。春秋战国时期的诸子百家在争鸣中能够取长补短、相互融汇，汉民族文化也能够长期吸收周边少数民族的文化，对外来的异质文化敞开它博大的胸怀，有扬有弃地吸收。拿宗教来说，中国有自己的道教文化，但大约在两汉之际就已经吸收了来自印度的佛教文化，后来又吸收了基督教文化和伊斯兰教文化。各种不同的宗教在中国都可以和谐共处，可以相互影响和吸收。特别是改革开放以来，中国更是敞开胸怀接纳来自世界各地的文化。

中国文化的另一个外在特点就是多样性。中国文化在统一性里具有多样性，在整体性里具有差异性。中国幅员辽阔，人口众多，不同地区的文化存在着一定的差异。比如，中国各地都有戏曲表演，可是南方的戏曲委婉缠绵，如同小桥流水，北方的戏曲高亢激昂，如同高山莽原。此外，中国还有丰富多彩的少数民族文化，可以说是异彩纷呈，各有特色。

中国文化的内在特点说法很多，如果与西方文化做个比较，大致可以从三个方面去理解。第一，中国文化突出人文主义精神，不像西方文化那样依附于神学独断。中国虽然也有宗教，但宗教在中国并没有渗透到日常生活的各个方面。相反，在中国人的生活里，宗法道德观念才是维系整个社会的根本纽带，长期以来，中国人的行为准则要合乎儒家所提倡的道德规范。第二，中国文化注重和谐与中庸，不像西方文化那样讲求分别与对抗。中国传统哲学所讲的"和而不同"，就是讲各种不同质的事物和谐地融合在一起，才能产生新的事物。中国古代的"中庸之道"被认为是"天下之大本""天下之达道"，如果宇宙万物和人类社会不偏不倚，各安其位，就能够达到"和"的最佳状态，也就是人生和社会的最佳境界。第三，中国文化富于安土乐天的情趣，不像西方文化那样追求冒险与刺激。中国古代一直是一个以农业为主的自然经济社会，人们爱土、敬土、安土，把土地当作自己的生命与依靠，先秦时的歌谣就唱道："日出而作，日入而息，凿井而饮，耕田而食"。中国古人总是祈求天下太平，丰衣足食，一旦遇到战乱便梦想有一个"世外桃源"。由安土乐天的心理而产生了一种浓厚的乡土情谊，凡是那些离乡背井的人，一个个都要思乡、怀旧、寻根、问祖，这与西方文化确实有很大相同。

第二章 地理概况

▶ 填空题

1. 2021新（重庆大学）闽江主要流经我国_____省。

2. 2021新（大连外国语大学）"中国四大平原"是东北平原、华北平原、长江中下游平原和_____。

3. 2021新（对外经济贸易大学）"江宁"是_____市的古称呼。

4. 2021新（南京大学）上海的简称"申"与_____有关。

5. （北京大学 2018）"郡国"中的"国"指的是_____。

6. （重庆大学 2019）_____朝设置宣政院管理西藏地区事务，标志着西藏正式纳入中国版图。

7. （复旦大学 2020）_____作为中国的代称，源自《尚书·禹贡》。

8. （复旦大学 2018）《尚书·禹贡》中，将中国分为_____，可以说是中国古代最早的行政区划之一。

9. （兰州大学，陕西师范大学 2020）从秦汉到隋代，中国的行政区划大体实行_____。

10. （兰州大学 2019）中国的行政区划，元、明、清三代基本实行_____。

11. （南京师范大学 2020）青海位于我国西部，地处黄河、长江上游，因_____而得名。

12. （陕西师范大学 2020）长江是我国最长的河流，发源于_____省唐古拉山脉最高峰各拉丹冬西南。

13. （上海大学 2019）_____是中华文明的发源地之一，是远古先民最先栖息繁衍的地带。

14. （上海大学 2019）上海简称"沪"，战国时为楚国春申君黄歇的封地，故又称为_____。

15. （上海财经大学 2019）"七大古都"一般指北京、西安、洛阳、开封、南京、安阳、_____。

16. （首都师范大学 2018）首次将岭南以南的区域纳入中国版图的朝代是_____，这一时期的两个贡献是_____和_____。

▶ 选择题

1. （东北师范大学 2019）沿袭至今的省级行政区划制度最早建立于_____。
   A．宋代　　　B．元代　　　C．明代　　　D．清代

2. （对外经济贸易大学 2019）元、明、清三代的行政区划基本实行_____。
   A．郡县制　　B．道路制　　C．行省制　　D．州府制

3. （广东外语外贸大学 2020）以下哪个城市不属于"七大古都"？
   A．西安　　　B．洛阳　　　C．南京　　　D．郑州

4. （上海大学 2018）台湾自古以来就是中国的神圣领土，台湾在三国时期被称为_____。
   A．夷洲　　　B．流求　　　C．东番　　　D．台窝湾

5. （上海外国语大学 2020）秦到隋大体实行什么行政区划制度？
   A．分封制　　B．郡县制　　C．道路制　　D．行省制

6. （四川大学 2020）以下哪个不是南京的古称？
   A．金陵　　　B．江宁　　　C．建康　　　D．临安

7. （天津师范大学 2020）明代，长城规模最大的两个关隘分别是山海关和_____。
   A．平型关　　B．嘉峪关　　C．函谷关　　D．娘子关

▶ 判断题

1. （北京大学 2020）秦汉到唐宋实行的都是郡县制。

2. (首都师范大学 2020) 黄河虽然是中国第二大河，但它与中国文明发生、发展的关系却更为人们所看重。黄河是中华民族的摇篮，这是一种生生不息的民族信念。

参考答案

填空题

1. 福建　　　　2. 珠江三角洲平原　　3. 南京
4. 黄歇（春申君）　5. 诸侯王的封地　　6. 元
7. 九州　　　　8. 九州　　　　　　　9. 郡县制
10. 行省制　　　11. 青海湖　　　　　12. 青海
13. 黄河流域　　14. 申　　　　　　　15. 杭州
16. 秦　车同轨　书同文

选择题

1. B　　2. C　　3. D　　4. A　　5. B
6. D　　7. B

判断题

1. ×　　2. √

第三章　历史纵横

▶ 填空题

1. 2021新（重庆大学）一般意义上，"三皇"指伏羲、_____和黄帝。

2. 2021新（郑州大学）中国古代文明起源的"四大区域"分别是黄河流域文化区、长江流域文化区、_____、北方和东北文化区。

3. 2021新（郑州大学）"人文初祖"指的是_____。

4. （北京师范大学 2018）仰韶文化广泛分布于黄河流域，以陶器而著称，又被称为_____。

5. （北京外国语大学 2020）半坡遗址是母系氏族社会遗址，属于_____文化，又称彩陶文化；父系氏族文化遗址广泛分布在黄河流域和长江流域，其中最有代表性的是_____文化，又称黑陶文化。

6. （对外经济贸易大学 2019）中国历代王朝所祭祀的"三皇五帝"中的"三皇"是伏羲、神农和_____。

7. （广东外语外贸大学 2018）据说黄帝生于_____，也就是今天的山东省曲阜市。

8. （华东师范大学 2018）黄河流域的"仰韶文化"，因最早发现于河南省渑池县_____而得名。

9. （兰州大学 2020）_____是中国父系氏族社会最具代表性的文化遗址。

10. （陕西师范大学 2020）最能反映母系氏族公社文化的是广泛分布在黄河流域的_____。

11. （上海外国语大学 2020）秦始皇建立了秦王朝后统一了文字、_____和_____。

12. （上海外国语大学 2018）"安史之乱"的"安史"是指_____和_____。

13. (上海外国语大学 2018)"三家分晋"的"三家"是_____、_____和_____。
14. (上海外国语大学 2018)唐玄宗统治期间社会安定、经济繁荣、对外交往频繁,史称_____。
15. (首都师范大学 2018)中国前三个王朝是_____、商、周,周又分为_____和_____,其都城分别为_____和_____。
16. (四川大学 2020)位于陕西西安的半坡遗址,反映的是以彩陶著称的_____文化。
17. (西北大学 2018)仰韶文化又称为_____文化。
18. (中国传媒大学 2020)我国境内发现的最早的猿人是_____。

▶ **选择题**

1. (北京师范大学 2018)西周时期实行的国家基本制度是_____。
   A．均田制　　B．分封制　　C．禅让制　　D．郡县制
2. (北京师范大学 2018)屈原《离骚》中说:"帝高阳之苗裔兮,朕皇考曰伯庸。"其中"高阳"指的是五帝中的_____。
   A．少昊　　B．颛顼　　C．尧　　D．舜
3. (北京语言大学 2018)"炎黄"中的"炎"指的是_____。
   A．伏羲　　B．帝喾　　C．神农　　D．颛顼
4. (东北师范大学 2019)以下_____文化遗址不是分布在黄河流域。
   A．龙山　　B．大汶口　　C．红山　　D．仰韶
5. (广东外语外贸大学 2019)_____是中华民族的人文初祖。
   A．伏羲　　B．神农　　C．帝喾　　D．轩辕
6. (华侨大学 2019)北京山顶洞人生活在_____。
   A．旧石器时代　　B．新石器时代　　C．青铜时代　　D．冰河时代

7. (南开大学 2020) 中国历代王朝所崇祀的"五帝"一般是少昊、颛顼、帝喾，以及_____。
   A. 尧、舜   B. 神农、黄帝   C. 伏羲、女娲   D. 燧人、炎帝

8. (上海外国语大学 2020) 开创文景之治的"文帝"是_____。
   A. 刘邦   B. 刘恒   C. 刘启   D. 刘秀

9. (四川大学 2020) 我国境内发现的最早活动的人类是_____。
   A. 北京猿人   B. 蓝田人   C. 元谋人   D. 山顶洞人

▶ 判断题

1. (北京师范大学 2018) 中国历史上第一个王朝是商朝。
2. (北京师范大学 2018) "战国七雄"指的是齐、楚、燕、韩、赵、魏、秦。
3. (首都师范大学 2020) 大禹奉尧的命令治水有功，被封为"夏伯"。后来禹的势力逐渐扩大，建立了中国历史上第一个王朝——夏朝。

参考答案

■ 填空题

1. 黄帝　　　　2. 珠江流域文化区　　3. 神农
4. 彩陶文化　　5. 仰韶　龙山　　　　6. 黄帝
7. 寿丘　　　　8. 仰韶村　　　　　　9. 龙山文化
10. 仰韶文化　　11. 货币　度量衡　　　12. 安禄山　史思明
13. 韩　赵　魏　14. 开元之治
15. 夏　西周　东周　镐京　洛邑　　　16. 仰韶
17. 彩陶　　　　18. 元谋猿人

◼ **选择题**

1. B 2. B 3. C 4. C 5. D
6. A 7. A 8. B 9. C

◼ **判断题**

1. × 2. ✓ 3. ✓

第四章　姓氏与名、字、号

▶ 填空题

1. 2021新（重庆大学）北魏孝文帝实行民族融合政策，命令鲜卑人改姓，皇族拓跋氏改为_____姓。

2. （广东外语外贸大学 2020）杜甫号_____。

3. （兰州大学 2019）古人除了姓名之外还有号，明代画家朱耷号_____。

4. （辽宁大学 2020）姓与氏混合为一，大约在_____时代。

5. （南京师范大学 2020）"您贵姓"实质上是从封建社会姓氏有_____的情况演化而来的。

6. （上海大学 2019）古人在名字之外还有号，李白因成长于青莲乡，所以号_____。

7. （西北大学 2018）唐代作家韩愈自称"昌黎人"，时人称其为韩昌黎，这是因为当时韩姓以昌黎为_____。

8. （郑州大学 2020）苏轼号_____。

9. （中国海洋大学 2020）汉魏以来，盛行门阀制度，姓氏有了高低贵贱之分，由于推崇高门大姓，便产生了所谓的"_____意识"。

10. （中国海洋大学 2020）姓氏是标志社会结构中一种血缘关系的符号，各个国家和民族的姓氏制度多种多样。比如，西方国家的姓氏更多地带有宗教色彩，而中国的姓氏主要带有_____色彩。

▶ 选择题

1. （北京第二外国语学院 2018）陆羽，字鸿渐，其名与字的关系是_____。
   A．相同　　　B．相关　　　C．相反　　　D．五行互生

2. （南开大学 2020）"姓""氏"在秦汉之前有比较明显的区别。以下说法

不正确的是_____。

A．姓是不变的，氏是可变的

B．姓区别血统，氏区别子孙

C．男子称姓以别贵贱

D．女子称姓以别婚姻

3．（云南师范大学 2020）在姓氏产生的最初阶段，"氏"的主要功能是用于区别_____。

A．地域　　　B．血统　　　C．子孙　　　D．民族

▶ 判断题

1．（北京大学 2020）郡望制度是等级的象征。

2．（首都师范大学 2020）古代的中国人，不但有名，而且有字，名与字一般在意义上有密切的联系。如三国诸葛亮，字孔明，"亮"与"明"意义相近。

▶ 简答题

1．（山东师范大学 2020）古代的中国人不仅有名，还有字。名与字之间的关系有几种？

● 填空题

1．元　　　　　2．少陵野老　　　3．八大山人

4．秦汉　　　　5．贵贱之别　　　6．青莲居士

7. 郡望　　　　8. 东坡居士　　　9. 郡望
10. 宗法

◼ 选择题

1. B　　2. C　　3. C

◼ 判断题

1. √　　2. √

◼ 简答题

1.

名与字有密切关系，也可以说是"因名取字"，古人称为"名之与字，义相比附"，"义相比附"正是取字的一条原则。总括名与字的关系大约有以下几种：

一是名与字意义相同。如楚国大诗人屈原，本名平，原是字，平与原同义；三国诸葛亮字孔明，亮与明同义，等等。

二是名与字的意义相关。如鲁国孔丘字仲尼，丘即山，孔子生于尼山，又属老二，故字仲尼；曾参字子舆，参即骖，一车驾三马之意，马与车（舆）有关；宋代陆游字务观，而秦观字少游，游与观相关，等等。

三是名与字意义相反。如春秋时期郑国公孙黑字子皙，皙为肤色白，黑与白字义相反；北宋词人晏殊字同叔，殊与同义相反，等等。

四是名与字的意义取自五行相生。如楚公子壬夫，字子辛，壬为水，辛为金，名壬字辛，取水生于金之意；明代帝王则以金、木、水、火、土取名，如明成祖朱棣（木），其子明仁宗朱高炽（火），其孙明宣宗朱瞻基（土），其后为明英宗朱祁镇（金），明宪宗朱见深（水），等等。

第五章　汉字

▶ 填空题

1. 2021新（上海大学）记录殷商时期发生事件的文字多半可能是殷商_____。

2. 2021新（首都师范大学）"六书"指的是象形、_____、会意、形声、_____和转注。

3. 2021新（新疆大学）我国目前发现成书最早的韵书是_____。

4. 2021新（郑州大学）"考"和"老"的结构属于"六书"中的_____。

5. （北京大学 2018）《说文解字》的作者是东汉的_____。

6. （对外经济贸易大学 2019）我国现存最早的石刻文字是_____。

7. （广东外语外贸大学 2019）_____造字的说法在战国末期已经广泛流传。

8. （广东外语外贸大学 2018）汉字的起源，最早应当是原始社会的_____和象形符号。

9. （广东外语外贸大学 2018）金文，又叫_____，是商周时代刻在青铜器上的文字。

10. （湖南师范大学 2020）我国现存最早的两种文字是_____和_____。

11. （南京师范大学 2020）殷墟甲骨文记录了_____代社会生活的情形。

12. （青岛大学 2020）"以事为名，取譬相成"是指"六书"中的_____。

13. （陕西师范大学 2020）转注要有两个条件，一是_____相同，二是字义相同，非此构不成转注。

14. （上海大学 2020）传说_____发明了八卦，文字由八卦演变而来。

15. （上海财经大学 2019）我国最早的字典是_____。

16. （上海外国语大学 2020）_____是我国现存最早的石刻文字，是刻在十块鼓形石上的文字。

17. （上海外国语大学 2020）甲骨文是由清朝的金石学家_____等首先发现的，著名学者_____肯定了_____小屯村为商代故都——殷墟。

18. （首都师范大学 2020）甲骨文就是刻在龟甲和兽骨上的文字，主要发掘于今天河南安阳的_____，大都是殷商统治者占卜祭祀时的祝词。

19. （首都师范大学 2020）中国文学史上第一部有系统的字书是东汉许慎撰写的_____。该书最早为汉字"六书"下了明确的定义，这"六书"具体是指_____、指事、会意、_____、转注和假借。

20. （首都师范大学 2018）"六书"包括：象形、_____、会意、形声、_____、假借。

21. （首都师范大学 2018）从文字与语言的关系上看，汉字是_____文字。

22. （西北大学 2018）从书体类型来说，石鼓文的字体属于_____。

23. （中国海洋大学 2020）_____不但是人类进入文明世纪的曙光，而且是人类文明得以长传并继续发展的承载性工具。

24. （中国海洋大学 2020）东汉的许慎总结前人的成就，写成《说文解字》一书，系统分析了汉字的六种结构，学术上称为_____。

▶ **选择题**

1. （对外经济贸易大学 2019）从汉字的结构上看，"甘"的结构属于_____。
   A. 象形　　B. 会意　　C. 假借　　D. 指事

2. （广东外语外贸大学 2019）石鼓文上刻的都是四言诗，内容主要是_____。
   A. 祭祀活动　　B. 祝词　　C. 田猎事迹　　D. 占卜

3. （云南师范大学 2020）甲骨文之后出现的金文，是指商周时代刻在_____上的文字。
   A. 青铜器　　B. 金银器　　C. 鼓形石　　D. 铜车马

▶ 判断题

1. （广东外语外贸大学 2020）相传汉字最初产生于仓颉时代。
2. （广东外语外贸大学 2019）我国现存最早的文字是甲骨文和钟鼎文。
3. （湖南师范大学 2018）"六书"一词最早出现在《汉书·艺文志》。
4. （中国海洋大学 2020）金文又称"钟鼎文"，是商周时代刻在青铜器上的文字，其中以商代金文为多。

▶ 名词解释

1. （青岛大学 2020）隶变
2. （中央民族大学 2019）汉字"六书"
3. （中央民族大学 2018）甲骨文

▶ 简答题

1. （湖南师范大学 2020）什么是"六书"。
2. （山东师范大学 2020）东汉的许慎是如何看待"六书"的？

▶ 论述题

1. （复旦大学 2018）汉字在中国文化传承中的作用。
2. （上海大学 2019）简述汉字的发展史，并举例说说什么是"六书"。
3. （中国石油大学 2020）谈一谈汉字体现了什么精神。

参考答案

■ 填空题

1. 甲骨文　　　2. 指事　假借　　　3. 《广韵》

4. 转注　　　　　5. 许慎　　　　　6. 石鼓文

7. 仓颉　　　　　8. 图画　　　　　9. 钟鼎文

10. 甲骨文　金文　11. 商　　　　　12. 形声

13. 部首　　　　　14. 伏羲　　　　　15.《说文解字》

16. 石鼓文　　　　17. 王懿荣　罗振玉　安阳

18. 小屯村　　　　19.《说文解字》　象形　形声

20. 指事　转注　　21. 表意　　　　　22. 大篆

23. 文字　　　　　24. 六书

◼ 选择题

1. D　　　2. C　　　3. A

◼ 判断题

1. √　　　2. √　　　3. ×　　　4. ×

◼ 名词解释

1.

　　隶书产生很早，秦代已有使用；到汉代逐步定型为横扁形的，从起笔到结体都有一定的规格；到东汉，成为官定标准字体。文字史上称这一书体的变革为"隶变"。

2.

　　"六书"是东汉许慎在《说文解字》中对古文字构成规则的概括和归纳，即"象形、指事、会意、形声、转注、假借"。其中，象形、指事、会意、形声是造字法，转注、假借是后来衍生发展的文字使用方式。

3.

　　甲骨文就是刻在龟甲和兽骨上的文字，据说是清光绪二十五年（1899年）由金石学家王懿荣等首先发现的，出土地点在今河南省安阳市小屯村。在此以前，人们不认识这些甲骨上的文字，只把这些甲骨当作药材卖给药店。王懿荣发现以后，认为这都是古文字，而且在篆籀之前，应当属于殷商时期的。1910年，著名学者罗振玉肯定了安阳小屯村为商代故都——殷墟，此后这些甲骨文即被称为"殷墟甲骨文"，定为"商代甲骨文"。后经陆续发掘，共出土甲骨十余万件，已发现甲骨文单字4,500个左右，迄今可以认识的约有2,000余字，大都是殷商统治者占卜祭祀时的祝词。学术界一直把甲骨文当作中国文字之始。

● 简答题

1.

　　答题要点▷"六书"是东汉许慎在《说文解字》中对古文字构成规则的概括和归纳，即"象形、指事、会意、形声、转注、假借"。其中，象形、指事、会意、形声是造字法，转注、假借是后来衍生发展的文字使用方式。

2.

　　东汉的许慎总结前人对汉字进行研究所取得的成就，写成《说文解字》一书，系统分析了汉字的六种结构，学术上称为"六书"。许慎在《说文解字·叙》中对"六书"做了比较详细的说明，以下按照"象形、指事、会意、形声、转注、假借"的顺序略做解释：

　　（一）象形。《说文解字·叙》说："象形者，画成其物，随体诘诎，日、月是也。"意思是依照物体的轮廓，用弯曲的线条，画出那个物体的形状来，这就是象形字，如"日""月"等字。

　　（二）指事。《说文解字·叙》说："指事者，视而可识，察而见意，上、下是也。"意思是看一下就可以知道它代表什么,但要仔细观察以后才能明白它的意义,比如"上""下"等字。

(三)会意。《说文解字·叙》说:"会意者,比类合谊,以见指㧑,武、信是也。"意思是把两个或两个以上的字合并在一起,并把它们的字义合起来,就出现一个新义的指向。

(四)形声。《说文解字·叙》说:"形声者,以事为名,取譬相成,江、河是也。"意思是"江""河"属水一类的事物,所以用"水"作为形旁,而取"工""可"作为声旁,两者相合而成形声字。

(五)转注。《说文解字·叙》说:"转注者,建类一首,同意相受,考、老是也。"意思是建立同一类的字有统一的部首,如果字义相同,则可互相注释,如"考""老"就是这样。"考""老"属同一部首,又都是年老的意思,所以《说文解字·老部》说:"老,考也","考,老也"。

(六)假借。《说文解字·叙》说:"假借者,本无其字,依声托事,令、长是也。"意思是词语中没有这个字,但也不用新的字,而是借用现成的字去表示,如"令""长"就是这样。因为古代一县之长为令。"令"本发号施令之"令","长"本年长、尊长之"长"。表示一县首脑的字没有,借用"令""长"二字来代用。

■ 论述题

1.

答题要点▷ 数千年来,汉字为记载和传承中国文化,做出了光照千秋的贡献。陈寅恪先生曾说:"凡解释一字,即是做一部文化史。"可见,每一个汉字的诞生,都有其特定的构成要素,蕴含了一定的文化演变。汉字对中国数千年的国家统一和民族融合有着不可替代的作用。秦始皇大一统离不开统一六国文字,将六国文字互通这一伟大举措。汉字是中华文化的一种载体,它记载了中华文化发展的历史轨迹和丰富成果。一切先人的智慧和创造性成就，靠汉字的记载才得以永久流传；一切后人的聪明才智，也从汉字记载中得到进一步的启示和提高。中国如果没有汉字，也许还处在非常愚昧和野蛮的时代。因此，汉字不但是中国进入文明世纪的曙光，而且是中华文明得以长传并继续发展的承载性工具。

2.

  略

3.

  汉字由图画和符号文字发展成今天独具特色的方块字，并不是一种随意性的结果，与中国人重实际、多想象、包容万物的实用理性思维和天人合一、物我一体的精神密切相关。从汉字的构成来看，六书中的象形、指事、会意、形声属于造字法，而转注和假借只是用字法而已。在四种造字法中，象形是最基本的。纵观象形字，均取象于物，取象于人，取象于器。物是天地间的客观存在，是人们依存的基本条件；人是天地间的万物之灵，具有利用和改造万物的智慧；器是人作用于自然界的产物，是人的智慧的结晶。但总体上来说，这三者都是客观实体。汉字基本上都是由这些客观实体构成的。由此看来，汉字结构体现出：第一，写实主义精神。"人、马、日、月、山、水"等象形字都是从实物演化而来的，大多会意字也设法以两个或两个以上的具体实在的事物去象征它的意义。第二，人体本位精神。在汉字结构中，是以人为感觉万物的基础的，一切物质的存在，都是由人去感受的；或者说，人是物质世界的中心，是万物的主体成分。第三，原始社会物质条件和精神生活的反映。汉字最初产生在我国原始社会后期和奴隶社会前期。这个时期的社会生产主要是农业、家畜饲养业和制陶、铸铜等手工业，精神生活主要是祭祀活动，在汉字中都有一定的反映。

第六章　学术思想

▶ 填空题

1. 2021新 （北京师范大学）在形神观方面，著名的唯物主义论者和无神论者有东汉的_____和南梁的范缜。

2. 2021新 （南京大学）《五经正义》的作者是_____等人。

3. 2021新 （南京大学）清代_____以师承和地区分为许多学派，主要有吴派、皖派、浙东派。

4. 2021新 （上海大学）北宋时期著名思想家_____曾大力提倡经世致用之学，主张人应通过努力获得完美的"天地之性"。

5. 2021新 （新疆大学）今文经的代表董仲舒，注重阐发经文的_____。

6. 2021新 （郑州大学）汉武帝接受了董仲舒的_____学说，成为其封建统治秩序的理论支柱。

7. 2021新 （郑州大学）_____是清代儒林第一人，著有《日知录》和《天下郡国利病书》，被认为"无一字无来历"。

8. （北京师范大学 2020）朱熹认为人性即是真理；_____认为人心即是真理，断言"宇宙便是吾心，吾心便是宇宙"。

9. （北京师范大学 2018）_____认为"兼相爱，交相利"，最早提出了"兼爱说"。

10. （北京师范大学 2018）张载提出"_____，为万世开太平"，具有强烈的经世致用精神。

11. （北京语言大学 2020）嵇康和阮籍都是"_____"中的人物，他们的根本观点是张扬道家的自然主义思想，抨击虚伪的儒家名教。

12. （北京语言大学 2019）_____是明末清初儒学大家，著有《日知录》和《天下郡国利病书》，提出"天下兴亡，匹夫有责"。

13. (广东外语外贸大学 2020)_____世称"梨洲先生"。

14. (广东外语外贸大学 2020)"六经"一词早在《_____》一书中已经出现。

15. (广东外语外贸大学 2019)_____以清代为盛,形成所谓乾嘉学派。

16. (广东外语外贸大学 2019)孔颖达等人合编_____,对汉代以来的经学做了一次系统性的归纳梳理,将南北观点合二为一。

17. (华东师范大学 2020)"为天地立心,为生民立命,为往圣而继绝学,为万世开太平"是北宋_____的名言。

18. (兰州大学 2020)_____反对不讲实际学问而空谈性理的理学,强调"天下兴亡,匹夫有责"。

19. (兰州大学 2018)先秦思想家_____强调"性恶",认为"人之性恶,其善者伪也"。

20. (辽宁大学 2020)西汉董仲舒认为孔子删订"六经"是为了托古改制,是为万世立不易之法,尊孔子为经学之祖。他是经学研究中_____学派的代表。

21. (南京师范大学 2020)"循名责实""信赏必罚"是_____家学说的中心思想。

22. (陕西师范大学 2020)北宋"理学四大家"是指_____、张载、程颐、程颢。

23. (陕西师范大学 2020)孟子重视主观精神的修养,提出要"养浩然之气",以达到"富贵不能淫,_____,威武不能屈"的境界。

24. (上海大学 2019)在战国时代与儒学并称为两大"显学"的另一个学派的创始人是_____。

25. (上海外国语大学 2020)_____是影响中国文化发展的第二大学说。

26. (上海外国语大学 2020)儒家学说中孔子的中心思想是"仁",孟子思想的核心是主张"_____"和"_____",荀子强调"_____"。

27. (首都师范大学 2020)经过程颢、程颐二人的努力,理学得到了空前的发展。传至南宋，_____继承北宋诸儒，糅合佛、道，建立了一个完整的理学体系，被认为是理学的集大成者。

28．（首都师范大学 2020）提出"民为贵，社稷次之，君为轻"的思想主张的儒学大师是_____。

29．（西北大学 2018）第一部研究中国哲学断代史的著作是黄宗羲的_____。

30．（西南大学 2018）"民贵君轻"来自_____所说的"民为贵，社稷次之，君为轻"，体现了儒家的民本思想，是"仁政"学说的重要内容。

31．（中国海洋大学 2020）墨家主张"_____"，即不分亲疏远近，一视同仁地博爱。

32．（中国海洋大学 2020）由先秦进入汉代，因汉武帝独尊儒术而兴起的两汉学术思想的主流是_____。它是一门研究和阐发儒家经典宗旨及其方法的学问。

33．（中国海洋大学 2020）玄学是魏晋时期流行的一种哲学思想，它是以_____思想为主旨，又糅合儒家经义而产生的一种新的学说。

34．（中国人民大学 2018）魏晋时期流行的_____，以老庄思想为主旨，又糅合了儒家经义。

▶ **选择题**

1． 2021新 （北京师范大学）以下不属于魏晋玄学代表人物的是_____。
　　A．何晏　　　B．王弼　　　C．郭象　　　D．邵雍

2． 2021新 （对外经济贸易大学）"老吾老以及人之老，幼吾幼以及人之幼"最能代表_____的思想。
　　A．孔子　　　B．孟子　　　C．老子　　　D．韩非子

3． 2021新 （四川师范大学）"民为贵，社稷次之，君为轻"出自_____。
　　A．《老子》　B．《庄子》　C．《孟子》　D．《论语》

4. （北京第二外国语学院 2018）"亲亲而仁民，仁民而爱物"是对_____思想的概括。

   A．老子　　　B．庄子　　　C．孟子　　　D．孔子

5. （北京师范大学 2020）以下属于墨家主张的是_____。

   A．尊卑有别　　B．交相利　　C．厚葬久丧　　D．敬鬼神而远之

6. （北京师范大学 2018）以下体现了荀子"明于天人之分"的唯物主义观点的是_____。

   A．虚壹而静　　　　　　B．恶性论

   C．制天命而用之　　　　D．天行有常

7. （对外经济贸易大学 2019）以下不属于孔子思想的是_____。

   A．推己及人　　B．有教无类　　C．仁者爱人　　D．舍生取义

8. （广东外语外贸大学 2020）荀子是_____国人。

   A．鲁　　　　B．赵　　　　C．齐　　　　D．魏

9. （南京师范大学 2020）提出"性恶"的思想家是_____。

   A．荀子　　　B．孟子　　　C．墨子　　　D．韩非子

10. （上海大学 2018）"为天地立心，为生民立命，为往圣继绝学，为万世开太平"是_____的名言。

    A．张载　　　B．朱熹　　　C．程颐　　　D．王守仁

11. （上海外国语大学 2020）"关学"是指_____的学说。

    A．朱熹　　　B．张载　　　C．周敦颐　　　D．程颢

12. （天津师范大学 2020）"濂学"源于道家的太极和阴阳五行，其代表人物_____著有《太极图说》，以"无极而太极"来解释宇宙生成，而以"中正仁义"为人生之大道。

    A．张载　　　B．朱熹　　　C．程颢　　　D．周敦颐

13. （云南师范大学 2020）下列表达中，不属于孔子教育思想的是_____。

    A．有教无类　　B．诲人不倦　　C．终身师法　　D．因材施教

14. （中国海洋大学 2020）_____从孔子"仁者爱人"的思想出发，提出了"仁政"的观念。

    A．孟子　　　B．荀子　　　C．韩非子　　　D．墨子

15. （中国人民大学 2018）战国时期，与儒家并称为两大"显学"的学派是_____。

    A．法家　　　B．墨家　　　C．道家　　　D．名家

▶ **判断题**

1. 2021新（首都师范大学）朱熹主要继承了"二程"的"心"，陆九渊则主要继承了"二程"的"理"。

2. （广东外语外贸大学）程颢、程颐认为"理"是宇宙万物的最高原则，也是社会纲常的最高原则。

3. （首都师范大学 2020）庄子思想的核心是自然无为，同样把"道"作为自己哲学体系的最高范畴，但他在认识方面比老子更超然，在论述时也比老子更幽默。

4. （天津师范大学 2020）理学是我国魏晋南北朝时期流行的一种哲学思潮，因其竭力宣扬儒家的"大道"而又被称作"道学"。

5. （中国海洋大学 2020）后期墨家提出了以"名""辞""形"为思维的三种基本形式。

▶ **名词解释**

1. （北京外国语大学 2020）魏晋玄学
2. （北京外国语大学 2018）儒学
3. （青岛大学 2020，首都师范大学 2019）宋明理学
4. （上海大学 2018）孔孟之道

5．（中国人民大学 2018）朴学

6．（中央民族大学 2020）汉代经学

▶ 简答题

1．（北京师范大学 2019）请简述朱熹的思想。

2．（东北师范大学 2020）举例说明孔子教育思想及对当代的影响。

3．（复旦大学 2018）简述程朱理学的主要内容。

4．（广东外语外贸大学 2020）说一说孔子的中心思想。

5．（南京师范大学 2020）老子的哲学中的"道"是指什么，请简要论述。

6．（南开大学 2020）何谓宋明理学？请简要介绍宋明理学的主要流派、思想家及其观点。

7．（上海外国语大学 2020）说一说清代朴学和乾嘉学派的成就。

8．（首都师范大学 2020）简述先秦"老庄学派"的代表作及其核心思想。

9．（天津大学 2019）谈一谈孟子思想的核心。

10．（天津师范大学 2020）简述老庄思想中有代表性的观点及主要著作。

11．（西北大学 2019）简述中国传统学术思想的变迁以及主要内容。

12．（中央民族大学 2018）简述经学的主要内容。

◉ 填空题

1．王充　　2．孔颖达　　3．朴学

4．张载　　5．微言大义　　6．天人感应

7．顾炎武　　8．陆九渊　　9．墨子

10. 为天地立心，为生民立命，为往圣继绝学

11. 竹林七贤　　12. 顾炎武　　　13. 黄宗羲

14. 庄子　　　　15. 朴学　　　　16.《五经正义》

17. 张载　　　　18. 顾炎武　　　19. 荀子

20. 今文　　　　21. 法　　　　　22. 周敦颐

23. 贫贱不能移　24. 墨子　　　　25. 道家

26. 性善　良知　性恶　　　　　　27. 朱熹

28. 孟子　　　　29.《明儒学案》　30. 孟子

31. 兼爱　　　　32. 经学　　　　33. 老庄

34. 玄学

■ 选择题

1．D　　　2．B　　　3．C　　　4．C　　　5．B

6．D　　　7．D　　　8．B　　　9．A　　　10．A

11．B　　　12．D　　　13．C　　　14．A　　　15．B

■ 判断题

1．×　　　2．✓　　　3．✓　　　4．×　　　5．×

■ 名词解释

1.

　　玄学是魏晋时期流行的一种哲学思潮，是以老庄思想为主旨，又糅合儒家经学而产生的一种新的学说。"玄"就是老子所说的"玄之又玄，众妙之门"，指深奥难测而又无法用语言明确表达的某种状态、关系或道理。研究这种深奥难测的状态、关系或道理的学问，就可称为"玄学"。玄学家大都是所谓名士。

他们以出身门第、容貌仪止和虚无玄远的"清谈"相标榜，成为一时风气。何晏作《道德论》，王弼注《老》《易》，皆提倡"贵无"，认为伦理纲常出于自然，主张君主"无为而治"。嵇康、阮籍、郭象等人大力宣扬何晏、王弼的观点，使玄学大盛。他们的根本观点是张扬道家的自然主义思想，抨击虚伪的儒家名教。直到东晋以后佛、道二教盛行，玄学才走向衰微。

2.

儒学就是儒家的学说。所谓"儒"，最早是指在奴隶主贵族中掌管道德教化、音乐礼仪的官员，如巫、史、祝、卜等。后来因孔子弟子众多，影响力不断扩大，"儒"就成了孔门弟子的专称，由孔子创立的学说也被称为"儒家学说"。后经孟子、荀子等人继承和发展，儒学成为春秋战国时期影响最大的思想流派。到汉武帝时代，儒学被推上独尊地位，指导中国社会生活达数千年，成为中华民族的灵魂与血脉。

3.

"理学"实际是宋明时代的儒家学说。汉儒治经侧重名物训诂，宋儒则多以阐释义理、兼谈性命为主，故有此称。北宋初胡瑗、孙复、石介，有"理学三先生"之称。但理学的实际创始人为周敦颐、邵雍、张载、"二程"兄弟（程颢和程颐），至朱熹始集大成，建立一个较完备的理论体系。认定"理"先天地而存在，把抽象的"理"，实际指封建伦理准则，提到永恒的、至高无上的地位，为学主张"即物而穷理"。在朱熹同时，有陆九渊一派，提出"宇宙便是吾心"，同程朱派对立。至明代，王守仁进一步发展了陆九渊的学说，认为"心外无物""心外无理"，断言主观的"心"是宇宙万物的根源，为学主张"明本心""致良知"。但自张载提出一气论，已与"二程"不同。明代王廷相以至明清之际王夫之等，曾先后发展张载的学说，以反对程朱或陆王之说。

4.

孔孟之道是对以孔子和孟子为代表的儒家学说的通称。儒家学说由孔子开创，经孟子、荀子、董仲舒、朱熹等人的不断发展，成为中国文化的主体思想，可以说是中国文化史上的第一学说。儒家思想有着鲜明的人世精神，以孔子的"仁"和"礼"的治世思想为核心，维系并实践着一个严格恪守亲疏远近、贵贱尊卑的社会秩序。儒家学说在各个历史时期表现出不同的学术形态，如两汉经学、宋明理学以及清代朴学，虽各具特点，但整体精神是大致相通的。

5.

汉代经学中的古文经学派称为"质朴之学"，简称"朴学"。汉代古文经学家好儒信古，治经多从文字学入手，注重字句和名物的训诂考据，但一经说至百余万言，其弊在烦琐。朴学以清代为盛，成就超过古人，尤以乾隆、嘉庆时的朴学最辉煌，形成所谓"乾嘉学派"。

6.

经学是研究和阐发儒家经典的宗旨和方法的一门学问，因汉武帝独尊儒术而兴起并成为两汉学术思想的主流。经学的内容十分广泛，几乎涵盖了中国文化的一切领域，根据所研究经书的时代不同分为"今文经派"和"古文经派"。今文学家，以西汉董仲舒为代表，认为孔子删订"六经"是为了托古改制，是为万世立不易之法，尊孔子为经学之祖。他们注重阐发经文的"微言大义"，竭力为汉王朝的封建"大一统"寻找理论依据。古文学家则尊崇周公，认为"六经"不过是孔子整理过的古籍史料，真正的古义还有待研究，因而比较注重名物训诂，多以考据为特色。

◼ 简答题

1.

答题要点▷ 朱熹的思想与北宋"二程"一脉相承，并集其大成。朱熹继承北宋诸儒，糅合佛、道，建立了一个完整的理学体系，以"理"和"气"解释宇宙、人生，认为"理"是形而上的绝对真理，"气"则是形而下的由"理"

派生出的具体物质。阴阳二气交合变化，才生成金、木、水、火、土五行。朱熹认为，理气相合而成人，气中之理，即是人性。气有清浊，性有善恶，所以要居恭持敬，明德修道，以便去浊还清。

2.

答题要点▷孔子是历史上最大的教育家，他的教育思想有许多精辟的东西，直到今天仍有继承的巨大价值。比如说，孔子主张"有教无类"，"因材施教"，主张"学而不厌，诲人不倦"，主张"发奋忘食，乐以忘忧"，提倡"择其善者而从之，其不善者而改之"，认为"知之为知之，不知为不知，是知也"，要人们"毋意（臆测）、毋必（武断）、毋固（固执）、毋我（自以为是）"，等等，这些都是对今人有教育意义的。

3.

程朱理学是宋明理学中的主要学派之一，因其竭力宣扬儒家"大道"，又被称为"道学"。"程"指北宋的程颢、程颐两兄弟，"朱"指南宋的朱熹。

"二程"认为"理"既是宇宙万物的最高原则，也是社会伦理纲常的最高原则，它"在天为命,在人为性"，人与宇宙只为一体,知识和真理只在内心，欲明天理，则须识心见性。经过"二程"的努力，理学大大发展。

"二程"之学传至南宋，由朱熹集其大成。朱熹继承北宋诸儒，糅合佛、道，建立了一个完整的理学体系，以"理"和"气"解释宇宙、人生，认为"理"是形而上的绝对真理，"气"则是形而下的由"理"派生出的具体物质。阴阳二气交合变化，才生成金、木、水、火、土五行。朱熹认为，理气相合而成人，气中之理，即是人性。气有清浊，性有善恶，所以要居恭持敬，明德修道，以便去浊还清。他的学说与"二程"一脉相承，故合称"程朱理学"。

宋明以后，程朱理学成为礼教的代名词，严重束缚了中国人的思想。

4.

答题要点▷孔子的中心思想实际上就是一个"仁"字，"仁"的意义几乎包括了一切美德。孔子说"仁者爱人",人与人之间彼此相爱就是"仁"。"推己及人"则是"爱人"的方法:一方面是"己欲立而立人,己欲达而达人",把自己想要得到的好处也给予别人;另一方面是"己所不欲,勿施于人",自己不想要的东西、不想做的事情,绝不要强加于人。一个具备了"仁"的人,必须"居处恭,执事敬,与人忠",必须"言忠信,行笃敬"。如果能做到这些,那么,"志士仁人,无求生以害仁,有杀身以成仁"。这样,一个人就具备了理想的人格。孔子表现出对人的平等相待和尊重以及对完善的道德人格的追求,是"人本主义思想"的一种体现。

5.

答题要点▷ "道"表示宇宙的原始状态,它在天地形成之前已经存在,即所谓"有物混成,先天地生";"道"还表示世界的本源,认为天地万物都是从"道"产生出来的,即所谓"道生一,一生二,二生三,三生万物"。老子强调道法自然,认为宇宙万物都是自然而然演进和发展的,即"无为自化"的。

6.

略

7.

答题要点▷ 清代朴学,实源于明末清初顾炎武、黄宗羲、王夫之、颜元等几位大儒。这些人感于亡国切肤之痛,斥责理学空谈心性误国,大力提倡经世致用之学,要经世致用就要有根有据,其结果就是走向考据。乾嘉时期的学者更加埋头著述,多在考据训诂方面下功夫,朴学因此盛况空前,著作汗牛充栋。

8.

"老庄学派"也称为"道家学说",是影响中国文化发展的第二大学说,因先秦时代的代表人物是老子和庄子,故有此称。"老庄学派"的代表作是《道德经》和《庄子》,"道家"就是"道德家"的简称,因老子的《道德经》而得名。

道家是"出世之学",主要讲的是宇宙人生,其作用偏重于个人,而且偏重于个人的精神层面。从《道德经》可以看出，老子最重要的思想是将"道"作为最高范畴，用以观察和认识客观世界。"道"表示宇宙的原始状态，它在天地形成之前已经存在，即所谓"有物混成，先天地生"；"道"还表示世界的本源，认为天地万物都从"道"产生出来，即所谓"道生一，一生二，二生三，三生万物"。老子强调"道法自然"，认为宇宙万物都是自然而然地演进和发展的，是"无为自化"的。老子朴素的辩证法思想是道家哲学中极其宝贵的精华。他认为，事物的自身都包含着他物，任何事物都是正与反、肯定与否定的对立统一，有的甚至相反相成。这些对立统一的关系，都可以物极必反，互相转化。从这些辩证观点出发，老子建立了他的策略思想，即以弱胜强，以柔克刚，知雄守雌，知荣守辱，等等。但过分强调"柔弱"，也使他的思想带有许多消极性，如消极退让、无为而治、否定进步等。

庄子思想的核心是自然无为，同样把"道"作为自己哲学体系的最高范畴。他在《逍遥游》《齐物论》等名篇中，表达了其超然物外的哲学思想，认为人应体认自然之道，顺应自然之则，用以消除物我之间的对立，达到人与自然的契合，使人的精神获得绝对自由。为此，他要求人们安时处顺，死生如一，用一种完全顺乎自然的态度来对待人生；提出了"心斋""坐忘"等内心修养的途径，其要点是以虚静空明的心境去感应外物，用师法自然的方式去认知和评价客观世界。庄子的这些思想，无论对后世知识分子的精神世界，还是对文学创作中的审美意识，都产生了深远的影响。

9.

孟子思想的核心是主张"性善"和"良知"。因为性善，所以人有"恻隐之心""羞恶之心""辞让之心""是非之心"，这些是人与生俱来的良知良能。孟子认为，一个人之所以不能成为善人，是因为他不去培养和扩充自己的善端。为此，孟子重视主观精神的修养，提出要"养浩然之气"，以达到"富贵不能淫，贫贱不能移，威武不能屈"的境界。在"仁学"理论方面，孟子补充提出了"义"，仁是发自内心之爱，义是所以为人之道。如他所说："仁，人心也；义，人路也。舍其路而弗由，放其心而不知求。"在孔子"杀身成仁"的基础上，他又提出了"舍生取义"。这就使儒家所主张的道德观更加完备。在政治思想方面，孟子进一步发展了孔子的"人本思想"，提出了"民为贵，社稷次之，君为轻"的主张，强调了人民的重要性，突出了人民在国家政治结构中的地位。在那个时代，这是非常了不起的思想。同时，他还从孔子"仁者爱人"的思想出发，提出了"仁政"的观念，即主张国家要养民，要实行"仁政"，并且就实施"仁政"提出了许多具体措施。孟子的"性善"论和"仁政"学说对后世的儒学产生了深刻的影响。

10.

略

11.

略

12.

经学是研究和阐发儒家经典的宗旨及其方法的一门学问。经学的内容极为广泛，几乎涵盖了中国古代文化的一切领域，涉及中国传统社会的政治、经济、伦理、道德、哲学、礼仪、教育、文学、艺术、史学、法律、宗教及民间习俗，等等。

汉代经学从研究"六经"开始，"六经"指的是《诗》《书》《礼》《乐》《易》《春秋》六部先秦时的著作。当时的经书大多由战国时代的学者师徒之间口头传授，到汉代才用当时流行的隶体文字书写而成，称为"今文经"；也有一部分遗存的用"古籀文字"写成的先秦旧本，称为"古文经"。今文经与古文经不但文字有差异，篇章、内容和解释、评价也不同。这就使研究者们各有所依，逐渐形成经学研究的两大学派，即"古文学派"和"今文学派"。

第七章 宗教信仰

▶ 填空题

1. 2021新（南京大学）唐代高僧_____东渡日本弘扬律宗，成为日本律宗的始祖。

2. 2021新（上海大学）佛教四大名山包括五台山、九华山、普陀山和_____。

3. 2021新（首都师范大学）_____与佛教、基督教并称为世界三大宗教。

4. 2021新（四川师范大学）唐朝在_____以后由盛转衰，政治腐败，经济衰退，社会矛盾更加尖锐，人民的苦难愈发深重，佛教在这种社会背景下得到进一步发展。

5. 2021新（四川师范大学）葛洪所著_____，把神仙道教思想和儒家思想结合起来，大大丰富和发展了道教理论。

6. 2021新（西安外国语大学）中国历史上主要发生过四次灭佛运动，称为"三武一宗之厄"，即北魏太武帝拓跋焘、北周武帝宇文邕、唐武宗李炎、_____四次灭佛。

7. （北京大学 2018）典型的佛教建筑是佛寺，道教建筑是_____，祠庙是_____建筑。

8. （北京语言大学 2018）汉传佛教主要流派是_____，_____曾经是它的寺庙之一。

9. （重庆大学 2019）史书中记载的第一个封禅的帝王是_____。

10. （对外经济贸易大学 2019）一般认为，佛教是由_____于公元前6世纪到前5世纪在古印度创立的。

11. （广东外语外贸大学 2020）东正教在我国的传播约在_____。

12. （广东外语外贸大学 2019）据记载，基督教最早在_____传入中国。

13．（湖南师范大学 2020）黄教两大活佛转世系统的称号是_____、_____。

14．（华南师范大学 2020）道教"三清"指元始天尊、灵宝天尊、_____。

15．（兰州大学 2018）_____的理论体系和修行体系是佛教中国化的最典型代表。

16．（兰州大学 2018）郊祭是古代帝王_____的仪式之一。

17．（南京师范大学 2020）从总体上来说，中国人的三大崇拜是_____、天地崇拜、祖先崇拜。

18．（陕西师范大学 2020）_____佛教流行于东南亚各国，称为南传佛教。

19．（陕西师范大学 2020）中国古代祭祀天地的仪式很多，但以_____最为隆重，是封建社会首屈一指的大礼。

20．（上海大学 2018）在藏传佛教"灵童转世"制度的基础上，清朝_____皇帝开始采用"金瓶掣签"的办法决定新活佛，并须经中央朝廷正式批准后生效。

21．（上海外国语大学 2018）中国最大的清真寺是_____。

22．（首都师范大学 2020）_____在中国又叫天方教、清真教，与佛教、基督教并称为世界三大宗教。

23．（四川大学 2020）_____为藏传佛教术语，意为上师、上人，是藏族人民对和尚的尊称。

24．（四川大学 2020）迦叶摩腾、竺法兰在白马寺翻译的_____是最早被译介到中国的佛经。

25．（西北大学 2018）正一道与_____是中国道教长期并行的两大教派。

26．（西北大学 2018）中国历史上最后一个封禅的皇帝是_____。

27．（浙江师范大学 2019）天、地、人称为_____。

28．（中国海洋大学 2020）中国传统的君师圣贤崇拜中，"师"指那些可为万世师表的圣人，传统上指孔子和_____两个人。

29．（中国海洋大学 2020）佛家把"色、声、香、味、触、法"称为"六尘"，如果能在修行时摒除一切杂念，佛语就叫_____，后来变为社会语言，是非常干净的意思。

30．（中国海洋大学 2019）佛教在_____传入中国。

31．（中国海洋大学 2019）四大佛教名山中位置最北的是_____。

32．（中国石油大学 2020）相传佛教名山_____是文殊菩萨显灵说法的道场。

▶ **选择题**

1．（北京大学 2018）以下不属于佛教成语的是_____。
   A．刮目相看　　B．一尘不染　　C．心心相印　　D．想入非非

2．（北京师范大学 2018）"顿悟成佛"是中国佛教哪个宗派的基本主张？
   A．禅宗　　　　B．华严宗　　　C．密宗　　　　D．净土宗

3．（北京师范大学 2018）中国的主要宗教不包括_____。
   A．佛教　　　　B．萨满教　　　C．伊斯兰教　　D．基督教

4．（北京语言大学 2020）佛教传入中国后建成的第一座寺庙是_____。
   A．白马寺　　　B．少林寺　　　C．华严寺　　　D．灵隐寺

5．（北京语言大学 2018）古代皇帝封禅是在_____上。
   A．黄山　　　　B．峨眉山　　　C．庐山　　　　D．泰山

6．（对外经济贸易大学 2019）封禅在中国古代是指_____。
   A．祭祀天地的仪式　　　　B．祈求丰收的仪式
   C．封赏诸侯的仪式　　　　D．祭祀孔子的仪式

7．（对外经济贸易大学 2019）以下属于道教名山的是_____。
   A．青城山　　　B．峨眉山　　　C．九华山　　　D．普陀山

8．（广东外语外贸大学 2019）古代帝王中，_____三次封禅。
   A．秦始皇　　　B．汉武帝　　　C．唐玄宗　　　D．唐高宗

9. （广东外语外贸大学 2019）新教传入中国的时间是_____。

   A．明末至清初　　　　　　　B．清初至清中叶

   C．清末　　　　　　　　　　D．唐末至明初

10. （华侨大学 2019）道教的创始人是_____。

    A．张道陵　　B．葛洪　　C．释迦牟尼　　D．孔子

11. （上海财经大学 2019）五岳中，"中岳"指的是_____。

    A．华山　　B．衡山　　C．泰山　　D．嵩山

12. （四川大学 2020）以下_____不是清真寺。

    A．宁夏灵泉寺　　B．泉州清净寺　　C．广州怀圣寺　　D．扬州仙鹤寺

13. （西北大学 2018）玄奘开创的佛教宗派是_____。

    A．净土宗　　B．华严宗　　C．唯识宗　　D．律宗

14. （云南师范大学 2020）佛教中国化的最典型产物是_____。

    A．密宗　　B．禅宗　　C．华严宗　　D．净土宗

15. （中国海洋大学 2020）传统上，中国人崇尚多神信仰，甚至对直接影响其现实生活的生存环境产生执着的崇拜。总体上说，中国人对天地、祖先和_____的崇拜最为突出。

    A．君师　　B．神灵　　C．自然　　D．君主

16. （中国海洋大学 2020）伊斯兰教约于_____传入中国。

    A．西汉　　B．东汉　　C．唐代　　D．北宋

17. （中国人民大学 2018）我国现存最古老的清真寺建筑是_____。

    A．杭州凤凰寺　　B．扬州仙鹤寺　　C．泉州清净寺　　D．广州怀圣寺

▶ 判断题

1. 2021新 （西安外国语大学）现藏于西安碑林博物馆的《大秦景教流行中国碑颂》记录了伊斯兰教在中国的传播过程。

2．（重庆大学 2019）道教是世界五大宗教中唯一的中国本土宗教。

3．（对外经济贸易大学 2019）道家是"道德家"的简称，因老子《道德经》而得名。

4．（对外经济贸易大学 2019）帝王祭祀祖先是在太庙，官员百姓祭祀祖先则用孔庙。

5．（对外经济贸易大学 2019）佛教的基本特点是保留了较多的民间信仰和方术。

6．（广东外语外贸大学 2019）藏传佛教的宁玛派又称"白教"。

7．（湖南师范大学 2020）伊斯兰教教义集中在《可兰经》，讲六信。

8．（首都师范大学 2020）佛教影响了人们的思想，消耗了社会财富，起了消极的作用；但佛教的流传也影响了中国文化，它的哲学思想和艺术形式与中国传统文化相结合，形成了有别于印度佛教文化的中国佛教文化，进一步丰富了中国文化的内容和形式。

9．（首都师范大学 2018）佛教中国化最典型的派别是净土宗。

▶ 简答题

1．（湖南师范大学，西北大学 2020）佛教对我国文化的影响。

2．（中国社会科学院大学 2020）佛教对中国语言的影响。

3．（中央民族大学 2018）魏晋南北朝时期佛教盛兴的原因。

▶ 论述题

1．（北京语言大学 2020）道教是中国本土宗教，请谈谈道教对中国文化的影响。

2．（北京语言大学，上海大学 2019）佛教对中国文化的影响。

3．（兰州大学 2019）结合具体文化现象，论述佛教对中国哲学、文学、艺术、语言的影响。

4. (南开大学 2019) 简要论述中国文化发展中"三教合一"的说法，并谈谈其在当代的价值。

5. (中央民族大学 2018) 伊斯兰教传入中国后对中国文化有哪些影响？

参考答案

◉ 填空题

1. 鉴真　　　　2. 峨眉山　　　　3. 伊斯兰教
4. 安史之乱　　5. 《抱朴子》　　6. 周世宗柴荣
7. 宫观　礼法　8. 禅宗　少林寺　9. 秦始皇
10. 释迦牟尼　　11. 17世纪中叶　12. 唐代
13. 达赖　班禅　14. 道德天尊　　15. 禅宗
16. 在京城的郊外祭祀天地　　　　17. 君师崇拜
18. 小乘　　　　19. 封禅　　　　20. 乾隆
21. 艾提尕清真寺　22. 伊斯兰教　23. 喇嘛
24. 《四十二章经》25. 全真道　　　26. 宋真宗
27. 三才　　　　28. 关公　　　　29. 一尘不染
30. 汉代　　　　31. 五台山　　　32. 五台山

◉ 选择题

1. A	2. A	3. B	4. A	5. D
6. A	7. A	8. D	9. C	10. A
11. D	12. A	13. C	14. B	15. A

16. C   17. D

判断题

1. ×   2. ×   3. ✓   4. ×   5. ×
6. ×   7. ✓   8. ✓   9. ×

简答题

1.

佛教的哲学思想和艺术形式与中国的传统文化相结合，形成了有别于印度佛教文化的中国佛教文化，进一步丰富了中国文化的内容和形式。佛教对中国文化的影响可以从四个方面总结。

第一，佛教与中国哲学史。中国哲学史从它产生以后就是唯物主义和唯心主义、无神论和有神论相互斗争的历史。但从佛教传入中国之后，这两种认识论和思想体系的斗争就形成了错综复杂的局面。佛教哲学的基本点是否认客观现实世界的存在而设想出一个与现实世界相对立的"西方极乐世界"。佛教各派都从不同角度、用不同证据来论证客观世界的虚幻性，同时又千方百计地论证主观精神世界的绝对性，因此佛教哲学属于唯心主义的思想体系。只不过禅宗所主张的"佛向性中作，莫向身外求"，是进一步否定了佛教所设想的"西方极乐世界"，只承认主观精神世界的绝对存在罢了。这样，禅宗就把佛教哲学的客观唯心主义转化为主观唯心主义。在这个过程中，儒、佛、道三家，互相排斥又互相影响，互相斗争又互相吸收，在唯心主义的思想体系中结为一体。宋代以来的唯心主义思想几乎都从佛教哲学中吸取营养。二程、朱熹的程朱理学借用了华严宗的某些命题，陆九渊和王守仁的陆王心学则吸收了禅宗的某些思想。而无神论和唯物主义思想也是在批判佛教哲学的斗争中不断成长和发展起来的，到明清之际的王夫之发展到较高的水平。总体来说，汉唐以后的中国哲学史离不开佛教思想史，佛教思想在中国的渗透和发展是中国哲学史的重要组成部分之一。

第二，佛教与中国文学。以题材而论，历代描写佛教的诗文不计其数。从全唐诗来看，共收唐诗约五万首，其中与佛教有关的诗占了近十分之一。首先，这些诗赞美佛寺风光，歌颂僧俗友谊，有不少写得相当精彩和生动。其次，以艺术风格而论，由于佛教追求自我解脱，主张离尘出世，至禅宗而宣扬心中求佛，使文学界形成一种清淡悠远的艺术流派。诗人们在美学上追求"韵外之致""言外之意"，奉佛颇盛的王维、韦应物的这种风格体现得最为显著。即使是其他流派的作家，其世界观和创作实践也都不同程度地受到佛教思想的影响。再次，以诗歌理论而言，唐宋以后，主张"以禅论诗"，讲究诗歌创作要"物象超然""意境空蒙"，认为"说禅作诗，本无差别"。

第三，佛教与艺术。中国传统绘画和雕塑尤其能显示出佛教的影响。佛教传入中国，印度以及西域的石窟艺术也跟着传入。古印度的佛教艺术主要就是石窟壁画和雕塑，中国的石窟艺术正是它们的继承和发展，其影响的路线就是"丝绸之路"。新疆境内现存的石窟艺术，如拜城县克孜尔千佛洞、库车县森木塞姆千佛洞等，不但开凿年代早于中原，其艺术风格也接近古印度的风格。中原地区的石窟雕塑则逐渐吸收和融合中国艺术的风格，造像也模拟中国人的形象，同时也保留了印度雕塑艺术的某些特点。如各大寺庙中的十八罗汉和五百罗汉像，既有中国人的形象，又有印度人的形象。以佛教故事为内容的宗教壁画自佛教传入以后也大大发达起来，涌现了吴道子等著名的宗教画家。在表现手法上，释迦牟尼在印度的修行生活，加入了中国传统的亭台楼阁，使中国人在感觉上更为接近和亲切。

第四，佛教与中国语言。佛语、佛典、佛偈大量渗入中国社会生活，并失去了佛教含义而具有了社会含义，成为人们常用的成语、俗语、谚语和惯用语。如"一尘不染"，佛家把色、声、香、味、触、法叫作"六尘"，如果在修行时能摈除一切杂念，佛语就叫"一尘不染"，变为社会语言以后，是非常干净的意思。此外，如"苦海无边，回头是岸""放下屠刀，立地成佛"，还有"头头是道""心心相印""清规戒律""想入非非""现身说法""恍然大悟""火烧眉毛""菩萨心肠"，等等，都来自佛经、佛语和佛教故事。至于从佛教生活衍化出来的语言就更多了，如"丈二和尚摸不着头脑""无事不登三宝殿""跑得了和尚跑不了庙""庙小菩萨大""临时抱佛脚"，等等。

2.

略

3.

佛教在魏晋南北朝有突出发展的原因大体有三：第一，东汉末期，天下大乱，社会各阶层都遭受了无穷的苦难，都想在痛苦中寻求一种寄托和安宁，佛教所主张的自我解脱和超度求生等教义正好适应了这种需要。这可以说是社会基础。第二，这一时期，社会上流行玄学，热衷清谈。玄学崇尚老庄思想，主张"以无为本，以有为末"，否认外界事物的存在，很容易与佛教宣扬的出世思想合流，因此主张"一切法皆空"的佛教《般若经》很快流行起来。事实上，玄学到东晋以后便失去了它的势头，而为佛学所取代。佛教宣扬的"名实俱无"，实际上是"以无为本"思想的进一步发展。这可以说是思想基础。第三，统治阶级的提倡和利用。佛教宣扬的基本思想对统治阶级是非常有利的。佛教虽然不像儒学那样主张忠孝节义、安分守己，但它要求佛教徒刻苦修行以求解脱的基本精神和因果报应、轮回转世等一系列说教，不但构不成对统治秩序的威胁，相反还有助于维护这种秩序。

◉ 论述题

1.

道教信仰主要来源于道家思想和古代神话，在发展过程中又吸收了儒家思想和佛教精神，构成独具特色的道教文化，对中国古代文化的发展产生了巨大影响，具体可以总结为四个方面。

第一是道教的某些活动包含了一定的科学精神，因而对某些科学技术的发展做出了某种贡献。如炼丹，实开中国冶炼工业和化学工业的先河，火药的发明与利用即与此有关；采药治病，促进了中国医药的发展。

第二是道教的养生之道和导引之术，是今天气功、武术、太极拳等体育活动的直接来源，其养生理论仍是当今人们关注和研究的一个课题。

第三是对文学艺术的影响。道教的成仙思想和仙界构想，刺激了作家和艺术家们的想象力，丰富了文学创作中的浪漫主义色彩。唐代诗人李白是最突出的代表。同时，《封神演义》《西游记》以及民间广泛流传的"八仙故事"等，都直接以道教神仙活动为题材。

第四是在民间习俗方面，不少传统节日渗入了道教内容，许多道教神仙如玉皇大帝、王母娘娘、文昌帝君、关圣帝君等在民间有普遍信仰，给人们的文化心理结构以深刻的影响。

2.

略

3.

略

4.

"三教合一"是指佛教、道教、儒家思想的融合。儒、道、佛是中国传统文化的主体，"三教"的分合是贯穿近一千年中国思想文化史中一股重要的流，对中国文化乃至中国社会的变迁产生巨大影响。对于此种现象，学者多以"三教合一"统而论之。然而，从"三教"并立到"三教"合一，则有一个过程。元明间，"三教合一"这种说法的出现可以说是儒、道、佛三者间关系已经具有了内质的演变。

"三教"概念的发展可以分为几个阶段，魏晋南北朝是一个阶段，唐宋是一个阶段，元明清是一个阶段。最初的阶段里，虽然有"三教"的连称，不过彼此是独立的，当然相互间都有影响，儒、道、佛三者之所以相提并论则是偏重于它们社会功能的互补。中间的阶段是一个过渡的阶段，主要在于彼此内在意识上的流通融合，逐步变成你中有我、我中有你，但就其主流而言，依然各树一帜。只有最后的阶段才出现真正宗教形态上的"三教合一"。其中，第二阶段是在继续第一阶段三教功能互补的基础上更新或增添新内容，第三阶段亦是在前两个阶段的基础上再演化出来"三教合一"的新成分，这也反映了"三教"合流的趋势越来越显著。

在中国历史上儒家思想的核心是为维护封建统治阶级服务，提供尊卑等级观念，而老庄的清静无为和佛家的出世思想实则是对现实的逃避和麻木，在一定意义上都是封建统治阶级的工具。中国民间宗教文化在中国宗教体系中具有进步性，是当时中国占大多数的下层民众的广泛信仰，集中反映了中国民间思想文化的智慧，虽然其在一定时期受到统治阶级的压制或取缔，但其思想的光辉将永远照耀世界的东方，并不会因为时间的推移而消逝，反而会历久弥新，传承发展，迸发出巨大的力量。

儒家修身，道家养性，佛家修心，共同构成了中国古代士大夫的处世和哲学基础，也对中国的古典文化以及当今中国人的习俗传统等构成了深刻和持久的影响。可以这么说，中国的传统文化，基本就是儒、释、道三家共同作用下的结果，三家既相互竞争，又彼此吸收融合，不断发展进步，其中以儒家为主而释、道两家为辅，实际上又无法完全界定三家的区别，因为它们之间本身就没有明确的界限。总而言之，在一定程度上，三家的文化都属于中国传统文化，而中国传统文化又是以这三家为典型代表的。

随着中国经济社会深刻变革、对外开放日益扩大、互联网技术和新媒体快速发展，各种思想文化交流、交融、交锋更加频繁，迫切需要深化人们对中华优秀传统文化重要性的认识，进一步增强文化自觉和文化自信；迫切需要深入挖掘中华优秀传统文化价值内涵，进一步激发中华优秀传统文化的生机与活力，着力加强中华优秀传统文化传承发展体系的构建。我们在弘扬和传播传统文化时，要去其糟粕，吸取精华，扬弃地汲取中华民族传统文化中优秀的部分，加强传统哲学与现代文化相结合，不断增强中华优秀传统文化的生命力和影响力，以促进社会的文明进步与发展。建设和弘扬中国优秀传统文化体系，是实施中华优秀传统文化传承发展的重要系统工程之一，是实现中华民族伟大复兴的需要。理解中国文化的本源对传承中华文脉，完善中华民族思想文化体系，全面提升人民群众文化素养，维护国家文化安全，增强国家文化软实力，以及在推进国家治理体系和治理能力现代化等方面都具有重要意义。

5.

伊斯兰教在中国的传播也对中国文化产生了一定的影响。

首先，伊斯兰教的传播影响了中国的民族成分，促成了回族的形成和各民族间的融合。到目前为止，我国的回族人口已超过一千万，在全国所有民族中占据第三位。他们与汉族杂居，使用汉语言文字，与汉文化有极为密切的关系，但又保持了伊斯兰教的许多习俗，并因普遍信仰伊斯兰教而与信仰伊斯兰教的其他少数民族发生了一定的文化联系，在全国各民族的大团结中起着特殊的作用。

其次是随着阿拉伯人的东来和伊斯兰教的传入，阿拉伯文化也进入中国，其中最重要的如天文、历法、数学、医学等，都对中国的科学技术产生过重要的影响。如回回历，从元代到清初沿用达四百余年，实际上它是阿拉伯地区使用的太阳历，专供农民耕地之用。元代采用以后，对中国的历法改革起了重要作用。又如阿拉伯数字（原由印度人始创），书写和计算都比较方便。

再次，促进了东西方文化的交流。很多伊斯兰国家地处阿拉伯半岛或欧亚大陆之间，那里是东西商业贸易和文化交流的桥梁。我国的造纸术、指南针、印刷术、火药等发明创造，都是通过来自这些伊斯兰国家的商人的商贸活动最后传到欧洲的。这些由商人进行的交流活动也同伊斯兰教的流传有关，不仅扩大了中国文化的对外影响，也丰富了中国文化的历史内涵。

第八章　古代教育

▶ 填空题

1. 2021新（北京师范大学）书院在教学方面的最大特点，是朱熹创立的_____，即学术辩论制度。

2. 2021新（重庆大学）曾任"稷下学宫"祭酒的先秦儒学大师是_____。

3. 2021新（郑州大学）最早的私学创立者是_____，他的儒学注重诗、书、礼、乐，同时重视言、德、政、文等才能的培养。

4. （北京师范大学 2018）西周时期大学里的教学内容是_____，包括礼、乐、_____、_____、书、数。

5. （湖南师范大学 2020）南宋四大书院除了岳麓书院、丽泽书院，还有_____和_____。

6. （兰州大学 2019）南朝的宋文帝设立儒学、玄学、史学、_____四馆。

7. （陕西师范大学 2020）_____是我国最早的一部家庭教育专著。

8. （陕西师范大学 2020）商周两代的学校教育都是由国家来管理的，即古书中所说的"_____"。

9. （上海大学 2020）最早把"教育"二字连起来使用的是_____。

10. （上海外国语大学 2018）旧时家庭教育的启蒙教材是_____、_____、_____、_____。

11. （上海外国语大学 2020）学童学习作对的基本教材是_____。

12. （西北大学 2018）《颜氏家训》的作者是_____。

13. （西北大学 2018）国子监的最高领导人为_____。

14. （中国人民大学 2018）宋初六大书院中，位于江西的_____，曾由朱熹精心主持，在我国教育史上影响巨大。

15. （中国石油大学 2020）清代_____已经成为国家唯一的最高学府。

选择题

1. 2021新（广东外语外贸大学）《幼学琼林》的作者是_____。

    A．王应麟　　B．程登吉　　C．周兴嗣　　D．黎贞

2. （北京大学 2018）朱熹《观书有感》："半亩方塘一鉴开，天光云影共徘徊。问渠哪得清如许？为有源头活水来。"描写的是以下哪所书院？

    A．岳麓书院　　B．鹅湖书院　　C．南溪书院　　D．白鹭洲书院

3. （北京师范大学 2018）六艺中的"乐"可能包括以下哪种艺术形式？

    A．驾车　　B．舞蹈　　C．绘画　　D．书法

4. （对外经济贸易大学 2019）殷墟甲骨文记载了殷商学校的名称，如"庠""序"等，"庠"和"序"是指_____。

    A．教育平民子弟的学校　　B．培养贵族子弟的学校

    C．培养皇家子弟的学校　　D．学习祭礼的学校

5. （辽宁大学 2020）中国古代的_____相当于今天的私立大学。

    A．太学　　B．义学　　C．家塾　　D．书院

6. （上海大学 2018）四大书院中，位于江西的是_____。

    A．白鹿洞书院　　B．应天书院　　C．岳麓书院　　D．嵩阳书院

7. （上海外国语大学 2020）以下哪个不是旧时家庭教育的启蒙教材？

    A．《三字经》　　B．《百家姓》　　C．《治家格言》　　D．《千字文》

8. （云南师范大学 2020）明代兼有行政机关和最高学府两种性质的机构是_____。

    A．国子学　　B．国子寺　　C．太学　　D．国子监

判断题

1. 2021新（新疆大学）国子监最开始是掌管教育的行政机构，在明朝的时候是最大的教育机关和行政机关。

2. （对外经济贸易大学 2019）汉代的学校分官学和私学两类，太学是中央政府主办的官学。

3. （广东外语外贸大学 2020）我国在周代已经有正式学校。

4. （广东外语外贸大学 2020）石鼓书院在湖南省衡阳市。

5. （广东外语外贸大学 2019）荀子的《劝学篇》称得上是我国最早的教育学论文。

6. （湖南师范大学 2020）我国最早的大学是汉武帝设立的太学。

7. （首都师范大学 2020）中国商周时期的学校教育都是由国家来管理的，即古书中的"学在官府"。到了战国时期，由于生产力的发展，作为上层建筑的教育制度随之改变，出现了私学，孔子是最早的私学创立者。

8. （厦门大学 2019）我国明代出现了第一所大学。

▶ 名词解释

1. （北京外国语大学，青岛大学 2020）书院
2. （湖南师范大学 2019）六艺

▶ 简答题

1. （首都师范大学 2019）南宋书院兴起的原因。
2. （南京师范大学 2020，广东外语外贸大学 2018）中国传统教育的基本特点是什么？

▶ 论述题

1. （中国石油大学 2020）请简述中国古代书院教育制度的发展背景，并谈谈书院教育有什么特点及意义。

参考答案

填空题

1. 讲会制度　　2. 荀子　　3. 孔子
4. 六艺　射　御　　5. 白鹿洞书院　象山书院
6. 文学　　7.《颜氏家训》
8. 学在官府　　9. 孟子
10.《三字经》《百家姓》《千字文》《幼学琼林》
11.《声律启蒙》　12. 颜之推　　13. 祭酒
14. 白鹿洞书院　　15. 国子监

选择题

1. B　　2. C　　3. B　　4. A　　5. D
6. A　　7. C　　8. D

判断题

1. ×　　2. ✓　　3. ×　　4. ✓　　5. ✓
6. ✓　　7. ×　　8. ×

名词解释

1.

　　书院是我国封建教育的一种特殊形式，从宋代到清末，历时一千余年，其管理制度与教学方式与国子监或太学有很大区别，在我国教育史上产生过重要的影响。书院由古代的"精舍""学馆"等发展而来，最早出现在唐代，张九宗在四川建立了书院，但还只是一个私人读书治学的场所。教育书院的出现和兴起都在宋代，形成两次高潮。第一次高潮的代表如"宋初四大书院"，即石鼓书院、岳麓书院、白鹿洞书院与睢阳书院，第二次高潮的代表为"南宋四大书院"，分别是岳麓书院、白鹿洞书院、丽泽书院和象山书院。书院教育到明代形成第三次高潮，这一阶段的书院主要将学术活动与政治活动结合在一起，著名的"东林学案"就发生在无锡的"东林书院"。历代书院都以研究和讲解理学为根本，其基本教材为"四书五经"，在教学上最大的特点就是朱熹创立的"讲会制度"，即学术辩论制度。

2.

"六艺"是西周时期学校教育的内容，包括礼（规章仪式）、乐（音乐舞蹈）、射（射箭）、御（骑马驾车）、书（历史）、数（数学）。

● 简答题

1.

答题要点▷ 南宋官学腐败，州县学校有名无实，而兴盛起来的理学又需要宣讲的场所。这时，理学代表人物朱熹相继恢复白鹿洞书院和岳麓书院的教学活动，并亲自讲课，指导生徒。各地纷纷效法，书院教学蔚然成风。书院因此迅速发展，形成了我国书院教育的第二个高潮。

2.

答题要点▷ 中国传统教育的基本特点是重视道德的培养，而忽视才能和技能的训练；重视师生间的承袭而忽视创造和发明；它的基本目的是培养统治阶级所需要的各级官吏，而不是建设国家的各种人才。归纳起来说，中国传统教育的基本方针是教人怎样做人，而不是教人怎样去创业，怎样去开拓前进，怎样去改造社会。

论述题

1.

书院是我国封建教育的一种特殊形式,从宋代到清末,历时一千余年,其管理制度与教学方式跟国子监与太学等有很大区别,在我国教育史上产生过重要的影响。

实际上,唐代就出现了最早的书院,但那时的书院还不是讲学授徒的机构,而是私人读书治学或整理和校勘国家藏书的地方。大约到唐代的中晚期,有一些私人建立的书院才开始教授生徒,这就促成了教育书院的诞生。

教育书院的出现和兴起是在宋代初年。宋王朝建立以后,初步结束了五代十国分裂割据的局面,实现了国家的统一。但是,当时朝廷的主要精力还用于征服南方仍在割据的地方政权,无暇顾及文化教育问题,官学几乎没有什么发展,后周遗留下来的国子监不过是一个空架子。而散居于草野之中的那些读书人,由于国家的初步统一和安定,又产生了强烈的进身要求,希望通过读书获得功名。书院教育就在这种历史契机下开始兴盛起来。宋朝统治者看到这些民办书院为之解决了很大的社会问题,培养的人才也有助于维护国家的统治,于是从政策和物资两方面给予积极的支持,这就形成了我国书院教育的第一个高潮。

南宋官学腐败,州县学校有名无实,而兴盛起来的理学又需要宣讲的场所。这时,理学代表人物朱熹相继恢复白鹿洞书院和岳麓书院的教学活动,并亲自讲课,指导生徒。各地纷纷效法,书院教学蔚然成风。书院因此迅速发展,形成了我国书院教育的第二个高潮。

元代书院也比较兴盛,但书院的领导权控制在政府手里,书院的领导人和管理人员由政府委派,或经政府批准。

明代初年,朝廷转而重视官学,提倡科举,书院又一次衰落。明代中叶以后,政治黑暗,科举腐败,以王守仁、湛若水等为代表的儒学名士借书院宣传学术思想和政治主张，发动了一场思想解放运动，书院教育再一次兴起，成为书院教育的第三个高潮。但此时书院教育的特点是学术活动与政治活动密切结合。清朝建立之初，曾极力抑制书院发展，直到雍正后期才准许在各省省会设立一所书院，领导人由政府任命，经费由国家拨给，教育为科举做准备，已完全成为官办。

  书院的教学内容与历代官学并没有多大的不同，但因为书院的发达与宋代的理学有密切的关系，所以历代书院都以研究和讲解理学为根本，也可以说，书院与理学互为表里。历代书院中使用的基本教材仍是"四书五经"，辅助教材和参考读物则是理学家们的著作和语录。

第九章　科举制度

▶ 填空题

1. 2021新（对外经济贸易大学）元明清科举实行三级考试，即乡试（各行省的考试）、_____（京城的礼部考试）、御试（殿试）。

2. （北京语言大学 2019）_____是中国历史上延续时间最长的制度之一，它与古代的教育制度和官吏制度构成封建社会三位一体的人才制度。

3. （对外经济贸易大学 2019）隋炀帝时期_____制的实施，是中国古代用人制度的历史性变革，其基本做法是设立科目，以考试举士。

4. （复旦大学 2019）中国科举制的最后一次考试是在_____年举行的。

5. （广东外语外贸大学 2020）殿试二甲第一名叫_____。

6. （广东外语外贸大学 2019）隋文帝废_____，规定用考试办法选拔官吏。

7. （湖南师范大学 2020）汉代选拔人才的两种方法是_____和_____。

8. （湖南师范大学 2020）"连中三元"是说一个人在_____中都考取第一名。

9. （兰州大学 2020）在《儒林外史》中，"范进中举"是指范进参加了_____，成为了举人。

10. （辽宁大学 2020）明清乡试之前实际上要经过三次考试，即县试、府试、院试。参加考试的人，不论年龄大小，一律称为_____。

11. （上海财经大学 2019）魏晋时期的选官制度是_____。

12. （四川大学 2020）在中国古代科举的殿试中，取得进士考试第一名称状元，第二名称_____，第三名称探花，合称"三鼎甲"。

13. （西北大学 2018）明清科举中，乡试及格者都叫举人，第一名称为_____。

▶ 选择题

1. （北京大学 2018）《儒林外史》中"范进中举"参加的是_____（考试），

属于_____(时期)的三级考试制度。

A．乡试　明清　　　　　　B．会试　明清

C．殿试　明代　　　　　　D．县试　清代

2．(北京师范大学 2018)科举制度是什么时候开始实行的?

A．隋朝　　　B．唐朝　　　C．宋朝　　　D．明朝

3．(对外经济贸易大学 2019)元代的科举考试实行三级考试，即乡试、会试和御试，其中会试是指_____。

A．各行省的考试　　　　　B．各乡郡的考试

C．京城的礼部考试　　　　D．知县主持的考试

4．(南开大学 2020)明人唐寅之所以又被称为"唐解元"，是因为他在_____中获得了第一名。

A．会试　　　B．府试　　　C．乡试　　　D．院试

5．(云南师范大学 2020)以九品中正制进行官吏选拔的皇帝是_____。

A．隋文帝　　B．隋炀帝　　C．魏文帝　　D．汉武帝

▶ 判断题

1．2021 新 (对外经济贸易大学)曹操创立的九品中正制直到唐代才被废除。

2．(复旦大学 2018)察举制在东汉成为一种选官制度。

3．(复旦大学 2018)科举制并未影响到日本。

4．(湖南师范大学 2020)科举制度始于隋朝，发展于唐朝，宋元完备。

5．(首都师范大学 2020)中国古代的科举制度打破了由豪门士族把持国家政权的政治格局，壮大了中小地主阶级的政治力量，成为千余年封建统治的政治基础。据学者考证，科举制度最早开始于唐代初年。

▶ 名词解释

1. （兰州大学 2018）客卿制
2. （上海大学 2019）连中三元
3. （首都师范大学 2019，中央民族大学 2020）科举制

▶ 简答题

1. （北京外国语大学 2019）简述科举制度及其对中国文化特点的影响。
2. （上海外国语大学 2018）简述科举制的功过。
3. （天津师范大学 2020）简述隋唐科举考试的形成过程。

参考答案

◉ 填空题

1. 会试　　　　2. 科举制度　　　3. 科举
4. 1904（清光绪三十）　　　　　5. 传胪
6. 九品中正制　7. 察举　征辟　　8. 乡试、会试、殿试
9. 乡试　　　　10. 童生　　　　 11. 九品中正制
12. 榜眼　　　　13. 解元

◉ 选择题

1. A　　2. A　　3. C　　4. C　　5. C

◉ 判断题

1. ×　　2. ×　　3. ×　　4. √　　5. ×

◉ 名词解释

1.

　　春秋战国时期的一种选士制度。各国为了政治和军事上的竞争，纷纷招贤纳士，将相重臣往往从下层军士或平民中选拔，只要他们有一技之长，能够解决君主或其他统治者迫切需要解决的问题，就可以登上政治舞台一展才干。

2.

　　明清时期的科举考试分为乡试、会试、殿试三级。乡试第一名叫作贡元，会试第一名叫作会元，殿试第一名叫作状元，如果一个人接连在乡试、会试、殿试中都取得第一名，就称为"连中三元"。

3.

　　隋唐以来以考试选拔官吏的制度。隋文帝废九品中正制，规定采用考试方法选拔官吏，设立"志行修谨"（有德）和"清平干济"（有才）两科，以选拔人才。隋炀帝又在诸多科目中设立"明经""进士"二科，以考试策问取人。因这种制度的基本做法是设立科目，以考试举士，故称"科举"。科举制的实施，是中国古代用人制度的历史性变革。

◉ 简答题

1.

　　科举是中国古代通过考试选拔人才的方法，其基本做法是设立科目，以考试举士，起于隋朝。隋炀帝设"明经""进士"二科，以考试策问取士。

　　科举制对中国社会和传统文化都有着重大影响，具体可归纳为两方面：首先，科举制打破了门阀制度的出身限制，对国家而言，大大拓宽了选拔人才的基础，为选人任人开辟了更大的空间；对社会而言，科举考试给更多中小地主阶级的知识分子提供了参与治国和施展才能的机会，这无疑有利于社会发展与国家稳定。其次，科举制与以前的人才选拔制度相比，具有相对公平、公正和公开的优点，是用人制度的历史性改革与进步。

科举制的弊端突出表现在两方面：一是使一般读书人养成一种侥幸进取的心理，认为只要一登龙门，便可身价百倍，因而寻章摘句，死记硬背，并不在实际本领上下功夫；二是全国举子甚多，而录取的名额又十分有限，考中实在不易，于是举子们不得不找靠山，行贿赂，通关节，走后门，费尽心机，不择手段，而比较正直的人往往屡试不中。

2.

略

3.

隋开皇七年（587年），隋文帝废九品中正制，规定采用考试方法选拔官吏，并于开皇八年设立"志行修谨"（有德）和"清平干济"（有才）两科，以选拔人才。大业三年（607年），隋炀帝又在诸多科目中设立"明经""进士"二科，以考试策问取人。这就是科举制的真正开始。

唐代继承、发展和完善了隋代开始的科举制。唐代的考试方式主要分作两类：一是常科，二是制科。"常科"就是每年举行的考试，设立的科目不下几十种，常见的有秀才、明经、进士、明法、明字、明算、史科等，但以应考明经、进士两科的人数最多，其中又以进士科的考试最受尊崇，报考的人数最多，因而录取最严。"制科"是皇帝临时设立的科目，也叫"特科"，其内容也相当庞杂，是朝廷特选人才的一种办法。

第十章 典籍藏书

填空题

1. 2021新 （广东外语外贸大学）现存最早的一部地方志是东晋常璩所著的_____。

2. 2021新 （广东外语外贸大学）唐代初年，_____主编的《艺文类聚》是唐代的第一部类书。

3. 2021新 （华东师范大学）唐代以科举取士，"明经"科中规定的"三礼"包括《礼记》、_____和_____。

4. 2021新 （南京大学）首创制度史类史书的是唐代的杜佑，他的代表作是_____。

5. 2021新 （上海大学）我国最早的一部历史文献汇编是_____。

6. 2021新 （首都师范大学）中国第一部编年体史书是_____，第一部纪传体史书是_____。

7. 2021新 （首都师范大学）宋代著名的两大类书，一是_____，二是《册府元龟》。

8. 2021新 （四川师范大学）春秋三传分别是《左传》、《穀梁传》和_____。

9. 2021新 （西安外国语大学）_____不但是我国最早的训诂学专著，而且是后世词典的雏形，是"十三经"之一。

10. （北京师范大学 2018）编年体是中国史书的主要体裁之一，_____是我国现存最早的编年史，它主要是记录_____国的历史。

11. （北京外国语大学 2020）方志具备两种特性，一是_____的，二是历史的。

12. （北京外国语大学 2020）史书的体裁有编年体、纪传体和_____。

13. （北京外国语大学 2020）天一阁有一副对联，其中"坟典"指_____。

14. （对外经济贸易大学 2019）欧阳询主编的_____是唐代第一部类书，其中摘引的资料主要是文学作品。

15．（广东外语外贸大学 2020）周代中央设_____一职掌握天文历法和记载历史。

16．（广东外语外贸大学 2019，2018）唐代所列的"十二经"再加上_____，成为了后来的"十三经"。

17．（湖南师范大学 2020，广东外语外贸大学 2018）图书分类法中的"四分法"始于_____代。

18．（湖南师范大学 2020）我国现存最早的类书是虞世南的_____。

19．（兰州大学 2018）从体裁上看，《资治通鉴》属于_____体史书。

20．（南京师范大学 2020）辑录各个门类或某一门类的资料，经过编排供后人查阅的工具书是_____。

21．（南开大学 2020）"四书"中的《大学》和《中庸》，皆出自"五经"中的_____。

22．（青岛大学 2020）宋代著名的两大类书，一是《太平御览》，二是_____。

23．（青岛大学 2020）我国现存最古老的私家藏书楼是_____。

24．（厦门大学 2019）东汉时期，由蔡邕等人用隶书写成《尚书》《鲁诗》《周易》《春秋》《公羊传》《仪礼》《论语》等七经，刻成46块石碑，立于洛阳南郊（今属河南省偃师市）的太学前，称为_____石经。

25．（陕西师范大学 2020）_____一词是中国古籍的代称。

26．（陕西师范大学 2020）《古今图书集成》是_____代编成的。

27．（陕西师范大学 2020）西汉时的刘向所作_____是我国最早的"目录学"专著。

28．（上海大学 2018）西汉史学家司马迁编撰的《史记》分为"本纪""世家"等几大部分，其中记述典章制度的部分称为_____。

29．（首都师范大学 2020）"四书五经"是中国古代最为重要的几部儒家经典著作，其中"五经"在汉代就已经形成，包括《诗经》、《尚书》、_____、《礼记》和_____。

30. （四川大学 2020）《四库全书》全称《钦定四库全书》，是在_____皇帝的主持下，由纪昀等多位高官、学者编撰抄写而成，前后耗时十三年。

31. （西北大学 2018）我国现存规模最大的一部类书是_____。

32. （云南大学 2020，上海财经大学 2019）明代规模最大的类书是_____。

33. （浙江师范大学 2019）"善本三义"是_____提出来的。

34. （中国海洋大学 2020）司马光编写《资治通鉴》的目的在于"_____"。

35. （中国海洋大学 2019）_____是"经""史""子""集"的代表。

▶ 选择题

1. （北京大学 2018）故宫紫禁城内的藏书阁是_____。
   A．文渊阁　　B．文津阁　　C．文源阁　　D．文澜阁

2. （北京师范大学 2018）与《史记》《汉书》《三国志》合称"前四史"的史书是_____。
   A．《春秋》　B．《新唐书》　C．《后汉书》　D．《资治通鉴》

3. （对外经济贸易大学 2019）从时间上看，以下类书中最晚出现的是_____。
   A．《古今图书集成》　　　B．《太平御览》
   C．《永乐大典》　　　　　D．《册府元龟》

4. （广东外语外贸大学 2019）以下属于私人藏书阁的是_____。
   A．天一阁　　B．天禄阁　　C．石渠阁　　D．海源阁

5. （辽宁大学 2020）"四书五经"中的"四书"不包括_____。
   A．《论语》　B．《庄子》　C．《孟子》　D．《大学》

6. （南京师范大学 2020）按照"经、史、子、集"四分法，农业、医学相关著作属于_____部。
   A．经　　　　B．史　　　　C．子　　　　D．集

7. （南开大学 2020）若要了解一个地方的历史沿革及其人文、经济情况，最好调查_____。

    A．实录　　　B．通典　　　C．方志　　　D．百科全书

8. （上海外国语大学 2020）用来记录历代典章制度的是_____。

    A．会要　　　B．通典　　　C．通志　　　D．通考

9. （上海外国语大学 2020）以下类书中成于宋代的是_____。

    A．《永乐大典》　　　　　　B．《艺文类聚》

    C．《册府元龟》　　　　　　D．《古今图书集成》

10. （四川大学 2020）"前四史"不包括_____。

    A．《史记》　B．《汉书》　C．《左传》　D．《三国志》

11. （天津师范大学 2020）以下属于编年体史书的是_____。

    A．《史记》　　　　　　　　B．《资治通鉴》

    C．《通鉴纪事本末》　　　　D．《汉书》

12. （云南师范大学 2020）下列典籍中属于"五经"的是_____。

    A．《论语》　B．《尚书》　C．《中庸》　D．《孟子》

13. （中国海洋大学 2020）司马光的《资治通鉴》是_____史书的代表。

    A．纪传体　　B．编年体　　C．纪事本末体　D．传记体

14. （中国人民大学 2018）我国记载正史的主要体裁是_____。

    A．纪传体　　B．编年体　　C．纪事本末体　D．典志体

▶ 判断题

1. 2021新 （四川师范大学）编年体史书以司马迁的《史记》为开端，全书从黄帝写到汉高祖。

2. 2021新 （新疆大学）由于宋代把《中庸》列入经书，因此到明代出现了"十三经"的名称。

3. （北京大学 2018）《永乐大典》是清代的第一部类书，藏在天津的文渊阁。

4. （广东外语外贸大学 2019）类书是辑录各个门类或某一门类的资料，经过编排供人查阅的工具书，最早出现于魏文帝曹丕时期。

5. （湖南师范大学 2020）"二十四史"都是编年体史书。

6. （湖南师范大学 2020）明太祖命人编纂的《永乐大典》是明朝规模最大的类书。

7. （上海大学 2018）"四书"是《孟子》《论语》《礼记》《中庸》。

8. （首都师范大学 2020）从体裁来看，史书可以分为编年体、纪传体和纪事本末体；从记述内容来看，又可以分为正史、实录、制度史、杂史和传记等类别。

9. （首都师范大学 2020）宋代著名的两大类书，一是《太平御览》，二是《册府元龟》。

10. （首都师范大学 2020）中国古代典籍的构成主要有简册、帛书、纸写本和刻印本。其中，我国的纸写本书籍在东汉时就已经出现了。

11. （天津师范大学 2020）方志是以行政区划为记述内容的历史书，涉及人文地理、自然地理和经济地理。

12. （西北大学 2018）《四库全书总目》由纪晓岚执笔写成。

13. （云南师范大学 2020）我国的纸写本书籍在西汉时已经出现。

▶ 名词解释

1. （北京外国语大学 2018）《永乐大典》
2. （湖南师范大学 2018）方志
3. （湖南师范大学，西南大学 2018）善本
4. （兰州大学 2019）纪事本末体
5. （南京大学 2020）四书五经

6．（南京大学 2019）经史子集

7．（山东师范大学 2020）三坟五典

8．（山东师范大学，上海大学 2020；中国人民大学 2018）类书

9．（上海大学 2020）编年体

10．（首都师范大学 2019）《四库全书》

11．（中国人民大学 2020）纪传体

▶ **简答题**

1．（复旦大学 2020）《永乐大典》编纂的意义。

2．（广东外语外贸大学 2019）地方志的定义和特点。

参考答案

■ 填空题

1．《华阳国志》　2．欧阳询　3．《周礼》《仪礼》

4．《通典》　5．《尚书》　6．《春秋》《史记》

7．《太平御览》　8．《公羊传》　9．《尔雅》

10．《春秋》 鲁　11．地理　12．纪事本末体

13．中国古籍　14．《艺文类聚》　15．太史

16．《孟子》　17．隋　18．《北堂书钞》

19．编年　20．类书　21．《礼记》

22．《册府元龟》　23．天一阁　24．熹平（一体）

25．坟典　26．清　27．《别录》

28．书　29．《周易》《春秋》　30．乾隆

31.《古今图书集成》 32.《永乐大典》 33. 张之洞

34. 善可为法，恶可为戒　　35.《四库全书》

◉ 选择题

1. A	2. C	3. A	4. A	5. B
6. C	7. C	8. A	9. C	10. C
11. B	12. B	13. B	14. A	

◉ 判断题

1. ×	2. ×	3. ×	4. √	5. ×
6. ×	7. ×	8. √	9. √	10. √
11. √	12. √	13. ×		

◉ 名词解释

1.

《永乐大典》是明代规模最大的类书，由明成祖命解缙、姚广孝等人主持编撰，被认为是世界上第一部综合性百科辞典。

2.

方志就是"地方志"的简称，是以行政区划为记述内容的历史书，"志"即"记"的意思，取"永志不忘"之意。方志就是对一个地方的记录，包括自然地理、人文地理和经济地理，同时具备地理和历史两种特性。

3.

善本就是好的版本，是精加校勘、错误较少的书籍。善本的含义可以规定为"三性"：一是因年代久远而具有的"历史文物性"；二是内容有重要参考价值的"学术资料性"；三是印刷考究、装帧精美的"艺术代表性"。

4.

纪事本末体是中国史书的一种主要体裁，它以历史事件为纲，按类组织史料，每一类记述一个大的历史事件，可以单独成篇。纪事本末体的创始人是南宋袁枢，他把《资治通鉴》改编为239个专题的《通鉴纪事本末》，因而创立了这种新的史书编写体例。纪事本末体克服了编年体"一事而隔越数卷，首尾难稽"和纪传体"一事而复见数篇，宾主莫辨"的缺点。

5.

"四书五经"是"四书"与"五经"的合称，都是儒家经典。"四书"指的是《大学》《中庸》《论语》《孟子》，"五经"指的是《诗经》《尚书》《礼记》《周易》《春秋》。在中国诸多的传统典籍中，"四书五经"占据着相当重要的位置。"四书五经"详实地记载了我国早期思想文化发展史上各个方面的史实资料，以及孔子、孟子等思想家的重要思想。

6.

"经""史""子""集"四分法是中国古代典籍长期使用的一种图书分类方法。"经""史""子""集"四分法以晋代荀勖首创的"四分法"为基础，于唐代最终确立，并成为后世图书分类的主流方法。《隋书·经籍志》著录了东汉以来的大量文献，并按"经""史""子""集"四部分类，另附佛、道二类，但不列入四部之内，从此有了"四部"之称。"经部"包括儒家经典及研究、解释这些经典的著作；"史部"包括了所有的史书及研究、评论这些史书的著作；"子部"包括除儒家经典之外的兵、法、农、医、天文、算术等各家著作；"集部"包括历代作家的文学作品，如诗、词、赋、曲、散文等。

7.

"三坟五典"是中国古籍的代称。"三坟"讲的是三皇的事，其道理是至高至大的，"坟"就是"大"的意思；"五典"讲的是五帝的事，其道理是百代常用的，"典"就是"常"的意思。所谓"三坟五典"实际上子虚乌有，它极有可能是春秋战国时代，人们为了附会"三皇五帝"的事迹而捏造出来的古书名。

8.

类书是辑录各个门类或某一门类的资料，按照一定的方法编排后供人查阅的工具书，始于魏文帝时《皇览》。历代都有编纂类书，但多亡佚，现存著名的类书有：唐代的《北堂书钞》《艺文类聚》，宋代的《太平御览》《册府元龟》，明代的《永乐大典》，清代的《古今图书集成》等。类书的体例分专辑一类和合辑众类两种，后者居多；通常以分类编排，也用分韵、分字等方法。有些被征引的古籍，原书已散佚，有赖类书保存零篇单句，可供辑佚考证之用。

9.

编年体是中国传统史书的一种体裁，以《春秋》为起始，以司马光《资治通鉴》为代表，按历史编年分述历史事件，并杂以评论，借以总结经验教训。

10.

《四库全书》全称《钦定四库全书》，是清代乾隆时期编修的大型丛书，总计36,304册，79,337卷。分经史子集四部，故名四库。内容丰富，具有保存和整理乾隆以前文献的作用。《四库全书》共缮写七部，分藏文渊、文源、文津、文宗、文汇、文溯、文澜七阁，其中扬州文汇阁、镇江文宗阁在咸丰年间毁于战火，圆明园的文源阁被英法联军焚毁，现尚存四部，以承德文津阁所藏最完整。

11.

纪传体是中国传统史书的一种体裁，以人为纲，穿插史实，并用专章记载典章制度。纪传体以司马迁的《史记》为开端，此后历代相沿，成为我国记载正史的主要体裁。

● 简答题

1.

  答题要点▷《永乐大典》是明代规模最大的类书，由明成祖命解缙、姚广孝等人主持编撰，参加工作的人员达 2,169 人，前后用了五年时间，成书后由明成祖赐名《永乐大典》。全书总计 22,937 卷，其中目录即达 60 卷，装订为 11,095 册，约三亿七千万字。其规模宏大，包罗丰富，如同一部百科全书。《永乐大典》的编撰是中国文化史上的巨大工程之一，比英、法两国的大百科全书要早三百余年，在世界文化史上占有辉煌地位。

2.

地方志是以行政区划为记述内容的历史书，是对一个地方的记录，包括自然地理、人文地理和经济地理。

地方志记载的内容相当广泛，所记载的地区信息又相当集中，所涉及的资料也相当丰富，可以称得上是一个地方的百科全书，所以受到人们的高度重视，是颇能反映我国传统文化特色的古籍之一。

第十一章　科技成就

▶ 填空题

1. 2021新 （北京师范大学）北宋沈括撰写的_____最早了记述了地磁偏角的存在。

2. 2021新 （大连外国语大学）成书于先秦至西汉间的_____全面奠定了中医理论的基础。

3. 2021新 （新疆大学）《吕氏春秋》从天、地、人的角度论述了三者之间的关系，总结出了"_____"的农业生产规律。

4. 2021新 （郑州大学）汉代名医_____被后人尊为"医圣"，他写成了医学巨著《伤寒杂病论》。

5. （北京第二外国语学院 2018）中国印刷术的发明经过了由_____印刷到活字印刷的发展。

6. （北京第二外国语学院 2018）指南针的前身是出现在_____时期的一种名为"司南"的仪器。

7. （北京外国语大学 2018）中医受到了中国古代哲学"_____"和"_____"的影响。

8. （北京外国语大学 2018）西汉初年的_____中出现了全部的二十四节气。

9. （北京语言大学 2019）中医四诊法：望、闻、问、_____。

10. （对外经济贸易大学 2019）《三国演义》里描写了_____为关羽刮骨疗毒的故事，他发明了中药麻沸散。

11. （对外经济贸易大学 2019）最初的指南针叫_____，其形状像一把小勺子，底部圆形，置于平滑的刻有二十四向的地盘上。

12. （复旦大学 2018）目前已知世界上最早的印刷品《金刚经》于_____年在敦煌千佛洞被发现。

13.（广东外语外贸大学 2020）《农政全书》的作者是_____。

14.（广东外语外贸大学 2020）孙思邈先后编成《千金要方》和_____。

15.（广东外语外贸大学 2019）汉武帝时制定_____，形成中国第一部完整的历法。

16.（华东师范大学 2018）徐光启的代表著作是_____，徐霞客的代表著作是_____，宋应星的代表著作是_____。

17.（兰州大学 2019）皇甫谧的_____是第一本针灸学著作。

18.（兰州大学 2018）农历七月的节气是_____和处暑。

19.（辽宁大学 2020）_____中有世界公认的关于太阳黑子的最早记录。

20.（南京大学 2020）古人创制的二十四节气往往与气温、物候有关，这十分有利于_____。

21.（南开大学 2020）成语"病入膏肓"和"讳疾忌医"都与中国古代杰出医学家_____有关。

22.（陕西师范大学 2020）为了让历法更好地配合天象和自然季节，用以安排农业生产，古人创制了_____。

23.（上海大学 2019）屠呦呦获得诺贝尔生理学或医学奖，她发现提取青蒿素的方法受到过《肘后备急方》的启发，这本书是东晋_____写的。

24.（上海外国语大学 2018）中国著名的农书有西汉汜胜之所著《汜胜之书》、北魏贾思勰所著_____、南宋陈旉所著的《农书》、元代王祯所著《农书》、明代_____所著《农政全书》。

25.（首都师范大学 2020）在中国算学发展的辉煌史上，公元前三世纪到一世纪成书的《周髀算经》和_____无疑是最杰出的代表。

26.（四川大学 2020）"仲春初四日，春色正中分。绿野徘徊月，晴天断续云。"这说的是二十四节气中的_____。

27.（浙江师范大学 2019）日、月、金、木、水、火、土被称为_____。

28. （中国传媒大学 2020）中国成就最高的药物学巨典是李时珍的_____。

29. （中国海洋大学 2020）中国算学的一大特色计算法是_____，它由以竹签作筹码进行运算的"筹算"发展而来。

30. （中国海洋大学 2020）马克思曾评论："火药、指南针和_____——这是预告资产阶级社会到来的三大发明。"

31. （中国海洋大学 2019）四大发明中，对航海业产生巨大影响的是_____。

32. （中国海洋大学 2019）五行学说包括：_____、火、土、金、水。

33. （中国石油大学 2020）数学著作_____记载了直角三角形"勾三股四弦五"的关系。

▶ 选择题

1. （北京大学 2018）公历12月22日前后是中国二十四节气中的_____。
   A．春分　　　B．秋分　　　C．夏至　　　D．冬至

2. （北京语言大学 2019）"中国古代四方保护神"中，下列说法正确是_____。
   A．北方苍龙　　　B．东方白虎
   C．南方朱雀　　　D．西方玄武

3. （华侨大学 2019）明代医学家李时珍所著的药学百科全书是_____。
   A．《神农本草经》　　　B．《本草纲目》
   C．《脉经》　　　D．《素问》

4. （华侨大学 2019）我国古代医学诊断技术"四诊"指望、闻、问和_____。
   A．查　　　B．验　　　C．测　　　D．切

5. （南开大学 2019）中国药王庙里供奉的鼻祖是扁鹊和_____。
   A．仓公　　　B．华佗　　　C．张仲景　　　D．李时珍

6. （上海大学 2018）我国传统表示顺序的"天干"共有几个？
   A．8　　　B．10　　　C．12　　　D．14

7. (上海外国语大学 2020)《金匮要略》的作者是_____。
   A. 扁鹊　　　B. 张仲景　　　C. 华佗　　　D. 孙思邈

8. (西北大学 2018) 在中国古代天文学中，东方群星被称为_____。
   A. 天龙　　　B. 苍龙　　　C. 神龙　　　D. 飞龙

9. (云南师范大学 2020) 位于古洛阳南部的灵台是现存最早的_____遗址。
   A. 占卜台　　B. 祭祀台　　C. 封禅台　　D. 天文台

10. (中国海洋大学 2020) 西汉初年的_____中出现了全部的二十四节气。
    A.《吕氏春秋》B.《公羊传》C.《淮南子》D.《零宪》

▶ 判断题

1. 2021新 (西安外国语大学)《中国科学技术史》是美国科学史家李约瑟的著作。

2. (湖南师范大学 2019) 中国四大发明中最早出现的是造纸术。

3. (首都师范大学 2020) 司马迁在《史记》里记录了张仲景和华佗两位名医，二人一直都是中国药王庙里供奉的鼻祖。

4. (西北大学 2018) 迄今为止，世界上使用时间最长的纪日方法是干支纪日法。

5. (西北大学 2018) 我国第一部国家药典是唐朝的《神农本草经》。

6. (西北大学 2018) 小满和夏至之间的节气是谷雨。

7. (中国海洋大学 2020) 汉代名医华佗写出医学名著《伤寒杂病论》，他也被后人尊为医圣。

▶ 名词解释

1. (兰州大学 2018) 天干地支

2. (南开大学 2019) 二十四节气

3．（上海大学 2019）历法

▶ 简答题

1．（兰州大学 2018）举例说明中医学的特点。

2．（中央民族大学 2020）介绍一下我国的中医药学。

▶ 论述题

1．（南开大学 2020）中国古代科学研究的特点是什么？这些特点是否保留到了现代？请结合从古至今的重大科技成就，谈谈中国科技的特点及其对人类文明的贡献。

▣ 填空题

1．《梦溪笔谈》　　2．《黄帝内经》　　3．不违农时

4．张仲景　　5．雕版　　6．春秋战国

7．天人合一观　阴阳五行学说　　8．《淮南子》

9．切　　10．华佗　　11．司南

12．1900　　13．徐光启　　14．《千金翼方》

15．太初历　　16．《农政全书》《徐霞客游记》《天工开物》

17．《针灸甲乙经》　18．立秋　　19．《汉书·五行志》

20．农业生产　　21．扁鹊　　22．二十四节气

23．葛洪　　24．《齐民要术》　徐光启

25．《九章算术》　　26．春分　　27．七曜

28．《本草纲目》　　29．珠算　　　　30．印刷术

31．指南针　　　　32．木　　　　　33．《周髀算经》

◉ 选择题

1．D　　2．C　　3．B　　4．D　　5．A

6．B　　7．B　　8．B　　9．D　　10．C

◉ 判断题

1．×　　2．×　　3．×　　4．√　　5．×

6．×　　7．×

◉ 名词解释

1．

　　天干地支是我国古代的纪日方法。所谓"干支"就是干枝，以天为干，以地为枝，也是一种天地阴阳观念的表现。"天干"十个：甲、乙、丙、丁、戊、己、庚、辛、壬、癸；"地支"十二个：子、丑、寅、卯、辰、巳、午、未、申、酉、戌、亥。天干和地支依次组合为六十个单位，从甲子开始至癸亥结束，称为"六十甲子"，每个单位代表一天。六十甲子周而复始，循环不断。这一方法从殷商中叶一直用到清朝结束，是世界上使用时间最长的纪日方法。

2．

　　二十四节气是指根据地球在围绕太阳公转的轨道上的二十四个不同的位置，将一年划分为二十四个时段。每个时段所反映的气温、物候、雨量变化不同，古人以此来确定它们的名称。二十四节气依次为：正月立春、雨水，二月惊蛰、春分，三月清明、谷雨，四月立夏、小满，五月芒种、夏至，六月小暑、大暑，七月立秋、处暑，八月白露、秋分，九月寒露、霜降，十月立冬、小雪，

十一月大雪、冬至，十二月小寒、大寒。

3.

　　历法就是用年、月、日计算时间的方法，中国的历法是随着原始农业生产的发展而逐步建立起来的。从殷商时起，用六十干支纪日，以月亮的圆缺纪月，此法相传数千年，至汉武帝时才制定了"太初历"，形成了中国第一部完整的历法。此后历代改历，到元代郭守敬创"授时历"，历法基本定型。明代所用的"大统历"，实际上就是郭守敬制定的元历。

▣ 简答题

1.

　　我国的中医学在世界医学史上独树一帜，是中国传统文化中最珍贵的遗产之一。中医的最大特点就是诊断和治疗的整体观念，它把人体的生理机能看作一个整体，进而把人体的生理机能与自然环境看作一个整体，把治病过程看作一个统一性运动，认为人体各部位器官的功能休戚与共，认为自然环境影响人体的生理功能，人的病理过程实际上就是外在环境作用于内部机体的过程，是一个由表及里、由虚到实的过程。因此,中医诊治强调"四诊""八纲"。"四诊"即"望"（望色）、"闻"（闻味）、"问"（问情）、"切"（切脉），"八纲"即"阴""阳""表""里""寒""热""虚""实"。医生正是在"四诊"的基础上，依照"八纲"之间相互对立统一的关系，对病人进行综合的辨证施治。

2.

　　略

▣ 论述题

1.

　　中国古代科技在众多领域都有举世瞩目的成就：

第一，天文与历法。中国古代的天文学十分发达，也有很高的成就，如张衡发明的"浑天仪"、中国的历法等。

第二，农学。中国自古以农业立国，农学的研究历来受到重视，主要成就如贾思勰的《齐民要术》、徐光启的《农政全书》等。

第三，算学。算学在我国的起源可以追溯到原始社会的新石器时代，产生于结绳记事，主要成就如《九章算术》、珠算等。

第四，医学。我国的中医学在世界医学史上独树一帜，是中国传统文化中最珍贵的遗产之一，产生了像扁鹊、华佗等名医，还有《伤寒杂病论》《本草纲目》等著作。

第五，地学。中国地域辽阔，山川壮美，奇特地貌及丰富物产引起人们的注意，展开了对地学的研究，主要成就如郦道元的《水经注》、徐霞客的《徐霞客游记》等。

除了这些领域，中国的"四大发明"——造纸术、指南针、火药和印刷术对人类文化发展做出了巨大的贡献。

从中国古代科学技术本身来说，具有强烈的实用性特点，一切学科、一切研究，都以"国家"的实用为最终目的。因此中国古代的科学著作大多是经验性的总结，而不是理论性的探讨，所记各项发明都是为了解决国家与社会生活中的实际问题，并不为在某一研究领域获得重大突破，以带动科学事业的发展。

从研究方法来说，中国科技重视综合性的整体研究，重视从整体上把握事物，而不是把研究对象从错综复杂的联系中分离出来，独立研究它们的实体和属性，细致探讨它们的奥秘。

正是这些原因，中国古代的科学技术停留在原有的水平上，没有朝着现代化的道路发展。

第十二章 传统建筑

▶ 填空题

1. 2021新（大连外国语大学）武则天与唐高宗合葬在陕西乾县_____。

2. 2021新（对外经济贸易大学）社稷坛象征国家，体现农业文化，坛上设置的"五色土"的寓意是_____。

3. 2021新（郑州大学）隋炀帝时开凿的大运河，以_____为中心，以杭州为终点。

4. （北京语言大学 2020）江南三大名楼是滕王阁、_____、黄鹤楼。

5. （对外经济贸易大学 2019）古代的城市分为"城"和"_____"两个部分，前者供统治者居住，后者供老百姓居住。

6. （对外经济贸易大学 2019）蜀郡太守_____主持兴建的"都江堰"位于四川省都江堰市，其主体工程现在依然屹立在岷江中流。

7. （对外经济贸易大学 2019）中国封建时代的宫殿建筑有严格的等级规定，殿顶装饰的"吻兽"最多为9个，但是北京故宫_____的"吻兽"破例有10个。

8. （广东外语外贸大学 2020）河北赵县赵州桥本名是_____。

9. （湖南师范大学 2020）秦始皇统一中国前后修建的三大水利工程除了灵渠、都江堰，还有_____。

10. （兰州大学 2020）中国古代桥梁有三个特点：地区性、实用性和_____。

11. （兰州大学 2018）中国传统建筑在审美意识上追求平稳、整齐、_____，讲求秩序，适合礼度。

12. （南京师范大学 2020）古代的城市叫作"城池"，"城"指_____，"池"指护城河。

13. （南开大学 2020）我国陵墓寺庙建筑中常有各种碑碣的留存，驮碑的动物是龙之九子中的_____。

14．（南开大学 2020）我国拥有古桥梁最多的城市是浙江省_____市。

15．（青岛大学 2020）由隋代李春建造的_____是全世界最早的敞肩拱桥之一。

16．（陕西师范大学 2020）"虽由人作，宛自天开"，反对任何牵强附会和故意雕琢，这一造园思想实际上是"_____"的哲学观念在园林艺术中的体现。

17．（陕西师范大学 2020）_____渠在现在的陕西省泾阳县境内，全长300余里。

18．（上海财经大学 2019）我国历史上最大的古城——隋大兴城的总设计师是_____。

19．（上海大学 2020）我国古代最长的石拱桥是位于江苏苏州的_____。

20．（上海外国语大学 2018）"汉三宫"指_____、_____、建章宫。

21．（云南大学 2020）被称为"园林之城"的城市是_____。

22．（郑州大学 2020）只有皇家宫殿和一些特许的建筑物的主殿才能采用的殿顶形式是_____。

23．（中国海洋大学 2020）按其所属，中国园林可分为四类，皇家园林、私宅园林、_____和公共园林。

24．（中国海洋大学 2020）沧浪亭、_____、拙政园和留园合称"苏州四大名园"。

25．（中国海洋大学 2019）赵州桥建于_____时期。

▶ 选择题

1．2021新（华中师范大学）下列古代宫廷建筑与帝王对应不正确的是_____。
　　A．鹿台——秦始皇　　　　B．台城——梁武帝
　　C．思子台——汉武帝　　　D．大明宫——唐玄宗

2. (东北师范大学 2019)以下哪个不属于秦始皇统一中国前后修建的三大水利工程?

   A. 灵渠　　　B. 都江堰　　　C. 大运河　　　D. 郑国渠

3. (对外经济贸易大学 2019)苏州的"拙政园"属于_____。

   A. 皇家园林　　B. 寺庙园林　　C. 私宅园林　　D. 公共园林

4. (南开大学 2020)园林名称常有园林主人的志向和趣味,如"拙政园"的意思就寄托了主人_____的愿望。

   A. 不长于政事　　　　　　B. 娱山水而避朝政

   C. 勤于政事　　　　　　　D. 不满于朝政

5. (南京师范大学 2020)中国古代南方私宅园林以_____为最多。

   A. 苏州　　　B. 杭州　　　C. 南京　　　D. 扬州

6. (云南师范大学 2020)"汉三宫"中的未央宫是_____时期兴建的。

   A. 汉高祖　　B. 汉文帝　　C. 汉景帝　　D. 汉武帝

▶ 判断题

1. (湖南师范大学 2020)会馆始设于明中叶,它的功能是经济和文化性的。
2. (西北大学 2018)隋大兴城的总设计师是宇文恺。
3. (西北大学 2018)我国拥有古桥梁最多的城市是苏州市。
4. (西北大学 2018)佛塔的最初用途是收藏佛骨舍利。
5. (厦门大学 2019)都江堰是战国时期秦国的李冰父子修建的。
6. (中国海洋大学 2020)江南三大名楼,分别为黄鹤楼、岳阳楼和鹳雀楼。

▶ 简答题

1. (东北师范大学 2020,广东外语外贸大学 2018)简要分析中国传统建筑的特点。

2. （中央民族大学 2019）中国园林有哪些类型？各有哪些代表？中国园林有哪些特点？

▶ 论述题

1. （上海大学 2019）中国园林艺术的特点。

参考答案

填空题

1. 乾陵
2. 普天之下，莫非王土
3. 洛阳
4. 岳阳楼
5. 郭
6. 李冰
7. 太和殿
8. 安济桥
9. 郑国渠
10. 公益性
11. 对称
12. 城墙
13. 赑屃（霸下）
14. 绍兴
15. 赵州桥
16. 天人合一
17. 郑国
18. 宇文恺
19. 宝带桥
20. 长乐宫　未央宫
21. 苏州
22. 重檐庑殿顶
23. 寺庙园林
24. 狮子林
25. 隋朝

选择题

1. A
2. C
3. C
4. B
5. A
6. A

◉ 判断题

1. ×   2. ✓   3. ×   4. ✓   5. ✓

6. ×

◉ 简答题

1.

从一般的意义上来说，中国传统建筑有四个特点：

第一，在建筑上普遍采用木构架，并且由此形成中国建筑的独特风格。木构架的结构方式因地区和建筑种类的不同而有好几种，但以"抬梁式"为最重要。所谓"抬梁式"，就是通常所见的以梁柱为骨架的斗拱结构。这种斗拱结构以宫殿、寺庙和其他高等级建筑运用最多。

第二，在平面布局上以"间"为单位构成单体建筑，再以单体建筑组成庭院，然后以庭院为单元构成组群建筑。但不论单体建筑还是组群建筑，在设计上多取方形或长方形，而且常常以南北为纵轴线，以东西为横轴线安排主要建筑和次要建筑，以围墙和回廊构成封闭式的整体。这种布局是古代封闭性的思维模式和小农经济意识在建筑中的反映。

第三，在建筑的审美意识上追求平稳、整齐、对称，讲求秩序，适合礼度。主要建筑讲究宏伟高大，讲究气势，并以次要建筑来衬托主要建筑。许多建筑有意利用地形，造成高低错落的形态，使整齐、对称的平面布局在主体上显示出丰富多彩的变化。至于园林建筑，它所追求的不是整齐、对称，而是曲折变化和诗情画意。

第四，在艺术造型上，中国建筑多采用庞大的出檐屋顶，即通常所说的"大屋顶"。宫殿、寺庙等大型建筑还往往采用高台基。这种高台大顶造型，给人以稳固、庄严、雄伟的感觉。至于组群建筑的造型还要讲究主次分明，有起有落，由正门到最后一座庭院，要像戏曲和音乐一样，显出序幕、高潮和尾声。

2.

中国园林按照属性可分为四类：皇家园林、私宅园林、寺庙园林和公共园林。由于历史造成的原因，"皇家园林"或称"帝王园林"，主要在北方，如北京的颐和园、承德避暑山庄等；"私宅园林"多数在南方，以江南园林为代表，如苏州的拙政园、留园、网师园，无锡的寄畅园，扬州的个园、何园等；"寺庙园林"所存不多，如太原晋祠，苏州狮子林最早也是元代菩提正宗寺的后花园；"公共园林"多分布于山水胜地，如杭州西湖、济南大明湖等。

中国园林主要有三大特点：第一，追求人与自然的统一和融合；第二，注重体现人的意趣和精神追求；第三，在造园手法上讲究含蓄、曲折、变化，反对僵直、单调、一览无余。

◉ 论述题

1.

中国园林艺术主要有三大特点：

第一，追求人与自然的统一和融合。中国园林无一例外的都是艺术地再现自然，都是范山模水，取法天然，为作为生存主体的人创造一个和谐统一的客体环境。它造园的根本思想可以概括为"虽由人作，宛自天开"，反对任何牵强附会和故意雕琢。这一造园思想实际上是"天人合一"的哲学观念在园林艺术中的体现。古代的哲人们早就从自然界寻找美感，他们的美学思想都给后来的造园艺术以深刻的影响。事实上，中国的园林都是以山水为主体，山是骨骼，水是血脉，二者同样是自然的主体。因此，造园时特别注重山水的配置，要求山要有脉，水要有源，水随山转，山因水活。在具体布局上，有的以水为主，有的以山为主，有的山水并重，因而中国的园林又可以叫作"山池"。

第二，注重体现人的意趣和精神追求。中国园林虽然是艺术地再现自然，却不是无目的地再现自然，而是在自然景物中寄托一定的理想和信念，借助自然景物来表达园林主人的志向和趣味，以满足人的某种精神追求。因而中国园林大多借景寓情，以景明志，赋予外在的景物以丰富的文化内涵。因自古受神仙思想的影响，皇家园林中多见海上仙山，以体现封建帝王祈求成仙和长享富贵的愿望。北京的中南海、北海以及琼华岛、水云榭和瀛台就是这一思想的具体表现。私宅园林也都有园主人的某种寓意。如苏州的"拙政园"为明代御史王献臣所建，他不满朝政，退而居家，取晋代潘岳《闲居赋》中"拙者为政"之意命名，寄托了娱山水而避朝政的愿望。中国的园林还常常借助字画、碑匾描绘四周景物，表明园主的志趣。因此，园林中的题名、匾额、楹联等都有点景、抒情、寓意等作用。如"碧梧栖凤""无际归舟""紫气东来""小山丛桂"，又如"知春亭""看山楼""赏诗阁""画舫斋""两宜轩"等，无不充满诗情画意。单就这些景物的命名去研究，就可以触及传统文化中的那些深层结构。

　　第三，在造园手法上讲究含蓄、曲折、变化，反对僵直、单调、一览无余。因此，园林中的景物大多藏而不露，隐而不现。"大观园"的无穷景致，都隐于一进园门的假山之后。绘画讲究"远山无脚，远树无根，远舟无身（只见帆）"，造园也同此理，就是含蓄而有层次。具体来说，造园要充分表现自然的活力，要在有限的空间里显示出自然景物的无限层次；要在造园时小中见大，虚实相间，主次分明，高低互现，远近相衬，动静宜变。园林面积越小，要求变化越多，而在变化中又不失为一个有机的整体。中国造园艺术之难就难在这里。中外专家所以推崇苏州的"网师园"，正是因为它充分体现了中国造园手法的这些特点。

第十三章　古典文学

▶ 填空题

1. 2021新 （北京师范大学）晚唐诗坛笼罩着哀伤凄凉的气氛，成就最大者当数"小李杜"，分别是_____和杜牧。

2. 2021新 （北京师范大学）明代"四大奇书"分别是《水浒传》、《三国演义》、《西游记》和_____。

3. 2021新 （华中师范大学）元曲"四大悲剧"指的是关汉卿的《窦娥冤》、白朴的《梧桐雨》、马致远的_____和纪君祥的《赵氏孤儿》。

4. 2021新 （华中师范大学）纳兰性德的词句"非关癖爱轻模样，冷处偏佳。别有根芽，不是人间富贵花。"所咏对象是_____。

5. 2021新 （上海大学）_____与《楚辞》以其巨大的艺术魅力而被称为"风骚"，构成中国诗歌发展史上的两大源头。

6. 2021新 （首都师范大学）与元稹倡导"新乐府"运动，被认为是"唐代第三大诗人"，写过《长恨歌》《琵琶行》的诗人是_____。

7. 2021新 （首都师范大学）"汉赋四大家"是司马相如、_____、_____、张衡。

8. （北京大学 2020）冯梦龙编纂的"三言"是_____，凌濛初创作的"二拍"是_____。

9. （北京师范大学 2018）《红楼梦》最初以80回抄本的形式在社会上流传，本名_____，这些抄本大都有署名脂砚斋等人的评语，因此习惯上称之为"脂评本"。

10. （东北师范大学 2019）"陆羽茶经元亮酒"中的"元亮"指_____。

11. （对外经济贸易大学 2019）元代杂剧繁荣兴盛，其中创作最早、成就最高、影响最大的剧作家是_____。

12. (广东外语外贸大学 2019)魏晋出现六朝小说,一类"志人",一类"志怪",志怪小说的代表作是干宝的_____。

13. (湖南师范大学 2020)明代"四大传奇"包括_____、_____《杀狗记》和《荆钗记》。

14. (兰州大学 2019)苏轼盛赞_____为"文起八代之衰"。

15. (陕西师范大学 2020)汉魏乐府"感于哀乐,_____",具有强烈的现实主义精神。

16. (上海财经大学 2020)杜甫《登高》从诗体角度可划分为_____。

17. (上海大学 2018)汉武帝时设立了一种专门负责乐舞的机构_____,主要搜集、整理民间音乐创作,对后世音乐的发展起了很大作用。

18. (上海外国语大学 2018)"元曲四大家"分别是关汉卿、_____、白朴和_____。

19. (首都师范大学 2020)词至宋代,发展到极盛时期,成为中国诗歌史上的又一高峰。宋词分为_____和_____两大流派。

20. (首都师范大学 2020)司马相如、班固、_____、_____被称为"汉赋四大家",他们的作品"润色鸿业","劝百讽一",极尽铺张排陈之能事,特别是司马相如的_____和《上林赋》,奠定了散体大赋的体制。

21. (首都师范大学 2020)写出《窦娥冤》《救风尘》《单刀会》等著名剧目的是_____,他与_____、白朴、郑光祖并称为"元曲四大家"。

22. (首都师范大学 2018)我国第一部诗歌总集是_____,其中开篇第一首诗是_____。

23. (首都师范大学 2018)写出"亦余心之所善兮,虽九死其尤未悔"的是_____,他的诗歌后被编成_____,他生活在_____时期。

24. (四川大学 2020)号为少陵野老的诗人_____是_____代的一位诗人。

25. (西南大学 2018)_____创作的《儒林外史》是一部讽刺小说,从多方面揭露和抨击了科举八股取士的问题。

26.（云南大学 2020）魏晋以后出现的志人小说，主要记载士族阶层的逸闻轶事，其代表作为刘义庆的_____。

27.（中国传媒大学 2020）《三国演义》的作者是_____，《西游记》的作者是_____，《水浒传》的作者是_____。

28.（中国海洋大学 2020）建安时期，以曹操、曹植父子和"建安七子"为代表的建安文人把_____诗推上了一个高峰。

29.（中国人民大学 2018）以方苞、姚鼐为代表的_____是清代最大的散文流派，提倡唐宋古文，讲究"义法"。

▶ 选择题

1. 2021新（北京师范大学）以下不属于《庄子》的篇目是_____。
   A.《养生主》　　B.《齐物论》　　C.《造物主》　　D.《大宗师》

2. 2021新（华中师范大学）诗句"沾衣欲湿杏花雨，吹面不寒杨柳风"的作者是_____。
   A．苏轼　　　B．黄庭坚　　　C．王维　　　D．僧志南

3. 2021新（新疆大学）被称为是"经国大业，不朽盛事"的是_____。
   A．诗歌　　　B．戏剧　　　C．散文　　　D．戏曲

4.（北京大学 2020）以下哪部文学作品不属于谴责小说？
   A．《二十年目睹之怪现状》　　B．《镜花缘》
   C．《老残游记》　　D．《孽海花》

5.（北京大学 2018）下列诗人中不是南宋"中兴四大诗人"的是_____。
   A．杨万里　　B．尤袤　　C．范仲淹　　D．陆游

6.（北京大学 2018）下列《诗经》中的诗句不是描写情感方面的是_____。
   A．之子于归，宜其室家。　　B．昔我往矣，杨柳依依。
   C．匪女之为美，美人之贻。　　D．死生契阔，与子成说。

7. （北京大学 2018）以下属于明代戏剧作品的是_____。
   A．《窦娥冤》　　　　　　　B．《墙头马上》
   C．《汉宫秋》　　　　　　　D．《牡丹亭》

8. （北京大学 2018）《孽海花》是一部_____。
   A．神鬼小说　　B．谴责小说　　C．志人小说　　D．言情小说

9. （北京师范大学 2018）在汉乐府民歌的影响下，东汉末年出现了文人创作的五言诗，其中《古诗十九首》的作者是_____。
   A．无名氏　　　B．班固　　　　C．张衡　　　　D．蔡邕

10. （广东外语外贸大学 2020）属于"四大传奇"之一的是下列哪本书？
    A．《荆钗记》　　　　　　　B．《聊斋志异》
    C．《儒林外史》　　　　　　D．《金瓶梅》

11. （南京师范大学 2020）田园诗派的奠基人是_____。
    A．谢灵运　　　B．王维　　　　C．陶渊明　　　D．阮籍

12. （四川大学 2020）《诗经》中，"灼灼其华"是形容_____的美。
    A．杏花　　　　B．梨花　　　　C．桃花　　　　D．梅花

13. （西北大学 2018）南朝诗人创造的讲究声律和对仗的新诗体被称为_____。
    A．元和体　　　B．永明体　　　C．格律诗　　　D．文选体

14. （西北大学 2018）"汉赋四大家"是指司马相如、班固、扬雄和_____。
    A．枚乘　　　　B．张衡　　　　C．王充　　　　D．刘向

15. （西北大学 2018）_____的著作《闲情偶寄》一书系统地论述了戏曲文学及戏曲表演艺术的特点，具有重要的文学价值。
    A．李渔　　　　B．李玉　　　　C．李开先　　　D．汤显祖

16. （云南师范大学 2020）_____因真实而深刻地反映了当时的社会现实，而成为我国古典文学现实主义传统的光辉起点。
    A．《离骚》　　B．《红楼梦》　C．《楚辞》　　D．《诗经》

17. (中国海洋大学 2020)_____是《诗经》的一种艺术表现手法,"以彼物比此物也",就是比喻。

    A．赋　　　　B．比　　　　C．兴　　　　D．辞

18. (中国海洋大学 2020)_____是中国诗歌发展的重大转变时期,其标志就是音律的出现,代表人物是沈约、谢朓等。

    A．唐代　　　B．宋代　　　C．三国时期　　D．南北朝

19. (中国海洋大学 2020)_____主张作诗"无一字无来历",形成著名的"江西诗派",在宋代诗坛影响巨大。

    A．欧阳修　　B．苏轼　　　C．范仲淹　　D．黄庭坚

20. (中国海洋大学 2020)《西厢记》被誉为"天下夺魁",是元代前期_____的杂剧作品。

    A．高则诚　　B．关汉卿　　C．王实甫　　D．黄庭坚

21. (中国人民大学 2018)元代剧作家马致远的代表作有_____。

    A．《梧桐雨》　B．《拜月亭》　C．《汉宫秋》　D．《西厢记》

▶ 判断题

1. 2021新 (华中师范大学)《水浒传》的"一百单八将"中有三位女将。

2. 2021新 (郑州大学)《论语》言辞简约而意旨丰厚,说理论事富于哲理和抒情意味,许多句子成为后世格言和成语,如"温故而知新""缘木求鱼""揠苗助长"等。

3. (北京大学 2018)《楚辞》是屈原所有作品的合集。

4. (北京师范大学 2018)"溯洄从之,道阻且长。溯游从之,宛在水中央。"这是《楚辞》中的诗句。

5. (湖南师范大学 2018)唐宋时期由于市民阶层的兴起,出现了与市民艺术趣味密切相关的白话文小说——话本。

6. (湖南师范大学 2020)《楚辞》是我国最早的长篇抒情诗,具有浓厚的楚地文化风格。
7. (首都师范大学 2020) 诗歌发展到唐代,进入了高度繁荣的阶段。其中,一改齐梁艳丽诗风,被称为"初唐四杰"的是王勃、杨炯、骆宾王和陈子昂。
8. (西北大学 2018) 宋代影响最大的诗歌流派是"江西诗派"。
9. (中国海洋大学 2020)《诗经》和《楚辞》以其巨大的艺术魅力而被称为"风骚",构成中国诗歌发展史上的两大源头。

▶ 名词解释

1. 2021新 (华中师范大学) 新乐府运动
2. 2021新 (山东大学) 乐府诗
3. (东北师范大学 2020) 楚辞
4. (东北师范大学 2019) 三言二拍
5. (上海大学 2020) 六朝小说

▶ 简答题

1. (苏州大学 2019) 著名剧作《长生殿》的作者是谁?
2. (首都师范大学 2020) 简述明清两代中国古典小说的成就。
3. (上海大学 2020) 唐诗有哪些特点?
4. (天津师范大学 2020) 简述宋词的两大流派及其代表人物和作品。
5. (西南大学 2020) 唐代哪两位诗人并称"元白"?

▶ 论述题

1. (苏州大学 2019) 举例说明杜甫诗歌的"史诗"价值。

参考答案

填空题

1. 李商隐
2. 《金瓶梅》
3. 《汉宫秋》
4. 雪花
5. 《诗经》
6. 白居易
7. 班固　扬雄
8. 《喻世明言》《警世通言》《醒世恒言》《初刻拍案惊奇》《二刻拍案惊奇》
9. 《石头记》
10. 陶渊明
11. 关汉卿
12. 《搜神记》
13. 《白兔记》《拜月亭记》
14. 韩愈
15. 缘事而发
16. 七言律诗
17. 乐府
18. 马致远　郑光祖
19. 豪放派　婉约派
20. 扬雄　张衡　《子虚赋》
21. 关汉卿　马致远
22. 《诗经》《关雎》
23. 屈原　《楚辞》　战国
24. 杜甫　唐
25. 吴敬梓
26. 《世说新语》
27. 罗贯中　吴承恩　施耐庵
28. 五言
29. 桐城派

选择题

1. C	2. D	3. C	4. B	5. C
6. B	7. D	8. B	9. A	10. A
11. C	12. C	13. B	14. B	15. A
16. D	17. B	18. D	19. D	20. C
21. C				

◼ 判断题

1. ✓　　2. ×　　3. ×　　4. ×　　5. ×
6. ×　　7. ×　　8. ✓　　9. ✓

◼ 名词解释

1.

新乐府运动是由元稹与白居易共同提倡的文学改革运动，主张恢复古代的采诗制度，发扬《诗经》和汉魏乐府讽喻时事的传统，使诗歌起到"补察时政""泄导人情"的作用，强调以自创的新的乐府题目咏写时事。所谓"新乐府"，是相对古乐府而言的。与韩愈、柳宗元提倡的古文运动相互呼应。新乐府是唐人自立新题的乐府诗，与汉乐府的主要不同之处在于，新乐府不入乐。新乐府运动宗旨在于"文章合为时而著，歌诗合为事而作"，大大强调了诗歌的社会功能和讽喻作用。

2.

乐府诗是汉魏六朝时期兴起并繁盛发展的一种诗体。汉代独尊儒术，注重诗教，专门设立"乐府"，负责采集民歌，编制乐章，整理外来乐曲。后来把汉代乐府搜集来的歌词及魏晋六朝到隋唐时代可以入乐的诗歌和模仿乐府古题的作品统称为"乐府诗"。汉魏乐府"感于哀乐，缘事而发"，具有强烈的现实主义精神，比《诗经》有更强的叙事性。乐府诗体自由多样，句式以五言为主，三、四、六、七言不等，奠定了五言诗和七言诗的基础；其内容深刻反映了汉代以来社会生活的各种矛盾。著名篇章如《十五从军征》《战城南》《东门行》《妇病行》《陌上桑》《孔雀东南飞》等。

3.

"楚辞"是继《诗经》之后出现的一种新诗体，公元前4世纪在楚国的文化氛围里孕育出来，深受南方自然山水和巫术文化的影响，具有浓郁的地域特色。由于楚地巫风盛行，祭祀活动多杂以歌舞，其乐曲的词句长短不一，形式自由，极易表达奔放的感情。屈原运用这种民歌体裁，发挥其丰富的想象，抒发其爱国情怀，写出了《离骚》《九歌》《九章》《天问》等传世名篇；后有宋玉，代表作为《九辩》；到汉代又有一些人模仿这种诗体。这些作品经刘向、王逸等人整理，编为《楚辞》。

4.

"三言二拍"是明代白话短篇小说的代表，指冯梦龙编纂的"三言"（《喻世明言》《警世通言》《醒世恒言》）和凌濛初创作的"二拍"（《初刻拍案惊奇》和《二刻拍案惊奇》）。"三言"属于宋、元、明三代短篇小说的选集，"二拍"则是凌濛初个人的创作。这些作品突出反映社会矛盾，其中大量描写市民爱情生活，对妇女命运的描述尤其生动。如"三言"中的《杜十娘怒沉百宝箱》《卖油郎独占花魁》《玉堂春落难逢夫》《沈小霞相会出师表》等，都是中国文学史上闪光的篇章。"三言""二拍"还着重描写了商人生活，反映了明代中叶以后社会经济的发展状况。

5.

六朝小说指魏晋以后的小说，这一时期是中国小说的萌芽阶段。六朝小说主要有两种类型：一类"志人"，主要记载士族阶层的逸闻轶事，代表作为刘义庆的《世说新语》；一类"志怪"，主要记述神话故事和民间传说，多神仙鬼怪，代表作为干宝的《搜神记》。

● 简答题

1.

《长生殿》的作者是清代的洪昇。《长生殿》是一部传奇剧，通过描写唐明皇和杨贵妃的爱情故事，反映了唐代广泛的社会政治生活，歌颂了一批忠臣义士的爱国精神。

2.

明清两代是中国古典小说兴盛繁荣的时代,特别是白话小说创作广泛流行,并且达到了很高的艺术水平。明代的"四大奇书",《三国演义》《水浒传》《西游记》《金瓶梅》出现在文坛上,放射出亘古未有的光辉。

明代后期,出现了白话短篇小说繁荣的局面,代表作有由冯梦龙编纂的"三言"(《喻世明言》《警世通言》《醒世恒言》)和凌濛初创作的"二拍"(《初刻拍案惊奇》和《二刻拍案惊奇》)。这些作品突出反映社会矛盾,其中大量描写市民爱情生活,对妇女命运的描述尤其生动;同时还着重描写了商人生活,反映了明代中叶以后社会经济的发展状况。

清代盛期,中国古典小说创作也转向极盛,各种长短篇小说争相辉映,其中蒲松龄的《聊斋志异》、吴敬梓的《儒林外史》和曹雪芹的《红楼梦》,是古典小说创作的高峰。清代中期以后,小说创作开始走向衰落,但也偶有佳作,李汝珍的《镜花缘》、吴趼人的《二十年目睹之怪现状》、刘鹗的《老残游记》、曾朴的《孽海花》等颇具批判和讽刺意味。

3.

诗歌发展到唐代,进入了高度繁荣的阶段。唐诗主要有以下几方面特点:

第一,数量众多。清代编定的《全唐诗》共录作者2,300余位,诗作48,900余首,还有许多散失的作品未能包括在内,可称盛况空前。

第二,诗体丰富。以由"永明体"发展而来的"近体诗"(即格律诗)为主,其中又分五律、七律,五绝、七绝,其他五言、七言古体诗以及杂言歌行诗也占不小比例,可称百花争艳。

第三,风格多样。或悲壮,或苍凉,或细密,或粗犷,或幽远,或飘逸,或诡异,或豪放,实在难论穷尽,可称色彩缤纷。

第四,作者队伍庞大。上自帝王公卿、学者名流,下至僧尼道士、市井百姓,各个阶层,形形色色,都可以作诗,其间名家迭出,各有千秋,独具特色的诗人不下五六十位。

唐诗如此发达，首先是当时的政治、经济、文化高度发展，为它创造了丰厚的物质条件；其次是唐代科举制度加试诗赋，刺激了文人学士作诗的热情和欲望；三是诗歌自身的发展和成熟为唐诗的发展提供了内在动力。

4.

宋词主要分豪放派和婉约派两大流派。豪放派以苏轼为代表，词作内容突破"艳科"传统藩篱，吐纳社会人生，辞章雄健，风格豪放，境界超然，代表作有《水调歌头》（"明月几时有"）、《念奴娇·赤壁怀古》（"大江东去"）、《江城子》（"老夫聊发少年狂"）等。婉约派以秦观为代表，他作词风格清婉，以长调抒写柔情，辞章婉转，代表作有《鹊桥仙》（"纤云弄巧"）、《踏莎行》（"雾失楼台"）等。

5.

唐代诗人元稹与白居易同科及第，结为终生诗友，同倡新乐府运动，共创"元和体"，世称"元白"。

元稹，字微之，在诗歌、小说、散文、文学批评等方面都卓有成就，而以诗歌成就最突出。现存诗830余首，有《元氏长庆集》传世，收录诗赋、诏册、铭谏、论议等共一百卷。

白居易，字乐天，号香山居士。他继承杜甫的现实主义传统，与好友元稹倡导"新乐府"运动，主张诗歌反映民生，针砭时弊，创作了许多浅显易懂的社会讽喻诗，尤以《秦中吟》、《长恨歌》、《琵琶行》、"新乐府"等最为著名。因二人活跃在元和年间，这种诗歌被称为"元和体"，白居易也成为唐代第三大诗人。

◼ 论述题

1. 略。

第十四章　各类艺术

▶ 填空题

1. 2021新 （华东师范大学）北宋书法艺术领域中，苏轼、黄庭坚、_____、_____被后世称为"北宋四大家"。

2. 2021新 （华中师范大学）中国书法博大精深，"欧体"是唐代书法家_____开创的字体。

3. 2021新 （山东大学）舞台环境以人物活动为依据，这是中国戏曲表演的_____特点。

4. 2021新 （首都师范大学）魏晋南北朝时期著名书法家_____被尊为"书圣"，他的书法"兼摄众法，备成一家"。

5. 2021新 （西安外国语大学）变文是伴随佛教传播兴起的一种讲唱艺术，内容为演绎佛经故事，是研究我国讲唱文学的重要材料，后来发展为宋元时的_____。

6. （北京第二外国语学院 2018）北宋画作《清明上河图》生动记录了当时的城市面貌和社会各阶层人民的生活状况，它的作者是_____。

7. （北京师范大学 2018）汉武帝对音乐的社会功能非常重视，设立了专门负责乐舞的机构_____，搜集整理民间音乐创作，对后世音乐发展起到了很大的作用。

8. （北京师范大学 2018）由范仲淹概括，形容颜真卿、柳公权书法风格最具有代表性的四个字是_____。

9. （北京师范大学 2018）长调是_____族民歌的主要艺术形式之一。

10. （北京外国语大学 2018）_____是流行最广、影响最大、表演艺术最成熟的剧种。

11. （北京外国语大学 2018）评画标准"四格"中，_____居于首位。

12. （东北师范大学 2019）湖南、湖北、广东一带主要的地方戏叫_____。

13. （对外经济贸易大学 2019)"颜肥柳瘦"中的"颜"是指书法家_____,"柳"是指柳公权。

14. （对外经济贸易大学 2019)东晋时的_____是人物画大师,以画绝、才绝、痴绝被称为"三绝"。

15. （对外经济贸易大学 2019)京剧"四大名旦"包括梅兰芳、尚小云、_____和荀慧生。

16. （对外经济贸易大学 2019)中国古代的乐器分为吹、拉、弹、_____四大类。

17. （复旦大学 2020)唐代草书名家,一个是张旭,还有一个是和尚_____。

18. （华东师范大学 2020)《富春山居图》的作者是元代的_____。

19. （兰州大学 2020)中国画的构图采取_____,讲求疏密聚散。

20. （兰州大学 2019)_____的《洛神赋图》是根据曹植的《洛神赋》创作的。

21. （兰州大学 2018)"嵇琴绝响"是指魏晋时期嵇康创作的古琴曲_____。

22. （南开大学 2020)中国书法讲究运笔取势,其中落笔欲行其右先行其左,欲行其下先行其上,这常被称为_____,可以使笔画充满力量感。

23. （陕西师范大学 2020)唐玄宗在宫廷禁苑里选择了_____作为教练宫廷歌舞艺人的场所。

24. （陕西师范大学 2020)我国的楹联源于古代的_____。

25. （上海外国语大学 2020)北朝书法数魏碑最佳,有《郑文公碑》,还有河南洛阳的_____,山东曲阜的_____。

26. （首都师范大学 2020)_____是流行最广、影响最大、表演艺术最成熟的一个剧种,代表了中国戏曲发展的水平。出现了_____、尚小云、程砚秋、荀慧生"四大名旦"。

27. （首都师范大学 2020)唐代书法艺术达到了鼎盛阶段。著名诗人杜甫在《饮中八仙歌》中称赞"脱帽露顶王公前,挥毫落纸如云烟"的书法家是_____。

28. （四川大学 2020）《送子天王图》是画圣_____的作品。

29. （四川大学 2020）北宋书法家、画家、书画理论家_____与蔡襄、苏轼、黄庭坚合称"宋四家"。

30. （四川大学 2020）中国古代的五音是音阶宫、商、角、_____、羽的总称。

31. （天津师范大学 2020）_____是我国商周时期的重要乐器，在八音系统中属金，打击乐器，其特点是组合性、系列化，规模比较大。

32. （西南大学 2020）"嘈嘈切切错杂弹，大珠小珠落玉盘"描写的乐器是_____。

33. （中国传媒大学 2020）_____是行书大家，代表作《兰亭序》。

34. （中国传媒大学 2020）唐代的画圣是_____，诗圣是_____。

35. （中国海洋大学 2019）书圣是_____。

▶ 选择题

1. （北京第二外国语学院 2018）孔子重视美育，曾有言"_____于诗，立于礼，成于乐"。

    A．学　　　　B．言　　　　C．兴　　　　D．颂

2. （南京师范大学 2020）_____是书法艺术的鼎盛阶段。

    A．汉代　　　B．隋唐　　　C．明代　　　D．南北朝

3. （南京师范大学 2020）中国戏曲脸谱不同颜色代表不同性格，其中"黑脸"代表_____。

    A．正直、严肃　　　　　　B．宽厚、正义
    C．桀骜不驯　　　　　　　D．暴躁易怒

4. （南开大学 2019）中国戏曲脸谱不同颜色代表不同性格，其中"蓝脸"代表_____。

    A．暴躁易怒　B．桀骜不驯　C．正直正义　D．刚正不阿

5. （陕西师范大学 2020）下列由阎立本创作的作品是_____。

   A．《步辇图》　　　　　　　B．《簪花仕女图》

   C．《送子天王图》　　　　　D．《洛神赋图》

6. （上海外国语大学 2020）下列哪种乐器属于弹弦乐器？

   A．箜篌　　　B．竽　　　C．筚篥　　　D．编钟

7. （上海外国语大学 2020）下列哪个不是柳公权的作品？

   A．《玄秘塔碑》　　　　　　B．《神策军碑》

   C．《义阳郡王苻璘碑》　　　D．《九成宫醴泉碑》

8. （上海外国语大学 2020）《妙严寺记》是_____的楷书作品。

   A．颜真卿　　　B．柳公权　　　C．欧阳询　　　D．赵孟頫

9. （西北大学 2018）明晚期书法四大家是董其昌、米万钟、邢侗和_____。

   A．张瑞图　　　B．祝允明　　　C．文徵明　　　D．傅山

10. （西北大学 2018）中国戏曲界奉_____为戏曲祖师。

    A．汤显祖　　　B．关汉卿　　　C．李隆基　　　D．马致远

11. （西北大学 2018）《游春图卷》的作者是隋代画家_____。

    A．李思训　　　B．吴道子　　　C．阎立本　　　D．展子虔

12. （西北大学 2018）_____被认为是南宗画的祖师。

    A．王维　　　B．苏轼　　　C．董其昌　　　D．吴道子

13. （中国海洋大学 2020）明代后期，出现了白话短篇小说繁荣的局面，代表作有冯梦龙编纂的"三言"和_____创作的"二拍"。

    A．李昌祺　　　B．瞿佑　　　C．凌濛初　　　D．李时勉

14. （中国海洋大学 2020）唐初的四大书法家是虞世南、_____、褚遂良、薛稷。

    A．王羲之　　　B．欧阳询　　　C．林藻　　　D．高玉

15. （中国人民大学 2018）历史上著名的《春江花月夜》和《子夜四时歌》

都属于_____。

A．燕乐　　B．散曲　　C．诸宫调　　D．清商曲

16．（中国人民大学 2018）与梅兰芳、尚小云、荀慧生并称为"四大名旦"的是_____。

A．周信芳　　B．程砚秋　　C．马连良　　D．毛世来

▶ 判断题

1. 2021新 （华中师范大学）《十面埋伏》是一首中国古筝曲，同时也是世界十大古曲之一，乐曲描写了楚汉战争垓下决战的情景。

2. 2021新 （郑州大学）宋代画家张择端创作的《清明上河图》是院体画的代表。

3. （北京大学 2020）王羲之被尊称为"书圣"。

4. （北京大学 2020）汉代书法隶书盛行，众体皆备。

5. （上海大学 2018）《兰亭序》《九成宫醴泉铭》《石门颂》《泰山刻石》分别是行书、楷书、隶书、小篆的作品。

6. （上海大学 2018）《虢国夫人游春图》是阎立本的作品。

7. （上海外国语大学 2020）"楹联"又叫"对联"，春节贴于门上叫"春联"，最初起源于虎符。

8. （天津师范大学 2020）熟宣可用于整体细致的描绘，适于青绿重彩的工笔山水；生宣吸水性和渗水性都比较强，多用于写意山水。

▶ 名词解释

1. （兰州大学，青岛大学 2020）五音

2. （兰州大学 2018）颜肥柳瘦

3. （中央民族大学 2019）中国楹联

▶ 简答题

1. （北京外国语大学 2020）清代石涛在阐述中国画论时说："名山许游未许画，画必似之山必怪。变幻神奇懵懂间，不似之似当下拜。"试分析中国绘画的特点和传统。

2. （湖南师范大学 2018）戏曲表演艺术的特点有哪些？

3. （兰州大学 2020）简述音乐在周代的特点。

4. （上海大学 2020）简述中国书法的发展历程。

5. （西北大学 2019）简述中国绘画包含的文化内涵。

6. （中央民族大学 2020）我国的传统艺术（如书法、绘画、音乐、戏曲等）有什么特点？

参 考 答 案

■ 填空题

1. 米芾 蔡襄	2. 欧阳询	3. 时空虚拟
4. 王羲之	5. 诸宫调	6. 张择端
7. 乐府	8. 颜筋柳骨	9. 蒙古
10. 京剧	11. 逸格	12. 花鼓戏
13. 颜真卿	14. 顾恺之	15. 程砚秋
16. 打	17. 怀素	18. 黄公望
19. 散点透视	20. 顾恺之	21. 《广陵散》
22. 逆锋	23. 梨园	24. 桃符
25. 《始平公造像记》《张猛龙碑》		26. 京剧 梅兰芳
27. 张旭	28. 吴道子	29. 米芾

30. 徵　　　　　31. 编钟　　　　　32. 琵琶
33. 王羲之　　　34. 吴道子　杜甫　35. 王羲之

● **选择题**

1. C　　　2. B　　　3. A　　　4. B　　　5. A
6. A　　　7. D　　　8. D　　　9. A　　　10. C
11. D　　 12. A　　 13. C　　 14. B　　 15. D
16. B

● **判断题**

1. ×　　　2. ×　　　3. ✓　　　4. ✓　　　5. ✓
6. ×　　　7. ×　　　8. ✓

● **名词解释**

1.
　　五音也称"五声",是中国古代五个音阶的总称,即宫、商、角、徵、羽,相当于现代音乐的1、2、3、5、6,是在阴阳五行学说影响下产生的音乐形态,也是中国古代音乐和音阶形式的基础。五音理论在春秋战国时已经形成,之后一直是中国音乐的基本形态。

2.
　　唐代书法家颜真卿与柳公权并称"颜柳",他们的书法风格被称为"颜肥柳瘦"。颜真卿将篆隶笔法用于楷行草书,又把楷书的横画写得细瘦,把点、竖、撇、捺写得肥壮,世称"颜体",作品极多,著名的如《多宝塔感应碑》《东方画赞碑》《元结墓志》及《颜氏家庙碑》等。柳公权有意避开颜体竖画的肥壮,把横竖画都写得均匀硬瘦,把点画写得如刀切一般,独创"柳体",代表作有《玄秘塔碑》《义阳郡王苻璘碑》《神策军碑》等。

3.

"楹联"又叫"对联",春节贴于门上叫"春联",起源于古代的桃符,是中国一种独特的艺术。楹联主要将文学(诗词)和书法结合在一起,有时也将雕刻融合进来,如某些石刻和木刻的楹联。中国的艺术很注重美化和修饰,楹联就是一种美化和修饰的艺术,它所蕴含的是人们的理想和情趣,是人们对真善美的追求。楹联艺术的作用。在于美化客观环境,激荡人的心灵。好的楹联有很高的文学价值和美学价值。

● **简答题**

1.

中国画注重气韵和神似,注重表现对象物的神态,抒发艺术家所获得的意趣,至于对象物的形态则在其次。但这不能理解为不要形似,因为没有一定的形态,神态也无从表现,所以艺术上常讲"形神兼备"。中国画的特点可以从以下几方面概括。

从艺术特征上讲,中国画注重"神似",以写意为主。画人物,着力表现人物的精神和个性;画山水、花鸟、树木,则着力表现它们的形态特点和意趣。因此,中国画在构图时特别讲究"立意",即确立画家所表现的那个意境,而这种意境也正是画家所追求的情趣所在。

在色彩的运用上,中国画并不依照自然的光源,它主要是为了表现事物的特性,同时也是为了加强作品的情调和气氛,追求一定的装饰效果,因此有时采用非常鲜明的对比色,形成所谓的工笔重彩。

在画法上,中国画只注意线条的运用,以线条的疏密、繁简、曲直、刚柔来体现画中丰富的韵律节奏,从而造成一种空灵的艺术效果。

2.

戏曲表演艺术的特点主要包含以下三点。

第一是虚拟的时空环境。中国戏曲的最大特点就是运用高度简练、泼墨写意式的虚拟手法。中国的戏曲没有固定的环境，时间和空间自由灵活，完全用虚拟的手法来表现。所谓"虚拟"，就是以虚代实，就是想象和写意。台上摆着一张桌子和两把椅子，在演员出场以前，观众不知道是什么时间和什么地点。只有演员出场以后，由剧中人通过"唱"或"念"做出交代，观众才动用自己的想象，进入剧中的时空境界。

第二是严格的表演程式。中国的艺术都是虚实结合，虚中有实。戏曲的虚拟依据于一定的真实生活，而虚拟的表演又不能没有规范，想怎么样就怎么样。这个规范，就是表演程式。它是以生活为原型，经过艺术加工，逐渐形成的一种形式结构。它跟生活有距离，但有的近，有的远，有的虚，有的实。戏曲的程式，既是严格的程式，又是虚拟的程式。它好比是一首中国古典诗词，虚拟是创造意境的手法，程式是创造韵味的格律，是互相结合的。

第三是夸张的艺术形象。一切艺术都有夸张，戏曲当然也不例外。但戏曲的夸张主要在形象方面，如脸谱就是一种极度的夸张，不同性格的角色用不同颜色的脸谱，但这种夸张又不能有随意性，已经具有某种规定性，各个人物要按照一定的谱式勾画。至于表演方面的夸张则更为明显，舞台上的笑不是生活中的哈哈大笑，舞台上的哭也不是生活中的号啕大哭。

3.

周代，"礼""乐"并列为维护奴隶主统治秩序的两大支柱，这时的音乐明显具有如下三大特点。

第一，等级化，即天子、诸侯、卿大夫和士拥有的乐队、编排和人数都有等级差别。例如，天子的乐队排四面，舞队八人一行，共八行；诸侯排三面，四人一行，共四行，等等。

第二，音乐成为教育的中心，是学生学习的课程。据《周礼》记载，周代有庞大的音乐机关，首长称大司乐，总管音乐教育和音乐事务。

第三，音乐的功能由用于祭祀转向主要为政治（阶级统治）服务。一如《周礼·大司徒》所说，"以六乐防万民之情，而教之和"，"和"即指阶级之间的"和合"。周代音乐的这一变化，是形成音乐理论和产生音乐家的基础。

4.

书法艺术源远流长，应当说从甲骨文就开始了。但是从总体上讲，书法艺术是在汉魏时期才真正形成的。汉代以前的金石文字，如《毛公鼎铭文》《石鼓文》《泰山刻石》等，由于当时艺术创作的自觉性还没有形成，审美风尚还没有出现，书法理论还没有萌发，所以只能算是书法艺术产生阶段的作品。

汉代是书法艺术成熟的时期。在这个阶段，隶书定型，草书、行书、楷书也应运而生，终于形成隶书盛行、诸体皆备的辉煌局面。魏晋南北朝的书法处在承上启下、完成书体演变的阶段，其特点是篆、隶、楷、行、草诸体俱臻完善，同时产生了一大批优秀作品和钟繇、王羲之等大书法家。

隋唐两代是书法艺术的鼎盛阶段，这同隋唐时期高度繁荣的经济和高度辉煌的文化密不可分。这一时期，不但大书法家较前代为多，书法理论专著也远胜于前代。唐初有"虞（世南）、欧（阳询）、褚（遂良）、薛（稷）"四大家，稍后又有李邕、张旭、颜真卿、柳公权、僧怀素等大书法家，

宋代盛行帖学，书法艺术不甚景气，缺少创新和发展。宋代可为称道的是"北宋四大家"——"苏（轼）、黄（庭坚）、米（芾）、蔡（襄）"的作品和宋徽宗赵佶的"瘦金体"。元代书法越两宋而直承晋唐，故出现了赵孟頫这样的大书法家。明代书法从总体上看有如江河日下，字都写得呆板齐整，缺少神气，形成所谓"台阁体"。清代书法中兴，力图摆脱帖学的影响，极力提倡"碑学"，并在嘉庆、道光年后出现了新的局面。

5.

中国画讲求诗情与画意。情指情趣，意指意境，都是艺术家们所要表现的人生韵致，是他们与自然相通又相融的精神感受。作为文学的诗和作为艺术的

画，都是艺术家们表现这一感受的依托，所以中国的诗画可以结合。但早期的结合，是画以文学作品为题材，如顾恺之的《洛神赋图》就是根据曹植的《洛神赋》创作的。及至唐代，诗人为画题诗，画家以诗作画，这种情况已屡见不鲜。诗画结合的另一种形式是王维开创的"画是无声诗，诗是有声画"。王维善于在诗中表现画的意境，在画中表现诗的情趣，如"大漠孤烟直，长河落日圆"是边境的苍茫画面，"明月松间照，清泉石上流"是园林的幽静小景，诗画已经融为一体。这种诗画艺术的交融状态，虽然王维自己未必已经意识到，但足够表明人们的审美活动已经深化到"神交"的高级阶段，也就是所谓"诗中有画，画中有诗"。"诗中有画"指诗的意境鲜明如画，"画中有诗"是说画中有一种诗的意境美，诗画都描绘一种境界，抒发一种感情。

6.

中国的传统艺术有如下四个明显特点。

一是"礼乐一体"的原则。所谓"礼乐一体"包含了两层意思：第一是有礼必乐，乐附于礼；第二是乐在诸多艺术中独具至尊地位。这是因为历代儒家学者都把"乐"看作是道德感化和政治教化的手段。整个封建社会可说是有礼必有乐，无乐不成礼。

二是融合互通的精神，即中国艺术的诸门类不是各自为域、互不相关的，而是彼此相通、融合为一的。古代所谓的"乐"，实际不只是音乐，而是音乐、舞蹈和诗歌的综合。中国的艺术讲情、讲趣，即讲喜怒哀乐之情、讲远近虚实之趣，而情趣都归之于心，心只一处，所以只能合，因而中国艺术具有显著的融合性和相通性。

三是注重神韵的技法，即中国艺术注重表现事物的意趣和人的内在感情，要求在艺术创作中突出神似。所谓"神似"就是要求艺术创作要表现对象的典型特征，揭示它们的内在精神。

四是用于教化的目的，即传统艺术很重视艺术的目的性和社会功能。

第十五章　精美器物

▶ 填空题

1. （青岛大学 2020）迄今出土的最大的青铜鼎是在河南省安阳市发现的_____。

2. （首都师范大学 2019）宋代五大名窑是_____。

▶ 选择题

1. （广东外语外贸大学 2020）汝窑的窑址在_____。
   A．山西省　　　B．河南省　　　C．湖南省　　　D．湖北省

▶ 名词解释

1. 2021新 （山东大学）陶瓷五大名窑

参考答案

■ 填空题

1. 后母戊鼎
2. 定窑、汝窑、官窑、哥窑、钧窑

■ 选择题

1. B

名词解释

1.

宋代是中国瓷器发展史上的繁荣阶段,出现了"定、汝、官、哥、钧"五大名窑:(一)定窑,窑址在今河北省保定市,宋代属定州,故称"定窑"。以生产白瓷著称,也兼烧黑釉、酱釉等,史称"黑定""紫定""绿定",产品以碗、盘、瓶、碟、盒、枕居多。原来属民窑,北宋后期一度烧制官瓷,因此影响巨大。(二)汝窑,窑址在今河南省宝丰县清凉寺,宋代属汝州,故称"汝窑"。是北宋朝廷钦定的宫廷用瓷产地,所产瓷器的胎为灰白色,称为"香灰胎";釉为天青色;纹为"蟹爪纹",可惜烧制时间很短,存世作品很少。(三)官窑,有南北之分,属官办窑场,专门烧制宫廷用瓷。所烧青瓷出类拔萃,精美绝伦,古气盎然,被视为瓷器中的瑰宝。明清时代,"官窑"特指景德镇御器厂为宫廷生产的瓷器。(四)哥窑,窑址至今没有发现,瓷器釉色以灰青为主,主要烧制炉、瓶、碗、盘等,质地优良,工艺精细,全部采用宫廷用瓷的样式。(五)钧窑,窑址在今河南省禹州市城内"古钧台"附近,产品享有"黄金有价钧无价"的美誉。北宋时被定为御用珍品,作品多为尊、鼎、钵、洗、瓶等陈设品。钧瓷色彩艳丽,色调丰富,有玫瑰红、海棠红、胭脂红、鸡血红、朱砂红、茄色紫、葡萄紫、鹦哥绿、葱翠青、梅子青、天青等,尤其以胭脂红、葱翠青和墨色为佳品,历来称钧瓷"入窑一色,出窑万彩"。

第十六章　风俗习惯

▶ 填空题

1. 2021新（安徽大学）二胡曲《二泉映月》创作于江苏_____惠山泉，由于其被称为"天下第二泉"而得名。

2. 2021新（大连外国语大学）相传寒食节是为了纪念春秋时期的_____。

3. 2021新（首都师范大学）农历三月初三是_____节，这一天，男女老少到郊外水边嬉戏，以消除灾难，古代称这一活动为"修禊"或"禊祭"。

4. （广东外语外贸大学 2019）农历七月七日，古称"七夕"，又称"女儿节"或"_____"。

5. （青岛大学 2020）到_____时期，人们已普遍使用十二生肖。

6. （青岛大学 2020）世界饮茶发源于中国，中国饮茶发源于_____。

7. （陕西师范大学 2020）"四灵"指的是龟、龙、凤、_____。

8. （陕西师范大学 2020）从南北朝起，历代帝王公卿的服饰正式有"法服"（礼服）和"_____"之分。

9. （陕西师范大学 2020）古人把_____看作长生的象征，把它当作"百木之长"。

10. （陕西师范大学 2020）以黄色为尊，源于古代对_____的崇拜。

11. （上海大学 2019）_____写成了中国第一本茶叶专著《茶经》。

12. （四川大学 2020）"东风夜放花千树，更吹落、星如雨。宝马雕车香满路。凤箫声动，玉壶光转，一夜鱼龙舞。"这描述的是_____的景象。

13. （浙江师范大学 2019）东汉王充的_____记载了十二生肖的名称。

14. （中国人民大学 2018）清明节最初是农耕节，大约到唐代与_____合二为一，后上坟祭祀的礼仪与人们扫墓祭祖的风俗相结合，融入清明节的活动内容。

▶ **选择题**

1. 2021新 （对外经济贸易大学）"众里寻他千百度，蓦然回首，那人却在，灯火阑珊处"描写的什么节日？
   A．端午节　　B．中秋节　　C．七夕节　　D．元宵节

2. 2021新 （四川师范大学）《茶经》的作者陆羽生活于_____代。
   A．唐　　　　B．宋　　　　C．明　　　　D．清

3. 2021新 （新疆大学）以下四种古代服饰中最尊贵的是_____。
   A．冕服　　　B．弁服　　　C．元端　　　D．深衣

4. （辽宁大学 2020）以南向、东向为尊和以红色为贵，源于古代的_____。
   A．日神崇拜　B．东方崇拜　C．红色崇拜　D．皇帝崇拜

5. （南开大学 2020）从节日的内容及其形成的风俗来看，下列传统节日中，_____是我国特有的爱情节。
   A．元宵节　　B．端午节　　C．七夕节　　D．中秋节

6. （西北大学 2018）所谓"四大菜系"，是指鲁菜、川菜、淮扬菜和_____。
   A．浙菜　　　B．京菜　　　C．湘菜　　　D．粤菜

7. （云南师范大学 2020）在中国节日的古代别称中，"元日"指的是_____。
   A．元旦　　　B．春节　　　C．元宵节　　D．中秋节

8. （中国人民大学 2018）从周代起，规定嫁娶时须行"六礼"。其中，男方以大雁为礼，聘媒到女方说亲，这属于"六礼"中的_____。
   A．纳采　　　B．纳吉　　　C．纳征　　　D．迎亲

▶ **判断题**

1. 2021新 （郑州大学）浙江杭州虎跑泉，与西湖龙井茶相配，称为"西湖双绝"。

2. （北京大学 2020）中国第一部系统介绍茶叶的著作是陆羽的《茶经》。

3．（复旦大学 2019）寒食节相传是纪念战国时晋国的介之推。

4．（湖南师范大学 2020）中国人对"四"和"五"的迷信，源于对大地的崇拜，并与五行学有密切关系。

▶ 名词解释

1．（湖南师范大学 2019）茶经
2．（兰州大学 2019）冕服
3．（中央民族大学 2019）祥瑞动物

▶ 简答题

1．（湖南师范大学 2020）我国各民族风俗习惯的共同点。
2．（湖南师范大学 2018）中国文化的方向、颜色崇拜从何而来？
3．（南京大学 2020）简述汉民族有哪些传统节日，并说明汉族节俗的总体特征。
4．（首都师范大学 2019）中国传统服饰的文化内涵。
5．（中央民族大学 2019）中国文化里有哪些禁忌？（如数字、颜色、名字、送礼等。）

▶ 论述题

1．（复旦大学 2020）举例说明中国传统节日的特点。
2．（中央民族大学 2019）中国衣冠服饰的发展变化及各个阶段的特点。

参考答案

填空题

1. 无锡
2. 介之推
3. 上巳
4. 乞巧节
5. 魏晋南北朝
6. 四川
7. （麒）麟
8. 常服
9. 松柏
10. 地神
11. 陆羽
12. 元宵节
13. 《论衡》
14. 寒食节

选择题

1. D 2. A 3. A 4. A 5. C
6. D 7. B 8. A

判断题

1. √ 2. √ 3. × 4. √

名词解释

1.
《茶经》是我国最早的一部茶叶专著，作者是唐代的陆羽。它总结了唐代以前种茶饮茶的经验，也记述了作者的切身体验，标志着饮茶文化的进步与转变。《茶经》的出现是中国饮茶史上的一件大事。

2.
冕服是一种最尊贵的礼服，是天子、诸侯在祭祀天地、先王等大礼时穿的服饰，其结构复杂，装饰繁多，各种装饰都有象征意义。

3.
世界上的各个民族都有自己的祥瑞动物，其中既有狮子、雄鹰等现实中存在的动物，也有人们想象、虚构出来的动物，如龙、独角兽等。祥瑞动物的产生大抵是因为在历史发展过程中，某些动物的秉性与人类的追求和信念契合，人们便按照自己的意愿，对它们加以丰富、美化，使它们成为某一种瑞象，以表达人们的某种心理需求和愿望。中华民族的祥瑞动物以龙、凤、麟、龟最引人注目，其中尤以龙最使人感到神秘和自豪。

◉ 简答题

1.

中国五十六个民族风俗习惯的共同点可以概括为以下三个方面。

第一，积久性，即中国人的风俗习惯大多具有古老的历史渊源，经历了漫长的演变过程。在长达数千年的时间里，各种习俗积聚人们的感情、信念、愿望和追求，以其缓慢变化的方式，反映一定历史阶段上的物质生活水平。

第二，多元性，即风俗习惯的多民族性、多区域性和多系统性。由于民族不同、地域不同，形成的风俗习惯也不同。每个民族都有自己的丧葬、婚姻、祭祀方式和衣、食、住、行习惯。

第三，相融性，即各个民族的风俗习惯互相影响、互相融合，要求共同发展的一种特性。在这个过程中，由于汉民族的文化比较发达，因此它的影响力和融合力都比较大。大凡入住中原的少数民族都接受了汉族文化的影响。

2.

答题要点▷ 方向和颜色迷信来自于古人的天地崇拜和战国末期渗入的阴阳五行观念。以南向、东向为尊和以红色为贵，源于古代的日神崇拜；以黄色为尊，则源于古代的地神崇拜。

3.

答题要点▷ 我国的民族节日，特别是汉民族的传统节日，大多与宗教无关。它的产生与演变，与远古农业生产、祖先崇拜和原始禁忌有密切关系。中国的风俗打上了鲜明的农业文化色彩，节日本身就反映出农业社会的生活规律；与农业生产有关的天文、历法对节日的产生有直接的影响；节日活动中的祭祖仪式和合家团圆之乐，表明节俗中保留着祖先崇拜的痕迹，体现了中国节日中的伦理特色；同时，中国的节俗追求平安吉祥、驱病灭灾，不少节日活动是为了避凶就吉，这可以看出节日与古人禁忌的某些关系。至于在节日活动内容中融入的文人事迹及其彰显出的雅兴，也显示了中国节俗不同于西方之处。总之，中国节日重"人"，它所体现的是"人与人""人与事"（如农事）的关系。

4.

中国的传统服饰（以中原地区而言）体现了强烈的大一统精神和严格的等级观念，历代王朝都对上自帝王公卿、下至庶民百姓的穿戴，做了明确、严格的等级规定，任何人的衣着打扮都要符合自己的身份和地位。君臣、官民、主仆，都可以根据服饰辨别得一清二楚。因此，中国的古代服饰不是自由与灵性的体现，而是等级和礼度的象征。一个高官，一旦被摘去乌纱帽、脱去紫红袍，他立即就成了一个平民；而一个布衣，一旦高榜得中、冠服加身，他马上就成了达官贵人。虽然历代对服饰都有所革新，具体穿戴规定也有所不同，但服饰体现的这种等级差别却几千年延续不变，这就是中国传统服饰最显著的文化内涵。

5.

略

◉ 论述题

1.

略

2.

中国传统服饰的一个最显著特征就是体现出严格的等级观念。但在服饰发展的最初阶段，并没有什么等级差别，作为文化的表征，服饰的发展只说明人类文化已发展到一个新的水平。进入阶级社会以后，服饰的政治色彩逐渐浓厚。随着宗法制度的形成和确立，服饰就成为区别尊卑等级的重要标志，用以"严内外，辨亲疏，明贵贱，别尊卑"，从而形成中国数千年的冠服制度。

商代服饰还没有明确的等级差别。那时服装的基本形式还是分为上衣下裳两部分，上衣下裳、右衽交领的装束也是古代华夏族服饰的基本特点。周代宗法制形成后，根据天子、诸侯、大夫的等级差别，其服饰也有了尊卑之分，具体有冕服、弁服、元端、深衣等。到战国后期流行"胡服"，这是赵武灵王"胡服骑射"的结果，是中国服饰史上第一次有意义的革新。汉代服饰上承先秦时代，同时盛行冠制，以其为区别尊卑的标志之一。

魏晋南北朝是中国各民族和中外文化交流融合的时代，南北服饰、中外服饰互相影响。隋唐时期是中国服饰发展的盛期。一方面是服饰演变，表现出大胆开放、积极吸收外来影响的特点；另一方面则是官服制度有了更加明确具体的规定。宋代服饰依唐制而很少变化，色泽不及唐代鲜艳夺目。由五代末年兴起的缠脚之风至宋代而普遍流行，因此妇女以布缠脚，待成"三寸金莲"后着三角形小鞋。至于士、农、工、商的衣服，一般追求简朴，讲求实用，显示出平民化的特点。

元代服饰承袭汉族制度而又保留蒙古族特色，皇帝、百官的冠冕服，均参古今制度增损。明朝根据汉族习俗，重新规定服饰制度。冠冕只准皇帝、太子、亲王、郡王穿着；日常官服规定皇帝穿黄龙缎袍，百官则依品级穿着不同颜色并绣有其他花纹的宽大袍服，品级还用袍服上的"补子"加以辨别。民间一般服饰为男子青布衣裤；女子上衣下裙或着袍衫，颜色淡浅，不得用大红、鸦青、黄色。清代推行满族服饰打扮：满族男子一般系腰带，长袍外面加背心或马褂；女子则喜穿旗袍，外面罩马甲。汉族妇女多沿明制，上身穿袄、衫，下身着裙、裤。到清朝后期，京师妇女的衣服多镶嵌绲边。

到了现在，中国人的穿着早已摒弃了封建时期的等级观念，追求时尚和个性成为了主流。

第十七章　中外文化交流

▶ **填空题**

1. 2021新（华中师范大学）郑和下西洋是明代永乐、宣德年间的一系列海上远航活动，共计_____次。

2. 2021新（上海大学）汉武帝派遣张骞出使西域开辟了_____，是沟通中西贸易往来和文化交流的重要通。

3. （北京外国语大学 2019）东汉永平十六年（73年），_____出使西域，其副使甘英还远至波斯湾。

4. （北京外国语大学 2018）法国人杜赫德编撰的_____，成为欧洲人研究中国的百科全书式著作。

5. （北京外国语大学 2018）利玛窦以所著的_____为蓝本，不遗余力地进行传教活动。

6. （北京语言大学 2019）在唐代，日本派留学生和使者来中国学习，这些留学生和使者被称为_____。

7. （广东外语外贸大学 2019）法显撰写成_____（又名《法显传》），成为中外交通史上伟大的著作之一。

8. （华东师范大学 2020）徐光启和_____合译《几何原本》是中西交流史上的佳话。

9. （南开大学 2019）李白的《哭晁卿衡》诗中的"晁衡"是日本人_____。

10. （陕西师范大学 2020）德国传教士_____备受信任，以外国人身份第一次出任清政府的钦天监监正。

11. （陕西师范大学 2020）西班牙人门多萨在罗马出版的西班牙文_____，是介绍中国历史和地理的著作。

12. （陕西师范大学 2020，北京外国语大学 2018）在印度佛教东传的同时，中国的僧人兴起了西行求法活动，其中以东晋时代的_____成就最大。

13. （中国海洋大学 2019）除了陆上丝绸之路，还有一条"海上丝绸之路"，同样沟通着中国与外国的交往。有关海上丝绸之路，最早见于史书记载的是_____。

14. （中国人民大学 2018）有史以来由西方人撰写的详细介绍中国的第一部著作是_____。

▶ 选择题

1. （对外经济贸易大学 2019）最早将"四书"译成拉丁文的人是_____。
   A．马可·波罗　B．门多萨　　C．利玛窦　　D．马若瑟

2. （对外经济贸易大学 2019）法国人杜赫德编了《中华帝国志》，于1735年在巴黎印行，成为欧洲人研究中国的百科全书式的著作。后来轰动欧洲的_____就收在《中国帝国志》中。
   A．《赵氏孤儿》　　　　　B．《西厢记》
   C．《窦娥冤》　　　　　　D．《霸王别姬》

3. （广东外语外贸大学 2020）"丝绸之路"全长_____。
   A．5,000多千米　　　　　B．6,000多千米
   C．7,000多千米　　　　　D．8,000多千米

4. （南开大学 2019）最早将围棋带回日本的是_____。
   A．吉备真备　B．空海　　C．最澄　　D．膳大丘

5. （上海外国语大学 2020）和利玛窦一起翻译《几何原本》的是_____。
   A．徐光启　　B．杨廷筠　　C．李之藻　　D．汤若望

6. （西北大学 2018）郑和下西洋的"西洋"指的是今天的_____。
   A．大西洋　　B．印度洋　　C．太平洋　　D．北冰洋

▶ 判断题

1. （广东外语外贸大学 2019）阿倍仲麻吕、空海是借助汉字创造日本假名字母的直接贡献者。

2. （上海财经大学 2019）利玛窦用拉丁文翻译了"四书"。

3. （上海外国语大学 2020）在长安完成了学业，接受了科举考试，并以优异成绩考中进士，官至秘书监，与李白、王维等大诗人交厚的外国人是阿倍仲麻吕。

4. （上海外国语大学 2020）西汉时，中国人已经知道从波斯到红海的海路。

5. （云南师范大学 2020）汉武帝派张骞出使西域，开辟了中西交通的"海上丝绸之路"。

6. （云南师范大学 2020）宋元以后，海上航行技术提高，航行能力增强，中外海上交往空前发展，至郑和下西洋达到高峰。

▶ 名词解释

1. 2021新 （山东大学）徐福东渡
2. （西南大学 2018）东学西传
3. （中国人民大学 2020）遣唐使
4. （中央民族大学 2020）海陆丝绸之路

▶ 简答题

1. （北京外国语大学 2019）简述郑和下西洋对中国文化的影响。
2. （北京外国语大学 2018）简述丝绸之路的开辟及意义。
3. （北京外国语大学 2018）简述利玛窦的传教策略。
4. （上海大学 2020）请简述海陆丝绸之路的兴衰。
5. （浙江师范大学 2019）陆上丝绸之路的路线及意义。

论述题

1．（中央民族大学 2020）西学东渐对我国文化的影响。

参考答案

填空题

1．7 2．丝绸之路 2．班超
3．《中华帝国志》 4．《天主实义》 5．遣唐使
6．《佛国记》 7．利玛窦 8．阿倍仲麻吕
9．汤若望 10．《中华大帝国史》 11．法显
12．《汉书·地理志》 13．《马可·波罗游记》

选择题

1．C 2．A 3．C 4．A 5．A
6．B

判断题

1．× 2．✓ 3．✓ 4．× 5．×
6．✓

名词解释

1．

《史记·秦始皇本纪》中记载，徐福是秦代的方士，秦始皇二十八年（前219年）上书称海上有蓬莱、方丈、瀛洲三座仙山，有仙人居住，要求带童男

童女渡海求仙。于是，秦始皇派徐福率领童男童女数千人入海求仙人。并说徐福得平原广泽，而后称王不归，百姓悲痛相思。但徐福究竟去了何处，书中并没有讲明。唐宋以后，中日交往频繁，开始有人提出徐福到日本定居的观点，认为正是徐福开辟了中日文化交流的历史。

2.

西方各国来华的传教士为了传教，努力学习中国语言文字和典籍，受到中国文化的熏染，在这样的前提下，他们开始向西方提供更多有关中国的信息，介绍中国文化。中国成为欧洲启蒙运动者吸取精神力量的源泉。当欧洲传教士把西方学术与文化带到中国的时候，中国的学术与文化也同时传到了欧洲。

3.

日本朝廷向中国唐朝派遣的使节。从630年到834年的200多年间，日本共派出遣唐使18次（有的资料作19次），其中有16次（有的资料作15次）抵达中国。使团成员包括正副使、僧人、学生和各类工匠，来访人数由起初的250人左右增加到后来的500人左右，最多的一次达651人，其中著名的有栗田真人、吉备真备、阿倍仲麻吕、道昭等。日本派出遣唐使的目的在于引进唐朝的典章制度和文物知识，是历史上中日人民友好交往的盛举。

4.

2,000多年前，汉武帝派张骞出使西域，开辟了一条中西交通要道——"丝绸之路"。丝绸之路东起汉唐的都城长安，向西经河西走廊至敦煌后，分为南北两线：北线经现在的吐鲁番、库车、喀什，南线经现在的若羌、和田、莎车，在木鹿城（在今土库曼斯坦的马雷）汇合，经里海南沿、巴格达，抵达地中海东岸，转至罗马各地，全长7,000余千米。陆上丝绸之路的开通，在古代东西方之间架起了文化交往的桥梁。除了陆上丝绸之路，还有一条"海上丝绸之路"同样沟通着中国与外国的交往。最早见于史书记载的海上航线是《汉书·地理志》所记的从西汉的南疆到达印度洋的海路，即从今广东、广西、越南北部港口出发,经东南亚抵达今印度东岸和斯里兰卡。

■ 简答题

1.

郑和下西洋是中外交通史上最伟大的事件之一。从明永乐三年到宣德八年,郑和及其副手王景弘受明成祖朱棣和明宣宗朱瞻基的派遣,先后几次率领庞大的船队扬帆远航。他们从苏州刘家港出发,经越南南部、爪哇、苏门答腊和斯里兰卡,到达印度西岸,最远到达红海和非洲东海岸的索马里和肯尼亚。据史料记载和学者们研究,郑和所率领的船队曾到达50余国,如中南半岛诸国、马来半岛诸国、南洋群岛诸国、阿拉伯半岛诸国和非洲东海岸诸国等。郑和船队的这些远航活动,大大提高了明朝的国际地位,并且与所到各国建立了政治联系和贸易联系。中国特产的锦绮、纱罗、绫绢,以及各种瓷器、铜器、麝香、金银等通过郑和船队输送到海外;而外国的各种珍宝、药品、颜料、绵帛,以及香料、珊瑚、象牙、宝石等也经印度洋输入中国。郑和的创世壮举大大促进了中国与南洋诸国的文化交流,奠定了他作为伟大航海家的历史地位。

2.

汉武帝建元三年,张骞奉命往西域寻找被匈奴驱逐的大月氏人,以便与之联合,共同抗击匈奴。不料张骞在途中被匈奴扣留达十年之久,逃脱后,经楼兰、龟兹,翻越葱岭,经大宛、康居,终于到达大月氏,却遭到大月氏国王的拒绝。张骞使命未果,在返回途中,又被匈奴俘获,一年以后趁匈奴内乱,才回到长安复命。尽管这一次未能与大月氏取得联盟,但却打通了一条由长安通往西域的道路,使汉人与西域各国都互相了解到对方的存在和文化。前119年,张骞第二次出使西域。其时,匈奴的浑邪王已经归汉,河西走廊畅通无阻,张骞所率的300余人,带着大批丝绸和其他物品,出玉门关,抵达乌孙国(在今伊犁河和伊塞克湖一带)。此后,汉使往来不断。东汉永平十六年,班超也出使西域,其副使甘英还远至波斯湾。与此同时，西域的使臣与商人也东来汉疆，带来了他们的物产，换回中国的丝绸及其他货物，"丝绸之路"就这样开通了。

丝绸之路的开通在古代东西方之间架起了文化交往的桥梁，中国的丝绸、刺绣、陶瓷和其他绚丽多彩的工艺产品被运往中亚直至欧洲，而异域的核桃、蚕豆、胡萝卜、葡萄酒和多姿多彩的音乐、舞蹈、绘画也在汉唐社会中产生了广泛的影响。特别是印度佛教通过这条丝绸之路传入中国，大大改变了中国原有哲学、文学和艺术的风貌；中国的"四大发明"也通过它传往中亚、西亚和欧洲，使整个人类文明都发生了深刻变化。

3.

利玛窦的传教策略是先学习中国文化，"站稳脚跟"后开始传教活动。

利玛窦先在澳门研习中文，随后来到肇庆，获准建筑教堂并开始传教。他与各级官员和社会名流交往，宣讲欧洲文物和典章制度，介绍西方的天文、算学、理化知识，将自鸣钟、地图、天象仪器和三棱镜陈列于室内任人参观，起到了很好的宣传作用。利玛窦之后又在韶州大力结交官绅，攻读儒家经典，改穿儒服，习用儒礼，为北上进京做准备。

利玛窦等人抵达北京后朝见明神宗，献上天主经像、自鸣钟、万国图及西洋琴等礼物，获准在宣武门内居住传教。利玛窦在京期间，以尊儒为旗号，以所著《天主实义》为蓝本，大力开展传教活动。他的传教活动注意吸纳中国传统文化，融儒学与天主教义于一体，因而在明朝官绅和知识分子中间产生了广泛的影响，对他在中国传教也有所帮助。

4.

略。

5.

陆上丝绸之路东起汉唐都城长安，向西经河西走廊至敦煌后，分为南北两线：北线经现在的吐鲁番、库车、喀什，南线经现在的若羌、和田、莎车，在木鹿城（在今土库曼斯坦的马雷）汇合，经里海南沿、巴格达，抵达地中海东岸，转至罗马各地，全长7,000余千米。

丝绸之路的开通在古代东西方之间架起了文化交往的桥梁，中国的丝绸、刺绣、陶瓷和其他绚丽多彩的工艺产品被运往中亚直至欧洲，而异域的核桃、蚕豆、胡萝卜、葡萄酒和多姿多彩的音乐、舞蹈、绘画也在汉唐社会中产生了广泛的影响。特别是印度佛教通过这条丝绸之路传入中国，大大改变了中国原有哲学、文学和艺术的风貌；中国的"四大发明"也通过它传往中亚、西亚和欧洲，使整个人类文明都发生了深刻变化。

◼ 论述题

1.

答题要点▷ 利玛窦在中国宣讲欧洲文物和典章制度，介绍西方的天文、算学、理化知识，与明朝官员合译西方科学著作，交流中西学术成就，沟通中西学术传统，为中西文化交流开辟了新的路径。其后，汤若望等传教士也相继取得合法身份，先后供职朝廷，参与修订立法、制造枪炮。到了清代，汤若望、南怀仁等相继出任钦天监监正，主持制造天文仪器。此外，有的传教士还在宫廷充当表匠、药师、画师、御医等，为推进中国科学技术的发展做出了应有的贡献。

第一章 简论

▶ 填空题

1. （北京语言大学 2015）世界四大古老文明是古埃及文明、＿＿＿＿＿＿、古印度文明和中华文明。
2. （东北师范大学 2014）按文化的内容常把文化分为物质文化、行为文化、制度文化和＿＿＿＿＿＿文化。
3. （暨南大学 2015）中国文化产生的经济基础是＿＿＿＿＿＿。
4. （青岛大学 2015）任继愈先生所提出的"宗教特性说"认为，中国文化是＿＿＿＿＿＿三教合一的产物。
5. （厦门大学 2013）封闭的＿＿＿＿＿＿型地理环境促使中国人形成了好静、内向求同的民族性格。
6. （厦门大学 2013）在中国及一些东方国家，＿＿＿＿＿＿主义高于个人主义，人们对环境的依赖性较强。
7. （厦门大学 2013）中国思想史基本上是儒、＿＿＿＿＿＿、释三教合一的思想体系。

▶ 单项选择题

1. （中山大学 2013）以下哪个成语没有反映中国委婉含蓄的文化特征？
   A．含沙射影　　B．金口玉言　　C．心照不宣　　D．言多必失

▶ 判断题

1. （华东师范大学 2015）中国的世界文化与自然双重遗产有泰山、黄山、九华山、武夷山四处。

▶ 论述题

1. （兰州大学 2015）谈谈你怎样认识我们在今天了解中国文化的必要性。

参考答案

填空题

1. 古巴比伦文明
2. 心态
3. 以农业为主的自然经济
4. 儒、道、释
5. 大陆
6. 群体
7. 道

单项选择题

1. B

【解析】"金口玉言"指极难得的可贵的话,在封建社会多指皇帝讲的话,后也用来泛指不能改变的话,没有委婉含蓄的意味。其他三个成语则都有"不直接说明"或"少言"的含义:"含沙射影"比喻暗地里诽谤中伤;"心照不宣"的意思是彼此心里明白,不必明说;"言多必失"指话说多了难免出错,劝告人们要谨言慎行。

判断题

1. 错误

【解析】我国四处世界文化与自然双重遗产分别是泰山、黄山、峨眉山—乐山大佛和武夷山。

■ 论述题

1.
  我们今天了解中国文化，至少有三个方面的现实需要。

  首先是世界人民的需要。当今世界，已经进入一日千里的全球化时代，在这样的时代中，任何一个民族，任何一种文化，都不可能孤立存在和独立发展。因此我们说，中国需要世界，世界也需要中国，现在的世界尤其需要中国。

  其次是中国文化自身发展的需要。中国文化能延续到今天，是历代中国人继承和发展的结果，它在未来的发展和延续，仍然要依靠我们中国人自己。在当前时代，中国文化的发展和延续面临国际、国内两种形势的挑战，在经济全球化的背景下，西方的一些先进文化随着我国的改革开放进入中国社会，给中国文化以巨大的冲击。面对这样的机遇与挑战，为了实现美好的未来，我们必须付出艰辛的努力，认真了解自己的文化，了解它的发展脉络和变化规律，在同外来文化交流和碰撞的过程中，能够自觉地汲取精华、抵制糟粕，进行有益的文化扬弃。

  最后是个人提高素养的需要。作为中国人，自然要了解和学习中国文化。通过了解和学习，我们就能从中华民族特有的思想和文化宝库中汲取营养、熏陶人格，努力把自己塑造成既有民族传统，又符合现代化要求的新型人才。

第二章 地理概况

▶ 填空题

1. （北京师范大学2015）鸦片战争后中英之间签订了不平等条约《南京条约》，将_____岛割让给了英国，1997年中华人民共和国政府恢复了对其行使主权。

2. （复旦大学2015）三国时期，吴王孙权派兵到达的"夷州"就是现在的_____。

3. （广东外语外贸大学2015）古代被称为"流求"的地方指的是今天的_____。

4. （华东师范大学2014）历史上，文明古国一般都出现在大河流域，中国文明也是如此，它的发祥地是在_____流域。

5. （华东师范大学2015）西藏从_____朝开始正式被划入中国版图。

6. （暨南大学2013）秦始皇统一全国后，废除_____，施行郡县制。

7. （暨南大学2013）中国设省始于_____代。

8. （暨南大学2015）在_____代，西藏正式成为中国的一个行政区域，朝廷设立宣政院进行直接管辖。

9. （南京师范大学2015）康熙六年，清朝政府设江苏布政使司，两江总督驻_____府（今南京市），巡抚驻苏州府（今苏州市），合两地之名为"江苏"。

10. （首都师范大学2013）中国历史上首次全面采取郡县制的朝代是_____朝。

11. （首都师范大学2015）广西是宋代_____的简称。

12. （四川大学2013）_____是我国拥有少数民族数量最多的省级行政区。

13. （四川大学2013）中国有55个少数民族，它们的人口数量相差很大，人口最多的超过1,500万，人口最少的在_____人以下。

14. （西南大学 2015）"春风不度玉门关"中的玉门关在今天的_____。
15. （中国传媒大学 2014）中国最大的两条河流是_____和_____。
16. （中国传媒大学 2014）中国的直辖市有北京、天津、上海和_____。
17. （中国传媒大学 2014）"上海"的名称最早始于_____代。
18. （中国传媒大学 2014）我国第一大岛屿是_____，1895 年被_____占领，1945 年后归还中国。
19. （中国人民大学 2016）从秦汉到隋代，我国行政区划大体实行_____制。
20. （中山大学 2013）中国人口第二多的民族是_____。

▶ 单项选择题

1. （北京语言大学 2015）"风水"属于中国古代地理学中的_____。
   A．政区地理　　　　　　B．山川地理
   C．堪舆地理　　　　　　D．包括以上三者

2. （北京语言大学 2015）元朝是中国历史上由蒙古族建立的统一王朝，开国皇帝为元世祖忽必烈，定都大都，即今天的_____。
   A．西安　　　B．开封　　　C．北京　　　D．南京

3. （广东外语外贸大学 2015）中国从秦汉到隋代实行的行政区域制度是_____。
   A．郡县制　　B．道路制　　C．行省制　　D．分封制

4. （四川大学 2014）从唐宋到辽金，我国行政区划分主要实行_____。
   A．郡县制　　B．行省制　　C．道路制　　D．省县制

5. （四川大学 2014）云冈石窟、平遥古城所在省份简称_____。
   A．晋　　　　B．冀　　　　C．鲁　　　　D．豫

6. （西南大学 2015）以郡县制作为行政区划制度的朝代是_____。
   A．汉　　　　B．唐　　　　C．辽　　　　D．清

7. （中国海洋大学 2015）秦汉时期，郡县制全面取代了_____。
   A．井田制　　B．宗法制　　C．分封制　　D．昭穆制

8. （中国人民大学 2016）按照《吕氏春秋》对"九州"的划分，现在的北京属于_____州。

   A．豫　　　B．青　　　C．幽

9. （中国人民大学 2016）安徽省的得名，是由两个古代地名组合而成，这两个地名是今天的_____。

   A．六安和徽州　　B．安庆和歙县　　C．徽州和安庆

10. （中山大学 2014）如果中国某地的地名中出现了"厝""浜""滘"，这些地方最可能出现在_____。

    A．湖北、上海、山东　　　　B．江西、福建、上海
    C．广东、湖南、福建　　　　D．福建、上海、广东

11. （中山大学 2015）位于青海境内的盆地是_____。

    A．柴达木盆地　　　　　　B．准噶尔盆地
    C．塔里木盆地　　　　　　D．吐鲁番盆地

12. （中山大学 2015）香港和澳门位于珠江口的_____。

    A．东岸　　　　　　　　　B．西岸
    C．东岸和西岸　　　　　　D．西岸和东岸

▶ 判断题

1. （北京大学 2015）唐代地方行政机构设置套用汉代的两级制度，宋代进一步削弱地方权力，分设路、州、县三级。

参考答案

■ 填空题

1. 香港

2. 台湾

3. 台湾

4. 黄河

5. 元

6. 分封制

7. 元

8. 元

9. 江宁

10. 秦

11. 广南西路

12. 云南

13. 3,000

14. 敦煌

15. 长江　　黄河

16. 重庆

17. 宋

18. 台湾岛　　日本

19. 郡县

20. 壮族

单项选择题

1. C

【解析】堪指"天道",舆就是"地道","堪舆"即风水,是中国传统文化之一。

2. C

【解析】北京,古称"蓟",西周初年燕国建都于此,故称"燕京"。战国时为燕国上都。秦始皇统一中国后,置为广阳郡。隋改为"幽州"。契丹族建立的辽国改幽州为幽都府,建为南京,作为陪都,随后女真族建立的金国迁都于此,称为"中都"。元朝灭金,以此为都城,号曰"大都"。朱元璋攻灭元朝,改元大都为"北平府",朱棣称帝后改称"北京",不久迁都于此。北京之名从此始,至今已六百多年。

3. A

【解析】秦始皇统一中国以后,实行"郡县制"以取代沿袭已久的"分封制"。从秦汉到隋代,中国的行政区划大体实行的都是郡县制。从唐宋到辽金,主要实行"道路制"。元、明、清三代基本实行"行省制"。

4. C

5. A

【解析】云冈石窟位于山西省大同市,平遥古城位于山西省晋中市平遥县。山西,即在太行山以西,古称"唐",明清设山西省,沿袭至今。现省会太原市,简称"晋"。

6. A

7. C

【解析】秦汉时期,郡县制作为一种行政区划制度全面取代了沿袭已久的分封制。分封制是形成于我国封建社会早期并具有很大影响的政治制度,它与宗法制互为表里,紧密结合,在家庭范围内遵循宗法制,在国家范围内则实行分封制。所谓"宗法制",就是按照血统与嫡庶关系来组织、维护社会秩序的制度。宗法制规定,只有天子的嫡妻所生的长子才可以继承"天子之位",其他各子以及异姓功臣则分封到各地为诸侯，这便是"分封制"。封到各地的诸侯同样只有嫡妻所生的长子才可以继承"诸侯之位"，依次类推，直至公卿、大夫与平民。井田制是中国古代社会的土地国有制度，商代已经出现，到西周时已发展得很成熟，实质是一种以国有为名的贵族土地所有制。昭穆制是我国古代的宗庙制度，延伸到民间，祠堂内的牌位摆放次序也遵循昭穆制。

8．C

【解析】成书于战国时代的《吕氏春秋》说，"河汉之间为豫州，周也；两河之间为冀州，晋也；河济之间为兖州，卫也；东方为青州，齐也；泗上为徐州，鲁也；东南为扬州，越也；南方为荆州，楚也；西方为雍州，秦也；北方为幽州，燕也"。北京地处华北，西周初年燕国便建都于此，故称"燕京"，隋代又改称为"幽州"。

9．B

【解析】清康熙六年始设安徽布政使司，取巡抚驻地安庆府（今安庆市）和徽州府（今歙县）两地首字为省名，即今安徽省。现省会合肥市，简称"皖"。

10．D

【解析】"厝"在福建方言中，一般表示具体的居民居住地，因此在福建的一些地名中会包含"厝"字。"浜"是小河沟的意思，也是地名中的常用字，上海的很多地名就包含这个字，如肇嘉浜、陆家浜等。"滘"指分支的河道，也常用于地名，尤以广东地名为多。

11．A

【解析】柴达木盆地位于青海省西北部。我国境内的盆地以塔里木盆地、准噶尔盆地、柴达木盆地和四川盆地为最大，号称"四大盆地"。除了柴达木盆地和四川盆地，准噶尔盆地和塔里木盆地都位于新疆维吾尔自治区境内，准噶尔盆地位于新疆北部，塔里木盆地位于新疆南部。吐鲁番盆地位于新疆东部，是中国地势最低的地方。

12．C

◼ 判断题

1. 错误

【解析】秦代的地方行政机构等级划分开始实行"郡县制",将全国划分为若干郡,郡下设县,以郡统县。汉袭秦制,但郡国并存。从唐代开始,直到辽金,我国的行政区划实行的是"道路制"。唐朝政府起初根据山川的自然形势,把全国划分为十道,后又增至十五道,形成道、州、县三级制。北宋初年,改"道"为"路"。

第三章　历史纵横

▶ 填空题

1. （北京大学 2015）中国是农业大国，在距今七八千年前已发展出多样的农业文化，不过直到_____，牛耕才逐渐推广。

2. （北京大学 2015）商代前期，太甲在位时暴虐不遵汤法，被其大臣_____流放三年。

3. （北京大学 2015）唐代集前朝法律发展之大成，制定出了一套完备的法典_____，在法律思想、法律内容、诉讼程序等方面都做了详细表述。

4. （北京大学 2015）宋代的社会问题很多，一些知识分子"以天下为己任"，试图通过自己的言行挽救危亡。著名的王安石变法便是以"天变不足畏，_____，人言不足恤"的"三不足"论断为理据，体现出大无畏的改革精神。

5. （北京大学 2015）明清时期出现了巨大的商业资本，富商大贾中以_____和晋商最为著名。

6. （北京大学 2015）明代已有钱庄，最初主要从事银钱兑换业务，后来经营储蓄和房贷，并发放钱票。与之业务相似的机构是_____，发行的票据称为银票。

7. （北京大学 2015）商品经济发达的标志就是，明清时_____成为主要货币。

8. （北京大学 2015）鉴于明朝内阁权威日重，清朝虽设有内阁，但位尊权轻，徒有虚名，为了便于处理军国大事，另设_____。

9. （北京师范大学 2013）在北京_____发现了"北京猿人"。

10. （北京师范大学2013）唐朝由盛转衰的转折点是_____。

11. （北京师范大学2013）西汉末年，外戚_____夺取政权，改国号为"新"。

12. （北京师范大学2015）唐代的首都位于今陕西省西安市，当时称作_____，是一座国际化的大都市。

13. （北京师范大学2015）在我国历史上，很多朝代是由少数民族建立的，比如元朝的建立者是_____族。

14. （北京语言大学2015）考古学研究证明，二里头文化上承龙山文化，下接_____，它存在的时间与文献上夏朝存在的时间基本一致。

15. （北京语言大学2015）历史上，著名的武王伐纣中的一场决定性战役被称为_____。

16. （华东师范大学2014）数千年来，中国文化的重心都在不断移动，总体趋势是_____。

17. （华东师范大学2014）表明中国传统社会中央集权管理体制成熟的标志是_____。

18. （华东师范大学2015）北宋时，在中国的四川地区出现了世界上最早使用的纸币，这种纸币被称为_____。

19. （暨南大学2015）古代宗法制度"立嫡以长不以贤，立子以贵不以长"，在地位、财产等方面采取_____继承制。

20. （南京师范大学2015）1894年朝鲜发生内乱，清政府应朝鲜政府要求出兵干预，日本也借机出兵攻击清军，史称_____战争。

21. （首都师范大学2013）周秦时期，华夏地区的通用语言叫作_____。

22. （首都师范大学2013）中国历史上第一次农民起义是_____起义。

23. （首都师范大学2015）东晋之后，宋、齐、梁、陈四朝均建都于_____，史称南朝。

24.（四川大学 2014）_____是古代传说中中华民族的人文始祖，相传他人首蛇身，与女娲兄妹相婚。

25.（西南大学 2015）曹操"挟天子以令诸侯"，所挟天子是指_____。

26.（西南大学 2015）唐高宗的皇后武则天于公元 690 年称帝，改国号为_____，成为中国历史上唯一的女皇帝。

27.（厦门大学 2013）唐代李世民执政年间，任用贤才，政治开明，国泰民安，史称_____。

28.（厦门大学 2013）1271 年，成吉思汗的孙子_____正式建立元朝。

29.（云南大学 2014）中原地区进入文明社会的时间是_____。

30.（云南大学 2014）"皇"的本义是"大"，而"帝"的本义是_____。

31.（中国传媒大学 2014）在中国古代神话中，神农氏牛头人身，能教人制造农具，是_____文化的象征。

32.（中国传媒大学 2014）中国历史有准确的纪年开始于西周共和元年，即公元前_____年。

33.（中国传媒大学 2014）"战国七雄"包括齐、楚、燕、韩、赵、魏和_____。

34.（中国传媒大学 2014）西周最重要的手工业部门是_____制造。

35.（中国传媒大学 2015）在中国，最能反映母系氏族文化的是分布在黄河流域的_____文化，全国发现的该文化遗址数以千计，其中最为著名的是位于西安的_____遗址。

36.（中国传媒大学 2015）中国人的远祖，大体可分为西北的_____、东方的东夷集团和南方的南蛮集团。

37.（中国传媒大学 2015）"春秋五霸"包括齐桓公、_____、楚庄王、秦穆公和宋襄公。

38.（中国海洋大学 2015）魏晋时期，把"中国"与"华夏"两词组合起来，称为_____。

39.（中山大学 2013）秦始皇兵马俑博物馆位于陕西西安_____区。

40. (中山大学 2014) 历史上的"战国七雄"指秦、魏、齐、楚、燕、韩、_____。

41. (中山大学 2015) 关于三国的故事有很多,其中,"赔了夫人又折兵"中的"夫人"是指_____的妹妹。

42. (中山大学 2015) 河姆渡遗址位于_____流域。

43. (中山大学 2015) 中国历史上唯一正统的女皇帝是_____。

▶ 单项选择题

1. (北京大学 2015) 唐代,在一些城郊附近、交通要道、驿站渡口,形成了大的农村市场,一些货肆店铺也设立于其中,成为固定的交易场所,这被称为_____。

   A. 草市　　　B. 城市　　　C. 集市　　　D. 镇市

2. (北京大学 2015) 下列不属于明代后期东林党人的是_____。

   A. 顾宪成　　B. 高攀龙　　C. 钱一本　　D. 张溥

3. (北京大学 2015) 1872—1875 年由_____建议,清政府派遣一百多名中国留学生赴美留学,首批留学生均为 10—15 岁儿童少年,分四批出国。

   A. 曾国藩　　B. 李鸿章　　C. 容闳　　　D. 张之洞

4. (北京大学 2015) 提倡了解并学习西方,睁眼看世界,并发出"师夷长技以制夷"呼声的是_____。

   A. 龚自珍　　B. 魏源　　　C. 林则徐　　D. 左宗棠

5. (北京大学 2016) 新石器时代的龙山文化主要发生于_____。

   A. 山东　　　B. 江苏　　　C. 河南　　　D. 内蒙古

6. (北京师范大学 2015) 下列哪座城市不是七大古都之一?

   A. 北京　　　B. 杭州　　　C. 郑州　　　D. 南京

7. (北京师范大学 2015) 清代介于康熙和乾隆之间的皇帝是_____。

   A. 顺治　　　B. 雍正　　　C. 嘉庆　　　D. 道光

8. (复旦大学2015)"失之东隅，收之桑榆"的出典与哪次农民起义有关？
   A．方腊　　　B．黄巾　　　C．黄巢　　　D．赤眉

9. (复旦大学2015)普遍认为中国历史上有多次大移民，下列与此无关的事件是_____。
   A．西汉七国之乱　　　　B．西晋末年八国之乱
   C．南北朝时期战乱　　　D．安史之乱

10. (复旦大学2015)以下中国朝代按存在时间长短排列的顺序是_____。
    A．清朝、隋朝、秦朝、元朝　　　B．清朝、隋朝、元朝、秦朝
    C．清朝、元朝、隋朝、秦朝　　　D．清朝、元朝、秦朝、隋朝

11. (复旦大学2015)"破釜沉舟"的典故与以下哪一位历史人物有关？
    A．刘邦　　　B．项羽　　　C．韩信　　　D．关羽

12. (华东师范大学2014，2015)成语"草木皆兵"是因历史上的_____大战而来。
    A．官渡　　　B．淝水　　　C．赤壁　　　D．垓下

13. (华东师范大学2015)在中国古代神话传说中，抟土造人的是_____。
    A．盘古　　　B．女娲　　　C．伏羲　　　D．神农

14. (四川大学2014)神农，一说"炎帝"，在民间神话中为_____。
    A．风神　　　B．水神　　　C．土神　　　D．火神

15. (西南大学2015)下列哪种活动包含了楚汉之争的历史背景？
    A．象棋　　　B．蹴鞠　　　C．秋千　　　D．围棋

16. (厦门大学2013)中国的"七大古都"是_____。
    A．西安、开封、洛阳、北京、杭州、武汉、南京
    B．西安、开封、洛阳、安阳、北京、杭州、南京
    C．西安、开封、洛阳、北京、杭州、安阳、成都
    D．西安、开封、洛阳、北京、杭州、上海、南京

17. (中国传媒大学 2014) 中国封建制度的建立是在_____时期。

    A．春秋　　　B．战国　　　C．秦朝　　　D．西周

18. (中国人民大学 2016) 作为中国文明源头的仰韶文化，处于中国古代文明起源四大区域中的_____。

    A．北方和东北地区　　　　B．长江流域

    C．黄河流域

19. (中山大学 2014)《三国演义》中诸葛亮"火烧藤甲兵"是与谁发生的战斗？

    A．孟获　　　B．司马懿　　　C．陆逊　　　D．袁绍

▶ 判断题

1. (北京大学 2015) 随着经济的发展，唐代末年工商业者取得了更多的自由，开始有了自己的组织，这就是行会。

2. (复旦大学 2015) "三皇五帝"的称呼始于春秋战国。

3. (复旦大学 2015) 第一次鸦片战争的结果之一是南京成为通商口岸。

4. (华东师范大学 2014) 作为有着悠久历史的文明古国，中国社会的政治结构有独特的东方文化特色。中国政治制度的鲜明特点是遵循以血缘关系为纽带的宗法原则与君主专制的政治体制相结合的论法制度。

5. (华东师范大学 2014) 殷商甲骨文中就有关于"四方"的明确记载，西周时已经有了十分清晰的"天下"观念。

6. (华东师范大学 2014) 对中国历史产生过重要影响的人群，如鲜卑、契丹、女真，都起源于华北平原。

7. (首都师范大学 2014) 我国境内迄今发现最早的猿人头盖骨化石是蓝田人头盖骨。

8. (四川大学 2013) 三星堆文化诞生于四川省广汉地区，距今已有 3,000—5,000 年。

9. （西南大学 2015）东晋五胡十六国的"五胡"是指匈奴、鲜卑、满、氐、羌五个少数民族政权。
10. （中国传媒大学 2015）魏晋南北朝的三百余年，是中国历史上最纷乱复杂的时期，民族之间的斗争和融合呈现出一种激烈而又活跃的态势。
11. （中国传媒大学 2015）"开皇之治""贞观之治""开元之治"都是唐代比较兴盛的时期。
12. （中国传媒大学 2015）赵匡胤统一了中国，建立了北宋。
13. （中国海洋大学 2015）历史上通常所说的"楚汉之争"，是指战国时期楚国和汉国之间的战争。
14. （中山大学 2013）中共十一届三中全会开启了改革开放的历史新时期。
15. （中山大学 2014）从历史上看，中国的少数民族在汉化过程中，有采用汉姓的做法。

▶ 简答题

1. （北京师范大学 2015）洋务运动是清政府为了挽救国家危亡而发动的一场自强运动。请简要说明清政府在洋务运动中采取了哪些改革措施。
2. （首都师范大学 2015）东周前半段叫"春秋"，后半段叫"战国"。请简要说明"春秋""战国"两个名称的由来。

参考答案

■ 填空题

1. 战国时代
2. 伊尹
3. 《唐律疏议》
4. 祖宗不足法
5. 徽商
6. 银铺
7. 白银
8. 军机处
9. 周口店
10. 安史之乱
11. 王莽
12. 长安
13. 蒙古
14. 商周文化
15. 牧野之战
16. 由西北向西南移动
17. 三省六部制的确立
18. 交子
19. 嫡长子
20. 甲午（中日甲午）
21. 雅言
22. 陈胜、吴广
23. 建康

24．伏羲

25．刘协

26．周

27．贞观之治

28．忽必烈

29．约 5,000 年前

30．王的称号

31．农耕

32．841

33．秦

34．青铜器

35．仰韶　　半坡

36．华夏集团

37．晋文公

38．中华

39．临潼

40．赵

41．孙权

42．长江

43．武则天

◼ 单项选择题

1．A

【解析】唐代，在州、县城郭以外的水陆交通要道，或关津驿站所在之地形成了规模较大的农村市场，也就是草市，其中交易的商品主要包括水产品、盐、酒以及日用百货等生活必需品。草市经过长期发展，到了宋代，一部分发展成为居民点，还有一些紧临城郭的发展成为新的商业市区。这类市区居民稠密，商铺店肆林立，交易繁盛，与城郭以内的原有市区并无区别。

2．D

【解析】张溥是明末文学家，他写的《五人墓碑记》记述了东林党人与魏忠贤阉党激烈斗争的历史事实。明代天启至万历年间，顾宪成、高攀龙、钱一本等"东林八君子"以无锡东林书院为中心，"讽议朝政，裁量人物"，把攻击的矛头指向专权的宦官头子魏忠贤，形成了巨大的社会影响，书院中人也被视为"东林党人"，遭到残酷的镇压。

3．C

【解析】1872—1875年，由容闳倡议，在曾国藩和李鸿章的支持下，清政府先后派出四批、共120名学生赴美国留学。这批学生出发时的平均年龄只有12岁。

4．B

【解析】魏源是清代后期著名思想家，他编撰的《海国图志》是一部介绍西方国家的科学技术和世界地理历史知识的综合性图书，书中提出了"师夷长技以制夷"的主张，开启了近代中国了解世界、向西方学习的新潮流。龚自珍是清代思想家和文学家，改良主义的先驱者，主张革除弊政，抵制外国侵略，曾全力支持林则徐禁除鸦片。林则徐是清代著名思想家、政治家和诗人，官至一品，因其主张严禁鸦片，在中国有"民族英雄"之誉。左宗棠是晚清时期朝廷重臣，军事家和政治家，洋务运动的代表人物之一。

5．A

【解析】"龙山文化"最早发现于山东省章丘市龙山镇，也是我国发现最早的父系氏族社会文化遗址。龙山文化的陶器制作精美，黝黑而光亮，称为"黑陶"，故龙山文化又称为"黑陶文化"。

6．C

【解析】中国历史上的"七大古都"分别是西安、洛阳、开封、安阳、北京、南京和杭州，不包括郑州。

7．B

8．D

【解析】"失之东隅,收之桑榆"出典与新莽时期起义的赤眉军有关。《后汉书·冯异传》中记载了冯异与赤眉军作战,先败后胜,东汉光武帝刘秀赞扬他"可谓失之东隅,收之桑榆"。

9．A

【解析】西汉七国之乱是汉景帝时期的一次诸侯国叛乱,根源在于强大的诸侯王势力与专制皇权的矛盾。七国之乱的平定,标志着西汉诸侯王势力的威胁基本被清除,中央集权进一步得到加强。汉武帝时期,中国发生了一次大规模移民,20年间,完全由汉朝政府组织的移民不下120万人。西晋末年,发生了八王之乱,紧接着就是五胡乱华,中原汉族中的王室贵族和富商相继南迁,开始生活在长江中下游地区。南北朝时期,中原地区周边的少数民族开始了大批移民内地的浪潮,直至隋唐形成空前的内迁运动,促成了中国历史上民族大融合的趋势。历时8年的安史之乱给唐王朝的社会经济造成严重破坏,中原地区更是陷入了此后长达百年的藩镇割据的混乱状态,相对和平的南方地区再次成为中原居民逃避战火的首选之地,由此开启了中国历史上的第三次大规模人口南迁。

10．C

【解析】秦朝从秦始皇完成统一六国(公元前221年)到秦王子婴投降被杀(公元前206年),共存在15年。隋朝(581—618年)是中国历史上承南北朝下启唐朝的大一统王朝,存在37年。元朝(1271—1368年)是由蒙古族建立的王朝,历时98年。清朝是中国历史最后一个大一统封建王朝,建国于1616年,初称后金,1636年始改国号为清,直至1912年宣统退位,前后历时297年。

11．B

【解析】成语"破釜沉舟"比喻下定决心,一拼到底,其典故与项羽有关。《史记·项羽本纪》中记载:"项羽乃悉引兵渡河,皆沉船,破釜甑,烧庐舍,持三日粮,以示士卒必死,无一还心。"

12．B

【解析】"草木皆兵"的历史典故与"淝水大战"有关。淝水大战是东晋十六国时期北方的统一政权前秦向南方东晋发起的一系列侵略战争中的决定性战役。前秦出兵攻打东晋，于淝水交战，最终东晋仅以八万军力大胜八十余万前秦军。淝水之战是中国历史上著名的以少胜多的战例。拥有绝对优势的前秦败给了东晋，国家也因此衰败。东晋则趁机北伐，并且在此后数十年间未再遭受北方少数民族政权的侵扰。

13．B

【解析】中国古代神话传说中，抟土造人和炼石补天都是女娲的事迹。其他神话人物的相应故事是：盘古开天辟地，伏羲始创太极八卦，神农遍尝百草。

14．D

【解析】神农，也称炎帝，也有人说炎帝和神农不是一个人，在中国古代神话里是太阳神，也是火神。因神农主要在南方活动，南方属火，遂被后人尊为炎帝。

15．A

【解析】象棋棋盘中的分界线称为"楚河汉界"，与楚汉之争的历史背景有关。象棋棋盘上，楚河汉界的两边分别有九条竖线和五条横线，寓意着"九五"至尊的皇位；楚河汉界两边摆放棋子之后，又形成黑红相峙的局面，艺术地再现了楚、汉争夺天下的历史面貌。

16．B

17．A

【解析】春秋时期，由于生产力的发展，封建制的生产关系开始产生，经济结构和政治结构也都迅速发生了变化。

18．C

【解析】仰韶文化广泛分布在黄河流域，最早发现于河南省渑池县仰韶村，距今约7,000年至5,000年。我国现已发现的仰韶文化遗址数以千计，而以陕西省西安市的半坡遗址最为著名。遗址出土的陶器很多，上面多半绘着彩色花纹，称为"彩陶"，故仰韶文化又称为"彩陶文化"。

19．A

【解析】《三国演义》中诸葛亮"火烧藤甲兵"是与孟获发生的战斗。孟获被诸葛亮六擒六纵后，请来乌戈国的藤甲军，结果再次被诸葛亮用计击败。孟获第七次被擒，方才真心归降。

◉ 判断题

1．正确

【解析】唐代末期，随着城市的兴起和工商业的繁荣，为了保护同行工商业者的利益不受外人的侵犯，也为了阻止外来工商业者的竞争和限制本地同行业工商业者之间的竞争，城市工商业者建立起一种组织叫"行会"。

2．正确

3．错误

【解析】第一次鸦片战争的结果是清政府与英国签订《南京条约》，割让香港岛，并开放广州、厦门、福州、宁波、上海为通商口岸。

4．正确

5．正确

6．错误

【解析】鲜卑、契丹和女真都是起源于东北地区的民族，也都在中原地区建立过自己的王朝。

7．错误

【解析】我国境内迄今发现的最早的猿人头盖骨化石是在云南发现的元谋人头盖骨化石，距今约170万年。在陕西发现的"蓝田猿人"，其生活年代约在115万年至65万年以前。

8．正确

9．错误

【解析】满族，原族名为女真，建立了中国最后一个封建王朝——清朝，统治中国近300年。五胡十六国的"五胡"包括匈奴、鲜卑、羯、氐、羌五个少数民族。西晋末年，王室内乱，民生凋敝，国力空虚，匈奴、鲜卑、羯、氐、羌等少数民族趁势南移，攻城略地，建立了自己的政权，这便是史书所说的"五胡乱华"或"五胡十六国"。

10．正确

11．错误

【解析】"开皇之治"是隋文帝在位期间开创的盛世。隋文帝杨坚统一中国后，以富国为首要目标，轻徭薄赋以解民困，在推行新的户籍政策以确保国家赋税收入的同时，稳定民生，最终促成了开皇盛世的局面。"贞观之治"和"开元之治"分别是唐太宗和唐玄宗时期出现的盛世。

12．正确

13．错误

【解析】楚汉之争是公元前206—前202年间，西楚霸王项羽与汉王刘邦两大集团为争夺政权而进行的一场大规模战争。最终，楚汉之争以项羽败亡，刘邦建立西汉王朝而告终。

14．正确

15．正确

【解析】历史上，中国的少数民族有采用汉姓以促进民族融合的做法。北魏孝文帝拓跋宏，自幼受汉族祖母冯太后的影响，亲政后以"汉化"为国策，改鲜卑姓为汉姓。与此同时，北魏孝文帝还鼓励鲜卑族与汉族通婚，推行汉族王朝的典章制度，大大加速了鲜卑族融入汉族的进程，在中国历史上写下了耀眼的一页。

◉ 简答题

1.

洋务运动，又称晚清自救运动、自强运动。该运动是19世纪60—90年代由洋务派推行的一场引进西方军事装备、机器生产和科学技术以维护封建统治的"自强""求富"运动。洋务运动进行30多年虽然没有使中国富强起来，但洋务运动引进了西方先进的科学技术，使中国出现了第一批近代企业，在客观上对中国民族资本的产生和发展起到了促进作用，为中国的近代化开辟道路。清政府在洋务运动中采取的改革措施包括：军事上，积极创办新式军事工业，训练新式军队，筹建南洋、北洋和福建三支海军；经济上，兴办轮船、铁路、电报、采矿、纺织等各种民用企业；文化上，兴办新式学堂，派遣留学生，培养洋务人才；政治上，于1861年设立总理衙门。

2.

"春秋战国"的说法来源于对春秋和战国两个历史时期的合称，而这两个历史时期的名称分别来自于《春秋》和《战国策》两部历史著作。

在中国上古时期，春季和秋季是诸侯朝觐王室的时节；另外，"春秋"在古代本身也代表了一年四季。鲁国的史官就把当时各国每年发生的重大事件，按春、夏、秋、冬四季记录成书，这部编年史也便命名为《春秋》。孔子对鲁国史官所编《春秋》加以整理和修订，成为儒家经典之一。《春秋》记录了从鲁隐公元年（公元前722年）到鲁襄公十四年（公元前481年）间，共242年的重大历史事件。由于《春秋》中所记载历史事实的起止年代，大体上与一个客观的历史发展时期相当，所以历代史学家便把"春秋"这一书名作为这个历史时期的名称。为了叙事方便，春秋时期始于周平王东迁、东周开始的公元前770年，止于战国前夕的公元前476年，共295年。

春秋以后，齐、楚、燕、韩、赵、魏、秦七大诸侯国连年战争，当时人们就称这七大诸侯国为"战国"。《战国策·燕策一》中记录苏秦的弟弟苏代曾说过，"凡天下之战国七，而燕处弱焉"，可见当时七大诸侯国都有战国的称呼。此后一段时间，"战国"这一名词的含义并没有发生改变，直到西汉末年刘向编辑《战国策》一书，才开始把"战国"作为特定历史时期的名称。战国时期始于公元前475年，即《史记》中的《六国年表》开始的一年，止于公元前221年，即秦灭齐、统一六国的那一年，共255年。

第四章 姓氏与名、字、号

▶ 填空题

1. （复旦大学 2015）中国古代兄弟排行的次序是：伯、仲、叔、_____。
2. （南京师范大学 2015）全国汉族三大姓氏为_____、王、张。
3. （首都师范大学 2015）诗句"旧时王谢堂前燕，飞入寻常百姓家"中的"王谢"实际代表了东晋时的_____。
4. （四川大学 2014）百家姓中的复姓"司马"源于西周，是以_____为姓。
5. （云南大学 2014）"钱"是以_____为姓。
6. （云南大学 2014）在中国古代，"季"字排行是_____。
7. （中国传媒大学 2015）王姓的"郡望"在_____。

▶ 单项选择题

1. （四川大学 2014）以下排列顺序正确的是_____。
   A. 叔、仲、伯、季   B. 伯、仲、叔、季
   C. 伯、叔、仲、季   D. 叔、伯、仲、季

▶ 判断题

1. （广东外语外贸大学 2015）中国的姓氏大约产生于父系氏族社会时期。
2. （中国传媒大学 2015）唐代文学家韩愈被世人称为"韩昌黎"是因为他是昌黎人。

▶ 简答题

1. （北京师范大学 2013）中国人怎么取名、字、号？三者有什么关系？
2. （首都师范大学 2015）先秦时期贵族有姓有氏，请简述姓与氏两者之间的区别。

参考答案

填空题

1. 季
2. 李
3. 琅琊王氏与陈郡谢氏
4. 官职
5. 官职
6. 四
7. 太原

单项选择题

1. B

判断题

1. 错误

【错误】一般认为,中国姓氏的产生可以追溯到母系氏族社会。那时的人们按母系血缘分成若干氏族,每个氏族都以图腾或居住地形成互相区别的族号,这个族号就是姓。

2. 错误

【解析】韩愈本为河阳(今河南省孟州市)人。因当时韩姓以昌黎和南阳两地为郡望,所以韩愈自称"昌黎人",时人也称其为"韩昌黎"。"郡望"是指某一姓氏世居某郡而为人们所仰望,实际指某一姓氏的社会影响。"郡望意识"的产生,与封建社会人们注重出身、看重门第的普遍社会心理有关。

第四章 姓氏与名、字、号 | 149

■ 简答题

1.

自古以来，中国人就很讲究命名，而命名的出发点与人们所处时代的社会生活密切相关。如商代社会迷信盛行，社会生活十分单纯，人们都以生日命名。周朝建立后，礼制规范，命名也有了许多规定，如以出生时的情况命名为"信"，以道德品行命名为"义"等，此外还规定不以国名、官名、山川、隐疾、牲畜、器帛等六种事物命名。春秋战国以后，社会礼制急剧变化，人们命名更多反映社会下层的风貌，也喜欢在姓和名之间加一个毫无意义的助词。汉代国力强盛，人们祈求长生不老，因而取名多用"安国""延年""去病"等。西汉末年流行单名，直至魏晋南北朝时期，因单名重复太多，复名又兴盛起来。这一时期，因受士大夫清高风气的影响，人们取名喜欢用"之"字，如祖冲之、王羲之等；又因其时佛教盛行，命名多取佛语，如王僧辩、王僧智等。以后数代，取名均受时代环境背景影响。1949年以后，人们取名多用"建国""爱国"等，到了"文化大革命"期间，又多用"卫东""向东""卫红"等。现如今，中国人取名则更加自由，颇注重个性化。

古代中国人不但有名，而且有字。字由名演化而来，所以统称为"名字"。由于古人注重礼仪，因此称名称字大有讲究。在人际交往中，名一般用于谦称、卑称，或上对下、长对少；而字则用于下对上、少对长或对他人尊称。在多数情况下，直呼其名是很不礼貌的。名与字的关系大体有以下几种：

一是名与字意义相同。如三国诸葛亮字孔明，亮与明同义。

二是名与字意义相关。如鲁国孔丘字仲尼，丘即山，孔子生于尼山，又在家中排行第二，故字仲尼。

三是名与字意义相反。如北宋词人晏殊字同叔，殊与同义相反。

四是名与字的意义取自五行相生。如楚公子壬夫，字子辛，壬为水，辛为金，名壬字辛，取水生于金之意。

五是以伯、仲、叔、季排行为字。如鲁公子庆父字仲，汉高祖刘邦字季，等等。

此外，还有取于古语和成语等情况。

古人在名字之外还有"号"，这也是中国文化中的一个独特现象。号的起源很早，但真正流行是在唐宋以后，明清时为盛，这与唐宋以来的文学发达不无关系，也与儒道文化对文人的性格影响直接相关。一方面，是社会对文人学士有一种推崇和敬佩的心理，另一方面，是骚人墨客企图用一种委婉曲折的方式表达自己超然物外的理想和情趣。正因为如此，"自号"极为流行，取号方式皆由文人士大夫的性情、爱好及其所处环境而定。但其含义不外乎追求旨趣，祈求自勉，表明环境，显示收藏，描述形貌，取自文学意境，表现自身才能和专业等。这些自号，或用于本人，或用于斋名，如唐代大诗人杜甫号"少陵野老"，李白则因生长于青莲乡而号"青莲居士"等。

2.

姓与氏的区别在于：

第一，姓族在早期即因存立时间久远，亲属数目庞大，分支族氏增多，其成员间仍以自认的单系共同来源为亲属纽带，未必已能追溯到一个共同明确的祖先，亦未必都可以找到彼此间明确的谱系关系；而氏一般皆有明确的、可以追溯到同一个人的始祖。

第二，对于所有同姓成员来说，其所属姓是同定的；氏名来源较多样，如以邑为氏、以谥为氏、以官为氏等。同一家族还经常出现命氏、别族等情况，即父子、兄弟不必同氏，也可以有几个氏。

第三，姓是统一的，即姓族本身未有层次区别，虽有氏为分支，但没有更小的姓族；而氏却可以是多层次的，一个大氏可以包含由其分化出来的若干小氏。

第四，女子不论出嫁与否，皆有同定的姓。但女子出嫁前与父同氏；出嫁后属夫氏，既可以夫氏为称，亦可仍以父氏为称，此从周代青铜器铭文资料可知。

第五章 汉字

▶ 填空题

1. （东北师范大学 2014）从文字学的角度看，"沐、洗、澡"等字，都与_____字有关。

2. （广东外语外贸大学 2015；首都师范大学 2014）我国现存最早的文字是甲骨文和_____。

3. （广东外语外贸大学 2015；首都师范大学 2015；中国传媒大学 2015）汉字的"六书"包括象形、_____、会意、形声、_____、假借。

4. （华东师范大学 2015）甲骨文出土在中国的_____省。

5. （华东师范大学 2015）秦始皇统一中国后，推行"书同文"的政策，形成了_____这种新的字体。

6. （南京师范大学 2015）中国现存最早的石刻文字是_____。

7. （青岛大学 2015）我国的甲骨文包括_____和殷墟甲骨文两个阶段，后者是在河南安阳小屯村发现的。

8. （青岛大学 2015）仓颉造字说在_____已经广泛流传。

9. （青岛大学 2015）人类文明的进化过程是_____。

10. （首都师范大学 2013）小篆产生于_____朝。

11. （首都师范大学 2015）传说汉字是由黄帝的史官_____发明的。

12. （首都师范大学 2015）甲骨文是_____朝金石学家_____发现的。

13. （四川大学 2013）汉字经历了_____、_____、_____、_____等字体的演变。

14. (四川大学 2014) 上古传说"后羿射日"中后羿名字中的"后",意思是_____。
15. (四川大学 2014) "明"字属于"六书"中的_____字。
16. (西南大学 2015) 东汉的_____著有《说文解字》,分析了汉字的六种结构,学术上称为"六书"。
17. (云南大学 2014) "示"字代表上古人崇拜的一种_____。
18. (中国传媒大学 2015) 篆书分为大篆和_____,大篆以_____为代表。
19. (中国传媒大学 2015) 按照汉字的"六书"来分析,"本"和"甘"都是_____字。
20. (中国海洋大学 2015) 甲骨文是刻在龟甲兽骨上的文字,都是商代王室占卜的记录,因而也称_____。
21. (中国人民大学 2016) 记录商代社会情况的文字,主要是_____。

▶ 单项选择题

1. (北京语言大学 2015) 东汉许慎在《说文解字》中对古文字的构成规则进行了概括和归纳,即"象形、指事、会意、形声、转注、假借",其中"视而可识,察而见意"的是_____。
   A. 象形   B. 指事   C. 会意   D. 形声

2. (北京语言大学 2016) 秦始皇统一中国后,下令全国通用的汉字标准字体是_____。
   A. 大篆   B. 小篆   C. 楷书   D. 行书

3. (华东师范大学 2014,2015) 我国已经发现的古代的石鼓文字实际属于_____体文字。
   A. 小篆   B. 大篆   C. 楷体   D. 隶书

4. (首都师范大学 2013) 甲骨文是哪个朝代的文字?
   A. 夏代   B. 商代   C. 西周   D. 东周

5. (首都师范大学 2013) 隶书是哪个朝代的通行文字？

   A．西周　　　B．东周　　　C．秦朝　　　D．汉朝

6. (首都师范大学 2013) 现代汉字属于哪种文字？

   A．拼音文字　B．表意文字　C．图画文字　D．音节文字

7. (首都师范大学 2014) 下列断言完全正确的一项是_____。

   A．隶书是秦始皇统一六国后采用的标准字体

   B．象形、假借、会意、形声是古代汉语的四种造字法

   C．汉字是记录汉语的书写符号系统，属于表意文字

   D．现行汉字的结构单位有两级：一是独体字，二是合体字

8. (四川大学 2013) 汉字数量很多，总数约 60,000 个，其中常用字约_____。

   A．3,000 个　B．4,000 个　C．5,000 个　D．6,000 个

9. (四川大学 2013) 1949 年以后，中国政府统一对汉字进行了较大规模的简化工作，先后被简化字取代的汉字有_____。

   A．2,000 多个　B．3,000 多个　C．4,000 多个　D．5,000 多个

10. (西南大学 2015) 以下不属于指事字的是_____。

    A．门　　　　B．上　　　　C．本　　　　D．下

▶ 判断题

1. (复旦大学 2015) 石鼓文是刻在十块鼓形石上的文字，也是我国现存最早的石刻文字，它是从金文向大篆过渡的一种字体。

2. (首都师范大学 2015) 汉字文化圈指的是至今仍使用汉字作为主要书面交际工具的国家和地区。

3. (西南大学 2015) 金文又称"钟鼎文"，是商周时期刻在青铜器上的文字。

4. (云南大学 2014) "封禅"的"封"就是在泰山顶上设坛祭地。

5. (中国海洋大学 2015) "汉字文化圈"又叫"儒家文化圈""筷子文化圈""稻米文化圈"。

▶ 名词解释

1. （北京师范大学 2013）金文
2. （兰州大学 2015）六书

▶ 简答题

1. （北京师范大学 2013）举例说明汉语词汇中反映的受自然地理环境制约的文化因素。

填空题

1. 水

2. 金文

3. 指事 转注

4. 河南

5. 小篆

6. 石鼓文

7. 周原甲骨文

8. 战国末期

9. 先有语言而后才有文字

10. 秦

11. 仓颉

12. 清 王懿荣

13. 金文 篆书 隶书 行书 楷书

14. 帝王君主

15. 会意

16. 许慎

17. 灵石

18. 小篆 石鼓文

19. 指事

20. 甲骨卜辞

21. 甲骨文

● **单项选择题**

1. B

【解析】《说文解字·叙》中讲"指事"为"指事者,视而可识,察而见意,上、下是也",意思是看一下就可以知道指事字代表什么,但要仔细观察以后才能明白它的意义,比如"上""下"等字。此外,《说文解字》中定义"象形"为"象形者,画成其物,随体诘诎,日、月是也";"会意"为"会意者,比类合谊,以见指㧑,武、信是也";"形声"为"形声者,以事为名,取譬相成,江、河是也"。

2. B

【解析】秦始皇统一中国后,推行"书同文,车同轨"和统一度量衡的政策,其中一项重要举措就是取消其他六国原本使用的文字,下令全国使用小篆作为通用的标准字体。小篆的创制由秦始皇指派擅长书法的丞相李斯负责,即在秦国原来使用的大篆籀文的基础上,进行简化,形成了全国统一的文字书写形式。小篆一直在中国流行到西汉末年,之后才逐渐被隶书所取代。

3. B

【解析】篆书分为大篆和小篆,小篆现在还比较多见,大篆则仅以石鼓文为代表。石鼓文就是刻在十块鼓形石上的文字,也是我国现存最早的石刻文字。石鼓文的字形比金文更整齐,结构又近于小篆,显然是由金文向小篆过渡的一种字体。

4. B

【解析】学术上所说的"甲骨文"一般指"殷墟甲骨文",也就是"商代甲骨文"。迄今已发现甲骨文单字约为4,500个,目前可以辨识的约有2,000余字,大都是殷商统治者占卜祭祀时的祝词。

5. D

【解析】汉代是书法艺术成熟的时期。在这个阶段,隶书定型,草书、行书、楷书也应运而生,形成了隶书盛行、诸体皆备的辉煌局面。隶书产生很早,秦代已有使用;到汉代逐步定型为横扁形的,从起笔到结体都有一定的规格;到东汉，成为官定标准字体。这一书体的变革，文字史上叫作"隶变"。经过隶变后通行的隶书，即为"汉隶"。它上承秦隶，又显出汉隶本身点画均匀、舒展自由的特点。汉代竹简、碑石、印章上的文字，大多采用汉隶。

6．B

7．C

【解析】A选项中，秦始皇统一六国后采用的标准字体是小篆。B选项中，汉语的四种造字法是象形、指事、会意和形声，转注和假借是用字法。D选项中，现行汉字的结构单位有两级，即笔画和部件。只有C选项中的说法是正确的。

8．A

9．A

10．A

【解析】"门"字是比较典型的象形字，它是从图画文字转化而来的，其甲骨文为𠦂、金文为𠦂、小篆为門。"上""下""本"都属于指事字，字形中有指示符号以表明字义。"上"的甲骨文为二，金文为二，小篆为上；"下"的甲骨文为𠄟，金文为二，小篆为下；上下一小横为指示符号。"本"则是在"木"中添加一小横为指示符号。

● 判断题

1．错误

【解析】石鼓文是大篆的代表，其字形比金文更整齐，结构又近于小篆，显然是由金文向小篆过渡的一种字体。

2．错误

【解析】"汉字文化圈"指历史上曾经使用汉字或在文字上受汉字影响的国家和地区，并不是说这些国家和地区至今仍使用汉字作为主要的书面交际工具。一般认为，汉字文化圈包括中国、朝鲜、韩国、日本、越南等国家。

3．正确

4. 错误

【解析】所谓"封禅",就是由帝王来祭祀天地的大型典礼。"封",是在泰山顶上设坛祭天;"禅",是在泰山附近的小山上祭地。

5. 正确

◉ 名词解释

1.

金文,又叫"钟鼎文",在甲骨文之后出现,是商周时代刻在青铜器上的文字,其中以周代金文为多。商代金文和殷墟甲骨文在形体上非常接近,而周代金文却要简化得多,字体也要整齐得多,这说明汉字到周代已有了长足的进步。到了战国末年,金文的字体开始逐渐接近于小篆。

2.

"六书"是东汉许慎在《说文解字》中对古文字构成规则的概括和归纳,即"象形、指事、会意、形声、转注、假借"。其中,象形、指事、会意、形声是造字法,转注、假借是后来衍生发展的文字使用方式。

◉ 简答题

1.

汉语词汇在发展过程中受到了自然地理环境的影响,承载着丰富的文化信息。不同地区对同一事物往往会因不同的认知而使用不同的表达方式;一个地方也会因其特有的自然现象而产生具有地方特色的词语。

如同是表示"粉末"这一物质,中国北方多用本义为"麦面"的"面"这个字来派生其他词,如"胡椒面儿""药面儿""白面儿(海洛因)"等;而南方则用本义为"米粉"的"粉"这个字来派生其他词,如"胡椒粉""药粉""白粉"等。这是因为中国南方以种植水稻为主,北方以种植小麦为主,"粉"和"面"在构词上的差异也是两地农业文化差异的反映。

又如"梅雨"这个词是受自然气候影响而产生的。在中国长江中下游地区，每年六、七月份都会出现持续阴天有雨的气候现象，由于此时正是江南梅子的成熟期，故称其为"梅雨"。

此外，中国文化以山南水北为阳，因此产生了洛阳、安阳等因地处洛水、淇水之北而得名的地名词语。这些都反映出汉语词汇在产生和发展过程中，受到了自然地理环境等文化因素的影响。

第六章　学术思想

▶ 填空题

1. （北京师范大学 2015）"＿＿＿＿＿＿，社稷次之，君为轻"，这句话反映了孟子的民本思想。
2. （北京师范大学 2015）汉代提出了"罢黜百家，独尊儒术"的思想家是＿＿＿＿＿＿。
3. （北京师范大学 2015）《朱子语类》中的"朱子"指的是＿＿＿＿＿＿。
4. （北京语言大学 2016）孔子学说的中心思想，最根本的一个字是＿＿＿。
5. （东北师范大学 2014）在伦理道德方面，"三纲"指的是君为臣纲、父为子纲、＿＿＿＿＿＿。
6. （华东师范大学 2014）清初"三先生"中，＿＿＿＿＿＿注重文献考据的方法，为后来清朝的"乾嘉学派"奠定了基础。
7. （华东师范大学 2014）提出最有价值的人生是从"修身"开始，一直到"治国""平天下"的儒家著作是＿＿＿＿＿＿。
8. （华东师范大学 2014）孔子说："不愤不启，不悱不发。举一隅不以三隅反，则不复也。"其中所体现的教学思想是＿＿＿＿＿＿。
9. （华东师范大学 2015）《老子》中的"祸兮福之所倚，福兮祸之所伏"，体现的是中国传统的＿＿＿＿＿＿思维模式。
10. （暨南大学 2013）"今文经"是指＿＿＿＿＿＿。
11. （暨南大学 2015）"自强不息""厚德载物"体现了"刚柔相济"的中国文化基本精神，二语出自＿＿＿＿＿＿。
12. （暨南大学 2015）提出"性善论"观点的古代哲学家是＿＿＿＿＿＿。
13. （暨南大学 2015）老子认为人应"无为而无不为"，意思是＿＿＿＿＿＿。

14. (南京师范大学2015) 儒家以_____为"三才",故以三皇相配;以金、木、水、火、土为"五行",故以五帝相配。

15. (首都师范大学2013) 孟子的主体政治思想是_____。

16. (首都师范大学2013) 孔子思想体系中,最核心的部分是_____。

17. (首都师范大学2013) "无名,万物之始;有名,万物之母",这两句话出自_____。

18. (首都师范大学2013) "学而不思则罔,思而不学则殆",这两句话出自_____。

19. (首都师范大学2013) 春秋战国时期墨家的代表人物是_____。

20. (首都师范大学2013) 韩非是战国末期_____家的代表人物。

21. (首都师范大学2014) 儒家经典"三礼"是指《周礼》_____《礼记》。

22. (首都师范大学2014) "四体不勤"中的"四体"指的是_____。

23. (首都师范大学2014) "诗三百,一言以蔽之。曰:'思无邪'",这句话出自_____,其大意是_____。

24. (首都师范大学2015) 就人性而言,孟子主张_____,荀子主张_____。

25. (首都师范大学2015) "己欲立而立人,己欲达而达人"体现的是孔子_____的思想。

26. (首都师范大学2015) "三十辐共一毂,当其无,有车之用"出自_____。

27. (四川大学2013) _____提出"祸兮福之所倚,福兮祸之所伏"。

28. (四川大学2014) 在"千年礼乐归东鲁,万古衣冠拜素王。泰岱巍巍垂俎豆,秋阳皓皓照宫墙"中,"素王"指的是_____。

29. (厦门大学2013) 孔子思想的核心是_____。

30. (厦门大学2013) 玄学是魏晋时代的哲学思潮,它是以_____思想为主旨,又糅合了儒家经义而产生的一种新学说。

31. (厦门大学2014) 儒家学说是孔子创立的,它以_____为主要内容,注重社会政治和伦理生活。

32. （云南大学 2014）儒家以天、地、人为＿＿＿＿＿＿。

33. （云南大学 2014）在孟子的学说中，"义"指＿＿＿＿＿＿。

34. （云南大学 2014）墨家提出思维的三种基本形式是＿＿＿＿＿＿。

35. （中国传媒大学 2014）先秦时期，提倡"学而不厌，诲人不倦"的思想家是＿＿＿＿＿＿。

36. （中国传媒大学 2015）孟子思想的核心是＿＿＿＿＿＿和良知。

37. （中国传媒大学 2015）＿＿＿＿＿＿是继老子之后，道家学派的主要代表。

38. （中国海洋大学 2015）南宋时，理学的集大成者是＿＿＿＿＿＿。

39. （中国海洋大学 2015）孔庙是第一座祭祀孔子的庙宇，位于今天山东省＿＿＿＿＿＿境内。

40. （中国海洋大学 2015）"五行学说"是中国古代的一种朴素的唯物主义哲学思想，这种学说认为宇宙间的一切事物都是由＿＿＿＿＿＿、火、土、金、水五种物质所组成。

41. （中山大学 2013）诸子百家中主张"以刑去刑"的一家是＿＿＿＿＿＿。

42. （中山大学 2013）"人法地，地法天，天法道，道法自然"出自＿＿＿＿＿＿。

43. （中山大学 2014）如果说儒家是入世之学，那么道家则是＿＿＿＿＿＿。

44. （中山大学 2015）孔子曾经感叹："甚矣吾衰也！久矣吾不复梦见周公！"这里的周公就是＿＿＿＿＿＿初期的著名政治家姬旦。

▶ 单项选择题

1. （北京师范大学 2015）＿＿＿＿＿分为内篇、外篇和杂篇。
   A．《论语》　　B．《孟子》　　C．《老子》　　D．《庄子》

2. （华东师范大学 2014）《老子》第五十八章中的"祸兮福之所倚，福兮祸之所伏"，这句话体现出的中国传统思维模式主要是＿＿＿＿＿。
   A．类比思维　　B．抽象思维　　C．整体思维　　D．辩证思维

3. (华东师范大学 2014) 美学史上，提出"尽善尽美"的美学观，主张人生的道德境界与审美境界相统一的是_____。

   A．儒家　　　B．道家　　　C．佛家　　　D．墨家

4. (华东师范大学 2014) 理学改变了汉唐以来注疏"五经"的传统，讲求义理，探讨身心性命修养。宋代理学"理气论""心性论"的集大成者是_____。

   A．程颢　　　B．程颐　　　C．朱熹　　　D．王阳明

5. (首都师范大学 2013) 道家的代表人物是_____。

   A．孔子　　　B．庄子　　　C．墨子　　　D．公孙龙

6. (首都师范大学 2014) 下列主张中属于墨子的是_____。

   A．知雄守雌　B．法后王　　C．兼爱非攻　D．行王道施仁政

7. (首都师范大学 2014) 下列关于水的名句中，出自《荀子》的是_____。

   A．上善若水，水善利万物而不争

   B．冰，水为之而寒于水

   C．洪水横流，泛滥于天下

   D．秋水时至，百川灌河

8. (四川大学 2014) 提出"人之性恶，其善者伪也"的是_____。

   A．孔子　　　B．孟子　　　C．荀子　　　D．墨子

9. (四川大学 2014) 北宋理学家周敦颐又号称_____。

   A．船山先生　B．横渠先生　C．濂溪先生　D．明道先生

10. (厦门大学 2013) "道生一，一生二，二生三，三生万物"出自_____。

    A．《老子》　B．《庄子》　C．《列子》　D．《管子》

11. (厦门大学 2013) 北宋程颢、程颐兄弟认为的宇宙万物和社会伦理的最高原则是_____。

    A．理　　　　B．心　　　　C．气　　　　D．道

12. (厦门大学 2013) 南宋理学集大成者是_____。

    A．陈献章　　B．张载　　　C．朱熹　　　D．孙复

13. (厦门大学 2013)"竹林七贤"的思想属于以下哪一种哲学思潮?
    A．朴学　　　B．心学　　　C．理学　　　D．玄学

14. (厦门大学 2014)"上善若水,水善利万物而不争,处众人之所恶,故几于道"出自_____。
    A．《老子》　B．《庄子》　C．《列子》　D．《管子》

15. (厦门大学 2014)"任重道远"一词出自_____。
    A．《庄子》　B．《管子》　C．《孟子》　D．《论语》

16. (厦门大学 2014)明末清初著名的思想家是_____。
    A．王夫之　　B．张载　　　C．朱熹　　　D．严复

17. (中国传媒大学 2014)下面哪位不是先秦时期儒家学派的代表人物?
    A．孔子　　　B．孟子　　　C．荀子　　　D．韩非子

18. (中国海洋大学 2015)"天下兴亡,匹夫有责"是_____的名言。
    A．顾炎武　　B．龚自珍　　C．魏源　　　D．黄宗羲

19. (中国海洋大学 2015)"塞翁失马,焉知非福"语出《淮南子·人间训》,这句话体现出中国传统的思维模式是_____。
    A．整体思维　B．类比思维　C．辩证思维　D．抽象思维

20. (中山大学 2013)_____提出治学当有"独立之精神,自由之思想"。
    A．胡适　　　B．鲁迅　　　C．徐志摩　　D．陈寅恪

21. (中山大学 2013)以下哪句惯用语反映了"中庸"的哲学思想?
    A．过犹不及　　　　　　　B．人怕出名猪怕壮
    C．沉默是金　　　　　　　D．独善其身

22. (中山大学 2013)以下哪个传统故事体现了古人的辩证思维?
    A．塞翁失马　B．田忌赛马　C．叶公好龙　D．庄周梦蝶

23. (中山大学 2014)以下哪位理学家是《传习录》的作者?
    A．周敦颐　　B．朱熹　　　C．程颐　　　D．王守仁

24. (中山大学 2015)"子非鱼,安知鱼之乐？""子非我,安知我不知鱼之乐？"这两句都出自_____。

　　A．《论语》　　B．《孟子》　　C．《庄子》　　D．《韩非子》

▶ 判断题

1. (北京大学 2015)春秋时期,邓析在郑国聚徒讲习法律和诉讼,孔子在鲁国聚徒讲习六艺。

2. (华东师范大学 2014)"非礼勿视,非礼勿听,非礼勿言,非礼勿动",这句话出自《礼记》。

3. (华东师范大学 2014)在保护自然方面,中国古代有一个重要观点值得注意,就是孟子提出的"不违天时"的观念。

4. (暨南大学 2013)"君子和而不同,小人同而不和",这是《中庸》中的言论。

5. (首都师范大学 2013)"有教无类"是孔子教育思想的重要组成部分。

6. (首都师范大学 2013)中国古代主张人性本善的思想家是战国时期的荀子。

7. (首都师范大学 2013)主张"天不变,道亦不变"的中国古代思想家是宋朝的朱熹。

8. (首都师范大学 2015)"井蛙不可以语于海者,拘于虚也",这句话出自《庄子·天下》。

9. (厦门大学 2014)"相濡以沫,不如相忘于江湖"出自《老子》。

10. (厦门大学 2014)老子主张无为而治,是一种消极的价值观,在今天看来是不可取的。

11. (厦门大学 2013)宋明理学吸收了道教、佛教的思想内容,是中国古代社会中后期流行的思想学说。

12. (中国传媒大学 2014)"儒"最早是在奴隶主贵族中掌管道德教化、音乐礼仪的官员。

13. (中国传媒大学 2014)汉代的"经学"根据研究依据的不同,可以分为"古文学派"和"今文学派"两大学派。

14.（中国传媒大学 2015）道家是"出世之学"，主要讲宇宙人生，其作用偏重于个人，并且偏重于个人的精神层面。

▶ 简答题

1. （暨南大学 2013）分析"内圣外王"之道的基本含义，并谈谈你的认识与理解。
2. （暨南大学 2015）简要说明"和"的哲学内涵，以及"和而不同""同而不和"的含义。
3. （青岛大学 2015）简要说明孔子的中心思想是什么？
4. （首都师范大学 2015）汉代经学有今文经学与古文经学之分，简述两者之间的区别。

▶ 论述题

1. （北京师范大学 2015）《论语》《庄子》《韩非子》分别代表了什么时期的诸子散文？它们分别有什么特点？

参考答案

■ 填空题

1. 民为贵

2. 董仲舒

3. 朱熹

4. 仁

5. 夫为妻纲

6. 顾炎武

7. 《大学》

8. 举一反三

9. 辩证

10. 以汉代流行的隶体文字书写而成的经书

11. 《周易》

12. 孟子

13. 顺应自然、遵循规律去做事，没有什么是做不了的事情

14. 天、地、人

15. 民为贵，社稷次之，君为轻

16. 仁

17. 《老子》(《道德经》)

18. 《论语》

19. 墨子

20. 法

21. 《仪礼》

22. 人的四肢

23. 《论语》　《诗经》中三百多首诗，用一句话来概括，就是思想没有邪念

24．性善论　　性恶论

25．仁

26．《老子》(《道德经》)

27．老子

28．孔子

29．仁

30．道家（老庄）

31．仁

32．三才

33．为人之道

34．名（概念）、辞（判断）、说（推理）

35．孔子

36．性善

37．庄子

38．朱熹

39．曲阜

40．木

41．法家

42．《老子》(《道德经》)

43．出世之学

44．西周

◉ 单项选择题

1．D

【解析】《庄子》是道家学说的经典著作，原有 52 篇，现存 33 篇，包括内篇 7 篇、外篇 15 篇和杂篇 11 篇。

2．D

【解析】老子哲学具有朴素的辩证法思想。他认为，事物的自身都包含着他物，任何事物都是正与反、肯定与否定的对立统一，有的甚至相反相成。这些对立统一的关系，都可以物极必反，互相转化，正所谓"祸兮福之所倚，福兮祸之所伏"（《老子》第五十八章）。从这些辩证观点出发，老子建立了他的策略思想，即以弱胜强，以柔克刚，知雄守雌，知荣守辱，等等。

3．A

【解析】儒家代表人物孔子提出了"尽善尽美"的美学观点，主张人生的道德境界与审美境界应相互统一。子谓《韶》："尽美矣，又尽善也。"谓《武》："尽美矣，未尽善也。"（《论语·八佾》）孔子在评价《韶》和《武》两部乐舞时，也表明了自己对武王伐纣的反对态度，也由此认为《武》虽"尽美"却未"尽善"。

4．C

【解析】朱熹是宋代理学"理气论"和"心性论"的集大成者。朱熹以"理"和"气"解释宇宙、人生，认为"理"是形而上的绝对真理，"气"则是形而下的由"理"派生出的具体物质。理气相合而成人，气中之理，即是人性。气有清浊，性有善恶，所以要居恭持敬，明德修道，以便去浊还清。朱熹的学说继承了"二程"，即北宋程颢、程颐兄弟的思想。"二程"认为"理"既是宇宙万物的最高原则，也是社会伦理纲常的最高原则，它"在天为命，在人为性"，人与宇宙只为一体，知识和真理只在内心，欲明天理，则须识心见性。明代是理学发展的又一个高潮，但其时思想境界已由朱熹倡导的"理学"转向陆九渊强调的"心学"，王阳明便是集心学之大成者。王阳明提出了"知行合一"的主张，认为万事万物之理都在我心中，这就是"知"，"知"表现于"行"，而不"行"就是不"知"。这便是"知行合一"。

5．B

【解析】道家的代表人物是老子和庄子。孔子是儒家学说的创始人。墨子是墨家学说的创始人物，提出了"兼爱""非攻""尚贤""尚同""节葬""节用""非乐""非命""尊天""明鬼"等十大主张。公孙龙是名家的代表人物,著有《公孙龙子》,提出了"白马非马"和"离坚白"等观点。

6. C

【解析】墨子提出的"兼爱"就是要"交相利",即"兴天下之利,除天下之害"。从"兼爱"出发,墨家认为战争对人民的危害最大,因而又主张"非攻",反对不义的战争和兼并。"知雄守雌"是老子的观点,告诉人们要弃刚守柔,与人无争。"法后王"由荀子提出,与孟子的"先王"相对。"行王道施仁政"是孟子的主张。

7. B

【解析】"冰,水为之而寒于水"出自《荀子·劝学》,用冰与水的关系比喻学生如果能用功研究学问,坚持不懈地努力,就可以比他的老师更有成就。"上善若水,水善利万物而不争"出自《老子》第八章,意思是"最高境界的善行就像水的品性一样,泽被万物而不争名利",体现了老子为人处世"不争"的要旨和对"道"的见解。"洪水横流,泛滥于天下"出自《孟子·滕文公上》。"秋水时至,百川灌河"出自《庄子·秋水》。

8. C

【解析】荀子强调"性恶",认为"人之性恶,其善者伪也",即"善"是人为的表现,而不是人的本性。因为人性恶,所以要靠后天的力量来帮助人为善。其方法一是"修身";二是"师法",即通过教化。

9. C

【解析】周敦颐是北宋理学大家,因筑室居于庐山濂溪,世称"濂溪先生",他的学说也被称为"濂学"。"船山先生"王夫之是清代朴学的代表人物。张载世称"横渠先生",他以"气"来解释各种事物的生灭变化,主张人应通过努力获得完美的"天地之性",称他治学的目的是"为天地立心,为生民立命,为往圣继绝学,为万世开太平",具有强烈的经世致用精神。"明道先生"是指北宋程颢,他与程颐兄弟二人大大促进了理学的发展。

10．A

【解析】"道生一，一生二，二生三，三生万物"出自《老子》第四十二章。这是老子对于宇宙生成过程的一种推测，尽管素朴，却脱离了神创万物的观念，以高度抽象的哲理语言揭示了宇宙生成的辩证规律。

11．A

【解析】程颢、程颐兄弟认为"理"既是宇宙万物的最高原则，也是社会伦理纲常的最高原则。理"在天为命，在人为性"，人与宇宙只为一体，知识和真理只在内心，欲明天理，则须识心见性。

12．C

【解析】朱熹是南宋理学集大成者，他建立了一个以"理"和"气"为核心的完整的理学体系。陈献章创明代心学之先河，开启了理学发展的一个新的高潮，是宋明理学承前启后、转变风气的关键人物。孙复提出"经世济人"，强调儒家纲常与天道的一致性，与胡瑗一起实开"理学"先河。孙复的学说随后便传于张载。

13．D

【解析】魏晋时代的嵇康、阮籍、山涛、向秀、阮咸、王戎、刘伶等人，"相与友善，游于竹林"，共同以竹自喻，世称"竹林七贤"。他们的思想属于玄学，是一种以老庄思想为主旨，又糅合儒家经义而产生的学说。

14．A

【解析】"上善若水，水善利万物而不争，处众人之所恶，故几于道"出自《老子》第八章，意思是最高的善好像水一样，水善于滋润万物而不与万物相争，停留在众人都不喜欢的地方，所以最接近"道"。老子在自然界万事万物中最赞美水，认为"水德"是最近于"道"的。

15．D

【解析】"任重道远"出自《论语·泰伯》中"士不可以不弘毅，任重而道远"一句，意思是说士人不应该不坚强，因为肩上的担子很重，要走的路很远。曾参的这句话教导士人要磨炼出刚毅的性格，把发展仁的精神当成毕生的事业，经受住"任重而道远"的考验。

16．A

【解析】王夫之是明末清初的著名思想家，朴学的开创者之一，世称"船山先生"，晚年隐居于石船山，专事著述，著作达70余种，后人集为《船山遗书》。王夫之总结和发展了中国古代唯物论和辩证思想，达到中国古典哲学的高峰；也凭借其思想、行为与节操，成为中国思想史上的一位伟人。张载是北宋"理学四大家"之一。朱熹是南宋集理学之大成者。严复是我国近代著名翻译家、教育家和启蒙思想家，翻译了《天演论》《原富》等西方社会科学名著，开创了近代"教育救国"的道路。

17．D

【解析】韩非子是战国时期法家学说的代表人物。韩非将商鞅的"法"、申不害的"术"和慎到的"势"合为一体，成为法家的集大成者。孔子和孟子是儒家学说的主要代表，因而儒家学说也被称为"孔孟之道"。有的研究者把荀子归为法家，因为他主张"法治"，但他的法治从礼义出发，以人治为本，仍然是儒家的内核。

18．A

【解析】"天下兴亡，匹夫有责"是顾炎武的名言。顾炎武是清代朴学的开创者之一，清代儒林第一人。顾炎武以考古求真为宗旨，反对不讲实际学问而空谈性理的理学，强调"天下兴亡，匹夫有责"和"行己有耻""博学于文"，认为探讨济世治国的学问与砥砺操守气节同等重要。黄宗羲是明末清初的理学家，同时精于史学研究，具有强烈的民主思想。黄宗羲认为"为天下之大害者，君而已矣"，"天下之治乱，不在一姓之兴亡，而在万民之忧乐"。晚清的朴学从纯学术的研究中解放出来，与议政、改良的现实政治活动相结合，形成了新的探求"微言大义"的义理学派，龚自珍、魏源等是其主要代表人物。

19．C

【解析】"塞翁失马，焉知非福"出自《淮南子·人间训》，比喻坏事在一定条件下可变为好事，体现出中国传统的辩证思维模式。

20．D

21．A

【解析】成语"过犹不及"出自《论语·先进》，指做得过分和做得不够一样都不好，是"中庸"之道的核心理念之一。

22．A

23．D

【解析】《传习录》的作者是王守仁，即王阳明，书中记载了他的语录和论学书信。周敦颐著有《太极图说》，以"无极而太极"来解释宇宙生成，而以"中正仁义"为人生之大道。《朱子语类》是朱熹与其弟子问答的语录汇编，与《传习录》《太极图说》等理学著作被历代书院当作辅助教材和参考读物。程颐的著作被后人辑录为《程颐文集》，明代后期又与其兄程颢的著作合编为《二程全书》。

24．C

【解析】"子非鱼,安知鱼之乐？""子非我,安知我不知鱼之乐？"出自《庄子·秋水》，是庄子与好友惠子在濠水的一座桥梁上交谈的话语。

◉ 判断题

1．正确

2．错误

【解析】"非礼勿视，非礼勿听，非礼勿言，非礼勿动"出自《论语·颜渊》，意思是不符合礼的事物不要看，不符合礼的话不要听，不符合礼的话不要说，不符合礼的事情不要做。孔子对颜渊有关"仁"的问题的回答，体现出孔子对"礼"和"仁"的理解和认识。孔子认为"礼"是人类社会一切行为的总则和细则，是"仁"的精神的具体化规范。

3. 正确
4. 错误

【解析】"君子和而不同,小人同而不和"出自《论语·子路》,是孔子有关"君子"和"小人"的论述。孔子认为,君子追求事情的合理适当,不会无原则地附和别人;小人则会无原则地附和别人,但不追求事情的合理适当。

5. 正确
6. 错误

【解析】孟子的"性善"论是其思想核心之一。因为性善,所以人有"恻隐之心""羞恶之心""辞让之心"和"是非之心"四种"善端",这些是人与生俱来的良知良能。孟子认为,一个人之所以不能成为善人,是因为他不去培养和扩充自己的善端。为此,他重视主观精神的修养,提出要"养浩然之气",以达到"富贵不能淫,贫贱不能移,威武不能屈"的境界。与孟子相反,荀子强调"性恶",认为"人之性恶,其善者伪也",即"善"是人为的表现,而不是人的本性。因为人性恶,所以要靠后天的力量来帮助人为善。其方法一是"修身";二是"师法",即通过教化。

7. 错误

【解析】"天不变,道亦不变"是汉代儒学大师董仲舒的主张。董仲舒以儒家思想为核心,杂糅阴阳五行和道、法诸家学说,将天道与人事相比附,建立起一个以"天人感应"为中心的唯心主义思想体系,成为封建统治秩序的理论支柱。

8. 错误

【解析】"井蛙不可以语于海者,拘于虚也"出自《庄子·秋水》,意思是说不要和井底之蛙讲海,因为它被狭小的生活环境所局限,海对于它来说太过于虚幻。

9. 错误

【解析】"相濡以沫,不如相忘于江湖"出自《庄子》,原文为"泉涸,鱼相与处于陆,相呴以湿,相濡以沫,不如相忘于江湖",意思是泉水干涸时,鱼被困在陆地上相互依偎,以唾沫相互湿润求得生存,此时此境,不如当作彼此不相识，各自畅游于江湖。庄子以鱼比人，精辟阐述了"道"通其变的观点。

10．错误

【解析】老子主张无为而治、消极退让、否定进步等，过分强调"柔弱"，带有许多消极性，但在今天看也是不能完全否定的。老子从辩证的观点出发，建立的以弱胜强、以柔克刚、知雄守雌、知荣守辱等策略思想，是其"贵柔""守弱"思想的体现，具有一定的真理性。

11．错误

【解析】"理学"实际是宋明时代的儒家学说，其形成一方面应儒学内在变化的需求，另一方面受佛教思想流行的影响。理学虽因其竭力宣扬儒家的"大道"而又称为"道学"，但与道教思想没有直接联系。

12．正确

【解析】所谓"儒"，最早指的是在奴隶主贵族中掌管道德教化、音乐礼仪的官员，如巫、史、祝、卜等。后来，这些人在社会变动中逐渐分化，流落到民间。由于他们熟悉"诗书礼乐"，待人"温文尔雅"，他们的学问和道德都高于常人。孔子开始讲学以后，因其弟子众多，影响不断扩大，"儒"就成了孔门弟子的专称。

13．正确

【解析】汉代经学根据研究依据的不同分为"古文学派"和"今文学派"。汉代经学研究所用的经书除了部分是用"古籀文字"写成的先秦旧本，即"古文经"；还有由战国时代的学者师徒之间口头传授，到汉代才用当时流行的隶体文字书写而成的"今文经"。古文经与今文经不但文字有差异，甚至连篇章、内容和解释、评价也不同。这就使研究者们各有所依，形成了不同的学派。

14．正确

【解析】与儒家的"入世之学"不同，道家是"出世之学"，主要讲的是宇宙人生，其作用偏重于个人，而且偏重于个人的精神层面。儒家则主要讲的是政治教化，其作用偏重于社会，就个人来说，偏重于人的品格修养。

■ 简答题

1.

　　"内圣外王"是儒家学说的主要政治思想之一。"内圣"是指一个人的自我修养，要想成为一个品德高尚的人，关键在于自己；至于"外王"，儒家以"修己"为起点，以治人为终点，对外治理国家、安邦定国。在儒家思想中，孔子认为"内圣"和"外王"是相互统一的，内圣是基础，外王是目的。只有内心不断修养，才能成为"仁人""君子"，才能达到内圣；也只有在内圣的基础之上，才能够安邦治国，达到外王的目的。同样，内圣只有达到外王的目的才有意义，外王实现了，内圣才能最终完成。

　　"内圣外王"实际就是道德与政治的统一。"内圣"是"外王"的前提和基础，"外王"是"内圣"的自然延伸和必然结果。"修己"自然能"治人"，"治人"必先"修己"。政治只有以道德为指导，才有正确的方向；道德只有落实到政治中，才能产生普遍的影响。没有道德作指导的政治，乃是霸道和暴政，是不得人心的，也是难以长久的。

　　《大学》中提出的"格物、致知、诚意、正心、修身、齐家、治国、平天下"被视为实现儒家"内圣外王"的途径，其中"格物、致知、诚意、正心、修身"是内圣之业，而"齐家、治国、平天下"则是外王之业。"内圣外王"这一儒家思想对中国的政治、伦理、文化以及哲学等产生了重要影响。

2.

　　在中国哲学史上，不同事物相配合而达到平衡叫作"和"，"和"才能产生新事物。春秋末年，齐国晏婴用"相济""相生"的思想丰富了"和"的内涵，并将其运用于君臣关系上，强调君王在处理政务时意见"可否相济"的重要性，君臣之间需保持"政平而不干"的和谐统一关系。孔子继承了这种"重和去同"的思想，主张"礼之用，和为贵"。他认为"君子和而不同，小人同而不和"，把对"和"与"同"的不同取舍作为区分"君子"和"小人"的标准，体现了重和去同的价值取向。

3.

概括来说,孔子的中心思想实际上是一个"仁"字,"仁"的意义几乎包括了一切美德。

孔子提出"仁者爱人",即人与人之间要彼此相爱。"爱人"的方法就是"推己及人":一方面是"己欲立而立人,己欲达而达人",把自己想要的好处也给予别人;另一方面是"己所不欲,勿施于人",自己不想得到的东西、不想做的事情,绝不要强加于人。

一个具备了"仁"的人,必须"居处恭,执事敬,与人忠",必须"言忠信,行笃敬"。如果能做到这些,则"志士仁人,无求生以害仁,有杀身以成仁",一个人就具备了理想的人格。孔子表现出对人的平等相待和尊重以及对完善的道德人格的追求,是"人本主义思想"的一种体现。

孔子由"仁"的思想出发,还提出了一套修身达仁的伦理观念和道德教化的政治观念。孔子认为爱人要推己及人;从爱自己到爱父母兄弟、爱妻子朋友,再由家庭而社会,由社会而国家。由小到大、由内及外,即《大学》中所提出的"修身、齐家、治国、平天下"的道理。

4.

汉武帝以后,经学被推尊为统一天下思想的官方哲学,也是中国传统文化中所有学术的总渊薮。但同时,经学内容却发生分化,出现了延续 2,000 年的今文经学与古文经学之争。历经秦火战乱,汉初儒家经典大都无先秦旧本。今文经是由儒生口传,并用当时流行的隶书记录下来的经籍;古文经则是从民间征集或在孔子故宅壁间发现,并用先秦古籀文字写成的经籍。今文经学和古文经学之间的区别,表现在以下几个方面:

第一,经书的文字、版本、篇目不同。今文经用汉隶抄写,古文经用六国古文书写。现存的今文经有《春秋公羊传》《春秋穀梁传》《仪礼》《小戴礼记》《大戴礼记》《韩诗外传》,现存的古文经有《毛诗》《周礼》《春秋左氏传》。今文经学最重《春秋公羊传》,古文经学最重《周礼》。

第二，二者的学术取向不同。今文经学的视角是政治的，讲阴阳灾异，着重发掘经文背后的微言大义；古文经学的视角是历史的，讲文字训诂，究明典章制度，着重探讨经文本义。前者主张合时，后者主张复古。

第三，二者所尊崇的圣贤对象不同。今文经学崇奉孔子，古文经学崇奉周公。今文经学以孔子为"受命"的"托古改制"的"素王"；古文经学认为孔子是"信而好古，述而不作"的史家。

第四，二者学风不同。今文经学注重微言大义，学风活泼，又往往流于空疏荒诞；古文经学注重典章考据，学风朴实，却常常失之烦琐。

◉ 论述题

1.

《论语》是儒家经典著作，是一部语录体散文集，主要记录孔子及其弟子的言行，较为集中地反映了孔子的思想。《论语》由孔子的弟子及再传弟子编纂而成，现存 20 篇，492 章，其中记录孔子与弟子及时人谈论之语 444 章，记孔门弟子相互谈论之语 48 章。《论语》首创"语录体"，辞约义富，有些语句、篇章颇为形象生动。孔子是《论语》记述的中心，《文心雕龙·征圣》称其"夫子风采，溢于格言"。书中不仅有关于孔子的仪态举止的静态描写，还有关于他的个性气质的传神刻画。此外，围绕孔子这一中心，《论语》还成功地刻画了一群孔门弟子的形象。如子路的率直鲁莽、颜回的温雅贤良、子贡的聪颖善辩等，都称得上个性鲜明，能给人留下深刻印象。孔子则会因材施教，对于不同的对象，考虑其不同的素质、优点和缺点、进德修业等具体情况，给予不同的教诲，表现了诲人不倦的可贵精神。据《论语·颜渊》记载，同是弟子问"仁"，孔子给予了不同的回答：答颜渊"克己复礼为仁"；答仲弓"己所不欲，勿施于人"；答司马中"仁者其言也讱"。颜渊学养高深，故答以"仁"之纲领，对仲弓和司马中则答以细目。这不仅是因材施教的教育方法问题，还体现出孔子对弟子的高度责任心。

《庄子》是道家经典著作，约成书于先秦时期，在《汉书·艺文志》中著录52篇，现存33篇，其中内篇七，外篇十五，杂篇十一。《庄子》以"寓言""重言""卮言"为主要表现形式，继承老子学说而倡导自由主义，藐视礼法权贵而倡言逍遥自由，内篇的《齐物论》《逍遥游》和《大宗师》集中反映了这样的哲学思想。《庄子》具有很高的文学价值，气蕴汪洋恣肆，想象丰富，气势壮阔，瑰丽诡谲，意出尘外，乃先秦诸子文章的典范之作。

《韩非子》是战国末期韩国法家集大成者韩非的著作，共二十卷，约十余万言，大部分为韩非自己的作品。《韩非子》一书重点宣扬了韩非的法、术、势相结合的法治理论，达到了先秦法家理论的最高峰，为秦国统一六国提供了理论武器，也为以后的封建专制制度提供了理论依据。在体裁上，《韩非子》有论说体、辩难体、问答体、经传体、故事体、解注体、上书体七种体裁，其中辩难体与经传体为韩非首创；在内容方面，则论"法""术""势""君道"等，文章条理清楚，用意深刻。

第七章　宗教信仰

▶ 填空题

1. （北京大学 2015）中国古代本土产生的宗教是道教。在东汉社会动荡、迷信流行的情况下，逐渐产生了道教的两个流派，即太平道和_____。
2. （北京大学 2015）唐代实行三教并重政策，佛教的流行对中国传统儒家学说构成了威胁，韩愈在唐宪宗迎佛骨的高潮中上奏了_____，引用历史事实——信佛的皇帝不是国破就是寿夭，结果被贬。
3. （北京大学 2016）唐代以后，_____成为中国佛教最为流行的宗派。
4. （北京师范大学 2015）宗教改革后，基督教分为天主教、东正教和_____三大教派。
5. （北京语言大学 2016；中山大学 2013）佛教的创始人是_____。
6. （复旦大学 2015）战国时期阴阳家的代表人物是_____。
7. （复旦大学 2015）元朝所称的"也里可温教"，相当于现在的_____。
8. （广东外语外贸大学 2015）古人认为，中国大山以五岳为最，而五岳当以_____为首。
9. （广东外语外贸大学 2015）_____的颁布标志着英格兰教会与罗马教会的正式决裂。
10. （广州大学 2015）"五岳"是中国五大名山的总称，东岳指_____、南岳指_____、西岳指_____、北岳指_____、中岳指_____。
11. （暨南大学 2013）"菩提本无树，明镜亦非台，本来无一物，何处惹尘埃？"是_____所作的偈子。
12. （暨南大学 2015）甘肃敦煌莫高窟内有很多精美的壁画和彩色雕塑，它们大多表现_____教主题。

13．（暨南大学 2015）中国有文、武二圣人之说，文圣人指_____，武圣人是_____。

14．（暨南大学 2015）八仙、土地神、灶王爷等都属于_____教传说中的人物。

15．（兰州大学 2015）我国佛教的宗派中，玄奘及其弟子窥基创立的法相宗，又名慈恩宗、_____、瑜伽宗。

16．（南京师范大学 2015）小乘佛教流行于东南亚各国，大乘佛教流行于中国、朝鲜半岛和_____等。

17．（南京师范大学 2015）道教的_____派由方术发展而来，以炼丹取药、祈求长生成仙为特点。

18．（南京师范大学 2015）古代帝王除了往泰山_____、往汾阴祭后土外，祭祀天地的仪式还有庙祭和郊祭。

19．（南京师范大学 2015）_____，也称为"天妃""天后""天后娘娘"，被海峡两岸奉为海神。

20．（南京师范大学 2015）中国境内的阿拉伯风格的建筑，主要以清真寺、塔和_____墓地最为常见。

21．（首都师范大学 2013）佛教是在_____末年传入中国的。

22．（首都师范大学 2014）在中国漫长的历史文化传统中，有一文一武两位圣人。其中"文圣"是孔子，而"武圣"是_____。

23．（首都师范大学 2014）伊斯兰教、佛教、_____并称为世界三大宗教。

24．（首都师范大学 2014）我国四大石窟指的是云冈石窟、敦煌莫高窟、龙门石窟和_____。

25．（首都师范大学 2015）藏传佛教中的"喇嘛"一词源自_____语，意思是_____；"达赖"一词源自_____语，意思是_____。

26. (首都师范大学 2015) 基督教的《圣经》由_____和_____构成。

27. (四川大学 2013) 中国佛教四大名山包括山西五台山、四川峨眉山、_____和浙江普陀山。

28. (四川大学 2013) _____起源于公元前六至前五世纪的古印度，是世界上最大的宗教之一。

29. (四川大学 2013) 中国的_____是世界上壁画最多的石窟群，也是当今世界上规模最宏伟、保存最完好的佛教艺术宝库。

30. (四川大学 2013) 佛教的"四谛"又称"四圣谛"，即_____。

31. (西南大学 2015) 道教史上，曾被成吉思汗接见并封为长春真人的著名道士是_____。

32. (厦门大学 2013) 佛教三大石窟是云冈、_____、龙门。

33. (厦门大学 2013) 老子讲《道德经》的，被称为"天下第一福地"的宫观是_____。

34. (厦门大学 2014) 佛教有四大名山，其中普陀山是_____菩萨的道场。

35. (厦门大学 2014) 现在位于北京的_____是全真道的第一丛林。

36. (云南大学 2014) 慧能在南方主张"顿悟"，称为_____。

37. (云南大学 2014) 君师圣贤崇拜中的"师"，传统上指_____。

38. (云南大学 2014) "穆斯林"在阿拉伯语中是_____的意思。

39. (云南大学 2014) 新教的圣事有两种，即_____。

40. (中国传媒大学 2014) 1987 年在陕西扶风具_____寺塔基地宫内发现了一枚佛指灵骨。

41. (中国传媒大学 2014) 伊斯兰教的教义集中在该教信奉的_____中。

42. (中国传媒大学 2014) 中国最大的清真寺位于新疆_____。

43. (中国传媒大学 2015) 伊斯兰教和基督教都是在_____代初年传入中国。

第七章 宗教信仰 | 183

44.（中国海洋大学2015）穆斯林心目中最主要的圣地是_____。

45.（中国海洋大学2015）基督教有三大派别，其中依循东罗马帝国所流传下来的基督教传统派别是_____。

46.（中国海洋大学2015）我国四大石窟指的是云冈石窟、_____、龙门石窟和麦积山石窟。

47.（中国人民大学2016）基督教传入中国是很早的，唐朝传入时叫景教，_____朝时叫也里可温教。

48.（中山大学2013）伊斯兰教主要分为什叶派和_____两大派系。

49.（中山大学2014）_____教的教义集中在该教信奉的《古兰经》里。

50.（中山大学2014）佛教派别中的法相宗又叫唯识宗，它在中国的创始人是唐代著名的翻译家_____与其弟子窥基。

51.（中山大学2014）_____是希伯来人的宗教，是人类历史上最早的系统性一神教。

52.（中山大学2015）东汉时期的_____被人们称为"五斗米道"的创始人。

▶ 单项选择题

1.（北京师范大学2015）东南亚信奉伊斯兰教的国家是_____。
　　A．泰国　　　B．马来西亚　　C．新加坡　　D．缅甸

2.（北京语言大学2015）"三世"与"三界"的观念属于_____思想。
　　A．道教　　　B．佛教　　　C．伊斯兰教　　D．基督教

3.（北京语言大学2015）在汉族神话中有四方之神灵，即青龙、白虎、朱雀、玄武，又称"四象"，其中代表南方的是_____。
　　A．青龙　　　B．白虎　　　C．朱雀　　　D．玄武

4.（东北师范大学2014）葛洪的《抱朴子》大大丰富和发展了_____理论。
　　A．佛教　　　B．伊斯兰教　　C．基督教　　D．道教

5．（复旦大学2015）佛教传入中国是在_____。
   A．两汉之间   B．魏晋南北朝   C．唐朝   D．隋朝

6．（复旦大学2015）全真道创于_____，其创始人为王重阳。
   A．唐代   B．宋代   C．金代   D．元代

7．（广东外语外贸大学2015）以下不属于中国古代本土三大崇拜和信仰的是_____。
   A．天地山川崇拜   B．祖先崇拜
   C．君师圣贤崇拜   D．上帝崇拜

8．（广东外语外贸大学2015）民间流传的八仙传说取材于_____故事。
   A．佛教   B．道教   C．儒教   D．黄教

9．（华东师范大学2014，2015）"不立文字，直指人心"是佛教_____宗的观点。
   A．禅   B．天台   C．密   D．律

10．（华东师范大学2015）下列以"经"为名的书，不属于佛教经典的是_____。
    A．《南华经》   B．《金刚经》   C．《心经》   D．《坛经》

11．（南京师范大学2015）_____、李之藻、杨廷筠等名流曾先后受洗，成为明末中国天主教的三大支柱。
    A．徐光启   B．王景弘   C．巩珍   D．冯秉正

12．（四川大学2014）唐朝时的景教其实属于_____。
    A．祆教   B．基督教   C．伊斯兰教   D．拜火教

13．（厦门大学2013，2014）中国佛教的四大名山是_____。
    A．五台山、青城山、嵩山、普陀山
    B．五台山、峨眉山、嵩山、九华山
    C．五台山、峨眉山、嵩山、普陀山
    D．五台山、峨眉山、九华山、普陀山

14．（厦门大学2013）道教的创始人是_____。
    A．张道陵   B．葛洪   C．丘处机   D．老子

15. (厦门大学 2014) 金元之际，从山东远赴中亚面见成吉思汗的是以下哪位历史人物？

    A．王重阳　　　B．张道陵　　　C．丘处机　　　D．耶律楚材

16. (中国传媒大学 2015) "禅林"是指规模巨大的寺院。下面不属于中国四大禅林的是_____。

    A．山东省长清县灵岩寺　　　　B．浙江省天台县国清寺
    C．浙江省杭州市灵隐寺　　　　D．江苏省南京市栖霞寺

    注：山东省长清县现已变更为山东省济南市下辖长清区

17. (中国传媒大学 2015) 西藏地区影响最大的藏传佛教教派是_____。

    A．宁玛派（红教）　　　　　　B．萨迦派（花教）
    C．格鲁派（黄教）　　　　　　D．噶举派（白教）

18. (中国传媒大学 2015) 下面来源于佛教的成语是_____。

    A．狐假虎威　　B．画龙点睛　　C．风声鹤唳　　D．当头一棒

19. (中山大学 2014) 下面哪个东南亚国家是以天主教为主要宗教的国家？

    A．文莱　　　　B．马来西亚　　C．印度尼西亚　D．菲律宾

20. (中山大学 2014) 著名佛经翻译家鸠摩罗什出生于_____。

    A．焉耆　　　　B．楼兰　　　　C．天竺　　　　D．龟兹

21. (中山大学 2014) 下面哪一个是佛教弟子的见面礼节？

    A．双手抱拳高拱　　　　　　　B．右手按胸口
    C．双手合十于胸前　　　　　　D．单曲右膝，右臂自然下垂

22. (中山大学 2014) 被奉为"天后"而受到广泛崇拜的是_____。

    A．观音　　　　B．妈祖　　　　C．龙母　　　　D．王母

23. (中山大学 2014) 被称为"红教"的藏传佛教派别是_____。

    A．宁玛派　　　B．萨迦派　　　C．格鲁派　　　D．噶举派

24. (中山大学 2015) 大部分巴基斯坦人信奉_____。

    A．印度教　　　B．佛教　　　　C．伊斯兰教　　D．天主教

25．（中山大学 2015）1942 年，著名高僧弘一法师圆寂于_____。
   A．泉州　　　B．广州　　　C．杭州　　　D．福州
26．（中山大学 2015）"菩提本无树，明镜亦非台，本来无一物，何处惹尘埃？"这则佛偈出自_____。
   A．弘忍　　　B．神秀　　　C．达摩　　　D．慧能

▶ 判断题

1．（北京师范大学 2015）伊斯兰教的经典是《古兰经》。
2．（华东师范大学 2014）感恩节是古老的基督教节日，原意是为感谢上帝赐予的好收成。
3．（暨南大学 2013）全真道崇尚符箓，信奉咒术。
4．（首都师范大学 2013）中国禅宗初祖达摩是印度人。
5．（首都师范大学 2014）中国佛教四大名山之一的五台山是文殊菩萨的道场。
6．（首都师范大学 2015）伊斯兰教经典《古兰经》是用阿拉伯语写成的。
7．（厦门大学 2013）禅宗的"禅"的本意是思维修养、静虑定心。
8．（厦门大学 2013）道教的某些活动包含了一定的科学精神，因而对科学技术的发展做出了一定的贡献。
9．（厦门大学 2014）禅宗的坐禅只是坐在那里而已，没有其他意思。
10．（厦门大学 2014）成语"心心相印"出自道教。
11．（中国传媒大学 2014）佛教在唐代达到了发展的高峰。
12．（中国传媒大学 2014）泰山、华山、武当山、崂山都是道教名山。
13．（中国传媒大学 2015）中国宗教的特点是多教并存、多神崇拜、互相吸收、彼此相通。
14．（中国传媒大学 2015）"达赖"和"班禅"是藏传佛教所有教派活佛转世系统的称号。
15．（中国传媒大学 2015）五台山、武当山、崂山都是道教名山。
16．（中山大学 2013）孟加拉国的主要宗教是佛教和印度教。

17.（中山大学 2015）印度信奉佛教的人数比信奉印度教的人数多。

▶ 简答题

1．（青岛大学 2015）为什么说道教比较符合中国人的传统？
2．（首都师范大学 2015）简述小乘佛教和大乘佛教的区别。

参考答案

■ 填空题

1. 天师道
2. 《谏迎佛骨表》
3. 禅宗
4. 新教
5. 释迦牟尼
6. 邹衍
7. 基督教
8. 泰山
9. 《至尊法案》
10. 泰山　衡山　华山　恒山　嵩山
11. 慧能
12. 佛
13. 孔子　关公
14. 道
15. 唯识宗
16. 日本
17. 丹鼎
18. 封禅
19. 妈祖
20. 穆斯林
21. 西汉
22. 关公
23. 基督教

24. 麦积山石窟

25. 藏　　上师　　蒙古　　大海

26.《新约》　《旧约》

27. 安徽九华山

28. 佛教

29. 敦煌石窟

30. 苦、集、灭、道

31. 丘处机

32. 敦煌

33. 楼观台

34. 观音

35. 白云观

36. 南禅

37. 孔子和关公

38. 顺服者

39. 洗礼和圣餐

40. 法门

41.《古兰经》

42. 喀什

43. 唐

44. 麦加

45. 东正教

46. 敦煌石窟

47. 元

48. 逊尼派

49. 伊斯兰

50．玄奘

51．犹太教

52．张陵（张道陵）

◼ 单项选择题

1．B

【解析】马来西亚的主体民族马来族信奉伊斯兰教，该国法律也规定了伊斯兰教的地位，同时保护宗教信仰自由。泰国和缅甸是东南亚典型的佛教国家。新加坡是一个多元文化国家，也因此汇集了世界上的多种宗教，佛教是新加坡目前第一大宗教。

2．A

【解析】"三世"与"三界"都属于道家的观点。《庄子·人间道》有云，"来世不可待，往世不可追也"，"三世"之说便是从中而来的。"三界"也是道家常说的概念。

3．C

【解析】"四象"中代表南方的神兽是朱雀。青龙、白虎、玄武分别代表东、西、北三个方向。

4．D

【解析】葛洪所著《抱朴子》把神仙道教思想和儒家思想结合起来，系统地论述了"神仙方药，鬼怪变化，养生延年"的理论和方法，大大丰富和发展了道教理论。

5．A

【解析】现在一般认为佛教是在西汉末年或两汉之间传入我国的。

6．C

【解析】全真道创于金代。全真道的创始人王重阳号"重阳子"，本为金熙宗时的武举，因郁郁不得志，遁入空门，弃家修道。

7．D

【解析】中国古代本土三大崇拜和信仰不包括上帝崇拜。中国人崇尚多神信仰，甚至对直接影响其现实生活的生存环境产生执着的崇拜。在中国人的眼中，物物是神，处处有神，时时也有神。其中，中国人对天地、祖先、君师的崇拜是最为突出的。这三大崇拜实是出于古人对这三者的认识，或者说这三者决定了人们的生存。天地是人的生存环境，先祖是人的生理纽带，而君师则是引导社会前进的人物。可以说，中国古代对这三者的崇拜和祭祀深刻地反映了中国人的信仰实质。

8．B

【解析】民间广泛流传的八仙传说取材于道教故事。道教的仙界构想激发了我国古代很多作家和艺术家的想象力，丰富了文学创作中的浪漫主义色彩，如《封神演义》《西游记》等书都直接以道教神仙活动为题材。

9．A

【解析】"不立文字，直指人心"是佛教禅宗的观点。"禅"本为印度佛教的一种修炼方法，传入中国以后逐渐形成一个宗派，产生了一整套理论体系和修行体系，成为佛教中国化的最典型的产物。禅宗的特点就是不立文字，主张我心即佛，识心见性，以心传心，因而不用背诵经卷，只要坐禅修行即可。

10．A

【解析】《南华经》是《庄子》的别名，为道家经典著作，一般认为是由庄子本人和庄派后学所作，集中反映了庄子的哲学思想。《金刚经》《心经》和《坛经》都是佛教经典。

11．A

【解析】徐光启与李之藻、杨廷筠等明末朝野名流受到利玛窦等西方传教士的影响，先后受洗，成为明末中国天主教的三大柱石。王景弘作为郑和的副手，跟随郑和七下西洋。巩珍也是郑和下西洋时的随从，著有《西洋番国志》。冯秉正是清朝初年来到中国的一位通晓汉语诗文和中国历史的法国传教士，编著了《中国通史》，为中国传统文化西传做出了的贡献。

12．B

【解析】景教是基督教的一支。据保存在西安碑林的《大秦景教流行中国碑颂》记载，景教经由陆路从古代波斯传入我国，而后在唐朝政府的允许下开始传教。祆教、拜火教是伊斯兰教诞生之前西亚地区有较大影响的宗教。

13．D

【解析】佛教的四大名山分别是山西五台山、四川峨眉山、安徽九华山和浙江普陀山。青城山是道教名山，是张道陵创立五斗米道以后讲道收徒的地方。嵩山被称为"中岳"，既是佛教名山，也是道教名山、儒家文化的策源地之一。

14．A

【解析】一般认为，道教的创始人是张道陵，他自作道书，教人悔过奉道，拥有了一批信徒。葛洪所著《抱朴子》把神仙道教思想和儒家思想结合起来，大大丰富和发展了道教理论。丘处机是全真道的代表人物，元代时曾掌管全国道教。老子是道家学说的创始人。

15．C

【解析】丘处机是全真道的代表人物，于元代掌管全国道教，曾带领弟子西行觐见成吉思汗。王重阳是全真道的创始人，丘处机便是他的弟子之一。张道陵相传是道教的创始人。耶律楚材原是契丹贵族，后辅佐成吉思汗，曾大力倡导儒学、推崇孔子。

16．C

【解析】浙江省杭州市的灵隐寺被誉为江南禅宗"五山"之一，虽不属于中国佛教四大禅林，但也是著名的佛教寺院，许多传说故事都与其相关。佛教四大禅林，或称"天下四大名刹"，包括山东省济南市长清区（原山东省长清县）灵岩寺、浙江省天台县国清寺、湖北省当阳市玉泉寺和江苏省南京市栖霞寺。

17．C

【解析】西藏地区影响最大的藏传佛教教派是格鲁派，也就是黄教。格鲁派虽是藏传佛教最晚形成的一个教派，但却是迄今为止势力最大的一派，因该派僧人穿戴黄色衣帽，故又称"黄教"。宁玛派在西藏地区出现较早，因该派僧人戴红帽子，又称"红教"。萨迦派始于宋代，兴于元代，因主寺为萨迦寺而得名，又因寺墙上涂有红、白、黑三种颜色的花条而称为"花教"。噶举派的名称意为"口授传承"，即金刚持佛亲口传授密咒教义，因该派僧人身穿白色僧衣而又称为"白教"。

18．D

【解析】"当头一棒"也作"当头棒喝"，来源与佛教有关。佛教禅宗和尚接待前来求学的人时，常常用棒迎头一击或大声一喝促其领悟，现用来比喻促人醒悟的警告。"狐假虎威"的典故出自《战国策》，比喻倚仗别人的势力来欺压人。"画龙点睛"源自唐代张彦远《历代名画记》中所记张僧繇在金陵安乐寺壁上画龙不点眼睛的故事，用于比喻作文或说话时在关键地方加上精辟的语句，使内容更加生动传神。"风声鹤唳"与淝水之战有关，形容惊慌疑惧。

19．D

【解析】菲律宾国内最主要的宗教是天主教。文莱、马来西亚和印度尼西亚国内最主要的宗教都是伊斯兰教。

20．D

【解析】鸠摩罗什出生于龟兹（今新疆维吾尔自治区库车县），后被迎入长安逍遥园（今陕西省西安市鄠邑区草堂寺）大量翻译佛经，从习弟子3,000余人。鸠摩罗什所译的《中论》《百论》《十二门论》《金刚经》及《妙法莲花经》等，对中国的佛教理论有划时代的贡献。

21．C

【解析】双掌十指在胸前对合是佛教僧侣相互问候时常用的礼节，用来表示对对方的尊敬。作揖就是双手抱拳高拱，身子略弯，向人敬礼。单曲右膝，右臂自然下垂是蒙古族男子的请安礼。

22．B

【解析】被奉为"天后"而受到广泛崇拜的是妈祖。"妈祖信仰"在海峡两岸甚为流行，特别是在台湾省，人们对妈祖的信仰历久不衰，热情至今不减。

23．A

【解析】藏传佛教各派别中，宁玛派因其僧人戴红帽子而又称"红教"。萨迦派因其主寺萨迦寺的寺墙上涂有红、白、黑三种颜色的花条，而称为"花教"。格鲁派因该派僧人穿戴黄色衣帽，又称"黄教"。噶举派因该派僧人身穿白色僧衣，又称"白教"。

24．C

【解析】巴基斯坦的国名意为"圣洁的土地""清真之国"，国内95%以上的居民信奉伊斯兰教，是一个多民族的伊斯兰国家。

25．A

【解析】著名高僧弘一法师于1942年农历九月初四圆寂于福建省泉州市不二祠温陵养老院。弘一法师是著名的音乐家、美术教育家、书法家、戏剧活动家，也是中国话剧的开拓者之一。他俗名李叔同，剃度为僧后法名演音，号弘一，被后世尊称为"弘一法师"。

26．D

【解析】佛偈"菩提本无树,明镜亦非台,本来无一物,何处惹尘埃？"出自慧能。慧能本是一名烧饭僧，却对禅见解透彻，偶然的机会作此偈并得到师傅弘忍秘传的衣钵。达摩、弘忍、神秀也都是中国佛教禅宗的著名高僧。禅宗谱系以印度僧人菩提达摩为初祖，并以历代传承的袈裟和法钵为信物。弘忍为禅宗五祖，神秀是其首席弟子。

◉ 判断题

1．正确

【解析】伊斯兰教的经典是《古兰经》，伊斯兰教的教义就集中在里面。

2．错误

【解析】与圣诞节、复活节等基督教传统节日相比，感恩节是一个相对年轻的节日。感恩节是美国、加拿大等国感谢上帝恩赐丰收的全国性节日，其起源可以追溯到美国历史的开端，距今有约 400 年的时间。

3．错误

【解析】全真道主张儒、道、佛三教合一，既不注重符箓，也不烧炼丹药，专重养生修性。

4．正确

【解析】中国佛教禅宗谱系的初祖达摩是印度人。达摩，也就是菩提达摩，于南北朝时来到中国，后入河南嵩山少林寺修行。今少林寺初祖庵，相传就是达摩坐禅之处。

5．正确

【解析】五台山是佛教四大名山之一，相传是文殊菩萨说法的道场。五台山中的寺庙虽然规模大小各不相同，但都有专供文殊菩萨的"文殊殿"。山中更有高达 9 米的文殊骑狮像。

6．正确

【解析】伊斯兰教经典《古兰经》是用阿拉伯语写成的，伊斯兰教的教义便集中在里面。

7．正确

【解析】"禅"在巴利语中的本义是思维修养、静虑定心。"禅"本为印度佛教的一种修炼方法，传入中国以后逐渐形成了一个宗派，产生了一整套理论体系和修行体系，成为佛教中国化最典型的产物。

8．正确

【解析】道教的某些活动包含了一定的科学精神，对某些科学技术的发展做出了某种贡献。如炼丹，实开中国冶炼工业和化学工业的先河，火药的发明与利用即与此有关；采药治病，促进了中国医药的发展。

9．错误

【解析】坐禅是指排除一切杂念，静坐修行。

10．错误

【解析】成语"心心相印"原为佛教用语，指不凭借语言，彼此只用心来互相印证。后形容彼此心意非常投合。

11．正确

【解析】佛教在隋唐两代，特别是在唐代，达到了发展的高潮。

12．正确

【解析】道教名山很多，有"三十六洞天、七十二福地"之说。现在比较重要、道观集中的名山有泰山、华山、青城山、茅山、罗浮山、武当山、崂山等。

13．正确

【解析】在中国，从原始宗教产生，道教形成，佛教、伊斯兰教等先后传入，一直没有出现过一种宗教统治全民意识的局面。长期以来，中国宗教的特点是诸教并存，多神崇拜，互相吸收，彼此相通，及至你中有我，我中有你，异中有同，同中有异；不论何种宗教，即便来自异国何方，总要带上中国面目、中国特色。

14．错误

【解析】"达赖"和"班禅"是藏传佛教格鲁派，即黄教两大活佛转世系统的称号。

15．错误

【解析】武当山和崂山是道教名山。五台山是佛教四大名山之一，相传是文殊菩萨说法的道场。

16．错误

【解析】孟加拉国是一个宗教和文化自由的国家，国内主要宗教是伊斯兰教，穆斯林在总人口中占绝大多数。

17．错误

【解析】印度是世界上受宗教影响最深的国家之一，被称为"宗教博物馆"。印度最重要的宗教是印度教，信仰印度教的人数远远多于信仰其他宗教的人数。

◉ 简答题

1.

　　道教是中国本土产生的宗教，它的基本特点是保留了较多的民间信仰和方术。道教的宗教理论和信仰素质都与中国的传统文化、生活风俗密切适应，不但保留了历史上的自然宗教因素，还夹带着一定的迷信成分。道教的宗教内容和传播方式包括了道家学说、神仙术和为人驱鬼治病等几个层次，以长生成仙为信仰目标，以修身养性为现实利益。道教是一种既重视眼前利益，又有长远追求的宗教，很符合中国人的传统。

2.

　　佛教有"小乘佛教"和"大乘佛教"之分。所谓小乘佛教是指初始的、传统的佛教流派，大乘佛教则指后起的、变化了的佛教流派。大约在公元前2世纪到1世纪，一些要求改革的信徒认为传统的佛教只讲自我解脱，不讲普度众生，犹如一叶只能运载少数人的小船，故称之为"小乘"；同时，他们认为自己是能把一切众生救出苦海运往幸福彼岸的"大乘"。小乘佛教流行于东南亚各国，称为"南传佛教"；大乘佛教流行于中国、朝鲜半岛和日本等，称为"北传佛教"。大乘佛教与小乘佛教的区别主要在于大乘着重利他（利益大众的行为），小乘着重自己解脱，具体可以总结为以下几个方面：

　　（1）小乘佛教只信奉释迦牟尼佛；大乘佛教则是多佛、多菩萨的信仰，除释迦牟尼佛之外，还有阿弥陀佛、弥勒佛、药师佛，以及观音菩萨、地藏菩萨等四大菩萨和四大天王，等等。

　　（2）小乘佛教没有法门，修持方法只包括持戒、修心、禅坐；大乘佛教号称有八千四百法门，目前实则只有禅、净、密三法门。

　　（3）小乘佛教世尊讲法从不放光；大乘佛教世尊讲法前基本都是放大光明，照亮十方世界。

（4）小乘佛教讲六识；大乘佛教讲八识。

（5）小乘佛教中，罗汉是受人敬重的圣人；小乘佛教则认为罗汉是只顾自己的自了汉。

（6）小乘佛教的菩萨比罗汉层次高，佛子只有在修成罗汉、经佛祖受记后才能修菩萨道，最终成佛；大乘佛教讲究从入门的当天起，只要发菩提心即是菩萨，只不过是"初发心菩萨"。

（7）小乘佛教允许吃"三净肉"；大乘佛教则只许食素。

（8）小乘佛教的佛经产生在有文字记载之前，原本由弟子代代传承；大乘佛教有不同的经典，在教义上有所发挥和发展。

（9）小乘佛教讲究祸福自担、因果自负，因此没有回向；大乘佛教认为福德可以转移，因此讲究回向。

（10）小乘佛教不持咒；大乘佛教讲究持咒。

第八章　古代教育

▶ 填空题

1. （北京大学 2015）周代，学在官府，只有贵族才能学习文化知识，这些知识称为"六艺"，即礼、乐、射、_____、书、数。

2. （复旦大学 2015；西南大学 2015）古代将学生与老师初次见面奉献的礼物称为_____。

3. （兰州大学 2015）"南宋四大书院"是指岳麓书院、白鹿洞书院、_____和象山书院。

4. （南京师范大学 2015）汉代官学有中央政府主办的"太学"和"鸿都门学"，也有地方政府主办的"郡国学"和校、庠、_____等。

5. （南京师范大学 2015）教育书院的出现和兴起是在_____代初年。

6. （南京师范大学 2015）书院中的"讲会"就是不同学派的_____论争。

7. （南京师范大学 2015）_____可以说是我国最早的一部家庭教育专著。

8. （厦门大学 2014）西汉在京城长安设有_____，是当时中国最高学府，为世界上最古老的高等学校。

9. （云南大学 2014）清代，地方出钱聘请老师设馆教学叫_____。

10. （中国传媒大学 2015）文字记载显示，我国在_____代已经有了学校。

11. （中国传媒大学 2015）中国传统教育的基本特点是重视_____的培养，忽视才能和技能的训练。

12. （中山大学 2014）"学不可以已"出自_____。

▶ 单项选择题

1. (广东外语外贸大学2015)明代的顾宪成、高攀龙以_____为活动中心，对当时以魏忠贤为首的宦官集团展开猛烈抨击。

    A．岳麓书院　　B．东林书院　　C．白鹿洞书院　　D．石鼓书院

2. (华东师范大学2014，2015)朱熹曾主持讲学的宋代书院是_____。

    A．岳麓书院　　B．石鼓书院　　C．白鹿洞书院　　D．丽泽书院

3. (华东师范大学2015)中国古代儒家要求学生"通五经、贯六艺"，其中"六艺"包括礼、乐、射、御、书、_____。

    A．算　　　　B．术　　　　C．数　　　　D．舞

4. (华东师范大学2015)下列各项中，_____不是中国传统蒙学读物。

    A．《幼学琼林》　　　　B．《三字经》
    C．《千字文》　　　　　D．《艺文类聚》

5. (青岛大学2015)荀子曾担任稷下学宫的祭酒。所谓"祭酒"，是"食必祭先，酒必敬长"的意思，后用为官名，类似于今天的_____。

    A．大学校长　　　　　B．教育部长
    C．祭祀的司仪　　　　D．拜祭的酒神

6. (云南大学2014)我国最早的家庭教育专著是_____。

    A．《三字经》　　　　B．《颜氏家训》
    C．《朱子治家格言》　D．《百家姓》

7. (中国传媒大学2015)下面哪部书是我国关于家庭教育的专著?

    A．《三字经》　　　　B．《颜氏家训》
    C．《弟子规》　　　　D．《百家姓》

8. (中国人民大学2016)国子监的最高领导人为祭酒，一般都由学识渊博、声望较高的儒家学者担任，唐代著名文学家_____曾担任过此职。

    A．白居易　　B．韩愈　　C．柳宗元

9. （中山大学 2014）下面哪一位学者没有做过北京大学的校长？

   A．梁启超　　B．蔡元培　　C．严复　　D．章士钊

10. （中山大学 2015）"捧着一颗心来，不带半根草去"是_____关于教育的名言。

    A．梁漱溟　　B．胡适　　C．陈寅恪　　D．陶行知

▶ 判断题

1. （北京大学 2015）周朝政府提倡儒学，并设立博士和弟子员，一般认为是中央教育机关的开始，称为"太学"。

2. （北京大学 2015）唐代进士科考试分帖经、诗赋、策论三场。第一场要求对儒家经典非常熟悉，第二场要求文学和文化素养高，第三场要求能对现实的重大政治、经济问题提出自己的见解。

3. （广东外语外贸大学 2015）汉代有官学和私学两种形式。其中，太学属于官学，"郡国学"属于私学。

4. （厦门大学 2013）宋代是我国书院发展的第一个高潮期，出现了一些规模较大的书院，如岳麓书院等。

5. （中国传媒大学 2014）教育书院兴起于唐代。

▶ 名词解释

1. （西南大学 2015）国子监
2. （中国人民大学 2016）书院

参考答案

填空题

1. 御
2. 束脩
3. 丽泽书院
4. 序
5. 宋
6. 学术
7. 《颜氏家训》
8. 太学
9. 义学（义塾）
10. 夏
11. 道德
12. 《荀子》

单项选择题

1. B

【解析】明朝末年，顾宪成、高攀龙等以东林书院为中心，"讽议朝政，裁量人物"，把攻击的矛头指向专权的宦官魏忠贤，吸引了很多人前来听讲，一时盛况空前。在当时，书院成为江南人文荟萃的一大区会，又是议论国事的主要舆论中心，形成了巨大的社会影响，因而书院中人被视为"东林党人"，遭到残酷的镇压。这就是著名的"东林学案"。

2. C

【解析】南宋年间，书院发展迅速，书院教学蔚然成风，形成了我国书院教育的第二个高潮。在众多书院中，分别由张栻、朱熹、吕祖谦和陆九渊主持的岳麓、白鹿洞、丽泽、象山四个书院成为理学学术中心，被称为"南宋四大书院"。特别是庐山白鹿洞书院由于朱熹精心主洞，在我国教育史上影响巨大。

3．C

【解析】"六艺"的具体内容包括：礼（规章仪式）、乐（音乐舞蹈）、射（射箭）、御（骑马驾车）、书（历史）和数（数学）。

4．D

【解析】《三字经》（传为南宋王应麟编，一说为明代黎贞编）、《千字文》（南朝梁代周兴嗣编）和《幼学琼林》（明代程登吉编）都是我国古代家庭教育的启蒙教材。《艺文类聚》则是在唐代初年由欧阳询主编的一部类书，全书根据唐代之前的1,400多种古籍，分门别类，摘录汇编，内容相当丰富。由于摘引的资料主要是文学作品，故名《艺文类聚》。

5．A

6．B

【解析】南北朝末期至隋代初年的教育家颜之推搜集历代家教典故，结合自己的家教实践写成的《颜氏家训》，是我国最早的一部家庭教育专著。《三字经》和《百家姓》是旧时的家庭教育启蒙教材，清代朱柏庐的《治家格言》则是最有代表性的家训。这三部著作的成书时间均晚于《颜氏家训》。

7．B

【解析】《颜氏家训》是南北朝末期至隋代初年的教育家颜之推搜集历代家教典故，结合自己的家教实践写成的我国最早一部家庭教育专著。全书包括"教子""勉学""兄弟""治家""风操""慕贤""涉务""杂艺"等二十篇，涉及封建家庭教育的各个方面，其精华部分在塑造人们的民族文化心理、维护社会的稳定方面起过积极的作用；有关尊老爱幼、勤政廉洁、为人正直、勤奋学习、节俭朴素等内容，至今仍有积极意义。《三字经》《弟子规》《百家姓》都属于中国古代家庭教育的启蒙性教材。

8．B

【解析】国子监的最高领导人为祭酒，习惯上称作"国子祭酒"，一般都由学识渊博、声望较高的儒家学者担任，唐代文学家韩愈曾任此职。国子监的副职是"司业"，职责是协助祭酒管理全监事务，类似今天的常务副校长。司业以下为"监丞"，坐绳愆厅办公；"典簿"坐典簿厅办公；"典籍"坐典籍厅办公，类似今天的大学图书馆馆长；"博士"和"助教"，分坐博士厅和六堂工作，负责讲解经义，他们就相当于今天的大学教授和讲师。

9．D

【解析】北京大学的前身，京师大学堂的开办是戊戌变法的"新政"之一。梁启超参与领导了戊戌变法，被光绪皇帝委任办理大学堂事务，可以说是京师大学堂的创办者。严复于1912年任京师大学堂总监督，同年京师大学堂改称北京大学，严复出任首任校长。蔡元培于1917年出任北京大学校长，他提倡思想自由、兼容并包，对北京大学进行了卓有成效的改革，促进了思想解放和学术繁荣。章士钊曾在北京大学任教，但未担任过校长。

10．D

【解析】"捧着一颗心来，不带半根草去"是人民教育家陶行知先生的一句名言，传达出教师所具有的无私奉献、不求回报的高尚精神。

● 判断题

1．错误

【解析】"太学"始于西汉汉武帝时期，是由中央政府主办的官学之一，以"五经博士"为教官，为博士配弟子50人，可以说是中国历史上正式设立的第一所大学。"国学"是周代由中央设立的学校，有"大学"和"小学"之分。

2．正确

3．错误

【解析】"太学"和"郡国学"都属于汉代的官学。汉代的学校分官学和私学两类，而以官学最为发达。官学中既有中央政府主办的"太学"和"鸿都门学"，也有地方政府主办的"郡国学"和校、庠、序等。

4. 正确

【解析】宋代，书院帮助统治阶级解决了很大的社会问题，所培养的人才也有助于维护国家的统治，于是得到了政府在政策和物资两方面的积极支持，形成了我国书院教育发展的第一个高潮。在这个阶段，出现了一些规模较大的书院，如石鼓书院、嵩阳书院、岳麓书院、睢阳书院、白鹿洞书院和茅山书院等。

5. 错误

【解析】教育书院的出现和兴起是在宋代初年。虽然据记载书院最早出现于唐代贞观年间，但唐代的书院并不是讲学授徒的机构，而是私人读书治学或国家整理和校勘藏书的场所。大约到了唐代中晚期，有一些私人建立的书院才开始教授生徒，这就促成了教育书院的诞生。宋朝建立以后，散居于草野之中的读书人，由于国家的初步统一和安定，产生了强烈的进身要求，希望通过读书获得功名。书院教育就在这种历史契机下开始兴盛起来。

◉ 名词解释

1.

　　国子监是隋代以后的中央官学，为中国古代教育系统中的最高学府，又称"国子学"或"国子寺"。国子监最初只是管理教育的行政机关，后来在发展演变中开始兼有行政机关和最高学府两种性质。到了清代，国子监成为国家唯一的最高学府，但其职权已大大缩小，不再是教育行政领导机关。

2.

　　书院是我国封建教育的一种特殊形式，从宋代兴起直至清末，历时一千余年，在我国教育史上产生过重要影响。书院类似于今天的私立大学，是从更早的"精舍""精庐""学馆"发展而来的。我国现存的古代书院还有相当数量，其中著名的有庐山白鹿洞书院、长沙岳麓书院、嵩山嵩阳书院，等等。

书院最早出现在唐代早期,但当时还不具备讲学的功能,大多为政府所设,用以掌管校勘经籍、征集遗书、辨明典章、给皇帝讲解经典史籍等。到唐代中晚期,一些私人建立的书院才开始教授生徒,这也促成了教育书院的诞生。教育书院的出现和兴起是在宋代,官府和私人都能开设,均聘请名流,广招生徒。特别是南宋理学兴起以后,朱熹首先开始在白鹿洞书院和岳麓书院亲自讲课、指导生徒,各地纷纷效法,书院教学蔚然成风,书院因此得到迅速发展。明清两代,书院大多成为考生准备科举考试的地方,直到清末废除科举制度,书院开始转变为学堂。

第九章 科举制度

▶ 填空题

1. （北京大学 2015）周王朝有一套行政制度，设置各种官职。这些官职往往由权贵之家世袭把持，形成＿＿＿＿＿＿制度。

2. （北京大学 2016）唐代进士科考试分＿＿＿＿＿＿、诗赋、策论三场。第一场要求对儒家经典十分熟悉，第二场要求文学、文化素养高，第三场要求能对现实的重大政治、经济问题提出自己的见解。

3. （北京语言大学 2015）科举就是通过考试选拔官吏，因采用分科取士的办法，故称"科举"。科举制从＿＿＿＿＿＿开始实行，到清朝结束，有1,300多年的历史。

4. （北京语言大学 2016）明清时期，科举"三级考试"制度日趋完善，"三级考试"包括＿＿＿＿＿＿、会试、殿试。

5. （广东外语外贸大学 2015）＿＿＿＿＿＿制度与古代的教育制度、官吏制度构成了中国古代三位一体的人才制度。

6. （广州大学 2015）中国古代科举考试制度，乡试逢子、午、卯、酉年为＿＿＿＿＿＿科，遇庆典加科为＿＿＿＿＿＿科；正榜所录取的考生叫＿＿＿＿＿＿，第一名则称为＿＿＿＿＿＿。

7. （华东师范大学 2014）汉代重在考察德行的察举科目是＿＿＿＿＿＿。

8. （华东师范大学 2014）人们一般以隋炀帝大业三年（607年）作为科举制度创立的开始，其标志是＿＿＿＿＿＿。

9. （华东师范大学 2015）中国的科举制度是＿＿＿＿＿＿代开始建立的。

10. （南京师范大学 2015）汉代选拔人才的基本方法是察举和＿＿＿＿＿＿。

11. （南京师范大学 2015）＿＿＿＿＿＿制的实施，是我国古代用人制度的历史性变革。

12. （南京师范大学 2015）明清_____是一省范围内的考试，参加者必须是秀才，及格者称为"举人"。
13. （厦门大学 2014）_____代科举考试在儒家"四书"中出题，并以朱熹《四书章句集注》为准。
14. （云南大学 2014）科举制中，考试不合格称_____。
15. （中国传媒大学 2014， 2015）明清两代科举考试的正式考试分为乡试、_____、_____三级录取。
16. （中山大学 2013）_____是明清考试制度所规定的一种特殊文体。
17. （中山大学 2014）魏晋南北朝时的选士方法是_____。
18. （中山大学 2014）宋代殿试录取的进士以三等放榜，称作_____。南宋以后，第一甲前三名称为"状元""榜眼""探花"。

▶ 单项选择题

1. （北京师范大学 2015）三省六部制、科举制度是在_____创立的。
   A．秦代　　　B．汉代　　　C．隋代　　　D．唐代
2. （复旦大学 2015）明清乡试，获第一名者称_____。
   A．秀才　　　B．状元　　　C．会元　　　D．解元
3. （复旦大学 2015）中国古代的察举制、九品中正制和科举制分别创立于_____。
   A．秦、汉、唐　　　　　　B．汉、唐、宋
   C．汉、魏晋、唐　　　　　D．汉、魏晋、隋
4. （首都师范大学 2014）明清时代，乡试及格的人叫_____。
   A．生员　　　B．童生　　　C．举人　　　D．贡生
5. （云南大学 2014）明朝科举考试中，省一级的考试称_____。
   A．院试　　　B．府试　　　C．县试　　　D．乡试
6. （中国传媒大学 2015）下面哪项中的词语与中国古代科举考试无关？
   A．出类拔萃　　B．春风得意　　C．金榜题名　　D．管鲍之交

▶ 判断题

1. (首都师范大学 2013) 中国古代的"八股文"都是由八个部分组成的。
2. (西南大学 2015) 明朝时,科举殿试地点在今北京故宫的保和殿。

▶ 名词解释

1. (兰州大学 2015) 九品中正制

参考答案

填空题

1. 世卿世禄
2. 帖经
3. 隋代
4. 乡试
5. 科举
6. 正　　恩　　举人　　解元
7. 孝廉
8. 进士科的设置
9. 隋
10. 征辟
11. 科举
12. 乡试
13. 元
14. 落第
15. 会试　　殿试
16. 八股文
17. 九品中正制
18. 三甲

单项选择题

1. C

【解析】三省六部制初创于隋代，完善于唐代，并一直沿用至清末。"三省"指中书省、门下省和尚书省，"六部"指尚书省下属的吏部、户部、礼部、兵部、刑部和工部。科举制度同样创立于隋代。隋炀帝设立"明经""进士"二科，以考试策问取人，这就是科举制度的真正开始。因其基本做法是设立科目，以考试举士，故称"科举"。科举制度的实施，是中国古代用人制度的历史性变革。

2．D

【解析】明清乡试是一省范围内的考试，及格者都叫"举人"，第一名称为"解元"，是解送朝廷录用之意。乡试之前还有三次考试，即县试、府试、院试，这三次考试的及格者俗称"秀才"。有了秀才的资格，才能参加更高一级的考试。明清时期，比乡试更高一级的考试是会试。会试是全国范围内的考试，参加考试的人员必须是举人，取中后通称"贡士"，第一名叫"会元"。"状元"是在殿试中被录取的一甲第一名。

3．D

【解析】察举制创立于汉代。所谓"察举"，就是由公卿、列侯和地方郡守等高级官员经过考察，把所谓品德高尚、才干出众的人才推荐给朝廷，由朝廷授予官职。九品中正制创立于魏晋时期。魏文帝曹丕采纳礼部尚书陈群的建议，制定了"九品中正制"，将被选者分为九等，由朝廷任命的"中正官"进行品评，然后按等录用。科举制度创立于隋代。

4．C

【解析】明清乡试及格的人叫"举人"。生员俗称"秀才"，也叫"诸生""庠生"，是乡试之前的三次考试，即县试、府试、院试的及格者。有了秀才的资格，才能参加更高一级的乡试。生员中的成绩优异者可进入国子监学习，称为"贡生"。乡试之前的县试、府试和院试合称"童生试"，参加考试的人，不论年龄大小，一律称为"童生"。

5．D

【解析】明朝科举考试中，省一级的考试称为"乡试"，参加者必须是秀才。县试、府试、院试是乡试之前要参加的三次考试，合成"童生试"。这三次考试的及格者叫作"生员"，俗称"秀才"。

6. D

【解析】"管鲍之交"说的是春秋时期齐国管仲与鲍叔牙二人相交至深，后称朋友之间深厚的交谊为"管鲍之交"，与古代科举考试制度无关。"春风得意"出自唐代孟郊《登科后》，诗云："春风得意马蹄疾，一日看尽长安花"，形容考上进士后得意的心情。科举时代公布殿试入选者，放榜时采用金榜，因而考中进士又叫"金榜题名"。

◉ 判断题

1. 正确

【解析】中国古代的"八股文"都是由八个部分组成的，分别是破题、承题、起讲、入手、起股、中股、后股和束股。

2. 正确

【解析】明清时期，举行殿试的地点在今北京故宫保和殿。殿试通常由皇帝亲自主考，有时只设御座，是我国古代科举制度中等级最高的考试。

◉ 名词解释

1.
九品中正制又称"九品官人法"，是魏晋南北朝时期中央政府的官员选拔制度，用于替代始于汉武帝时期的察举制。这种制度以"簿世（谱牒家世）""行状（才干、道德）""乡品（中正鉴定）"为标准，将被选者分为上上、上中、上下、中上、中中、中下、下上、下中、下下九等，由朝廷任命的"中正官"进行品评，然后按等录用。

第十章　典籍藏书

▶ 填空题

1. （北京大学 2015）中国古代最伟大的史学著作是司马迁的《史记》，而司马迁更大的创造还在于他设立了表和_____两种体例。
2. （北京大学 2015）由司马光主编，许多学者参与合作编写的_____，代表了宋代史学的最高成就。
3. （北京大学 2016）汉武帝建元五年，设《诗》《书》《礼》_____《春秋》五经博士，"五经"正式成为官学内容。
4. （北京大学 2016）《史记》《汉书》《后汉书》_____合称"前四史"。
5. （北京师范大学 2015）《左传》记载了_____时期各国政治、外交和军事活动。
6. （北京语言大学 2016）中国第一部依部首编排的汉语字典是_____。
7. （广州大学 2015）中国古代"四书五经"中的"四书"是指_____，"五经"是指_____。
8. （华东师范大学 2014）_____是维系家庭文化的经典，被称为民间的"二十五史"。
9. （华东师范大学 2015）在我国古代的经、史、子、集图书分类中，《孟子》属于_____部。
10. （华东师范大学 2015）奠定我国历代正史编写体例的历史著作是_____。
11. （华东师范大学 2015）《汉书·艺文志》有"左史记言，右史记事"之说。其中，"五经"中的_____为记言之书，《春秋》为记事之书。
12. （华东师范大学 2015）"三礼"指的是_____《仪礼》《礼记》三部书。
13. （华东师范大学 2015）《礼记·礼运篇》将"大道之行也，天下为公"的社会称为_____，将"大道既隐，天下为家"的社会称为小康。

14. (华东师范大学 2015) 西汉时期_____撰写的《方言》是中国第一部对方言词汇进行比较研究的专著。
15. (兰州大学 2015) 从史书运用的体裁来看，可以将其分为编年体、纪传体和_____。
16. (南京师范大学 2015) _____体史书以人为纲，穿插史实，并用专章记载典章制度。
17. (首都师范大学 2013) 中国历史上第一部史书是_____。
18. (首都师范大学 2013)《论语》第一篇的篇名叫_____。
19. (首都师范大学 2013)《周易》由_____卦组成。
20. (首都师范大学 2013) 东汉许慎所撰写的，分析汉字字形结构并解释汉字本义的字书叫作_____。
21. (首都师范大学 2013) 中国古代将图书分为四类，即_____。
22. (首都师范大学 2014) 先秦时期最早的一部国别史著作是_____。
23. (首都师范大学 2014) 儒家经典"三礼"是指《周礼》_____《礼记》。
24. (首都师范大学 2014) _____是我国现存最早的自成体系的文学批评著作。
25. (首都师范大学 2014)《尚书》在汉代被尊为经，故又称为_____。
26. (首都师范大学 2015)《说文解字》正文字头用_____字体。
27. (四川大学 2013) 宋代在原有十二部经书的基础上加入了_____，成为后人所说的"十三经"。
28. (四川大学 2013) 由朱熹整理而成的"四书"指的是《论语》《孟子》《中庸》与_____。
29. (四川大学 2014) 中国素有"礼仪之邦"之誉。标志着中国礼仪发展进入成熟阶段的"三礼"是指《仪礼》《周礼》和_____。
30. (西南大学 2015)《隋书·经籍志》将文献分为经、史、_____、集四部。
31. (云南大学 2014) 记录典章制度的史书叫_____。

第十章 典籍藏书 | 215

32.（中国传媒大学 2014）宋代把_____列入经书，因此到明代的时候出现了"十三经"的名称。

33.（中国传媒大学 2014）_____不但是我国最早的训诂学专著，而且是后世词典的雏形。

34.（中国传媒大学 2015）所谓"经典第一"是指_____家著作在所有典籍中的地位最高。

35.（中国传媒大学 2015）唐代史学家杜佑的_____是中国第一部制度史书。

36.（中国传媒大学 2015）东汉许慎编撰的_____是我国最早的字典。

37.（中国传媒大学 2015）史书从其运用的体裁来看，可以分为_____、_____和纪事本末体。

38.（中国传媒大学 2015）西汉刘向的_____是最早的目录学专著。

39.（中国海洋大学 2015）中国第一部纪传体断代史是_____。

40.（中国人民大学 2016）《史记》记录的中国历史是从_____（人名）开始的。

41.（中国人民大学 2016）明代规模最大的类书就是举世闻名的_____，由明成祖朱棣命解缙、姚广孝等人主持编撰。

42.（中山大学 2013）《左传》的作者是_____。

43.（中山大学 2014）《汉书》的作者是_____。

44.（中山大学 2014）_____是我国古代规模最大的类书。

45.（中山大学 2015）《说文解字》的作者是_____。

46.（中山大学 2015）《山海经》记载的中国古代神话故事中不懈追逐太阳的人物是_____。

▶ **单项选择题**

1.（北京大学 2015）我国古代最伟大的诗歌总集《诗经》是采用民间歌谣集成的，其中《国风》表现了各地劳动人民的生活情感，著名的篇章有《关雎》《伐檀》和_____等。

A．《生民》　　B．《蒹葭》　　C．《采薇》　　D．《桑柔》

2．（北京师范大学 2015）_____中的文章多为历史散文，记录了当时谋士们的言行，故事性很强。

A．《国语》　　B．《左传》　　C．《战国策》　　D．《尚书》

3．（北京语言大学 2015）《四库全书》是在下面哪位皇帝的主持下编纂而成的？

A．顺治　　　　B．康熙　　　　C．雍正　　　　D．乾隆

4．（北京语言大学 2016）"四书"指的是《论语》《孟子》《大学》和_____四部儒家经典，是南宋以后儒学的基本必读书目。

A．《礼记》　　B．《尚书》　　C．《中庸》　　D．《春秋》

5．（东北师范大学 2014）司马迁的《史记》是第一部_____史书。

A．纪传体　　　B．编年体　　　C．纪事本末体　　D．辩论体

6．（东北师范大学 2014）中国古代图书四分法中的"集部"不包括_____。

A．诗歌　　　　B．评论　　　　C．散文　　　　D．汉赋

7．（首都师范大学 2014）《论语》在体裁上属于_____。

A．论辩体　　　B．语录体　　　C．纪事本末体　　D．对话体

8．（四川大学 2013）司马迁《史记》中的"本纪"主要用于记述_____。

A．帝王事迹　　　　　　B．圣哲事迹
C．诸侯事迹　　　　　　D．游侠剑客事迹

9．（四川大学 2013）下列不属于类书的是_____。

A．《元和郡县志》　　　B．《太平御览》
C．《册府元龟》　　　　D．《艺文类聚》

10．（四川大学 2014）我国现存最早的类书是_____。

A．《皇览》　　　　　　B．《艺文类聚》
C．《北堂书钞》　　　　D．《初学记》

第十章　典籍藏书　｜　217

11. (西南大学 2015) 发生在明成祖时期的历史事件是_____。
    A. 淝水之战　　　　　　　　B. 编修《永乐大典》
    C. 胡服骑射　　　　　　　　D. 澶渊之盟

12. (西南大学 2015) 下列不属于十三经的是_____。
    A.《中庸》　B.《礼记》　C.《左传》　D.《孝经》

13. (厦门大学 2014) 以下哪部是中国古代的纪传体史书？
    A.《春秋》　　　　　　　　B.《史记》
    C.《唐会要》　　　　　　　D.《资治通鉴》

14. (云南大学 2014) 现存规模最浩大、体例最完善、用途最广泛的类书是_____。
    A.《永乐大典》　　　　　　B.《册府元龟》
    C.《古今图书集成》　　　　D.《尔雅》

15. (云南大学 2014) 古今典籍中，丰富和补充《春秋》记载的书是_____。
    A.《左传》　　　　　　　　B.《国语》
    C.《战国策》　　　　　　　D.《尚书》

16. (云南大学 2014) 我国最早的目录学专著是_____。
    A.《别录》　　　　　　　　B.《七略》
    C.《隋书·经籍志》　　　　　D.《艺文志》

17. (中国传媒大学 2014) 辨别宋元时期版本的重要依据是辨别字体，宋代刻印本有肥瘦两种字体，其中肥者学_____。
    A. 欧阳询　B. 柳公权　C. 赵孟頫　D. 颜真卿

18. (中国传媒大学 2015) 中国古代典籍的构成不包括_____。
    A. 简册　B. 帛书　C. 刻印本　D. 甲骨文

19. (中国传媒大学 2015) 明代规模最大的类书是_____。
    A.《新编诸子集成》　　　　B.《古今图书集成》
    C.《永乐大典》　　　　　　D.《四库全书》

20．（中国海洋大学 2015）儒家学者把《大学》《中庸》《论语》《孟子》并列为"四书"始于_____。

　　A．先秦　　　B．汉代　　　C．唐代　　　D．宋代

21．（中山大学 2013）"四书五经"中的"五经"是_____。

　　A．《周易》《尚书》《诗经》《礼记》《春秋》

　　B．《论语》《尚书》《诗经》《礼记》《春秋》

　　C．《周易》《孟子》《诗经》《礼记》《春秋》

　　D．《周易》《尚书》《诗经》《礼记》《左传》

22．（中山大学 2014）下面哪一个是清代著名私人藏书楼的名字？

　　A．文渊阁　　B．天一阁　　C．天禄阁　　D．麒麟阁

▶ 判断题

1．（广东外语外贸大学 2015）司马迁所著的《史记》是编年体史书的开端。

2．（首都师范大学 2015）中国古代图书分类的"经""史""子""集"四分法始于隋代。

3．（云南大学 2014）《尚书》里有一篇《山海经》，是我国地方志的雏形。

4．（云南大学 2014）训诂的"诂"就是用比较通俗的话语解释词义。

5．（中国传媒大学 2014）如何科学地辨别不同的版本，比较各种印本和抄本的优劣，这就是"版本学"。

6．（中国传媒大学 2015）三国时代，纸写本取代简册和帛书，成为书籍的主要形式。

7．（中国海洋大学 2015）延续至今的古籍分类法——"经""史""子""集"四分法，始于清代编纂的规模巨大的《四库全书》。

▶ **名词解释**

1．（东北师范大学 2014）六经
2．（广州大学 2015）《四库全书》
3．（青岛大学 2015）《尔雅》
4．（四川大学 2014）十三经
5．（西南大学 2015）《道德经》
6．（中国人民大学 2016）善本

参考答案

■ 填空题

1. 书
2. 《资治通鉴》
3. 《易》
4. 《三国志》
5. 东周
6. 《说文解字》
7. 《大学》《中庸》《论语》《孟子》
   《诗经》《尚书》《礼记》《周易》《春秋》
8. 家谱
9. 经
10. 《资治通鉴》
11. 《尚书》
12. 《周礼》
13. 大同
14. 扬雄
15. 纪事本末体
16. 纪传
17. 《尚书》
18. 《学而》
19. 六十四
20. 《说文解字》
21. 经、史、子、集

22．《国语》

23．《仪礼》

24．《文心雕龙》

25．《书经》

26．小篆

27．《孟子》

28．《大学》

29．《礼记》

30．子

31．会要

32．《孟子》

33．《尔雅》

34．儒

35．《通典》

36．《说文解字》

37．编年体　　纪传体

38．《别录》

39．《汉书》

40．黄帝

41．《永乐大典》

42．左丘明

43．班固

44．《永乐大典》

45．许慎

46．夸父

■ 单项选择题

1．B

【解析】《蒹葭》出自《国风·秦风》。《生民》和《桑柔》两篇出自《大雅》。《采薇》出自《小雅》。

2．C

【解析】《尚书》《国语》《左传》和《战国策》中的文章多为先秦历史散文。其中，《战国策》中的文章主要记述战国时代谋士们的言行，注重刻画人物，善于铺张描绘，许多故事写得有声有色，如《邹忌讽齐王纳谏》《触龙说赵太后》《鲁仲连义不帝秦》等，成为古代散文的名篇。

3．D

【解析】《四库全书》是清代在乾隆皇帝主持下编纂而成的。乾隆诏令搜集天下珍贵典籍，编纂规模巨大的《四库全书》，历时15年全部编成，总计36,304册，79,337卷，写成七部，分藏于七处。

4．C

【解析】"四书"指的是《论语》《孟子》《大学》和《中庸》四部儒家经典。南宋时朱熹自注《论语》，又从《礼记》中摘出《大学》《中庸》两篇，分章断句，同时加以注释，再加上《孟子》，合称《四书章句集注》，作为初习儒学的入门读物，开始有"四书"之称。《礼记》《尚书》和《春秋》属于"五经"。所谓"五经"，始于汉代。汉代的"五经"包括《周易》《尚书》《诗经》《仪礼》《春秋》，后来用《礼记》代替《仪礼》，把《左传》并入《春秋》，仍为五经。

5．A

【解析】司马迁的《史记》是我国第一部纪传体史书。我国史书从其运用的体裁来看，可分为"编年体""纪传体"和"纪事本末体"三大类。编年体史书以《春秋》为起始，以司马光的《资治通鉴》为代表，按历史编年分述历史事件，并杂以评论，借以总结历史经验教训。纪传体史书以人为纲，穿插史实，并用专章记载典章制度，纪传体也是我国历代记载正史的主要体裁。纪事本末体史书以历史事件为纲，按类组织史料，每一类记述一个大的历史事件。

6. B

【解析】我国古代图书长期沿用"经""史""子""集"四分法。其中,"集部"包括历代作家的文学作品,如诗、词、赋、曲、散文等。评论通常被划分到"史部"。"史部"包括了所有史书以及研究、评论这些史书的著作。

7. B

【解析】《论语》在体裁上属于语录体,言词简约而意旨丰厚,说理论事富于哲理和抒情意味,许多句子成为后世格言和成语,如"三人行必有我师""欲速则不达""温故而知新""学而不厌""诲人不倦"等。

8. A

【解析】《史记》中,"本纪"主要记述帝王事迹;"世家"记述诸侯和圣哲名人事迹;"列传"记述其他历史人物,如游侠剑客事迹。另外,《史记》中还有按年月简列历史大事和人物的"表"和记述典章制度的"书"。

9. A

【解析】《元和郡县志》属于方志,不属于类书。"方志"是"地方志"的简称,是对一个地方的记录,包括自然地理、人文地理和经济地理,同时具备地理和历史两种特性。《元和郡县志》是迄今所知保存最早的全国性地方志。类书是辑录各个门类或某一门类的资料,经过编排后供人查阅的工具书。《艺文类聚》由欧阳询主编,是唐代的第一部类书;《太平御览》和《册府元龟》则是宋代著名的两大类书。

10. C

【解析】我国现存最早的类书是隋代末年虞世南编著的《北堂书钞》。《皇览》虽是最早出现的类书,成书于魏文帝曹丕时期,但原书已失传,现只有辑本。欧阳询主编的《艺文类聚》是唐代的第一部类书。《初学记》由唐玄宗命人编辑成书,后专供皇子们初学作文所用。

11. B

【解析】《永乐大典》是明成祖朱棣命人编撰的一部类书,成书前后用时五年,规模之宏大，包罗之丰富，如同一部百科全书。《永乐大典》的编撰是中国文化史上的巨大工程之一。淝水之战发生于东晋十六国时期，是我国历史上著名的以少胜多的战例。"胡服骑射"说的是战国时期赵武灵王推行"胡服"、教练"骑射"的故事，从中可见赵武灵王注重实用、勇于改革。"澶渊之盟"讲的是北宋与辽朝在经过四十余年的战争后缔结盟约的历史事件，其后百余年双方未再发生大规模战事，礼尚往来，通使殷勤。

12．A

【解析】《中庸》是"四书"之一，不属于"十三经"。"四书"还包括《论语》《大学》和《孟子》。"十三经"的名称出现于明代，包括《周易》《尚书》《诗经》《周礼》《仪礼》《礼记》《左传》《公羊传》《穀梁传》《论语》《孝经》《尔雅》和《孟子》。

13．B

【解析】司马迁的《史记》是我国第一部纪传体史书。《春秋》和《资治通鉴》都是编年体史书：前者为编年体史书的起始；后者则是编年体史书的代表。《唐会要》属于会要，是一类记述典章制度的史书，只记述一朝一代的典章，具有断代史的性质。

14．C

【解析】《古今图书集成》是清代的大类书，成书于康熙、雍正年间，是现存规模最浩大、体例最完善、用途最广泛的一部类书。《永乐大典》是明代规模最大的类书，正本大约在明亡时被毁，仅有的一部副本也由于散佚、被劫和八国联军焚毁等原因，已无法见其全貌，现国内仅藏215册，国外尚流传160余册。《册府元龟》是宋代著名的类书，宋本多已散佚，今通行本为明崇祯本。《尔雅》是一部训诂性质的辞书，一般认为是由汉代学者编辑整理前代著作而成。

15．A

【解析】《春秋》一书记载了上自鲁隐公元年（公元前722年）下至鲁哀公十四年（公元前481年）合计242年的鲁国历史，记载内容较为简练。《左传》正是以具体的史实来丰富和补充文字过于简略的《春秋》。《国语》记载周、鲁、齐、晋、郑、楚、吴、越八国历史事实。《战国策》主要记述战国时代谋士们的言行。《尚书》的内容主要是殷商和西周初年的王室文告、命令、王公大臣的谈话等，是我国最早的一部历史文献汇编。

16．A

【解析】《别录》是我国最早的"目录学"专著，由西汉刘向汇集自己整理的各种书录而成。《七略》由刘向的儿子刘歆在《别录》的基础上写成。所谓"七略"，就是按性质把书的内容分成七类，是我国最早的图书分类法。《隋书·经籍志》开创了我国古代图书的四部分类法，将文献按"经""史""子""集"四部分类，另附佛、道二类，不列入四部之内。《艺文志》是班固在所著《汉书》中辟出的一篇，以著录当时流传的文献资料，开创了"史志目录"。

17．D

【解析】辨别字体是辨别宋元版本书籍的重要根据之一。宋代刻印的版本有肥瘦两种字体，肥者学颜（颜真卿）体，瘦者学欧（欧阳询）、柳（柳公权）体；元代版本则学赵孟頫体。

18．D

【解析】甲骨文不属于中国古代典籍。甲骨文主要指商朝后期王室用于占卜吉凶记事而在龟甲或兽骨上契刻的文字。中国古代典籍的构成主要有简册、帛书、纸写本和刻印本，甚至还包括石刻书籍。简册可说是中国最早的书籍，是将写有文字的竹片或木片连接起来形成的书。帛书是用丝织品写成的书籍，与竹木简册并行。纸写本是书籍的另一种形式，随着造纸术的改进和纸张的大量出现成为书籍的主要形式。此外，印刷技术的发展和刻印本的出现使书籍的产生和流传更加便捷。

19．C

【解析】明代规模最大的类书就是举世闻名的《永乐大典》。类书是辑录各个门类或某一门类的资料，经过编排后供人查阅的工具书。《古今图书集成》

是清代的大类书，也是现存规模最浩大、体例最完善、用途最广泛的一部类书。《四库全书》和《新编诸子集成》应属于丛书，前者是清代的官藏书目，后者于20世纪80年代开始陆续出版。

20．D

【解析】"四书"的说法出现比较晚，始于宋代。南宋时朱熹自注《论语》，又从《礼记》中摘出《大学》《中庸》两篇，分章断句，同时加以注释，再加上《孟子》，合称《四书章句集注》，作为初习儒学的入门读物，这才有"四书"之称。

21．A

【解析】"五经"是指《诗经》《尚书》《礼记》《周易》和《春秋》。《左传》被并入到汉代"五经"中的《春秋》，同时由《礼记》代替《仪礼》，成为现在通常认为的"五经"。

22．B

【解析】浙江宁波的天一阁是明清两代著名的私人藏书楼，也是现存最古老的藏书楼。文渊阁由乾隆皇帝主持修建，位于北京紫禁城内，曾藏有一部《四库全书》。天禄阁和麒麟阁，以及另外一座石渠阁，是汉代最早在未央宫中建设的三座藏书阁，它们的建成确立了我国藏书史上的皇家藏书制度，也就是通常所说的"官藏"。

◉ 判断题

1．错误

【解析】纪传体以《史记》为开端，此后历代相沿，成为我国记载正史的主要体裁。纪传体以人为纲，穿插史实，并用专章记载典章制度。编年体史书则以《春秋》为起始，以司马光的《资治通鉴》为代表，按历史编年分述历史事件，并杂以评论，借以总结历史经验教训。如果说编年体是以纵记史，那么纪传体就是以横记史。

2. 错误

【解析】中国古代图书按"经""史""子""集"四部分类的方法确立于唐代。最早的"四分法"始于晋代。荀勖在所著《中经新簿》中把图书分为甲、乙、丙、丁四部,为后世长期沿用的"经""史""子""集"四分法打下了基础。唐代的《隋书·经籍志》著录了东汉以来的大量文献,并按"经""史""子""集"四部分类,另附佛、道二类,但不列入四部之内,从此有了"四部"之称。

3. 错误

【解析】《尚书》中的《禹贡》记载了战国以前的方域、物产、贡赋等,是我国地方志的雏形。地方志简称"方志",在我国起源很早,用来记录一个地方的自然地理、人文地理和经济地理。《山海经》记载远古时的山川、形势、物怪等,也给后来的地方志一定的启示。

4. 错误

【解析】"训诂"的"诂"是以今天的话来解释古语或以通行的话语解释方言,"训"则是以比较通俗的话语解释词义。

5. 正确

6. 正确

【解析】三国时代,随着造纸术的改进和纸张的大量出现,纸写本取代简册和帛书,成为书籍的主要形式。我国现存最早的纸写本书籍是晋代陈寿所著《三国志》残卷。

7. 错误

【解析】我国古籍的四分法最早产生于晋代荀勖所著《中经新簿》中。在此基础上,"经""史""子""集"四部体制最终确立于唐代的《隋书·经籍志》。清代的《四库全书》就是按四部分类法编选的,故名曰"四库"。

■ 名词解释

1.

儒家学派创始人孔子晚年整理的《诗》《书》《礼》《易》《乐》《春秋》，被后人称为"六经"。这六部经典著作的全名依次为《诗经》、《书经》（即《尚书》）、《礼经》、《易经》（即《周易》）、《乐经》、《春秋》。

2.

《四库全书》是在乾隆皇帝的主持下，由纪昀等360多位高官、学者编纂，耗时十三年编成的一部规模巨大的丛书。丛书按"经""史""子""集"四部分类法编选，故名"四库"；总计36,304册，79,337卷，约8亿字，基本上囊括了中国古代的所有图书，故称"全书"。

3.

《尔雅》是一部训诂性质的辞书，一般认为是汉代学者编辑整理前代著作而成。《尔雅》现存19篇，前3篇解释一般词语，后16篇分类解释词语，并对各种名物加以解说。《尔雅》不但是我国最早的训诂学专著，而且是后世词典的雏形，具有较大的历史影响。

4.

"十三经"是儒家的十三部经书，分别是《周易》《尚书》《诗经》《周礼》《仪礼》《礼记》《左传》《公羊传》《穀梁传》《论语》《孝经》《尔雅》《孟子》。其形成过程大致为：汉立《周易》《尚书》《诗经》《仪礼》《春秋》为"五经"；唐合"三礼"（《礼记》《周礼》《仪礼》）、"三传"（《左传》《公羊传》《穀梁传》）及《诗经》《尚书》《周易》为"九经"，后又加《孝经》《论语》《尔雅》为"十二经"；宋复增《孟子》，因而到明代出现了"十三经"之称。

5.

《道德经》又称《道德真经》《老子》《五千言》《老子五千文》，是中国古代先秦诸子分家前的一部著作，为其时诸子所共仰，传说是春秋时期的老子所撰写，也是道家哲学思想的重要来源。秦代《吕氏春秋·注》称此书为《上至经》;汉初则直呼《老子》,自汉景帝起尊其为《道德经》;至唐代,唐太宗自认是老子之后便令人将《道德经》译为梵文,唐高宗尊称《道德经》为《上经》,唐玄宗时更尊称其为《道德真经》。

6.

　　善本最早是指校勘严密,刻印精美的古籍;后含义渐广,包括刻印较早、佚失较少的各类古籍。

第十一章　科技成就

▶ 填空题

1. （北京大学 2015）世传东汉＿＿＿＿＿造纸，他实际上是把造纸技术进行了改革和推广。

2. （北京师范大学 2015）按干支纪年推算，辛卯年的下一年是＿＿＿＿＿年。

3. （复旦大学 2015）"杏林"是＿＿＿＿＿界的代称。

4. （广东外语外贸大学 2015）"天干"十个，分别是甲、乙、丙、丁、＿＿＿、己、庚、辛、壬、癸。

5. （华东师范大学 2014）我国发明最初的指南针"司南"是在＿＿＿＿＿时期。

6. （兰州大学 2015）北魏时期的贾思勰所著的＿＿＿＿＿阐述了古代因地制宜、因时制宜的农学思想。

7. （南京师范大学 2015）汉武帝时制定的＿＿＿＿＿是我国第一部完整的历法。

8. （南京师范大学 2015）最初的指南针叫＿＿＿＿＿，南宋发展为"指南鱼"和"指南针"。

9. （青岛大学 2015）现存最早的天文台遗址在今河南省偃师市，古时候名为＿＿＿＿＿。

10. （首都师范大学 2014）北魏时期＿＿＿＿＿撰写的《水经注》是一部内容丰富的地理学专著。

11. （首都师范大学 2014）"四时八节"中的"八节"指的是立春、春分、立夏、夏至、立秋、＿＿＿＿＿、立冬、冬至。

12. （四川大学 2013）1900 年在敦煌发现了唐朝印制的《金刚经》，这是目前已知世界上最早的＿＿＿＿＿印刷品。

13.（四川大学 2013）"地支"由十二个字组成,这十二个字是_____。

14.（四川大学 2014）明朝科学家宋应星编著的_____是世界上第一部关于农业和手工业生产的综合性著作,也是中国古代一部综合性的科学技术著作。

15.（四川大学 2014）东汉人_____用树皮、麻头、破布等多种植物纤维造纸,大大提高了纸的质量。

16.（西南大学 2015）按照古代的天干地支纪年法,2010 年的干支为庚寅,2015 年的干支应当是_____。

17.（厦门大学 2013）二十四节气是根据_____轨道上的二十四个不同位置来确立的。

18.（厦门大学 2014）古代天文学者_____,是 8 世纪初的一位高僧,也是由印度来华弘传密教的善无畏的弟子。他在天文学方面的成就包括著有《大衍历》和测定子午线等,对天文学有着卓越的贡献。

19.（厦门大学 2014）中医的脏象学说认为人的生命活动以_____为中心,六腑与之相配,气、血、精、津液则是脏腑功能产生的物质基础。通过经络系统把脏腑、四肢百骸、皮肉筋脉、七窍二阴联系成一个有机的整体。

20.（厦门大学 2014）中国具有百科全书性质的综合性著作有北宋沈括的_____和明朝宋应星的《天工开物》。

21.（云南大学 2014）阴、阳、表、里、寒、热、虚、实,中医称为_____。

22.（中国传媒大学 2014）中国古代的四大发明之一的_____给航海业的发展带来了划时代的影响。

23.（中国海洋大学 2015）成书于春秋战国时期的_____,全面奠定了中医理论的基础。

24.（中国海洋大学 2015）中国的四大发明中,对我国航海事业产生影响的是_____。

25. （中国海洋大学 2015）中医四诊法是指＿＿＿＿＿、闻、问、切。

26. （中山大学 2013）北宋的＿＿＿＿＿发明了活字印刷术。

27. （中山大学 2015）二十四节气里的春分和秋分，其中的"分"的意思是＿＿＿＿＿。

28. （中山大学 2015）古代人们常用＿＿＿＿＿来指代中医界。

▶ 单项选择题

1. （北京师范大学 2015）下列哪部著作的作者是张仲景？
   A．《千金方》 B．《伤寒杂病论》
   C．《本草纲目》 D．《农政全书》

2. （东北师范大学 2014）中国第一部完整的历法是＿＿＿＿＿。
   A．太初历 B．授时历 C．大统历 D．格里历

3. （广东外语外贸大学 2015）《伤寒杂病论》的作者是＿＿＿＿＿。
   A．华佗 B．孙思邈 C．张仲景 D．李时珍

4. （华东师范大学 2014）南北朝时期的数学家祖冲之计算圆周率的精确程度领先于欧洲约＿＿＿＿＿。
   A．100 年 B．500 年 C．800 年 D．1,000 年

5. （华东师范大学 2014，2015；中国海洋大学 2015）古代计时中的"子时"是＿＿＿＿＿。
   A．晚上 11 点到 12 点
   B．晚上 12 点
   C．晚上 11 点到凌晨 1 点
   D．凌晨 1 点到 2 点

6. （华东师范大学 2015）下列各项中，＿＿＿＿＿不是二十四节气中节气的名称。
   A．芒种 B．寒食 C．白露 D．小寒

7. （首都师范大学 2013）地动仪的发明者是＿＿＿＿＿。
   A．孔子 B．墨子 C．张衡 D．祖冲之

8. （四川大学 2013）中国现存最早，为中医学奠定了基础的一部医书是_____。
   A．《本草纲目》　　　　　　　B．《黄帝内经》
   C．《神农本草经》　　　　　　D．《本草经集注》

9. （西南大学 2015）下列古代时辰与现代时间对应正确的是_____。
   A．丑时：3—5 时　　　　　　B．午时：11—13 时
   C．未时：15—17 时　　　　　D．亥时：23—1 时

10. （厦门大学 2014）中医药学著作《本草纲目》的作者是_____。
    A．孙思邈　　B．李时珍　　C．华佗　　D．张仲景

11. （厦门大学 2014）二十四节气首次出现在以下哪部书中？
    A．《春秋》　　B．《史记》　　C．《吕氏春秋》　　D．《竹书纪年》

12. （云南大学 2014）在二十四节气中，清明和谷雨是在农历_____。
    A．二月　　B．六月　　C．三月　　D．八月

13. （云南大学 2014）在古代，人们把字写在_____上，叫"絮纸"。
    A．绢　　B．麻　　C．丝绵　　D．棉

14. （云南大学 2014）最早记载磁石吸铁和指示南北现象的古籍是_____。
    A．《梦溪笔谈》　　　　　　B．《管子·地数》
    C．《禹贡》　　　　　　　　D．《梦粱录》

15. （中国海洋大学 2015）《本草纲目》的作者是_____。
    A．南宋人　　B．明朝人　　C．元朝人　　D．清朝人

▶ 判断题

1. （北京大学 2015）唐宋时期，我国的科学技术有很大发展，尤以宋代为其高峰。宋代农学有突出成就，今人统计的宋代农具达 105 种，比此前各代的总和还多 70%。

2. （复旦大学 2015）太初历制定于汉文帝时。

3. (华东师范大学 2014) 经络学说是唯见于中国的传统医学理论,而不见于世界其他国家的古代医学。

4. (暨南大学 2013) 毕昇发明的活字印刷术使用的是铅活字。

5. (四川大学 2013)《许商算术》是我国最古老的数学专著,书中已得出"勾三、股四、弦五"这一公式。

6. (四川大学 2013) 华佗是东汉末年著名的医学家。

7. (云南大学 2013, 2014) 中国古代发明印刷术先于造纸术。

8. (云南大学 2014) 张仲景发明了一种叫"麻沸散"的中药。

▶ 名词解释

1. (青岛大学 2015) 中医"四诊八纲"

参考答案

■ 填空题

1. 蔡伦
2. 壬辰
3. 中医
4. 戊
5. 春秋战国
6. 《齐民要术》
7. 太初历
8. 司南
9. 灵台
10. 郦道元
11. 秋分
12. 雕版
13. 子、丑、寅、卯、辰、巳、午、未、申、酉、戌、亥
14. 《天工开物》
15. 蔡伦
16. 乙未
17. 地球公转
18. 一行（张遂）
19. 五脏（心、肝、脾、肺、肾）
20. 《梦溪笔谈》
21. 八纲
22. 指南针

23. 《黄帝内经》

24. 指南针

25. 望

26. 毕昇

27. 昼夜平分

28. 杏林

◉ 单项选择题

1. B

【解析】张仲景"勤求古训，博采众方"，写成医学巨著《伤寒杂病论》。他总结和创制的200余种处方，贯彻了"理"（医学理论）、"法"（治疗原则）、"方"（处方）、"药"（用药）一致的原则，治疗效果显著，至今仍为人们所应用。由于他的医学成就，他被后人尊为"医圣"。《千金方》由唐代名医孙思邈所著，也称为《千金要方》，是古代中医学经典著作之一，被誉为中国最早的临床百科全书。《本草纲目》是明代李时珍编定的药典巨著。《农政全书》由明代徐光启编著，内容涉及农业耕作、土地开垦、水利建设、食品制造、果树技艺等诸多方面，尤以系统而集中地叙述了屯垦、水利工程和备荒为一大特色，是对宋代以来农桑种植和水利建设经验的全面总结。

2. A

【解析】汉武帝时制定的"太初历"是中国第一部完整的历法。汉代以后，中国历法几经改动，到元代郭守敬创"授时历"，历法才基本定型。明代所用的"大统历"，实际上就是郭守敬制定的元历。"格里历"指的是现代世界通行的公历。

3. C

【解析】《伤寒杂病论》的作者是汉代名医张仲景，书中系统地分析了伤寒的原因、症状、发展阶段和处理方法，创造性地确立了对伤寒病的"六经分类"的辨证施治原则，奠定了"理、法、方、药"的理论基础。

4．D

【解析】南北朝时期的大数学家祖冲之(429—500年)把圆周率精确到3.1415926至3.1415927之间，这在当时的世界上是最先进的，比荷兰人安托尼兹求得此值的时间要早1,000多年。

5．C

【解析】古代的子时指现在的晚上11点到第二天凌晨1点。

6．B

【解析】二十四节气分别是立春、雨水、惊蛰、春分、清明、谷雨、立夏、小满、芒种、夏至、小暑、大暑、立秋、处暑、白露、秋分、寒露、霜降、立冬、小雪、大雪、冬至、小寒、大寒，不包括"寒食"。"寒食节"是中国古代的传统节日，时间一般在冬至后第105天，正好是农历三月上旬，公历4月5日前后。"清明节"就是与古时的"寒食节"相合而成，"清明节"也是我国唯一同节气合一的传统节日。

7．C

【解析】地动仪的发明者是我国汉代天文学家张衡。张衡为中国天文学、机械技术、地震学的发展做出了杰出的贡献，写成天文学专著《灵宪》，提出了"宇之表无极，宙之端无穷"的科学见解，并创制了"浑天仪"和"候风地动仪"。

8．B

【解析】成书于春秋战国时期的《黄帝内经》是我国现存最早的中医学著作，全面奠定了中医理论的基础。《本草纲目》由明代李时珍编写，为中国医学写下了光辉的篇章。《神农本草经》成书于汉末，是我国现存最早的药物学专著。《本草经集注》由南北朝时期的陶弘景编著，是对《神农本草经》的整理和补充。

9．B

【解析】午时是指中午11—13时。丑时相当于现在的凌晨1—3时；未时是指13—15时；亥时是指21—23时，也就是晚上9点到11点。

10．B

【解析】《本草纲目》的作者是明代医药学家李时珍。

11．C

【解析】史料中,中国最早出现的节气是"二分"与"二至",即春、秋分和冬、夏至。《吕氏春秋》中便记载了立春、春分、立夏、立秋、秋分、立冬等节气。到西汉初年的《淮南子》,则出现了全部的二十四节气。

12．C

【解析】清明和谷雨两个节气是在农历三月。

13．C

【解析】在制造丝织品的过程中,人们发现了一种薄薄的丝绵可以用于书写,这就是所谓的"絮纸"。

14．B

【解析】早在春秋战国时期,中国人民已发现了天然磁石吸铁的性能和指示南北的现象,这在《管子·地数》中已有记载。大约也就在这时,人们利用天然磁石的特性制成了最初的指南针——"司南"。《梦溪笔谈》由北宋科学家沈括所写,其中记录了指南针的四种使用方法及指南针因地球存在地磁偏角而不完全指南等内容。《禹贡》是《尚书》中的一篇,记载了战国以前的方域、物产、贡赋等,是我国地方志的雏形。宋代吴自牧所著《梦粱录》是一本介绍南宋都城临安(今浙江省杭州市)城市风貌的著作。

15．B

【解析】《本草纲目》的作者李时珍是明代著名的医药学家。

● 判断题

1．正确

2．错误

【解析】太初历制定于汉武帝时期,是中国第一部完整的历法。

3. 正确

【解析】"经络学说"是中医针灸的理论依据,而针灸是中国医学的独一无二的成就。

4. 错误

【解析】毕昇发明了活字印刷术,他以丰富的实践经验,经过不断摸索,最终制成了胶泥活字,实行排版印刷,完成了印刷史上的一次伟大革命。在后来的发展中,西夏后期开始使用木活字,元代则改用锡活字,到明代出现了铜活字,16世纪又产生了铅活字。可以说,直到20世纪电子排版系统出现以前,人类一直使用毕昇发明的活字印刷技术。

5. 错误

【解析】《周髀算经》成书于公元前3世纪,是中国最古老的数学和天文学著作,记载了周代商高提出的直角三角形三边具有"勾三、股四、弦五"的关系,即所谓"勾股弦定理",是世界上关于勾股定理的最早记录。《许商算术》为西汉末年许商所著,成书时间晚于《周髀算经》。

6. 正确

7. 错误

【解析】总体来说,中国发明造纸术的时间早于发明印刷术的时间。大约在公元前1世纪,中国就已经有了最早的植物纤维纸——麻纸,但这种纸质地粗糙,不便书写,仅可作包装之用。到东汉时期,蔡伦在前人经验的基础上,对造纸术进行了大胆的改革和创新。他用树皮、麻头、破布等多种植物纤维造纸,大大提高了纸的质量。隋代初年,中国民间开始用雕版印刷佛像和历书等,到唐代已逐渐用雕版印刷流行较广的书籍。但雕版的使用并不方便,不但刻版费时,而且保存不易,即使有错字也不能改正。于是,宋代的毕昇发明了活字印刷技术,完成了印刷史上的一次伟大革命。

8. 错误

【解析】华佗和张仲景都是汉代名医。华佗对中国医学发展的贡献是开创了中医外科,《三国演义》里描写他为关羽刮骨疗毒的故事,至今仍为人们传诵。另外,他还发明了中药"麻沸散",具有麻醉全身的作用。张仲景"勤求古训,博采众方",写成医学巨著《伤寒杂病论》,被后人尊为"医圣"。

● 名词解释

1.

  中医把人体的生理机能看作一个整体,进而把人体的生理机能与自然环境看作一个整体,把治病过程看作一个统一性运动,认为人体各部位器官的功能休戚与共。同时,自然环境会影响人体的生理功能,人的病理过程可看作是外在环境作用于内部机体的过程,是一个由表及里、由虚到实的过程。因此,中医诊治强调"四诊"和"八纲":"四诊"即"望"(望色)、"闻"(闻味)、"问"(问情)、"切"(切脉);"八纲"即"阴""阳""表""里""寒""热""虚""实"。医生在"四诊"的基础上,依照"八纲"之间相互对立统一的关系,对病人进行综合的辨证施治。

第十二章　传统建筑

▶ **填空题**

1. （北京语言大学 2015）北京故宫旧称紫禁城，是明成祖＿＿＿＿＿＿迁都北京后建造的，在建筑布局上分为外朝和内廷两大部分。

2. （东北师范大学 2014；广东外语外贸大学 2015）湖南岳阳楼、湖北黄鹤楼和江西＿＿＿＿＿＿，被誉为我国"江南三大名楼"。

3. （复旦大学 2015）《园冶》是明代＿＿＿＿＿＿所著。

4. （兰州大学 2015）现存完好的三大皇家园林之中，最大的是＿＿＿＿＿＿。

5. （南京师范大学 2015）现存最古老的、楼阁保存最完整的藏书楼为浙江宁波的＿＿＿＿＿＿。

6. （首都师范大学 2014）我国现存最早最大的木塔是＿＿＿＿＿＿。

7. （厦门大学 2013）苏州有大小园林 200 多座，其中以沧浪亭、狮子林、＿＿＿＿＿＿、留园最负盛名，合称"苏州四大名园"。

8. （云南大学 2014）中国古代宫殿殿顶用于装饰的"吻兽"的数量可以表明＿＿＿＿＿＿。

9. （中国传媒大学 2014）有"万园之园"之称的皇家园林是＿＿＿＿＿＿。

10. （中国传媒大学 2015）中国园林可以分为四类：＿＿＿＿＿＿、私宅园林、寺庙园林和公共园林。

11. （中国传媒大学 2015）中国古代的城市叫作"城池"，"城"是指城墙，"池"是指＿＿＿＿＿＿。

12. （中国传媒大学 2015）中国拥有古代桥梁最多的城市是浙江省＿＿＿＿＿＿市。

13. （中国海洋大学 2015）世界上现存最完整的古代敞肩石拱桥赵州桥始建于＿＿＿＿＿＿代。

14. （中国人民大学 2016）史书上记载较早的名桥首推西安的_____，然后是河北的赵州桥，第三是北京的卢沟桥。

15. （中山大学 2013）中国古典建筑特有的支承结构是_____。

16. （中山大学 2014）上海的_____被誉为"东南名园之冠"。

17. （中山大学 2015）湖南的岳阳楼非常有名，_____写的《岳阳楼记》更使它天下闻名。

18. （中山大学 2015）_____是中国古代著名水利工程，它使成都平原成为天府之国。

▶ 单项选择题

1. （北京师范大学 2015）来自意大利、曾参与过圆明园设计工作的清代宫廷画家是_____。

    A．马可·波罗　　B．利玛窦　　C．郎世宁　　D．达·芬奇

2. （北京师范大学 2015）圆明园是中外园林艺术相结合的杰作，在_____中被英法联军劫掠后焚烧。

    A．鸦片战争　　　　　　B．第二次鸦片战争
    C．中法战争　　　　　　D．甲午战争

3. （北京语言大学 2015）京杭大运河南起余杭（今杭州），北至涿郡（今北京），最初开凿于_____。

    A．春秋时期　　B．隋唐时期　　C．元朝时期　　D．民国时期

4. （华东师范大学 2014）世界遗产之一的云南丽江古城保留的是_____族的传统风貌。

    A．布衣　　B．白　　C．纳西　　D．景颇

5. （四川大学 2013）都江堰位于四川省，是_____在李冰父子的主持下兴建的。

    A．汉代　　B．秦代　　C．战国时期　　D．春秋时期

6. （西南大学 2015）如果出土砖瓦上刻有"长乐""未央"的字样，该文物属于_____代的宫殿。
   A．隋　　　　B．西汉　　　　C．唐　　　　D．商

7. （西南大学 2015）《洛阳伽蓝记》描述了北魏时期洛阳_____的恢宏景观。
   A．私家园林　　B．佛寺　　C．城市布局　　D．宫殿群落

8. （厦门大学 2014）中国传统建筑的主要用料是_____。
   A．泥土　　　B．木料　　　C．砖头　　　D．石头

9. （云南大学 2014）古代用于表彰的建筑是_____。
   A．碑　　　B．华表　　　C．阙　　　D．牌坊

10. （中国传媒大学 2014）世界上开凿最早、规模最大、里程最长的内陆运河是_____。
    A．苏伊士运河　　B．郑国渠　　C．京杭大运河　　D．灵渠

11. （中国传媒大学 2014）先秦时期的碑有三种，其中用来作为棺椁下葬时牵引用的石柱的是_____。
    A．丰碑　　　B．庙碑　　　C．宫碑　　　D．墓碑

12. （中国海洋大学 2015）由蜀郡太守李冰主持兴建的是_____。
    A．都江堰　　　B．灵渠　　　C．大运河　　　D．赵州桥

13. （中山大学 2013）基本保留了明清时期原貌的古城是_____。
    A．西安　　　B．开封　　　C．平遥　　　D．洛阳

14. （中山大学 2015）下面这些当代建筑中，由中国设计师设计的是_____。
    A．北京鸟巢　　　　　　B．广州塔
    C．央视大楼　　　　　　D．上海东方明珠塔

▶ 判断题

1. （北京师范大学 2015）不注重单个建筑的高大，而强调群体的宏伟，是中国宫殿、陵墓、园林建筑的特点之一。

2. （北京语言大学2016）在中国古代，城、国是同义词，一般统治者也会住在城中，于是城成为权力中心。

3. （复旦大学2015）圆明园毁于1900年八国联军入侵。

4. （南京师范大学2015）我国历史上最大的古城是隋大兴城、唐长安城。

5. （南京师范大学2015）长城是一个进攻性的军事系统工程，也是民族文化冲突融合的见证。

6. （南京师范大学2015）长乐宫、未央宫、建章宫，合称"汉三宫"。

7. （南京师范大学2015）史书上记载的历史名桥首推西安市东郊的"灞桥"。

8. （南京师范大学2015）私宅园林始于秦代，园主人多为贵族官僚。

9. （南京师范大学2015）苏州的"狮子林"，本为元代菩提正宗寺的后花园，后寺毁园存，几经修建，始成现状。

10. （南京师范大学2015）现存最大的皇家园林是颐和园。

11. （南京师范大学2015）宗教祭祀建筑的主要种类有寺、观、祠、庙、塔。

12. （南京师范大学2015）古代的碑分长方形和上圆下方两种，前者叫"碣"，后者叫"碑"。

13. （南京师范大学2015）苏杭官商大院的特点是庭院与园林相结合，基本格局采用纵深几进的院落式。

▶ 简答题

1. （青岛大学2015）试从美学角度简要介绍中国桥梁的艺术风格。

参考答案

填空题

1. 朱棣
2. 滕王阁
3. 计成
4. 避暑山庄
5. 天一阁
6. 应县木塔
7. 拙政园
8. 宫殿的等级
9. 圆明园
10. 皇家园林
11. 护城河（城外环绕城墙的河池）
12. 绍兴
13. 隋
14. 灞桥
15. 斗拱
16. 豫园
17. 范仲淹
18. 都江堰

单项选择题

1. C

【解析】清朝康熙年间，意大利人郎世宁来到中国传教，随即被召入紫禁城内的如意馆成为宫廷画师。郎世宁在中国从事绘画50多年，参加了圆明园西洋楼的设计工作，极大地影响了康熙之后的清代宫廷绘画和审美趣味。

2．B

【解析】圆明园在第二次鸦片战争期间被英法联军劫掠后焚烧。

3．A

【解析】京杭大运河是由隋炀帝下令全面修建的，但其中部分地段利用的邗沟早在春秋时期就已经被开凿完成。春秋末期，吴国为北伐齐国争霸中原，在江苏扬州附近开凿了一条引长江水入淮的运河，称为"邗沟"。大运河便是在邗沟和汉代的汴渠的基础上，不断向北和向南发展，经过隋朝和元朝两次大规模的扩建和整治，基本上形成了现在的规模。

4．C

5．C

【解析】战国后期，秦国蜀郡太守李冰和他的儿子，吸取前人的治水经验，率领当地人民修建了举世闻名的都江堰水利工程。这一工程使岷江水流化险为夷，变害为利，川西平原的万亩农田千年受益。直到现在，都江堰的主体工程依然屹立在岷江中游，并于2000年被联合国教科文组织列入"世界文化遗产"名录。

6．B

【解析】刻有"长乐""未央"的砖瓦应属于西汉时期长乐宫和未央宫的建筑材料。长乐宫、未央宫与建章宫合称"汉三宫"，是西汉时期的皇家宫殿，位于今陕西省西安市。

7．B

【解析】杨衒之的《洛阳伽蓝记》主要描述了北魏都城洛阳中佛寺的恢宏景观。其中，对每一寺的记述都附有相关的历史和典故，涉及北魏的政治、经济、军事、文化诸方面，有很高的史料价值。

8．B

【解析】中国传统建筑的主要用料是木料。在建筑上普遍采用木构架是中国传统建筑的特点之一，也由此形成了中国建筑的独特风格。

9．D

【解析】牌坊由隋唐时期的里坊坊门演变而来。最初的坊门由一根横木连接一对华表而成，门首被里坊的居民用于张榜表彰伦理道德楷模或科举中举的生员。随着里坊制度被取消，坊门演变为牌坊，成为装饰性的建筑，同时也保留了它的旌表功能。华表是古代宫门口、桥头或陵墓前等的装饰性建筑，后多为高大的石柱，柱身多雕刻有龙凤等图案，上部横插着雕花的石板，顶端一般置有瑞兽雕像以传达一定寓意。碑起源于先秦时代，早期没有文字，实用功能较强，其中一种立于墓穴旁边用于牵引棺椁下葬的"丰碑"逐渐演变为刻有文字的纪念性石碑。隋唐时期，立碑之风更盛，不但立于墓前，而且立于庙中，碑的制作也越来越精细和考究。富贵之家不惜以重金求大文豪、大书法家为之撰文书字，因此现存的唐代碑文非常丰富，成为一种珍贵史料和书法艺术遗存。阙是古代宫室门前的高大建筑，作用有二：一是张贴布告和法令；二是表示宫室主人的尊卑等级。

10．C

【解析】京杭大运河由隋炀帝下令修建，部分地段利用春秋时期吴国开凿的邗沟和汉代的汴渠，贯通中国南北，是世界上规模最大、里程最长的内陆运河。郑国渠是由战国时期韩国水工郑国主持修建的，在今陕西省泾阳县境内，全长150多千米。灵渠由秦始皇指派史禄主持修建，将湘江和漓江连接起来，全长34千米，是世界上最古老的运河之一。苏伊士运河全长190千米，于1869年建成通航，连接地中海与红海，是亚洲与非洲的分界线，同时也是亚非与欧洲之间最直接的水上通道。

11．A

【解析】碑起源于先秦时期，分为丰碑、宫碑和庙碑三种，最早上面都没有文字。其中，"丰碑"立在墓穴旁边，上边凿孔，作为棺椁下葬时牵引用的石柱。"宫碑"则立在宫院中，用来测定日影以确定时间。另外一种"庙碑"立在庙院中，用来拴系等待屠宰的祭祀用的牲畜。

12．A

【解析】战国时期，秦国蜀郡太守李冰主持兴建的"都江堰"，在今四川省都江堰市。灵渠位于今广西壮族自治区兴安县内，由秦始皇指派史禄主持修建，是世界上最古老的运河之一，有着"世界古代水利建筑明珠"的美誉。赵州桥由隋代石匠李春建造，一般认为是全世界最早的敞肩石拱桥之一。大运河由隋炀帝下令修建，部分地段利用春秋时期吴国开凿的邗沟和汉代的汴渠，贯通中国南北，是世界上规模最大、里程最长的内陆运河。

13．C

【解析】位于山西省的平遥古城基本保留了明清时期的原貌。平遥古城始建于明代初年，呈正方形，外环护城河，辟六门，东、西各二，南、北各一，现城内市井街道仍如明代形制。

14．D

【解析】东方明珠广播电视塔是上海的标志性文化景观之一，由著名土木结构专家江欢成主持原华东建筑设计研究院（现华建集团华东建筑设计研究总院）的设计团队进行设计。东方明珠广播电视塔塔高约468米，于1991年7月开工建设，1995年5月投入使用。

◉ 判断题

1．正确

【解析】中国建筑无论宫殿、陵墓、寺庙，还是园林，都不注重单个建筑的高大，而强调群体的宏伟。中国建筑形成群体结构时，都有一道墙，形成一种封闭一统的意蕴。而群体之中都有核心部位，主次分明，照应周全，其理性秩序与逻辑或明（如宫殿）或暗（如园林），却都气韵生动，韵律和谐。

2．正确

3．错误

【解析】圆明园于1860年遭英法联军焚毁，被掠夺文物的数量粗略统计约有150万件。

4. 正确

【解析】我国历史上最大的古城是隋大兴城，唐代称长安城。全城面积为84.1平方公里，约为现有明代建西安古城的7.5倍以上，比同时期的东罗马帝国都城君士坦丁堡（今土耳其伊斯坦布尔）也大7倍多。

5. 错误

【解析】长城是一个防御性的军事系统工程，它所反映的战略是防御性的，而不是进攻性的。这是由中国封建社会封闭型的社会形态决定的。

6. 正确

7. 正确

【解析】灞桥位于西安市东郊，横跨灞水之上，建于春秋时代的秦穆公时期，现存的桥是隋代改建并经历代重修的。灞桥的闻名与我国的历史和文学有关。古长安历代为都城，灞桥是出入古长安的必经之地，因而许多发生在西安的历史事件都与灞桥有关。古代有折柳送别的风俗，灞桥两边长柳依依，住在长安的人送行都到灞桥，折柳相赠，表示怀念。诗人墨客借景抒情，所作诗词大多充满离愁别绪，所谓"年年柳色，灞陵伤别"，就是对这些文学作品的概括。

8. 错误

【解析】私宅园林始于西汉，园主人多为当时的贵族和富豪。魏晋时期，玄学大盛，佛教开始流行，大大影响了士大夫们的精神生活，他们在山水之间寻找寄托和乐趣，因而私人造园大有发展。唐代以来，江南经济迅速发展，文人显贵多出江浙，大量私宅园林在南方出现，到明清形成几次造园高潮。南方现存私宅园林大多是明清两代的遗物。

9. 正确

10. 错误

【解析】现存完好的三大皇家园林是北京三海（北海、中海、南海）、颐和园和承德避暑山庄，以避暑山庄为最大。

11. 正确

【解析】封建社会数量最多、质量最好的建筑，大多是宗教祭祀建筑；迄今保存最多、最好的古代建筑，也正好是以前的宗教祭祀建筑。这类建筑主要有寺、观、祠、庙、塔。

12. 错误

【解析】古代的碑分长方形和上圆下方两种，前者叫"碑"，后者叫"碣"，因而合称"碑碣"。

13. 正确

◉ 简答题

1.

从美学欣赏的角度来看，中国桥梁的艺术风格表现在三个方面：

一是造型多姿，有的形如长虹，有的状如弯月，有的轻巧欲飞，有的雄壮厚实，各种造型都体现出不同的审美趣味。古典诗词赞美古桥，都是首先从对桥造型的描写引发美感。如有对联称河北赵州桥"水从碧玉环中出，人在苍龙背上行"，把赵州桥的造型和桥下之水比喻为苍龙和碧玉，极富美感。

二是桥梁建筑与周围环境的协调，使人工建筑与自然风光相融合，这也是中国艺术的特点所在。正是因为这样，凡建桥之处，往往形成迷人的景点。如"卢沟晓月"为燕京八景之一，"断桥残雪"是西湖十景之一，等等，都是因为桥梁建筑能与自然环境融为一体。

三是桥梁的附属建筑和雕刻，都体现了中国特有的民族风格，并且往往与当地的风俗、民情和历史有关。如在桥梁两端或在桥上建亭阁、牌坊和华表，在栏杆和栏板上雕刻狮子、龙凤、人物、花卉等。

第十三章　古典文学

▶ 填空题

1. （北京大学 2015）北宋词坛名家柳永擅长写景抒情，留下了许多著名的词句，如_____中的"多情自古伤离别，更那堪，冷落清秋节"，描写了恋人的离愁别绪，成为世代传颂的名作。

2. （北京大学 2016）"落霞与孤鹜齐飞，秋水共长天一色"出自王勃所作的_____。

3. （北京师范大学 2013）《诗》三百，一言以蔽之。曰：_____。

4. （北京师范大学 2013）导演王全安拍摄的《白鹿原》改编自中国当代小说家_____的同名小说。

5. （北京师范大学 2013）被誉为"文坛硬汉"，创作了《老人与海》和《太阳照常升起》的作者是_____。

6. （北京师范大学 2013）《巴黎圣母院》的作者是_____。

7. （北京师范大学 2013；中山大学 2013）中国作家_____获得了 2012 年诺贝尔文学奖。

8. （北京师范大学 2015）诗人_____的诗句"晨兴理荒秽，带月荷锄归"清晰刻画了一个辛勤劳动者的形象。

9. （北京师范大学 2015）盛唐时期的诗歌主要分为以王维、孟浩然为代表的_____和以岑参、高适为代表的边塞诗派。

10. （北京师范大学 2015）"史家之绝唱，无韵之《离骚》"是鲁迅对_____的高度评价。

11. （北京语言大学 2015）宋代词坛上的两大流派是_____和_____，前者的代表人物是苏轼、辛弃疾，后者的代表人物是柳永、李清照。

12．（北京语言大学2016）《诗经》的表现手法有＿＿＿＿＿＿、比、兴三类。

13．（复旦大学2015）＿＿＿＿＿＿与《离骚》以其巨大的艺术魅力而称为"风骚"，构成中国诗歌发展史上的两大源头。

14．（复旦大学2015）＿＿＿＿＿＿通过诗歌艺术挖掘山水风光的艺术魅力，开辟了我国诗歌史上的"山水诗派"。

15．（广东外语外贸大学2015）"唐宋八大家"指的是韩愈、柳宗元、欧阳修、王安石、苏洵、苏轼、＿＿＿＿＿＿和曾巩。

16．（广州大学2015）《诗经》按其内容分为＿＿＿＿＿＿、＿＿＿＿＿＿、＿＿＿＿＿＿三个部分，常运用＿＿＿＿＿＿、＿＿＿＿＿＿、＿＿＿＿＿＿三种表现手法。

17．（广州大学2015）文言中，山之＿＿＿＿＿＿、水之＿＿＿＿＿＿称"阳"，山之＿＿＿＿＿＿、水之＿＿＿＿＿＿称"阴"。

18．（广州大学2015）在我国神话传说中，＿＿＿＿＿＿开天辟地，＿＿＿＿＿＿炼石补天，＿＿＿＿＿＿衔石填海，＿＿＿＿＿＿发明八卦。

19．（广州大学2015）被称为"孤篇盖全唐"的诗作是＿＿＿＿＿＿，作者是＿＿＿＿＿＿。

20．（华东师范大学2014）《诗经》的"风""雅""颂"中保存民歌最多的是＿＿＿＿＿＿。

21．（华东师范大学2014）《迢迢牵牛星》中借用的神话是＿＿＿＿＿＿。

22．（华东师范大学2014）中国诗歌从民间集体歌唱过渡到诗人独立创作的新阶段的标志是＿＿＿＿＿＿。

23．（华东师范大学2014）元杂剧的音乐组织单元是＿＿＿＿＿＿，它同时也是故事情节发展的自然段落。

24．（华东师范大学2014）魏晋南北朝时期的正始诗人为在文学作品中表现人与自然的亲和感、人对自然美的追求开辟了一条广阔的道路，把人对自然的态度引向审美层次，成为后世＿＿＿＿＿＿的思想滥觞。

25. （华东师范大学 2014）《白马篇》是_____的代表作。

26. （华东师范大学 2015）"忽如一夜春风来，千树万树梨花开"是_____朝著名诗人_____在_____中的名句。

27. （华东师范大学 2015）先秦辞赋作家"屈宋"并称，"屈"指_____，"宋"指_____。

28. （暨南大学 2013）咏月是诗（词）人的最爱，优美的诗（词）句更是举不胜举，如_____。

29. （暨南大学 2013）南朝永明体诗歌与古体诗相比较，最主要的特征是讲究_____和_____。

30. （暨南大学 2013）李商隐的诗歌具有_____的风格。

31. （暨南大学 2013）南宋中兴四大诗人是_____、杨万里、范成大、尤袤。

32. （暨南大学 2013）汤显祖《牡丹亭》云："原来_____，似这般都付与断井颓垣。_____，赏心乐事谁家院？"

33. （暨南大学 2015）"诗有六义"中所说的"六义"是指风、雅、颂，以及_____。

34. （暨南大学 2015）中国古代最为宏伟的抒情长诗是屈原的_____。

35. （暨南大学 2015）"乐府"一词具有多种含义，汉代指_____，魏晋时人们把乐府配乐演唱的诗称作乐府。

36. （暨南大学 2015）刘希夷诗作《代悲白头翁》中的"年年岁岁花相似，_____"富有人生哲理。

37. （暨南大学 2015）古文，相对于当时流行的_____而言，是韩愈等人提出的一个概念，指先秦两汉时单行散句、没有规定形式的文体。

38. （暨南大学 2015）在苏门四学士中，_____是最为出色的词人，其作品《鹊桥仙》中有名句"两情若是久长时，又岂在朝朝暮暮"。

39. （暨南大学 2015）＿＿＿＿＿＿被称为"讽刺杰作"，它是一部批评封建科举制度摧残、扭曲读书人人性的著作。

40. （兰州大学 2015）汤显祖的"玉茗堂四梦"是指以下四部传奇作品：《紫钗记》、《还魂记》（即《牡丹亭》）、《南柯记》和＿＿＿＿＿＿。

41. （青岛大学 2015）中国古代诗歌发展史的两大源头是＿＿＿＿＿＿和＿＿＿＿＿＿。

42. （首都师范大学 2013）《诗经》由＿＿＿＿＿＿、雅、颂三部分组成。

43. （首都师范大学 2013）《逍遥游》是＿＿＿＿＿＿中的一篇。

44. （首都师范大学 2013）屈原《离骚》的第一句话是＿＿＿＿＿＿。

45. （首都师范大学 2013）在"二十四史"中被誉为"史家之绝唱，无韵之《离骚》"的史书是＿＿＿＿＿＿。

46. （首都师范大学 2014）"初唐四杰"是卢照邻、骆宾王、＿＿＿＿＿＿、杨炯。

47. （首都师范大学 2014）屈原的代表作《离骚》中有名句"路漫漫其修远兮，＿＿＿＿＿＿"。

48. （首都师范大学 2014）《诗经》是我国历史上第一部诗歌总集，共收入自＿＿＿＿＿＿至＿＿＿＿＿＿大约 500 多年的诗歌 305 篇。

49. （首都师范大学 2014）明代著名小说集"三言"指的是《醒世恒言》《警世通言》和＿＿＿＿＿＿。

50. （首都师范大学 2014）汉乐府《陌上桑》中主人公的名字叫＿＿＿＿＿＿。

51. （首都师范大学 2014）关汉卿、郑光祖、马致远和白朴合称为＿＿＿＿＿＿。

52. （首都师范大学 2014）《过秦论》的作者是西汉的＿＿＿＿＿＿。

53. （首都师范大学 2014）"忽如一夜春风来，千树万树梨花开"是盛唐诗人＿＿＿＿＿＿的名句。

54. （首都师范大学 2014）明代前期百余年文坛上流行的文风是＿＿＿＿＿＿。

55．（首都师范大学 2014）谢灵运是南北朝时期扭转玄言诗风，开创_____派的关键人物。

56．（首都师范大学 2014）第一位田园诗人是东晋的_____。

57．（首都师范大学 2014）"金玉其外，败絮其中"这个成语出自明代刘基的_____，比喻"虚有其表，外表好而实质坏"。

58．（首都师范大学 2014）代表汉代文人五言诗最高成就的是_____。

59．（首都师范大学 2014）南北朝志怪小说中成就最高的是干宝的_____。

60．（首都师范大学 2014）三国时魏末著名思想家嵇康的诗风特点是_____。

61．（首都师范大学 2015）桃之夭夭，灼灼其华。_____，宜其室家。

62．（首都师范大学 2015）群山万壑赴荆门，_____。

63．（四川大学 2013）_____和_____在中国文学史上并称"风骚"。

64．（四川大学 2013）我国第一部散文集是_____。

65．（四川大学 2013）_____是汉乐府中最有名的诗篇，也是中国历史上第一部长篇叙事诗。

66．（四川大学 2014）"唐宋八大家"是唐宋时期八大散文家的合称，即唐代的韩愈、柳宗元，宋代的苏洵、苏轼、苏辙、欧阳修、王安石、_____。唐宋文坛以他们的文学成就最高、流传最广，故称"唐宋八大家"。

67．（四川大学 2014）有人认为，孙悟空的形象来源于印度史诗_____中的神猴哈努曼。

68．（西南大学 2015）白居易的著名诗篇_____，以唐明皇和杨贵妃的爱情故事作为诗歌题材。

69．（西南大学 2015）宋代文学家苏轼号_____。

70．（中国传媒大学 2014）宋词主要有两大流派：以苏轼为代表的_____派和以秦观、周邦彦等人为代表的_____派。

71．（中国传媒大学 2014）元曲四大家包括：_____、马致远、白朴和_____。

72. （中国传媒大学 2014）中国古代小说的主要形式有：唐代的传奇、宋元时期的_____等。

73. （中国传媒大学 2015）_____是我国第一部诗歌总集，一共有_____篇。

74. （中国海洋大学 2015）人们常用李白自己的两句诗来形容他的诗歌风格，即"清水出芙蓉，_____"。

75. （中国人民大学 2016）创作了《牡丹亭》等"玉茗堂四梦"的明代戏曲家是_____。

76. （中山大学 2013）"回眸一笑百媚生，六宫粉黛无颜色"描写的是中国古代四大美人之一的_____。

77. （中山大学 2014）_____是明代后期万历年间的一个文学流派，主要人物有袁宗道、袁宏道、袁中道。

78. （中山大学 2014）被誉为"中国十六世纪的莎士比亚"的著名戏剧作家是_____。

79. （中山大学 2015）一首五言绝句应该有_____个字。

80. （中山大学 2015）"独在异乡为异客，每逢佳节倍思亲"出自唐代诗人王维的名篇《_____忆山东兄弟》。

81. （中山大学 2015）_____是中国现代诗人徐志摩在离开英国剑桥大学时写的著名诗篇，表达了诗人真挚浓郁的离愁。

82. （中山大学 2015）巴金的早期代表作"激流三部曲"分别是：_____《春》《秋》。

83. （中山大学 2015）收录《农夫与蛇》《狼和小羊》等著名寓言故事，古希腊时期在民间中下层社会中广为流传的散文故事集是_____。

▶ 单项选择题

1. （北京师范大学 2015）汉代注重诗教，专门设立_____采集民歌、整理乐章。
   A．乐府　　　B．国子监　　　C．书院　　　D．梨园

2. (北京师范大学 2015)"摩诘"是唐代诗人_____的字。

   A．王维　　　B．孟浩然　　　C．杜甫　　　D．白居易

3. (北京师范大学 2015)晚唐温庭筠词风艳丽,其作品和韦庄等人的作品被编入_____。

   A．《西昆酬唱集》　　　　B．《花间集》

   C．《东坡乐府》　　　　　D．《清真词》

4. (北京师范大学 2015)清代小说中,以批判科举考试为主要内容的是_____。

   A．《儒林外史》　　　　　B．《红楼梦》

   C．《聊斋志异》　　　　　D．《张生煮海》

5. (北京语言大学 2015)苏轼所说的"味摩诘之诗,诗中有画;观摩诘之画,画中有诗"赞誉的是唐代诗人_____。

   A．李白　　　B．杜甫　　　C．白居易　　　D．王维

6. (复旦大学 2015)《上林赋》的作者是_____。

   A．贾谊　　　B．班固　　　C．司马相如　　　D．扬雄

7. (复旦大学 2015)"初唐四杰"中不包括以下哪位?

   A．王绩　　　B．杨炯　　　C．卢照邻　　　D．骆宾王

8. (复旦大学 2015)_____的《赵氏孤儿》传入欧洲后,被伏尔泰改编为五幕剧《中国孤儿》并促成其在欧洲的上演。

   A．关汉卿　　　B．纪君祥　　　C．王实甫　　　D．马致远

9. (广东外语外贸大学 2015)以下不属于汉乐府诗的是_____。

   A．《离骚》　　　　　B．《孔雀东南飞》

   C．《陌上桑》　　　　D．《东门行》

10. (华东师范大学 2014)"关关雎鸠,在河之洲,窈窕淑女,君子好逑",《诗经》中这段古诗的意象类型是_____。

    A．仿象　　　B．兴象　　　C．喻象　　　D．抽象

11. （华东师范大学 2015）唐代诗人杜甫的诗文集名为《杜工部集》，"工部"是杜甫的_____。

    A．字　　　　B．号　　　　C．郡望　　　　D．官职名

12. （青岛大学 2014）"汉赋四大家"是指_____。

    A．司马相如、班固、扬雄、左思

    B．司马相如、班固、扬雄、王粲

    C．宋玉、班固、扬雄、张衡

    D．司马相如、班固、扬雄、张衡

13. （青岛大学 2015）_____为我国长篇叙事诗之最，描写了一场凄美的爱情悲剧。

    A．《木兰辞》　　　　　　　B．《孔雀东南飞》

    C．《思美人》　　　　　　　D．《陌上桑》

14. （首都师范大学 2013）《诗经》中一共有多少首诗？

    A．305　　　　B．300　　　　C．1,000　　　　D．500

15. （首都师范大学 2013）"落霞与孤鹜齐飞，秋水共长天一色"是哪篇作品中的名句？

    A．《滕王阁序》　B．《兰亭集序》　C．《岳阳楼记》　D．《赤壁赋》

16. （首都师范大学 2013）"黄鹤一去不复返，白云千载空悠悠"这两句诗的作者是_____。

    A．李白　　　　B．杜甫　　　　C．崔颢　　　　D．苏轼

17. （首都师范大学 2013）《窦娥冤》的作者是_____。

    A．马致远　　　B．关汉卿　　　C．白朴　　　　D．纪君祥

18. （首都师范大学 2014）屈原《九歌》组诗的篇数是_____。

    A．8 篇　　　　B．9 篇　　　　C．10 篇　　　　D．11 篇

19. （首都师范大学 2014）我国最早的文人词选集是_____。

    A．《尊前集》　B．《花间集》　C．《金奁集》　D．《阳春集》

20．(首都师范大学 2014) 四家诗中，属于古文经学的是_____。
　　A．毛诗　　　B．齐诗　　　C．鲁诗　　　D．韩诗

21．(首都师范大学 2014) "年年岁岁花相似，岁岁年年人不同"的作者是_____。
　　A．刘禹锡　　B．刘希夷　　C．刘长卿　　D．刘琨

22．(首都师范大学 2014) 先秦散文中，以擅长描写战争而著称的是_____。
　　A．《尚书》　B．《老子》　C．《战国策》　D．《左传》

23．(四川大学 2014) 唐朝时期《桂苑笔耕集》的作者是_____。
　　A．中原人　　B．西域人　　C．暹罗人　　D．新罗人

24．(厦门大学 2013) 宋词豪放派的代表人物是_____。
　　A．周邦彦　　B．柳永　　　C．苏轼　　　D．秦观

25．(厦门大学 2014) 诗句"人闲桂花落，夜静春山空。月出惊山鸟，时鸣春涧中"的作者是_____。
　　A．柳永　　　B．白居易　　C．王维　　　D．孟郊

26．(云南大学 2014) 《醉翁亭记》的作者是_____。
　　A．白居易　　B．欧阳修　　C．王羲之　　D．李白

27．(云南大学 2014) 诗句"大漠孤烟直，长河落日圆"的作者是_____。
　　A．欧阳修　　B．王维　　　C．苏轼　　　D．徐渭

28．(中国传媒大学 2014) "少陵野老"是唐代大诗人_____的号。
　　A．李白　　　B．杜甫　　　C．白居易　　D．张籍

29．(中国传媒大学 2014) 我国"田园诗派"的奠基者是_____。
　　A．阮籍　　　B．王维　　　C．谢灵运　　D．陶渊明

30．(中国传媒大学 2014) 下面属于先秦时期哲理散文的是_____。
　　A．《左传》　B．《国语》　C．《战国策》　D．《老子》

31．(中国传媒大学 2014) "明代四大奇书"不包括以下哪部书？
　　A．《三国演义》　B．《水浒传》　C．《西游记》　D．《红楼梦》

32．（中国传媒大学 2015）被鲁迅称为"无韵之《离骚》"的著作是_____。

　　A．《诗经》　　B．《道德经》　　C．《楚辞》　　D．《史记》

33．（中国传媒大学 2015）_____时期是我国诗歌发展的重大转变时期，其标志是"音律"的出现。

　　A．春秋战国　　B．唐朝　　C．汉朝　　D．南北朝

34．（中国海洋大学 2015）元杂剧作家中，被王国维推为"元人第一"的大戏剧家是_____。

　　A．王实甫　　B．马致远　　C．关汉卿　　D．郑光祖

35．（中国海洋大学 2015）与汉族早期长篇史诗不发达的情况不同，我国很多少数民族往往流传着反映他们各自早期历史的长诗。《格萨尔》就是_____族的著名史诗。

　　A．蒙古　　B．藏　　C．维吾尔　　D．苗

36．（中国海洋大学 2015）在中国神话中，射掉九个太阳的英雄是_____。

　　A．盘古　　B．大禹　　C．羿　　D．精卫

37．（中国海洋大学 2015）写出"先天下之忧而忧，后天下之乐而乐"的是_____。

　　A．岳飞　　B．王安石　　C．欧阳修　　D．范仲淹

38．（中国海洋大学 2015）唐宋八大家中唐朝人有_____。

　　A．2人　　B．4人　　C．3人　　D．5人

39．（中国海洋大学 2015）"范进中举"出自中国著名的文学作品_____。

　　A．《儒林外史》　　B．《老残游记》
　　C．《文明小史》　　D．《二十年目睹之怪现状》

40．（中山大学 2014）杜丽娘是下列哪部戏剧中的人物？

　　A．《西厢记》　　B．《牡丹亭》　　C．《长生殿》　　D．《桃花扇》

41．（中山大学 2014）诺贝尔文学奖获得者，作家马尔克斯创作的《百年孤独》属于哪种文学流派？

　　A．魔幻现实主义　　　　B．象征主义
　　C．表现主义　　　　　　D．超现实主义

42. （中山大学 2015）赛卢医是古典文学作品_____中的人物。
    A．《西厢记》　　B．《赵氏孤儿》　C．《窦娥冤》　　D．《倩女离魂》

43. （中山大学 2015）《水浒传》中被刺配沧州，最后被逼上梁山的英雄是_____。
    A．燕青　　　　B．杨志　　　　C．李逵　　　　D．林冲

▶ 判断题

1. （北京大学 2015）词是一种讲究格律、长短句形式的抒情体诗歌，出现于晚唐五代，至宋空前繁荣，所以词以宋称。

2. （北京师范大学 2013）张艺谋拍摄的《金陵十三钗》是根据华人作家严歌苓的同名小说改编的。

3. （北京师范大学 2013）《琵琶行》的作者是白居易，描写的是唐玄宗和杨玉环的爱情悲剧。

4. （北京师范大学 2015）春秋时期使《诗经》"雅颂各得其所"的整理者是孔子。

5. （北京师范大学 2015）《文心雕龙》是著名的文学批评著作，作者是唐代的刘勰。

6. （北京师范大学 2015）临终写下"王师北定中原日，家祭无忘告乃翁"诗句的是唐代的陆游。

7. （北京师范大学 2015）《西游记》原名《石头记》，写的是孙悟空等护送唐僧西天取经的故事。

8. （北京师范大学 2015）"碧云天，黄叶地，西风紧，北雁南飞"，这是王实甫的《西厢记》中的曲词。

9. （复旦大学 2015）李渔的《闲情偶寄》系统地论述了戏曲文学及戏曲表演艺术的特点，具有重要的文学价值。

10. （广东外语外贸大学 2015）明代四大奇书是《三国演义》《西游记》《水浒传》和《红楼梦》。

11. (暨南大学2013)"推敲"一词的由来与贾岛、韩愈有关。
12. (暨南大学2013)《红楼梦》比较彻底地突破了古代小说单线结构的模式，而采取了多条线索并进、交联的网状结构。
13. (南京师范大学2015)《诗经》按照乐调分赋、比、兴三部分。
14. (南京师范大学2015)《古诗十九首》是西汉末年出现的民歌。
15. (南京师范大学2015)先秦历史散文集中于《尚书》《国语》《左传》《战国策》等，哲理散文则集中于诸子著作。
16. (南京师范大学2015)明代推崇唐宋古文的"唐宋派"的主要代表人物是唐顺之、茅坤和归有光等。
17. (南京师范大学2015)贾谊、淮南小山、扬雄、张衡被称为"汉赋四大家"。
18. (南京师范大学2015)元代王实甫创作的杂剧《西厢记》被誉为"天下夺魁"。
19. (首都师范大学2014)"白日依山尽,黄河入海流。欲穷千里目,更上一层楼"的作者是王之涣。
20. (首都师范大学2014)汤显祖《牡丹亭》中的主人公是崔莺莺。
21. (首都师范大学2014)在诗歌语言方面，李白主张"清水出芙蓉，天然去雕饰"。
22. (首都师范大学2014)"今宵酒醒何处？杨柳岸，晓风残月"是宋代词人苏轼的《雨霖铃》中的名句。
23. (首都师范大学2015)"无可奈何花落去，似曾相识燕归来"是北宋词人晏几道的名句。
24. (云南大学2014)"楚辞"是继《春秋》之后出现的一种新诗体。
25. (中国传媒大学2014，2015)王实甫是元代杰出的戏剧家，他创作的杂剧《窦娥冤》被誉为"天下夺魁"。
26. (中国海洋大学2015)我国最早的诗歌总集《诗经》创造了赋、比、兴三种艺术表现方法。
27. (中山大学2013)《朝花夕拾》是鲁迅的小说集之一。

28．（中山大学 2014）《桃花扇》的作者是洪昇。

29．（中山大学 2015）白居易的《长恨歌》以唐太宗和杨贵妃的故事为原型。

30．（中山大学 2015）2014 年 9 月中国当代著名作家张贤亮去世，其代表作有《灵与肉》《绿化树》等。

▶ 名词解释

1．（北京师范大学 2013）新月派诗人
2．（北京师范大学 2013）鲁迅的小说集
3．（青岛大学 2015）"玉茗堂四梦"

▶ 简答题

1．（北京师范大学 2013）写出曹禺最经典的三部话剧，并就其中一部简要描述其内容。

参考答案

■ 填空题

1. 《雨霖铃》

2. 《滕王阁序》

3. 思无邪

4. 陈忠实

5. 海明威

6. 雨果

7. 莫言

8. 陶渊明

9. 田园诗派

10. 《史记》

11. 豪放派　婉约派

12. 赋

13. 《诗经》

14. 谢灵运

15. 苏辙

16. 风　雅　颂　赋　比　兴

17. 南　北　北　南

18. 盘古　女娲　精卫　伏羲

19. 《春江花月夜》　张若虚

20. 风

21. 牛郎织女

22. 《楚辞》的出现

23. 四折一楔子

24. 山水诗

25. 曹植

26. 唐　　岑参　　《白雪歌送武判官归京》

27. 屈原　　宋玉

28. 明月几时有，把酒问青天（海上生明月，天涯共此时）

29. 声律　　对仗

30. 多借形象，寓意含蓄，极富象征意义和美学价值

31. 陆游

32. 姹紫嫣红开遍　　良辰美景奈何天

33. 赋、比、兴

34. 《离骚》

35. 负责采集民歌，编制乐章，整理外来乐曲的机构

36. 岁岁年年人不同

37. 骈文

38. 秦观

39. 《儒林外史》

40. 《邯郸记》

41. 《诗经》　　《楚辞》

42. 风

43. 《庄子》

44. 帝高阳之苗裔兮，朕皇考曰伯庸

45. 《史记》

46. 王勃

47. 吾将上下而求索

48. 西周初年　　春秋中叶

49．《喻世明言》

50．罗敷

51．元曲四大家

52．贾谊

53．岑参

54．台阁体

55．山水诗

56．陶渊明

57．《卖柑者言》

58．《古诗十九首》

59．《搜神记》

60．清峻

61．之子于归

62．生长明妃尚有村

63．《诗经》　《楚辞》

64．《尚书》

65．《孔雀东南飞》

66．曾巩

67．《罗摩衍那》

68．《长恨歌》

69．东坡居士

70．豪放　婉约

71．关汉卿　郑光祖

72．话本

73．《诗经》　305

74．天然去雕饰

75. 汤显祖

76. 杨玉环

77. 公安派

78. 汤显祖

79. 20

80. 九月九日

81. 《再别康桥》

82. 《家》

83. 《伊索寓言》

◼ 单项选择题

1. A

【解析】秦代专门设立"乐府",掌管音乐事务。汉代进一步扩大乐府规模,掌管朝会宴飨、道路游行时的各种音乐,同时采集民间歌曲。后来人们把汉代乐府搜集来的歌词及魏晋六朝到隋唐时代可以入乐的诗歌和模仿乐府古题的作品统称为"乐府诗"。国子监和书院都是我国古代的教育机构。梨园最初是唐玄宗在宫廷中设立的,用于教练歌舞艺人的场所,后世将戏班称为"梨园"。

2. A

【解析】王维,字摩诘,号摩诘居士。孟浩然,名浩,字浩然,是唐代著名的山水田园派诗人。杜甫,字子美,自号少陵野老,又称杜工部。白居易,字乐天,号香山居士。

3. B

【解析】温庭筠词风艳丽,与韦庄等人的作品被编入《花间集》,因而被称为"花间派"词人。《西昆酬唱集》收录了宋初一些诗人模仿李商隐互相酬唱的作品,这些诗作辞藻艳丽却内容贫乏,被称为"西昆体"。《东坡乐府》是北宋苏轼的词集。《清真词》是婉约派代表词人周邦彦的词集。周邦彦言情体物,极尽工巧,集婉约派之大成。

4．A

【解析】《儒林外史》是清代吴敬梓的讽刺小说，以其自身经历和体验创作而成，以批判科举考试为主要内容。此外，《儒林外史》从多方面揭露和抨击了封建统治的黑暗、科举八股取士的罪恶，生动地描写了一群受科举毒害和被市侩熏染的儒林形象，并将这些虚伪人物的丑恶灵魂暴露无遗，再现了封建社会末期的社会现实。曹雪芹所著《红楼梦》是中国最伟大的古典长篇小说。全书以贾宝玉、林黛玉和薛宝钗的爱情婚姻为主线，通过一个封建大家庭的盛衰变迁，描述了家庭内外在政治、道德、文化、教育、财产诸方面错综复杂的矛盾冲突，预示了封建制度行将灭亡的历史命运。这部小说彰显出作者对社会生活巨大的概括力和精确的表现力，成为世界性的文学名著。蒲松龄的《聊斋志异》也是清代古典小说的代表。《聊斋志异》继承了六朝志怪小说和唐人传奇的传统，以浪漫主义手法，借狐鬼花妖之形，写嬉笑怒骂之情，通过各种狐鬼精灵的动人故事，表现青年男女追求婚恋自由的愿望，揭露封建统治的黑暗和罪恶，抨击科举制度的腐朽和弊端，对后来的文言小说创作产生了巨大的影响。《张生煮海》是元代前期的杂剧作品，作者是李好古。

5．D

【解析】王维，号摩诘居士，既是诗人，又是画家，善于在诗中表现画的意境，在画中表现诗的情趣。如"大漠孤烟直，长河落日圆"是边境的苍茫画面，"明月松间照，清泉石上流"是园林的幽静小景，诗画已经融为一体。尽管这种诗画艺术的交融状态表明人们在唐代的审美活动已经深化到"神交"的高级阶段，但在当时，包括王维自己在内，没有人认识到这一点。到了宋代，由于禅宗思想的影响和理学的兴起，人们对艺术的认识大幅度深化。苏轼便以"味摩诘之诗，诗中有画；观摩诘之画，画中有诗"赞誉王维的艺术成就。此后这成为一种评画标准。"诗中有画"是指诗的意境鲜明如画，"画中有诗"是说画中有一种诗的意境美，诗画都描绘一种境界，抒发一种感情。久而久之，"诗情画意"成为传统美学艺术标尺之一。

6．C

【解析】《上林赋》的作者是司马相如。司马相如是"汉赋四大家"之一,他的《子虚赋》和《上林赋》奠定了散体大赋的体制,显示了散体大赋的风格。前者叙述楚国子虚和齐国乌有各自夸耀本国的故事；后者则写亡是公听了子虚、乌有二人的对话,大肆夸赞上林苑的壮丽和汉天子打猎盛举的故事。贾谊的《吊屈原赋》是早期汉赋的代表作之一。扬雄所著《羽猎赋》《长杨赋》,班固所著《两都赋》都是汉代大赋的名篇。班固、扬雄与司马相如和张衡合称"汉赋四大家",他们的作品"润色鸿业","劝百讽一",极尽铺张排陈之能事。

7．A

【解析】"初唐四杰"不包括王绩。王绩是初唐诗坛平淡清新之风的开创者之一,代表作是《野望》。王勃、杨炯、卢照邻、骆宾王合称"初唐四杰"。他们的诗歌扭转了唐代以前萎靡浮华的宫廷诗歌风气,使诗歌题材从亭台楼阁、风花雪月的狭小领域扩展到江河山川、边塞江漠的辽阔空间,赋予诗以新的生命力。

8．B

【解析】元代杂剧作品《赵氏孤儿》的作者是纪君祥。关汉卿是元代创作最早、成就最高、影响最大的戏剧家,代表作有《窦娥冤》《救风尘》《拜月亭》《望江亭》《单刀会》《调风月》等。王实甫也是元代前期杰出的戏剧家,他的作品《西厢记》被誉为"天下夺魁"。马致远是"元曲四大家"之一,代表作有《汉宫秋》。

9．A

【解析】《离骚》不是汉乐府诗,而是楚辞的代表,也被后人称为"骚体诗"。楚辞是继《诗经》之后出现的一种新诗体,以其自由舒展的语句,丰富了中国诗歌的表现力。《孔雀东南飞》《陌上桑》《东门行》都是汉乐府诗中的著名篇章。汉魏乐府"感于哀乐,缘事而发",具有强烈的现实主义精神,内容深刻反映了汉代以来社会生活的各种矛盾。

10．B

【解析】"关关雎鸠,在河之洲,窈窕淑女,君子好逑"使用了"兴"的表现手法。

《诗经》的艺术表现手法一般分为赋、比、兴三种。"兴"就是"先言他物以引起所咏之词也",即联想、触景生情,一般用于诗歌的开头,与"兴象"的诗歌意象类型相符合。"兴象"强调艺术形象应具有"兴"的托物言志和喻情的作用。诗人的情感、精神对物象的统摄使之与诗人心灵的颤动融为一体,物象也因而获得生命,具备了个性和活力。

11. D

【解析】杜甫,字子美,自号少陵野老,因曾任检校工部员外郎这一官职而又被称为"杜工部"。杜甫是我国古代最伟大的现实主义诗人,被誉为"诗圣"。《杜工部集》是杜甫的诗文集,现存诗1,400余首,文30余篇。

12. D

【解析】"汉赋四大家"是指司马相如、班固、扬雄和张衡。他们的作品"润色鸿业","劝百讽一",极尽铺张排陈之能事,特别是司马相如的《子虚赋》和《上林赋》,奠定了散体大赋的体制,显示了散体大赋的风格。宋玉是先秦辞赋的代表,他的文采典雅而华美,所作《风赋》《高唐赋》《神女赋》《登徒子好色赋》等为后世历代文人传诵。西晋文学家左思和建安时代的文人王粲都以辞赋见长,他们最具代表性的作品分别是《三都赋》和《登楼赋》。

13. B

【解析】《孔雀东南飞》是汉乐府的代表作品,完整地描写了一个爱情悲剧,塑造了栩栩如生的人物形象,是我国古代长篇叙事诗之最。《木兰辞》,一般称《木兰诗》,是北朝乐府代表,与《孔雀东南飞》合称为"乐府双璧"。《思美人》是屈原《九章》中的一篇,全诗以"香草美人"为主要意象,超越时间与空间的局限,想象奇特,神思飞扬,是浪漫主义文学佳作。《陌上桑》也是汉乐府的名篇,是一首富有喜剧色彩的叙事诗。

14. A

【解析】《诗经》是我国最早的一部诗歌总集,收集了公元前11世纪到前6世纪的诗歌作品,共有305篇。

15．A

【解析】"落霞与孤鹜齐飞，秋水共长天一色"是《滕王阁序》中的名句。《滕王阁序》是唐代文学家王勃的一篇骈文作品，表露了作者的抱负和怀才不遇的愤懑心情。

16．C

【解析】"黄鹤一去不复返，白云千载空悠悠"出自《黄鹤楼》，作者是唐代诗人崔颢。崔颢秉性耿直，才思敏捷，其作品激昂豪放，气势宏伟，最为人称道的作品便是这首《黄鹤楼》。据说李白登黄鹤楼时曾有"眼前有景道不得，崔颢题诗在上头"的赞叹。

17．B

【解析】《窦娥冤》的作者是关汉卿。关汉卿是元代创作最早、成就最高、影响最大的戏剧家，代表作还有《拜月亭》《望江亭》《单刀会》《调风月》等。纪君祥的代表作是《赵氏孤儿》，马致远的代表作《汉宫秋》，白朴的代表作有《梧桐雨》和《墙头马上》。

18．D

【解析】屈原的组诗《九歌》共11篇，分别是《东皇太一》《云中君》《湘君》《湘夫人》《大司命》《少司命》《东君》《河伯》《山鬼》《国殇》和《礼魂》。

19．B

【解析】《花间集》是我国文学史上的第一部文人词选集，由五代十国时期后蜀人赵崇祚编纂。《花间集》收录了温庭筠、韦庄等花间词派诗人的经典作品，集中而典型地反映了早期文人词创作的主体取向、审美情趣、体貌风格和艺术成就。《尊前集》是唐及五代时期词的选集，所录词的年代、地域较《花间集》更广，许多《花间集》未收录的词作借此集得以保存。《金奁集》是宋代坊间的一部词集，主要收录了温庭筠和韦庄的作品。《阳春集》是五代十国时南唐著名词人冯延巳的词集。

20．A

【解析】四家诗中的毛诗属古文经学。"四家诗"是汉代传习《诗经》的"鲁诗""齐诗""韩诗"三家诗和"毛诗"的合称。三家诗均为今文诗学（今文经学的一支），即用当时通行的隶书（时称"今文"或"今字"）记录。毛诗属古文诗学，较晚出，在民间广泛传授，并最终压倒了三家诗，东汉时始盛行于世。魏晋以后，三家诗先后亡佚，而毛诗独盛。今本《诗经》就是毛诗。

21．B

【解析】"年年岁岁花相似，岁岁年年人不同"出自《代悲白头翁》，作者是唐代诗人刘希夷。刘希夷，一名庭芝，所作诗歌以歌行见长，多写闺情，辞意柔婉华丽，且多感伤情调。《代悲白头翁》是刘希夷的代表作品，是一首拟古乐府诗。全诗感伤情调极为浓郁，但并不颓废，风格清丽婉转，曲尽其妙。

22．D

【解析】先秦散文中，以擅长描写战争而著称的是《左传》。《左传》以具体的史实来丰富和补充文字过于简略的《春秋》，文字简练，句式灵活，能完整地叙述事件并通过细节刻画人物,特别是诸侯之间的战争写得很激动人心。《尚书》是我国最早的一部历史文献汇编，内容主要是殷商和西周初年的王室文告、命令、王公大臣的谈话等。《战国策》主要记述战国时代谋士们的言行，注重刻画人物，善于铺张描绘。《老子》是道家的经典著作，其中哲理散文语言凝练，哲理深邃，很像散韵夹杂的格言诗。

23．D

【解析】《桂苑笔耕集》是新罗人崔致远的诗文集。唐朝时，崔致远曾在中国留学及任官，期间写下大量诗文作品，回国后用汉语文言文编撰成书，共二十卷。

24．C

【解析】宋词豪放派的代表人物是苏轼。豪放派词作内容突破"艳科"传统藩篱，吐纳社会人生，辞章雄健，风格豪放，境界超然。苏轼的代表作有《水调歌头》（明月几时有）、《念奴娇·赤壁怀古》（大江东去）、《江城子》（老夫聊发少年狂）等。

柳永、秦观、周邦彦都是婉约派的代表词人。柳永词作一反往昔雕琢习气，吸收口语入词，以白描手法抒发情感，一时广为流传，并以《雨霖铃》（寒蝉凄切）和《八声甘州》（对潇潇暮雨洒江天）等独步北宋词坛。秦观在婉约派形成中起了突出作用，他作词风格清婉，以长调抒写柔情，辞章婉转，颇近柳永，代表作有《鹊桥仙》（纤云弄巧）、《踏莎行》（雾失楼台）等。周邦彦作词言情体物，极尽工巧，集婉约派之大成，代表作有《兰陵王·柳》（柳阴直）、《少年游》（并刀如水）等。

25．C

【解析】"人闲桂花落，夜静春山空。月出惊山鸟，时鸣春涧中"出自唐代诗人王维的《鸟鸣涧》。此诗描绘山间春夜中幽静而美丽的景色，侧重于表现夜间春山的宁静幽美。

26．B

【解析】《醉翁亭记》的作者是宋代文学家欧阳修。《醉翁亭记》创作于欧阳修被贬谪滁州期间，全篇以一个"乐"字贯穿始终，并坦言"醉翁之意不在酒，在乎山水之间也"。欧阳修把政治失意、仕途坎坷的内心抑郁和苦闷寄情于山水之间，消融于与民同乐之间，在描绘一幅幅变化多姿、秀丽妩媚的图画的同时，体现出儒家的传统思想。

27．B

【解析】"大漠孤烟直，长河落日圆"出自王维的诗作《使至塞上》。这首诗记述了王维出使塞上的旅程以及旅程中所见的塞外风光，表达了诗人由于被排挤而产生的孤独、寂寞、悲伤之情以及在大漠的雄浑景色中情感得到熏陶、净化、升华后产生的一种豁达情怀。徐渭是明代的文学家，所著《南词叙录》为中国第一部关于南戏的理论专著，另有杂剧《四声猿》《歌代啸》及文集传世。

28．B

【解析】杜甫，自号少陵野老。李白，号青莲居士。白居易，号香山居士。张籍，字文昌，以乐府诗闻名，代表作有《秋思》《野老歌》等。

29．D

【解析】陶渊明是我国"田园诗派"的奠基者。陶诗语言自然平淡，不事雕饰，诗旨宏阔深远，代表作有《归去来兮辞》《归园田居》等。阮籍是魏晋之际全力创作五言诗的第一人，他的《咏怀诗》或隐晦寓意，或直抒心迹，塑造了一个悲愤诗人的艺术形象，具有深刻的思想意义和认知价值，对五言诗的发展做出了重要的贡献。谢灵运通过诗歌艺术挖掘山水风光的艺术魅力，开辟了"山水诗派"，代表作有《登池上楼》《石门岩上宿》等。王维是唐代山水田园诗的代表性诗人之一，代表作有《山居秋暝》《鸟鸣涧》《鹿柴》等。

30．D

【解析】《老子》中的篇章属于先秦时期的哲理散文。先秦时期的哲理散文集中于诸子著作，除了《老子》，还有《论语》《孟子》《庄子》《荀子》等。《左传》《国语》《战国策》等则收录了大量历史散文。《国语》是我国最早的一部国别体史书，记载周、鲁、齐、晋、郑、楚、吴、越八国历史事实。《左传》是我国第一部叙事详细的编年体史书，以具体的史实来丰富和补充文字过于简略的《春秋》。《战国策》是一部国别体史书，主要记述战国时代谋士们的言行。

31．D

【解析】《红楼梦》由清代曹雪芹所作，可称得上是中国最伟大的古典长篇小说。明代四大奇书包括《三国演义》《水浒传》《西游记》和《金瓶梅》。前三本的作者分别是罗贯中、施耐庵和吴承恩；《金瓶梅》的作者题"兰陵笑笑生"，但究竟为何人难以断定。

32．D

【解析】司马迁的《史记》既是一部历史著作，也是一部传记文学总集。中国文学无论是散文还是诗歌戏曲，都是抒发情怀、表现意趣的。中国的文人士大夫都喜欢用简洁、含蓄、回环的语言来抒发自己的情怀，这就形成了中国文学特有的抒情传统。即便像《史记》这样的历史巨著，作者也寄托了浓厚的感情色彩，读起来让人回肠荡气，因而被鲁迅称为"无韵之《离骚》"。

33．D

【解析】南北朝时期可以说是我国诗歌发展出现重大转变的时期，其标志就是"音律"的出现。自南北朝时期起，中国的诗歌创作开始从采用比较自由的形式向讲求格律的方向发展，这一变化对唐代以后的诗歌以及宋词、元曲的创作都产生了巨大的影响。

34．C

【解析】关汉卿是元代创作最早、成就最高、影响最大的戏剧家，代表作有《窦娥冤》《望江亭》等。王国维在《宋元戏曲史》中称赞关汉卿："一空依傍，自铸伟词，而其言曲尽人情，字字本色，故当为元人第一。"王实甫是元代前期杰出的戏剧家，他的作品《西厢记》被誉为"天下夺魁"。马致远和郑光祖都是"元曲四大家"之一，马致远的《汉宫秋》是元杂剧前期的著名剧目，郑光祖的《倩女离魂》则是元杂剧后期的代表作品。

35．B

【解析】《格萨尔》是一部篇幅极其宏大的藏族民间说唱体英雄史诗，是我国藏族人民在漫长岁月里用集体智慧创作出的一部极为珍贵的文学巨著。蒙古族的著名英雄史诗是《江格尔》，与《格萨尔》和柯尔克孜族传记性史诗《玛纳斯》并称为中国少数民族的三大英雄史诗。维吾尔族最著名的英雄史诗是《乌古斯传》。我国苗族有很多民间创世神话叙事诗，可看作是苗族的史诗。

36．C

【解析】"后羿射日"的神话故事在《山海经》《淮南子》等多部著作中都有记载。

37．D

【解析】"先天下之忧而忧，后天下之乐而乐"出自范仲淹的《岳阳楼记》，是为人治世的千古格言。

38．A

【解析】唐宋八大家包括唐代的韩愈、柳宗元以及宋代的欧阳修、王安石、苏洵、苏轼、苏辙和曾巩。

39．A

【解析】"范进中举"的故事出自清代吴敬梓的《儒林外史》，讲述了范进参加乡试中了举人一事。《儒林外史》是一部讽刺小说，从多方面揭露和抨击了封建统治的黑暗、科举八股取士的罪恶，生动地刻画了一群受科举毒害和被市侩熏染的儒林形象，并将这些虚伪人物的丑恶灵魂暴露无遗，再现了封建社会末期的社会现实。《老残游记》的作者是刘鹗，全书展现了晚清山东一带的生活现实，揭露了所谓"清官"的暴政。《文明小史》由李伯元所著，全面反映了清末维新运动期间的时代面貌，描绘了大变革前夜的中国社会现实。吴趼人的《二十年目睹之怪现状》描绘了晚清社会官场、洋场、商场的种种丑态。

40．B

【解析】杜丽娘是《牡丹亭》中的人物。《牡丹亭》（全名《牡丹亭还魂记》）是明代大戏剧家汤显祖最有影响力的作品，讲述了杜丽娘与柳梦梅的奇幻爱情故事。《西厢记》的作者是元代的王实甫，讲述了张生与崔莺莺在红娘的帮助下，冲破重重阻挠，终成眷属的故事。《长生殿》是清初戏剧家洪昇的作品，通过描写唐明皇和杨贵妃的爱情故事，反映了唐代广泛的社会政治生活，歌颂了一批忠臣义士的爱国精神。孔尚任的《桃花扇》也是清初戏剧的代表作品，以李香君和侯方域的悲欢离合为主线，展现了明末南京的社会现实和明朝遗民的亡国之痛。

41．A

【解析】哥伦比亚作家马尔克斯的长篇小说《百年孤独》被誉为"再现拉丁美洲历史社会图景的鸿篇巨著"，是魔幻现实主义文学的代表作。马尔克斯凭借《百年孤独》和《霍乱时期的爱情》于1982年获得了诺贝尔文学奖。

42．C

【解析】赛卢医是元代戏剧《窦娥冤》中的人物。《窦娥冤》是著名戏剧家关汉卿的代表作之一，讲述了窦娥蒙冤受难，引发六月飞雪的可悲故事。《西厢记》讲述的是张生与崔莺莺在红娘的帮助下终成眷属的爱情故事。《赵氏孤儿》是元代著名剧作家纪君祥的作品，讲述了赵氏孤儿赵武由程婴抚养成人，擒杀屠岸贾，为赵家报仇雪恨的故事。郑光祖的杂剧《倩女离魂》中的主要人物是倩女与王文举，他们的爱情故事虽然离奇波折，但最终收获圆满。

43. D

【解析】《水浒传》中，豹子头林冲原为八十万禁军枪棒教头，受太尉高俅及其义子高衙内陷害，被刺配沧州充军。林冲在沧州看管草料场期间，不料再次遭到高俅一伙暗害，最终毅然落草梁山，走上了反抗宋朝政府的道路。

判断题

1. 正确

【解析】词至宋代，发展到极盛时期，成为中国文学史上的又一高峰。

2. 正确

【解析】《金陵十三钗》是当代作家严歌苓的小说作品，讲述了南京大屠杀期间，13位秦淮河上的风尘女子挺身而出，代替女大学生慷慨赴难的故事。《金陵十三钗》被改编成由著名导演张艺谋执导的同名电影，于2011年上映。

3. 错误

【解析】《琵琶行》是唐朝诗人白居易的长篇乐府诗之一。《琵琶行》一诗通过对琵琶女的高超弹奏技艺和不幸经历的描述，揭露了封建社会官僚腐败、民生凋敝、人才埋没等不合理现象，表达了诗人对琵琶女的深切同情，也抒发了诗人自己因无辜被贬而产生的愤懑之情。白居易的另一篇长篇叙事诗《长恨歌》描写的是唐玄宗与杨玉环的爱情悲剧。

4. 正确

【解析】《诗经》经过孔子删编整理和评价，被推为儒家经典，列为"五经"之一。

5. 错误

【解析】《文心雕龙》的作者刘勰是南北朝时期南朝梁代的文学理论家和评论家。《文心雕龙》是一部理论系统、结构严密、论述细致的文学理论专著。

6．错误

【解析】"王师北定中原日，家祭无忘告乃翁"出自诗作《示儿》，作者是南宋著名文学家陆游。

7．错误

【解析】《红楼梦》又名《石头记》，作者是清代的曹雪芹。《西游记》的作者是明代的吴承恩，讲述了孙悟空等护送唐僧西天取经的故事，是中国神魔小说的经典之作，也是古代长篇浪漫主义小说的巅峰。

8．正确

【解析】"碧云天，黄叶地，西风紧，北雁南飞，晓来谁染霜林醉？总是离人泪"出自元代著名杂剧作家王实甫的代表作《西厢记》第四本第三折《长亭送别》。

9．正确

10．错误

【解析】明代四大奇书包括《三国演义》《水浒传》《西游记》和《金瓶梅》。《红楼梦》是清代文学家曹雪芹的长篇小说，是中国古典四大名著之一。

11．正确

【解析】唐代诗人贾岛的《题李凝幽居》中有一句"鸟宿池边树，僧敲月下门"，其中的"敲"原本用的是"推"字。对于到底用哪一字，贾岛反复琢磨仍难以决断，最后受到大诗人韩愈的指点，决定用了"敲"字。人们听说了这件事，都称赞贾岛是个肯下苦功夫的人，并开始用"推敲"一词形容做事反复思考、反复斟酌。

12．正确

13．错误

【解析】《诗经》中的作品本来都是合乐的歌词，按照乐调分风、雅、颂三部分。"风"指地方乐调，即各地的民乐；"雅"指周王朝直接统治地区的乐调；"颂"则是用于宗庙祭祀的音乐。赋、比、兴是《诗经》作品的三种艺术表现手法。

14．错误

【解析】《古诗十九首》出现于东汉末年，其中作品借景抒情，语言精练，交替使用赋、比、兴手法，取得了很高的艺术成就，对后来的诗歌创作产生了深刻的影响。

15．正确

16．正确

【解析】明中叶以后，文坛上"文必秦汉，诗必盛唐"的主张虽然对革新文风起了一定的积极作用，但也带来了盲目崇古的消极影响。为了扭转这种趋势，推崇唐宋古文的"唐宋派"便应运而生。唐宋派的主要作家有唐顺之、茅坤和归有光等，其中以归有光的成就最高。归有光的《项脊轩志》等散文，物中写情，凄楚动人。

17．错误

【解析】被称为"汉赋四大家"的是司马相如、班固、扬雄和张衡。贾谊是西汉初年的著名文学家，在散文和辞赋创作上都有很高的成就，代表作有散文《过秦论》和汉赋《吊屈原赋》等。淮南小山是西汉淮南王刘安的一部分门客的共称，仅存一篇以之题名的《招隐士》，是早期汉赋的代表作品之一。

18．正确

19．正确

【解析】"白日依山尽，黄河入海流。欲穷千里目，更上一层楼"是盛唐诗人王之涣所作《登鹳雀楼》中的诗句。这首诗表现出诗人不凡的胸襟抱负，也反映了盛唐时期人们积极向上的进取精神。

20．错误

【解析】《牡丹亭》中的主人公是杜丽娘和柳梦梅。崔莺莺是元代王实甫的杂剧作品《西厢记》中的女主人公。

21．正确

【解析】李白的自传体长诗《经乱离后天恩流夜郎忆旧游书怀赠江夏韦太守良宰》中的"清水出芙蓉，天然去雕饰"，阐述了他自己在诗歌语言方面的主张。

22．错误

【解析】"今宵酒醒何处？杨柳岸,晓风残月"是《雨霖铃》(寒蝉凄切)中的名句，作者是北宋著名词人柳永。

23．错误

【解析】"无可奈何花落去,似曾相识燕归来"出自《浣溪沙》(一曲新词酒一杯)，作者是晏殊。

24．错误

【解析】"楚辞"是继《诗经》之后出现的一种新诗体，因屈原的《离骚》为楚辞的代表，故也称这种诗体为"骚体"。《春秋》是我国第一部编年体史书，也是儒家经典、"五经"之一。

25．错误

【解析】王实甫的杂剧作品《西厢记》被誉为"天下夺魁"。

26．正确

【解析】《诗经》是我国最早的一部诗歌总集，创造了赋、比、兴三种艺术表现手法。"赋"是直接铺陈和描写客观事物;"比","以彼物比此物也"，就是比喻;"兴"，"先言他物以引起所咏之词也"，就是联想，触景生情，一般用于诗歌的开头。

27．错误

【解析】《朝花夕拾》原名《旧事重提》，是鲁迅唯一一部回忆性散文集，创作于1926年。

28．错误

【解析】《桃花扇》的作者是孔尚任。孔尚任与洪昇都是清代初期杰出的戏剧家，世称"南洪北孔"。洪昇的代表作是《长生殿》。

29．错误

【解析】《长恨歌》是唐代诗人白居易的一首长篇叙事诗，以唐玄宗与杨贵妃的爱情悲剧为原型进行创作。

30．正确

名词解释

1.

"新月派"是我国现代新诗史上一个重要的诗歌流派,主要诗人有徐志摩、闻一多、胡适、梁实秋等。新月派诗人受泰戈尔《新月集》影响,不满于"五四"以后"自由诗人"忽视诗艺的作风,提倡新格律诗,主张"理性节制情感"的美学原则与诗的形式格律化,在诗歌艺术上做了有益的尝试。

2.

鲁迅的小说集有《呐喊》《彷徨》和《故事新编》。其中,小说集《呐喊》于1923年出版,收录了《狂人日记》《阿Q正传》《孔乙己》《药》《故乡》《社戏》《一件小事》《风波》等14篇作品;1926年出版的《彷徨》,收录了《伤逝》《祝福》等11篇作品;1936年出版的《故事新编》,收录了《补天》《奔月》《理水》等8篇作品。

3.

"玉茗堂四梦"是明代剧作家汤显祖所著四种传奇剧本的合称,包括《邯郸记》、《还魂记》(即《牡丹亭》)、《南柯记》、《紫钗记》,其中以《还魂记》(《牡丹亭》)的成就最高。"玉茗堂四梦"因汤显祖所居书斋名玉茗堂,四剧又都有描写梦境的情节而得名。

简答题

1.

曹禺最著名的三部话剧作品分别是《雷雨》《日出》和《北京人》。

《雷雨》是著名现代剧作家曹禺的处女作,被视为中国现代话剧成熟的标志。《雷雨》的剧本以扣人心弦的情节、简练含蓄的语言、各具特色的人物和极为丰富的潜台词著称,曾多次被搬上舞台或拍成电影。《雷雨》是一部四幕悲剧,叙述了两个家庭、八个人物在短短一天之内发生的故事,但其中却牵扯了过去剪不断理还乱的恩恩怨怨。伪善的资本家大家长周朴园、受新思想影响的单纯少年周冲、被冷漠家庭逼疯又被爱情伤得体无完肤的女人繁漪、对过去所作所为充满了罪恶感并企图逃离的周萍，还有意外归来的鲁妈、单纯地去爱与被爱的四凤、受压迫的工人鲁大海、贪得无厌的管家等，不论是家庭秘密还是身世秘密，所有的矛盾都在雷雨之夜爆发。该剧不仅突现了伦常的矛盾、阶级的矛盾，还表现了个体对于环境、时代强烈不谐调的矛盾，并在种种剧烈的冲突中完成了人物的塑造。其实，《雷雨》讲述的悲剧故事早已潜伏在每一句台词、每一个伏笔中，只是到最后时刻才爆发出来，化作一场倾盆雷雨，无比强烈地震撼了每个人的灵魂。

《日出》是曹禺创作于1936年的一部话剧作品，全剧共四幕，分两个场景，即××旅馆中陈白露的房间和下等妓院"宝和下处"中翠喜的房间。《日出》主要讲述了知识青年方达生从外地来大都市的××旅馆找过去的朋友陈竹筠，想带她回家乡，却被她拒绝；同时，方达生发现陈竹筠已经改名叫陈白露，被××银行经理潘月亭包养在××旅馆里，过着醉生梦死的生活。黑社会大亨金八秘密操纵股市，制造公债上涨的虚假行情，潘月亭利用储户存款投机，大量买进公债，金八趁机秘密抛出；同时，金八欲霸占幼女小翠，陈白露营救小翠失败，小翠被卖到下等妓院。公债暴跌，潘月亭破产；陈白露突然失去了供养人，面对众人前来逼债，万念俱灰，最终服用安眠药自杀。

《北京人》是剧作家曹禺的代表作之一，该剧为三幕话剧，主要描写生活在北平的世家曾家祖孙三代的家庭生活和代际冲突。《北京人》的故事发生在二十世纪三十年代初的北平。当时，北平城里一个大户曾家，在家中曾老太太弥留之际，为冲喜迎娶曾孙媳妇瑞贞。谁料迎新人进门时，老太太撒手归西，全家人乱成一团，办喜事变成了办丧事。事实上，有三进大院子四合院的曾家已经家道败落，但仍挥霍维持着尴尬的局面。长孙文清是个颓废、整天无所事事的大少爷，他不喜欢家里为他娶的妻子思懿，心里爱着寄居在他家、无依无靠的表妹愫方。愫方寄人篱下，忍气吞声，像女仆一样整日劳作，虽然与大表哥有共同的爱好并产生了感情，却又不敢表露出来，就这样还得忍受表嫂的冷言冷语。孙媳妇思懿，明知丈夫另有心上人，可长房长孙媳妇的地位，使她掌管着家中的财权，她内外操持，拆东墙补西墙，硬撑着这个摇摇欲坠的家。女婿江泰住在丈人家，他空有许多新思想，但一事无成，与曾家格格不入。曾家的朋友、人类学家袁任敢带着女儿袁圆从国外归来，暂借住在曾家，为曾家带进了新的空气。文清与思懿的儿子曾霆还是个孩子，被迫娶了瑞贞，根本不懂夫妻之道，与袁圆一起玩乐得开心。最终，这个封建大家庭还是崩塌了：文清死了，愫方离开了这个家，曾霆与瑞贞离了婚。曾家老太爷曾皓面对这一切，只有痛哭，因为他无法挽救封建家庭和封建社会灭亡的命运。

第十四章　各类艺术

▶ **填空题**

1. （北京大学 2015）著名的风俗画《清明上河图》的作者是＿＿＿＿＿＿。
2. （北京大学 2016）唐代最有名的大型舞蹈是＿＿＿＿＿＿。
3. （北京大学 2016）宋代书法四大家分别是＿＿＿＿＿＿、黄庭坚、米芾和蔡襄。
4. （北京师范大学 2013）"草圣"是＿＿＿＿＿＿。
5. （北京师范大学 2015）中国戏曲中，"中年以上，刚毅正直，动作造型庄重，声音洪亮宽阔"的人物，一般属于人物分行中的＿＿＿＿＿＿角色。
6. （北京师范大学 2015）魏晋时期嵇康善弹，他所作的表现"聂政刺韩王"故事的琴曲是＿＿＿＿＿＿。
7. （北京师范大学 2015）中国传统山水画依着色可分为青绿山水和＿＿＿＿＿＿山水。
8. （北京语言大学 2015）中国书法史上的"楷书四大家"是指唐朝的欧阳询、颜真卿、柳公权和元朝的＿＿＿＿＿＿。
9. （北京语言大学 2016）《清明上河图》是北宋画家＿＿＿＿＿＿的代表作，这幅画描绘了当时的都城汴京清明时节的繁荣景象。
10. （东北师范大学 2014）＿＿＿＿＿＿是流传最广、影响最大、表演艺术最成熟的一个剧种，代表了中国戏曲发展的水平。
11. （复旦大学 2015）东晋的＿＿＿＿＿＿是人物画大师，以画绝、才绝、痴绝被称为"三绝"。
12. （复旦大学 2015）＿＿＿＿＿＿、曲子和变文代表了盛唐时期音乐文化的成就。

13．（复旦大学 2015）宋朝一些大城市中设有固定的娱乐场所，人们称之为_____。

14．（广东外语外贸大学 2015）从艺术特征比较，西洋画注重形似，以写生为主；中国画注重_____，以写意为主。

15．（华东师范大学 2015）戏曲脸谱中表现奸诈、多疑的是_____色脸谱。

16．（兰州大学 2015）唐代画家_____被尊为"画圣"，他创造的"兰叶描"丰富了线条在中国画中的表现力。

17．（首都师范大学 2014）我国古代的"五音"是宫、商、角、_____、羽。

18．（首都师范大学 2014）楷书四大家是对书法史上以楷书著称的四位书法家的合称，也称"四大楷书"。他们分别是唐朝的欧阳询、_____、柳公权和元朝的赵孟頫。

19．（四川大学 2013）"师旷之聪，不以六律，不能正五音"，这里说的五音即_____。

20．（四川大学 2013）中国的地方戏有 360 多种，其中影响较大的有_____、_____、_____、_____、_____，等等。

21．（四川大学 2014）_____发源于江苏太仓一带，是中国汉族传统戏曲中最古老的剧种之一。

22．（中国传媒大学 2014）很多中国画是以文学作品为题材的，例如顾恺之的《洛神赋图》就是根据曹植的_____创作的。

23．（中国传媒大学 2015）中国画注重气韵和_____。

24．（中国海洋大学 2015）中国书法史上，被尊为"书圣"的是_____。

25．（中国海洋大学 2015）京剧有四项基本功，即唱、念、_____、打。

26．（中国海洋大学 2015）中国书法史上有两位书法家的书法挺劲有力，但风格有所不同，有所谓"颜肥柳瘦"之称，其中的"颜"指的是_____，"柳"指柳公权。

27．（中山大学 2013）《天仙配》所属剧种是_____。

28．（中山大学 2013）_____的名作《松柏高立图·篆书四言联》曾在拍卖会上以超过 4 亿元人民币的价格成交，成为当时最贵的国画。

29. （中山大学2015）在中国书法艺术方面，人们常说"颜筋柳骨"中的"柳"指的是书法家_____。
30. （中山大学2015）1921年，人们将四位著名的京剧演员称为"四大名旦"，他们分别是梅兰芳、程砚秋、尚小云和_____。

▶ 单项选择题

1. （北京大学2015）下列不属于先秦乐器的是_____。
   A．长箫　　　B．琵琶　　　C．编钟　　　D．革胡
2. （北京大学2015）宋代书法四大家分别是苏东坡、黄庭坚、米芾和_____。
   A．赵孟頫　　B．褚遂良　　C．蔡襄　　　D．钟繇
3. （北京师范大学2015）《清明上河图》描绘的是北宋_____的城市风貌。
   A．开封　　　B．洛阳　　　C．杭州　　　D．泉州
4. （北京师范大学2015）下列哪种乐器不是起源于中国？
   A．琵琶　　　B．古筝　　　C．笛子　　　D．箫
5. （北京语言大学2015）《韩熙载夜宴图》是中国绘画史上的杰作，它以连环长卷的方式描摹了南唐臣宦韩熙载在家中开宴行乐的场景，其作者是_____。
   A．顾恺之　　B．顾闳中　　C．阎立德　　D．阎立本
6. （北京语言大学2015）在京剧脸谱中，代表"刚正、稳健"性格特征的颜色是_____。
   A．红色　　　B．紫色　　　C．蓝色　　　D．黄色
7. （华东师范大学2014，2015）下列不属于中国传统绘画所遵循的美学原则是_____。
   A．焦点透视　B．散点透视　C．遗貌取神　D．以大观小
8. （华东师范大学2014，2015）源于外来乐器，经过改造和消化而成为中国乐器的是_____。
   A．编钟　　　B．竽　　　　C．琵琶　　　D．箜篌

9. (华东师范大学2014，2015)民族管弦乐曲《春江花月夜》的原名是_____。
   A．《阳关三叠》   B．《潇湘水云》   C．《夕阳箫鼓》   D．《高山流水》

10. (青岛大学2015)唐代画家阎立本的《步辇图》反映的是_____。
    A．周穆王西游会访西王母的事件
    B．杨贵妃外出游玩的场景
    C．唐代的文成公主与藏王松赞干布联姻的历史事件
    D．贵族妇女去河边踏青的场景

11. (四川大学2014)我国传统戏曲行当中，包公属于_____。
    A．生   B．净   C．末   D．丑

12. (西南大学2015)下列哪幅名画描述的是唐代的生活场景？
    A．《溪山行旅图》   B．《清明上河图》
    C．《韩熙载夜宴图》   D．《虢国夫人游春图》

13. (厦门大学2013)魏晋南北朝时期，被称为"书圣"的是_____。
    A．王羲之   B．欧阳询   C．张旭   D．颜真卿

14. (厦门大学2013)中国古代的音阶有五个，即宫、商、角、徵、羽，相当于现代音乐的_____。
    A．1、2、4、5、6   B．1、2、3、4、5
    C．1、2、3、5、6   D．1、2、3、4、6

15. (厦门大学2013)古琴是中国的世界非物质文化遗产，它产生在以下哪个朝代？
    A．周代   B．秦朝   C．汉朝   D．唐朝

16. (厦门大学2014)京剧产生于以下哪个朝代？
    A．清代   B．宋代   C．唐代   D．明代

17. (中国传媒大学2014)中国古代最为重要的乐器是_____。
    A．竽   B．琴   C．箜篌   D．古筝

18. (中国传媒大学2015)宋元时期的"诸宫调"是从唐代的哪种音乐形式发展而来的？
    A．燕乐   B．曲子   C．变文   D．乐府

19. （中国海洋大学 2015）唐代书法家中，人称"草圣"的是_____。

   A．欧阳询　　B．虞世南　　C．张旭　　D．吴道子

20. （中国海洋大学 2015）唐代著名舞者公孙大娘擅长使用的舞蹈道具是_____。

   A．绸带　　B．剑器　　C．羽扇　　D．水袖

21. （中山大学 2013）以下哪位皇帝也是著名的书法家和工笔画家？

   A．唐太宗　　B．宋徽宗　　C．乾隆　　D．汉文帝

22. （中山大学 2013）以下哪首曲子是著名的琵琶独奏曲？

   A．《十面埋伏》　B．《彩云追月》　C．《渔舟唱晚》　D．《二泉映月》

23. （中山大学 2013）古琴曲《凤求凰》表达了_____。

   A．对凤凰的热烈追求　　　B．男性对女性的思慕之情
   C．女性对男性的思慕之情　　D．对凤凰的思慕之情

24. （中山大学 2014）被称为"百代画圣"的盛唐著名画家是_____。

   A．李思训　　B．阎立本　　C．吴道子　　D．顾恺之

25. （中山大学 2015）下面这些中国乐器中出现在先秦时代的是_____。

   A．二胡　　B．扬琴　　C．唢呐　　D．排箫

26. （中山大学 2015）《富春山居图》的作者是_____。

   A．东晋·顾恺之　　　　　B．元·黄公望
   C．唐·阎立本　　　　　　D．南唐（五代）·顾闳中

27. （中山大学 2015）中国现代著名的民间音乐家华彦钧（阿炳）创作的著名乐曲是_____。

   A．《春江花月夜》　　　　B．《梁山伯与祝英台》
   C．《彩云追月》　　　　　D．《二泉映月》

28. （中山大学 2015）中国旅游标志——铜奔马图案原型的出土地是_____。

   A．长沙马王堆　　　　　　B．甘肃武威
   C．河北满城　　　　　　　D．成都金沙

▶ 判断题

1. （复旦大学 2015）七音是中国古代音乐和音阶形式的基础。

2. （华东师范大学 2014）中国戏曲虽然剧种繁杂，但在总体上却有共同的特点，其中最主要的是表演方式的程式化。

3. （华东师范大学 2015）在中国古代书法家中，楷书四大家指的是颜真卿、柳宗元、欧阳询、赵孟頫。

4. （南京师范大学 2015）周朝建立以后，相传周公制礼作乐，"礼""乐"并列为维持奴隶主统治秩序的两大支柱。

5. （南京师范大学 2015）汉代在书法史上是承上启下、完成书体演变的阶段，篆、隶、楷、行、草诸体臻于完善。

6. （南京师范大学 2015）封建社会无乐不成礼，祭祀天地祖先用"郊庙乐章"，练兵习武用"燕射乐章"。

7. （南京师范大学 2015）汉代雕塑运用寓意手法的代表作是霍去病墓前的《马踏匈奴》石雕。

8. （南京师范大学 2015）古代腊月举行的驱鬼逐疫的"驱傩"后来逐渐演变为"傩戏"。

9. （南京师范大学 2015）唐初书法四大家是"虞（世南）、欧（阳询）、褚（遂良）、薛（稷）"；北宋书法四大家是"苏（轼）、黄（庭坚）、米（芾）、蔡（襄）"。

10. （南京师范大学 2015）京剧海派重视基本功的训练，严格讲究艺术规范；京派勇于革新创造，注意吸收新鲜事物。

11. （南京师范大学 2015）汉代画家有姓名流传后世的以给王昭君画像的宫廷画师毛延寿最知名。

12. （南京师范大学 2015）唐代画家阎立本的《步辇图》反映了文成公主和藏王松赞干布联姻的历史事件。

13. （南京师范大学 2015）宋代大画家李公麟擅长人物画；李唐、刘松年、马远、夏圭则以山水画、花鸟画闻名，被称为"南宋画院四大家"。

14. （南京师范大学 2015）唐代文化生活十分活跃，"燕乐""曲子"和"变文"代表了这一时期音乐文化的成就。
15. （南京师范大学 2015）北宋陈旸的音乐专著《乐书》是一部百科全书式的著作，反映了我国唐代以前的音乐成就。
16. （南京师范大学 2015）魏晋"竹林七贤"中的阮咸善弹琵琶，后人称琵琶为"阮咸"。
17. （南京师范大学 2015）据记载，我国的第一副对联为五代后蜀皇帝孟昶过年时在门外桃符上写的"新年纳余庆，嘉节号长春"。
18. （中国传媒大学 2014）书法艺术成熟的时期是汉代。
19. （中山大学 2013）书法字体分为篆书、隶书、楷书、行书、草书五大类字体。

▶ 名词解释

1. （北京师范大学 2013）中国画的三种题材

▶ 简答题

1. （北京师范大学 2015）列举三位中国书法史上的楷书代表人物，并简要介绍他们的书法有什么主要特点。
2. （兰州大学 2015）中国画与西洋画在艺术特征上有什么不同？

参考答案

■ 填空题

1. 张择端
2. 《霓裳羽衣曲》
3. 苏轼
4. 张旭
5. 老生
6. 《广陵散》
7. 水墨
8. 赵孟頫
9. 张择端
10. 京剧
11. 顾恺之
12. 燕乐
13. 瓦舍（瓦子）
14. 神似
15. 白
16. 吴道子
17. 徵
18. 颜真卿
19. 宫、商、角、徵、羽
20. 京剧、豫剧（河南梆子）、评剧、黄梅戏、越剧、秦腔、川剧、吕剧、晋剧（山西梆子）、河北梆子，等等
21. 昆曲
22. 《洛神赋》

23．神似

24．王羲之

25．做

26．颜真卿

27．黄梅戏

28．齐白石

29．柳公权

30．荀慧生

◉ 单项选择题

1．D

【解析】革胡是一种音量较大、音域较宽的低音拉弦乐器，于20世纪50年代在二胡的基础上吸取其他拉弦乐器的特点创制而成。

2．C

【解析】蔡襄与苏东坡、黄庭坚、米芾一起被称为"北宋四大家"。赵孟頫篆、隶、行、草无所不学，学而思变，集晋唐书法大成，独步元代书坛，代表作有《仇锷墓碑铭》《兰亭十三跋》《洛神赋》等。褚遂良是唐代书法家，他的书法"字里金生，行间玉润，法则温雅，美丽多方"，代表作是《大唐三藏圣教序碑》。钟繇是三国时期曹魏的著名书法家，师承蔡邕、曹喜，又习众家之长，最终完成了楷书的定型化。

3．A

【解析】《清明上河图》描绘的是北宋都城东京（又称汴京），今河南开封的城市面貌和当时社会各阶层人民的生活状况。

4．A

【解析】中国音乐在发展过程中采用了大量外来乐器，经过改造和消化成为中国的乐器，琵琶就是其中的代表，也反映出中外文化的交流和融合。

5．B

【解析】《韩熙载夜宴图》的作者是五代十国时期南唐画家顾闳中。顾恺之是东晋时期的人物画大师，以画绝、才绝、痴绝被称为"三绝"，《洛神赋图》就是他的作品。阎毗、阎立德和阎立本父子兄弟三人都是唐初著名画家，其中以阎立本成就最高，其画迹《历代帝王图》《步辇图》等七八种流传至今。

6．B

【解析】在京剧脸谱中，代表"刚正、稳健"性格特征的是紫色，如《二进宫》中的徐延昭。红脸代表人物性格忠义、宽厚，京剧中关羽的形象都用红色脸谱；黄脸说明人物内有心计，如典韦的脸谱；蓝脸代表人物桀骜不驯，如窦尔敦的脸谱。

7．A

【解析】焦点透视法，又称定点透视法，是西方绘画通常采用的构图方法，特点是符合人的视觉真实，讲究科学性。中国画的构图与西洋画不同，通常采取散点透视，讲求疏密聚散，疏可走马，密不透风；讲求无画处也是画，给人以想象的空间。"遗貌取神"是中国书画艺术的写意方法。"以大观小"由北宋沈括在其著作《梦溪笔谈》中提出，是对中国古典山水画构图思维的概括和总结，也可以看作是散点透视的具体实现方法。

8．C

【解析】在中国音乐的发展过程中，一些外来乐器进入中国后，经过一番改造和消化，最终成为中国的乐器，如琵琶、胡琴、羯鼓等。中国的古代乐器分为吹、拉、弹、打四大类，经过从打击乐器到吹奏乐器，再到弹弦乐器，最后有拉弦乐器的发展过程。编钟是商周时期出现的重要打击乐器，通过敲击不同大小的铜钟发出不同的音质。竽是中国传统的吹奏乐器，最早见于商代，战国时很流行。箜篌是古代的弹弦乐器，在魏晋以后十分流行，古诗《孔雀东南飞》中有"十五弹箜篌，十六诵诗书"之句。

9．C

【解析】《夕阳箫鼓》是中国古代琵琶曲的代表作品之一，也是中国十大古曲之一,后被改编成管弦乐曲,名为《春江花月夜》。《阳关三叠》又名《阳关曲》《渭城曲》,是中国古琴曲中的精品,根据唐代著名诗人王维的名篇《送元二使安西》谱写而成。《潇湘水云》和《高山流水》也都是中国著名的古琴曲作品。

10．C

【解析】《步辇图》反映的是唐太宗贞观年间,文成公主与吐蕃赞普松赞干布联姻的历史事件,描绘了李世民接见吐蕃使者的情景。

11．B

【解析】生、旦、净、丑是中国戏曲中人物角色的四种行当。生行是扮演男性角色的行当;旦行扮演的是不同年龄、不同性格、不同身份的女性角色;净行扮演的角色通常是地位较高、举止稳重的忠臣良将或性格粗豪莽撞的男性人物,戏曲中的包公就是由净行扮演;丑角既包括阴险狡黠的滑稽人物,也有精明干练而风趣幽默的豪杰义士。

12．D

【解析】《虢国夫人游春图》是唐代画家张萱的作品,再现了杨贵妃的三姐虢国夫人及其眷从盛装出游的情景。《溪山行旅图》是北宋绘画大师范宽的山水画代表作。《清明上河图》描绘的是北宋都城东京(今河南开封)的城市面貌和当时社会各阶层人民的生活状况。《韩熙载夜宴图》出自顾闳中之手,描绘了五代十国时期南唐官员韩熙载在家中设夜宴载歌行乐的场面。

13．A

【解析】魏晋南北朝时期,被尊为"书圣"的是王羲之。王羲之的书法"兼撮众法,备成一家",终于"贵越群品,古今莫二",其风格对后世影响延续至今。欧阳询的书法以楷书为最好,字体劲险刻厉,于平正中见险绝,被推为唐人楷书第一。张旭被后世尊为"草圣",他的草书极富神韵和意趣,笔画癫而不乱、狂而不怪、刚柔相济、气韵连贯。颜真卿的正楷端庄雄伟,行书气势遒劲,创"颜体"楷书,对后世影响很大。

14．C

【解析】中国古代的五个音阶是宫、商、角、徵、羽,即五音或五声,相当于现代音乐的1、2、3、5、6，是在阴阳五行学说影响下产生的音乐形态，也是中国古代音乐和音阶形式的基础。

15．A

【解析】古琴在周代已经产生，在中国音乐史上至为重要，被视为音乐艺术的代表，故古人以"琴棋书画"概括一个人的才艺。

16．A

【解析】清代乾隆年间，戏曲艺人们以徽、汉二调为主，吸收昆腔和秦腔唱法，又受到北方方言的影响，创造了新的唱腔。这种唱腔以京韵念白，并逐渐发展成为今天的京剧。

17．B

【解析】琴在中国音乐史上的地位最为重要，历代都是主要的伴奏乐器之一，被视为中国音乐艺术的代表。

18．C

【解析】宋元时期的诸宫调是由唐代的变文发展而来的。"变文"是一种说唱艺术，起源于佛教的讲经宣传。佛教为了扩大影响，采取民间说唱形式宣扬佛教故事，从而形成了一种新的音乐文化，并由寺院走向民间。变文内容有故事情节，演唱时讲究音律节拍，很受人们欢迎，后来发展为宋元时期的"诸宫调"。"燕乐"就是宫廷宴饮之乐，唐代著名的《破阵乐》和《霓裳羽衣曲》都曾是燕乐中的乐舞。"曲子"是配词演唱的歌曲，所配的歌词称为"曲子词"，后经文人加工，成为宋代诗歌的主要创作形式。"乐府"本是秦代以来掌管音乐事务的机构，汉代开始采集民间歌曲。后来人们把汉代乐府搜集来的歌词及魏晋六朝到隋唐时期可以入乐的诗歌和模仿乐府古题的作品统称为"乐府诗"。

19．C

【解析】被称为"草圣"的唐代书法家是张旭。张旭的草书极富神韵和意趣，笔画癫而不乱，狂而不怪，刚柔相济，气韵连贯。吴道子是唐代中期最杰出的画家，在历史上被尊为"画圣"。虞世南、欧阳询与褚遂良和薛稷是唐初的四大书法家。虞世南的书法笔圆而体方，外柔而内刚，发笔出锋如抽刀断水，传世名作有《孔子庙堂碑》。欧阳询的书法以楷书为最好，代表作有《九成宫醴泉铭》《皇甫诞碑》，被推为唐人楷书第一。

20．B

【解析】公孙大娘是开元盛世时的唐宫第一舞人，善舞剑器，舞姿惊动天下。

21．B

【解析】宋徽宗赵佶身为帝王，也是一位杰出的书法家和工笔画家，有很高的艺术造诣。赵佶开创的"瘦金体"运笔灵动快捷，笔迹瘦劲，至瘦而不失其肉，在中国书法史中独树一帜。在绘画方面，赵佶作为院体画的代表人物之一，风格工整艳丽、高贵优美，尤以花鸟画最为擅长，流传下来的作品有《芙蓉锦鸡图》等。

22．A

【解析】《十面埋伏》是著名的琵琶独奏曲，整首乐曲激烈，震撼人心，展现出项羽被大军包围时走投无路的场景。《彩云追月》原是著名的粤音曲谱，后以管弦乐重新编曲。《渔舟唱晚》是一首颇具古典风格的河南筝曲。《二泉映月》是二胡名曲。

23．B

【解析】《凤求凰》相传是汉代的古琴曲，演绎了司马相如与卓文君的爱情故事，表达了司马相如对卓文君的无限倾慕。

24．C

【解析】被称为"百代画圣"的唐代著名画家是吴道子。吴道子一生主要创作壁画，作品数量多得惊人，但没有一幅相同。他在艺术上的贡献是发展"线描"，创造了"兰叶描"的线型，丰富了线条在中国画中的表现力。李思训是唐代"金碧山水"的代表人物。阎立本是初唐著名画家，有《历代帝王图》《步辇图》等作品流传至今。顾恺之是东晋时期的人物画大师，代表作为《洛神赋图》。

25．D

【解析】排箫是中国传统的吹奏乐器，起源的时间已难以考证。迄今发现的最早的排箫产生于西周初期，距今已经有 3,000 余年。二胡最早出现于唐代，是一种中国传统拉弦乐器。唢呐和扬琴分别于公元 3 世纪和明代末期由西域传入我国。

26．B

【解析】《富春山居图》是由元代画家黄公望创作的纸本绘画，是中国十大传世名画之一。

27．D

【解析】《二泉映月》由二胡演奏，是著名民间音乐家华彦钧（阿炳）的代表作。《春江花月夜》又称《夕阳箫鼓》，创作于清代，是我国古典民乐的代表作之一。《梁山伯与祝英台》是我国最著名的小提琴协奏曲，是交响音乐民族化完成的标志。《彩云追月》最早见于清代，原是著名的粤音曲谱，风格轻快独特，后被改编为管弦乐曲。

28．B

【解析】铜奔马，又称"马超龙雀"，早前也误称为"马踏飞燕"，是东汉时期所铸青铜器，1969 年出土于甘肃省武威市的雷台东汉墓中，现藏于甘肃省博物馆。1983 年 10 月，铜奔马的图案被原国家旅游局确定为中国旅游标志。

判断题

1．错误

【解析】中国古代音乐和音阶形式的基础是五音。五音也称"五声"，是中国古代五个音阶的总称，即宫、商、角、徵、羽，相当于现代音乐的 1、2、3、5、6，是在阴阳五行学说影响下产生的音乐形态。

2．错误

【解析】中国戏曲的最大特点就是在虚拟的时空环境中表演。中国戏曲没有固定的环境，时间和空间自由灵活，完全用虚拟的手法来表现，也就是以虚代实，表演注重想象和写意。具有严格的表演程式是中国戏曲的另一个特点。戏曲的虚拟依据于一定的真实生活，而虚拟的表演也要遵循严格的程式。此外，具有夸张的艺术形象也是中国戏曲的特点之一。

3. 错误

【解析】楷书四大家包括唐代的欧阳询、颜真卿、柳公权和元代的赵孟頫。柳宗元是唐代文学家，以诗文见长，其散文成就最大，是唐宋八大家之一。

4. 正确

5. 错误

【解析】汉代是书法艺术成熟的时期。在这个阶段，隶书定型，草书、行书、楷书也应运而生，终于形成隶书盛行、诸体皆备的辉煌局面。魏晋南北朝的书法处在承上启下、完成书体演变的阶段，篆、隶、楷、行、草诸体俱臻完善。

6. 错误

【解析】封建社会练兵习武用"鼓吹曲"，也叫"横吹曲"。"燕射乐章"在举行宴享朝会时使用。

7. 正确

【解析】汉代雕塑的一个特点是运用寓意手法，造成浪漫主义的艺术效果，代表作是霍去病墓前的《马踏匈奴》石雕；另一个特点是采取现实主义手法，展现以人与人为主要关系的现实生活，以各地出土发现的汉代兵马俑和杂技人俑为代表。

8. 正确

9. 正确

10. 错误

【解析】京剧在表演风格上分成京、海两大流派。京派重视基本功的训练，严格讲究艺术规范；海派勇于革新创造，注意吸收新鲜事物。

11. 正确

12. 正确

13. 正确

14．正确

【解析】在唐代数百年间，特别是盛唐时期，文化生活十分活跃，"燕乐""曲子"和"变文"代表了这一时期音乐文化的成就。"燕乐"就是宫廷宴饮之乐，唐代著名的《破阵乐》和《霓裳羽衣曲》都曾是燕乐中的乐舞。"曲子"是配词演唱的歌曲，所配的歌词称为"曲子词"，后经文人加工，成为宋代诗歌的主要创作形式。"变文"是一种说唱艺术，起源于佛教的讲经宣传，内容有故事情节，演唱时讲究音律节拍，后来发展为宋元时期的"诸宫调"。

15．错误

【解析】陈旸的音乐专著《乐书》反映了我国宋代以前的音乐成就。《乐书》共200卷，内容包括历代音乐论述，各种乐器、歌舞、杂乐和各种典礼，是一部百科全书式的音乐著作。

16．正确

17．正确

18．正确

19．正确

◉ 名词解释

1.

中国画有"画分三科"之说，指的就是中国画的三种题材，即人物、花鸟、山水。所谓"画分三科"，表面上是以题材分类，其实是用艺术表现观念和思想，即中国画概括了宇宙和人生的三个方面：人物画所表现的是人类社会，人与人的关系；山水画所表现的是人与自然的关系，将人与自然融为一体；花鸟画则是表现大自然的各种生命与人和谐相处。三者之合构成了宇宙的整体，相得益彰。这是由艺术升华而来的哲学思考，是艺术之为艺术的真谛所在。

◼ 简答题

1.

　　欧阳询、颜真卿、柳公权是我国唐代著名的书法家，他们都以楷书见长。

　　欧阳询的书法以楷书为最好，被推为"唐人楷书第一"。欧阳询的书法具有以下几个主要特点：（1）险峻刻厉、刚劲挺拔；（2）清雅秀丽、瘦健俊美；（3）规矩端正，一丝不苟；（4）大小有法，错落有致。

　　颜真卿的楷书一反初唐书风，行以篆籀之笔，化瘦硬为丰腴雄浑，结体宽博而气势恢宏，骨力遒劲而气概凛然。颜真卿的书法风格体现了大唐繁盛的风度，并与他高尚的人格相契合，是书法美与人格美完美结合的典范。颜真卿的书体被称为"颜体"，与柳公权并有"颜筋柳骨"的美誉。

　　柳公权的书法在唐代享有盛名，民间更有"柳字一字值千金"的说法。他的书法结体遒劲，且字字严谨，一丝不苟，以行书和楷书最为精妙，有"柳体"之称。柳体楷书取匀衡瘦硬，追魏碑斩钉截铁之势，点画爽利挺秀，骨力遒劲，结构严谨，较之颜体稍显均匀瘦硬，故有"颜筋柳骨"之称。

2.

　　从艺术特征上讲，中国画跟西洋画有根本的不同，主要表现在以下几个方面：

　　（1）西洋画注重"形似"，以写生为主；中国画注重"神似"，以写意为主。中国画画人物，着力表现人物的精神和个性；画山水、花鸟、树木，则着力表现它们的形态特点和意趣。因此，中国画在构图时特别讲究"立意"，即确立画家所表现的意境，而这种意境也正是画家所追求的情趣所在。

　　（2）在色彩的运用上，西洋画大多是依据一定的光源，表现客观事物的色彩变化，明暗的对比比较强烈，感性的描绘比较突出；而中国画运用色彩并不依照自然的光源，这主要是为了表现事物的特性，同时也是为了加强作品的情调和气氛，追求一定的装饰效果，因此有时采用非常鲜明的对比色，形成所谓的工笔重彩。

（3）西洋画在画法上，很注意描写对象的比例，高低远近给人以真实的感觉；中国画只注意线条的运用，以线条的疏密、繁简、曲直、刚柔来体现画中丰富的韵律节奏，从而造成一种空灵的艺术效果。

第十五章　精美器物

▶ 填空题

1. （复旦大学 2015）中国青铜器的形成期大概在新石器时代晚期的_____时期。
2. （华东师范大学 2015）瓷器是中国文明的重要产物，公元前 1 世纪中国就出现了瓷器，到了_____时期，瓷器的发展进入成熟期。
3. （云南大学 2014）龙山文化陶器的特点是_____。
4. （中国海洋大学 2015）中国的瓷都是江西的景德镇，陶都是江苏的_____。

▶ 单项选择题

1. （北京大学 2015）青铜器在商周时期大量出现，以下不属于酒器的是_____。
   A. 爵　　　B. 尊　　　C. 鼎　　　D. 壶
2. （北京大学 2016）以下属于古代青铜食器的是_____。
   A. 鼎、壶、鬲、簋　　　B. 爵、壶、鬲、簋
   C. 鼎、鬲、簋、桓　　　D. 爵、壶、鬲、卣
3. （复旦大学 2015）元代瓷器承前启后，北方瓷窑因战争破坏而走向衰败，南方的龙泉窑和_____却进一步发展，后者最终为所在地奠定了"瓷都"的地位。
   A. 泉州窑　　B. 景德镇窑　　C. 汝窑　　D. 德化窑
4. （四川大学 2013）下列文物中，制造年代最早的是_____。
   A. 长信宫灯　　　　　B. 秦始皇兵马俑
   C. 曾侯乙编钟　　　　D. 越王勾践剑

5. （中山大学 2014）我国几种著名软玉的主要产地分别是_____。

    A．西藏、海南、云南、河南

    B．新疆、辽宁、陕西、河南

    C．西藏、云南、陕西、河南

    D．西藏、辽宁、陕西、新疆

▶ 判断题

1. （华东师范大学 2014）彩陶的烧制火候高、质地硬，形制和纹饰仿照青铜器，代表了商代制陶工艺的最高水平。

2. （南京师范大学 2015）唐代李贺的《老夫采玉歌》，写的就是开采蓝田玉；历史故事"完璧归赵"中的"和氏璧"，据说是楚国人卞和发现的南阳玉。

3. （南京师范大学 2015）秦汉时期是我国青铜器极度兴盛的时代，也是中国青铜文化最辉煌的时期。

4. （南京师范大学 2015）原始青瓷经过漫长的发展，到东汉时期成熟为真正的瓷器，而且最早是在中国的南方开始出现的。

5. （南京师范大学 2015）澄泥砚是四大名砚中唯一不用石材而用胶泥制作的砚台。

6. （南京师范大学 2015）迄今铭文最多的鼎是毛公鼎，其上铭文多达 499 字。

参考答案

■ 填空题

1. 龙山文化
2. 东汉
3. 黝黑而光亮
4. 宜兴

■ 单项选择题

1. C

【解析】鼎属于食器，用以烹饪，常于祭祀或典礼时炖煮和盛放猪牛羊肉等食物，相当于现在的锅。商周时期，鼎成为象征统治权威的国家重器。

2. C

【解析】商周时期的各种青铜器依据用途和等级限定有不同的造型和名称。其中，鼎、鬲、簋、桓等属于食器，爵、壶、卣等则属于酒器。

3. B

【解析】元代瓷器承前启后，北方瓷窑因战争破坏而走向衰败，南方的龙泉窑和景德镇窑却进一步发展，特别是景德镇窑相继烧制出青花、釉里红和颜色釉，使景德镇在全国制瓷业中的地位大大提升。元朝政府专门在景德镇设立"浮梁瓷局"，直接管理瓷器生产，这就为景德镇日后成为中国的"瓷都"奠定了基础，而景德镇生产的青花瓷也逐渐发展成为中国瓷器的主流产品。汝窑是宋代五大名窑之一，也是北宋朝廷钦定的宫廷用瓷产地。泉州窑和德化窑也是宋代名窑。

4. D

【解析】越王勾践剑于1965年出土于湖北省的江陵楚墓中，是制造于春秋晚期的青铜器。曾侯乙编钟是迄今发现个数最多、保存最好、音律最全、气势最宏伟的全套编钟，制造时间为战国早期，略晚于越王勾践剑。秦始皇兵马俑和长信宫灯分别是制造于秦代和西汉的文物，制造年代均晚于勾践剑。

5．B

【解析】我国是使用软玉历史最悠久的国家，历代雕刻玉器使用的原料基本都是软玉。软玉包括了白玉、青玉、碧玉、黄玉和墨玉等品种；按产地区分，有新疆"和田玉"、辽宁"岫岩玉"、陕西"蓝田玉"和河南"南阳玉"等。

判断题

1．错误

【解析】白陶的烧制火候高、质地硬，形制和纹饰仿照青铜器，与青铜器一样名贵，代表了商代制陶工艺的最高水平。

2．正确

3．错误

【解析】我国青铜器兴盛期大体处于夏商两代至春秋后期。这一时期是中国社会发展史上的奴隶制时代，是中国古代文明的早期阶段，也正是中国历史上的"青铜器时代"。中国青铜器的发展阶段大致可以分为形成期、兴盛期和衰落期：形成期大约在新石器时代晚期的龙山文化时期，距今约5,000年到4,000年之间；兴盛期为夏商两代至春秋后期；衰落期始于春秋后期至战国早期，原因是冶铁业兴起。秦汉以后，青铜制品进一步减少，到现在只有一些铜制工艺品了。

4．正确

5．正确

【解析】中国四大名砚包括端砚、歙砚、洮砚和澄泥砚。其中，澄泥砚是唯一不用石材而用胶泥制作的砚台。端砚是用今广东省肇庆市羚羊峡烂柯山端溪至北岭一带出产的石材制作而成的，原料石质细腻温润、致密坚实，花纹秀丽多姿。制造歙砚所需的石料产于今江西省婺源县龙尾山，石质优良，色泽青莹，纹理细密，坚润如玉，磨墨无声。洮砚，又称"洮河绿石砚"，所用石材在大河深水之底，非人力所能致，因此得之即为无价之宝。

6．正确

第十六章　风俗习惯

▶ **填空题**

1. （北京师范大学 2015）诗句"独在异乡为异客，每逢佳节倍思亲"反映的是_____节的习俗。
2. （北京师范大学 2015）_____节是英语国家祭祀亡灵的"鬼"节。
3. （北京语言大学 2015）"三纲五常"是中国儒家伦理文化中的重要思想，三纲即君为臣纲，父为子纲，夫为妻纲；五常即_____。
4. （北京语言大学 2016）北京地区的宫廷菜源自四大菜系中的_____。
5. （东北师范大学 2014）云南泸沽湖畔的纳西族和普米族流行_____婚。
6. （东北师范大学 2014）世界饮茶发源于中国，中国饮茶发源于_____。
7. （东北师范大学 2014）在伦理道德方面，"三纲"指的是君为臣纲、父为子纲、_____。
8. （复旦大学 2015；广东外语外贸大学 2015）唐代陆羽的_____是我国最早的一部茶叶专著。
9. （广东外语外贸大学 2015）十二生肖分别是鼠、牛、虎、兔、龙、蛇、马、羊、猴、_____、狗、猪。
10. （广东外语外贸大学 2015）在古代被认为是动物中的"四灵"的分别是麒麟、_____、龟、龙。
11. （广州大学 2015）"不惑之年"指_____，"而立之年"指_____，"耳顺之年"指_____，"知命之年"指_____。
12. （广州大学 2015）古代兄弟长幼等级的次序是伯、仲、叔、_____。
13. （华东师范大学 2014）中国的三大悼亡节中，最主要的是_____。
14. （华东师范大学 2014）每年的农历_____，中国人一般要举行祭灶仪式，吃灶糖，唱《祭灶歌》。

15.（华东师范大学 2014）按照传统分类，中国菜分为_____大菜系。

16.（华东师范大学 2014）《礼记·曲礼下》说："天子死曰崩，诸侯曰薨，大夫曰卒，士曰不禄，庶人曰死。"这反映了古代丧葬礼仪的_____性。

17.（华东师范大学 2015）中国饮食文化历史悠久，做菜讲究色香味形、五味调和，其中的"五味"指的是_____。

18.（兰州大学 2015）我国自周代起规定嫁娶时男女双方须行"六礼"，其中的_____是指男方聘媒到女方家说亲，并送上大雁作为礼物。

19.（青岛大学 2015）我国古书对"婚姻"二字的解释是："婚"同"昏"，是_____的意思；"姻"同"因"，是_____的意思。可见，"婚姻"二字的产生，是父权制度完全确立以后的事。

20.（四川大学 2013）通常所说的中国"四大菜系"，指川、_____、_____、_____四大菜系。

21.（四川大学 2013）在中国饮茶史上，被尊为"茶圣"的是_____。

22.（四川大学 2014）诗句"黄花紫菊傍篱落，摘菊泛酒爱芳新。不堪今日望乡意，强插茱萸随众人"描述了传统节日_____的习俗。

23.（厦门大学 2013）在中国有些地区，新娘上门不能吃瓜，因为"瓜"同"寡"谐音；给新婚夫妇送礼忌讳送钟；夫妻之间忌讳把梨分开吃。这些都属于_____规范。

24.（云南大学 2014）明代文官官服"补子"上的图案，一品为_____。

25.（中国传媒大学 2014）我国最主要、最隆重的传统节日是_____。

26.（中国传媒大学 2014）松、竹、_____合称"岁寒三友"。

27.（中国海洋大学 2015）关于端午节来历的诸多说法之一是人们在这个节日纪念农历五月初五投江自尽的诗人_____。

28.（中山大学 2013）农历正月十五元宵节，又名_____节。

29.（中山大学 2014）中国饮食的基本组成可分为_____、副食和饮品。

30.（中山大学 2014）清明节本是一个_____节日，后与节期相近的寒食节合并。

31. （中山大学 2014）中国饮茶史上的一件大事，是唐代出现了陆羽的_____。

32. （中山大学 2014）古人以梅、兰、竹、菊为四君子；以松、竹、梅为___。

33. （中山大学 2014）大致从周代起，嫁娶必须行_____：纳采、问名、纳吉、纳征、请期、亲迎。

34. （中山大学 2015）古代女子十五岁，一般要举行_____礼。

35. （中山大学 2015）中国民间有句俗语说明普通人生活中离不开七件必需品，即柴、米、油、盐、酱、_____、_____。

▶ 单项选择题

1. （北京大学 2016）中国古代贵族男子二十岁结发加冠后可以娶妻，贵族女子___岁许嫁时举行笄礼后结发加笄。
   A. 15　　　B. 16　　　C. 18　　　D. 19

2. （复旦大学 2015）世界饮茶发源于中国，中国饮茶发源于_____。
   A. 四川　　B. 浙江　　C. 福建　　D. 广东

3. （广东外语外贸大学 2015）麻婆豆腐这道菜属于八大菜系中的_____。
   A. 鲁菜　　B. 湘菜　　C. 浙江　　D. 川菜

4. （广东外语外贸大学 2015）以下不属于"岁寒三友"的是_____。
   A. 松　　　B. 梅　　　C. 竹　　　D. 菊

5. （广东外语外贸大学 2015）农历五月初五是中国的传统节日——_____。
   A. 清明节　B. 端午节　C. 重阳节　D. 乞巧节

6. （广东外语外贸大学 2015）中国自古以_____两个方向为尊。
   A. 东、南　B. 东、西　C. 西、北　D. 西、南

7. （广东外语外贸大学 2015）"天葬"属于_____等民族的葬俗。
   A. 汉族　　B. 壮族　　C. 藏族　　D. 回族

8. （广州大学 2015）主人给客人斟酒时，客人为了表示感谢，用食指和中指轻叩桌面，这是_____地区的习俗。
   A. 东北　　B. 西北　　C. 广东　　D. 云南

9. （华东师范大学2014）北京地区的宫廷菜源于四大菜系中的_____菜。

  A．川   B．鲁   C．淮   D．粤

10. （南京师范大学2015）东汉末年应劭写的_____可能是世界上最早的民俗学专著。

  A．《风俗通义》   B．《文明小史》

  C．《海国图志》   D．《吾国与吾民》

11. （南京师范大学2015）中国人的饮茶方式随着历史的发展而不断变化，唐宋时代通行_____。

  A．烤茶 B．揉茶 C．泡茶 D．煮茶

12. （南京师范大学2015）宋代的蔡襄著有_____一书，记录了宋代流行的多种名茶。

  A．《茶录》 B．《茶经》 C．《荈赋》 D．《茶圃》

13. （南京师范大学2015）酒在中国文化中最大的特点就是它与_____结缘。

  A．文学 B．艺术 C．戏曲 D．舞蹈

14. （南京师范大学2015）_____时期，出现了很多烹饪专著，如《安平公食学》《食珍录》等。

  A．魏晋南北朝 B．秦汉 C．隋唐 D．明清

15. （南京师范大学2015）中国古代服饰的最大特点是服饰所体现出来的_____几千年延续不变。

  A．文化思想 B．精神气质 C．等级差别 D．民族意识

16. （四川大学2013）作为"四灵"中最大的吉祥物，已经成为中华民族象征的是_____。

  A．麒麟 B．凤凰 C．龙   D．龟

17. （西南大学2015）按照我国古代婚姻六礼制度，男方家向女方家赠送聘礼称为_____。

  A．纳采 B．纳吉 C．纳征 D．请期

18. (西南大学 2015) 中国俗语中将媒人称为"红娘",其出处是_____。
    A.《牡丹亭》   B.《西厢记》   C.《桃花扇》   D.《玉簪记》

19. (厦门大学 2013) 最具中国特色的酒是_____。
    A. 葡萄酒   B. 啤酒   C. 白兰地   D. 黄酒

20. (厦门大学 2013) 在中国文化的"五行"里,"木"所对应的季节是以下哪一季?
    A. 春   B. 夏   C. 秋   D. 冬

21. (厦门大学 2014) 在中国五行文化里,"火"对应的季节是以下哪一季?
    A. 春   B. 夏   C. 秋   D. 冬

22. (厦门大学 2014) 以下哪种茶叶不是半发酵的茶?
    A. 武夷岩茶   B. 祁门红茶   C. 凤凰单枞   D. 铁观音

23. (云南大学 2014) 古人用_____来表示五福。
    A. 牡丹花   B. 菊花   C. 玉兰花   D. 梅花

24. (云南大学 2014) 周代婚嫁"六礼"中,男方聘媒到女方家说亲并送礼,称为_____。
    A. 纳采   B. 纳言   C. 纳征   D. 请期

25. (云南大学 2014) 在中国古代的颜色迷信中,以_____为轻贱。
    A. 黑色和白色   B. 黄色和红色   C. 绿色和灰色   D. 蓝色和粉色

26. (中国海洋大学 2015) 我国古人所说男子的"弱冠之年"一般指的是_____。
    A. 十八岁   B. 二十岁   C. 二十一岁   D. 十六岁

27. (中国海洋大学 2015) 中医把人的器官分为五脏六腑,下面哪个不属于我国中医所说的"五脏"?
    A. 肺   B. 肾   C. 胃   D. 肝

28. (中山大学 2013) "上天言好事,下界保平安"的是哪一位神祇?
    A. 门神   B. 灶神   C. 财神   D. 社神

29. (中山大学 2013) 旧时受过教育的中国人如何向外人介绍自己的母亲?
    A. 这是我妈　　　　　　　B. 这是我母亲大人
    C. 这是家母　　　　　　　D. 这是令堂

30. (中山大学 2013) 送礼时的说辞"一点小意思,不成敬意"反映了中国人_____的交际规则。
    A. 礼尚往来　　　　　　　B. 亲疏远近
    C. 讲究等级关系　　　　　D. 贬己尊人

31. (中山大学 2014) 下面哪种菜不属于中国的八大菜系?
    A. 广东菜　　B. 江苏菜　　C. 山东菜　　D. 陕西菜

32. (中山大学 2014) 登高聚会,饮酒赋诗的节日是_____。
    A. 端午节　　B. 清明节　　C. 重阳节　　D. 中秋节

▶ 判断题

1. (北京大学 2016) 在古代的服饰中,"衣"只指上衣,下衣叫作"服"。

2. (复旦大学 2015) 中国古籍中所称的"醴",相当于现在的啤酒。

3. (华东师范大学 2015) 历史上第一部详细记述茶艺的著作是汉代陆羽的《茶经》。

4. (南京师范大学 2015) 中华民族的祥瑞动物龙、凤、麟、龟"四灵"中,只有龟是真实存在的动物。

5. (南京师范大学 2015) 松常与竹并称,因耐寒又能够常青而为国人所喜爱。

6. (厦门大学 2013) 世界饮茶发源于中国,中国饮茶发源于陕西。

7. (厦门大学 2014) 黄酒、白酒是中国古代最有特色的酒。

8. (云南大学 2014) 在中国古代,黄色之所以成为最尊贵的颜色,主要是因为古人对地神的崇拜。

9. (云南大学 2014) 元宵节起源于古代的祭祀遗风,跟天地崇拜有关。

10. （中国传媒大学 2014）中国古代的服饰不是自由与灵性的体现，而是等级和礼度的象征。
11. （中国传媒大学 2014）黑色之所以成为中国古代最尊贵的颜色，主要是因为古人对地神的崇拜，同时也受到了阴阳五行学说的影响。
12. （中山大学 2013）很多地方，清明节多有插柳的习俗。
13. （中山大学 2013）傣族最重要的传统节日是火把节。
14. （中山大学 2014）中国人有以茶待客的礼数，还用茶作为定亲时的聘礼，称作"下茶"。
15. （中山大学 2015）"月上柳梢头，人约黄昏后"描述的正是古代中国传统节日中秋节的习俗。
16. （中山大学 2015）中国人有喝茶的习惯，黄山毛峰就属于中国茶叶中著名的绿茶。
17. （中山大学 2015）中国古人常说的"弄璋""弄瓦"之喜，指的是自己家喜迁新居。
18. （中山大学 2015）"耄耋之年"是指人年过六十岁。

▶ 名词解释

1. （青岛大学 2015）茶礼

▶ 简答题

1. （青岛大学 2015）汉语中有相当多的词语由数字"四"构成。试结合有关词语，简要分析中国人对"四"的认知心理。

参考答案

填空题

1. 重阳

2. 万圣

3. 仁、义、礼、智、信

4. 鲁菜

5. 走（阿注）

6. 四川

7. 夫为妻纲

8. 《茶经》

9. 鸡

10. 凤

11. 四十岁　三十岁　六十岁　五十岁

12. 季

13. 清明节

14. 腊月二十三

15. 八

16. 等级

17. 酸、苦、甘、辛、咸

18. 纳采

19. 昏时迎娶　因男而嫁

20. 鲁　淮　粤

21. 陆羽

22. 重阳节

23. 民俗禁忌

24. 仙鹤

25. 春节

26. 梅

27. 屈原

28. 灯

29. 主食

30. 农耕

31. 《茶经》

32. 岁寒三友

33. 六礼

34. 笄

35. 醋　茶

◉ **单项选择题**

1. A

【解析】中国古代贵族男子二十岁结发加冠后可以娶妻，贵族女子十五岁许嫁时举行笄礼后结发加笄。所谓结发，就是在头顶上盘成发髻，表示年届成人，可以结婚了。

2. A

【解析】世界饮茶发源于中国，中国饮茶发源于四川。据文献记载，茶最初被当作一种药材，后来人们才认识到茶不但可以治病，而且可以清热解渴，味道也清香扑鼻，是一种很好的饮料。据说秦代以前，只有巴蜀人种茶和饮茶，秦始皇统一中国后，这一习惯才由四川传播开来。

3. D

4. D

【解析】中国古人以松、梅、竹为"岁寒三友"，又以梅、兰、竹、菊为"四君子"。

5．B

【解析】"端午节"，又称"端阳节"，时间为每年农历五月初五。乞巧节是每年农历七月初七，古代又称"七夕"。重阳节是每年农历九月初九。清明节与古时"寒食节"相合而成，时间一般在冬至后第105天，正好是农历三月上旬、公历4月5日前后。

6．A

【解析】中国自古以南向和东向为尊，贬低北向和西向，甚至视西向为不吉。

7．C

【解析】天葬是藏族所崇尚的传统葬俗，目前还流行于中国藏区和云南的一些少数民族地区，蒙古族也曾有天葬的传统。天葬体现了藏传佛教的一种信仰，即尊贵的舍身布施。

8．C

9．B

【解析】北京地区的宫廷菜源于四大菜系中的鲁菜。鲁菜历史悠久，流传很广，是齐鲁文化的结晶。由于北京是辽元以来的京师重地，鲁菜传入北京地区以后，很快进入宫廷，与大漠风味和其他风味融合，形成了北京地区的宫廷菜。除鲁菜外，"四大菜系"还包括川菜、淮扬菜和粤菜。

10．A

【解析】东汉末年应劭的《风俗通义》可能是世界上最早的民俗学著作。《风俗通义》以考证历代名物制度、风俗、传闻为主，对两汉民间的风俗迷信、奇闻怪谈多有驳正。《文明小史》是清代李伯元所作长篇小说。《海国图志》是清代魏源编著的一部世界地理历史知识的综合性图书。《吾国与吾民》是林语堂用英文创作的一部散文集，用坦率幽默的笔调、睿智通达的语言娓娓道出了中国人的道德、精神状态与向往，以及中国的社会、文艺与生活情趣。

11．D

【解析】唐宋时代通行的饮茶方式是煮茶。宋元以后，人们改煮茶为泡茶，而且不加调料以品味茶的清香。明清以后，盛行泡茶，而且喜欢饮盖碗茶。烤茶流行于云南地区，是白族等民族所喜爱的一种饮茶方法。揉茶是制茶时一道重要的工序。

12．A

【解析】宋代蔡襄不仅是著名的书法家，也是一位很有水平的品茶专家，他所著《茶录》一书记述了宋代流行的多种名茶。唐代陆羽的《茶经》是我国最早的一部茶叶专著，总结了唐代以前种茶饮茶的经验，也记述了作者的切身体验，标志着饮茶文化的进步与转变，是中国饮茶史上的一件大事。西晋杜育的《荈赋》是现在能见到的最早的专门歌吟茶事的文学作品，也是中国茶叶史上第一篇完整记载茶叶从种植到品饮全过程的文学作品。

13．A

【解析】酒在中国文化中的最大特色是它与文学结缘。酒既是文学描写的对象，又是文学创作的助力。古代文人诗必饮酒，酒必赋诗，诗酒一家，以此产生了无数与酒有关的诗赋作品，陶渊明和李白的很多诗作便是其中的代表。

14．A

【解析】魏晋南北朝时期，我国已开始了对饮食文化和烹调技术的专门研究，出现了许多专著，如西晋的《安平公食学》、南齐的《食珍录》、北齐的《食经》等。

15．C

【解析】服饰所体现的等级差别是中国古代服饰的最大特点，并且几千年延续不变。中国的古代服饰（以中原地区而言）体现了强烈的大一统精神和严格的等级观念，历代王朝都对上自帝王公卿、下至庶民百姓的穿戴，作了明确、严格的等级规定，任何人的衣着打扮都要符合自己的身份和地位。君臣、官民、主仆，都可以根据服饰辨别得一清二楚。因此，中国的古代服饰不是自由与灵性的体现，而是等级和礼度的象征。

16．C

【解析】"四灵"包括龙、凤、麒麟、龟，尤以龙最使人感到神秘和自豪。"四灵"

的说法早在周代就已经产生，历史非常久远，所象征的民族意义非常深刻，反映了中华民族追求和平、幸福、吉祥、长寿的文化心理。

17．C

【解析】我国古代嫁娶施行的"六礼"分别是纳采、问名、纳吉、纳征、请期和亲迎。其中，"纳征"是指经占卜可以成亲后，男方正式向女方赠送聘礼。"纳采"是男方聘媒到女方家说亲，并向女方送礼的环节。"纳吉"是将男女双方的生辰八字交给巫师卜卦的环节，卜得吉利方可相配。"请期"是请巫师选一吉日，双方议定嫁娶的日子。

18．B

【解析】"红娘"的人称出自元代著名戏剧家王实甫的名作《西厢记》。剧中的男、女主人公张生和崔莺莺便是在侍女红娘的帮助下，冲破重重阻碍，终成眷属。

19．D

20．A

【解析】在中国传统的"五行"中，春季属木，夏季属火，秋季属金，冬季属水，土则代表气的平稳运动。

21．B

22．B

【解析】红茶属于全发酵茶，祁门红茶便是我国最著名的红茶品种。发酵是红茶制作的独特阶段，也是决定祁门红茶品质的关键。武夷岩茶、凤凰单枞和铁观音都是我国著名的乌龙茶品种，属于半发酵茶，制作方法介于绿茶与红茶之间。

23．D

【解析】古人用梅花的五瓣比喻"寿、福、康宁、好德、善终"的人生五福，民间也常在新春之际张贴"梅开五福"的横额。

24．A

【解析】婚嫁"六礼"中，男方聘媒到女方家说亲并向女方送礼的环节是"纳采"。"六礼"还包括问名、纳吉、纳征、请期和亲迎。

25．A

【解析】中国古代以黄色和红色为贵,以黑色和白色为轻贱,甚至视白色为不吉。

26．B

【解析】我国称男子二十岁为"弱冠之年"。古代男子年至二十,便要在宗庙中行加冠礼,即戴上表示已成人的帽子。

27．C

【解析】中医所说"五脏"包括肝、心、脾、肺、肾。胃则与胆、小肠、大肠、膀胱、三焦总称为"六腑"。

28．B

【解析】灶神又称"灶王爷""灶君",负责管理各家的灶火,作为一家的保护神而受到崇拜。汉族民间传说灶神每年农历腊月二十三晚上会上天传递民意,除夕日返回人间,"上天言好事,下界保平安"说的就是灶神。门神是中国民间信仰的守卫门户的神灵,人们会在农历新年将其神像贴于门上,用以驱邪避鬼、卫家宅、保平安、助功利、降吉祥等。财神在中国民间传说中是主管财源的神明。社神是中国古代帝王所祭祀的配社之神,也就是通常所说的土地神。

29．C

【解析】"家母"是旧时中国人向外人介绍自己母亲时的谦辞,"令堂"则是称呼别人母亲时的尊称或敬辞。

30．D

31．D

【解析】中国的"八大菜系"包括鲁(山东菜)、川(四川菜)、粤(广东菜)、闽(福建菜)、苏(江苏菜,主要指淮扬菜)、浙(浙江菜)、徽(安徽菜)、湘(湖南菜),并不包括陕西菜。

32．C

【解析】登高聚会、饮酒赋诗是重阳节的主要活动。由登高而赏景,由赏景而赋诗,而饮酒又颇助诗性。现代医学则认为,重阳秋高气爽,登高望远,见秋色

第十六章 风俗习惯

如画，可陶冶性情，有益于身心健康。

◉ 判断题

1. 错误

【解析】古代服饰中，上衣称作"衣"，下衣则称为"裳"。

2. 正确

【解析】早期的啤酒采用发芽的谷物作为原料，经磨碎、糖化、发酵等工序制得，这与中国古籍中所记载"醴"的酿制方式十分相似。醴是用"糵"，即发芽的谷物酿造而成的酒精饮料，后被由酒曲酿造的酒所取代。

3. 错误

【解析】唐代陆羽的《茶经》是我国最早的一部茶叶专著，其成书是中国饮茶史上的一件大事。

4. 正确

【解析】"四灵"之中，除龟为现实中存在的动物之外，龙、凤、麒麟都是典型的由远古图腾崇拜演变而成的虚构的动物。

5. 错误

【解析】松常与柏并称，因具有耐寒而又能常青的特性而为中国人所喜爱。

6. 错误

【解析】世界饮茶发源于中国；中国饮茶发源于四川，而非陕西。

7. 正确

8. 正确

9. 正确

10. 正确

11. 错误

【解析】中国古代最尊贵的颜色是黄色。黄色之所以成为最尊贵的颜色，主要是因为古人对地神的崇拜，土呈黄色，这也深受阴阳五行学说的影响。

12．正确

【解析】古代清明节有插柳的风俗。春秋时期晋文公的谋士介之推与母亲隐居绵山，晋文公为逼他出来，下令放火烧山，结果介之推与其母合抱一棵柳树而死。人们为纪念介之推，就在清明节这一天于门上插柳。

13．错误

【解析】傣族最重要的传统节日是泼水节。火把节是彝族、傈僳族、拉祜族、纳西族等民族的节日。

14．正确

15．错误

【解析】"月上柳梢头，人约黄昏后"出自欧阳修《生查子·元夕》（去年元夜时），所描述的是农历正月十五元宵节的习俗。

16．正确

17．错误

【解析】中国古人常说的"弄璋""弄瓦"之喜，是在庆贺生了孩子，"弄璋之喜"指生下男孩，"弄瓦之喜"指生下女孩。"璋"是好的玉石，给儿子"璋"玩，是希望他有玉一般的品德；"瓦"是纺车上的零件，给女儿"瓦"玩，是希望她将来能胜任女红之意。自己家喜迁新居称为"乔迁之喜"。

18．错误

【解析】"耄耋之年"指的是八、九十岁；年过六十称为"花甲""耳顺"。

◉ 名词解释

1．

中国古代男女结婚时以茶为礼，称为"茶礼"，又叫"吃茶"。男女定亲后，男方送茶给女方作为聘礼，叫作"下茶"；女方接受聘礼，叫作"受茶"。古人认为"茶不移本，植必子生"，即茶树的栽培，只能下种，不能移植，因此取这层含义而以茶为聘礼。过去是"男不下茶，女不出门"。

■ 简答题

1.

中国人对"四"的迷信，源于对大地的崇拜，并与五行学说有密切关系。古人认为地是方的，共有东、西、南、北四面，"四"的象形字体也正好是个方形实体。这一方向概念比较明确，东南西北很少混同。中国的古代建筑如城池、宫殿、庭院、寺庙，都取正南正北方向的方形（四边形），东南西北也分得十分清楚。在汉语中，由"四"构成的词语大多与大地的方形形态有关，如"四方""四极""四维""四角""四邻""四塞""四郊""四海"等，就连人体也按四面的结构去观察，称为"四体""四肢"。至于"四库""四部""四美""四难""四声""四德"等与方形有无关系，尚不能主观定论，但成语"四分五裂""四海为家""四海升平""四面楚歌""四面八方""四通八达""四平八稳"等，确实体现了"方形"这一本义。

第十七章　中外文化交流

▶ 填空题

1. （北京师范大学 2013）严复翻译了＿＿＿＿＿＿。

2. （北京师范大学 2015）"丝绸之路"是古代连接亚欧的重要通道，其英文称作＿＿＿＿＿＿。

3. （北京师范大学 2015）在中国佛教对外传播史上，唐代的鉴真和尚贡献极大，他前往的国家是＿＿＿＿＿＿，并长期在那里传法。

4. （北京师范大学 2015；北京语言大学 2015）晚清时期，思想家魏源在＿＿＿＿＿＿一书中提出了"师夷长技以制夷"的主张。

5. （北京语言大学 2015）唐代高僧玄奘西行赴天竺取经，将沿途所见所闻记录下来，后辑成一书，名为＿＿＿＿＿＿。

6. （东北师范大学 2014）西方传教士＿＿＿＿＿＿是中国历史上第一个获准在北京宣武门内居住传教的外国人。

7. （华东师范大学 2014）"丝绸之路"是由西汉的＿＿＿＿＿＿代表国家开辟的。

8. （华东师范大学 2014）对日本"明治维新"起推动作用的是中国明代思想家＿＿＿＿＿＿的学说。

9. （华东师范大学 2014）中国文化与域外文化的第一次大规模的交流与融合是＿＿＿＿＿＿。

10. （华东师范大学 2014）明清之际到近现代，＿＿＿＿＿＿文化传入中国是中国文化与世界文化的第二次交汇。

11. （华东师范大学 2015）意大利人＿＿＿＿＿＿是天主教在中国传教的最早开拓者之一，也是第一位阅读中国文学并钻研中国典籍的西方学者。他的著述不仅对中西交流做出了重要贡献，对日本和朝鲜半岛认识西方文明也产生了重要影响。

12. （兰州大学 2015）汉武帝派_____出使西域，开辟了中西交通的"丝绸之路"。

13. （南京师范大学 2015）唐宋时期，来华外国商人的集中居住地叫_____。

14. （首都师范大学 2015）《西儒耳目资》是法国来华传教士_____编写的一部帮助西方人学习汉字的罗马注音字汇。

15. （中国传媒大学 2014）明朝时，意大利传教士_____将"四书"译成了拉丁文。

16. （中国传媒大学 2015）_____是第一部由西方人撰写的详细介绍中国的著作。

17. （中国海洋大学 2015）唐代僧人玄奘西行求法，历时17年，著_____详述亲见的各国风土人情，该书成为中外文化交流史上的不朽名作。

18. （中山大学 2013）丝绸之路的起点是_____。

▶ 单项选择题

1. （北京大学 2015）中国古代先民很早就克服重重困难，向外发展，吸收其他文明的先进文化，也传播自身的文化。《周王传》就记载_____曾西游会见西王母。

   A．周穆王　　B．周成王　　C．周昭王　　D．周幽王

2. （北京大学 2015）明代耶稣会传教士来华传教，但是他们发现很难立足。最早提出来华传教要学习中国语言、了解中国文化的是_____。

   A．沙勿略　　B．利玛窦　　C．范里安　　D．罗明坚

3. （北京大学 2015）下列中的_____不是在明代从美洲引进的高产农作物。

   A．玉米　　B．豌豆　　C．烟草　　D．花生

4. （北京大学 2016）中国文化与域外文化第一次大规模交流与融合发生在_____。

  A．秦汉时期 B．汉唐时期 C．宋明时期 D．明清时期

5. （北京师范大学 2015）西汉时期第一次出使西域，开辟"丝绸之路"的是_____。

  A．张载 B．张骞 C．张謇 D．张迁

6. （复旦大学 2015）汉代出使大秦的是_____。

  A．甘英 B．班超 C．张骞 D．苏武

7. （华东师范大学 2014）首先将"四书"译成拉丁文，向西方推介中国文化的传教士是_____。

  A．马可·波罗 B．利玛窦 C．金尼阁 D．汤若望

8. （南京师范大学 2015）西方来华传教士的先行者和奠基人是意大利的_____。

  A．艾儒略 B．龙华民 C．毕方济 D．利玛窦

9. （南京师范大学 2015）比利时传教士_____出任过清朝的钦天监监正。

  A．柏应理 B．门多萨 C．南怀仁 D．金尼阁

10. （南京师范大学 2015）1735 年法文版的_____在欧洲首次刊行，成为第一部传入欧洲的中国戏剧作品并在日后引起很大反响。

  A．《张生煮海》   B．《赵氏孤儿》

  C．《倩女离魂》   D．《范张鸡黍》

11. （首都师范大学 2013）中国与日本之间的文化交流始于_____。

  A．商朝   B．西周

  C．春秋战国时期 D．秦汉时期

12. （首都师范大学 2013）元朝时，来到中国的意大利人是_____。

  A．利玛窦   B．金尼阁

  C．马可·波罗   D．马伯乐

13. （首都师范大学 2013）中国与欧洲的贸易往来始于_____。

  A．汉朝 B．唐朝 C．宋朝 D．元朝

14. (厦门大学 2014) 历经明朝崇祯、清朝顺治和康熙三朝，曾任中国古观象台台长的是_____。
    A．汤若望　　B．利玛窦　　C．徐光启　　D．杜赫德
15. (中国人民大学 2016) 郑和七次下西洋，他的出发地点是_____。
    A．苏州　　B．泉州　　C．杭州
16. (中山大学 2014) 日本效仿唐朝制度的一次改革是_____。
    A．天保改革　　B．宽政改革　　C．大化改新　　D．明治维新
17. (中山大学 2014) 唐朝时，东渡日本的高僧鉴真在日本传布的佛教流派是_____。
    A．净土宗　　B．律宗　　C．禅宗　　D．华严宗
18. (中山大学 2014) 下列哪部是古代中国航海人士以亲身经历撰述并描绘海外诸岛风貌的著作？
    A．《职方外纪》　　B．《四洲志》
    C．《真腊风土记》　　D．《海国图志》
19. (中山大学 2014) 下列哪位是清朝时被康熙皇帝召入宫廷，从事绘画工作的西方传教士？
    A．利玛窦　　B．汤若望　　C．郎世宁　　D．马礼逊

▶ 判断题

1. (北京大学 2016) 西安是著名的"丝绸之路"的起点，福建泉州是"海上丝绸之路"的起点。
2. (复旦大学 2015) 明代航海家郑和是云南回族人。
3. (广东外语外贸大学 2015) 汉武帝派张骞出使西域，开辟了中西交通的"丝绸之路"。
4. (华东师范大学 2015) 第一部向西方介绍中国的著作是《马可·波罗游记》。
5. (暨南大学 2013) 明朝时，利玛窦在中国传播基督教。

6. （首都师范大学 2013）郑和下西洋发生在哥伦布发现美洲大陆之后。

7. （首都师范大学 2013）中国古代"海上丝绸之路"的出发地在今福建省泉州市。

8. （首都师范大学 2013）中国的元杂剧《赵氏孤儿》是由法国作家伏尔泰翻译并介绍到欧洲的。

9. （首都师范大学 2013）东渡日本的鉴真和尚是唐朝人。

10. （首都师范大学 2014）据史料记载，郑和七次下西洋，先后到达三十余个国家。

11. （首都师范大学 2015）"海上丝绸之路"是郑和下西洋时开创的。

12. （中山大学 2014）"丝绸之路"的名字最早出现在德国人李希霍芬 1877 年出版的《中国》一书中。

13. （中山大学 2015）古代陆上"丝绸之路"的起点是当时的长安，即今天的西安。

▶ 简答题

1. （北京师范大学 2013）"丝绸之路"的历史意义。

▶ 论述题

1. （北京语言大学 2016）论述古代陆上"丝绸之路"的开拓过程及历史意义。

参考答案

填空题

1. 《天演论》
2. The Silk Road
3. 日本
4. 《海国图志》
5. 《大唐西域记》
6. 利玛窦
7. 张骞
8. 王守仁
9. 印度佛教文化的传入与中国化过程
10. 西方
11. 利玛窦
12. 张骞
13. 蕃坊
14. 金尼阁
15. 利玛窦
16. 《马可·波罗游记》
17. 《大唐西域记》
18. 西安（长安）

单项选择题

1. A

【解析】"周穆王西游会见西王母"是具有较大影响的早期中外交往事件，在《史记》和汲县战国墓中出土的《穆天子传》中都有生动的记载。据记载，周穆王自洛阳启程，北渡黄河，出今山西北部，到达河套地区，然后往西，经由柴达木盆地，直抵昆仑之丘。在那里，他会见了西王母，与当地一些部落酋长交换了牛马、器物，与中亚、西亚地区的人民建立了经济和文化上的联系。

2．B

【解析】西方各国来华的传教士中，最早提出要学习中国语言、了解中国文化的是利玛窦。西方传教士为了更好地在中国进行传教活动，努力学习中国语言文字并研究典籍，利玛窦便是最早的倡导者，他率先于1593年将"四书"译成拉丁文。西班牙人沙勿略是最早来到东方的传教士之一，将基督教传播到马六甲和日本等地，也曾多次尝试进入中国传教。范里安是明末来自意大利的传教士，他认为在华传教士必须"中国化"，即"采用他们的服装、他们的语言、他们的习俗、他们的生活方式"。罗明坚是"传教士汉学时期"西方汉学的真正奠基人之一，他看到佛教与基督教有相似之处，便将自己打扮成僧人，按佛教的方式传播基督教。

3．B

【解析】豌豆最晚应于汉代被引入中国。《尔雅》中所说的"戎菽豆"就是豌豆，东汉崔寔所著《四民月令》中也有关于豌豆栽培的记载。

4．B

【解析】历史上，中外文化的交汇主要有两次。中国文化与域外文化的第一次大规模交流与融合是印度佛教传入中国与中国化的过程，发生在东汉佛教传入中国到唐代佛教进入鼎盛的几百年间。中外文化的第二次大交汇肇始于明清之际，并持续到近现代，西方文化的传入对中国文化体系产生了巨大的影响，最终促使中国文化史的又一次分期形成。

5．B

【解析】张骞奉汉武帝之命出使西域，开辟了"丝绸之路"。张骞第一次奉命前往西域原本是为了寻找被匈奴驱逐的大月氏人，以便与之联合，共同抗击匈奴；不料途中却被匈奴扣留达十年之久，逃脱后又遭到大月氏国王的拒绝。张骞使命未果，在返回途中，又被匈奴俘获，一年以后趁匈奴内乱，才回到长安复命。尽管未能与大月氏结成联盟，张骞却打通了一条由长安通往西域的道路，使汉朝与西域各国都互相了解到对方的存在和文化。

6. A

【解析】东汉年间，甘英奉班超之命出使大秦（罗马帝国），但到达波斯湾一带后因海路难行又畏惧传闻而停止前行。甘英此番出使虽未能真正抵达大秦，但却增进了中国对当时中亚各国的了解。班超、张骞和苏武出使西域都与匈奴有关。东汉班超北征匈奴并驻守西域三十年，使西域各国与汉朝的关系得以恢复，对巩固我国西部疆域、促进多民族融合做出了卓越贡献。张骞和苏武生活的年代都是西汉。张骞奉汉武帝之命出使西域本意联合大月氏抗击匈奴，被匈奴扣押十余年，虽使命未果，但却打通了由长安通往西域的"丝绸之路"。苏武出使匈奴也遭到扣留，被迁至北海（今贝加尔湖）边牧羊，历尽艰辛，依然持节不屈。

7. B

【解析】利玛窦首先于1593年将"四书"译成拉丁文，开始向欧洲提供更真实的与中国相关的信息，介绍中国文化。记述了马可·波罗在东方的游历和见闻的《马可·波罗游记》是有史以来第一部由西方人撰写的详细介绍中国的著作。法国人金尼阁于1626年将"五经"译成拉丁文，并在杭州刊印。德国传教士汤若望备受清朝政府信任，第一次以外国人的身份出任钦天监（掌管天文历法的机构）监正，官至光禄大夫。

8. D

9. C

【解析】比利时传教士南怀仁曾出任钦天监监正，为清朝主持制造天文仪器。

10. B

【解析】由法国人杜赫德编撰的《中华帝国志》于1735年在巴黎刊行，成为欧洲人研究中国的百科全书式著作。法文版的《赵氏孤儿》就收录在《中华帝国志》之中，成为第一部传入欧洲的中国戏剧作品并引起很大轰动。

11．D

【解析】中国与日本之间的交往开始得很早，秦汉时期中日两国之间的交往已经甚为密切。在日本的各个民族中，有一支是在公元3世纪前从西边大陆移民过去的"秦汉归化人"。而那时的日本人也会冒着生命危险，渡海来华。

12．C

【解析】元代，意大利人马可·波罗来到中国并受到忽必烈的接见。由他人代笔的《马可·波罗游记》记载了马可·波罗在东方的游历和见闻，是有史以来第一部由西方人撰写的详细介绍中国的著作。

13．A

【解析】汉代，张骞开辟了连接中西的"丝绸之路"，中国与欧洲之间的贸易往来也随之正式开始。

14．A

【解析】德国传教士汤若望于明末来到中国，在华生活40余年，历经明崇祯、清顺治和康熙三朝。特别是在清朝，汤若望备受清朝政府信任，第一次以外国人的身份出任钦天监监正，掌管天文历法，被封为"光禄大夫"，官至一品。

15．A

【解析】从明永乐三年（1405年）到宣德八年（1433年），郑和及其副手王景弘受明成祖朱棣和明宣宗朱瞻基的委派，先后七次率领庞大船队扬帆远航。他们从苏州刘家港（今江苏省太仓市浏河镇）出发，经越南南部、爪哇、苏门答腊和斯里兰卡，到达印度西岸，最远到达红海和非洲东海岸的索马里和肯尼亚。

16．C

【解析】日本孝德天皇于大化二年（646年）颁布《改新之诏》正式开始改革，这次学习中国唐朝律令制度而进行的改革被称为"大化改新"，很多曾在中国留学的日本人在其中发挥了很大作用。天保改革和宽政改革都是日本江户时代由幕府实行的幕政改革。明治维新是19世纪60年代末，日本受到西方资本主义工业文明冲击而进行的由上而下的、具有资本主义性质的改革运动。

17．B

【解析】唐代高僧鉴真应日本僧人邀请，排除艰难险阻，东渡日本弘扬律宗，成为日本律宗的始祖，为中日文化交流写下光辉的一页。

18．C

【解析】中国的许多航海人士以其亲身经历撰写著述，描绘海外诸岛风貌，浙江永嘉人周达观撰写的《真腊风土记》便是其中代表。周达观于元代奉命出使真腊（在今柬埔寨境内），真实记录了当时已被遗弃的吴哥窟，揭示出柬埔寨历史上辉煌的吴哥时代的文化。《职方外纪》是首部用汉语编著的简明世界地理著作，由明代来华传教士庞迪我和熊三拔编著，艾儒略完成，经明朝官员杨廷筠润色后于杭州出版。《四洲志》是由林则徐主持编译的一部世界地理著作，是近代中国第一部相对完整、比较系统的世界地理志书。《海国图志》是魏源受林则徐嘱托而编著的一部世界地理历史知识的综合性图书。

19．C

【解析】清朝康熙年间，意大利人郎世宁来到中国传教，随即被召入紫禁城内的如意馆成为宫廷画师。郎世宁在中国从事绘画50多年，并参加了圆明园西洋楼的设计工作，极大地影响了康熙之后的清代宫廷绘画和审美趣味。马礼逊是英国东印度公司的秘书，在鸦片战争期间来到中国，他于1823年出版了汉文的《神天圣书》（即《新旧约全书》），将新教传入中国。

◉ 判断题

1．正确
2．正确
3．正确
4．正确
5．正确

6．错误

【解析】郑和下西洋比哥伦布发现美洲大陆早了近 90 年。郑和先于麦哲伦、哥伦布、达·伽马等西方航海家近一个世纪开始了自己的航行之举，堪称"大航海时代"的先驱。

7．正确

8．错误

【解析】法国人杜赫德在其编撰的《中华帝国志》中收录了中国元代剧作家纪君祥的作品《赵氏孤儿》。伏尔泰于 1753—1755 年将《赵氏孤儿》改编为新剧本，名为《中国孤儿》，并在巴黎各家剧院上演，盛况空前。

9．正确

10．错误

【解析】据史料记载和学者们研究，郑和七次航海所率领的船队曾到达 50 余国，如中南半岛诸国、马来半岛诸国、南洋群岛诸国、阿拉伯半岛诸国和非洲东海岸诸国。

11．错误

【解析】"海上丝绸之路"在秦汉时期已有雏形。最早见于史书记载的海上航线是《汉书·地理志》所记的从西汉南疆到达印度洋的海路，说明当时中国就已经开始与南海诸国接触。而有遗迹实物出土表明，经由海路的中外贸易交流的起始时间可能更早于汉代。在那之后，中外海上贸易不断扩大。宋元以后，由于海上航行技术提高和航行能力增强，中外海上交往得到了空前发展，至郑和下西洋达到高峰。

12．正确

【解析】19 世纪末，德国地理学家李希霍芬在所著《中国 —— 亲身旅行的成果和以之为根据的研究》（即《中国》）一书中第一次提出"丝绸之路"的名称，并很快被学术界和大众接受和使用。

13．正确

▣ 简答题

1.

　　"丝绸之路"的开通，在古代东西方之间架起了文化交往的桥梁，中国的丝绸、刺绣、陶瓷和其他绚丽多彩的工艺产品被运往中亚直至欧洲，而异域的核桃、蚕豆、胡萝卜、葡萄酒和多姿多彩的音乐、舞蹈、绘画也在汉唐社会产生了广泛的影响。特别是印度佛教通过"丝绸之路"传入中国，大大改变了中国原有哲学、文学和艺术的风貌；中国的"四大发明"也通过"丝绸之路"传往中亚、西亚和欧洲，使整个人类文明都发生了深刻的变化。

▣ 论述题

1.

　　汉武帝建元三年（公元前138年），张骞奉命前往西域寻找被匈奴驱逐的大月氏人，以便与之联合，共同抗击匈奴。不料张骞在途中被匈奴扣留十年之久，逃脱后，经过多个国家，终于到达大月氏，却遭到大月氏国王的拒绝。张骞使命未果，在返回途中，又被匈奴俘获，一年以后，趁匈奴内乱才回到长安复命。尽管这一次出使未达目的，但张骞却打通了一条由长安通往西域的道路，使汉朝与西域各国都互相了解到对方的存在和文化。司马迁称张骞此行为"凿空"。公元前119年，张骞第二次出使西域。此时，匈奴已经归汉，河西走廊畅通无阻，张骞率领三百余人，带着大批丝绸和其他物品，出玉门关，抵达乌孙国（在今伊犁河和伊塞克湖一带）。从此，汉朝与西域诸国的联系逐渐频繁起来。西域的使臣与商人东来汉疆，带来了他们的物产，换回了中国的丝绸及其他货物，"丝绸之路"就这样开通了。及至唐代，"丝绸之路"仍然是沟通中西贸易往来和文化交流的重要通道。

　　"丝绸之路"的开通，在古代东西方之间架起了文化交往的桥梁，中国的丝绸、刺绣、陶瓷和其他绚丽多彩的工艺产品被运往中亚直至欧洲，而异域的核桃、蚕豆、胡萝卜、葡萄酒和多姿多彩的音乐、舞蹈、绘画也在汉唐社会产生了广泛的影响。特别是印度佛教通过"丝绸之路"传入中国，大大改变了中国原有哲学、文学和艺术的风貌；中国的"四大发明"也通过"丝绸之路"传往中亚、西亚和欧洲，使整个人类文明都发生了深刻的变化。

中国文化要略（第4版）汉语国际教育专业考研真题套装

中国文化要略

第 4 版

程裕祯／著

外语教学与研究出版社
北京

图书在版编目（CIP）数据

中国文化要略 / 程裕祯著. -- 4 版. -- 北京：外语教学与研究出版社，2018.10（2022.2 重印）
中国文化要略（第 4 版）汉语国际教育专业考研真题套装
ISBN 978-7-5135-9960-3

Ⅰ. ①中… Ⅱ. ①程… Ⅲ. ①中华文化－研究生－入学考试－自学参考资料 Ⅳ. ①K203

中国版本图书馆 CIP 数据核字（2018）第 238093 号

出 版 人	王　芳	
项目负责	张俊睿	
责任编辑	李彩霞	
责任校对	吴晓静	
装帧设计	姚　军	
出版发行	外语教学与研究出版社	
社　　址	北京市西三环北路 19 号（100089）	
网　　址	http://www.fltrp.com	
印　　刷	三河市北燕印装有限公司	
开　　本	710×1000　1/16	
印　　张	51.5	
版　　次	2018 年 10 月第 1 版　2022 年 2 月第 2 次印刷	
书　　号	ISBN 978-7-5135-9960-3	
定　　价	96.00 元	

购书咨询：（010）88819926　电子邮箱：club@fltrp.com
外研书店：https://waiyants.tmall.com
凡印刷、装订质量问题，请联系我社印制部
联系电话：（010）61207896　电子邮箱：zhijian@fltrp.com
凡侵权、盗版书籍线索，请联系我社法律事务部
举报电话：（010）88817519　电子邮箱：banquan@fltrp.com
物料号：299600101

第4版前言

古人处事唯以"天时地利人和"为要。本书有幸于2015年末，入选国家新闻出版广电总局"首届向全国推荐中华优秀传统文化普及图书"，笔者深感责任重大，并感谢各界专家与读者对本书的认可。出版社与笔者都一致认为，应该面向全国读者推出更好的版本。可见，对它再做修订，努力使之更加完善、更符合广大读者的阅读兴趣，已经具备了"天时地利人和"的条件。

从上次修订至今，已经过了四年半时光。其间，中国传统文化的固有体系是不会发生巨大变化的。变化的是一些局部领域，还有某些动态部分，同时还有作者主观认识的提高，这是非常重要的。本次修订主要在历史这一块。除了史前叙述之外，历代王朝史部分不再使用朝代演变的叙述手法，而是改用概括的叙述手法，将王朝史中的几个突出点概括出来，同时着重分析了中国历史上"战争与和平""融合与斗争""统一与分裂"等问题，以帮助年轻朋友更好地认识中国历史。因为就历史而言，不断出现的考古发现改变着人们对以往历史的认知，所以每次修订我都会注意吸收最新的考古成果及其结论。因此，原来的章节名称"历史发展"也改为了"历史纵横"。至于动态的部分，主要是附录部分的"中国被列入《世界遗产名录》的名胜古迹"。联合国教科文组织每年都有审定，并且中国申报的项目基本每年都有入选，四年多的时间已经增加了不少，所以也需要加以相应的补充。

任何事物都没有绝对完美的时候，一本普及性的读物也是如此。但笔者本着对读者负责任的态度，将一如既往地继续积累学识，关注新的发展，适时进行修订，以求更好。

再次感谢各界专家与读者对本书的认可，感谢出版社领导、编辑和发行人员所付出的辛劳！

程裕祯

2016 年 1 月于金台路寓所

第3版前言

这本《中国文化要略》自1998年出版以来，一直不断印刷，并且在2003年出版了修订后的第2版。那次修订，基本内容没有变化，主要是订正书中的讹误，改正一些变动后的行政区划名称，包括在地理部分增加了关于香港特别行政区和澳门特别行政区的介绍。此后，就一直印行，至今已达25次。

但是，随着中国经济的快速发展和经济实力的大幅提升，中国语言文化在全球的影响力大大提高，世界各地学习汉语和了解中国文化的人越来越多，对外汉语教师的需求量也急速增加，国内许多高校纷纷开设对外汉语专业，设立汉语国际教育硕士学位。本书陆续被采用为专业教材及考研参考书，因此每年都有一定的发行量，在网上也成为热购的文化类图书之一。据不完全统计，全国已有50所高校及机构采用本书为专业教材、考研参考书或指定阅读读物，包括北京大学、暨南大学、台湾师范大学华语文教学研究所等。

本次修订，除了订正一些讹误和修正某些论述之外，主要做了以下工作：一、尽可能补充一点新的材料，特别是增加了"精美器物"一章，介绍了最具中国文化特色的玉器、青铜器、瓷器等器物的历史发展与制作工艺，以便使读者对中国文化的博大精深有更为真切的理解和认识；二、对开本和版式做了较大调整，增加了近百幅插图，使之更美观和直观；三、作为一种教材，为适应使用者的需求，笔者还在每章后面增加了"学习与思考"和"相关资料"两大板块，以便教师和学生进一步思考讨论，获取更丰富的信息。

需要说明的是，本书不是一本关于中国文化的理论性著作，而是一本传播中国文化基本知识的普及性读物。读者对象只是那些希望了解和掌握中国文化基本面貌的年轻学子和社会青年，而非从事中国文化研究的专业人员或对中国文化已有深入了解的读者。本书所注重的是知识面的广阔性和全面性，而非文化理论的深刻性和系统性。因此，笔者在撰写过程中并没有在理论上展开更多的阐述。系统研究中国文化的人士，还需要通过阅读一些相关的理论著作来提高自己的认识水平。

为了本书的出版发行，外语教学与研究出版社的领导、编辑与发行人员花费了许多精力和心血，在此修订再版之际，笔者谨向他们致以深深的谢意，并祝福他们一切如意！

程裕祯
2011年8月于金台路寓所

第1版前言

我本来是学中国文学而后研究唐诗的，也不知道是哪根神经起了作用，后来竟对各种名胜古迹发生了兴趣，从20世纪80年代以后就转而侍弄起博大精深、浩瀚如海的中国文化来，并且在我任职的北京外国语大学给外语专业三年级的学生讲授"中国文化概况"选修课。这么一来，我一上阵就背上了两大先天不足：一是对属于文化的核心部分——哲学思想不甚了了，二是对自然科学部分一窍不通。所以在那时的专题里就有意回避了这两个问题。也许是那时的人们与"文化"的隔膜为时太久的缘故，尽管自己才疏学浅，于文化一知半解，但因为吸纳了一些新的资料和观点，居然在课堂上获得了意想不到的效果，每次听课学生竟以百计。在这个基础上，我将它整理成一个比较文通字顺的胶印稿，一方面继续讲授，一方面征求意见，随后做了些必要的修正，取名《中国文化揽萃》，由北京学苑出版社出版，这已是1989年3月间的事了。

自那时以来，我一直以《中国文化揽萃》为蓝本，继续在我校开设有关中国文化的课程。但这十余年来，情况发生了巨大的变化，以至连我自己都有些措手不及。首先是有关中国文化的出版物日渐增多，人们与"文化"的隔膜感已完全消失，对中国文化的了解与十多年前已不能同日而语；其次是国内对文化问题和中国文化史的研究不断深入，新的考古发现、新的研究成果、新的文化视野，接连出现在人们面前。

今天来谈论"文化"和"中国文化",已然不是十年前的高度和深度。这就使得那本《中国文化揽萃》显得不但非常浅薄,而且极其瘦削。早就想对它进行补充修改,但因中间出国讲学,以至搁置至今才算有个了结,取名为《中国文化要略》。现在的这个本子比原先的厚实一些。

这次修改,无论从篇幅到内容都做了较大的变动,专题内容也做了较大的调整,有的部分还做了新的补充,目的是让它能更全面、更简洁地反映中国古代文化的成就,并适合广大的青年读者使用。最突出的是增加了"学术理想""科技成就"和"中外文化交流"等三个富有成就感和代表性的专题。这些虽然是我的弱项,但为了做到更好也不得不翻阅各种资料,寻找最顺畅的表述途径。可惜它们不是我的专长,即使竭尽心力,也未必能使读者满意。拿它们与我平时比较关注的那些专题相比,还是显得软弱无力,缺乏生气。

时至目前,有关中国文化与中国文化史的书籍已经多不胜数,保守估计,怕也有万千种。这本小书实在算不得什么。但本书也有小小的优点,那就是篇幅不大,字数不多,文字比较浅显,信息也还丰富,注意引入最新资料,有时也说一点自己的见解,对具有高中以上文化程度的青年和非文史专业而又想了解中国文化的人们还是一本比较合适的读物。

晋人　程裕祯

1997年8月炎暑于京华

目 录

第一章 简论 / 1
  一、文化与中国文化 / 2
  二、了解中国文化的必要性 / 5
  三、中国文化的民族特点 / 9
  四、中国文化的未来 / 12

第二章 地理概况 / 15
  一、黄河、长江与中国文明 / 17
  二、中国历代疆域 / 19
  三、中国古代行政区划沿革 / 21
  四、现行省、市、自治区名称的由来 / 23

第三章 历史纵横 / 31
  一、中国文化的源头 / 32
  二、"三皇五帝" / 34
  三、中国的王朝 / 41
  四、中国的皇帝 / 45
  五、中国的宰相 / 49
  六、外戚与宦官 / 52
  七、中国历史的几个问题 / 54
    (一) 战争与和平 / 55
    (二) 融合与斗争 / 57
    (三) 统一与分裂 / 58

第四章 姓氏与名、字、号 / 61
  一、姓氏的产生与发展 / 62

二、姓氏的主要来源 / 64
　　三、古代的望族和大姓 / 67
　　四、姓氏混杂与谱牒 / 69
　　五、全国姓氏数量 / 71
　　六、中国人的名、字与号 / 72

第五章　汉字 / 77
　　一、汉字的产生 / 78
　　二、现存最早的汉字 / 80
　　三、石鼓文 / 82
　　四、汉字的结构——"六书" / 83
　　五、汉字结构的基本精神 / 85
　　六、汉字的改革与汉字现代化 / 87

第六章　学术思想 / 89
　　一、孔孟之道 / 90
　　二、老庄思想 / 94
　　三、墨家学说 / 96
　　四、法家学说 / 97
　　五、汉代经学 / 98
　　六、魏晋玄学 / 99
　　七、宋明理学 / 100
　　八、清代朴学 / 103

第七章　宗教信仰 / 107
　　一、多神信仰和三大崇拜 / 109
　　　（一）天地山川崇拜及祭祀 / 109
　　　（二）祖先崇拜及祭祀 / 114
　　　（三）君师圣贤崇拜及祭祀 / 115
　　二、佛教 / 120
　　　（一）佛教的传入和发展 / 120

（二）中国佛教的宗派 / 124
　　（三）喇嘛教源流与达赖、班禅 / 127
　　（四）反佛思想和灭佛斗争 / 130
　　（五）佛教与中国文化 / 134
　　（六）佛教文物和佛教胜迹 / 137
三、道教 / 141
　　（一）道教的产生与基本信仰 / 141
　　（二）道教的发展与宗派 / 144
　　（三）道教文化和道教胜迹 / 148
四、伊斯兰教 / 150
　　（一）伊斯兰教的创立和教义 / 150
　　（二）伊斯兰教的宗派斗争 / 153
　　（三）伊斯兰教在中国的传播 / 154
　　（四）伊斯兰教与中国文化 / 155
　　（五）现存伊斯兰教胜迹 / 156
五、基督教 / 157
　　（一）基督教的产生与分裂 / 157
　　（二）基督教的教义和组织 / 159
　　（三）基督教在中国的传播 / 160

第八章　古代教育 / 163
一、古代的学校教育 / 165
二、明清时代的国子监 / 169
三、书院的兴起与衰落 / 171
四、古代的家庭教育 / 176
五、清代的学塾教育 / 178

第九章　科举制度 / 181
一、科举制以前的选士制度 / 182
二、科举制的产生与发展 / 185
三、明清时代的三级考试 / 188

四、科举制的影响与功过 / 190

第十章　典籍藏书 / 195
　　一、经书 / 198
　　二、史书及其类别 / 200
　　三、类书和辞书 / 205
　　四、方志 / 208
　　五、官藏与私藏 / 212
　　六、版本与善本 / 216
　　七、图书分类 / 217

第十一章　科技成就 / 221
　　一、天文与历法 / 223
　　二、农学 / 227
　　三、算学 / 230
　　四、医学 / 231
　　五、地学 / 234
　　六、四大发明 / 235

第十二章　传统建筑 / 241
　　一、古代城池 / 244
　　二、宫殿建筑 / 248
　　三、帝王陵寝 / 252
　　四、万里长城和关隘 / 257
　　五、古代桥梁 / 262
　　六、古代园林与亭台楼阁 / 265
　　　　（一）中国园林的种类和历史发展 / 266
　　　　（二）中国园林艺术的特点 / 268
　　　　（三）历史名园一瞥 / 270
　　七、宗教祭祀建筑 / 275
　　八、装饰性建筑 / 280

九、衙署与会馆 / 285
　　十、北京四合院与各地民居 / 287
　　十一、古代大型水利工程 / 290

第十三章　古典文学 / 293
　　一、诗词作品及诗人 / 295
　　二、散文及其作者 / 302
　　三、辞赋及其作者 / 306
　　四、戏剧及戏剧家 / 309
　　五、小说及小说家 / 312

第十四章　各类艺术 / 317
　　一、书法艺术 / 321
　　二、绘画艺术 / 326
　　　　（一）中国画的历史发展 / 327
　　　　（二）中国画论的几个问题 / 332
　　三、雕塑艺术 / 336
　　四、戏曲艺术 / 339
　　　　（一）戏曲的发展与种类 / 340
　　　　（二）戏曲表演艺术的特点 / 342
　　五、民族音乐艺术 / 344
　　六、楹联艺术 / 352

第十五章　精美器物 / 361
　　一、玉器 / 362
　　二、青铜器 / 366
　　三、瓷器 / 372
　　四、文房四宝 / 377

第十六章　风俗习惯 / 385
　　一、茶酒与烹调 / 388

二、衣冠服饰 / 398

三、婚俗与葬俗 / 404

四、民族祥瑞动物 / 410

五、名贵花木 / 418

六、民族节日 / 423

 （一）春节 / 423

 （二）灯节 / 424

 （三）三月三 / 426

 （四）清明节 / 427

 （五）端午节 / 428

 （六）乞巧节 / 429

 （七）中秋节 / 430

 （八）重阳节 / 431

 （九）腊八节 / 431

七、其他崇尚和禁忌 / 432

 （一）十二生肖 / 432

 （二）数字迷信 / 434

 （三）方向与颜色迷信 / 438

 （四）避讳之俗 / 440

第十七章　中外文化交流 / 443

一、海上仙山和徐福东渡 / 445

二、陆海"丝绸之路" / 447

三、佛教东传与西行求法 / 449

四、日本遣唐使和留学生 / 452

五、郑和下西洋 / 453

六、西学东渐和东学西传 / 454

附　录　中国被列入《世界遗产名录》的名胜古迹 / 459

第一章 简论

东晋 顾恺之 洛神赋第一卷(局部)

一、文化与中国文化

"文化"这个词,现在已经深入到社会生活的各个角落和人们的心理层面,不需要过多地解释了。按照文献,它最早出现在《周易·贲》里,书云:"观乎天文,以察时变;观乎人文,以化成天下。"这应当是中国人论述"文化"的开始,但"文化"二字还没有连在一起。它的意思是,统治者通过观察天象,可以了解时序的变化;通过观察人类社会的各种现象,可以用教育感化的手段来治理天下。汉代出现"文化"一词,但对其含义,人们的理解并不一致。刘向《说苑·指武》云:"凡武之兴,为不服也;文化不改,然后加诛。"晋人《补亡诗·由仪》也说:"文化内辑,武功外悠。"这都指的是与国家的军事手段(即武功)相对立的一个概念,即国家的文教治理手段。唐代的孔颖达则别有见地,他在解释前引《周易》中的那段话时认为:"圣人观察人文,则诗书礼乐之谓。"这实际上是说,人类社会的文化,主要是指文学艺术和礼仪风俗等属于上层建筑的那些东西。古人对"文化"概念的这种规定性从汉唐时代起,一直影响到明清。因此,顾炎武在《日知录》中说:"自身而至于家国天下,制之为度数,发之为音容,莫非文也。"即人自身的行为表现和国家的各种制度,都属于"文化"的范畴。可见,中国古代的"文化"概念,指的是狭义的精神层面的东西。

西方的"文化"一词,来源于拉丁文 Cultura,它的意思是耕种、居住、练习、注意,等等。法文的 Culture,也是栽培、种植之意,但又引申为对人的性情的陶冶和品德的培养。这里的意思就包含了从人的物质生产到精神生产两个领域。可见,西方"文化"的含义比中国古代"文化"的含义要宽泛得多。19世纪下半叶,英国文化学家泰勒出版的《原始文化》一书,是关于神话、哲学、宗教、语言、艺术和习俗发展研究的著作。泰勒在书中给"文化"下了这样一个定义,说它是"包括知识、信仰、艺术、道德、法律、习俗和任何人作为一名社会成员而获得的能力和习惯在内的复杂整体"。这一观点影响巨大,在文化史的研究方面具有开先河的作用。直到现在,还可以作为我们了解和认识"文化"的参考。后来,人们纷纷用自己的理解和认识来给"文化"下定义。其中,有的侧重于历史性,有的侧重于规范性,有的侧重于心理性,有的侧重于结构性,有的侧重于遗传性,等等。迄今为止,文化的定义有数百种之多。

马克思主义理论家对"文化"做了一种新的解释,即把"文化"分为广义和狭义两种。如苏联哲学家罗森塔尔·尤金在他所编的《哲学小辞典》中认为:"文化是人类在社会历史实践过程中所创造的物质财富和精神财富的总和。从比较狭隘的意义来讲,文化就是在历史上一定的物质资料生产方式的基础上发生和发展的社会精神生活形式的总和。"我国1979年出版的《辞海》基本上采用了这个说法。但也不是所有人都同意这个观点,对文化的定义仍然存在许多争论。这不是说文化有多么复杂,而是表明文化有多个层面,企图用简略的语言加以概括是很困难的。

但是,不论"文化"有多少定义,有一个根本点还是很明确的,即文化的核心问题是人。有人才能创造文化,形成文化。文化是人类智慧和创造力的体现。不同种族、不同民族的人创造不同的文化。人创造了文化,也享受文化,同时也受约束于文化,最终又要不断地改造文化。我们都是文化的创造者,又是文化的享用者和改造者。人虽然要受文化的约束,但人在文化的发展中永远是主动的。没有人的主动创造,文化便失去了光彩,失去了活力,甚至失去了生命。我们了解和研究文化,其实主要是观察和研究人的创造思想、创造行为、创造心理、创造手段及其最后成果。关于文化的结构,也有很多不同的说法。一般地把它分为四个层次:一为物态文化层,指人的物质生产活动及其产品的总和,是看得见、摸得着的具体实在的事物,如人们的衣、食、住、行等;二为制度文化层,指人们在社会实践中建立的规范自身行为和调节相互关系的准则;三为行为文化层,指人在长期社会交往中约定俗成的习惯和风俗,它是一种社会的、集体的行为,不是个人的随心所欲;四为心态文化层,指人们的社会心理和社会意识形态,包括人们的价值观念、审美情趣、思维方式以及由此而产生的文学艺术作品。这是文化的核心部分，也是文化的精华部分。

中国文化是人类文化园囿中一个独具性格且结构完整的系统。它根植于东方的土地，融入了东方的智慧，吸纳了外来的因子，最终形成一种内涵十分丰富、具有自新能力，并且生生不息的文化体系。对于中国文化的庞大体系，我们可以从不同的角度分解和认识它。若以纵向的发展形态区分，它首先可以分为传统文化与现当代文化；若以产生的地域区分，它可以分为中原农耕文化与北部边疆的游牧文化，而农耕文化又可以分为江南文化和北方文化；若以文化的地域类型区分，它包括了三秦文化、三晋文化、燕赵文化、齐鲁文化、吴越文化、中州文化、两淮文化、荆楚文化、巴蜀文化、岭南文化等；若以民族的属性区分，它又包括了汉文化与少数民族文化（少数民族文化又可分为藏文化、蒙文化、满文化、壮文化、纳西文化等）；若以文化的社会性区分，它可以分为皇家文化与民间文化，精英文化与大众文化，宗教文化与世俗文化；若以宗教的属性区分，它又可以分为道教文化、佛教文化和伊斯兰文化等；若以不同的门类区分，它包含的就更多了，诸如建筑文化、服饰文化、饮食文化、舟车文化、青铜文化、玉器文化、山文化、水文化、茶文化、酒文化等，都在其内。当然，还可以进行更细的区分。那么，我们这里所说的中国文化究竟指什么呢？主要指传统文化。即由居住在中国地域内的中华民族所创造出来的一种民族文化，它历经数千年的演化而汇集成一个完整的体系，反映了民族特质和民族风貌，凝结了民族精神和民族气质，并且不断为中华民族世世代代所继承和发展。在这个历史演化过程中，文化的主体部分是产生在中原地区的汉文化，同时又融合了各个少数民族文化的精华。它的精神内核是孔子所创立的儒家思想，同时又辅以道家思想和佛家思想。因此，它特色鲜明，内涵丰富，历史悠久，博大精深，是中华民族数千年文明的结晶。

二、了解中国文化的必要性

在数千年的发展过程中,中国文化不但在中国历史上大放光彩,惠及历代中华儿女,而且在汉代开辟"丝绸之路"以后,影响了西方世界的历史与文化。在当今交往频繁的国际社会中,它的传播更加迅速,影响更加广泛,作用也更加明显。我们在今天来了解中国文化,至少有三个方面的现实需要。

首先,是世界人民的需要。如今的世界,已经进入一日千里的全球化时代。在这样的时代里,任何一个民族,任何一种文化,都不可能孤立存在和独自发展。因此我们说,中国需要世界,世界也需要中国,现在的世界尤其需要中国。如果说20世纪以前,西方人士对中国文化的关注更多的是出于好奇和探秘心理,那么在21世纪的今天,他们对中国文化的兴趣就与自身的发展有了密切的关系。随着中国经济的快速发展和整体实力的不断增强,中国的国际地位和影响力也不断提高,中国文化在世界上所发挥的作用也日益增大。世界各国,特别是西方世界,已经充分认识到,很多国际问题离开中国都难以解决,只有密切地关注中国的发展与崛起,谋求与中国建立新型的关系,才能为各国的未来与国际社会的和平稳定创造机会。正因为如此,中国文化在世界上受到空前的重视,世界各国人士学习汉语的热情空前高涨,孔子的学说作为"中国文化的象征符号"在世界上广泛流传,致力于满足世界各国(地区)人民对汉语学习的需求的"孔子学院"迅速在全球各地落户;许多国家和地区纷纷举办有关中国文化的展示活动,以增加本国人民对中国文化的了解;以儒、道两大思想为代表的"东方智慧",在更大范围内和更大程度上成为国际热门课题;在世界最大规模的图书博览会上,中国前所未有地被列为主宾国。所有这些,都向我们传达了一个十分强烈的信号:世界各国人民迫切希望了解中国、了解中国文化。面对这样的历史变化,面对中国文化的这种走向,我们作为中国人应当感到自豪,应当责无旁贷地承担起向世界传播中国文化的历史责任。这就要求我们必须深入了解自己的文化。

然而，我们并不真正了解自己的民族文化，这有点像苏东坡所说的"不识庐山真面目，只缘身在此山中"。对于养育我们的文化母体，我们多数人知之甚少，或者只知其一，不知其二；年轻一代恐怕了解得更少。在某些时候，我们甚至还不如西方人了解得多。英国科学家罗伯特·坦普尔在著名科学家李约瑟的指导下，曾以《中国——发现和发明的国度》一书，简明通俗地介绍了中国的一百个"世界第一"，并且在该书序言中指出，"现代世界"赖以建立的基本的发明创造，可能有一半以上来自中国。中国人自己就和西方人一样，不了解这一事实。他列举了"现代农业、现代航运、现代石油工业、现代气象观测、现代音乐，还有十进制数学、纸币、雨伞、卷线钓鱼器、手推轮车、多级火箭、枪炮、水下鱼雷、降落伞、热气球、载人飞行、白兰地、威士忌、象棋、印刷术，甚至还有蒸汽机的核心设计"，等等。他说，如果没有中国的船舵、罗盘和多级桅杆，哥伦布就不能到美洲，欧洲人也不可能建立众多的殖民帝国；如果没有中国的马镫，就不会产生欧洲中世纪的骑士时代；同样，没有从中国引进枪炮火药，也不会结束欧洲的骑士时代。作者的结论是，中国人至今未充分认识自己的成果。又比如，在历史上我们曾多次批判孔子和他的思想，但是很少认识到儒家思想的世界意义和普遍价值。而法国思想家伏尔泰早就对中国古代文明给予了高度评价，赞扬孔子"是唯一有益理智的表现者，从未使世界迷惑，而是照亮了方向"；诺贝尔物理学奖得主、瑞典科学家汉内斯·阿尔文博士甚至在第一届诺贝尔奖获得者国际大会上说："如果人类要在21世纪生存下去，必须回到25个世纪以前，去汲取孔子的智慧"。我们大多知道中国有"四大发明"，但它对世界的影响究竟有多大，我们就不如外国人看得清楚。英国哲学家弗兰西斯·培根曾经这样评价说，"（印刷术、火药和指南针）这三种东西已经改变了世界的面貌。第一种在文学上，第二种在战争上，第三种在航海上。由此又引起了无数的变化。这种变化如此之大，以至没有一个帝国，没有一个宗教教派，没有一个赫赫有名的人物，能比这种发明在人类的事业中产生更大的力量和影响"。外国人都如此高度评价中国文化，我们自己有什么理由不去了解它呢？何况我们还要担负向世界传播中国文化的重任。

其次，是文化自身发展的需要。中国文化能延续到今天，是历代中国人继承和发展的结果。它在未来的延续与发展，依然要依靠我们中国人自己。在当前时代，中国文化的延续与发展，面临国际、国内两种形势的挑战。在经济全球化的背景下，发达的西方文化，特别是美国文化随着我国的改革开放进入中国社会，给中国文化以巨大的冲击。面对具有进攻性的异质文化，我们的民族文化还能不能继续保持它的独特性，还能在多大程度上保持它的独特性，以及如何保持它的独特性？这是我们中国人不能不认真思考和对待的问题。这就要求我们下工夫了解和熟悉自己的文化，了解中国文化中哪些成分是积极的，哪些成分是消极的，哪些是应当继承的，哪些是应当抛弃的，以便在蜂拥而入的外来文化面前保持冷静的头脑，对异质文化的优劣之处予以正确的分析。在国内确立市场经济的情况下，社会运转模式与社会生活方式发生了巨大的转变，这就必然要改变中国传统文化的原有面貌。毫无疑问的是，中国文化不会停留在一个点上，传统文化也不会一成不变，相反，它会随着时代的发展而变化，会不断加入新的因素，包括民族文化的时代因素和外来文化的异质因素。事实上，自改革开放以来，随着社会经济的转型和外来文化的影响，中国文化正经历着有史以来最深刻的变化。这种变化不仅仅是外在的，不仅仅是吃汉堡包、穿牛仔裤、披白色婚纱那么简单，而是文化观念、核心思想和伦理道德的变化。当前社会上出现的一系列问题和现象，都与这种变化密切相关。在经济转型和外来文化的巨大冲击面前，我们有些人丧失了自我，丧失了判断文化价值的能力，以为外来文化中的一切东西（包括价值观念、思维方式和行为方式等）都是好的，都是可以采纳的。究其根本原因，就是对养育我们自身的母体文化不甚了解，对异质文化感觉新奇，最终导致对传统文化"无选择漠视"和对外来文化"无选择吸收"。

这种对文化发展采取的"无选择性"态度，肯定是会发生变化的，会演变为"有选择性"的。因为我们中国人不会割断自己的根,更不会损坏自己的精神家园。近年来,人们对"国学"的呼唤清楚地表明了这一点。据笔者个人的观察与分析,当代中国文化的发展需要经历三个阶段:以政治为第一取向的阶段、以经济为第一取向的阶段和以文化为第一取向的阶段。第一个阶段,把政治作为衡量一切的标准,"政治挂帅"是那时公开的口号,以阶级划分社会成员,频繁开展阶级斗争,其结果是摧毁了文化的活力,给民族文化造成灾难性的后果,所幸这个阶段已成过去。第二个阶段,只注重经济指标,"一切向钱看"是社会默认的口号,财富成为社会追逐的最大目标,结果摧毁了文化的方向。这个阶段还在继续运行,但它最终也会成为过去,还需要多少时间,目前尚难断定,但肯定不可能长久,因为文化的力量正在上升,社会已经感觉到"金钱至上"的种种危害,出现了呼唤回归传统文化的声音。在未来的第三个阶段,财富只是社会追求的众多目标之一,整个社会还有更高级、更高尚的追求,即人们的文明素质、社会的和谐相处、环境的优美舒适与社会生活的有序运行。一旦中国文化发展进入到这个阶段,中国文化就到了再度辉煌的时代。为了实现这个美好的未来,我们必须付出艰辛的努力,必须认真了解自己的文化,了解它的发展脉络和变化规律,在同外来文化交流与碰撞的过程中,能够自觉地吸取精华、抵制糟粕,进行有益的文化扬弃。

再次,是个人提高素养的需要。孟子说:"无恻隐之心,非人也;无羞恶之心,非人也;无辞让之心,非人也;无是非之心,非人也。"(《孟子·公孙丑上》)这说明孟子已经注意到"人"与"非人"的区别。孟子是主张"性善"的,按他的原意,"恻隐之心""羞恶之心""辞让之心"和"是非之心",属于"人"的"善端",生来就有。因此,具有这四种"善端"的,就是"人";相反,没有这四种"善端"的,就是"非人"。这个"非人",用现代汉语说,就是动物。事实上,人与动物最明显的区别,就在于"人"是有文化素养的,是有精神追求的,是有道德理想的,是有情有义的。从现代意义上讲,人之所以为"人",是因为他追求高尚,讲究道德,讲求"文明",是一个"文明人"。人类到了如今的 21 世纪,"文明人"应当具备富于现代特色的更为高尚的品质。可是,我们仔细观察今天的社会,依旧还有种种"非人"的现象。难道是经历了数千年,社会没有一点进步吗?人类没有一点提高吗?当然不是。在任何社会发展阶段,人与人之间,总会存在一种差异,人的文明程度也有一个逐渐提高的过程,因为文化素养不是与生俱来的,而是在社会中通过接受教育和自觉学习取得的。社会向前发展,人也要随着社会前进和提高,更何况人还有责任推动和引领社会。所以,社会的每个人不断提高自己的文化素养是必然的选择。一个文明发达的社会,人绝不应当成为金钱和物质的奴隶,而应当是具有高尚情操、丰富知识和无穷创造力的公民。这样的公民,懂得依法行事,懂得以礼待人,懂得运用"天时、地利、人和"的外在条件创造性地工作;这样的公民,尊重自己,更尊重他人;享有权利,更承担义务;善于获取,更善于奉献。要达到这样一个高度,仅仅依靠学一点外语、学一点科技是不可能的,还要认真了解和学习民族文化。

作为中国人,自然就要了解和学习中国文化。这种了解和学习,并不是要求每个人都要精通"国学",都要读遍孔孟老庄的著作。这是不可能的,也是不现实的。但是有选择地阅读一些研究中国文化的书籍,欣赏一些中国古典诗词和音乐,领略一些京剧、昆曲等传统艺术,参观一些中国古代建筑和文化遗址,从中体会和感受民族文化所包含的精神气质,这并非是办不到的。也可以从自己喜欢的专项入手,比如书法、绘画、戏曲、民乐等,由专项逐步延伸到相关方面,拓展了解的广度和深度。通过这样的了解和学习,我们就能从中华民族特有的思想和文化宝库中汲取营养、熏陶人格,努力把自己塑造成既保有民族传统,又符合现代化要求的新型人才。

三、中国文化的民族特点

文化也跟人一样,有外在的和内在的两种特点。外在的是它的样子,即

汉代画像石　渔猎图

形态；内在的是它的品性，即精神。在这两方面，国内外的学者们都有不同的看法。概括起来说，它的外在特点有四个方面：一是它的统一性，这是说中国文化在发展中以远古时代的华夏文化（即后来的汉文化）为核心，同时吸收了国内各民族文化的精华，形成了一个统一体。"这个统一体发挥了强有力的同化作用，在中国历史上的任何时刻都未曾分裂和瓦解过。即使在内忧外患的危急存亡关头，在政治纷乱、国家分裂的情况下，它仍能够保持完整和统一。这一特征是在世界任何民族的文化中都难以找到的。"（李中华《中国文化概论》）比如，公元3世纪（此后省略公元后时间的"公元"二字）的三国时代和4世纪到6世纪的南北朝时期，政权虽然是分裂和对立的，文化却是统一的。二是它的连续性，这是说中国文化在历史上没有发生中断现象，是一环扣一环向前发展的，不像埃及文化、巴比伦文化和希腊文化那样产生过断档和空白，发生过间隔或跳跃。中国的"二十四史"把数千年的历史人物和历史事件记载得清清楚楚，以至我们可以知道在公元前43年发生过太阳黑子，公元前613年出现过彗星，等等。文学也如此，从《诗经》、《楚辞》、先秦散文、汉魏诗赋到唐诗、宋词、元曲、明清小说，一直延续下来。公元前5世纪的文学作品《诗经》，至今我们仍然可以读懂，它的许多诗句也还是我们的生活语言。三是它的包容性，这是说中国文化能够兼收并蓄，吸纳各种不同的文化因子。可以说，"有容乃大"一直是中国文化的本色。春秋战国时期的诸子百家在争鸣中能够取长补短、相互融汇，汉民族文化也能够长期吸收周边少数民族的文化，对外来的异质文化敞开它博大的胸怀，有扬有弃地吸收。如早在公元前1世纪，中国就已经吸收了印度的佛教文化，后来又吸收了基督教文化和伊斯兰教文化，中国还有自己的道教文化。各种不同的宗教在中国都可以和谐共处，可以相互影响和吸收。即使它们之间有激烈的争论，也不会酿成剧烈的冲突，更不会演变为战争。改革开放以来，中国更是敞开胸怀接纳来自世界各地的文化。四是它的多样性，这是说中国文化在统一性里具有多样性，在整体性里具有差异性。只要到中国的各地走一走，就会发现各地的文化存在着一定的差异。比如，全中国通行汉字和普通话，可是各地的方言很不相同；各地都有戏曲表演，可是南方的戏曲委婉缠绵，如同小桥流水，北方的戏曲高亢激昂，如同高山莽原。我们中国的菜肴总体上叫"中国菜"，可全国有八大菜系，味道不完全相同。此外，中国还有丰富多彩的少数民族文化，可以说是异彩纷呈，各有特色。

中国文化的内在特点说法很多，概括起来也很难。大体说来，有冯友兰先生的"哲学特性说"。他认为，中国文化具有以儒学为主导因素的哲学特性，儒学提供了丰富的人生智慧，凝结成中华民族特有的心理素质，塑造了中国传统农民和知识分子的特殊性格。还有任继愈先生的"宗教特性说"。他认为，中国文化是儒、道、释三教合一，儒学以及后来的宋明理学在实质上都是宗教。儒、道、释三教合一的思潮构成了唐宋以后直到鸦片战争前后近千年的宗教史和思想史。也有李泽厚先生的"美学特性说"。他认为，中国文化的传统是社会政治哲学始终占主导地位，并且同兵、农、医、艺四大实用文化联系密切，它的哲学追求是美感和乐感，而不是苦感和罪感。还有梁漱溟先生的"伦理特性说"。他认为，中国文化以人伦关系为基本，讲究父慈子孝、兄友弟恭、君贤臣忠等，追求群体互助，同西方世界的"个人本位"和"自我中心"很不相同。这四种观点具有代表性，跟个人所研究的侧重面有很大关系。我们也不妨这样理解中国文化的内在特点：一是中国文化突出人文主义精神，它不像西方文化那样依附于神学独断。中国虽然也有宗教，但它并没有渗透到日常生活的各个方面。相反，在中国人的生活里，宗法道德观念才是维系整个社会的根本纽带。长期以来，中国人的行为准则并不是遵循某个神的意志，而是要合乎儒家所提倡的道德规范。

在中国人的观念里有所谓"天"的概念,历代帝王也有祭天的仪式,但就其实质来看,这里的"天"不过是自然而已。人们通常所说的"天道",实际上也指的是人类社会的道德秩序。二是中国文化注重和谐与中庸。它不像西方文化那样讲求分别与对抗,而是主张"天下同归而殊途,一致而百虑"(《周易·系辞下》),"提倡在主导思想的规范下,不同派别、不同类型、不同民族之间思想文化的交互渗透,兼容并包,多样统一"(张岱年、方克立:《中国文化概论》)。中国传统哲学所讲的"和而不同",就是讲各种不同质的事物和谐地融合在一起,才能产生新的事物。中国古代的"中庸之道",被认为是"天下之大本""天下之达道",如果宇宙万物和人类社会不偏不倚,各安其位,就能够达到"和"的最佳状态,也就是人生和社会的最佳境界。三是中国文化富于安土乐天的情趣。它不像西方文化那样追求冒险与刺激。中国古代一直是一个以农业为主的自然经济社会,人们爱土、敬土、安土,把土地当作自己的生命与依靠,因此,人们"日出而作,日入而息,凿井而饮,耕田而食"(先秦《击壤歌》),唯一祈求的就是天下太平,丰衣足食,一旦遇到战乱便梦想有一个"世外桃源"。由安土乐天的心理而产生了一种浓厚的乡土情谊,凡是那些离乡背井的人,一个个都要思乡、怀旧、寻根、问祖,这同西方文化确实大不相同。

四、中国文化的未来

如前所说,中国文化正处于一个深刻变化和快速发展的阶段。从国内环境来说,在市场经济的主导下,人们的衣食住行,都发生了空前的变化,在思想观念、伦理道德等层面,与旧有传统更是大不相同;从国际环境来说,在全球化的背景下,外来文化,特别是以美国文化为代表的西方文化对中国传统文化产生了空前的冲击,中国文化的再次发展与辉煌遭遇了巨大的挑战。总而言之，中国文化正经历着巨大的考验。那么，中国文化会变吗？会变到哪儿去？这是我们每个中国人都会关心的问题。有些人嫌变得太快，害怕因此失掉传统，想用改良儒学的办法来尽力保持传统，谋求建立新儒学；还有一些人嫌变得太慢，嫌传统箍得太死，想用摆脱传统的办法求得全面更新，甚至主张"全盘西化"。这两种办法都脱离我们现时的国情，都是行不通的。一方面，我们今天的国体和政体，是近百年来马克思主义理论与中国革命实践相结合的过程中，历史和人民作出的选择。儒学作为传统文化的主导成分，在整体上与今天的主导思想是不能同日而语的。它的某些精华部分，经过继承和改造，可以成为社会主义新文化的组成部分，与现代化的社会相适应。必须指出的是，儒学赖以生存并为之服务的小农自然经济、封建官僚体制和宗法式的社会结构已经基本上消失了，重建和复兴儒家文化只能是一种不切实际的幻想。从另一方面说，任何文化传统都是历史形成的。传统一经形成，它就是民族性格的组成部分，它就有巨大的惰性和惯力。我们既不能选择传统，也不能摆脱传统，而只能在传统的制约下谋求发展和前进，求得不断更新和提高。当代哲学家张岱年先生近年力主中国文化"综合创新"，其主要思想是：（一）马克思主义普遍真理与中国文化优秀传统的综合，即用马克思主义的唯物辩证法对中国文化传统进行分析，去粗取精，

汉代画像石　宴饮乐舞图

去伪存真，以马克思主义普遍真理为指导，揭示中国文化的优秀传统；（二）中国文化的优秀传统与近代西方文化的先进成就的综合，即批判地继承两种文化中值得继承的东西；（三）就中国本身的文化传统而言，还要注意儒、道、墨、法四家的综合，即儒家以和为贵的思想，道家的批判精神，墨家重视自然科学与形式逻辑的学风，以及法家以法治国与肯定"力"的作用的观点。我们认为，在这个"综合创新"观点的启示下，只要我们既不因循守旧，盲目自满，拒绝和排斥外来文化的优秀成分，也不崇洋媚外，丢弃自我，照搬人家的一切，而是实事求是地分析中国文化的成分及其对历史的影响和贡献，继承和吸收古代文化中一切有益的东西，借鉴和吸收外来文化中一切优秀的成果，建立一种性质、结构和功能都完全崭新的社会主义新文化，是完全可以实现的。

● 学习与思考

1. 如何理解中国文化是一个独特的文化体系？
2. 我们为什么要了解中国文化？
3. 中国文化的内在特点是什么？
4. 中国文化未来会怎么发展？在全球化大背景下会不会丧失它的特点？

参考答案

● 相关资料

1. 张岱年，方克立.中国文化概论（修订版）.北京：北京师范大学出版社，2004.
2. 冯天瑜，杨华，任放.中国文化史（彩色增订本）.北京：高等教育出版社，2007.

第二章 地理概况

九州山川实证总图

任何民族文化的发生和发展，都离不开它所依托的自然环境。不同地域的自然环境往往孕育出不同的文化类型。中国文化自古发生于亚洲东部大陆这块丰饶的土地上，因而也形成了它不同于欧洲文化、美洲文化和阿拉伯文化的许多品格。这是众所周知、无可怀疑的事实。中国文化所处的地域环境，其特点主要有三个：第一是内陆辽阔，空间巨大，为民族的生存、发展与创造提供了足够回旋和施展的舞台。中国位于亚洲大陆的东部，其东南濒临浩瀚无边的太平洋，而至西、至西南、至西北则居于亚欧大陆的中心腹地。对于这一点，古人早已有所描述，即如《尚书·禹贡》所言："东渐于海，西被于流沙，朔南暨声教，讫于四海。"在这样一个辽阔地域里生息的中华民族，有足够广阔的天地创造自己的文化，演绎自己的历史。就以中国的政治中心而论，商周时代已沿着黄河流域迁移，汉唐时期已形成西安（长安）、洛阳两个中心，而长江以南的南京（建康）也在同一时期崛起；到唐宋以后，北京、杭州（临安）相继为都，明清两代均以北京为一国之心脏。这足以说明，中华民族自身的活动天地是很宽阔的，它的文化创造无需借助他人的土地。这是造成中国文化亘古独立、长生不灭的根本原因，也是中国文化带有内敛性和保守性的环境因素。第二是地形复杂，气候多样，为中国文化的丰富内涵和多元特点提供了有利的发展条件。中国的地势西高东低，落差巨大。山脉因地势而多呈东西走向，河流也大多西来东去。高原和丘陵差不多占了三分之二，盆地和平原大约有三分之一。我国的四大高原：青藏高原、内蒙古高原、黄土高原和云贵高原都集中于西部和北部，其中青藏高原海拔在4,500米以上，被称为"世界屋脊"。黄河、长江、澜沧江都发源于此。盆地以塔里木盆地、准噶尔盆地、柴达木盆地和四川盆地为最大，号称"四大盆地"。丘陵和平原则分布于东部，其中又以东北平原、华北平原、长江中下游平原和珠江三角洲平原为"四大平原"。中国的领土大部分处于北温带，因而季风气候明显，冬夏季风向有显著的变化，加上内陆广阔，为典型的大陆性气候。这些复杂地貌和不同气候给人们的衣食住行以巨大影响，人们不能不依据这些条件决定自身的生产方式和生活方式，中国文化因此而呈现多姿多彩的画面。第三是山河壮丽,景色秀美,对中华民族的文化心理及审美趣味产生了深刻影响。中国地域辽阔,山多水多。高山耸立,千峰竞秀,河湖纵横,百川归海,构成一种气度非凡而又深刻隽永的山水环境。中国地名多以山水命名,体现出中华民族依托山水的内在精神;"山河""河山""江山"成为领土与政权的代称,蕴含着中华民族"天人合一"的特殊感情,特别是历代兴盛、经久不衰的"山水诗""山水画"和以山水为基本结构的园林艺术,更揭示了活跃于山水环境里不灭的民族灵魂。"湖光山色""碧波浩渺""青山秀水""崇山峻岭""水天一色""波光粼粼"等描绘山水的词语,表明了中华民族对山水是多么热爱,从中获取的美感是多么丰富,也表明了山水环境对中国文化的影响是多么深刻。

一、黄河、长江与中国文明

黄河与长江是中国两条最大的河流,它们从西到东,把中国的国土由南至北划分为三个自然带,构成了不同的气候和水土条件,为中华民族的生存和发展提供了最充足的乳汁。如果说,人类的生存发展离不开水,那么中华民族的生存和发展就离不开黄河与长江。如果没有黄河与长江,也许就没有我们这些炎黄子孙。所以把二者称作我们的"母亲河",一点也不过分。

黄河,虽然长度逊于长江,为中国的第二条大河,但它与中国文明发生、发展的关系却更为人们所重视。"黄河是中华民族的摇篮",这是一种生生不息的民族信念。黄河全长 5,464 公里,流域面积约 75 万平方公里。它的发源地在巴颜喀拉山下的卡日曲,河流从这里开始,将冰雪的融水和雨水汇入两个高原湖泊——扎陵湖和鄂陵湖,然后流转于青藏高原之上,至兰州而展开呈弯弓状,后穿越秦晋两省的黄土高原,因这一带水土流失严重,河水中夹带大量泥沙,呈黄色,遂称"黄河"。河水出孟津进入平原之后,泥沙逐渐淤

大禹像

积于河床底部,使河床高出地面4米至5米,有的地方甚至达10米,成为世界上有名的"地上河",形成"易淤、易决、易徙"的特点,因而造成历代水患。据不完全统计,在过去的2,000余年中,黄河曾先后决口泛滥达1,500余次。治理黄河成为历代治国安民的重大措施。

黄河虽然水害频繁,但它的乳汁却哺育了中华民族,哺育了中华文明。如前所说,黄河流域是远古先民最早栖息繁衍的地带,也是华夏文明发祥地。迄今为止,黄河中下游及黄土高原发现的古人类新石器文化遗址数量最多,空间分布范围也比较集中。黄河中游的新石器文化区以关中、晋南、豫西地区为中心,西至渭水上游陕甘接壤地带,北至长城一线,南达汝水、颍水中上游。黄河下游的新石器文化区则以泰山为中心,南至淮河以北,东至渤海,北达辽东半岛南端。在这一大片范围内,那时的水土条件适宜于农业耕种,原始先民最初采集野生谷物,后经种植驯化而逐渐成为发达的农耕文明。仅《诗经》中记载的野生植物就有一百多种。由于农业经济发达而形成历代政治中心和文化中心,中国的"七大古都"西安、洛阳、开封、安阳、北京、南京、杭州,有五个位于黄河流域;唐宋以前著名的思想家、政治家、军事家和艺术家绝大部分出生在黄河流域。究其原因,乃是因为黄河及其众多的支流,为古代聚居于此的先民提供了灌溉和航运之便;它们流经的地方,形成许多东西向或东北—西南向延伸的山谷和盆地,气候温和,出入便利,成为人们理想的聚居区。正是在这些条件之下,黄河流域的文化最早发育成熟起来,因而成了中国文明的最早发祥地。"白日依山尽,黄河入海流。欲穷千里目,更上一层楼"(王之涣《登鹳雀楼》),正体现了黄河所孕育出的民族文化精神。

长江是我国最长的河流,发源于青海省唐古拉山主峰各拉丹冬山西南侧,全长6,300多公里,流经青海、西藏、四川、云南、重庆、湖北、湖南、江西、安徽、江苏、上海等11个省、自治区、直辖市,流域面积达180余万平方公里。沿江支流众多,水系庞大,从发源地到入海口的总落差达6,600余米,蕴藏的水力资源占全国水力资源的40%以上,它浇灌的土地和哺育的人口居全国之冠,航行里程在全国各水系中也居首位。为了开发长江流域丰富的水力资源,中国已建设了20余座大中型水电站,举世瞩目的"长江三峡水利枢纽工程"已经完工,可从根本上改善长江两岸的水利条件,促进农业的高产丰收。

杜甫诗云:"无边落木萧萧下,不尽长江滚滚来。"(《登高》)长江像一条璀璨夺目的蓝色玉带系于中华大地的腰间。它的不朽生命使它成为中华文明的第二个哺育区。首先,在长江流域发现的新旧石器时代的文化遗址仅次于黄河流域地区,而且主要集中在川滇地带、汉水中游和苏皖平原。长江下游以太湖平原为中心,长江中游则以江汉平原为中心。其次,长江中下游地区,以水稻为代表的水田农业文化是在中国文化中心逐渐南移的历史背景下发展起来的。由于这里气候温和,雨量充沛,水运交通便利,又催生了发达的商贸文化(如水运商业等)、丝织工艺文化(如陶瓷、丝绸、文房四宝等)、园艺文化(如花果栽培等)和园林文化(如江南私园等)。苏轼说:"大江东去,浪淘尽,千古风流人物。"(《念奴娇·赤壁怀古》)杨慎则说:"滚滚长江东逝水,浪花淘尽英雄。是非成败转头空。青山依旧在,几度夕阳红。白发渔樵江渚上,惯看秋月春风。一壶浊酒喜相逢。古今多少事,都付笑谈中。"(《临江仙·滚滚长江东逝水》)由长江奔流的气势所引发的历史感慨,一直以来都是中国文人特有的情怀。

二、中国历代疆域

中国地处亚洲大陆的东部,通常所说的陆地总面积为960万平方公里,占世界大陆面积的1/15，大小相当于一个欧洲。最东端位于黑龙江与乌苏里江的汇合口，向西一直伸入亚洲大陆的腹地，东西时差达4个多小时；最南端位于南海中的曾母暗沙，最北止于黑龙江省漠河县的黑龙江江心，南北纵长约5,500公里。

我国辽阔版图的形成经历了一个发展过程，秦王朝的统一第一次奠定了中国版图的基础。秦以前的夏商时代，其统治区域大体在今黄河中下游地区，尤以今山西、河南、陕西交界地区为中心。西周初年，分封诸侯，当时的统治区域已西至今甘肃，南达长江以南，东到今山东，北达今辽宁。经过春秋战国的厮杀和兼并，各国间的文化得以沟通，到秦始皇统一天下，秦朝的疆域已东到大海，西到陇西，北到长城，南达今广西。

秦以后，经过两汉四百余年的统治和开拓，原有的版图得到进一步巩固。魏晋南北朝时期，虽然分裂割据，战乱频仍，但大量移民南下，使长江以南的广大地区得到开发，中国社会的经济重心逐渐由黄河流域向南方转移。589年，隋朝统一全国，至唐代而全盛，当时的疆域东达大海，西到咸海，东北至黑龙江以北的外兴安岭和库页岛一带，南达南海。

唐末农民起义失败后，中国历史又进入了五代十国的分裂时期。随后经过北宋与辽、南宋与金的对峙和斗争，至1279年，元灭南宋，统一中国，建立了沿袭至今的省制，其中新设立岭北（蒙古）、辽阳（东北）、甘肃、云南四行省，西藏也在此时正式划入中国的版图。这时的疆域，按《元史·地理志》的记载，"北逾阴山，西极流沙，东尽辽左，南越海表"，版图已大大超越前代。

明清以后，中国版图变化频繁，领土被分割肢解。明代除设置十三布政使司管辖山东、山西、河南、陕西、湖广、四川、浙江、江西、福建、广东、广西、云南、贵州以外，还设立奴儿干都司，有效地管理整个黑龙江流域和乌苏里江流域。清代前期的管辖地区，西北达巴尔喀什湖北岸，东北至黑龙江以北的外兴安岭和库页岛，东南到台湾及其附属岛屿钓鱼岛、赤尾屿等，南边包括南海诸岛。清代后期，列强侵入，中国任人宰割。1858年，通过《中俄瑷珲条约》，沙俄侵占了外兴安岭以南、黑龙江以北60多万平方公里的土地；1860年，沙俄又侵占了巴尔喀什湖以东和以南44万平方公里的土地；1881年以后，沙俄又掠去中国西部地区七万多平方公里的土地。英国和葡萄牙殖民者也在此期间霸占了香港和澳门。根据中英两国关于解决香港问题的协议和邓小平"一国两制"的构想，1997年7月1日，中国政府对香港恢复行使主权，澳门也于1999年12月20日回归祖国。中国被外国列强任意宰割的时代已经一去不复返了。今天，中国的版图拥有河北、河南、山西、山东、辽宁、吉林、黑龙江、陕西、甘肃、青海、湖南、湖北、江苏、浙江、江西、安徽、福建、广东、海南、台湾、云南、贵州、四川等23个省，西藏、新疆、广西、宁夏、内蒙古等5个自治区，北京、天津、上海、重庆4个直辖市和香港、澳门2个特别行政区，是亚洲面积最大、世界人口最多、经济发展最具活力的国家。

三、中国古代行政区划沿革

行政区划是国家行政管理的区域性组织系统，是将地理和人口面貌政治化的一种措施，这在中国已有悠久的历史。相传黄帝时代已"画野分州"，至尧时分为"十二州"，《尚书·禹贡》则分为九州：冀、豫、青、徐、荆、扬、兖、雍、梁，而《周礼·职方》有冀、豫、青、荆、扬、兖、雍、幽、并之说，也有《尔雅·释地》的冀、豫、荆、扬、兖、雍、幽、并、营之说，但大多属于依据山川地势的自然分界。成书于战国时代的《吕氏春秋》则说，"河汉之间为豫州，周也；两河之间为冀州，晋也；河济之间为兖州，卫也；东方为青州，齐也；泗上为徐州，鲁也；东南为扬州，越也；南方为荆州，楚也；西方为雍州，秦也；北方为幽州，燕也"。这里把自然区划与诸侯国的疆域形势结合起来，成为全国的政治形势图。先秦以前的诸侯国虽然已有郡或县的设置，但中国的行政区划还没有形成一个完整的体系。

从秦汉到隋代，大体实行"郡县制"。秦始皇统一中国以后，将天下分为三十六郡，其中主要有陇西、颍川、南阳、邯郸、巨鹿、渔阳、右北平、辽西、辽东、河东、上党、太原、代郡、雁门、云中、琅邪、汉中、巴郡、蜀郡、长沙、黔中等，郡下设县，以郡统县。后来随着秦王朝版图的扩大，又增添了南海、桂林、象郡、闽中、九原等郡，全国所设县约有一千余个，中国古代的区域行政管理由此初成体系。汉袭秦制，但郡国并存。所谓"国"，就是诸侯王的封地，大小不一。由于诸侯国阻碍中央政令的执行，汉景帝以后采取"削藩"政策，逐步削弱诸侯王的封地和势力。汉武帝为了进一步加强中央集权，于元封五年（公元前106年）将全国的郡国分为十三刺史部（也称十三州），即凉州、并州、冀州、幽州、兖州、青州、徐州、豫州、益州、荆州、扬州、交州、朔方。这十三刺史部州属于监察性质，还不是行政区域，但却是中国行政区划史上设"州"的开端。到了东汉末年，部州最终居于郡县之上，成为州、郡、县三级政区。魏晋南北朝时期，基本上也是州、郡、县三级，但因南北对峙，政权割据，使州的设置范围越来越小，一部分州郡有名无实。隋朝建立以后，又逐步改成了郡（州）县二级制。

从唐宋到辽金，主要实行"道路制"。唐贞观元年（627年），唐朝政府根据山川的自然形势，把全国划分为关内、陇右、河东、河北、河南、山南、剑南、淮南、江南、岭南等十道。开始，它也不是一种行政区划，后来便于十道设立巡察使，具备了监察性质，相当于西汉时的部州。开元二十一年（733年），由十道增为十五道，每道设采访处置使，有固定治所，从此，"道"成为州的上一级政区，形成道、州、县三级制。此外，唐代还把一些地位特殊的州改为"府"，在其他一些比较重要的地方设"都督府"，在边疆地带置"都护府"，这样，唐代又确立了府制。北宋初年，把全国分为十三道，不久即改"道"为"路"。宋太宗时分为京东、京西、河北、河东、淮西、淮南、江南、湖北、湖南、两浙、福建、西川、陕西、广东、广西等十五路，后来又增至十八路、二十三路等。但宋朝的路制与唐代的道制并不一样，一个路常常分属几个机构管辖,既有监察的性质,又有行政的功能。路以下为府、州、军、监和县。府、州的作用和性质与唐代相同,类似秦汉以来的郡。"军"则是有军队戍守的政区,"监"是管理矿产、畜牧的政区。军、监有的与府、州同级,隶属于路;有的与县同级,隶属于府、州。

元、明、清三代基本实行"行省制"。元代初年,以中书省为中央政府,直辖京师附近地区,如山西、河北等地,然后将其他地区分成十个行中书省,即岭北、辽阳、河南、陕西、四川、甘肃、云南、江浙、江西、湖广,简称为"行省"。行省之下,设道、路、州(府)、县。明朝建立以后,对行省制做了重大改革,不称"行中书省",而称"承宣布政使司",又将元代的军政合一,改为只管民政。因布政使司总理一地的行政事务,人们仍在习惯上称"行省"或"省"。全国除京师(北京)和南京为直辖地外,尚有山东、山西、河南、陕西、四川、湖广、浙江、江西、福建、广东、广西、云南、贵州等十三布政使司(省),下设府和州、县。清朝刚建立,也称布政使司,随后又改为省,经过部分调整,省的名称跟今天已基本一样了。

辛亥革命以后,大体上实行省、专、县三级体制。北洋军阀时期,除清代原有的23个省外,又设立了热河、察哈尔、绥远、川边等四个特别区,另外还辖有青海、西藏和外蒙古三个地方。到国民党统治时期,全国已有29个省和西藏、蒙古两个地方,设上海、南京、北平、天津、青岛、西安为直辖市。1932年以后,陆续在省以下设立若干专区,由行政督察专员领导,其机构称为专员公署,作为省政府的派出机关,管理若干县,其基本体制跟今天也差不多了。

四、现行省、市、自治区名称的由来

从中华人民共和国成立到现在,全国行政区划也有过不少变化。如前所述，到目前为止，我国拥有23个省、4个直辖市、5个自治区和两个特别行政区，共34个省级行政单位。

北京，简称"京"，古称"蓟"，西周初年燕国建都于此，故称"燕京"。战国时为燕国上都。秦始皇统一中国后，置为广阳郡。汉代属燕王、广阳王封地。魏晋南北朝时期，一度为鲜卑慕容氏前燕国的统治中心。隋改为"幽州"，唐代已成北方军事重镇，范阳节度使的治所即在此。辽会同元年（938年），契丹族建立的辽国改幽州为幽都府，建为南京，作为陪都；1012年改称"析津府"，随后女真族的金国迁都于此，称为"中都"。元朝灭金，以此为都城，号曰"大都"。朱元璋攻灭元朝，建都于南京，改元大都为"北平府"，封其子朱棣为燕王。1403年，朱棣称帝，改称"北京"，不久迁都于此。北京之名从此始，至今已六百多年。其后，清兵入关，以此为都。民国时期一度复称"北平"。中华人民共和国成立后，北平成为新中国的首都，改称"北京"，为中央政府直辖市。

天津，简称"津"，原处海中，至隋以后才露出水面，逐渐成为南北交通必经之地。宋时称"直沽寨"，元代已成港口，往来船只不断，人口结集成镇，名"海津镇"，即通往海中之渡口也。据传，明代初年，燕王朱棣起兵往南京夺位，率军由此南下，因天子渡津于此，赐名"天津"。清初，天津已成为保卫京师的军事重镇。清末，袁世凯任直隶总督兼北洋大臣，以此为政治中心。国民党统治期间，天津为直辖市。新中国成立后，初属河北省，后改为直辖市。

上海，地近海边，捕鱼业兴盛，渔民使用一种名叫"扈"的渔具，"扈"又称"沪"，故上海简称"沪"。春秋时期属吴，战国时为楚国春申君黄歇的封地，故又称"申"。"上海"之名始于宋，因当时海船往来，人口密集，于一个名为"上海浦"的地方设市交易，遂有"上海"之称。南宋时在此设立"市舶提举司"以管理来往船只。元代至元二十八年（1291年）正式设县，明建城垣以防倭寇，清代设立江海关、兵备道，以加强贸易管理和军务防备。鸦片战争后，被辟为通商口岸，沦为西方侵略者的乐园。国民党时期已划为直辖市，现仍为直辖市。

重庆，位于四川盆地东南部，长江和嘉陵江蜿蜒其间，故称江州，为周初巴国，因隋、唐、宋时三次为渝州治所，故简称"渝"。"重庆"之名，其说有二：一说重庆北宋时为恭州，南宋光宗继位前，于孝宗淳熙十六年（1189年）被封于此，是年又受禅即帝位，于是取双重庆贺之意，改恭州为"重庆府"；一说因重庆位于绍庆和顺庆之间，合双庆而为府名。1939年被国民党政府划为直辖市，新中国建立初仍为直辖市，后划归四川省。1997年3月14日，八届全国人大五次会议批准将万县、黔江、涪陵等市和地区划入重庆市，设立重庆直辖市。

河北，即在太行山以东、黄河以北，古属燕、赵之地，作为行政区划的名称始于唐代设立的"河北道"，五代沿袭不变。宋以后曾分为河北东路、河北西路。元置行中书省，明直属京师，清改称直隶省。1928年，国民党政府改为河北省，新中国成立后仍称之，省会初设天津市，后迁保定市，又迁石家庄市。以其地在《禹贡》中属"冀州"，简称"冀"。

山西，即在太行山以西，古称"唐"，春秋属晋，战国时分为韩、赵、魏，故称"三晋"，唐代以长安为都，称黄河以东、太行山以西为河东，设河东道，京剧《下河东》即指此。元代以今北京为都城，称太行山以西为山西，设河东山西道宣抚司，属中书省。明清为山西省，沿袭至今。现省会太原市，简称"晋"。

内蒙古自治区，位于我国北部，与蒙古国、俄罗斯接壤。蒙古原为蒙古高原的部族名，唐代已见于文献记载。直到13世纪初，成吉思汗建立蒙古汗国，其后忽必烈南下灭金，建立元朝，称雄一时。明清以来，习惯上将蒙古分为内、外两部分。内蒙古指大漠以南、长城以北，东起哲里木，西至河套广大地区。1947年5月1日，成立内蒙古自治区，首府呼和浩特市，简称"内蒙古"。

辽宁，地处辽河流域，战国时属燕，为辽东郡，政治中心在今辽阳市。秦汉置辽东、辽西郡，其后也有称辽东为辽左者。元代设辽阳行省，明代直属京师。清初以其地为清王朝发祥之地,取"奉天承运"之意,改名奉天省。直至1929年,张学良主持东北军政,"易帜"服从国民党中央政府,才取辽河地域永久安宁之意,改称"辽宁",沿用至今。现省会沈阳市,简称"辽"。

吉林,位于东北地区中部、松花江两岸。古为肃慎地,汉属夫余郡,唐为渤海国的一部分,辽、金为上京道或上京路,元属辽阳行省,明为女真族控制,清时在松花江沿岸建吉林乌拉城(今吉林市),简称吉林,驻吉林将军,清末定为吉林省至今。现省会长春市,简称"吉"。

黑龙江,地处我国东北隅,古为肃慎地,汉属夫余郡,辽、金所属与吉林同。"黑龙江"之名,首见于《辽史》,以其江水黑色、蜿蜒如龙称为"黑龙江",1956年设为此名。明代为女真族控制,清初沿黑龙江筑城,置"黑龙江将军府",即今爱辉旧城(今属黑河市)。清末定为黑龙江省至今,现省会哈尔滨市,简称"黑"。

江苏,地处长江下游、黄海之滨,春秋战国时属吴、楚等国,秦属东海、会稽郡,汉属徐、扬二州,清初建为江南省,康熙六年(1667年)改设为江苏布政使司,两江总督驻江宁府(今南京市),巡抚驻苏州府(今苏州市),合两地之名为"江苏"。现省会南京市,简称"苏"。

浙江,位于东海之滨,因境内钱塘江古称浙江而得名。春秋时为越国地,战国属楚,秦时为会稽郡,汉属扬州,唐始设浙江东西两道,元属江浙行省,清置浙江省。现省会杭州市,简称"浙"。

安徽,位于华东西北部,地跨长江、淮河。境内天柱山古称皖山,西周时为皖伯地。春秋战国时分属吴、楚等国,秦置九江、泗水等郡,汉属扬州、豫州,直至清康熙六年始设安徽布政使司,以巡抚驻地安庆府(今安庆市)和徽州府(今歙县)两地首字为省名。现省会合肥市,简称"皖"。

福建,位于我国东南沿海,与台湾省隔海相望。春秋战国时分属越、楚等国,秦置闽中郡,汉属扬州,唐时取福州、建州(今建瓯)各一字设福建观察使,宋为福建路,元为福建行中书省,明清为福建省。现省会福州市,因境内有水量丰富的闽江,简称"闽"。

江西，地处长江中下游南岸，春秋战国时属楚，秦置九江郡，汉属扬州，唐设江南西道，简称江西道，始有"江西"之名。元设江西行中书省，明清为江西省，现省会为南昌市，因境内有赣江，简称"赣"。

山东，地处黄河下游，在黄海、渤海之滨。春秋战国时为齐、鲁等国，秦置济北、胶东、琅邪等郡，汉属青、兖、徐州，金设山东东、西二路，辖区相当于今山东省及江苏淮北地区，山东始作为政区名，明改山东布政使司，清为山东省。现省会济南市，简称"鲁"。

河南，地处黄河中下游，自古属豫州，古九州之一，居九州之中，故称"中州"，为中国古代文化最活跃的地区。春秋战国时分别为宋、卫、郑、韩、魏、赵等国辖地，东周天子也居此。唐时划黄河以南、淮河以北为河南道，始有"河南"之名。明清为河南省。现省会郑州市，简称"豫"。

湖北，位于长江中游、洞庭湖之北，故称"湖北"。春秋战国时为楚国辖地，汉时属荆州，宋时设荆湖北路，简称湖北路，始有"湖北"之名。元属湖广行中书省，清初分湖广为湖北、湖南二省。现省会武汉市，因清时省会武昌古称"鄂州"，故简称"鄂"。

湖南，地处长江中游南岸，大部分在洞庭湖以南，故称"湖南"。春秋战国时为楚国辖地，秦置长沙郡，汉属荆州，唐设湖南观察使，始有"湖南"之名。宋为荆湖南路，简称湖南路。元属湖广行中书省，清分为湖北、湖南二省。现省会长沙市，境内有湘江南北贯通，简称"湘"。

广东，地处南岭以南、南海之滨，古为百越（粤）属地，秦置南海郡，汉时部分为南越国，唐属岭南道，因其地为广州地域，又在中原之南，至五代时与广西合称"广南"，北宋时置广南路，后分为广南东、西两路，简称广东、广西。明清为广东省，现省会广州市，简称"粤"。有时与广西合称"两广"。

广西壮族自治区，地处我国南疆，与越南为邻。春秋战国时为百越（粤）属地，秦置桂林郡，部分属象郡，唐设岭南西道，宋为广南西路，简称广西路，元属湖广行省，清置广西省。1958年3月设立广西壮族自治区，现省会为南宁市，以古为桂林郡而简称"桂"。

海南，地处南海之中，北隔琼州海峡与广东省相望。汉初设珠崖、儋耳二郡，南北朝时始有"海南"之称，明设琼州府，清改琼崖道。1988年4月经全国人民代表大会批准由广东省析置海南省，现省会海口市，简称"琼"。

四川，地处我国西南地区、长江上游，春秋战国时期为巴、蜀等国辖地，秦置巴、蜀郡，唐设剑南西川、剑南东川两节度使，宋分设益州、梓州、利州、夔州四路，合称"川峡四路"，简称四川路。元置四川行省，明清为四川省。现省会成都市，简称"川"或"蜀"。

贵州，位于我国西南地区，战国时为楚黔中、夜郎等地，秦置黔中郡和象郡，汉属荆、益二州，唐设黔中道，元初始定"贵州"之名，明设贵州布政使司，清为贵州省。现省会贵阳市，简称"黔"或"贵"。

云南，地处我国西南边陲，与缅甸、老挝、越南等国为邻。旧因其处云岭以南，故称"云南"。战国时为楚属滇国，唐为南诏国，宋为大理国，元置云南行中书省，明清为云南省。现省会昆明市，简称"滇"或"云"。

西藏自治区，地处西南边陲，与印度、尼泊尔、不丹、缅甸等国为邻。古为羌、戎地，唐宋时为吐蕃地，元设乌斯藏、纳里速、古鲁孙等三路宣抚使司，隶属中央宣政院，明设乌斯藏行都指挥使司，乌斯藏即卫藏，因居祖国之西，故称"西藏"。清派驻藏大臣，统辖卫、藏、喀木、阿里四地。1965年9月设立西藏自治区，首府拉萨市，简称"藏"。

陕西，位于黄河中游，西周初年以陕原（在今河南省三门峡市陕州区）为界分为东、西两地，周公主陕东，召公主陕西，故"陕西"之名久矣。春秋战国时为秦国辖地，秦为内史、汉中郡等，汉分属司隶、益州等，唐"安史之乱"后始设陕西节度使，宋置陕西路，元设陕西行中书省，明清为陕西省。现省会西安市，简称"秦"或"陕"。

甘肃，位于我国西北地区，西北一隅与蒙古国接界。古为雍、梁二州，春秋时属秦和西戎，秦为陇西郡，汉为凉州，西夏时于其境内甘州（今张掖市）、肃州（今酒泉市）置甘肃监军司，始见"甘肃"之名。元设甘肃行中书省，明隶属陕西省，清置甘肃省。现省会兰州市，简称"甘"或"陇"。

青海，位于我国西部，地处黄河、长江上游，因境内青海湖而得名。古为西戎地，汉为羌地，隋置西海、河源等郡，唐宋为吐蕃地，清代分属甘肃省西宁府、青海蒙古部和玉树土司等。1928年建为青海省，现省会西宁市，简称"青"。

宁夏回族自治区，位于我国西北地区，地处黄河中游。秦属北地郡，汉为朔方，宋为西夏国，元置西夏行中书省，后取夏地安宁之意，改名"宁夏行省"，明清为宁夏府，1928年置宁夏省。1958年10月成立宁夏回族自治区，首府银川市，简称"宁"。

新疆维吾尔自治区，位于我国西北边疆，与蒙古国、俄罗斯、哈萨克斯坦、吉尔吉斯斯坦、塔吉克斯坦、阿富汗、巴基斯坦、印度等八国交界。汉时为西域都护府，唐设北庭和安西都护府，宋为西辽地，元为察合台汗国及哈喇火州，明为亦力把里部及吐鲁番部。清乾隆时设立伊犁将军，统辖天山南北两路，清政府以其为新辟疆域，故名"新疆"。光绪十年（1884年）置新疆省。1955年10月，成立新疆维吾尔自治区，首府乌鲁木齐市，简称"新"。

台湾，位于我国东南海面上，隔台湾海峡与福建省相望，为我国第一大岛，面积为3.6万平方公里。其名称源于土著民族"台窝湾"。古称"夷岛""夷州""流求"等。三国时的吴国曾派遣将军卫温、诸葛直率甲士万人浮海至夷洲（即夷州）。南宋时澎湖列岛已属福建路；元明置巡检司，后被荷兰、西班牙殖民者侵占；明末郑成功收复台湾；清初置台湾府，隶属福建省，光绪十一年（1885年）改为台湾省。1895年被日本占领，1945年归还中国。现省会为台北市，简称"台"。

香港特别行政区，位于南海之滨、珠江口东侧，毗邻广东省深圳市，分香港岛、九龙、新界三部分，总面积约为1,104平方公里，清代属广东省新安县（今深圳市），1842年鸦片战争后被英国占领达150余年。根据1984年中英两国联合声明，香港于1997年7月1日回归祖国。回归以来，香港在祖国全力支持下取得了举世瞩目的成就，同时抓住契机，全面准确贯彻"一国两制"方针，坚守"一国之本"，善用"两制之利"，努力开辟香港更加绚丽辉煌的未来。

澳门特别行政区，位于珠江三角洲南端，北与广东省珠海市相接，原属广东省香山县，由澳门半岛、凼仔岛和路环岛三部分组成，现在总面积为32.8平方公里。明嘉靖三十二年（1553年），葡萄牙殖民者借口曝晒水渍货物，强行上岸租占，鸦片战争后不断扩大范围，至清光绪十三年（1887年）迫使清政府与之签订《中葡里斯本草约》和《中葡和好通商条约》，在澳门实行殖民统治。1987年3月26日中葡两国签署联合声明，宣布1999年12月20日中国恢复对澳门行使主权。20多年来，澳门经济快速增长，民生持续改善，社会稳定和谐，爱国爱澳成为社会核心价值，向世界展示了具有澳门特色的"一国两制"成功实践。

● 学习与思考

1. 中国的地理环境对中国文化的形成有什么影响？
2. 长江与黄河在中国文化发生、发展中起了什么作用？
3. 思考中国地名与中国历史文化的联系。

参考答案

● 相关资料

1. 胡兆量，阿尔斯朗，琼达等.中国文化地理概述（第三版）.北京：北京大学出版社，2009.
2. 王会昌.中国文化地理.武汉：华中师范大学出版社，1992.

第三章 历史纵横

汉代画像石 车马人物图

历史是人类发展的过程，是一个从古代到今天逐渐演变的过程，也是人类从荒蛮的原始社会向进步的文明社会发展的过程。人的智慧及其创造就在这个过程里积累和提高，文化也就在这个过程里不断演变和丰富。割断了古今，割断了历史，也就割断了文化，我们这些人也就都成了无源之水，无本之木，失去了根基和依据。因此，了解中国文化，必须首先了解中国的历史。中国历史的发展及其现象，对中国文化影响巨大。

一、中国文化的源头

中国文化的源头在哪里？它并不像某些西方学者所说的那样，在非洲或欧洲的大陆上，而是在我们所生活的960万平方公里的中华大地上。如前所说，中华大地地域辽阔，地貌复杂，山河纵横，气候多样，宜于农耕、畜牧和渔猎。它的两条横贯东西的大河——黄河与长江，把中华大地自然连成了两大块"文化哺育区"。在这里生活的原始人类，有足够的天地和自然资源可供栖息和生存。中国文化之所以能够数千年绵延不绝，中国文化的中心之所以能够回旋和转移，都是跟这个地理环境分不开的。考古发掘证明，我们的祖先早就在这里生息。1965年5月在云南省发现的"元谋猿人"，距今170万年，是在我国境内最早活动的"直立人"。接下来，有1963年到1964年间在陕西先后发现的"蓝田猿人"，其生活年代约在115万年至65万年以前。于1929年首次在北京市周口店发现的"北京猿人"，距今也在70万年至23万年之间。据知，北京猿人已经大量使用石器，并且懂得人工取火。这都属于直立猿人。之后就是智人，有广东的马坝人、陕西的大荔人、湖北的长阳人、山西的丁村人、内蒙古的河套人、广西的柳江人、北京的山顶洞人和四川的资阳人，距今约20万年到1万年。这是由原始人群进入初期氏族公社的阶段。

随着人们打制石器工艺水平的提高，磨制的较精致的石器逐渐代替了原先较为粗糙的石器，这就进入了距今约1万年到4,000年的新石器时代。在这个阶段，中国人迈进了文明的门槛，开始了自己的文明史。这一时代的特点就是由使用石器到发明、制造陶器和铜器，由渔猎发展到农耕，由氏族分化出家庭，由公有财产分离出私有财产，由氏族社会进入了阶级社会。这个阶段的前期，属于母系氏族社会。最能反映母系氏族公社文化的是广泛分布在黄河流域的"仰韶文化"，因最早发现于河南省渑池县仰韶村而得名。全国现已发现的仰韶文化遗址数以千计，而以陕西省西安市的半坡遗址最为著名。遗址出土的陶器很多，上面多半绘着彩色花纹，称为"彩陶"，故仰韶文化又称为"彩陶文化"。距今5,000年左右，中国进入父系氏族社会，其文化遗址广泛分布在黄河流域和长江流域。其中具有代表性的是最早发现于山东省济南市章丘区（原山东省章丘市龙山镇）的"龙山文化"。龙山文化的陶器制作精美，黝黑而光亮，称为"黑陶"，故龙山文化又称为"黑陶文化"。

过去有一种议论，说中国文化的流向是由西向东发展的。事实确凿的考古发现证明，中国文明的发祥地不仅仅是黄河流域，而是像满天星斗、四面火光一样分布于神州大地上；中国文明的流向也不仅仅是由西向东，而是四面八方融合交汇，互相渗透，彼此影响，形成秦汉以来延续两千余年的大一统的多元性文化。根据考古成果，专家们把古代文明的起源分成许多区系，其中的四大区域说，可供我们参考：（一）黄河流域文化区，这是中国文明最重要的发祥地之一。在这个广大的区域内，先后发现了"裴李岗文化"（河南省新郑市），距今8,000年左右；"仰韶文化"（河南省渑池县），距今7,000年至5,000年；"大汶口文化"（山东省泰安市），距今5,000年左右；"龙山文化"（山东省济南市章丘区），距今四五千年；"马家窑文化"（甘肃省临洮县），距今四五千年；"齐家文化"（甘肃省广河县），距今4,000年左右；"二里头文化"（河南省偃师市），其时代与夏代吻合，已被认定就是夏文化。（二）长江流域文化区，包括江汉流域、太湖流域和巴蜀地区。已经发现的原始文化有"河姆渡文化"（浙江省余姚市），距今7,000年左右;"马家浜文化"(浙江省嘉兴市),距今五六千年;"良渚文化"(浙江省杭州市余杭区),距今四五千年;"屈家岭文化"(湖北省京山县),距今三四千年,等等。(三)珠江流域文化区,已发现多处原始文化遗址,其中"石峡遗址"(广东省韶关市),距今已有四五千年,其发现地正好在马坝人头骨附近,证明珠江流域确是中国文明发祥地之一。(四)北方和东北文化区,其代表性文化是近年来发现的"红山文化"(内蒙古自治区赤峰市),年代约与"仰韶文化"的中、晚期相当,即距今5,000年左右。近年在辽宁西部的凌源市和建平县境内的牛河梁遗址发现了庞大的积石冢、女神庙和女神头像等,证明5,000年前这里已有原始的宗教祭祀活动,出现了原始社会的国家的雏形。这说明,北方和东北地区的原始文化对中国文明的起源具有重要意义。也有的专家提出六大区域说:(一)陕豫晋邻境地区;(二)山东及邻省一些地区;(三)湖北和邻近地区;(四)长江下游地区;(五)以鄱阳湖—珠江三角洲为中轴的南方地区;(六)以长城地带为重心的北方地区。由此我们可以知道,中国文明是在这块土地上土生土长的,而不是从外域传来的;它不是起源于一时一地的,而是遍地火光,多元融合的;黄河流域的中原地区,原始文化比较发达,是中国文明起源的主要区域;各个区域内的原始文化发展不平衡,以中原地区成熟最早,约在5,000年前已进入文明社会,其他地区的先民也在5,000年前至3,000年前之间先后进入文明社会。

二、"三皇五帝"

旧时有句话说:"自从盘古开天地,三皇五帝到如今。"盘古是传说中开天辟地的英雄,是中华民族创世的大神。那么,"三皇五帝"究竟是些什么人呢?是我们传说中的始祖,是中国历史上的传说人物。关于他们的情况,历史文献有不少零零散散的记载，但都带有浓厚的神话色彩，而且世系错乱，叫人摸不着头脑。按照古书的记载，"三皇五帝"说法不一。"三皇"有六种说法：（一）天皇、地皇、人皇；（二）天皇、地皇、泰皇；（三）伏羲、神农、祝融；（四）伏羲、女娲、神农；（五）燧人、伏羲、神农；（六）伏羲、神农、黄帝。"五帝"有三种说法：（一）伏羲、神农、黄帝、尧、舜；（二）黄帝、颛顼、帝喾、尧、舜；（三）少昊、颛顼、帝喾、尧、舜。从社会发展和科学认识的角度来看，燧人、伏羲、神农这一"三皇"序列，反映了中国原始先民由旧石器时代向新石器时代的转化过程。燧人表明人类对火的发现和利用，伏羲则表明处于渔猎阶段，神农则表明已进入农耕时代。但历代王朝所崇祀的"三皇五帝"是这样一个序列：伏羲、神农、黄帝为"三皇"，少昊、颛顼、帝喾、尧、舜为"五帝"。"皇"的本义是"大"，而"帝"的本义是"王的称号"。"三皇五帝"所处的远古时代，并没有这样的称呼。这是到了春秋战国以后，人们认为他们算得上是称王称帝的人物，才尊奉他们为"三皇五帝"的。

那么，究竟有没有"三皇五帝"这些人呢？不能简单地肯定，也不能简单地否定。不论有无具体的人存在，他们的名称和流传的事迹，都反映了原始社会发展的不同阶段。他们很可能是某一社会阶段的概括和象征，也有可能是某些氏族部落的名称或部落联盟首领的名称。尽管文字记载世系混乱，说法不一，但仔细研究起来，又不是没有历史的脉络可寻。在这些混乱记载的背后，实际包含着真实的历史。当然，在历史文献里记载的这类人物很多，并不止"三皇五帝"，有名称的就有数十人，比如还有华胥氏、有巢氏等。为什么只讲"三皇五帝"呢？这可能是后来的儒家经过选择、加工的结果。儒家以天、地、人为"三才"，故以"三皇"相配；以金、木、水、火、土为"五行"，故以"五帝"相配。正是由于儒家的大力推崇，从秦汉时起，"三皇五帝"就被奉为神明，列入祀典，进行祭祀。唐天宝六年（747年），唐玄宗下诏为"三皇五帝"立庙奉祀，诏曰："三皇五帝，创物垂范，永言龟镜，宜有钦崇。"宋建隆元年（960年），宋太祖派人寻访"三皇五帝"

的陵墓，并且设户守陵，春秋两季祭祀，一直相延到明清。因此，现在还有不少有关"三皇五帝"的遗迹保留下来。

伏羲，又称宓羲、庖牺、羲皇、牺皇、太昊；也有人说，伏羲和太昊不是同一个人。相传他出生于成纪（在今甘肃省天水市），是中国人的始祖。在天水市秦安县发掘的"大地湾遗址"，年代在距今 5,000 年至 8,000 年之间，说明关于伏羲的传说不是虚空的神话，伏羲生于成纪也不是出于杜撰。史书说伏羲人首蛇身，跟他的妹妹女娲结为夫妇，开始生儿育女，形成人类。这表明在伏羲时代已进入血缘群婚阶段。在山东出土的汉代画像砖上有伏羲女娲的人首蛇身交尾像（见下图），是这一传说的形象记载。据说伏羲上观天文，下察地理，发明了八卦；他还教人结网捕鱼、打猎，教人在庖厨里把猎物加工成美食，所以他又叫庖牺，这些传说都反映了原始时代人类的渔猎生活以及初步认识自然并利用自然的情况。所谓女娲炼石补天的神话，则反映了人类最早改造自然的愿望。据传说，伏羲曾寓居新市（今河北省新乐市），建都于陈（今河南省淮阳县），并殁于陈，反映了伏羲部落逐渐发展的路线和过程。从各种文献记载判断，伏羲、女娲时代还处于母系氏族社会，其部落的活动范围，大体在今河南北部、山东西部、河北和山西南部一带。虽然在国内许多地方都建有大小不同的"人祖庙"，但以伏羲出生地甘肃省天水市伏羲庙（又称太昊宫）和八卦台的规模最大，每年正月十六伏羲的诞辰日，当地群众扶老携幼入庙参拜，称为"朝人宗"。而河南省淮阳县也建

汉画像砖　伏羲女娲人首蛇身交尾像

有规模宏大的太昊陵。相传最早为孔子任陈国大夫时所建，汉代已有祭祀，唐代已具一定规模，明太祖朱元璋在即位后曾亲往祭奠。每年农历二月初二到三月初三，都在此举行规模盛大的庙会，四面八方的人们蜂拥而来谒陵拜祖。淮阳太昊陵的祭祀活动，作为中国最大规模的民间庙会，已列入国家非物质文化遗产。

神农，也称炎帝，也有人说炎帝和神农不是一个人，姜姓，据说他活了120多岁（实际上应当是这个部落延续的时间），在中国古代神话里是太阳神。相传他是牛头人身，教人制造农具，播种五谷，聚货交易，各得其所；也曾制造陶冶斧斤，凿井取水。他还亲尝百草，发明医药，最后因中毒烂肠而死。这说明神农时代已进入母系氏族社会的后期，由渔猎阶段进入了农耕阶段，出现了农业生产和以物易物的商业活动，在利用自然和保护人类方面都有了某种进步。他的称呼"神农"和他的长相"牛头"，都是农耕文化的象征。相传他生于陕西省宝鸡市，又说生于湖北省随州市的厉山。这极有可能是神农或炎帝部落不同世系的活动基地。总之，他们的活动范围包括了今天的陕西、山西、河南、河北、湖南、湖北等地。全国著名的神农架林区，据说就是神农采集草药的地方，因山峰陡峭必须搭架而上，故名"神农架"。神农死后葬于茶陵（在今湖南省炎陵县）。因他主要在南方活动，南方属火，遂被后人尊为炎帝。全国许多地方都有纪念神农、炎帝的建筑，如陕西省宝鸡市和湖北省随州市都有神农祠，山西高平市也有炎帝陵、炎帝庙，而湖南省炎陵县的炎帝陵，是宋太祖首先寻访到的古陵之一，近年来又重新修建，已扩建为炎帝陵风景名胜区。这些地方近年来都在积极开展炎帝故里寻根旅游活动。

黄帝是我们最熟悉的先祖之一。《史记》所载历史，就从黄帝开始。据记载，黄帝姓公孙，是部落首领的儿子，还有记载说，他与炎帝是兄弟。这可能表明炎黄两个部落有血缘关系。据说黄帝生于寿丘（在今山东省曲阜市），《竹书纪年》则载黄帝生于有熊（今河南省新郑市），长于姬水，故又姓姬；居轩辕之丘（一说在今河南省新郑市，一说在今河北省怀来县），故

轩辕黄帝像

号"轩辕氏"。起初黄帝族居无定地,后来与南方的炎帝族联合,在今河北涿州、怀来、涿鹿一带,打败北方的蚩尤部落,遂以涿鹿为都,不久又迁回有熊,故又称"有熊氏"。因他的活动范围主要在中原地带(即中央),中央属土,土呈黄色,故被尊为黄帝。相传他发明衣帽,建造房屋,制造车船、弓箭,他的妻子嫘祖发明养蚕,史官仓颉创造文字,羲和占日,常仪占月,容成作历,开始产生了天文、历法等。这都说明在黄帝时代,社会文化有了长足的进步。这时已进入父系氏族社会,出现了私有财产,开始了贫富分化,因而产生了掠夺和战争。古籍记载说,黄帝不但和蚩尤作战,后来还跟炎帝厮杀,最终夺得统治华夏的大权。相传黄帝还采铜于荆山(在今河南省灵宝市),然后炼鼎,以作为国家的象征。鼎成,黄帝乘龙升天,群臣号泣不舍,牵衣不放,至桥山黄帝升天而去,人们葬其衣冠、弓箭,这就是今天位于陕西省黄陵县的"黄帝陵"。这说明,黄帝时期已开始进入青铜器时代。据史书记载,黄帝有子25人,其中14人得12姓,历史上的尧、舜、禹和夏、商、周等诸王,都是他的子孙。现在,全国有关黄帝的遗迹很多,分布于河北、山东、陕西、甘肃、湖南等地,其中尤以河南省新郑市的黄帝遗迹最丰富,是国内外有名的"黄帝故里",而世界闻名的黄山也因黄帝而得名,足见黄帝这个人或黄帝族这个部落对中国文化的发展有多么重要。他不愧是我们中华民族的"人文初祖"。

五帝之一的少昊,姓己,名挚,号"金天氏",相传他是黄帝的儿子,又说是太昊伏羲的儿子,延续太昊之法,故称为"少昊"。即位后迁都曲阜,以鸟名官,在位八十余年,死后葬于云阳。云阳即云阳山,为曲阜城东门外的一个小山丘。据此看来,少昊有可能是伏羲部落的一支,迁居今山东地区后成为原始社会的东夷族集团。现在，山东曲阜市城东有一座少昊陵，四周方形，叠石为山，其形状有点像埃及的金字塔和拉丁美洲玛雅人的遗迹。

颛顼，五帝中的第二位，号"高阳氏"，居于帝丘（在今河南省濮阳市境内），是黄帝的孙子，其父为昌意，为黄帝的正妃嫘祖所生。屈原在《离骚》里说，"帝高阳之苗裔兮，朕皇考曰伯庸"，表明屈原以颛顼为祖。《史记》说他"静渊以有谋，疏通而知事；养材以任地，载时以象天，依鬼神以制义，治气以教化，洁诚以祭祀"，这是说他能根据天象、地理来记录时令，播种作物；能依照鬼神的旨意来制定行为规范，拟定祭祀仪式，以教化的方法来管理百姓。可见这时的文化已有长足的进步。

帝喾，五帝中的第三位，又称"高辛氏"，是黄帝的曾孙，颛顼的侄子，他的祖父是黄帝的另一个儿子玄嚣。他30岁时继颛顼为首领，《史记·五帝本纪》说他"聪以知远，明以察微，顺天之义，知民之急，仁而威，惠而信，修身而天下服，取地之财而节用之，抚教万民而利诲之，历日月而迎送之，明鬼神而敬事之"，是一位很有头脑的组织者和领导者。相传他生四子，尧是其一。颛顼、帝喾死后，葬于今河南省内黄县城外，称"二帝陵"。唐代曾于陵前建二帝庙，历代奉祀，规模甚大。到清代，因黄河故道沙丘移动，陵庙均被埋于沙丘之下，经清理，现在二陵已重现于地面。另外，在河南省商丘市高辛镇也有帝喾陵。

尧、舜是远古时代两位著名的贤君，古典诗词里多有歌颂。据史书记载，尧是帝喾的儿子，名放勋，生于伊祁（约在今河北省顺平县境内），称"伊祁氏"，封于陶唐，又号"陶唐氏"，历史上又称"唐尧"。尧继位后建都于平阳（今山西省临汾市），在位98年。他"其仁如天，其智如神"，生活俭朴，关怀百姓，设置百官，各理其政，确定祭祀，配以乐舞，因此百姓安乐，天下太平。可见在尧的时代已出现了国家的雏形，出现了礼乐。现在临汾市东北有尧陵，陵冢又高又大，相传是百姓感念他的恩德，万人捧土筑成。昔代在临汾城南又建尧庙，庙内有古井，传是尧亲手所凿。中国社会科学院2015年6月18日对外发布的考古研究新成果，证实山西省临汾市襄汾县陶寺遗址就是最初的"中国";陶寺就是"尧都平阳";"尧舜禹传说时代"不是传说,而是真实存在的信史;中国最早的国家社会不是夏朝,而是"帝尧邦国",甚至更早。该遗址的社会组织已经超越古国阶段而进入王国阶段,是典型的崇尚"军权—王权"模式的代表,是中原地区出现的第一个王国。这与尧建都于平阳的文字记载相吻合。舜生于姚墟(一说在浙江省余姚市,一说在山西省永济市),故姓姚。又说他生于冯诸(今山东省诸城市)。他眼内双瞳,故名重华,号"有虞氏",历史上又叫"虞舜"。史书记载他是颛顼的六世孙,幼年失母,父娶继室,给他生下一个弟弟名象。父母偏爱小儿子,几次想害死他,但他很有孝行,于是被尧选定为接班人,并把两个女儿娥皇和女英嫁给他。为了考验他的能力,尧叫他去历山耕田,去雷泽捕鱼,去河滨制陶,据说他都干得很好。他继位后,建都蒲坂(在今山西省永济市),命禹治水,皋陶掌刑,后稷理农,结果天下大治,四海归服。晚年南巡,病死苍梧,葬于九嶷山,今湖南省宁远县有舜陵。他的两个妻子随从不及,至洞庭湖闻舜死,亦悲绝而亡。今九嶷山三峰相连,即舜源峰、娥皇峰和女英峰。舜陵、舜庙就在舜源峰下。洞庭湖中的君山上则有娥皇、女英的墓——二妃墓。此外,在山东省济南市、浙江省绍兴市等地也有舜庙。全国与舜有关的地名很多,如广东省韶关市,传说舜曾至此演奏韶乐;舜的后裔住在浙江省余姚市等。

禹,不属于三皇五帝,但在历史上与汤武王、周武王并称"三王",因其治水功绩成为古今家喻户晓的人物。据《史记》载,禹是颛顼的孙子,尧的族弟,却比同宗的裔孙舜出生得晚。他奉舜的命令,治水有功,被封于"夏"(今河南省禹州市),称为"夏伯"。现在禹州城内有"禹王锁蛟井"。相传禹治水至此,把蛟龙锁在井内,此后便无洪水。相传他因治水而得腿病,只能以小步行走,被后世称为"禹步"。他继舜立国,曾建都阳城(今河南省登封市告成镇),后迁安邑(今山西省夏县禹王城),姓姒,国号"夏"。禹晚年南巡,大会诸侯,死于会稽(今浙江省绍兴市),所以此地建有禹陵、禹庙。凡大禹治水所到之处,后人都建有禹王庙、禹王宫、禹王台。其中以安徽省怀远县涂山禹王宫为最重要,相传禹在此结婚并大会诸侯。山下有个村子至今仍叫禹会村。传说禹娶涂山氏女,因治水三过家门而不入,为了打通一座山,禹变为一只黑熊,不料被前来探望的妻子看见。涂山女又惊又怕,不顾身怀有孕,转脸就逃,一直逃至嵩山,化为一块巨石。禹追踪而至,大呼"还我儿子",于是巨石裂开,生出一子名"启"。启者,开也。这块巨石至今仍叫"启母石"。汉代建有启母庙,庙前立有启母阙。现在庙已毁,阙尚存。启以后就是奴隶社会了。

根据一些文史学家的分析,我们中国人的远祖,大体可分为西北的"华夏集团"、东方的"东夷集团"和南方的"苗蛮集团"。华夏集团由黄帝和炎帝两大部落组成,起于陕甘地区,主要活动在黄河流域,即仰韶文化和河南龙山文化的分布区,"三皇"中的炎、黄二帝和"五帝"中的颛顼、帝喾、尧、舜都属于这个集团;东夷集团的活动区域在今山东、河南东部及安徽中部一带,即大汶口文化、山东龙山文化的分布区,"五帝"中的少昊属于这个集团;苗蛮集团主要活动在今湖北、湖南、江西一带,河姆渡文化、良渚文化是这个集团的历史表现,太昊伏羲氏可说是这个集团的代表。这三大集团活动地域互相交错,之间曾发生过剧烈的冲突,也发生过不同形式的联合。据先秦文献记载,炎、黄二族曾联合在涿鹿打败东夷族的蚩尤,奠定了黄河中下游部落大联盟的基础。其后,三大集团在斗争中相互交融,不断发展壮大,促进了中华民族的形成。

三、中国的王朝

中国的古代史,就是一部王朝史,由一个家族统治天下。据说这一制度由禹的儿子启开始。在启之前,部落联盟的首领是各部落公推产生的,历史上称为"禅让制",尧、舜、禹成为领袖,据称都是如此确定的,这可能就是原始社会的民主选举。公元前21世纪，启在中原地区建立了"夏"，实施最高权力由自己的子嗣继承的制度，开始了中国历史上的世袭制，史称"家天下"。"夏"成为了中国历史上的第一个世袭制王朝。一直到1912年最后一个王朝清朝灭亡，中国的王朝史足足有四千年之久，经历了奴隶制社会、封建制社会和半殖民地半封建社会三个历史阶段。

有一段顺口溜说："唐尧虞舜夏商周，春秋战国乱悠悠。两汉三国晋统一，南朝北朝死对头。隋唐五代又十国，宋元明清帝王休。"这把中国包括尧在内的王朝史基本概括了。但实际上，在四千年的王朝史上，一共约有大大小小、长长短短的王朝74个，包括统治中原地区的正统王朝和地方割据的王朝，如辽、金、夏等王朝还与中原王朝维持过对峙共处的局面（陈友谅、张献忠、李自成等农民起义军建立的临时政权以及袁世凯称帝均未计在内）。其中，大多数王朝是由汉族人建立的，少数王朝是由不同的少数民族建立的，其中由蒙古族建立的元朝和满族建立的清朝，曾经长时间地统治中国全境，成为历史上两个由少数民族统治的正统王朝。历时最长的王朝是公元前11世纪建立的周朝，包括西周、东周（春秋战国）在内，一共八百余年。中国历史有准确的纪年，是从西周共和元年，即公元前841年开始的。历时最短的王朝是五胡十六国时期由汉人冉闵建立的"大魏"（350—352年），其从冉闵称帝到他被杀时间不足两年。疆域最大的王朝当数元朝，其领土面积最广时达1,400万平方公里，今天的新疆、西藏、云南、东北、台湾及南海诸岛，都在它的统治范围内。疆域较小的王朝大多是地方割据，其统治范围有时仅相当于今天的一个或几个省，有的甚至不及今天的一个省。

历史上，有两个王朝对中国文化影响巨大，差不多决定了中国文化的基本内核与基本品格，这就是汉朝与唐朝。汉朝分"西汉"与"东汉"，前后延续了426年。西汉的建立者刘邦，最早任"泗水亭"的"亭长"，是一个相当于今天派出所所长一类的人物，秦末起兵后被势力强大的楚王项羽封为"汉王"，其地即今陕西省汉中市，因境内有汉水得名。这个王朝经过"文景之治"，即汉文帝、汉景帝实行"轻徭薄赋""休养生息"等鼓励农业生产的政策，到汉武帝时代，已经国力强盛，文化繁昌，为周边少数民族所羡服。于是，汉朝境内之人被称为"汉人"。到魏晋时期，"汉人"就演变为中原民族的专称，接下来顺理成章，把汉人所用的文字称为"汉字"，汉人的语言称"汉语"，直至后来的"汉族""汉文化"，等等。试想，如果"楚汉相争"是另一个结局，那我们现在的称呼可能就是另一番景象了。唐朝的建立者李渊，属于陇西军事集团的家族，与刘邦的出身有天壤之别，其祖在西魏、其父在北周俱为握有实权的高官，李渊自己也受封"唐国公"。李渊起事前为隋炀帝镇守太原，积聚了强大的军事实力，攻占长安后被封为"唐王"，因此他把建立的王朝定名为"唐朝"，唐朝延续时间长达290年。李渊之后，经过唐太宗李世民的"贞观之治"和女皇武则天的有效治理，到唐玄宗的开元年间，国家的发展达于极盛，社会富庶安定，有所谓"路不拾遗，夜不闭户"的记载，史称"开元盛世"。这时的唐朝，经济最为发达，文化最为灿烂，社会最为开放，对外交流最为频繁，大大影响了周边国家的文化。唐朝的都城长安成为当时世界上最大的城市，人口多达一百余万。这时的中国人以此缘故又被称为"唐人"，今天分布在世界各地的"唐人街"即由此而来。

中国王朝的生命延续依靠子嗣继承，代代相传，此即所谓的"世袭制"。但是君主的后妃成群，子嗣众多，而最高权力只可一人占有，所以由哪个子嗣继承就是必须解决的问题，于是就产生了"嫡长子继承制"。其来源是商末周初形成的宗法制与分封制。所谓"宗法制"，就是按照血统与嫡庶来组织、维护社会秩序的制度。它规定，天子为"大宗"，只有嫡妻（又称正妻，即原配妻子）所生的长子才可以继承"天子之位"，其他各子以及异姓功臣则分封到各地为诸侯，这便是"分封制"。封到各地的诸侯称为"小宗"，同样只有嫡妻所生的长子才可以继承"诸侯之位"，依次类推，直至公卿、大夫与平民。所以，大宗唯一，小宗无数；大宗统领小宗，小宗奉事大宗。可见，"嫡长子继承制"是宗法制与分封制的核心。其内涵有两句话："立嫡以长不以贤，立子以贵不以长。"前一句是说，确立继承人的首要条件是嫡亲长子，而不是贤能；后一句是说即使嫡妻的儿子不是长子，而其他妻子所生的儿子是长子，也必须立嫡妻的儿子，因为嫡妻的地位高贵。如此被确立的权位继承人就是"太子"。这一制度被后来的历代王朝所继承，各代皇帝也试图遵循，但由于皇帝个人的偏爱，以及朝内不同政治势力对自身利益与命运的考量，谋求别立或更换太子的事屡见不鲜，因而宫廷内乱一再上演。略举几例：秦始皇立其长子扶苏为太子，但因父子二人的政见相左，扶苏被发往边疆与蒙恬一起守边，不得参与朝政，最后被赵高等人以假遗诏赐死，秦二世胡亥方得继位，随即秦亡。汉武帝刘彻，确立与卫皇后所生的长子刘据为太子，但晚年的汉武帝老病多疑，对太子频生猜忌。与太子不和的宠臣江充趁机设计陷害，刘据被迫先发制人，引发京城血战，结果兵败自杀，株连全家，剩下一个襁褓中的孙子也收入大牢。汉武帝只好让最小的儿子刘弗陵继位，无奈刘弗陵短命没有子嗣，后又让武帝之孙昌邑王刘贺继位，但因其荒淫无度，只27天便被废了。最后，大臣们只好请回那个坐过大牢的曾孙继位，这就是汉宣帝刘询。由于"立嫡以长不以贤"，所以太子懦弱无能，甚至智能低下的情况也十分常见，这也容易造成大权旁落，朝政混乱的现象。晋武帝司马炎的长子司马衷近乎白痴，不明事理，但也做了皇帝，即晋惠帝。听见青蛙叫，他问："为公为私？"大臣向他汇报灾情，说老百姓饿得没有饭吃，他竟说："何不食肉糜（带肉食的米粥）？"结果大权落入聪明而丑陋的皇后贾南风之手，最终引发了著名的"八王之乱"，导致西晋很快就衰败了。隋文帝杨坚与独孤皇后平素节俭，不喜奢华，而太子杨勇却好色奢侈，颇令其父母失望。其弟杨广看到了机会，频频作秀，佯装节俭，博得隋文帝的欢心，结果杨勇被废，杨广被立为太子。但他即位后真相毕露，为人穷奢极欲，最终导致人死国亡。

  中国王朝史的特点是兴替更迭，即俗语所说的"改朝换代"。从秦朝灭亡之后，一个王朝被另一个王朝取代，直至1912年宣统皇帝溥仪宣布退位。究其原因，一是事物发展有一条铁律，那就是有兴有衰，一旦政治腐败，经济衰退，民生难以为继，这个王朝就注定走向自己的终点；二是各种利益群体在特定条件下谋求获取最大利益，从而会以特定手段夺取最高权力，取代旧的王朝；三是不同民族为了争夺与控制更多的土地和资源，会与在位的统治者争夺最高统治权。为此，更迭基本上依靠军事手段，包括农民起义与军事集团（包括汉族与少数民族）通过武力推翻旧的王朝，由其领袖或代表人物建立新的王朝，如汉、唐、元、明、清等王朝，都是这样建立的。这种以战争方式进行的更替，必然会造成生产力的巨大破坏和人口的锐减，而且还会大大损毁长时间积累的文化成果。一旦发生战争，就需要很长的安定时期才能慢慢恢复与发展。但是，武力之外，也有其他的方式，即由文武权臣通过"逼宫"，迫使前朝的皇帝交出政权，或用其他更为和平的手段实现政权更替，曹魏、西晋、南朝、北宋等属于此类。如汉末权臣曹丕逼汉献帝退位，建立了曹魏政权；而曹魏的权臣司马炎也以同样的手段从曹奂手中夺得帝位，建立了西晋。此类夺位，美其名曰"禅位"，却与上古的"禅让制"相去甚远。更为文明的当属宋太祖赵匡胤，其官居后周"殿前都点检"，握有军权，在一番密谋之后，以领兵御敌的名义，在陈桥驿上演了一出"兵变"的戏剧，而后黄袍加身，登基称帝。他做得确实比较文明，兵不血刃，在"兵变"现场，立即宣布了对后周皇室及其公卿的保护政策。可惜，历史上像赵匡胤这样的皇帝鲜有，所以王朝更迭往往兵戎相见，血流成河。

四、中国的皇帝

"皇帝"是中国历史上拥有最高权力的一个群体。他们至尊至贵，至高无上，生杀予夺，随心而已，足见这个群体非凡可比。"皇"的本义为"大"，言其"煌煌盛美"；"帝"者，"德象天地"，言其"能行天道"。因此，如前所述，古代把中国文明的开拓者称作"三皇五帝"。公元前221年，秦国国王嬴政消灭了其他六国，建立了秦王朝，他统一文字，统一货币，统一度量衡，推行"郡县制"，自认为"德兼三皇，功高五帝"，将"皇""帝"这两个最高的称呼结合起来，改"国王"为"皇帝"，他就是著名的秦始皇——中国历史上的第一个皇帝。从此，"皇帝"成为中国封建社会最高统治者的称号，延续时间长达两千余年。秦始皇之后，中国一共有多少皇帝？精确统计不是一件容易的事。根据已有的参考资料粗略计算，除去陈友谅、李自成、张献忠、吴三桂、太平天国洪秀全父子、袁世凯等，中国历代约有各式各样的正统皇帝349位。这个群体具有以下两个特点：第一，贵族家庭出身的皇帝是多数，基层与平民出身的是少数。前面所说的刘邦算是基层出身的皇帝。十六国时期的后赵皇帝石勒，最早是被贩卖的羯族奴隶；明朝的开国皇帝朱元璋，最初是个穷困的和尚，这两人从起步到坐上皇位，都只用了16年时间。第二，北方籍的皇帝（包括汉族与少数民族）是多数，南方籍的皇帝是少数。这是因为北方，特别是黄河流域的汉族地区开发得比较早，经济与文化发展水平比较高，贵族家庭的经济、文化积累又比较丰厚，因此自古立国建都选择在此；而北部边疆的少数民族从事游牧，善于骑射，骁勇善战，富有战斗力，也容易南下取得统治权。

既然皇帝是中国封建王朝的最高统治者，拥有最高权力，统领天下，独断乾坤，那么皇帝本人的素质就与王朝的命运、百姓的生活息息相关。而皇帝的素质又与其所处的环境、所受的教育密切相关，再加上皇帝各自的秉性，他们的素质真是千差万别，其实际权力大小与最后结局也各不相同。

纵观历史，中国的皇帝大约可以分为以下几类：

（一）真正杰出的人才，甚至可以称为"雄才"。这一类帝王为数很少，一般属于开国君主，继位的也有。开国皇帝出于乱世，期望匡正社稷，于是振臂一呼，揭竿而起，提三尺剑于马上得天下。我们所熟知的刘邦、刘秀、朱元璋、石勒等属于此类。刘邦最大的长处是善于用人，能充分发挥属下的才干。所以，他在总结自己成功的秘诀时说："夫运筹帷幄之中，决胜千里之外，吾不如子房；镇国家，抚百姓，给饷馈，不绝粮道，吾不如萧何；连百万之众，战必胜，攻必取，吾不如韩信。三者皆人杰，吾能用之，此吾所以取天下者也。"朱元璋具有卓越的军事才能，虽然自小穷困，但是喜欢读书，研究历史，经不懈努力，由文盲变成熟通经史之人，能亲自草拟各种文书。后赵国皇帝石勒，也是目不识丁，但在行军打仗间隙，请人给他读史，而且常常提出问题，发表见解。中国的"史学"一词，就是由他创造的。他重用汉族知识分子，还能虚心纳谏。即位以后，他想修建宫殿，大臣续咸上书反对。他生气了，说："不杀这个老贼，我的宫殿就建不成"，便下令叫人去抓续咸。大臣徐光说："陛下的聪明才智超过唐尧，难道要学桀纣吗？续咸说得对就采纳，说得不对也应当宽容，怎么能因几句话就杀大臣呢？"石勒马上做自我批评："做人君不能这么专制，怎么不懂得忠言逆耳呢？刚才是开玩笑而已。一个人有了钱，尚且要盖间房，何况成为一国之君呢？总得修缮修缮吧？为了忠言，就暂停建造，作为对忠臣的奖励吧！"谁能说石勒这个皇帝不开明呢？

继位皇帝中的杰出者，在一定程度上有赖于他们的个人才能，但跟他们所处的环境也不无关系。比如秦始皇，13岁继位。当时正值天下七雄互争霸主，而秦国在商鞅变法之后日益强大。这种内外因子的结合，使秦始皇成为一代雄才。汉武帝也有雄才大略，在"文景之治"的基础上，以其文治武功造就了大汉帝国。唐太宗李世民名为继位，实则参与开国，以虚心纳谏、厉行俭约，达至国泰民安，开创了著名的"贞观之治"，成为古代明君的典范。武则天是历史上罕见的女政治家，是历史上唯一的正统女皇帝，她凭借自己出色的才干与手段，竟然在男子主导的封建社会，以妇人之身荣登"九五之位"。她虽然任用酷吏对付反对派，但更任用了狄仁杰等一批贤才，为后来的"开元盛世"夯实了基础。康熙皇帝8岁继位，16岁就能剪灭鳌拜势力，已经显出他不凡的才智。更可贵的是，他一生手不释卷，无所不学，善于吸收，成为了中国历史上主动接受西学的人物。

（二）素质平平的庸才，有一些甚至就是蠢材和杀人魔王。这一类皇帝为数不少，基本上都是继位者。他们"生于深宫之中，长于妇人之手"，锦衣玉食，养尊处优，生性懦弱、顽劣、不通民情世故，甚至在生理和心理上都有严重缺陷。让这样一些人来处理国家大事，后果可想而知。如果他残暴，官民都要倒霉；要是他软弱，他就成了傀儡。诸如东吴的孙皓，南朝的刘子业、萧宝卷以及北齐高洋、高湛，后赵石虎，前秦苻生，金代完颜亮等，都可以说是杀人魔王。其残酷手段，令人惊怵。还有一些皇帝放纵声色，结果纵欲早死，后继无人。汉成帝刘骜、明武宗朱厚照皆属此类。还有一些帝王不理政事，或打马球，或赌博斗鸡，或在宫中摆摊进行交易。明熹宗朱由校则沉迷于木工技艺，整天制造亭台楼阁模型，政事委于魏忠贤等宦官。可以说是无奇不有。

（三）幼儿皇帝和白痴皇帝，根本还谈不上有什么素质。据统计，自汉代以后所谓正统王朝的幼儿皇帝有29人，即位年龄从出生百日到七八岁不等。这些幼儿皇帝当然不可能理政，只好由母后、外戚或权臣根据自己的政治需要摄政，而将幼儿皇帝玩于股掌之中，甚至取而代之。如果是母后临朝称制，由于其年轻守寡，则会导致后宫淫乱，造成政治黑暗。北魏的胡太后是最突出的一例。慈禧太后之所以能统治中国48年，就是因为立的两个都是幼主。至于白痴皇帝，除了前面已经提到的晋惠帝司马衷，还有晋安帝司马德宗，他"虽寒暑之变，无以辨也"，痴呆得分不清春夏秋冬，焉能治国理政？

（四）还有一些帝王，具有其他杰出的才能，譬如说文学艺术之才。宋徽宗赵佶算是一个，作为一位杰出的书画家，他的艺术造诣很高。他创立了中国最早的国家画院，创作了千余册花鸟画，其书法"瘦金体"独树一帜。南唐后主李煜的词作，被历代传颂，千古不朽。梁元帝萧绎，能书善画，擅长作文，研究学术，著作甚多。他曾自我评价说："我韬于文士，愧于武夫。"但这三位在治国方面一窍不通，最终成为亡国之君。魏文帝曹丕与唐玄宗李隆基不是亡国之君，前者是杰出的文学家，与其父曹操、其弟曹植并称中国文学史上"三曹"；后者则励精图治，创造了"开元盛世"，个人对音乐戏曲也十分精通，创办了宫廷戏曲学校——梨园，成了中国戏曲的祖师爷。

除了最高统治者皇帝，在中国封建王朝的最高统治结构中，围绕皇帝有三大政治群体，或称政治势力：一是以"宰相"为首的百官，拥有治权，奔走在外朝，是真正管理国家的人员；二是由皇室姻亲组成的外戚，他们享有尊荣的特权，但不拥有治权，除非受皇帝任命担任一定的官职，成为百官之一；三是为皇帝及其家眷服务的后宫男性，称为"宦官"，他们属于被驱使的家奴，更不拥有治权。但是，皇帝出于维护皇权的需要，常常抑此扬彼，用此弃彼，这就造成了中国历史上错综复杂的朝政纷争和乱局，甚至危及王朝的命运。

五、中国的宰相

"宰相"是中国封建王朝掌握最高行政执行权的人物，权力仅次于皇帝，所以说"一人之下，万人之上"。"宰"是主宰之意，"相"是辅佐之意。但是在中国历史上真正掌握最高行政执行权的人，恰恰都不称"宰相"（只有契丹族的辽国短暂地用过这一名称）。"宰相"一词，只是习惯性的说法，最早见于《韩非子·显学》"宰相必起于州部，猛将必发于卒伍"，后世一直沿用。由于王朝更迭，加上"君权"与"相权"之间不断产生的矛盾，不同朝代非但称呼不同，权力膨胀与缩减的程度也不同。秦朝始建，称为"丞相"或"相国"，有时设"左丞相"与"右丞相"以分权。西汉也设"丞相"，但以"御史大夫"为副职。汉武帝起用儒生，宰相的职权逐渐转到主管文书的"尚书台"长官手中。后来又以丞相事务繁忙，改设"三公制"，即大司徒（由丞相改）、大司空（由御史大夫改）和大司马共同处理国务，宰相实际上成了三人。东汉改称司徒、司空和太尉（由大司马改），以太尉地位最尊。东汉末，复置"丞相"，曹操即任此职。魏晋时期，名称多变，至隋唐设立三个最高机构，称为"省"。唐代定名为"尚书省""中书省""门下省"，职能分工一般为中书省决策，门下省审核，尚书省执行，三省长官"尚书令""中书令""侍中"以及参与议政的三省副职"尚书仆射""中书侍郎""门下侍郎"俱为宰相,这时的宰相已经是一个领导班子集体。唐高宗时,不设"尚书令",副职"尚书仆射"成为尚书省实际首长,但只有加上"同中书门下三品""同中书门下平章事"这样的头衔才是宰相。为此,到五代时期,确立了"首席宰相制",简称"首相",即领导班子的第一把手。其后,名称不断变化,宋代以"枢密使""同中书门下平章事""参知政事"等为宰相。元朝以中书省为政务中枢,主官中书令常由皇太子兼领,下为左右丞相,再下为平章政事,副职有左右丞及参知政事,俱为宰相,最多达十余人。到明朝建立,开初亦设中书省,置左右丞相。但在丞相胡惟庸被杀之后,朱元璋废中书省与丞相,由皇帝自决国政,忙得头昏脑胀,故令一些草拟文书的殿阁大学士帮忙审阅奏章,并无实权。因这些殿阁在皇宫之内,故称"内阁"。到其子明成祖朱棣,开始让自己信任的殿阁大学士参与决策,这些殿阁大学士逐渐地拥有实权,统称"辅臣",成为事实上的宰相。首席内阁成员则称"首辅"。清朝沿袭这一制度,凡称"内阁大学士"者即为宰相,俗称"阁老"。明初有"四殿两阁",即中极殿、建极殿、文华殿、武英殿及文渊阁与东阁。清朝为"三殿三阁",即保和殿、文华殿、武英殿与体仁阁、文渊阁、东阁。

中国历史上一共有多少宰相,精确统计也相当不易。秦代以前不论,由秦至清,《中国宰相全传》收录了 1,282 人,这恐怕也不能尽全。笔者以此为据,得出以下两点:一是以唐宋为界,宰相出身的地域有明显不同。由秦至唐共有宰相 685 人,北方籍的宰相占绝大多数,江南籍的只占全数的 0.6%,而北方籍宰相又相对集中在豫、陕、晋、冀、鲁,形成了中国历史上的"宰相区"。宋代以后,江南籍的比例明显上升;到明清两代,已占到全数的 37.7%,并且分散于江南各省,其中以吴越地区较为集中。这说明,唐宋以后,江南的经济、文化逐步发展起来,到明清已明显超越北方。二是从秦到唐,家族宰相是一个突出的现象,而且集中在荀、李、裴、杜、王、萧、杨、崔、郑、韦、赵等几个家族。祖孙三代、父子二人或先辈与后裔连续出任宰相的情况屡见不鲜,而且绵延到明清。据笔者粗略统计,从西汉一直到清末，父子、祖孙、兄弟、叔侄等连续出任宰相的一共有200人之多。如东汉华阴籍（今属陕西）的"关西孔子"杨震（其高祖为司马迁女婿杨敞，五世孙则为杨修，十四世孙即隋文帝杨坚）与杨秉、杨赐、杨彪祖孙四代；东晋临沂籍（今属山东）王导、王珣、王弘祖孙三代；魏晋闻喜籍（今属山西）裴茂、裴潜、裴楷、裴秀、裴頠、裴宪祖孙四代六人，而闻喜裴氏一门任唐代宰相者多达17人，平均每17年就有一个裴氏宰相出来主政；唐蒲州籍（今属山西运城）张嘉贞、张延赏、张弘靖祖孙三代；宋代苏州籍范仲淹、范纯仁父子；洛阳籍吕蒙正、吕夷简叔侄；直至清代桐城籍（今属安徽）张英、张廷玉父子；诸城籍（今属山东）刘统勋、刘墉父子；常熟籍（今属江苏）翁心存、翁同龢父子；南皮籍（今属河北）张之万、张之洞兄弟等。这一现象，在两汉魏晋时期与士族门阀制度有关，但个人的努力也是必需的。在科举制度产生之后，特别是宋代以后，高门士族的影响走向衰落，而贫寒之士通过科举即可进入高层。上面所列的宋以下的父子、兄弟宰相，并非是凭借关系，而是通过读书考中进士甚至状元，才得以为相的。

宰相的职责是，"佐天子、总百官、平庶政、事无不统"，可见，宰相作为一个群体，权力集中于治理，因此，对王朝的延续与国家的发展具有决定性的影响。俗语说，"乱世出英雄，治世出良臣。"所谓"良臣"，需要具备三个条件：清廉、正直、足智。"清廉"就是不贪赃枉法；"正直"就是明辨是非，敢于直谏；而"足智"就是善于谋略。宰相如果具备了这三条，就是"贤相"。这样的贤相，可以举出很多，如东汉杨震的清廉、正直在中国历史上是出了名的。史载他由荆州刺史调任莱州太守时，途中经昌邑（今山东昌邑市），县令王密是经他举荐任官的，为了报恩，王密特于夜间携重金呈送，他拒不收礼，王密说夜间无人知晓，他说："天知，神知，我知，子知，何谓无知？"王密羞愧无比，只好退出。三国诸葛亮的足智多谋，古今妇孺皆知。唐代魏徵正直干练、犯颜直谏，与开明的唐太宗一起创造了"贞观之治"；狄仁杰处事公正，决事明断，辅佐武则天推进了唐太宗以来的强势；宋代寇准、吕蒙正、王安石、文天祥，明代杨士奇、张居正、于谦，清代陈廷敬、张廷玉等,皆可谓贤相。史载,张廷玉之子张若霭科举得殿试一甲第三名(探花),张廷玉得知,立刻求见雍正皇帝,恳请改授他人。雍正说自己出于至公,张廷玉却说:"天下人才众多,三年一次大考,个个都盼鼎甲。臣本人现居高位,而臣子又登一甲第三名,占天下寒士之先,于心实有不安。请列二甲,已为荣幸。"无私若此,于今鲜有。与贤相相反,凡是贪赃枉法、狡猾奸诈,对皇帝阿谀逢迎的宰相,那就是奸相,其结果必定祸国殃民。唐代杨国忠、李林甫,宋代蔡京、秦桧、贾似道,明代严嵩等都是遗臭万年的奸相。

六、外戚与宦官

这两个不同的权力群体有共同之处:与皇帝的关系极为密切,最容易获得皇帝的信任,成为皇帝的心腹,从而获得巨大权力,成为左右朝政的强劲力量。这两者与朝臣三种政治势力之间,往往会展开你死我活的斗争,但也常常两两相互利用,构成联合之势,以打击另一种势力。

外戚势力的形成,直接原因是皇帝幼小,由年轻的母后主政。可是,母后年轻,毫无治国经验与能力,所以必须借助家族势力,或者母后舍权,故意废长立幼,也需要依靠父、兄来维持统治,这样就把大权交给他们,出现了外戚专权的局面。所以,《后汉书·皇后纪》说:"东京皇统屡绝,权归女主,外立者四帝,临朝者六后,莫不定策帷帘,委事父兄,贪孩童以久其政,抑明贤以专其威。"

外戚专权始于吕后,到武帝时,已经重用外戚窦婴、田蚡,委以宰相。西汉末年,外戚王莽代汉自立。隋文帝杨坚也是以外戚身份夺权称帝的。但外戚专权现象最突出的是东汉。东汉时的外戚主要有阴、郭、樊、马、窦、邓、梁等家族。他们都是开国功臣,皇帝与其联姻后,成为了皇亲国戚。其中,阴、郭、樊、马四家,都没有形成权倾一时的势力,只是尊贵而已。余下的窦、邓、梁三家，专横跋扈，把持朝政，威赫无比。以梁家为例，梁冀为功臣梁统之后，因妹妹为顺帝皇后，得以继任其父大将军之职。顺帝死后，年仅两岁的儿子刘炳继位，即汉冲帝，但他不到半年就死去，梁冀与其妹梁太后立8岁的汉质帝刘缵，以图控制。但因刘缵当面呼梁冀为"跋扈将军"，次年即被他毒杀，另立15岁的汉桓帝刘志。刘志为了感恩，对梁冀特加优待，其地位与待遇超过两汉以来一切元勋。因此，他更加专擅朝政，结党营私，梁氏一门非侯即官。他将朝廷的大小权力都抓在自己手中，事无巨细，都由他决断。宫廷内外布满他的耳目，皇帝的一举一动，都在他的掌握之中。为了垄断朝政，梁冀还对敢于跟他抗争的朝臣大开杀戒。试想，他如此专权残暴、穷奢极欲，其妻孙氏也贪婪至极，皇帝怎么可能坐视不理。汉桓帝渐大，难以忍受如今的局面，但因宫中俱是梁冀亲信，于是只好与朝夕相处的5个宦官，藏在厕所里密谋剪除梁冀势力的办法，最终大获成功，梁家及其妻孙家，无论男女长幼统统被处死，家产全部被没收，其数额可抵天下税租之半。结果，这5个宦官立了大功，一日之内，均被封侯，史称"一日五侯"。之后，这5个宦官就开始控制皇帝，左右朝政。

然而，宦官专权并不自东汉始，而是从秦代的赵高就开始了。"宦"的本义为家臣，"宦官"就是为皇帝及其嫔妃服务的男性官员。东汉以前，宦官并非都是阉人。如赵高就有正常的生理机能，京剧《宇宙锋》就描写了其女装疯卖傻，以避入宫的故事。赵高在谋杀丞相李斯之后，继任相职，乃至逼杀二世，秦朝由此灭亡。成语"指鹿为马"，正是赵高专权的写照。

中国的宦官专权集中在三个朝代：东汉、唐代与明代。东汉如前所述，直接原因是皇帝难以忍受外戚专权，于是联合宦官剪除外戚，此举始于汉和帝刘肇。他与宦官郑众联合，逼迫外戚窦宪自杀，开启了东汉宦官专政之门。其后的汉安帝、汉顺帝、汉桓帝都是幼时由外戚专权，成年后由宦官专权，皇帝实为傀儡。至汉末灵帝时，有12个宦官朋比为奸，控制朝政，称为"十常侍"，引发外戚与朝臣不满，展开了一场宫中大厮杀，宦官几乎被杀殆尽。唐代在玄宗李隆基时，就已倚重宦官高力士，但宦官专权始于"安史之乱"

以后，拥戴唐肃宗即位的宦官李辅国因功受到重用，开始拥有军权。此后，宦官不但可以监军，甚至可以统领禁军，废立皇帝易如反掌，先后有9个皇帝是经宦官废立的，皇帝完全被宦官控制，宰相与朝臣只有听命。明代宦官专权达于顶峰，臭名昭著的宦官也集中于明代，如王振、刘瑾、魏忠贤等。

宦官是一批被阉割的男性，他们生理机能缺失，心理扭曲阴暗，故此，宦官一旦大权在握，政治黑暗程度远胜外戚专权，谋害忠良的行为也更为猖狂。他们的残杀手段极为毒辣，特别是明代设立的东厂、西厂等特务机构，首领俱由宦官充任，对官吏和百姓进行严密的监视、侦查，所以明代被残害的贤良远远多于往昔。具有学识和教养的士大夫一向厌恶宦官，自视为"清流"，而把宦官视为"浊流"，耻于与他们为伍，所以，士大夫反对宦官专权的斗争历代不绝。东汉有以李膺、陈蕃、王畅为首的官僚集团，与以郭泰、贾彪为首的三万余太学生联合起来，抨击宦官专权的事件；宦官则依靠皇权，两次向党人发动大规模的残酷迫害活动，史称"党锢之祸"。唐代发生的"甘露之变"，则是唐文宗本人厌恶宦官专权，宰相李训等人与节度使郑注实行军政联合，以天降甘露为由，诱使宦官头目仇士良等前往观看，企图用伏兵将其诛杀，结果事泄，李训、郑注等千余人被杀，皇帝也被囚禁。而明代的江南士大夫，以无锡东林书院为基地，抨击时政，反对宦官专权，被称为"东林党人"，结果许多名士被以魏忠贤为首的"阉党"迫害致死。

七、中国历史的几个问题

纵观中国古代历史，有几个问题贯穿于中国历史的发展过程之中，值得我们关注。它们在一定程度上反映了中国历史的特点，也在很大程度上影响了中国文化的发展与变化。

（一）战争与和平

中国历史上不乏战争，而且极为频繁。鉴于北方一直以来是中国政治、经济与文化的中心区域，中国历史上的"七大古都"——西安、洛阳、开封、安阳、北京、南京、杭州，有五个在这个区域，所以，围绕争夺全国最高统治权的战争就在这个区域内不断上演，王朝的更迭也多在这个区域内进行，因此，中国古代战争绝大多数发生在北方。

中国古代一共发生过多少次战争？据《中国军事史》统计，先秦以前不计，仅秦朝建立至清朝灭亡的2,132年之间，中国一共发生大大小小的战争3,134次，包括了全局性的与局部性的。平均每一年就发生1.5次。只有在某一个王朝统一天下之后，百姓才可以享受一段相对和平的生活，从事较为安定的生产活动，即使如此，局部地区仍有可能发生战争。所以，烽火连绵，刀光剑影，生灵涂炭，尸横遍野，这就是中国历史的缩影。甚至可以说，中国历史几近一部战争史。

中国古代的战争，按其性质可以分作四种：第一种，中华本土不同民族之间的战争，其中多数是北部边疆的游牧民族武力南下，引发汉族抵御入侵的战争，如秦汉时的匈奴、魏晋时的鲜卑、隋唐时的突厥、两宋时的契丹和女真等，都曾攻入汉族农耕地区，挑起激烈的战斗，有的甚至在中原地区建立了自己的王朝，如北魏、北齐、北周与后来的辽、金政权等。反过来，汉族王朝为了消除北部边疆的威胁，也曾主动出击，如秦代蒙恬，汉代卫青、霍去病，唐代李靖、薛万彻等，都曾率军打击匈奴与突厥。此外，还有不同少数民族之间相互争夺资源的战争，这在"五胡十六国"时期表现得非常突出。"风声鹤唳""草木皆兵"的"淝水之战"，就发生在此时。这种民族之间的战争，往往十分惨烈，民族屠杀也十分严重，因此，给各民族带来的灾难十分巨大。第二种，是统治集团之间的战争，其根本目的是争夺最高统治权。如西汉时发生的"七国之乱"，是汉景帝为了加强中央权力，接受晁错的建议，削弱藩国的势力，引起同姓诸王的不满，吴王刘濞领头以"清君侧"的名义发动了叛乱，汉景帝派周亚夫等率军予以消灭。西晋时发生的"八王之乱"，由宫廷内部的权力斗争，扩展为司马氏八个藩王间的相互厮杀，争夺中央权力，历时16年之久，导致西晋王朝很快覆灭。明代初年，燕王朱棣也以"清君侧"的名义，从北京发兵南下，夺取了帝位。第三种，是农民起义战争，这种战争贯穿了中国的历史。中国自古以农业立国，农业经济关系国计民生，农民也因此成为国家的主体。农民以个体小农经济的生产方式，一方面为国家提供经济支撑，一方面维持自己的生存。但是随着大地主、大官僚不断地兼并土地，农民既失去了生存的根基，又要承担国家的徭役重负，在忍无可忍的情况下，往往群起反抗，以求生存为目的，组成强大的农民起义军。中国历史上有多少次农民起义？大大小小无可胜数。秦末的陈胜、吴广起义，是封建集权制度建立以来的第一次农民大起义。随后刘邦、项羽也率众而起，最后以刘邦建汉结束。此后，规模较大的农民起义大多发生在各个王朝倾覆之际，如西汉末年的王匡、王凤（绿林军），东汉末的张梁、张角（黄巾军），西晋末的李特，东晋末的孙恩，隋末的翟让、李密（瓦岗军），唐末的黄巢，宋末的王小波、宋江、方腊，元末的刘福通、韩山童、朱元璋，明末的李自成、张献忠，清代的洪秀全，等等。第四种，则是海外异族的侵略战争，如英国发动的鸦片战争、西方八国联军的侵华战争等。

  大规模战争的结果是成王败寇与改朝换代。某一个家族及其利益集团被打垮，另一个家族及其利益集团因此获胜，实现了对所有资源的控制与分配。这种以战争手段促使政权更迭的做法，对中国社会发展造成的负面影响不可低估。首先，它对生产力造成了巨大破坏。大批劳动力从军入伍，战死沙场；大批老百姓逃避不及，无辜被杀。为了躲避战乱和谋求生存，北方居民纷纷南迁，造成北方人口锐减，土地荒芜，农耕荒废，经济发展步伐大大放缓。其次，它不断摧毁历史累积起来的文明成果。这一点最突出地表现在历代宫殿建筑上。它们耗资巨大，建筑宏丽，设计精美，是中华民族智慧与力量的结晶，可是，每一次大的战争，它们都会成为对方首要攻击的目标。项羽入关，首先将阿房宫付之一炬，便是一例；其后的战争，此种情形一再出现。北京明清故宫之所以能够留存下来,是清兵在入关后,对先朝宫室采取了较为文明的做法,这是应当肯定的。

(二)融合与斗争

中国一直以来是一个多民族的国家。古代各民族为了扩大生存空间,占有更多资源,相互之间的斗争从未间断,但民族之间的相互融合也因此而产生。从民族的生存类型划分,以长城为界,古代中国的民族基本上可以分为北部边疆的游牧民族与中原地区的农耕民族,即汉族。在中国历史上,这两种类型的民族所创造的游牧文化与农耕文化之间,一直发生着冲突。一般来说,农耕民族居所有定,顺时守势,追求风调雨顺,期盼天下太平,本质上不具有进攻性;而游牧民族则居无定所,长于骑射,其攻击能力远大于农耕民族。武力上处于弱势的汉族王朝只能采用高筑墙的防御政策,企图将其拒于自己的统治范围之外。所以,万里长城就是这两种文化的物质分界。但是长城再坚固,也不可能隔断民族之间的交往,更不能阻止游牧民族剽悍的铁骑。事实上,从汉代以来,就有北部边疆少数民族不断向中原迁徙,并逐渐盘踞华北地区,势力不断壮大。到了西晋时期,他们已入居关中及泾水、渭水流域,史载"关中人口百余万,戎狄居半,匈汉杂居"。西晋末年,王室内乱,民生凋敝,国力空虚,匈奴、鲜卑、羯、氐、羌等少数民族趁势继续南移,攻城略地,建立了自己的政权,这便是史书所说的"五胡乱华"或"五胡十六国"。唐代诗人张籍在《永嘉行》里说"黄头鲜卑入洛阳,胡儿执戟升明堂。晋家天子作降虏,公卿奔走如牛羊",写的正是这段历史。唐代以后,北方的契丹、女真逐渐强大,先后建立了辽、金,占据了中国的半壁江山;而蒙古族与满族,更是一统天下,统治全国。

但是,必须承认的是,中原地区的农耕文化发展较早,与周边少数民族文化相比,一直处于高水平的状态。进入中原地区的少数民族,无论武力多么强悍,文化上都相对处于弱势,都会自觉或不自觉地仿效和吸收中原汉族文化,并与汉族通婚,繁衍生息,逐渐地与汉族融为一体,成为汉族的一个部分。众所周知的北魏孝文帝拓跋宏，自幼受汉族祖母冯太后的影响，亲政后以"汉化"为国策，改鲜卑姓为汉姓，鼓励鲜卑族与汉族通婚，推行汉族王朝的典章制度，大大加速了鲜卑族融入汉族的进程，在中国历史上写下了耀眼的一页。其他少数民族也在与汉族的混居状态中，逐渐地融入汉族。这是一方面。另一方面，由于北方战乱频繁，中原汉族居民也纷纷向江南迁徙。其中有两次规模最大，即西晋王朝与北宋王朝灭亡时，残余皇族司马氏与赵氏先后南渡，有大批高门士族与民众随迁，他们之中，不乏很高文化教养的士子和深谙耕作技术的农夫。这两类居民带动了江南地区的经济文化发展，并与原住民杂居通婚，在闽、粤、赣地区形成了汉族支系的"客家人"。留居于苏、浙、皖地区的北方移民，几乎家家以耕读为业，继续着原来"耕读传家久，诗书继世长"的文化传统。江南的经济文化在明清两代超越了北方，与汉族南迁有密切关系。这种各民族杂居通婚，就产生了民族大融合的效应。原先古代的北方少数民族在这个过程中分化瓦解，有相当多的少数民族被同化为汉族，使汉族人口大幅度增加。我们现在所说的汉族，实际上已经是一个多民族的融合体。中国的赵姓、李姓、刘姓、王姓等人数众多的姓氏，实质上包括了不同民族的人群。这也是中国文化具有巨大包容性的一个因素。

（三）统一与分裂

《三国演义》开篇说："话说天下大势，分久必合，合久必分。"这说的就是中国历史发展中的统一与分裂。但究竟是分长合短，还是分短合长，目前的学术界有不同看法，这里不做评判。实事求是地讲，中国历史上的统一与分裂，都是相对而言的，因为历代王朝的版图不是一成不变的，即使在某个大一统的王朝里也有割据现象。本书倾向于传统的认识，所说的统一，是指历史上的一个王朝领有中原以及向外延伸的大面积版图；与此相反，则可视为分裂，如东晋与南宋。以这样一个标准来纵观中国古代史，尽管战争频发，割据纷呈，统一始终是历史发展的主流，分裂则是短暂现象。

这主要表现在以下几个方面：一是统一的时间呈逐步增长的趋势。秦灭六国，统一天下，奠定了中国历史统一的根基。因此，从秦算起，至清灭亡，大统一的王朝有秦、汉、西晋、隋、唐、北宋、元、明、清，时间跨度长达2,132年，其中统一的时间为1,626年，约占总数的76%；分裂的时间为507年，约占24%。这期间，大的分裂有四次，即魏、蜀、吴三国鼎立时期，东晋五胡十六国与南北朝时期，五代十国时期，南宋与金、西夏对峙时期。秦统一的时间很短，但两汉长达426年，隋唐为327年，宋、元、明、清共计952年，除去南宋的153年，统一时间长约800年。二是统一的规模呈逐步扩大的趋势，秦统一天下，疆域东北至今沈阳一带，西至今兰州、成都一带，东南领有除台湾、海南两岛以外的全部。西汉统一规模大为扩大，西已领有西域，南扩展到交趾（今越南境内），东北则领有朝鲜半岛大部。唐代全盛时期，除西藏与青海属吐蕃、内蒙古北部与今蒙古人民共和国属突厥外，今俄罗斯远东地区东部都归唐河北道管辖。元代疆域更大，今云南、西藏、新疆大部以及蒙古地区与俄罗斯远东地区都在其内。明代疆域大为缩小，但仍领有西藏及俄罗斯远东地区。清代恢复了对新疆地区的控制，同时收复了台湾，但远东地区有所收缩。随着晚清国势的衰败，西方列强蚕食中国，疆域大有缩小，但清代还是奠定了今天的基本版图。

　　统一之所以是中国历史发展的主流，或者说是中国历史发展的规律，其原因是多方面的。首先是处于疆域中心的中原地区，最先成为经济、政治、文化与科技中心，对周边民族与地区产生了强烈的吸引力和向心力。其次是中国古代哲学强调"中心与四方"的关系，以中土、中原、中州为中心，四面为四夷（东夷、南蛮、西戎、北狄），进而延伸为四海、九州与天下，《河图》与《洛书》所表达的正是这一意识。第三是各民族间交互杂居，相互通婚，形成了民族大融合。古代虽有"胡汉之分"或"华夷之别"，但两者的融合一直在扩大和加深。第四是从文字产生，到秦统一后实行"书同文"，使具有表意特征的汉字成为了传递信息与沟通心灵的符号系统，它在民族统一的过程中发挥了强大的作用。第五是由先秦到汉代形成的"大一统"思想，对历代统一起了积极的促进作用,并且越来越深入人心,成为一种凝聚力的哲学、一种容纳百川的胸怀和奋斗进取的精神。第六是中国的农耕文化使民心思定,祈盼"天下太平",而只有统一,安定与太平才有相应的保证。以上这些因素,使"统一"积淀为中华民族的心理渴望与价值取向,这才是中国文化得以保持完整和绵延不绝的根本要素。

● **学习与思考**

1. "三皇五帝"传达了什么样的历史信息?
2. 你如何理解中国古代王朝的兴衰?
3. 中国古代的皇帝是不是最有权力的人?为什么?
4. 中国古代战争频繁是什么因素造成的?
5. 为什么说统一是中国历史的一个规律?

参考答案

● **相关资料**

1. 陈致平.中华通史.贵阳:贵州教育出版社,2014.
2. 汪小川.中国历史故事.桂林:广西师范大学出版社,2007.

第四章 姓氏与名、字、号

东晋 顾恺之 列女图（局部）

姓氏是标志社会结构中血缘关系的一种符号。在历史发展过程中，社会成员赋予它某些规定性，用以调整和维持某种社会结构，于是形成一种姓氏制度。由于民族、语言、文字、宗教信仰等因素的不同，各个国家和民族的姓氏制度是多种多样的。比如，西方国家的姓氏更多地带有宗教色彩，而中国的姓氏则主要带有宗法色彩。因此，姓氏作为一种文化符号，所包含的内涵是非常丰富的；作为一种制度文化，它的综合性的文化特征又是非常明显的。中国的姓氏制度也不例外。

这里所说的中国的姓氏制度，是指以汉族人为主体的绝大多数中国人所采用的姓氏制度。它有如下一些特点：（一）它是氏族血缘关系的产物，又是宗法制度的表现，其历史渊源非常久远，是世界上最古老的姓氏制度之一。如果某个姓想要追根溯源，差不多可以回到数千年以前。这在世界史上是不多见的。（二）在长期的封建社会中，它与封建礼制相结合，标榜同姓同宗，抬高名门大姓，成为维护封建统治秩序和大地主利益的有力工具，如魏晋时期盛行的"门阀制度"那样。（三）它虽然以汉族原有的姓氏为主体，但也吸收和容纳了许多其他民族的文化成分，因此它已经成为民族团结和融合的象征。现实生活中我们可以看到，姓张、王的不一定都是汉族，姓慕容、宇文的也不一定就是少数民族。

一、姓氏的产生与发展

中国的姓氏产生于什么时候？一般认为可以追溯到母系氏族社会。那时的人们按母系血缘分成若干氏族，每个氏族都以图腾或居住地形成互相区别的族号，这个族号就是"姓"。据《说文解字·女部》云："姓，人所生也。古之神圣，母感天而生子，故称天子。从女，从生。"所谓"感天而生"，其实就是知母不知父的意思。如传说中的商族祖先契是其母简狄吞玄鸟之卵有孕而生；周族祖先后稷是其母姜嫄踩了天帝的脚印感孕而生。这都在一定程度上反映了母系社会的婚姻状况。传说中的远古帝王，他们的姓都带女字旁，如炎帝姜姓，黄帝姬姓，少昊嬴姓，虞舜姚姓，夏禹姒姓等。"氏"的产生比"姓"要晚一些，这是因为同一母系血统的氏族子孙繁衍，人口增加，同一母族分为若干支族迁往不同的地方居住和生活，每个支族都要有一个区别于其他支族的称号，这个称号就是"氏"。一个氏族分成多少个支族，就有多少个氏。因此可以说，姓代表母系血统，氏代表氏族分支；姓是不变的，氏是可变的；姓区别血统，氏区别子孙。这就是姓与氏在最初阶段的根本区别。

进入夏、商、周三代，姓氏的功能除了保留那些原有的区别以外，又带上了浓厚的阶级色彩，特别是氏，都是由统治者赐封而得来的。正如《左传·隐公八年》所说："天子建德，因生以赐姓，胙之土而命之氏。诸侯以字为谥，因以为族；官有世功，则有官族；邑亦如之。"意思是说，天子立那些有德的人为诸侯，根据他的出生赐姓，分封给他土地，并且由此确定他的氏号。诸侯以字作为谥号，他的后人就用他的谥号作氏；世代为官而且有功绩，他的后人就以官名为氏；有封邑的就以邑号作氏。可见，这时的氏已经是贵族地位的标志，贵者有氏，贱者无氏。这时的贵族都是男子，所以男子有氏，如果他的封邑、官职或居住地发生变化，他的氏也就跟着变化。如商鞅原为卫国公族，可称"公孙鞅"，也可称"卫鞅"，后来他被封于商，故而又称"商鞅"。这就是史书上所说的"男子称氏以别贵贱"。至于女子，她们在家只能按孟、仲、叔、季等排行相称。另外，夏、商、周三代，严格实行"同姓不婚"的制度，因此，女子在出嫁时都要用姓标明血统，而在姓之前冠以孟、仲、叔、季等排行，如孟姜、仲姜、孟姬、仲姬等。人们所说的"孟姜女"，并不是姓孟名姜女，而是姜姓长女的意思。女子出嫁后，可以在自己的姓前冠以出嫁前的本国国名，如周幽王的宠妃褒姒，本人姓姒，来自褒国；如果所嫁之人为国君，则也可以在自己的姓前冠以所嫁国的国名，比如卫庄公的妻子姓姜，来自齐国，她可以叫"齐姜"，也可以叫"卫姜"，甚至在卫庄公死后还可以因卫庄公的谥号而被称作"庄姜"或"卫庄姜"。周代的晋、鲁两国不能通婚，因为都姓姬；但秦、晋两国却可世代通婚，因为秦国姓嬴，成语"秦晋之好"因此而成为婚姻的代用词。这就是史书上所说的"女子称姓以别婚姻"。

姓与氏混合为一，大约在秦汉时代。到司马迁撰写《史记》的时候，二者已经没有什么区别，如说秦始皇因生于赵，故姓赵氏；项羽先世封于项，故姓项氏，等等，这都表明在进入封建的大一统社会以后，姓氏原有的区别已经毫无意义了。

二、姓氏的主要来源

姓氏的来源相当复杂，历史上有许多研究专著。如前文所说，《左传·隐公八年》已将姓氏来源归纳为五种。东汉应劭的《风俗通义·氏族篇》又归纳为九种："或氏于号，或氏于谥，或氏于爵，或氏于国，或氏于官，或氏于字，或氏于居，或氏于事，或氏于职。"宋代郑樵的《通志·氏族略》，详细分为32种。这里我们主要指出几种：（一）最早产生的姓，即原有意义上的姓，后人以姓为氏。它们多带女字旁，如姜、姬、姚、姒、嬴等。传说中的大禹姓姒，其姒姓子孙今天仍生活在浙江省绍兴市禹陵村，族人存有《姒氏世谱》，至今已传至140余代。（二）以国邑为氏。如周朝建立后，天子大封诸侯，包括同姓宗族和异姓功臣以及夏、商王朝的子孙。这些人得到大小不同的土地，建立了许多诸侯国，鲁、卫、晋、滕、虞等属姬姓国；齐、宋、陈、杞、焦等属异姓国。诸侯国的君主还可以把自己的土地再分封给卿大夫，称为"采邑"。这些卿大夫势力逐渐壮大，又建立了自己的国家，如韩、魏、赵等。这些国名后来都成为氏。以赵为例，其祖造父，为周穆王的车夫，本姓嬴，与后来的秦属同祖。相传穆王西巡，造父赶车，很好地完成了任务，穆王以赵（在今山西省洪洞县）赐封造父，因以为氏。

其后裔为晋国大夫。京剧《赵氏孤儿》即写晋灵公时赵朔被杀,其妻遗腹生赵武,赵氏家臣公孙杵臼和赵氏友人程婴为保赵氏遗孤,定计以程婴之子代赵武受戮,而将赵武藏于山中。后赵朔平反,赵武复位,传三世而为赵襄子。赵襄子于公元前475年始建赵国,初都晋阳(今山西省太原市),最后迁至邯郸,成为战国七雄之一。因此,中国的赵姓起于山西,盛于河北,历代散布于全国。西汉时的南越王赵佗、三

陆氏始祖陆通

国时的赵云和宋太祖赵匡胤都是今河北人。(三)以官职为姓。如司马、司空、司徒、司寇、史、理、钱、宗、帅等。以司马为例,其与程同出一姓,远祖为颛顼的曾孙重、黎。周代封重、黎之后于程(约在今河南省洛阳市东,一说在今陕西省咸阳市北),以程为氏。周宣王时有程伯休父出任司马,后人遂以司马为氏。司马迁、司马懿、司马光均为其后裔。(四)以祖父或父亲的名或字为氏。这是宗法制的明显特点之一。根据宗法制的规定,天子的儿子称"王子",王子的儿子称"王孙",王孙的儿子则以其祖父的名或字为氏;诸侯的儿子称"公子",公子的儿子称"公孙",公孙的儿子也以其祖父的名或字为氏。如周景王为天子,其子为王子,名朝,而王子朝的孙子就以朝为氏,后写作晁;宋桓公为诸侯,其子为公子,名曰夷,字子鱼,公子夷之子为公孙友,公孙友的两个儿子就以鱼为氏。这类姓有牛、关、柯、丰、乐、仇、廖等。(五)以排行次第为氏。这也是宗法制的一种体现。周代以孟(伯)、仲、叔、季作为子孙排行的次序,其后裔则可称孟氏、伯氏、仲氏、叔氏、季氏。如孟氏,其祖为鲁桓公的次子庆父,成语说"庆父不死,鲁难未已",可见庆父是惯于制造内乱的人,因排行第二,称为"仲孙";

以其有弑君之罪，后代深以为耻，又因他在庶子中排行第一，改称"孟孙"，以孟为氏，孟子即其后裔。（六）以爵号、谥号为氏。爵号以王、侯二氏最为突出，特别是王氏的来源不止一处，但都与先祖封王或称王有关，故有姬姓王，子姓王，妫姓王，还有少数民族的王，在中国成为一大姓。谥号如文、武、穆、宣、闵、简等。如宋武公之后人以武为氏，宋穆公之后人以穆为氏，齐桓公之后人以桓为氏，等等。（七）以居住地为氏。这一类人没有资格得到封赏的土地，便以所居住的地方为氏。如住在傅岩的人以傅为氏，住在池边的人以池为氏，住在柳下的人以柳为氏，此外，还有西门、东郭、南宫、东方、西闾等。（八）以职业或技能为氏，如屠、陶、甄、卜、巫等。在夏、商、周时代，这些人属于低级贵族，不得封土，但可称氏，当时称作"百工"，后人即以其从事的职业为氏。（九）以事为氏。这类姓氏不多，但却很有意思。如李氏，其祖为少昊的后裔皋陶，本姓嬴，在尧、舜时任理官，掌刑狱，后人以官为氏，称"理氏"。商末理征因得罪纣王被杀，其子理利真逃往山中隐匿，以一种树的果子为食，即李子，因"李"谐音"理"，其后人改为李氏。相传老子即为理利真的十一世孙。又如林氏，其祖为纣王叔父比干，比干被杀，其妻有孕，逃往林中，产下一子。周代寻封比干之后，以此事赐以林氏。汉武帝时有丞相田千秋，年老而未退休，皇帝特许他乘车入宫，时人称为"车丞相"，其后人即以车为氏。明末山东的一支朱氏王族乱中出逃，到了一地天色已晚，深感前途暗淡，即改朱氏为昃氏。（十）避讳改氏和皇帝赐姓。这种情况也不少。如唐玄宗李隆基即位，姬姓改为周姓；唐宪宗李纯即位，淳于姓改为于姓等。皇帝还常常把所谓"国姓"赐给自己的功臣，以示殊荣。唐代的许多开国功臣都姓李，如徐世勣改为李勣，世字因避唐太宗李世民讳而不称。宋代西夏李继迁被赐姓赵，明末的郑成功被赐姓朱等。另外，赐姓也可以作为一种镇压和惩罚手段，如隋代杨玄感谋反被枭，其后人被赐为枭氏；武则天即位，赐唐高宗的王皇后为蟒氏。（十一）由少数民族的称呼转化而来，成为汉姓的一个组成部分。如宇文、鲜于、尉迟、慕容、长孙、贺兰等。北魏孝文帝实行民族融合政策，命令鲜卑人改姓，皇族拓跋氏改为元，其他贵族改为穆、陆、贺、刘、楼、于、尉等；隋唐时有西域九姓小国，归唐以后以其国名改为康、曹、石、何、史、安等九姓，安禄山、史思明属其中两姓。事实上，现在的许多姓，如张、王、李、赵、刘、曹、吴、罗、包、何、慕、金、关、佟、康等既是汉族的姓，也是少数民族的姓。

三、古代的望族和大姓

在中国的封建社会，姓氏是非常重要的一个问题。它不但标志着一个人的血统，还标志着一个人的门第和地位。汉魏以来，盛行门阀制度，姓氏有了高低贵贱之分。帝王、功臣、贵戚之姓拥有尊贵地位，享有社会的某些特权，可以左右当时的政治局面，逐渐形成一些豪门大族。东汉时，除皇族刘姓为第一大姓外，还有所谓"四姓小侯"，即外戚樊、郭、阴、马四姓。汉明帝曾为四姓子弟单独设立学校。到东晋时，原来中原地区的一些豪门家族，随晋元帝司马睿到了江南，成为当地的"侨姓"，这主要有王、谢、袁、萧等；而当地还有朱、张、顾、陆等高门，称为"吴姓"。两个贵族集团共同成为南朝二百多年的统治支柱。其中王、谢二姓，门第极高，权势极大，世代通婚不绝，先后出了许多名人，如王敦、王导兄弟，王羲之、王献之父子，谢安、谢玄叔侄，谢灵运、谢朓两大诗人。史载，南朝侯景依仗朝中地位，想与王、谢结亲，梁武帝说："王谢门高非偶，可于朱张以下访之。"后世则有"旧时王谢堂前燕，飞入寻常百姓家"的诗句。北朝政权也以名门大姓为依托，在山东有"郡姓"，王、崔、卢、郑为大；关中也称"郡姓"，韦、裴、柳、薛、杨、杜为首；代北（今山西北部及河北西北部一带）则有"虏姓"，元、长孙、宇文、于、陆、源、窦为首。宰相公卿大都出于这些姓氏。隋唐时代，科举盛行，寒门庶族大量进入统治阶层，但门第观念依然盛行。唐太宗李世民下令编修的《大唐氏族志》，虽然把李姓列为第一，但郑、崔、卢、王仍有很高地位。李姓以陇西（今甘肃省陇西县）为贵，崔姓以博陵（今河北省安平县一带）为贵，卢姓以范阳（今河北省涿州市）为贵，郑姓以荥阳（今属河南省）为贵，王姓则以太原为贵。五姓之外，还有河东（今山西南部）裴、薛二姓，与五姓并称七家。唐代的宰相及其他高级官员大都出身于这些高门。《西厢记》里的崔小姐原本许配给老夫人的侄子郑公子，但却爱上了张君瑞。老夫人极力反对，就是因为崔、张二姓门不当户不对。唐代沈既济的传奇小说《枕中记》描写了一位在邯郸客店里做黄粱梦的姓"卢"的书生。这都反映了这些姓氏在那时的高贵地位。现在人们见面问"您贵姓"，实质上是从封建社会姓氏有贵贱之别的情况演化而来的。

由于推崇高门大姓，便产生了所谓的"郡望意识"。"郡望"是指某一姓氏世居某郡而为人们所仰望，实际指某一姓氏的社会影响。人们注重出身，看重门第，是封建社会普遍的社会心理。如唐代作家韩愈自称"昌黎人"，时人称其为韩昌黎，李白为韩愈之父仲卿作碑称其为"南阳人"。实际上韩愈父子为河阳（今河南省孟州市）人。这是因为当时韩姓以昌黎和南阳两地为郡望。此外，刘姓以彭城（今江苏省徐州市）为郡望，陈姓以颍川（今河南省许昌市一带）为郡望，周姓以汝南（今河南省上蔡县一带）为郡望，张姓以南阳（今属河南）为郡望，王姓以太原为郡望，杜姓以京兆（今陕西省西安市）为郡望，等等。不管这些姓氏分布在什么地方，他们都会以"彭城刘""颍川陈""汝南周""太原王""京兆杜"为荣耀。福建省莆田市一带的民宅上总嵌有"彭城流芳""颍川流芳""太原流芳"等，你一看就知道这家姓什么。

随着社会的进步，门阀制度早已衰亡，郡望意识也早已淡化，但由于某些姓氏在社会经济文化进程中的特殊表现和作用，它们在近代直至现代仍有着令人瞩目的影响。比如江浙一带的钱氏，至今仍有重大的影响。江浙钱氏的祖先，为五代吴越国的开国君主钱镠。他的三十多个儿子分赴各州任职，其后裔就在江浙一带分布开来。明清以来的江浙钱姓名人辈出，灿若群星，如明末清初诗人钱谦益，清代学者钱大昕、钱大昭兄弟，近代学者钱玄同以及现当代的钱学森、钱伟长、钱三强、钱正英、钱其琛和台湾的钱复等，都是这一族系的。

四、姓氏混杂与谱牒

姓氏的产生和变化是社会发展的结果，姓氏的混杂则是社会变动的反映。由于宗法制度的统治和影响，一姓一族常用家谱或宗谱记载他们的变迁始末及家族承袭关系。因此，家谱或宗谱就成为我们研究历史变迁和历史人物的重要资料。

应当说，一姓家族较早时基本上集中于一地，后来随着历史变动，人口迁移，逐渐交错混合，形成错综复杂的情况。归纳其原因，大致有四：（一）帝王分封子弟功臣。从周代起，天子分封诸子诸臣和先朝后裔，建立了许多诸侯国，形成很多氏，也即后来的姓。刘邦建立西汉，初封异姓王，后改封同姓王，刘姓因此散居各地。东汉开国皇帝刘秀，是刘邦之孙、长沙定王刘发的后代，算起来他是刘邦的九世孙，但他是南阳蔡阳（今湖北省枣阳市）人。三国刘备本涿州（今属河北省）人，他是西汉中山靖王刘胜的后代，而刘胜与刘发为异母兄弟。唐代帝王也分封兄弟诸子于各地，朱元璋即位也把自己的儿子、侄子封往各地，这样，李、朱二姓也就遍布全国了。（二）战乱。史载，东汉末年战乱，"关中百姓流入荆州者十余万家"。魏晋南北朝时，北方战争频繁，人口大量南迁，少数民族也南下进入中原。这造成了姓氏混杂，但也促成了民族融合。前面提到的东晋王、谢二姓，王姓出自山东临沂，谢姓出自河南太康，南迁后成为江南大姓。（三）官宦。古代做官都在异地，后来子孙在当地定居，成为当地一姓。据洛阳发现的《白氏家谱》载，白居易本秦将白起之后，祖上世居太原（确址为今山西省太谷县阳邑村），一直到二十八世因官移居陕西韩城，又四世因官移居渭南，又六世移居河南新郑，而后生白居易。白居易晚年官居洛阳，其子孙即在洛阳定居，现洛阳白碛村有1,600余人，95%姓白，均为白居易后裔。又如苏轼，其远祖为唐代诗人苏味道，武则天时曾任宰相，本赵州栾城（今河北省石家庄市栾城区）人，后被贬为眉州（今属四川省）刺史，有一子定居眉州，成为眉州苏氏，到宋代出了三苏父子。（四）移民。封建国家为补充边远地区人口，或为了解决某些地区因战争、饥荒造成的人口短缺问题，采取强制性的移民措施。秦始皇曾往岭南谪遣50万人。这些谪往岭南的北方人，成为广东客家人的一部分。三国魏时，因关中饥荒，曾从今河北一带移"农夫五千人"往陕甘一带。此类情况，历代都有。到明代初年，由于元末战争，河北、山东及江淮间人口大减，因此明朝政府先后六次从山西移民外出。移民的集散地点在今山西省洪洞县大槐树旁边的广济寺里，今北京大兴、通州、顺义还保留着一些赵城营、蒲州营、长子营等以山西县名命名的村子，表明其居民都来自山西某县。而江淮一些地方还流传着这样的歌谣："问我祖先来何处？山西洪洞大槐树。"如今，洪洞大槐树已辟为"寻根祭祖园"，供海内外同胞寻访祭奠。

姓氏和家庭的这种变迁，往往记录在封建时代的家谱里。尽管家谱是随着门阀制度兴盛起来的一种特殊的文献，但我们不能把它与封建糟粕等同。封建社会修谱的目的，当然是为了记录家族血统的承袭关系，但在客观上却保存了特定历史时期的一些真实史料，为我们研究某一历史阶段的政治、经济情况和人口变迁提供了很大的方便。如岳阳孔子后裔支系所藏《圣裔宗谱》，是孔府最后修撰的一套最完善的家谱，对孔子家世记载甚详。1980年发现的昆明岳飞后裔所藏的《岳氏宗谱》，载明了岳飞子孙的一支是如何迁往云南的。2004年又发现常州《岳氏宗谱》，证明当地岳姓为岳飞第三子岳霖之后。江阴发现的《赤岸李氏宗谱》则载明其始祖为元代色目人嘉那，其孙八撒因在江阴做官，子孙在此落户，完全汉化，反映了民族融合的情况。而上海《荣氏宗谱》详载荣毅仁一族由山东迁入无锡，又由无锡进入上海的过程，可以使人们了解中国近代民族工业起步发展的某些情况。历史上的西夏王朝，被成吉思汗灭亡之后有无后裔留存下来，一直是人们所关心的问题。1995年10月，终于在西安发现了九部《西夏李氏世谱》，收藏者叫李培业，是西夏末代皇帝李睍的第23代孙。这九部家谱中保留了大量史料。此外，南唐李后主的家谱也在江西省安福县被发现，谱中记载，李后主亡国后，其叔父们避难逃往江西，李姓后裔就在那里定居了。

五、全国姓氏数量

宋代初年，钱塘（今浙江省杭州市）的一位读书人编过一本《百家姓》，内收当时常见的单姓408个，复姓76个。由于宋朝皇帝姓赵，钱塘所在的吴越国皇帝姓钱，其后妃姓孙和李，因此《百家姓》以"赵钱孙李"开头。但《百家姓》所收姓氏甚少，不足以反映全国姓氏的状况。其后又有许多有关姓氏的著作出现，所收姓氏数目各不相同。明代陈士元编《姓觽》一书，共录单复姓3,625个。近代臧励和所编《中国人名大辞典》，已收入4,129个。1984年人民邮电出版社出版的《中国姓氏汇编》收录达5,730个。最新出版的《中国姓氏大辞典》，共收录23,813个姓氏，其中，单字姓6,931个，复姓和双字姓9,012个，三字姓4,850个，四字姓2,276个，五字姓541个，六字姓142个，七字姓39个，八字姓14个，九字姓7个，十字姓1个。目前中国人仍在使用的姓氏超过7,000种，汉族和少数民族姓氏大约各占一半，多字姓和一些比较少见的姓多数为少数民族所使用。现在常用的姓氏不过200个左右，其中最常用的单姓只有100个。据最新的统计资料显示，全国汉族姓氏中以李姓最多，尤以北方地区人口较多，约占汉族人口的7.94%；其次为王姓和张姓，分别约占7.41%和7.07%。此外为刘、陈、杨、赵、黄、周、吴、徐、孙、胡、朱、高、林、何、郭、马。这19个姓占了全国人口的一半以上。

六、中国人的名、字与号

中国人注重姓氏，以姓氏为自己的根基和归属；但是中国人也注重名字，因为名字才是自我的存在。古代中国人为了表示自己的某种理念和追求，往往还要取一个或几个"号"。然而，我们现在说的"名字"，其实只是古代的"名"，现行社会已不大流行"字"了，"号"在日常生活中已经很少了。但是随着网络流行，博客兴起，五花八门的博客名称其实就是当今的"号"。

"名"的概念极早，恐怕在原始氏族社会就已经出现了。据《说文解字·口部》云："名，自命也。从口从夕，夕者冥也，冥不相见，故以口自名。"这种"以口自名"的"名"，大概就是人们常说的"小名"（乳名），后来随着社会的发展和社会交往的扩大，才产生了后世通行的"大名"（学名）。

自古以来，中国人很讲究命名，而命名的出发点与那个时代的社会生活密切相关。已知的商代社会迷信盛行，社会生活十分单纯，人们都以生日命名，最突出的就是30个商王几乎全以天干为名。周朝建立，礼制规范，如何命名也有了许多规定。如《左传·桓公六年》所说："名有五：有信、有义、有象、有假、有类。"即以出生时的情况命名为"信"，以道德品行命名为"义"，以某一物的形象命名为"象"，借用某一物体的名称为"假"，取婴儿与其父相同之处命名为"类"。这些规定在古人命名时都有体现，如孔子的儿子出生时，鲁昭公赠送一条鲤鱼，孔子即为儿子命名为孔鲤，字伯鱼。此外还规定不以国名、官名、山川、隐疾、牲畜、器帛等六种事物命名。春秋战国以后，社会礼制急剧变化，其命名现象更多反映了社会下层的风貌，以贱、丑命名，如晋惠公的儿子叫"圉"，女儿叫"妾"；鲁文公的儿子则取名"恶"，等等。这时的人们还喜欢在姓和名之间加一毫无意义的助词，如烛之武、介之推、申不害、吕不韦等，其中的"之""不"都是助词。汉代国力强盛，人们祈求长生不老，取名也多用"安国""延年""延寿""千秋""去病"等。西汉末年复古，王莽禁取复名，人们多取单名。直到东汉、三国，单名依旧盛行，因此一部《三国志》，人物几乎都是单名。到魏晋南北朝，因单名重复太多，复名又兴盛起来。由于受士大夫们清高风气的影响，人们取名喜欢用"之"字，如祖冲之、王羲之、王献之、顾恺之、裴松之、杨衒之、刘牢之、颜延之、寇谦之，等等；其时又因佛教盛行，命名又多取佛语，如王僧辩、王僧智、柳僧景、柳僧习、崔僧护、崔僧佑等。以后数代，取名均受时代影响。近世即以新中国成立后而言，人们取名多用"建国""援朝""跃进"等，"文化大革命"期间，又多用"卫东""向东""向红""卫红""立新"等。

古代的中国人不但有名，而且有字，字由名演化而来，所以统称为"名字"。由于古人注重礼仪，因此称名称字大有讲究。在人际交往中，名一般用于谦称、卑称，或上对下、长对少；而字则用于下对上、少对长或对他人尊称。在多数情况下，直呼其名是很不礼貌的。从历代的取字情况看，名与字有密切关系，也可以说是"因名取字"，古人称为"名之与字，义相比附"，这"义相比附"正是取字的一条原则。总括名与字的关系大约有以下几种：

一是名与字意义相同。如楚国大诗人屈原，本名平，原是字，平与原同义；鲁国漆雕启字子开，开与启同义；汉代夏恭，字敬公，恭与敬同义；三国诸葛亮字孔明，亮与明同义；唐代柳公绰字宽，宽与绰同义；元代周权字衡之，权与衡同义；清代学者方东树字植之，树与植同义，等等。

二是名与字的意义相关。如鲁国孔丘字仲尼，丘即山，孔子生于尼山，又属老二，故字仲尼；曾参字子舆，参即骖，一车驾三马之意，马与车（舆）有关；晋代山涛字巨源，山中波涛自然是巨大源头；三国赵云字子龙，古人认为"云从龙，风从虎"，云与龙因此相关；宋代陆游字务观，而秦观字少游，游与观相关；南宋抗金名将岳飞字鹏举，飞与鹏相关；清代学者潘耒字次耕，耒与耕相关，等等。

三是名与字意义相反。如春秋时期郑国公孙黑字子皙，皙为肤色白，黑与白字义相反；晋国赵衰字子余，衰意为减少，余则为丰余，衰与余字义相反；汉代吴平字君高，高与平字义相反；唐代诗人罗隐字昭谏，隐与昭义相反；

北宋词人晏殊字同叔,殊与同义相反,等等。

四是名与字的意义取自五行相生。如楚公子壬夫,字子辛,壬为水,辛为金,名壬字辛,取水生于金之意;明代帝王则以金、木、水、火、土取名,如明成祖朱棣(木),其子明仁宗朱高炽(火),其孙明宣宗朱瞻基(土),其后为明英宗朱祁镇(金),明宪宗朱见深(水),等等。

五是以孟(伯)、仲、叔、季排行为字。如鲁公子庆父字仲,汉高祖刘邦字季,汉代文学家班固字孟坚(坚与固同义),晋张翰字季鹰,宋欧阳修字永叔,明冯从吾字仲好,清代文学家薛福成字叔耘,等等。

此外,还有取于古语和成语等情况。

古人在名字之外还有"号",这又是中国文化中的一个独特现象。号的起源虽然很早,但其流行乃是唐宋以后,明清时为盛,这与唐宋以来的文学发达不无关系,也与儒道文化对文人的性格影响直接相关。一方面,是社会对文人学士有一种推崇和敬佩的心理,另一方面,是骚人墨客企图用一种委婉曲折的方式表达自己超然物外的理想和情趣。正因为如此,"自号"极为流行,取号方式皆由文人士大夫的性情、爱好及其所处环境而定。但其含义不外乎追求旨趣,祈求自勉,表明环境,显示收藏,描述形貌,取自文学意境,表现自身才能和专业等。这些自号,或用于本人,或用于斋名,如唐代大诗人杜甫号"少陵野老",南宋史学家郑樵号"西溪遗民",元代冯子振号"怪怪道人",明末朱耷号"八大山人",唐代大诗人李白因生长于青莲乡而号"青莲居士",宋代大文学家苏轼因贬黄州居于东坡而号"东坡居士",黄

苏轼　号东坡居士

庭坚号"山谷道人",清代画家金农以其藏砚丰富而号"二百砚田富翁",清代刘庠以其治经学而号"十三经老人",明代书法家祝允明因其有十一指而号"枝指生",清代诗僧寄禅则号"八指头陀",清代诗人朱彝尊自号"夕阳芳草村落",陈鸿寿则自号"梦饲千八百鹤斋",而明代画家唐寅号为"江南第一风流才子",徐渭则号"水田月老人",清代画家郑板桥自号"青藤门下走狗",等等。

● 学习与思考

1. 中国的姓氏产生于什么时候?"姓"与"氏"有什么区别?
2. 中国姓氏的主要来源有哪些?
3. 中国人的"名"与"字"有哪些区别和联系?

参考答案

● 相关资料

1. 陈建魁. 中国姓氏文化. 郑州:中原农民出版社,2008.
2. 李吉,王岳红. 中国姓氏. 北京:中国社会出版社,2009.

第五章 汉 字

金文

从文化学的角度来看，文字是文化的一种载体，因为它记载了文化发展的历史轨迹和丰富成果。一切先人的智慧和创造性成就，靠文字的记载才得以永久流传；一切后人的聪明才智，也从文字记载中得到进一步的启示和提高。人类如果没有文字，也许还处在非常愚昧和野蛮的时代。因此，文字不但是人类进入文明世纪的曙光，而且是人类文明得以长传并继续发展的承载性工具。

人类文明的进化过程，是先有语言而后才有文字的，这是因为口头的语言已经无法满足人们交往和记事的需要，于是产生了一种信息符号体系，用以记录口头语言的内容。因此，文字的产生标志着社会文明有了划时代的进步，标志着人的思想、感情、意志可以累积成为精神财富。随着社会的发展，文字也不断发生演变。从一般的规律看，文字的发展变化总是从形象到抽象，从感性到理性，从复杂到简单。那么，全国通用的文字——汉字，是怎么产生又是怎么演变的呢？

一、汉字的产生

关于汉字的产生，旧时的说法有三：一是说，汉字是由伏羲发明的，因为伏羲发明了八卦，而文字是从八卦演变来的；二是说，汉字起源于结绳记事，而据说结绳记事是从神农氏开始的，因此认为汉字最早是由神农创造的；三是说，汉字的创造者为黄帝的史官仓颉。八卦起源说已为多数专家所否认。八卦虽然也是一种信息符号，但它的含义至今仍弄不清楚。它的基本符号"—"和"--"与后来的甲骨文和金文，在形体上相去甚远，不可能是它们的先导。关于结绳记事一说，多数专家也不赞成，认为结绳只是一种记事方法，几乎所有原始民族都使用过，但都没有演化成文字。那么，仓颉造字是真是假呢？

仓颉造字早在战国末期就已经广泛流传。仓颉是什么人呢？说法可就多了。有的说他是远古帝王，在神农与黄帝之间；也有的说他在炎帝之世；有的还说他处在伏羲时代。而司马迁、班固等史学家认为他是黄帝的史官。姑按此说大体推算，仓颉所处的社会大约在距今四千多年前的父系氏族社会的早期阶段。据古籍记载，仓颉"首有四目，通于神明，仰观奎星圜曲之势，俯察龟纹鸟迹之象，博采众美，合而为字，是曰古文"。仓颉因此被称为"万代文字之宗、千古士儒之师"。

那么汉字到底是不是仓颉创造的呢？从社会发展的进程来看，在社会的生产水平和文化水平都十分低下的原始阶段，由一个人创造发明一种文字是根本不可能的；从文字的产生来看，它需要一个相当长的过程，任何人都无法经历这样一个过程。因此，仓颉造字之说是不足信的。

但是，也不应当完全否认仓颉与文字的关系。从前文提到的一些文字记载里，我们可以窥见有关汉字起源的一些信息。所谓"奎星圜曲之势，龟纹鸟迹之象"，实际是指象形符号；所谓"博采众美"实际是指图形之美。就是说，汉字的起源，最早应当是原始社会的图画和象形符号。

原始社会有很多氏族，各个氏族都有自己的图腾。他们把这些图腾当作本氏族的名称或徽号，往往在常用器物甚至自己身上画出来，以示与其他氏族的区别。后来，各氏族联合成为部落联盟，器物上就涂画有多种图腾。近几十年来，特别是新中国成立以后，陆续发现了许多新石器时代的村落遗址，在遗址中出土的各种陶器上，画有多种花纹和图形，这其中就可能有不少图腾。比如属于仰韶文化的西安半坡遗址，其出土的彩陶上就画有野鹿、野马、大鱼、青蛙等，这些图形估计有某些象征意义。除此以外，众多遗址中出土的陶器的外口沿上，都刻有许多笔画比较简略的符号，可能代表了器物的数量或是器物主人及制陶工的标志。比如在属于大汶口文化的山东陵阳河遗址中发现了 ⌂、⌂ 这样两个符号，其形状极像金文中的 ⌂ 或 ⌂（即今"旦"字）。这些图形和符号对汉字的产生有直接的影响。有的学者认为，那些刻画符号就是汉字的雏形。因此我们有理由认为，古人所说的仓颉，很可能是一个原始部落，或者是这个部落的首领。他们在活动过程中，由于扩大交往和传递信息的需要,吸收和整理了其他部落的图形和记事符号,成为当时文化最先进的原始部落之一。从"仓颉是黄帝史官"这一说法去推测,也不妨认为仓颉是黄帝部落的一支。在山东省寿光市、河南省开封市、河南省南乐县、陕西省西安市及白水县等地,现在都有仓颉墓、仓颉庙或仓颉造字台等遗迹,其中陕西省白水县史官乡据传是仓颉的故里,因此那里的仓颉庙规模最大,庙中有《仓圣鸟迹书碑》,上刻28个古怪符号,据传为仓颉最早所创的象形文字。尽管这些古迹都是后人根据传说附会出来的,但也有某些历史信息包含在其中,这可以说明仓颉部落的活动范围相当大,影响相当广泛。在这样广阔的范围内,他们吸收其他部落的记事符号和图形,首做整理工作,推动了汉字的形成,也并不是不可能的。

二、现存最早的汉字

我国现存最早的汉字是甲骨文和金文。所谓"甲骨文"就是刻在龟甲和兽骨上的文字,据说是清光绪二十五年(1899年)由清朝的金石学家王懿荣等首先发现的,出土地点在今河南省安阳市小屯村。在此以前,人们不认识这些甲骨上的文字,只把这些甲骨当作药材卖给药店。王懿荣发现以后,认为这都是古文字,而且在篆籀之前,应当属于殷商时期的。可惜他的研究刚刚开始,就在第二年八国联军入侵北京的时候殉难了。到1910年,著名学者罗振玉肯定了安阳小屯村为商代故都——殷墟,此后这些甲骨文即被称为"殷墟甲骨文",定为"商代甲骨文"。后经陆续发掘,共出土甲骨十余万件,已发现甲骨文单字4,500个左右,迄今可以认识的约有2,000余字,大都是殷商统治者占卜祭祀时的祝词。学术界一直把它当作中国文字之始,国家为此在河南安阳建立了现代化的"中国文字博物馆",用以展示中国文字发展演变的过程。除了"殷墟甲骨文",还有"周原甲骨文",主要是

1977年在陕西省岐山县凤雏村西周宫殿遗址中发现的，共有289片带字甲骨，文字已经超过了2,200个，是全国八处发现周代甲骨文地点中最多的。这些甲骨文的特点是字形特小，刻法凌乱而粗糙，远不如殷墟甲骨文整齐优美，说明殷商文化虽然传至周原，但还处于原始阶段。但周原甲骨文在文字发展史的研究上，意义非同一般。此外，1985年到1986年，考古工作者在西安市长安区境内发现了一处龙山文化时期的原始社会村落遗址，出土了十多块兽骨，上面刻有用各种笔画组成的单体符号文字，经专家们研究、辨认，已认出"人""羊""三""退""万"等字。这些

甲骨文

字字迹清晰，结构严谨，笔锋有力，已经具有文字的特点，是迄今为止所发现的最早的甲骨文，因而也是最早的汉字，距今约4,000年左右，正当传说中的黄帝时代。1997年，考古工作者又在山东省桓台县史家遗址发现了甲骨文片，也属于龙山文化时期的文字。这些甲骨文的发现，说明在殷墟甲骨文之前，还有一个很长的初始阶段。但学术上所说的"甲骨文"一般还是指"殷墟甲骨文"。

甲骨文之后便是金文，又叫"钟鼎文"，是商周时代刻在青铜器上的文字，其中以周代金文为多。商代金文和殷墟甲骨文在形体上非常接近，而周代金文却要简化得多，字体也整齐得多，这说明汉字到周代已有了长足的进步。到了战国末年，字体就逐渐接近小篆了。

三、石鼓文

汉字的演变是由甲骨文到金文,由金文到篆书,由篆书到隶书,然后才是现在使用的行书和楷书。但事实上篆书又分大篆和小篆,小篆现在还比较多见,大篆则仅以石鼓文为代表。由于其发现早于殷墟甲骨文,曾被当作中国最早的文字,因此,石鼓文极受历代学者们的重视。

什么是石鼓文呢?就是刻在十块鼓形石上的文字,也是我国现存最早的石刻文字。作为国宝,现存北京故宫博物院。北京孔庙大成殿门两侧,有清代乾隆年间的复制品。石鼓上刻的都是四言诗,每面鼓上一首,共十首,内容为歌颂国君田猎事迹。其字体既不同于金文,又不同于小篆;其字形比金文更整齐,结构又近于小篆,显然是由金文向小篆过渡的一种字体;其书法字体多取长方形,体势整肃,端庄凝重,笔力稳健,在汉字发展史上有重要的研究价值,因而为历代学者所重视。据史籍记载,石鼓于唐代初年在今陕西省岐山县出土,后被置于陈仓(今宝鸡市附近)之野。当时在凤翔做官的郑余庆(唐德宗、宪宗时曾任宰相)移至凤翔夫子庙予以保护。经五代战乱,全部散失。入宋,凤翔太守司马池(司马光之父)四处寻访,集得九鼓,至皇祐四年(1052年)找到另一鼓。北宋末年移至汴京保存,宋徽宗下令以金涂字,以示贵重。金兵攻占汴京,以为奇物,于天会六年(1128

石鼓文

年）运至燕京（今北京市）。元代又散失草野之中，后被国子助教成钧发现，报告宰相，由兵部派车运回国子监，这以后就一直保存在北京。到1933年，国民党政府运往南京，埋于地下，新中国成立后访得，再运回北京。以上史略，足见历代对石鼓文的重视程度。

关于石鼓文的时代，唐代张怀瓘、窦皋、韩愈等以为周文王时物；韦应物等以为周宣王时物；至南宋史学家郑樵第一次提出石鼓文为秦刻石，方才引起一些学者的注意。今人马衡以为秦穆公时物，郭沫若以为秦襄公时物，唐兰则考为秦献公十一年（公元前374年）刻，详见《石鼓年代考》。可以认为，石鼓文是春秋时期秦国的石刻文字，时间大约在公元前770年至前325年之间，是研究汉字发展和石刻艺术的重要文物之一。

四、汉字的结构——"六书"

人们对汉字的研究，早在先秦时代就开始了。《史籀篇》就是那时的研究成果，可惜已经失传。秦代，有李斯的《仓颉篇》、赵高的《爰历篇》、胡毋敬的《博学篇》等。到汉代，将三书合一，仍称《仓颉篇》。此外，又有史游的《急就篇》。这些著作主要是给儿童识字用的，因而统称为"小学"。东汉的许慎（约58—147年），总结前人的成就，写成《说文解字》一书，系统分析了汉字的六种结构，学术上称为"六书"。"六书"这个词，最早见于《周礼》，但并未指出"六书"是什么。东汉班固在《汉书·艺文志》中明确指出"象形、象事、象意、象声、转注、假借"为"六书"，是"造字之本"。稍后的许慎在《说文解字·叙》中对"六书"做了比较详细的说明，但次序、名称与班固等人又有所不同，后世文字学家采用许慎的名称，班固的次序。据此，我们略做解释：

（一）象形。《说文解字·叙》说："象形者，画成其物，随体诘诎，日、月是也。"意思是依照物体的轮廓，用弯曲的线条，画出那个物体的形状来，这就是象形字，如"日""月"等字。可见象形字是从图画文字转化而来的。这类字在汉字中为数不少。可以说，许多描述具体事物的单音字都属于这类字。如"日"，甲骨文为⊙，金文为☉，小篆为日；如"月"，甲骨文为𝄞，金文为𝄞，小篆为𝄞；如"龙"，甲骨文为𝄞，金文为𝄞，小篆为𝄞；如"门"，甲骨文为𝄞，金文为𝄞，小篆为門，等等。

（二）指事。《说文解字·叙》说："指事者，视而可识，察而见意，上、下是也。"意思是看一下就可以知道它代表什么，但要仔细观察以后才能明白它的意义，比如"上""下"等字。这类字一般都有指示符号，表明字义所在。如"上"，甲骨文为二，金文为二，小篆为上；如"下"，甲骨文为二，金文为二，小篆为下；上下一小横为指示符号。又如"本"，木中的一小横为指示符号；如"甘"，外形为口，中间一横为指示符号，等等。

（三）会意。《说文解字·叙》说："会意者，比类合谊，以见指㧑，武、信是也。"意思是把两个或两个以上的字合并在一起，并把它们的字义合起来，就出现一个新义的指向。这里的"谊"同"义"，"指㧑"即"指向"。因此，会意字多为合体字。如"武"，甲骨文为𝄞，上边是戈，下边是脚趾，表示开步执戈，动武征讨。会意字在汉字里很多，大多为动词，追寻其本义往往很有意思。如"旅"，它的本义是保卫战旗，甲骨文写作𝄞，金文写成𝄞，是战士守卫车上大旗的样子。如"聂"，本义是附耳说悄悄话；如"安"，本义是女子在屋内非常平安，等等。

（四）形声。《说文解字·叙》说："形声者，以事为名，取譬相成，江、河是也。"意思是"江""河"属水一类的事物，所以用"水"作为形旁，而取"工""可"作为声旁，两者相合而成形声字。这类字多为后起，在结构上有六种：左形右声，如"江、河、松、枫"；右形左声，如"期、朔、鸠、鸽"；上形下声，如"空、穹、笔、篆"；下形上声，如"基、垒、悲、愁"；内形外声，如"闷、问、闽、唐"；外形内声，如"街、裹、序、固"，等等。

（五）转注。《说文解字·叙》说："转注者，建类一首，同意相受，考、老是也。"意思是建立同一类的字有统一的部首,如果字义相同,则可互相注释,如"考""老"就是这样。"考""老"属同一部首,又都是年老的意思,所以《说文解字·老部》说:"老,考也","考,老也"。可见转注要有两个条件,一是部首相同,二是字义相同,非此构不成转注。类似的字如"民"和"氓","走"和"趋","舟"和"船","梁"和"桥","顶"和"颠"等。

（六）假借。《说文解字·叙》说:"假借者,本无其字,依声托事,令、长是也。"意思是词语中没有这个字,但也不用新的字,而是借用现成的字去表示,如"令""长"就是这样。因为古代一县之长为令。"令"本发号施令之"令","长"本年长、尊长之"长"。表示一县首脑的字没有,借用"令""长"二字来代用。这一类字,现多为代词或虚词。如"我",甲骨文为 𰀀,本为兵器,借指为第一人称代词,本义废。如"自",甲骨文为 𰀀,本义为鼻子,借用为代词、介词,后另造形声字"鼻"。如"耳",甲骨文为 𰀀,本义为耳朵,借用为语气词,但本义不废,与借用义并行。如"且",本义为"祖",甲骨文为 𰀀,借用为连词,另造"祖"字表示本义。

五、汉字结构的基本精神

汉字由图画和符号文字发展成今天独具特色的方块字,并不是一种随意性的结果,它是跟中国人重实际、多想象、包容万物的那种实用理性思维和天人合一、物我一体的精神密切相关的。从汉字的构成来看,六书中的象形、指事、会意、形声属于造字法,而转注和假借只是用字法而已。在四种造字法中,象形字是最基本的。纵观象形字,均取象于物,取象于人,取象于器。物是天地间的客观存在,是人们依存的基本条件；人是天地间的万物之灵,具有利用和改造万物的智慧；器是人作用于自然界的产物,是人的智慧的结晶。但总体上来说,这三者都是客观实体。汉字基本上都是由这些客观实体构成的。由此看来，汉字结构体现了如下精神：

（一）写实主义精神。"人、马、日、月、山、水"等象形字的写实性自然不必细说，它们都是从实物演化而来的。即便是会意字，也设法以两个或两个以上的具体实在的事物去象征它的意义。如"家"，甲骨文为 ⌂，金文为 ⌂，即屋内有猪，象征私有财产。大约原始社会的私有财产是从有猪开始的。屋子里有猪，自然就是"家"了。不妨比较一下"家""国"二字。繁体"国"里边为"或"，即"域"，一个大范围的地域，当然是"国"。如"保"，本义是抚养，引申为保护，甲骨文写作 ⌂，金文写作 ⌂，是一个大人护养着一个孩子，关心备至。如"牢"，本义是牛栏，甲骨文为 ⌂，金文为 ⌂，外边是栏圈，里边是牛。

（二）人体本位精神。在汉字结构中，是以人为感觉万物的基础的，一切物质的存在，都是由人去感受的；或者说，人是物质世界的中心，是万物的主体成分。这样，就以人的整体部位如"人（亻）、身"，分体部位如"头（页、首）、面、目、鼻（自）、耳、眉、口、手（扌）、足、牙、齿、心、骨、肉（月）"等以及人的动作如"言、走"等，构成无数字。即使是动物的感觉和行为，也由人的器官或身体的某一部位去代替，如动物的口、耳、鼻、足等并不专门造字；牛吃、羊吃、狗吃，都用人的"口"吃；即使是狼嚎、虎啸、狮吼，也用人的"口"去做。那么，"孕"字是谁的动作呢？是人的肚中有子，显示了人的整体部位。

（三）原始社会物质条件和精神生活的反映。汉字最初产生在我国原始社会后期和奴隶社会前期。这个时期的社会生产主要是农业、家畜饲养业和制陶、铸铜等手工业，精神生活主要是祭祀活动。反映在造字方面，如与"田"字有关的"男、畴、甸"等，与"禾"字有关的"黍、稷、穑、秋、利"等；家有"牛、羊、猪（豕）、马、狗（犬、犭）"；陶器制品有"鬲、鼎、皿、酉"等。所有这些字，都是那个时代物质条件的反映。另一方面，那时主要的自然物质存在，除山、川、日、月以外，唯有金、木、水、火、土特别为人们所重视，虫、草（艹）、鸟、鱼、鹿也为人们所常见，衣、食、车、屋（宀）、玉为人们所常用，因此这些字就成为构成汉字的基础部分，大批形声字的"形"都来源于此。最能说明问题的是"示"字及由"礻"字旁构成的汉字，反映了那个时代的原始崇拜和祭祀活动。"示"在甲骨文中写作丅，金文写作示，这是上古人崇拜的一种灵石 δ 或 品，大概是祖先居住或对祖先进行祭祀的地方，学术上叫作"冠石"，现在我国辽宁省海城市、盖州市等地还有遗存，当地叫作"石棚"。由"示"组成的汉字，大都与崇拜、祝愿、祭祀有关。

六、汉字的改革与汉字现代化

数千年来，汉字为记载和传承中国文化，做出了光照千秋的贡献。陈寅恪先生曾说："凡解释一字，即是做一部文化史。"可见，每一个汉字的诞生，都有其特定的构成要素，蕴含了一定的文化演变。自然，汉字也不是一成不变的。由于汉字的形体太繁，学识不易，从清末以来即有许多热心的学者探索改革方案，如采用简笔、拉丁字母、数码式符号等。"五四"运动以后，有的学者大力主张汉字拉丁化，钱玄同曾提出汉字改革分作两步走：第一步采用注音字母，第二步采用罗马字母。后来，有人还制定了《国语罗马字拼音法式》，把汉字拉丁化付诸实施。中华人民共和国成立后，为了推动文字改革，曾设立了中国文字改革委员会（即今国家语言文字工作委员会），随后即公布了《第一批异体字整理表》《汉字简化方案》《简化字总表》，研究和制定了《汉语拼音方案》。这些措施，都无可否认地有利于汉字的改革。但是，要把独具中国文化特色的汉字改成拼音文字，并不是可行的，也不是可取的。历史证明，汉字对中国数千年的国家统一和民族融合有着不可替代的作用。试想，中国各地的方言语音差别很大，如果中国文字像西方一样采用拼音系统，就会形成许多不同的语言表达系统，那么中国这块土地就会与四分五裂的欧洲版图差不多。中国正是因为有汉字，才能在不同的方言之间有一个共同的书面表达形式，因此，从中华民族团结统一的发展趋势考虑，从中国文化的长远发展和兴盛考虑，汉字都不应当走拼音化的道路。最近几年，随着国家经济的发展，重归民族文化传统的呼声日渐强烈，在汉字改革发展问题上又出现了"恢复繁体字"的声音，这也有违汉字发展规律。从历史发展看，汉字从产生到现在，经历了由简到繁和由繁到简的过程，由简到繁是因为最初的汉字不够用，于是采取添加部件和笔画的办法，增加数量；由繁到简则是因为学识不易，需要通过简化手段，提高人们的识记效率。至于汉字影响现代化的舆论也站不住脚，随着计算机的迅速发展和应用，对汉字的功能和前景的研究，出现了空前活跃的局面。总括这一时期的研究，对汉字得出了许多新的认识，认为汉字是具有表意功能的符号文字，形、音、义密切相关；汉字的方块结构富于联想，能启发人的想象和创造；汉字能与最新电子技术相结合，形成汉字电脑信息网络。所有这些认识和结论，都将对汉字的发展产生重大影响。最近几年的事实证明，汉字完全可以适应电子新技术的发展。古老的汉字并不妨碍现代化。汉字拉丁化实际上解决不了汉字的发展问题。那么，汉字该怎么发展呢？它怎么才能更科学呢？这就是中国文字学应该研究的新问题了。

● **学习与思考**

1. 你如何理解汉字的产生与发展？
2. 汉字的六书是怎样确定的？它能反映汉字构成的特点吗？
3. 思考汉字与中国文化的关系。

参考答案

● **相关资料**

1. 黄德宽.古文字学.上海：上海古籍出版社，2015.
2. 萧启宏.汉字世界（上下）.北京：军事谊文出版社，2007.

第六章 学术思想

汉代画像石 孔子见老子

构成中国文化核心的东西，是历代哲人们的哲学思想和学说。他们对天地万物、对社会、对人生的各种思考和认识，展示了中华民族的无穷智慧，也塑造了中华民族的灵魂与品格，并且作为文化因子融入了中国人的血液。尽管自马克思主义传入中国以来，中国人的思想已发生了巨大的转变，人们的行为准则在多方面异于从前，但是作为一个民族的内在精神，我们仍离不开先代哲人们开辟的思路轨迹。特别是受过高等教育的知识阶层，仍离不开儒、道两家所设置的精神家园。只要是一个中国人，不管是自觉还是不自觉，依然会在儒道思想的熏陶下规定自己的生存之道。

一、孔孟之道

孔子像

　　孔孟之道算得上是中国文化史上的第一学说，它的创始人孔子也算得上是中国文化史上的一颗巨星。他所创立的学说，称为"儒学"。所谓"儒"，最早是指在奴隶主贵族中掌管道德教化、音乐礼仪的官员，如巫、史、祝、卜等。后来，这些人在社会变动中逐渐分化，流落到民间。有的为诸侯执掌礼仪，成为"君子儒"；有的则只能替人办理丧葬祭礼，成为"小人儒"。由于这些人熟悉"诗书礼乐"，待人"温文尔雅"，其学问和道德都高于常人。到孔子出现以后，因其弟子众多，影响扩大，"儒"就成了孔门弟子的专称，由孔子创立的学说称为"儒学"。后经孟子、荀子等人继承和发展，成为春秋战国时期影响最大的思想流派。到汉武帝时代，儒学被推上独尊地位，指导中国社会生活达数千年，成为中华民族的灵魂与血脉。

谈到儒家学说，首先要提到孔子。孔子（公元前551年—前479年），名丘，字仲尼，春秋时期鲁国陬邑（今山东省曲阜市）人。他的一生，除了中年一度做过鲁国的司寇和周游列国以外，主要是授徒讲学，号称有"弟子三千，七十二贤人"。他的一些见解和谈话，由弟子们记录和整理成《论语》，集中反映了他的思想。孔子所在的鲁国，与周天子有血缘关系，因此鲁文化与周文化一脉相承。产生在鲁文化氛围里的儒家思想，自然维护周文化的核心成分——"礼乐制度"，关于这一点只要我们研读一下《论语》就清楚了。

概括起来说，孔子的中心思想实际上就是一个"仁"字，"仁"的意义几乎包括了一切美德。什么是"仁"？孔子说："仁者爱人。"即人与人之间要彼此相爱。用什么方法去"爱人"？就是"推己及人"，一方面是"己欲立而立人，己欲达而达人"，把自己想要得到的好处也给予别人；另一方面是"己所不欲，勿施于人"，自己不想要的东西、不想做的事情，绝不要强加于人。一个具备了"仁"的人，必须"居处恭，执事敬，与人忠"，必须"言忠信，行笃敬"。如果能做到这些，那么，"志士仁人，无求生以害仁，有杀身以成仁"。这样，一个人就具备了理想的人格。在这里，孔子表现出对人的平等相待和尊重以及对完善的道德人格的追求，是"人本主义思想"的一种体现。

孔子由"仁"的思想出发，提出了一套修身达仁的伦理观念和道德教化的政治观念。孔子说，爱人要推己及人，就是从爱自己，到爱父母兄弟、爱妻子朋友，再由家庭而社会，由社会而国家，即由小到大，由内及外，即《大学》中所提出的"修身、齐家、治国、平天下"的道理。如果连"修身"都谈不上，那"齐家、治国、平天下"又怎么可能呢？所以孔子说："孝悌也者，其为仁之本欤！"孔子的政治思想，首先是主张"正名"，即按照一定的是非标准恢复纲纪，否则"名不正则言不顺，言不顺则事不成，事不成则礼乐不兴，礼乐不兴则刑罚不中，刑罚不中则民无所措手足"。其次是主张统治者"立信"，即政府要获得人民的信任。孔子说："政者，正也。子率以正，孰敢不正！"又说："其身正，不令而行；其身不正，虽令不从。"由此出发，孔子主张用道德教化的办法来治理国家，而不主张使用强权暴力。他说："道之以政，齐之以刑，民免而无耻；道之以德，齐之以礼，有耻且格。"这些思想，对当今的国家治理不无教益。孔子是历史上最大的教育家，他的教育思想有许多精辟的东西，直到今天仍有继承的巨大价值。比如说，他主张"有教无类"，"因材施教"，主张"学而不厌，诲人不倦"，主张"发奋忘食，乐以忘忧"，提倡"择其善者而从之，其不善者而改之"，认为"知之为知之，不知为不知，是知也"，要人们"毋意（臆测）、毋必（武断）、毋固（固执）、毋我（自以为是）"，等等，这些都是对今人有教育意义的。自然，孔子的思想里也有许多落后和保守的东西，比如他主张恢复周礼，看不起体力劳动，鄙视妇女等。这是一种历史的局限。我们不能因为有这些落后和保守的东西，就否定他有文化价值的东西。

最大程度继承和发扬孔子思想的儒学大师是孟子。孟子（约公元前385年—约前304年），名轲，字子舆，邹国（今山东省邹城市）人。据说他是孔子孙子子思的门人，一生不曾做官，专以讲述为业。其思想集中反映在他与弟子共同编写的《孟子》一书中。由于他对儒学的巨大贡献，后世常把儒家学说称为"孔孟之学"或"孔孟之道"。

孟子思想的核心是主张"性善"和"良知"。因为性善，所以人有"恻隐之心""羞恶之心""辞让之心""是非之心"，这些是人与生俱来的良知良能。他认为，一个人之所以不能成为善人，是因为他不去培养和扩充自己的善端。为此，孟子重视主观精神的修养，提出要"养浩然之气"，以达到"富贵不能淫，贫贱不能移，威武不能屈"的境界。在"仁学"理论方面，孟子补充提出了"义"，仁是发自内心之爱，义是所以为人之道。如他所说："仁，人心也；义，人路也。舍其路而弗由，放其心而不知求。"在孔子"杀身成仁"的基础上，他又提出了"舍生取义"。这就使儒家所主张的道德观更加完备。

在政治思想方面，孟子进一步发展了孔子的"人本思想"，提出了"民为贵，社稷次之，君为轻"的主张，强调了人民的重要性，突出了人民在国家政治结构中的地位。在那个时代，这是非常了不起的思想。同时，他还从孔子"仁者爱人"的思想出发，提出了"仁政"的观念，即主张国家要养民，要实行"仁政"，并且就实施"仁政"提出了许多具体措施。孟子的"性善"论和"仁政"学说，无疑对后世的儒学产生了深刻的影响。

先秦儒家的另一位大师是荀子。荀子（约公元前313—前238年），名况，字卿，赵国人，曾任齐"稷下学宫"（齐国学府）的祭酒，后到楚国任兰陵令，据说也曾回过赵国，去过秦国。他的门人弟子不少，其中就有秦国政治家李斯。其思想集中反映于《荀子》一书。

荀子和孔孟一样提倡"礼义"，但其出发点却大不相同。孟子强调"性善"，荀子强调"性恶"，认为"人之性恶，其善者伪也"，即"善"是人为的表现，而不是人的本性。因为人性恶，所以要靠后天的力量来帮助人为善。其方法一是"修身"；二是"师法"，即通过教化。在政治思想方面，他与孟子也有所不同。孟子主张贵民轻君，荀子主张强化君权，但重视民的作用，认为"君者，舟也；庶人者，水也。水则载舟，水则覆舟"（《荀子·王制》）。荀子还有一个突出的贡献，就是提出了"明于天人之分"的唯物主义观点，认为"天行有常，不为尧存，不为桀亡"，即天道不能干预人事，自然界和人类社会各有自己的发展规律，因而社会治乱的根本在人不在天。有的研究者把荀子归为法家，因为他主张"法治"，但他的法治从礼义出发，以人治为本，这还是儒家的内核。

汉代以后，儒学独尊，儒学从内容到形式都发生了巨大变化。汉代的董仲舒，以儒家思想为核心，杂糅阴阳五行和道、法诸家学说，将天道与人事相比附，建立起一个以"天人感应"为中心的唯心主义思想体系，成为封建统治秩序的理论支柱。但到东汉初年，便有一位大思想家王充出来抨击它的荒谬和虚妄。王充（27—约97年），字仲任，会稽上虞（今浙江省上虞市）人，少时曾游学洛阳，以班彪为师。他是一个无神论者，著《论衡》85篇,求真实,疾虚妄,匡时俗,颇具科学态度和科学精神。他否认"天"有任何意志,认为灾异都是自然现象,与人事毫无关系;人死犹如火灭,不可能有脱离人体而独立存在的灵魂;他承认感性经验是获得知识的基础,强调用事实来验证知识的可靠性;主张人性有善恶,认为人性可以改变;反对崇古非今,反对浮华虚伪之语,等等。他的这些思想在神学迷信流行的汉代,无疑是一副清醒剂,在中国思想史上具有不灭的光辉。

二、老庄思想

老庄思想是影响中国文化发展的第二大学说。先秦时代的代表人物是老子和庄子。老子(约公元前571—前471年),姓李名耳,字聃,一称老聃,一字伯阳,楚国苦(今河南省鹿邑县)人,据说曾任周王朝"守藏室之吏",管理国家图书,后来隐居不仕,著《道德经》(即《老子》)五千言,出函谷关后不知所终。

道家是"道德家"的简称,因老子《道德经》而得名。它与儒家的不同之处异常鲜明。这是因为,老子所在的楚国,与周天子毫无血缘瓜葛,而且当时楚国所处的地域相对荒蛮,所以老庄思想具有自然主义色彩,对儒家思想采取了批判立场。儒家是"入世之学",主要讲的是政治教化,其作用偏重于社会,就个人来说,偏重于人的品格修养;道家是"出世之学",主要讲的是宇宙人生,其作用偏重于个人,而且偏重于个人的精神层面。老子最重要的思想是他把"道"作为最高范畴,用以观察和认

老子像

识客观世界。那么,"道"是什么?在老子的哲学中,"道"表示宇宙的原始状态,它在天地形成之前已经存在,即所谓"有物混成,先天地生";"道"还表示世界的本源,认为天地万物都从"道"产生出来,即所谓"道生一,一生二,二生三,三生万物"(《道德经》第四十二章,后只注章序)。老子强调"道法自然",认为宇宙万物都是自然而然地演进和发展的,是"无为自化"的,所以他说,"无欲以静,天地将自定"(第三十七章),"我无为而民自化,我好静而民自正,我无事而民自富,我无欲而民自朴"(第五十七章)。老子哲学中有许多极其宝贵的精华,这就是他朴素的辩证法思想。他认为,事物的自身都包含着他物,任何事物都是正与反、肯定与否定的对立统一,"故有无相生,难易相成,长短相形,高下相倾,音声相和,前后相随"(第二章),有的甚至相反相成,所谓"曲则全,枉则直,洼则盈,敝则新,少则得,多则惑"(第二十二章),这些对立统一的关系,都可以物极必反,互相转化,"正复为奇,善复为妖","祸兮福之所倚,福兮祸之所伏"(第五十八章)。从这些辩证观点出发,老子建立了他的策略思想,即以弱胜强,以柔克刚,知雄守雌,知荣守辱,等等。这都是老子"贵柔""守弱"思想的体现,具有一定的真理性。但过分强调"柔弱",也使他的思想带有许多消极性,如消极退让、无为而治、否定进步等。

庄子是继老子之后道家思想的主要代表。庄子(约公元前369—前286年),名周,时代差不多与孟子同时或稍晚,宋国蒙(今河南省商丘市一带,一说安徽省蒙城县)人,一生只做过管理漆园的小吏。《庄子》一书据认为是庄子本人和庄派后学所作,集中反映了他的哲学思想。

庄子思想的核心是自然无为,同样把"道"作为自己哲学体系的最高范畴,但他在认识方面比老子更超然,在论述时比老子更幽默。他在《逍遥游》《齐物论》等名篇中,表达了他超然物外的哲学思想,认为人应体认自然之道,顺应自然之则,用以消除物我之间的对立,达到人与自然的契合,使人的精神获得绝对自由,为此,他要求人们安时处顺,死生如一,用一种完全顺乎自然的态度来对待人生;提出了"心斋""坐忘"等内心修养的途径,其要点是以虚静空明的心境去感应外物,用师法自然的方式去认知和评价客观世界。庄子的这些思想,无论对后世知识分子的精神世界,还是对文学创作中的审美意识,都产生了深远的影响。

三、墨家学说

正当儒学大兴的时候,还有一个影响广泛的学派,这就是墨家,它在战国时代与儒学并称为两大"显学"。墨家的创始人是墨子。墨子(约公元前468—前376年),名翟,鲁国人,出身平民,做过木匠,据说曾学习儒学,因不满儒学而另立学派,曾往各国讲学,门徒很多,有严密组织,并且能行侠仗义,赴汤蹈火。《墨子》一书由他弟子编辑而成,是墨家的代表著作。

由于墨翟出身下层,从社会底层观察和认识问题,所以墨家思想更多地代表了下层劳动者的利益和要求。墨子提出了"兼爱""非攻""尚贤""尚同""节葬""节用""非乐""非命""尊天""明鬼"等十大主张。墨家同儒家一样讲"仁爱",但墨家讲"兼爱",即不分亲疏远近,一视同仁地博爱,不像儒家的爱是由亲而疏,推近及远。墨子认为,"兼爱"要"交相利",是要"兴天下之利,除天下之害"。从"兼爱"出发,墨家认为战争对人民的危害最大,因而主张"非攻",反对不义的战争和兼并。墨家的"尚贤",也以"兼爱"为标准,只要他能兼爱,则无论什么出身的人都可以做官,所以"官无常贵,而民无终贱。有能则举之,无能则下之",这是明确地反对奴隶贵族的世袭制,具有阶级平等的意识。墨家的"尚同",主要讲统一思想,统一政令,使天下百姓能与天子的是非相同。墨家主张节约财富,节制人的欲望,因而反对儒家所主张的"久丧""厚葬",反对无益于民众的金钱和时间的浪费,提倡"节葬""节用""非乐"。墨家所讲的"非命",实际也是主张人们依靠自己的努力来改变生活处境,而不要屈服于命运。其"尊天"和"明鬼"则是肯定"天志"和"鬼神"的存在,这一方面是墨家思想局限性的反映,另一方面也是这个团体宗教性的要求,是企图利用所谓的"天志"和"鬼神"的法力来威慑和警戒统治者。

墨家的贡献不仅在思想理论方面,在形式逻辑和自然科学方面也有突出成就。比如后期墨家提出了以"名"(即概念)、"辞"(即判断)、"说"(即推理)为思维的三种基本形式,甚至还提出了推理的四种形式。在几何学方面,墨家论述了点、线、面、圆的关系;在力学方面,论述了杠杆原理、力与运动和重量的关系等,充分展示了中华民族的聪明才智。

四、法家学说

法家学说是战国时代后起的一个学派,也是对中国古代社会产生重大影响的思想流派之一,其代表人物是韩非。韩非(约公元前280—前233年),韩国人,出身于贵族,生性口吃,善写文章,与李斯同为荀子的学生,至秦国,因李斯忌其才,被害。著有《韩非子》。

在韩非之前或同时,已有申不害、商鞅、慎到等法家人物对法家学说做了许多论述,其中心思想是"循名责实""信赏必罚",认为一个统治者必须有名有实,赏罚严明,只有这样才能"威申令行"。商鞅主要讲"法",申不害主要讲"术",慎到则主要讲"势"。韩非则将三者合为一体,成为一个法家的集大成者。什么是"势"?即统治者(君主)的权势地位,韩非认为,君主非威势不足以"制天下而征诸侯",因此君主必须牢牢掌握权柄不放;什么是"术"?即君主驾驭群臣的心术和权术,包括知人用人,听言察实,直至对臣下使用特务手段和阴谋诡计;什么是"法"?即君主的法令,韩非认为,君主治国必须有明确的法令,赏罚必须严明,所谓"刑过不避大臣,赏善不遗匹夫",而且主张应当重刑而少赏,因为刑法比仁义更使人少犯过错。为此法家认为，礼教、仁义及人的感情都破坏"法"的尊严，因而斥责儒家"以文乱法"，斥责墨家"以武犯禁"。韩非甚至认为"明主治国，无书简之文，以法为教；无先王之语，以吏为师"（《难三》），这也就是李斯后来要秦始皇"焚书坑儒"的来历。法家思想，实际上成为后世封建统治者维护集权统治的理论基石。

五、汉代经学

由先秦进入汉代，因汉武帝独尊儒术而兴起两汉学术思想的主流——"经学"，是研究和阐发儒家经典的宗旨及其方法的一门学问。其内容极为广泛，几乎涵盖了中国古代文化的一切领域，涉及中国传统社会的政治、经济、伦理、道德、哲学、礼仪、教育、文学、艺术、史学、法律、宗教及民间习俗，等等。

"经学"从研究"六经"开始，一直发展到"十三经"。"六经"一词，早在《庄子》一书中已经出现，是指《诗》《书》《礼》《乐》《易》《春秋》六部先秦时的著作。这些著作经过孔子删订，成为向弟子讲授的教材，所以又称"六艺"。到汉武帝设立"太学"时，《乐经》早已不存在，因而只立了"五经博士"向弟子讲授。这时的经书，大都没有先秦时的旧本，而是由战国时代的学者师徒之间口头传授，到汉代才用当时流行的隶体文字书写而成，因此称为"今文经"。太学博士就用这些今文经给弟子讲授。但这并不是说，那时没有"古文经"，即用"古籀文字"写成的先秦旧本。早在汉景帝时，人们已经从孔子旧宅的壁缝里发现了用篆文写的《尚书》、《周官》（即《周礼》）、《论语》等书；汉武帝的哥哥、河间王刘德也从民间获得古文经书，献给了朝廷。这些古文经与今文经不但文字有差异，甚至连篇章、内容和解释、评价也不同。这就使研究者们各有所依，逐渐形成经学研究的两大学派："古文学派"和"今文学派"。

今文学家，西汉以董仲舒（公元前179—前104年）为代表，认为孔子删订"六经"，是为了托古改制，是为万世立不易之法，尊孔子为经学之祖。他们注重阐发经文的"微言大义"，竭力为汉王朝的封建"大一统"寻找理论依据，因而受到西汉统治者的高度重视，被立为"官学"，到西汉末年开始衰落。古文学家则尊崇周公，认为"六经"不过是孔子整理过的古籍史料，真正的古义还有待研究，因而比较注重名物训诂，多以考据为特色。西汉末年，王莽改制，接受了刘歆的建议，立古文经为"官学"，东汉时先后涌现出马融、许慎等一批经学大师，特别是马融的弟子郑玄（127—200年），遍注群经，名望极高，号称"郑学"，一时称雄天下。到三国末期，又有王肃（195—256年）按自己的理解遍注群经，形成所谓"王学"。因王肃是晋武帝司马炎之父司马昭的岳父，王学被立为"官学"。大体说来，其后南朝宗王，北朝宗郑，实则都属于古文学派。隋唐一统天下，开科取士，南王北郑自然有许多麻烦，因此孔颖达等人合编《五经正义》，将南北观点合二而一，对汉代以来的经学做了一次系统性的归纳梳理。宋代以后，儒家学者抛开传统的训诂、释义，而直接对经书的原文"义理性命"进行剖析，形成宋明"理学"，开辟了儒学的新阶段。这就是后面要说的题目了。

六、魏晋玄学

玄学是魏晋时期流行的一种哲学思潮，它是以老庄思想为主旨，又糅合儒家经义而产生的一种新的学说。"玄"就是老子所说的"玄之又玄，众妙之门"，指深奥难测而又无法用语言明确表达的某种状态、关系或道理，研究这种深奥难测的状态、关系或道理的学问，就可称为"玄学"，而魏晋间的名流学士则多称之为"玄谈""谈玄"或"玄风"等。

据知,"玄学"之风,早在三国魏时已经出现。那时有何晏(？—249年)和王弼(226—249年)二人喜好老庄,何著《道德论》和《论语集解》,王则有《周易注》和《老子注》等,二人都主张"贵无",认为"天地万物以无为本",强调"返本归真,一任自然"。到魏晋之际,便有嵇康、阮籍、郭象等人,大力宣扬何、王二人的观点,遂使玄学大盛。嵇康、阮籍都是"竹林七贤"中的人物,他们的根本点是张扬道家的自然主义思想,抨击虚伪的儒家名教。当时的一般学人群起仿效,崇尚清谈,不拘礼教,行为放荡,使"自然"与"名教"完全对立起来。这时,便有裴頠、郭象等人针对这种无德无行的现象,主张"贵有",反对"贵无",力图使自然与名教、儒家与道家等统一起来。直至东晋以后,佛、道二教流行,玄学才走向衰微。玄学作为一种哲学思潮,整整影响了魏晋南北朝三百余年的社会生活。

玄学的实际内涵,犹如近人所论,它实际是以"本末有无"为核心所展开的本体和本性之学,它所探求的是宇宙存在的根据,是企图透过宇宙万有的现象,直接探求其本体和本性。宇宙本体是"无",形形色色的存在是"有","无"是"有"的根据,"本"是"末"的根据,"一"是"多"的根据,"静"是"动"的根据,等等。若就人的本性而言,玄学认为人性自然,人性的表现应当顺其自然,不能有任何模仿或造作。虽然在自然与名教的关系上,玄学家们的看法并不相同,但在人性自然这一点上观点还是一致的。魏晋玄学及其思辨方法,如"得意忘象""得意忘言"等,对中国文学艺术产生了深刻的影响。

七、宋明理学

"理学"实际是宋明时代的儒家学说,因其竭力宣扬儒家的"大道"而又称为"道学"。理学的形成应当说受到两方面的影响:一是儒学内在的变化，即经魏晋隋唐儒家学者已摒弃了汉儒琐碎章句之学，转向探求儒学的"原道"和"原性"，如唐代韩愈、李翱所主张的那样；二是佛教思想的流行，特别是禅宗所宣扬的心性说，给儒学注入了一股新鲜血液，因而在北宋初年便有胡瑗（因字"安定"，世称"安定先生"）讲"砥砺气节"，孙复（因居泰山，世称"泰山先生"）讲"经世济人"，他们都强调儒家纲常与天道的一致性，所以胡、孙二人实开"理学"先河。孙复之学，传于张载（1020—1077年，因侨居今陕西省眉县横渠镇，世称"横渠先生"），张载以"气"来解释各种事物的生灭变化，主张人应通过努力获得完美的"天地之性"，称他治学的目的是"为天地立心，为生民立命，为往圣继绝学，为万世开太平"，具有强烈的经世致用精神。因他居于关中，他的学说被称为"关学"。胡瑗之学，传于周敦颐（1017—1073年，因筑室居于庐山濂溪，世称"濂溪先生"），周的学说源于道家的太极和阴阳五行，著《太极图说》，以"无极而太极"来解释宇宙生成，而以"中正仁义"为人生之大道。其学说被称为"濂学"。周又传于程颢（1032—1085年，世称"明道先生"）、程颐（1033—1107年，世称"伊川先生"）兄弟，"二程"认为"理"既是宇宙万物的最高原则，也是社会伦理纲常的最高原则，它"在天为命，在人为性"，人与宇宙只为一体，知识和真理只在内心，欲明天理，则须识心见性。因"二程"为洛阳人，他们的学说被称为"洛学"。经过"二程"的努力，理学大大发展，于是，周、张、"二程"，成为北宋"理学四大家"。

"二程"之学，传至南宋，由朱熹（1130—1200年，因筑室讲学于武夷山紫阳书院，世称"紫阳先生"）集其大成。朱熹继承北宋诸儒，糅合佛、道，建立了一个完整的理学体系，以"理"和"气"解释宇宙、人生，认为"理"是形而上的绝对真理，"气"则是形而下的由"理"派生出的具体物质。阴阳二气交合变化，才生成金、木、水、火、土五行。朱熹认为，理气相合而成人，气中之理，即是人性。气有清浊，性有善恶，所以要居恭持敬，明德修道，以便去浊还清。他的学说与"二程"一脉相承，故合称"程朱理学"。因其长期在闽中讲学，他的学说被称为"闽学"，与周、张、"二程"并称为

"濂、洛、关、闽"四学。与朱熹同时,江西陆九渊(1139—1193年,因讲学于象山书院,世称"象山先生")的见解与朱熹又有不同。朱熹主要继承了"二程"的"理",认为人性即是真理;陆九渊则主要继承了"二程"的"心",认为人心即是真理,断言"宇宙便是吾心,吾心便是宇宙",强调"心"与"理"合一,一切知识和真理都在自己心中。为此,朱、陆之间展开辩论,理学至此,已发展到高峰。

元代的理学只是"朱学"流行的一个阶段。到明代经陈献章(1428—1500年,因居广东新会白沙里,世称"白沙先生")而至王守仁(1472—1529年,因在故乡阳明洞读书,后创阳明书院,世称"阳明先生"),又成为理学发展的一个高潮。陈献章上继陆九渊,下启王守仁,他原本习朱学,但后来的思想境界却转入陆学。他的学说是"以虚无为基本,以寂静为门户,以宇宙万象为轮廓,以日常生活为功用",主张"天地因我而立,万化因我而出,而宇宙自在我心之中",这其实就是陆九渊所说的"吾心即宇宙","万物皆备于我"的道理。陈的这一派被称为"白沙学派",与王阳明齐名的湛若水(1466—1560年,因号"甘泉",世称"甘泉先生"),就是陈的弟子。王阳明可以说集心学之大成。此人自小聪明,十一岁即作咏月诗曰:"山近月远觉月小,便道此山大于月。若人有眼大如天,还见山小月更阔。"其父听了大为惊讶。王阳明的哲学,是"心外无物,心外无事,心外无理,心外无义,心外无善",在此基础上他提出了"知行合一"的主张,认为万事万物之理都在我心中,这就是"知",而内心代表真理的"知"就是"良知"。"良知"表现于行动就是"良能"。"知"表现于"行",而不"行"就是不"知"。这便是"知行合一"。一个人如能不断发掘和表现良知,就能与天地万物为一体,达于至道。由于王一生讲学,弟子很多,"王学"大行天下,后来又分成许多学派。

正当王学流行的时候,出了一位极端怪异的思想家李贽。李贽(1527—1602年),号卓吾,后世多称"李卓吾",有《焚书》《续焚书》《藏书》《续藏书》等许多著作。此人个性倔强,感情奔放,而又愤世嫉俗,他反对儒家的名教,反对专制统治，提倡个性自由和社会解放，反对泥古崇圣，主张学贵自得，认为儒家经典并不是"万世之至论"，"穿衣吃饭"就是"人伦物理"，公开宣扬自私是人的"天性"而不是罪恶，用以反对"存天理，灭人欲"的说法，斥责一些道学家"阳为道学，阴为富贵，被服儒雅，行若狗彘"。他的这些思想反映了资本主义萌芽阶段的社会意识，却被封建统治者视为"异端"，他本人则被视为"妖人"，屡遭迫害，最终以"敢倡乱道，惑世诬民"的罪名被捕入狱，在北京自杀于狱中，葬在今北京市通州城外。可以说，李贽是中国思想史上的一个奇人。

八、清代朴学

理学在清代走向衰微，儒家学者因思想和社会的变迁又归向经学，像汉儒一样注重训诂和考据，而这种训诂考据之学被称为"质朴之学"，简称"朴学"，也称"考据学"。朴学以清代为盛，成就超过古人，尤以乾隆、嘉庆时的朴学最辉煌，形成所谓"乾嘉学派"。

清代朴学，实源于明末清初顾炎武、黄宗羲、王夫之、颜元等几位大儒。这些人感于亡国切肤之痛，斥责理学空谈心性误国，大力提倡经世致用之学，要经世致用就要有根有据，其结果就是走向考据。顾炎武（1613—1682年），又称顾亭林，世称亭林先生，清代儒林第一人，以考古求真为宗旨。他最重要的两部著作《日知录》和《天下郡国利病书》是几十年读书治学的结晶，被认为"无一字无来历"。他反对不讲实际学问而空谈性理的理学，强调"天下兴亡，匹夫有责"，强调"行己有耻""博学于文"，认为探讨济世治国的学问与砥砺操守气节同等重要。黄宗羲（1610—1695年，世称"梨洲先生"），虽属理学家，却精于史学研究，具有强烈的民主思想，所著《明儒学案》是第一部研究中国哲学断代史的著作，而《明夷待访录》为考古论今之作，突出表达了他的进步思想。他认为,"为天下之大害者,君而已矣","天下之治乱,不在一姓之兴亡,而在万民之忧乐"。王夫之(1619—1692年,因晚年居石船山,世称"船山先生"),明亡曾举兵抗清,后隐居深山,专事著述,著作达70余种,后人集为《船山遗书》。他总结和发展了中国古代唯物论和辩证思想,是中国古典哲学的高峰。他认为宇宙是由"气"构成的物质实体,而"理"不过是客观规律;指出"气"变化日新,动静相对;强调"行"是"知"的基础,反对"守其故而不能新"。凭借其思想、行为与节操,王夫之成为中国思想史上的一位伟人。颜元(1635—1704年,因号"习斋",世称"习斋先生"),是一位专讲实学的思想家,因反对书本上的学问,故著述很少,一生只写了四篇文章,即《存学》《存治》《存性》《存人》,称为"四存之学"。他认为,"读书愈多,愈惑,审事机愈无识,办经济愈无力",并且说,"千余年来,率天下人于故纸中,耗尽身心气力,作弱人、病人、无用人者,皆晦庵(即朱熹)为之也"。

清代自雍正、乾隆以后,屡兴文字狱,思想控制极严,一般学者更加埋头著述,多在考据训诂方面下功夫,朴学因此盛况空前,著作汗牛充栋,以师承和地区分为许多学派,主要有:吴派、皖派、浙东派。"吴派"的代表人物主要有惠栋、江永、钱大昕,其特点是稽考汉代学者的经书旧注,意在摆脱后人的附会之说,以求近古,因而在许多方面难免迷信汉说。"皖派"的主要代表人物是戴震、段玉裁和王念孙、王引之父子,他们的特点是宗古求是,注重文字、校勘和训诂,注意总结考据中的规律,并能超越汉代学者而有所突破。"浙东派"主要受黄宗羲的影响,注重史学研究,在撰史、补史、史料、史论方面有重大成果,其代表人物为全祖望和章学诚。

如果说清代的早期和乾嘉时期的朴学推崇古文经,晚清的朴学则复又重今文经,并且从纯学术的研究中解放出来,与议政、改良的现实政治活动相结合,形成了新的探求"微言大义"的义理学派,这就又与宋儒差不多了。其主要代表人物有龚自珍、魏源、康有为等。专以学术研究见长的学者是俞樾和孙诒让。之后便有章炳麟和王国维,他们不但注重文献资料,也注重考古资料,特别是王国维,他已经走出乾嘉传统,跨入现代学术的殿堂。这里我们用他弟弟王国华的一段评语来结束本章,王国华说:"先兄治学之方,虽有类于乾嘉诸老,而实非乾嘉诸老所能范围。其疑古也,不仅抉其理之所难符,而必寻其伪之所自出。其创新也,不仅罗其证之所应有,而必通其类例之所在。此有得于西欧学术精湛绵密之助也。并世贤者,今文家轻疑古书,古文家墨守师说,俱不外以经解经。而先兄以史论经,不轻疑古,亦不欲以墨守自封,必求其真。故六经皆史之论,虽发于前人,而以之与地下史料相印证,立今后新史学之骨干者,谓之始于先兄可也。"(《王国维遗书题识》)

● **学习与思考**

1. 儒、道思想为什么可以互补?这两种思想对中国人产生了什么影响?
2. 儒家思想为什么可以成为中国封建社会的主导思想?
3. 什么是理学?为什么到宋代会发展出理学?
4. 儒学对现代社会发展是否有用?为什么?

参考答案

● **相关资料**

1. 陈晓冬. 老庄的智慧. 呼和浩特:远方出版社,2009.
2. 苗润田,杨朝明. 儒学与现代文明. 济南:齐鲁出版社,2004.
3. 钱穆. 宋明理学概述. 北京:九州出版社,2010.
4. 张尚仁. 道家哲学. 北京:人民出版社,2011.

第七章 宗教信仰

唐代 都督夫人太原王氏礼佛图

宗教是一种比较特殊的文化形态。就它的本质而言，按照恩格斯在《反杜林论》中的论述："一切宗教都不过是支配着人们日常生活的外部力量在人们头脑中的幻想的反映，在这种反映中，人间的力量采取了超人间的力量的形式。"就是说，宗教信仰和崇拜的对象都是幻想出来的东西，客观上并不存在，但它与人们的日常生活密切相关，而且以"超人间"的力量支配着人们的日常生活。但不论哪一种宗教，都体现了超自然、超人间的神圣性。所以，人在所有宗教中都显得是听凭摆布的，神的力量决定着人的思维和生活方式，人的意志也往往要依靠神的力量，人自身的力量和积极性反而被忽视了。

但是，这绝不是说宗教文化毫无价值可言。恰恰相反，由于它在一定的时空范围内影响了人类的思想感情和生活方式，制约了社会繁荣和历史发展，并且直到现在它的文化形态还继续存在，继续发生作用，因而宗教又是了解和认识人类历史和民族文化最有价值的社会现象之一，并且也成为了民族文化整体中的组成部分。另一方面，由于社会在发展过程中也会出现有违民众期待的过度现象，宗教的某些教义和抚慰形式又可以调节社会心理，形成一定的社会平衡与和谐，这也正是宗教广泛流行的积极意义所在。

不同的宗教，形成了不同的宗教文化。只要进行一些比较研究，就会发现不同民族之间的心态、思维、气度和想象力，存在着相当惊人的差异。就拿我们中国来说，它跟欧洲诸国以及西亚诸国不同，从原始宗教产生，道教形成，佛教、伊斯兰教等先后传入，一直没有出现过一种宗教统治全民意识的局面，即没有形成所谓的"国教"，而是诸教并存，多神崇拜，互相吸收，彼此相通，及至你中有我，我中有你，异中有同，同中有异；不论何种宗教，来自异国何方，总要带上中国面目、中国特色。这种情况，于佛教尤其明显。这也说明中国文化有一种特别强大的融合能力。从历代封建统治者来说，只要各教教主不危及他的"天子"地位，他都允许各教流传和存在；即使他并不信仰某一宗教，他也会承认它的合法地位。有时为了维护统治的需要，他也可以以身垂范，推崇某一种宗教。当然，历史上也有摧毁某些宗教的统治者，但那不过是长河里的一点波浪而已。从中国的普通老百姓来说，他们是最讲究实际利益的，不管释迦牟尼、各位菩萨或者玉皇大帝、各路神仙哪一个正统，只要觉得能救苦救难、降福祛灾，就对哪一个神灵顶礼膜拜。事实上，中国老百姓拜起财神爷、土地爷和送子观音娘娘来，要比拜玉皇大帝或三世佛祖等高级神灵还要来得虔诚、积极、勤快得多。

一、多神信仰和三大崇拜

中国文明是一种农业文明，传统农民以自给自足的小农经济为本，这种经济基础便造成了中国人讲究现实利益的文化心态，其宗教信仰也谋求对现实的生产和生存现状有直接的救助，因而中国人崇尚多神信仰，甚至对直接影响其现实生活的生存环境产生执着的崇拜。了解中国文化史的人都可以看到，在中国人的眼中，物物是神，处处有神，时时也有神，即使是做饭烧火的灶头也由灶王爷把守，门口还要有门神守护。但是，从总体上说，中国人对天地、祖先、君师的崇拜是最为突出的。

这三大崇拜实是出于古人对这三者的认识，或者说这三者决定了人们的生存。荀子在自己的著作里说："天地者，生之本也；先祖者，类之本也；君师者，治之本也。无天地恶生？无先祖恶出？无君师恶治？三者偏亡，则无安人。故礼，上事天，下事地，尊先祖而隆君师，是礼之三本也。"于此可知，天地是人的生存环境，先祖是人的生理纽带，而君师则是引导社会前进的人物。这三者失去一者，人就不可能平安地生存在世间，因此对这三者的崇拜是自然的事。可以说，中国古代对这三者的崇拜和祭祀深刻地反映了中国人的信仰实质。

（一）天地山川崇拜及祭祀

在中国古代的所有信仰中，可以认为天地是最神圣的。天神称为"皇天上帝"，地神称为"后土"，合称"皇天后土"。若从词义来解释，"皇"是"大"的意思，"后"是"厚"的意思，皇天覆盖万物，降干旱雨露于人间；后土负载万物，献衣食用具于世上。人们要想五谷丰登，避祸求福，安享康泰，就要对天地神灵顶礼膜拜。

这种顶礼膜拜表现在封建国家的祭祀仪式上。中国古代祭祀天地的仪式很多，但以"封禅"（禅，读 shàn）最为隆重，是封建社会首屈一指的大礼。《管子》和《史记》都记载了"封禅"。

所谓"封禅"，就是由帝王来祭祀天地的大型典礼。"封"，是在泰山顶上设坛祭天；"禅"，是在泰山附近的小山上祭地，较为著名的是在梁父（又称"梁甫"）山上，故史书上多说"封泰山而禅梁父"。封禅的根本目的是帝王取得天下以后，以天子身份祭告天地，以表示自己的统治为"君权神授"，符合天意，合乎正统。这种崇拜仪式起源于何时呢？司马迁在《史记》里援引春秋时期齐国名相管仲的话认为，远在伏羲氏以前的无怀氏时代就开始了，其后陆续封禅者有七十二家，包括三皇五帝、夏禹、商汤。但据研究，这种仪式最早只能在春秋时期有所酝酿。那么，为什么要到泰山去封禅呢？古人认为，中国大山，五岳为最，五岳之中，泰山独尊，离天最近，可以直接与天帝对话；同时泰山为东岳，东方主生，是万物起始、阴阳交替的地方。天子受命于天，只有登泰山祭告天帝，才算完成了天子就位的礼制。但是，封禅仪式隆重，耗资巨大，并不是所有帝王都能做到的。

史书记载的第一个封禅的帝王是秦始皇，第二个是汉武帝。《史记·封禅书》载，始皇即位三年，东巡郡县，封泰山而禅梁父。但他并不知道封禅怎么进行，于是召集了一些儒生征询他们的意见。儒生们说，始皇应坐用蒲草包裹车轮的车子，还要用稻麦秆铺路，以免伤害泰山的草木，惹发天地愤怒。秦始皇认为他们都十分迂腐，便自己确定礼仪，下令劈山开道，登上山

泰山岱顶

顶，而后立石颂德。不料归来中途遇雨，始皇避于一棵松树之下，以其护驾有功，始皇封之为"五大夫松"，这是中国树木受封之始。现存"五大夫松"在中天门步云桥北，已非原物，而是清代补栽的。始皇这次上山遇雨和12年后秦朝灭亡，都被儒生们解释为秦始皇没有采纳他们的建议而触怒了天帝。汉武帝封禅是在公元前110年，但对仪式怎么举行，当时的诸儒大臣众说纷纭，莫衷一是。汉武帝叫他们研究准备，他们一准备就是六年，仍然拿不出方案。汉武帝只好自定仪式，来一个两封两禅，即在梁父山上先禅，在泰山下设坛而封，然后带少数大臣上山再封，下山后在肃然山再禅。祭礼结束，汉武帝下令改元，因他首次封禅而改是年为"元封元年"。其后，是东汉开国皇帝刘秀，从即位到封禅泰山，准备了32年。到了唐太宗，群臣屡议封禅，他也心向往之，但考虑到如此劳民伤财，最终没有准奏。他的儿子唐高宗一反父愿，三往封禅，所耗资财，不计其数。史载麟德二年（665年）十月那次，唐高宗从东都洛阳出发，随行文武兵士及运载仪仗法物的车辆，绵延数千里；周边各国使节率其扈从，备好穹庐毡帐及牛羊驼马，填候道路。当时都觉得这次封禅规模简直前无古人。唐高宗本来想封遍五岳，后因"龙"体欠佳，未能如愿。武则天即位，改封嵩山。696年，武则天封嵩山，禅少室山，以告祭天地成就大统，改年号为"万岁登封"，改阳城县为"登封县"（今登封市），以驻跸地为"告成镇"。唐代最后一个封禅的帝王是唐玄宗，时在开元十三年（725年）十一月，由中书令张说总操封禅礼仪。

据唐代段成式《酉阳杂俎》记载，按旧例，封禅以后自三公（司徒、司空、司马）以下官吏都晋升一级。

唐玄宗封禅图

张说的女婿郑镒本为九品，一下子突升为五品，位列朝班。唐玄宗不识此人，询问其故，郑镒答不出来，旁边的一位官员风趣地说："此泰山之力也。"据说此后就称妻父为"泰山"或"岳父"，如《水浒传》第八回写林冲被发配前与家人道别，"林冲执手对丈人说道：'泰山在上，……今日有句话，上禀泰山'"。唐以后，宋真宗成了中国历史上最后一个封禅的帝王，企图以"天书从天而降"来震慑外邦。现今泰安市的岱庙主殿天贶殿就是这次封禅修建的。后来的帝王终因封禅不易，不再举行那样的仪式了。

祭祀后土是封建国家专门祭祀地神的仪式。关于后土神的来历，古籍记载不一。《山海经》《礼记》说它是共工的儿子，名叫"句龙"，因它善于平整九州土地，受封为"土正"（古代管理土地的官员），祀为大地之神。但以原始信仰来看，古人祭祀地神，是为了酬谢大地负载万物、养育万民的功劳，是农业文明的心理体现。由于天阳地阴的缘故，后土神被塑造为女性。史料记载，黄帝时代已有祭祀活动，但首次立庙祭祀后土的是汉文帝刘恒。公元前163年，汉文帝接受儒官新垣平的建议首祭后土，并于河东郡汾阴县（今山西省万荣县）立"汾阴庙"。汉元鼎四年（公元前113年）汉武帝东巡，改汾阴庙为"汾阴后土祠"，率众臣祭后土，遂成为定制。为什么要在汾阴立后土祠呢？相传有周代大鼎失落在那里，而大鼎是古代开土立国的象征。不知是真有依据，还是地方官有意欺蒙皇帝，就在汉武帝立后土祠的第二年六月，在祠旁掘出古鼎一个，据说汉武帝派人验证无伪，迎至甘泉宫珍藏，年号"元鼎"也因此而追改。之后，汉武帝曾多次东巡求仙，也多次亲祭后土。后世续有祭祀，仪式都很隆重，现在山西省万荣县的古后土祠仍保存完好。

古代帝王除了往泰山封禅、往汾阴祭后土之外，祭祀天地的仪式还有庙祭和郊祭两种。这两种仪式都始于周代。西周时已建有天帝庙，由天子亲祭。春秋战国以后，天帝庙都建于雍州（今陕西省凤翔县一带）。据说是关中以雍州的地势最高，离天最近。在这个阶段，由于五行学说渗入宗教信仰，天帝的数目增多了，名称也混乱了，认为天神中最尊贵的是太一（或作泰一），它有五个辅助神分别管理天的一方，其名称为东方青帝（木），西方白帝（金），南方赤帝（火），北方黑帝（水），中央黄帝（土）。汉代以前，雍州已有白、青、黄、赤四帝之庙，汉高祖刘邦增建黑帝庙。史书上多次提到汉文帝、汉武帝"幸雍，祠太一"，都是在雍州举行庙祭的意思。至于郊祭，则是在京城的郊外举行祭祀天地的仪式，史书上称为"郊"。据《礼记》载，周代已规定在冬至到南郊祭天，夏至到北郊祭地。这是因为冬至则由阴转阳，天属阳；夏至则由阳转阴，地属阴。由于古人有"天圆地方"的观念，周代已实行"祭天圜丘，祭地方丘"的制度，其后历代相沿成制。如《后汉书》所载，汉光武帝刘秀即位第二年，首次南郊祭天，于洛阳城南建双层圆坛，内坛南向设皇天上帝神位，外坛四周设青、白、黄、黑、赤五帝神位，坛外双层围墙，紫色，象征天上的紫微宫，围墙内东设日，西设月及其他风、雨、雷神等。后来又在洛阳北郊设方坛祭地，坛上设地祇神位及山川诸神。历代祭祀，大抵如此。北京现存的天坛、地坛、日坛、月坛等，都是明清两代为祭祀天地山川而建造的，参观北京的这些坛庙遗存，可以很好地帮助我们了解古代的重大祭祀礼仪。

　　山川是大地的组成部分，也是大地的象征。古人崇拜山岳，大约是因其高大，云遮雾绕，能兴风雨，似有神灵居住；崇拜大河，则因它终年流动，或利或害，神力无边。封建帝王祭祀山川则有事天地而礼山川，保天下而护江河的用意在内。古时祭祀以"五岳""五镇""四渎""四海"最为重要，因为它们代表了帝王统治的江山社稷。五岳为东岳泰山、西岳华山、南岳衡山、北岳恒山、中岳嵩山，它们代表五方最高的山；五镇为东镇沂山（在今山东省临朐县）、西镇吴山（在今陕西省宝鸡市）、南镇会稽山（在今浙江省绍兴市一带）、北镇医巫闾山（在今辽宁省北镇市）、中镇霍山（在今山西省霍州市），古人认为它们是五方仅次于五岳的大山；四渎为东渎大淮（即淮河）、南渎大江（即长江）、西渎大河（即黄河）、北渎大济（即济水），是古代中国境内直接流入大海的四条大河。后来济水屡经变道，今已不能直接入海；四海是东海、南海、西海（青海湖）、北海（无实指，或说渤海），古人认为中国居四海之内，故又称"海内"，而把国外称为"海外"。

相传黄帝时已有山川之祭，又说舜帝"望于山川，遍于群神"，或说"禹主山川，定其秩祀"。但是比较可信的山川之祀，恐怕到了周代才有所规定。《礼记·王制》云："天子五年一巡狩……柴而望祀山川"，二月（春）于岱宗（泰山），五月（夏）于南岳，八月（秋）于西岳，十一月（冬）于北岳。这表明周朝的疆域已很广阔，所以才能形成这一制度。秦始皇统一中国以后，以其天下广大，所祭名山十二，大川十三，都于附近立祠祭祀。汉武帝巡行五岳，因南岳衡山太远，改拜安徽的天柱山为南岳，但后世仍以衡山为南岳。相传汉武帝于元封元年（公元前110年）至中岳嵩山，见一古柏参天，有大将风度，遂封为"大将军"；后又见一古柏，高大甚于大将军，汉武帝不好改封，只得封为"二将军"；随后又见一古柏更为高大，只好屈封为"三将军"，这是我国树木第二次受封。如今，"大将军""二将军"依然健在，只有"三将军"在明代就死去了，大概是太冤屈了吧。明代以前祭祀北岳，都在河北省曲阳县的北岳庙，清代才改在山西省浑源县的恒山主庙。现在五岳庙都保存完好，以嵩山中岳庙的规模最大。隋唐以来，东镇沂山祭于沂州（今山东省临朐县），东渎大淮祭于唐州（今河南省桐柏县），东海祭于莱州（今山东省莱州市一带）；南镇会稽山祭于越州（今浙江省绍兴市），南渎大江祭于益州（今四川省成都市一带），南海祭于广州；西镇吴山祭于陇州（今陕西省宝鸡市），西渎大河及西海祭于同州（今陕西省大荔县一带）；北镇医巫闾山祭于营州（今辽宁省北镇市），北渎大济及北海祭于济源（今河南省济源市）。现在只有辽宁省北镇市的北镇庙、河南省桐柏县的淮渎庙、济源市的济渎庙和广州的南海神庙保存完好。

（二）祖先崇拜及祭祀

祖先是人类延续的根本，远古时代的"男根"崇拜就是祖先崇拜的反映，及至周代初年形成宗法制，把祖先崇拜制度化。自那时以来，不但帝王祭祖，官员百姓也要祭祖。秦代以前，天子、诸侯、大夫、士都用宗庙祭祖，只是由于宗法制度的规定，各自拥有的宗庙数目和规模不同罢了。如周代规定，天子七庙，诸侯五庙，大夫三庙，士只有一庙。秦始皇统一中国以后，只准皇帝拥有宗庙，百官不得擅建，宗庙由此成为帝王祭祀祖先的专用场所，后世称为"太庙"，建于京城，并且按照礼制建于皇宫左侧。现存北京市劳动人民文化宫即明清两代帝王祭祀祖先的太庙，也是了解古代宗庙祭祀的实物。整个建筑分为前、中、后三大殿。前殿为举行大祭之所，每逢岁尾年终祭祀先祖先皇；中殿为寝宫，供奉本朝已故帝王，开国高祖或太祖居中，然后左昭（父）右穆（子）。帝王死后所追尊的庙号，即指在太庙受祭时享有的称号，如明太祖、明成祖、清世祖、清圣祖等。太庙的后殿，供奉皇帝的远祖神位，一般为开国皇帝的五世祖，始祖居中，然后左昭右穆。

　　帝王祭祀自己的祖先用太庙，官员百姓祭祀祖先用宗祠。一姓一族聚于一地，为敬奉祖先或本族杰出人物立祠以祭。由于几千年来的宗法传统，这类宗祠在过去多如牛毛，但现在已很寥寥。较为著名的如江苏省常州市的"瞿氏宗祠"，是当地瞿姓家族的祭祖之地。瞿秋白因幼时家贫，付不起房租，只好寄居祠内，现已建为"瞿秋白纪念馆"。安徽省绩溪县龙川"胡氏宗祠"，建筑精美，文化内涵丰富，为绩溪胡氏族人拜祖之地，明代兵部尚书胡宗宪、近代学者胡适等均属一族。广州市有一座宏伟的"陈家祠"，其精致的建筑与雕刻令人叹为观止。现在最古老的一座宗祠是山西省闻喜县礼元镇裴柏村的"裴氏祠堂"。裴氏是古代河东大族，历代产生过许多优秀人才，正史立传与载列者，多达600余人，这里曾先后出过宰相59人，大将军59人，尚书、侍郎、刺史等各级官宦千余人。西晋地图学家裴秀、南朝历史学家裴松之祖孙三代、隋唐名臣裴矩、唐代开国元老裴寂、唐代出将入相的裴度都出自此地，因此，裴柏村被海内外称为"中国宰相村"。裴氏祠堂建于唐贞观三年（629年），祠中保存裴氏一族的历代石刻资料以及从金以来的族谱，可说是一个宗族博物馆。

（三）君师圣贤崇拜及祭祀

　　君师圣贤实际是指那些在历史发展中有杰出贡献的人物，但在古人的观念里，他们都是具有非凡神性的人物，对他们的崇拜便由此而来。"君"，指历代帝王。以封建统治者而论，几乎历代都要祭拜先世帝王。从唐代以来，都在京师兴建祭祀历代帝王的庙堂。北京阜成门内现存的历代帝王庙，是国内仅存的一座帝王庙，明嘉靖九年（1530年）仿南京帝王庙建。建成初期，庙内奉祀的帝王只有三皇五帝、大禹、成汤、周武王、汉高祖、汉光武帝、唐太宗、宋太祖等15位，多属开国皇帝，只设牌位，不设神像，也不祭元世祖忽必烈。其原因，据明代刘侗《帝京景物略》说，"庙初，元世祖像犹列。十年九月，翰林院修撰姚涞奏言，相传南京帝王庙成，太祖亲祭，见元世祖像面痕如泪，上（明太祖）笑曰：'尔失天下，失尔漠北所本无；我取天下，取我中原所本有，复何憾？'泪则止。"嘉靖皇帝据此一则传闻撤销了忽必烈的庙食资格。清朝建立以后，顺治皇帝定为25位。后来康熙临终留下谕旨：除了因无道被杀和亡国之君外，所有曾经在位的历代皇帝，庙中均应为其立牌位。乾隆皇帝更是提出了"中华统绪,绝不断线"的观点，把庙中没有涉及的朝代，也选出皇帝入祭。

"师"，指那些可为万世师表的圣人，传统上指孔子和关公两个人。这一文一武体现了中国治国的两大机制，是封建国家赖以长存的两大支柱。对这两个人的崇拜和信仰，是中国文化的独特现象，但两种祭祀在内涵上有明显的区别。祭孔，实质上是封建国家尊崇教育的一种体现，是汉代以来独尊儒术并以儒学作为统治思想的必然结果。祭关，虽然有宣扬其忠义勇武的一面，但宗教色彩比较浓厚。我们知道，孔子的最高封号是"大成至圣文宣先师"，属于圣哲的范畴，并未脱离人界，只不过是成就最大、地位最高的老师而已；关公就不同了，他的最高封号是"忠义神武关圣大帝"，属于道教神祇系统，已进入神界，跟人判然有别。这一点足以表明祭孔与祭关有本质上的区别。在形式上，祭孔的仪式比祭关的仪式要隆重得多，这从现存的孔庙和关庙的规模及有关的文献记载便可以看出来。但是，也应当承认，由于关公位列道教神祇系统，又有长篇小说《三国演义》的艺术渲染，关公成为民间信仰中的一位保护神，他对民众产生的心理影响大大超过了孔子。因为尊崇孔子的作用在于让读书人重教崇学，而读书的目的是博取功名，这是读书人所向往的；尊崇关公的作用却使广大的老百姓都觉得有一种神力保护，在心理上感到平安，这是社会各阶层都要追求的。所以过去大大小小的关帝庙遍及穷乡僻壤，而孔庙则限于城邑以上地区，孔子的影响力也多半在读书人中间。历代皇帝祭孔都在山东曲阜的孔庙进行，各州、府、县祭孔，则在当地的孔庙进行。

历史上祭孔，始于孔子死后第二年，即公元前478年。鲁哀公为了悼念孔子，把他的旧居加以改建，供孔子牌位，岁时祭祀。不难看出，这是鲁国的国君把孔子看作本国的一位杰出人才加以钦崇的。这以后人们对孔子有没有祭祀，史书没有记载。但儒学成为社会显学，孔子肯定是一位受尊敬的历史人物。一直到公元前195年，汉高祖刘邦由他的家乡沛（今江苏省沛县）还长安，过曲阜，亲祭孔。这是封建帝王祭孔的开始。这正说明，在鲁哀公祭孔以后的二百多年间，孔子的影响并没有消失，不然，刘邦怎么会突然想起祭孔来了呢？到汉元始元年（1年），汉平帝追封孔子为"褒成宣尼公"，这是孔子受封的开始。原因很清楚，因为从汉武帝独尊儒术起已经过了一个半世纪，儒学的地位和作用已经很明显。所谓"褒成"，就是肯定和赞扬其成功的意思。东汉建武五年（29年），光武帝刘秀亲往祭孔；中元二年（57年）规定在学校中祭孔，这是明确把孔子作为一个教育家来尊崇的。南朝宋元嘉二年（425年），为孔庙设专职管理官员一人；元嘉二十年，又规定祭孔用乐，这表明祭祀仪式的进一步升级。后来到唐贞观四年（630年），诏令天下州县立庙，实行全国性的祭孔，孔子由此成为全国知识分子必须朝拜的对象。开元二十七年（739年），唐玄宗追封孔子为"文宣王"；宋大中祥符元年（1008年）又加封孔子为"元圣文宣王"；后又改为"至圣文宣王"；至和二年（1055年），宋仁宗封孔子后裔为"衍圣公"，后又封为"世袭衍圣公"；明嘉靖九年（1530年）封孔子为"至圣先师"；一直到清朝建立以后，清政府为了笼络汉族知识分子，再一次加封孔子为"大成至圣文宣先师"，把孔子的地位推上顶峰。据资料统计，由汉及清，历史上有十个皇帝亲往曲阜祭孔,其中乾隆皇帝次数最多,一共四次。皇帝祭孔仪式隆重,他本人要身着祭服,率群臣三跪九叩,至虔至诚,毕恭毕敬,鼓乐之声,不绝于耳。

祭祀关公的活动开始得较晚,他的显赫跟后期道教的发展联系在一起。关羽死后41年,即260年,才被后主刘禅追封为"壮缪侯",并不见祭祀。直到隋开皇九年(589年),他故乡的人们才在今山西省运城市解州镇盖了一座小庙来奉祭他。此后四百多年间,他几乎没有多大影响,只有荆州一带把他当作鬼神祭祀。到了宋代,关羽突然显赫起来。崇宁元年(1102年),信奉道教的宋徽宗认为关羽以忠义为纲,追封为"忠惠公",并视其为道教张天师手下的一员神将;六年后,加封为"武安王",配享于周武王和姜太公。此后道士相传,说关羽曾多次显灵于荆州地面,故而佛、道二教争相网罗关羽为本教护法神。于是,关羽立时身价百倍。元天历元年(1328年)加封为"显灵义勇武安英济王"。明万历三十三年(1605年),崇信道教的万历皇帝加封关羽为"三界伏魔大帝、神威远镇天尊关圣帝君",将其正式列入道教神祇系统。清顺治九年(1652年),清政府出于笼络汉族臣民的考虑,封关羽为"忠义神武关圣大帝",以后又下诏天下,大小群邑立庙祭祀,于是大大小小的关帝庙遍及全国城乡,但是规模最大、级别最高、建筑最精的关帝庙,是在关羽的老家山西省运城

明　商喜　《关羽擒将图》

市解州镇。

"妈祖信仰"也是很值得一提的信仰之一,在海峡两岸甚为流行,特别是在台湾省,人们对妈祖的信仰历久不衰,信仰热情至今不减。"妈祖",也称"天妃""天后""天后娘娘",两岸奉为海神,其实是宋代初年的一位年轻女性,姓林,今福建省莆田市湄洲岛人,因其出生后不会哭叫,起名"默娘"。据说她从小信奉观音,善观气象,可预知海上风浪,使当地渔民免除许多海难,死后被奉为神灵,受封为"天妃""天后"等,历代祭祀香火不断。妈祖的见义勇为、扶危济困、无私奉献的高尚情操,体现了中华民族的传统美德,并成为一种巨大的精神力量,给人们以鼓舞。由此,妈祖庙、天妃宫、天后宫遍布全国各地的海口码头和内河岸埠。台湾各地有妈祖庙(或天后宫、天妃宫)数百座,在每年妈祖生日祭祀时,许多地方万人空巷,而湄洲岛妈祖庙则为世界各地天后宫的祖庙。

此外,中国人对先贤的崇拜,也是中国传统的信仰之一。所谓"先贤",就是那些为中华民族的历史发展做出过牺牲和贡献的杰出人物。人们信仰和祭祀他们,乃是钦敬他们的才干和精神,肯定他们的历史地位和文化影响,尊奉他们为自己的楷模和榜样。因此,对他们的祭祀,是最具有文化意蕴的历史现象。从西周初年的周公,战国的屈原,汉代的张良、韩信,三国的诸葛亮,魏晋时的王羲之、陶渊明,到唐宋时期的李白、杜甫、苏轼、岳飞及后来的文天祥,都是后世钦崇的对象,各地建有各种专门的祠宇来祭祀他们。著名的有屈子祠(在湖南省汨罗市)、张良庙(在今陕西省留坝县)、淮阴侯庙(在今江苏省淮安市)、武侯祠(有多处,以今四川省成都市的最为著名)、王右军祠(在今浙江省绍兴市)、陶渊明祠(在今江西省九江市)、太白祠(有多处,以四川省江油市的最为著名)、杜甫草堂(在今四川省成都市)、三苏祠(在今四川省眉山市)、岳飞庙(在今浙江省杭州市)、文天祥祠(在今北京市)。从对他们的祭祀中,我们可以看到中华民族敬仰先贤、继承传统、开辟未来的那种净化自己与发展自己的伟大精神。

二、佛教

（一）佛教的传入和发展

一般认为，佛教是由释迦牟尼于公元前6世纪到前5世纪在古印度境内创立的，因此在我国又叫"释教"，管和尚又称"释子"。它在什么时候传入中国，历来的佛教学者说法不一，文字记载也混乱矛盾。大致说来有以下几种说法：战国燕昭王时传入说、秦始皇时传入说、汉武帝时传入说、西汉末年传入说和东汉明帝时传入说等。过去比较通行的说法是汉明帝永平十年间传入。这一说法最早见于东汉末年的《牟子理惑论》及汉译《四十二章经·序》，后又载入《后汉书》等史籍，至魏晋南北朝时特别流行。大意说，永平七年（64年），汉明帝夜间做了一个梦，梦见有神人身带日光在殿前飞行，次日问于群臣：那是什么神？大臣傅毅回答说，我听说西方有一种神，名字叫"佛"，佛能飞动，身上有光。于是，汉明帝派中郎将蔡愔和博士弟子秦景等人西行求法。永平十年（67年），蔡、秦等人在西域大月氏国遇印度僧人迦叶摩腾、竺法兰，同时得到佛像经卷，并用白马驮经，载回洛阳。汉明帝先让印度二僧人住于鸿胪寺（朝廷的礼宾接待机构），同时择地建庙，以便供奉，这就是现在的洛阳白马寺。迦叶摩腾、竺法兰二人在寺内译出《四十二章经》，据说这就是中国最早的佛经。

但近代以来的中外学者对这一说法大表怀疑，理由是：汉明帝感梦求法这件事非常奇怪。《后汉书》就载有明帝的异母兄弟楚王刘英在家中设祠拜浮屠（即佛），兄弟二人关系密切，明帝应当知道佛的存在，何必感梦求法？其次是派遣的使臣，有的说是张骞（汉武帝时人），有的说是蔡愔；第三是替汉明帝释梦的傅毅，《后汉书》说他在明帝时还是个读书的小孩儿。因此，学者们认为明帝求法不是事实，所谓白马驮经、迦叶摩腾、竺法兰译经等，都是后来的佛家有意编造出来以证明自己来历不凡的。

那么，佛教传入的事实到底应该是什么呢？现在的学者一般认为佛教在西汉末年或两汉之间传入是比较可信的。如任继愈先生在他主编的《中国佛教史》和日本学者镰田茂雄在他所著的《简明中国佛教史》里都持这一看法。其主要根据是裴松之在《三国志注》中引用了三国时鱼豢所著《魏略·西戎传》的一段记载，说西汉哀帝元寿元年（公元前2年），大月氏国使臣曾向博士弟子景卢口授浮屠经。《后汉书》也载明帝的异母兄弟楚王刘英在家拜黄帝、老子和浮屠，还出钱供养沙门（即和尚），这说明东汉初年佛教已在上层统治集团中间流传。据这些史料推断，佛教传入我国的时间大约在两汉之间，学术界已将西汉元寿元年作为佛教传入的时间点。

佛教初入中国，人们还只是把它当作一种神灵来崇拜，跟神化了的黄帝、老子一样，在朝廷和一些王公贵族的家里供奉，民间还没有什么人信仰。从文献记载看，汉桓帝可能是第一个信奉佛教的皇帝，他曾在宫中建立黄老、浮屠之祠。最早出家信佛而又见于记载的汉人是汉灵帝时的严佛调，这已经到了东汉晚期。至于第一个登坛受戒、正式成为和尚的汉人朱士行，已经是三国时代的人了。足见佛教初来时的影响是很有限的。

魏晋南北朝时期佛教有了突出的发展，表现在：第一，佛经翻译的规模明显扩大。虽然译经的主力还是西域来的僧人，但跟随他们研习的汉土弟子甚多，如西晋时的西域僧竺法护，所译经典据说有150余部，对佛教在中国的传播起了重要作用。又如后秦时的龟兹（今新疆维吾尔自治区库车县）僧人鸠摩罗什，被迎入长安逍遥园（今陕西省西安市鄠邑区草堂寺），大量翻译佛经，从习弟子3,000余人。他所译的《中论》《百论》《十二门论》《金刚经》及《妙法莲花经》等，对中国的佛教理论有划时代的贡献。鸠摩罗什死后葬于逍遥园园内，弟子为其建的鸠摩罗什塔，至今立于草堂寺内。第二，弘传活动进一步兴盛，出现了比较大的佛教活动中心，如洛阳、长安（今陕西省西安市）、建康（今江苏省南京市）、庐山等地。东晋名僧慧远，以庐山东林寺为道场，率众念佛行道，并请一些西域僧人前来传授经论。一时，庐山佛事大盛。晋元兴元年（402年），他率众于寺内无量寿佛前建斋立誓，期寻净土，共结"白莲社"，参加的各方人士有123人。第三，大量营建佛寺僧舍，建造石像石窟。据杨衒之的《洛阳伽蓝记》所载，仅北魏在洛阳的寺庙已达1,376所。北齐在邺都（今河北省临漳县）的寺庙达4,000所。南朝的寺庙也不少，梁时已有2,846所。唐代诗人杜牧所写的"南朝四百八十寺，多少楼台烟雨中"，只是一个很小的数目。第四，西行求法活动成风。中国最早到西域去求法取经的僧人是三国时的朱士行，他也是中国第一个西行求法的人。到两晋南北朝时，便有越来越多的人步其后尘，他们的目的是搜集经典，参拜圣迹，寻访高僧，求得学问，以推动佛教在中国的发展。第五，在思想信仰方面，人们已不满足于前一时期只求一般地解脱痛苦，而是祈求往生弥勒净土（极乐世界）。这种信仰迷惑了许多处于苦难中的人们，对佛教的传播无疑起了很大作用。这种信仰目标的转变也说明佛教在竭力适应中国的环境，以开拓自己的传播市场。

为什么佛教会在魏晋南北朝有如此突出的发展？其原因大体有三：(1) 东汉末期，天下大乱，社会各阶层都遭受了无穷的苦难，于是都想在痛苦中寻求一种寄托和安宁，佛教所主张的自我解脱和超度求生等教义正好适应了这种需要。这可以说是社会基础。(2) 这一时期，社会上流行玄学，热衷清谈。玄学崇尚老庄思想，主张"以无为本，以有为末"，否认外界事物的存在，很容易与佛教宣扬的出世思想合流，因此主张"一切法皆空"的佛教《般若经》很快流行起来。事实上，玄学到东晋以后便失去了它的势头，而为佛学所取代。佛教宣扬的"名实俱无"，实际上是"以无为本"思想的进一步发展。这可以说是思想基础。(3) 统治阶级的提倡和利用。佛教宣扬的基本思想，对统治阶级是非常有利的。它虽然不像儒学那样主张忠孝节义、安分守己，但它要求佛教徒刻苦修行以求解脱的基本精神和因果报应、轮回转世等一系列说教，不但构不成对统治秩序的威胁，相反还有助于维护这种秩序。从东汉到南北朝的五百年间，封建统治者是逐渐认识到佛教的作用而逐渐予以重视并大力提倡的。有的统治者则是由于极端迷信而予以极度推崇。东晋时，晋成帝、哀帝都召请名僧入宫讲经或为他们辟地建寺。南朝的宋文帝认为佛化有助于教化，常跟一些名僧研讨佛理；宋武帝甚至让僧人参与朝政,因他们穿褐黑色衣服,被人称为"黑衣宰相"。梁武帝崇佛达于极盛,他曾四次舍身入同泰寺(今南京市鸡鸣寺),然后又由大臣们用钱把他赎回来,这实际上是他给寺庙捐资的一种办法。北朝的北魏政权也很崇佛,常请僧人入宫,礼拜为师;献文帝还在宫中建寺习禅,拜佛念经;孝文帝还特许寺院向老百姓征粮;宣武帝在洛阳为千余名外国僧人广建佛寺,把他们迎入内殿讲经,自己笔录等。这可以说是阶级基础。这几方面的原因使佛教在魏晋南北朝时期获得迅速发展,并在此基础上形成了繁荣的隋唐佛教。

　　佛教在隋唐两代,特别是在唐代,达到了发展的高潮。这是因为隋唐帝王笃信佛教,采取了积极扶持佛教发展的政策,在全国各地广建寺院,剃度僧尼。而唐代前期国家统一、经济富裕、文化繁荣、武力强盛,对各种宗教都采取了极为宽容的政策,并大力提倡;佛教本身也极力向民间渗透,在教义和礼仪方面努力迎合中国民众的需要。这个时期佛教的特点是:(1)佛学大盛。唐代的佛经翻译无论是数量还是质量都超越前代而达到最高成就。唐代的译经工作基本上由国家主持,从贞观三年(629年)到元和六年(811年)的180余年间,都是由国家组织译场,请中外名僧译经,前后有26位大师相继工作,其中包括玄奘、义净等西往取经归来的佛学大师。他们精通梵语,译意准确,译经的质量很高,仅唐代就译经2,159卷。这许多佛经的翻译,不但为僧人们提供了学习的经典,也为佛教研究者提供了资料,因此佛学在唐代大为兴盛,出现了许多佛学论著。(2)寺产丰肥。"寺产"指寺院领有的土地及其他财产。由于国家政策支持和官僚地主布施,隋唐时的寺院拥有大批田产,由僧尼、奴婢和寺院的佃户耕种,因此寺院的长老往往就像一个世俗的地主。此外,寺院还在周围开设客店、车坊、酒铺等,以高价租给商人经营;同时也开办一种叫"无尽藏"的金融借贷事业,在慈善的名义下谋取暴利。这就形成了强大的寺院经济。(3)宗派林立。佛教的日益传播使它必须适应社会各阶层的需要,以求得更大的发展,为此必须有不同的理论体系和修行体系。早在魏晋南北朝时期,已出现许多师徒间的传承体系和研究不同经卷的各种学派，如涅槃学派、成实学派、地论学派和摄论学派等。到了隋唐时代，某些大寺院为了维持自己的社会地位和经济利益，为了吸引更多的信徒，各自依据某一经典加以发挥，逐渐形成不同的派系，有的派系竟成为中国佛教最有特色的代表。

（二）中国佛教的宗派

三论宗：以研习古印度高僧龙树及其弟子提婆所著《中论》《百论》和《十二门论》而得名。因西域高僧鸠摩罗什最早传译"三论"，故被尊为初祖，经弟子传承，到隋代的吉藏而集大成。其基本教义是主张万物虚幻，但凡世俗人认为是真实存在的，修道者即认为是空无实体，这就是真、俗"二谛"。既然万物"非有非无"，则一切"不生亦不灭，不常亦不断，不一亦不异，不来亦不出"，这就是"八不偈"。唐武德八年（625年），这一派经朝鲜僧人传入日本。

三阶宗：也称"三阶教""普法宗"，祖师为北朝的信行，所依据的经典是《大方广十轮经》和《大集经》等，其教义是把佛教按时期、处所、人众分成三个阶段，认为既不能遵守戒律，又不能领悟佛法的众生处于第三阶，提倡必须苦行忍辱，消除罪恶，甚至死后还要以身布施，把尸体供鸟兽食用，然后收骨起塔。认为一切佛像是泥龛，不需尊敬，一切众生是真佛，所以要尊敬；主张不念阿弥陀佛，只念地藏菩萨。这些宗旨与当时佛教界的理论和行持很不协调，因此不断受到打击，屡遭禁绝，到宋代归于湮灭。

天台宗：因其创立地在浙江天台山而得名。上承南北朝的慧文法师，其实际创始人为智顗。因智顗以《法华经》为教义依据，故又名"法华宗"。智顗生于南北朝，陈太建七年（575年）入天台山修行，创建国清寺。其教义主张诸法实相，万物互通，一心具有三千世界，即千差万别的事物都反映了真如法性的本质，因而万物皆由心生。到唐代，有名僧湛然，提出"无情有性"，即草木山石也有佛性。湛然传道邃、行满，后经日本僧人最澄传入日本。12世纪初，日本僧人日莲又据《法华经》创立日莲正宗，现在活跃于日本社会的创价学会，就是日莲正宗的分支。

华严宗：这一派所依据的经典为《华严经》，故名"华严宗"。其始祖被认为是隋末唐初的杜顺，杜顺以长安终南山华严寺为道场宣讲教义，死后即葬于寺内，其塔仍存。但这一派直到三祖法藏才正式形成。法藏又称"贤首国师"，这一派又叫"贤首宗"。其教义主张心是世界万物的本源，客观世界只有在主观世界感觉到它时才存在。唐开元年间，经新罗僧人传入日本，创立日本华严宗。

法相宗：其理论在于深入辨析一切事物（法）的种种表现（相）及其产生的原因，故名"法相宗"；创始人为玄奘及其弟子窥基，因他们师徒居于长安慈恩寺，故又名"慈恩宗"。由于这一派主张万法唯识（主观精神），心外无境（客观世界），因而又叫"唯识宗"。它所依据的经典是《瑜伽师地论》和玄奘本人所著的《成唯识论》，故此，也叫"瑜伽宗"。这一派习经的特点是通过繁琐的心理分析来论证客观万物是人的主观精神的派生物；同时又主张并非一切众生都有佛性，这也不会受到都想成佛的一切众生的欢迎，所以历时不久即告衰微，几成绝响，直到近代才又受到人们的重视。

律宗：是以研习和传持戒律为主的一个宗派，其依据的经典是《四分律》，因其实际创始人道宣住在终南山，所以又叫"南山宗"。律宗的理论比较简单，他们把戒律分作戒法、戒体、戒行、戒相四部分。戒法指佛制定的戒律本身，戒行指遵守戒律的具体实践，戒相指戒律的具体表现，戒体则指受戒弟子在从师受戒时内心的感受。道宣的著作很多，著名的弟子有弘景等人。弘景的弟子就是鉴真，东渡日本传戒，创立日本律宗。

净土宗：是以专修往生西方阿弥陀佛净土的一个宗派，故称"净土宗"。因传说西方净土的七宝池中长满莲花，凡往生西方净土的人，先投生莲花之中，后莲花开放，该人便生活在净土中。东晋名僧慧远曾组织一些人专修净土，自结"莲社"，因而又叫"莲宗"。这一派依据的经典是《无量寿经》《观无量寿经》等。以北朝东魏时的昙鸾为初祖，他晚年住在汾州石壁玄中寺（在今山西省交城县），弘扬净土佛法。到唐代有道绰、善导，以玄中寺为道场，继续弘扬净土教义。道绰死后，善导往长安讲经，死后弟子为他建寺，即唐诗中所描写的香积寺。12世纪，日本佛界据善导著述，创立日本净土宗。

密宗：也称密教，其研习经典主要为《大日经》《金刚顶经》等多部，自称受大日如来佛秘密传授教旨，故称"密宗"。这一派在中国的形成，始于唐代的三位印度僧人善无畏、金刚智和不空。三人在华传法，甚受朝廷礼敬，不空尤甚，为唐玄宗、肃宗、代宗三代国师。他以长安大兴善寺为道场，译入很多秘典。不空弟子以千万计，其中惠朗、惠果成绩最为显著。惠果以长安青龙寺为道场，唐代诗人贾岛曾出家于此，"鸟宿池边树，僧敲月下门"，描绘的即是此地。日本僧人空海就学于惠果，回国后创立了真言宗。

禅宗："禅"是巴利语 jhāna 和梵语 dhyāna 音译"禅那"的简称，本义是思维修养、静虑定心，本为印度佛教的一种修炼方法。传入中国以后逐渐形成了一个宗派，产生了一整套理论体系和修行体系，成为佛教中国化的最典型的产物。禅的意义就是在定中产生无上的智慧。以无上的智慧来印证，证明一切事物的真如实相的智慧，这叫作禅。它的特点就是教外别传，不立文字，主张我心即佛，识心见性，以心传心，因而不用背诵经卷，只要坐禅修行即可。谱系以印度僧人菩提达摩为初祖，并以历代传承的袈裟和法钵为信物。菩提达摩于南北朝时来到中国，入嵩山少林寺修行，相传他面壁十年，终日不语。后将衣钵传于慧可，是为二祖。今少林寺有初祖庵、二祖庵，传即达摩和慧可坐禅之处。慧可传于僧璨，为三祖，入皖山（今安徽省天柱山）设道场，今称三祖寺（在今安徽省潜山县）。弟子道信继承衣钵之后，往破额山（今湖北省黄梅县西山）传道，今为四祖寺。道信弟子弘忍，又往冯茂山（今湖北省黄梅县东山）传法，今为五祖寺，寺内真身殿为主殿，原有弘忍真身，现只存塑像。弘忍门下首席弟子神秀，本可继承衣钵，但弘忍让弟子们各作一偈以表示自己对禅的见解。神秀先作一首："身似菩提树，心如明镜台，时时勤拂拭，勿使惹尘埃。"这时烧饭僧慧能也作一首："菩提本无树，明镜亦非台，本来无一物，何处惹尘埃？"弘忍见慧能见解透彻，遂秘密将衣钵传给他。慧能得到衣钵，随即南下，至广州光孝寺，见众僧争论风吹幡动的问题，一说风动，一说幡动，慧能认为是心动，被众僧礼拜为师，往曹溪宝林寺（今广东省韶关市南华寺）传法，是为禅宗六祖，佛教所称"曹溪门"即指此。据传慧能在南下以后，曾在今广东省四会市隐藏多年，其地今有六祖慧能寺。慧能在南方传法，主张"顿悟"，即为"南禅"；神秀先在荆州，后往长安，主张"渐悟"，即为"北禅"。其后，北禅衰落，南禅兴盛，成为禅宗主流，后来又分成"五家七宗"，即临济宗、曹洞宗、沩仰宗、云门宗、法眼宗等五家，加上由临济宗分出的黄龙派和杨岐派，合称为七宗，流传非常广泛。

宋元以后，佛教各宗相承发展，尤以南禅影响最大。到了清代，统治阶级为了笼络西藏、蒙古等地少数民族的贵族阶层，安定边疆，转而重视喇嘛教，喇嘛教因而在内地有了很大的发展。

（三）喇嘛教源流与达赖、班禅

"喇嘛教"就是西藏地区流传的佛教，因此称为"藏传佛教"。"喇嘛"是藏语译音，意思是"上师"，是藏族人民对有地位、有学问的和尚的尊称。印度佛教很早就传入西藏，但因那时的西藏还没有文字，所以传播很慢，势力很小，当地所流行的宗教是带有原始性质的"苯教"。到7世纪，吐蕃赞普松赞干布由于受尼泊尔赤尊公主和唐朝文成公主的双重影响，开始信仰佛教，并创立文字，译经建寺，佛教逐渐发展起来，最终取得了统治地位，这前后大约经历了200余年。这是藏传佛教的"前弘期"。到838年，朗玛达继任为赞普，他代表仇视佛教的苯教势力，下令灭佛，强迫僧人还俗，把佛经佛像烧毁或投入河中，甚至把寺庙改作牛圈，西藏佛教遭到毁灭性的打击，其间中断达100余年。

到970年左右，佛教又在统治阶级上层人物的活动和努力下再度复兴起来。为了争取更多的信徒，这时的佛教较为注意吸收西藏地区的民族特点，特别在宗教仪式和神祇方面吸收了苯教的不少东西。由于修行方式、传承体系各不相同，到11世纪中叶已形成四大宗派：宁玛派、噶当派、噶举派、萨迦派。15世纪初,又创立了格鲁派。在元朝和清朝政府的支持下,萨迦派和格鲁派先后执掌西藏政教大权。这被称为藏传佛教的"后弘期"。

藏传佛教主要以印度传入的密教经典为主,吸收了苯教的某些仪式和神,形成了具有西藏特色的所谓"藏密"。各派都有严密的寺院组织和学经制度。后流传于青海、内蒙古地区以及蒙藏附近的国家。

宁玛派:在西藏地区出现较早,初时并无名称。因为该派的教法是前弘期传下来的,经典也以前弘期所译的密教经典为主,到后弘期其他教派产生以后,因其古旧而称其为"宁玛派"。"宁玛"即藏语"古旧"之意。因该派僧人戴红帽子,又称"红教"。经典传承分为三系,方式各不相同,其中有的以父子承袭或转世形式相传。

噶当派:"噶当"意为"佛语都是训诫",该派主张用佛的教诲来指导凡人接受佛理。1056年逐渐形成一派。该派重视戒律,强调实修,注重宣扬因果报应、流转轮回和超脱生死。15世纪格鲁派形成后并入格鲁派。

噶举派:"噶举"意为"口授传承",即金刚持佛亲口传授密咒教义。因该派僧人穿白色僧衣,又称"白教"。该派以苦行为特色,支派甚多。其中的噶玛噶举派在藏传佛教中最早采用"活佛转世"制度。

萨迦派:始于宋代,兴于元代,因主寺为萨迦寺而得名,又因寺墙上涂有红、白、黑三种颜色的花条,而称为"花教"。该派由西藏著名的昆氏家族创立,一开始即决定宗教法位由家族传承,因此不禁止娶妻,但生子后不再接近女人。第五祖即罗追坚赞,又称"八思巴",被忽必烈封为"帝师",掌管佛教事务,为西藏政教合一之始。该派在元代极受尊崇,元末衰落,只保有萨迦地区的势力。

格鲁派:西藏地区最晚形成的一个教派,也是迄今为止势力最大的一派。因该派僧人穿戴黄色衣帽,又称"黄教"。创始人为青海藏族僧人宗喀巴。15世纪初,宗喀巴痛感藏传佛教戒律松弛,僧人生活放荡,决心改革宗教。他以噶当派的教义为主,对各派教义兼收并蓄,形成了系统、完整的教义教法体系，要求僧人严守戒律，终身不娶，并整顿寺院组织，严格寺院制度，广授门徒，创立法会，佛教为之一振，该派被称为"格鲁派"。"格鲁"，意为"善规、善律"。宗喀巴死后，弟子纷纷建寺传法，今青藏地区有黄教六大寺——色拉寺、哲蚌寺、甘丹寺（以上在拉萨市）、扎什伦布寺（在日喀则市）、拉卜楞寺（在甘肃省夏河县）、塔尔寺（在青海省湟中县）。

明嘉靖二十一年（1542年），该派采用活佛转世制度解决法位传承问题，即活佛去世前指定从某一方向寻找一个他去世时降生的男孩为其来世真身。后因同时出生的男孩不止一个，清乾隆时改为"活佛转世金瓶掣签制度"，凡达赖、班禅及大活佛的法位继承人，都以此法最后决定。

"达赖"和"班禅"是黄教两大活佛转世系统的称号。达赖的称号始于三世达赖喇嘛索南嘉措，前两世都是后来追认的。明嘉靖二十五年（1546年）索南嘉措作为前世黄教首领根敦嘉措的转世灵童被迎进拉萨哲蚌寺，年仅3岁。他非常聪明，12岁便能宣讲佛经，从而在西藏获得很高声望。明万历五年（1577年），他应蒙古族土默特部首领俺答汗的邀请，前往蒙古地区传法。次年，俺答汗为了感谢他教化众生的恩德，尊他为"圣识一切瓦齐尔达赖喇嘛"，达赖喇嘛的称号从此开始。"圣识一切"是汉语，是说对佛学无所不知；"瓦齐尔"是梵文音译，意为金刚菩萨，有坚不可摧之意；"达赖"是蒙古语音译，意思是大海；"喇嘛"是藏语音译，意为上师。合起来的意思就是"对佛学无所不知的、坚不可摧的、像大海一样的伟大的和尚"。索南嘉措虽然被尊为达赖喇嘛，但并没有经过中央政府的正式册封。一直到清顺治九年（1652年），五世达赖阿旺罗桑嘉措入京觐见皇帝，朝廷为他兴建黄寺，并正式册封他为"西天大善自在佛所领天下释教普通瓦赤喇怛喇达赖喇嘛"。此后历代达赖喇嘛都要经过中央册封，才算合法。

班禅的称号比达赖略晚。清顺治二年（1645年），领兵在藏的蒙古族和硕特部首领固始汗，为了削弱和分散达赖五世的政教权力，尊扎什伦布寺的寺主罗桑确吉坚赞为"班禅博克多"，这是班禅称号的正式开始。从此扎什伦布寺也采取活佛转世制度以解决传承问题。事实上，罗桑确吉坚赞算是四世班禅，前三世为追认。清康熙五十二年（1713年），清政府正式册封五世班禅为"班禅额尔德尼"，规定其转世同达赖一样，须经中央政府批准。"班"是梵语"班弟达"的简称，意为学问高深的学者；"禅"是藏语"大"的译音；"额尔德尼"为满语音译，意为"珍宝"。全称的含义是"学问高深、如同珍宝一样的大学者"。

（四）反佛思想和灭佛斗争

佛教的基本思想是否认客观物质世界的实体存在，否认人对主客观世界的改造能力；在变化纷繁的现实和充满矛盾的人生面前，人只能采取消极躲避的办法，尽力求得精神上的解脱。其基本教义是把现实的人生断为"无常""无我"和"八苦"。"无常"是说人生变化无常，人无法主宰人生；"无我"是说世间万物都没有独立的实体，连人的本身也是各种感觉和精神的暂时聚合。这两点是佛教思想的基本出发点。"八苦"是说人生有八种痛苦：生苦（出生时的痛苦）、老苦（老年时的痛苦）、病苦（生病时的痛苦）、死苦（死亡时的痛苦）、怨憎会苦（与不喜欢的人和事相遇的痛苦）、爱别离苦（与喜爱的人和事分割时的痛苦）、求不得苦（有所欲求而得不到的痛苦）、忧悲恼苦（忧愁、悲伤、恼怒等一切心理感受方面的痛苦）。造成这种种痛苦的原因，既不在神灵，也不在社会环境，而是人自身的"惑"（贪婪和痴迷）和"业"（行为及意识活动）。"惑""业"为因，造成生死不息之果，根据善恶行为，轮回报应。为此，就要念经、修行、持戒，彻底转变自己的世俗欲望和认识，超出生死轮回的范围，达到转变的最高目的，这就叫"涅槃"或"解脱"。为达此目的，佛教为信徒们拟定了一系列必须明白的道理、必须掌握的修行方法和严守的许多戒律。

若从基本理论和主张来看，佛教有"小乘佛教"和"大乘佛教"之分。所谓小乘佛教是指初始的、传统的教派，大乘佛教则指后起的、变化了的教派。大约在公元前2世纪到1世纪，一些要求改革的信徒组成所谓"菩萨众"，他们指斥传统的佛教只讲自我解脱，不讲普度众生，犹如一叶只能运载少数人的小船,故贬之为"小乘"。他们认为自己是能把一切众生救出苦海运往幸福彼岸的"大乘"。"大乘"认为,过去、现在、未来以及十方世界有无数个佛,释迦牟尼只是其中之一。无论是谁,只要行慈济世,普度众生,并按照佛教戒律来不断地净化自己,就可以到达净土佛国,就可以解脱成佛,所以"大乘"强调"慈悲一切众生,力主以功德回报他人"。后来,"小乘"佛教流行于东南亚各国,称为"南传佛教";"大乘"佛教流行于中国、朝鲜和日本等,称为"北传佛教"。

佛教既然是一种外来宗教,因此,在它传入中国以后,就不能不在思想上和理论上同中国本土儒学发生对抗,也不能不同中国本土的道教发生对抗;同时,由于它的唯心主义的哲学体系,也不能不同中国早已存在的唯物主义和无神论发生对抗。另一方面,统治阶级(主要是封建帝王)也从本人的信仰或统治利益出发,同佛教势力发生对抗。这样,就在中国历史上形成了错综复杂、时断时续的反佛斗争,发生了四次大的灭佛事件。

比较早的反佛思想家是南北朝时的范缜。这时,由于佛教的迅速传播,其在哲学思想上与儒学产生激烈争论。在南朝,争论的焦点集中在两个问题上:神灭与神不灭;后世有无报应。可以说,儒学主张形神俱灭,后世无报应;而佛教却宣扬神不灭,主张三世因果报应。范缜是这一时期儒学阵营的代表。他从无神论的立场出发,写了《神灭论》来系统批判佛教妄说。史载他同梁武帝萧衍、宰相萧子良等佛教信奉者多次激烈辩论,击败了僧侣们的集体围攻,说他"辩摧群口,日服千人"。这不但是因为他能言善辩,还因为他言以据实。有一次,萧子良召集僧侣跟他辩论因果报应,萧子良问他,如果不信因果,怎么会有富贵贫贱之分呢?范缜说,人生在世,就像树上的花,一阵风吹来,有的落在坛席之上,有的落入粪坑之中,这里有什么因果报应呢?萧子良辩不过他,只好用高官来收买他放弃反佛。

到了隋唐,佛教更盛,对社会经济和人民生活造成的危害也更大、更明显。一些有识之士或从维护儒学的传统出发,或从维护封建政权的稳固出发,纷纷起来反佛。如唐朝的傅奕曾任太史令,数次上书要求铲除佛教。他认为,佛教"不忠不孝,削发而揖君亲;游手游食,易服以逃租税……布施一钱,希万倍之报;持斋一日,冀百日之粮"。他还把魏晋以来的反佛人士编为一本书,叫《高士传》,以教育世人,可惜后来失传了。

　　狄仁杰也是唐代著名的反佛人士之一。他曾任武则天的宰相,是一位很有见识的政治家。武则天崇佛极盛,又借佛登基,曾出巨资在洛阳龙门营造佛像。为此,狄仁杰上书切谏:"今之伽蓝,制过宫阙,穷奢极壮,画缋尽工。……工不使鬼,止在役人;物不天来,终须地出,不损百姓,将何以求?"(《旧唐书卷八九·狄仁杰列传》)指出佛教消耗社会财富给封建政权造成的巨大威胁。唐中宗时又有辛替否强烈反佛,他指出,佛教"掘地穿池,损命也;殚府虚帑,损人也;广殿长廊,荣身也。损命则不慈悲,损人则不济物,荣身则不清净,岂大圣大神之心乎?"他的基本观点跟狄仁杰相似,认为佛教有害于政教。虽然他们的意见并没有被采纳,但是所指出的现象无疑是不可否认的。

　　中唐时的反佛代表人物是韩愈。他是站在维护儒家传统的立场上反佛的。他认为,佛教的流行毁坏了儒家的"道",佛教徒出家修行破坏了儒家的"仁",主张烧毁佛经,没收寺院,驱散僧徒,施以儒家的再教育。元和十四年(819年)唐宪宗派人以盛大礼仪从凤翔(今陕西省扶风县)法门寺把佛骨(1987年已从法门寺塔基地宫内出土)迎入宫内供奉,韩愈上《谏迎佛骨表》,系统表达了他的反佛思想,要求把佛骨佛像,付之水火,永绝根本。为此,触怒了唐宪宗,差一点丢了脑袋,被贬为潮州刺史。在唐代,达官贵人和名僧交往是一种时尚,很多诗人都写诗给和尚(尊称为"上人")表示敬慕,唯独韩愈不为。他也有四首诗是写给和尚的,但都谴责佛教的虚妄。如《赠译经僧》云:"万里休言道路赊,有谁教汝度流沙?只今中国方多事,不用无端更乱华!"这说明,韩愈有一种与佛教势不两立的精神。

　　但是,也应当看到,在反佛的同时,也有另一种势力,我们给它起一个名字叫"融佛",就是力主儒学与佛教、道教与佛教互相融合。这种思潮在魏晋时已很明显,认为佛的"五戒"和儒的"五常"可以调和一致,有的则主张三教合一。这些思想为后来的学者所继承和发挥,到宋代达到了高峰。如宋代的张商英认为,"群生失真迷性,弃本逐末者,病也;三教之语,以驱其惑者,药也。儒者,使之求为君子者,治皮肤之疾也;道书使之日损,损之又损者,治血脉之疾也;释氏直指本根,不存枝叶者,治骨髓之疾也",三教相通,可治根本。佛教自身为了在中国的生存与发展,也极力适应中国人的需要和传统,如宣扬释迦牟尼如何"尽孝";允许带发修行,不拘戒律,谓之"居士";宣扬佛法自有,只在心中,如禅宗所主张的那样。到宋代理学产生和佛教禅宗流行以后,可以说佛教中国化的过程就基本上结束了,因此宋代以后的反佛思想就很微弱了。

历史上的灭佛事件主要有四次,叫"三武一宗之厄",即北魏太武帝拓跋焘、北周武帝宇文邕、唐武宗李炎、周世宗柴荣四次灭佛。这四次灭佛的直接原因并不相同,但却是中外文化冲突的一种反映,也是三教对立、斗争的一种表现。魏太武帝灭佛的主要原因,是想表明自己"亲汉不亲胡",表明北魏政权是继承了伏羲、神农和黄帝的正统,认为佛教是"历代之伪物","为世费害",在司徒崔浩(代表儒家)、道士寇谦之(代表道教)等人的鼓动下,于太平真君七年(446年)下诏灭佛,声称要"除伪定真,获羲农之治",诏令各地将佛像经卷击坏焚毁,把所有和尚统统活埋。可是,他的太子是一个虔诚的佛教徒,在他下诏以前已暗通消息,让僧尼逃匿,佛像经卷也都密藏。等太武帝一死,佛教立刻得到复兴。北周武帝灭佛也有类似的原因,他认为"佛生西域,我非王胡",没有必要对他敬奉,更重要的原因是佛寺占用土地、僧人不能参军,大大削弱了国家的财力与军力。他曾七次召集百官及僧人、道士辩论三教先后,确定儒学为尊。建德三年(574年),下诏禁佛、道二教。这两人的不同点在于,魏太武帝崇道,灭佛时得到了道教的帮助,确立了道教的地位;周武帝则崇儒,灭佛时连同道教、淫祀一同禁绝。唐代在"安史之乱"以后,政治腐败,藩镇割据,经济状况日渐衰退,社会矛盾更加尖锐,人民的苦难益发深重。佛教在这种情况下获得进一步发展。寺院扩大,僧尼增多,既影响了国家的税收,又影响了国家的兵役,国家政权与佛教间的矛盾进一步尖锐化。唐武宗和周世宗灭佛主要出于这个原因。唐会昌五年（845年），武宗在废佛敕书里说："洎于九州山原，两京城阙，僧徒日广，佛寺日崇。劳人力于土木之功，夺人利于金宝之饰，……且一夫不田，有受其饥者；一妇不蚕，有受其寒者。今天下僧尼不可胜数，皆待农而食，待蚕而衣。"（《旧唐书卷一八·武宗本纪》）只此一次，毁坏寺院4,600余所，还俗僧尼26万余人，没收良田数千万顷。后周显德二年（955年），一次灭佛毁寺3,336所，以所毁铜佛铸钱。然而，佛教在那时的中国自有其生存和发展的条件，佛教本身也采取了许多保护自己的办法，因此四次灭佛都是伤其外而不伤其内，毁其末而不毁其本。特别是后两次灭佛，只是并省佛寺而非尽灭，所以每次灭佛之后，过不了多久它又照旧兴盛起来。以魏太武帝那次灭佛为例，鼓动他灭佛的崔浩，在下诏灭佛之后的第四年因触怒太武帝被灭族，受株连而被杀的有百余人。之后，太子也被杀。不久，太武帝本人也被宦官杀死于宫中。这前前后后的杀戮事件，反而使人们相信这是太武帝灭佛的报应，于是新登基的文成帝立即下诏复兴佛教，至此北魏佛教迅猛发展。大同云冈石窟就是在这一背景下开始营建起来的，而《洛阳伽蓝记》里也反映了北魏佛教达到了全盛。

（五）佛教与中国文化

佛教在中国的流传，影响了人们的思想，消耗了社会的财富，起了消极的作用，这是为历史所证明了的事实。但是也必须看到，佛教也有它相对积极的一面，它的流传深刻影响了中国文化。它的哲学思想和艺术形式与中国的传统文化相结合，形成了有别于印度佛教文化的中国佛教文化，进一步丰富了中国文化的内容和形式，这也是人所共知的历史事实。我们今天的任务，就是研究、总结和保护已有的佛教文化，尽力抑制它的消极作用，使它的存在能最大限度地跟社会主义物质文明和精神文明的建设相协调。

1. 佛教与中国哲学史。中国哲学史从它产生以后就是唯物主义和唯心主义、无神论和有神论相互斗争的历史。但从佛教传入中国之后，这两种认识论和思想体系的斗争就形成了错综复杂的局面。佛教哲学的基本点是否认客观现实世界的存在而设想出一个与现实世界相对立的"西方极乐世界"。佛教各派都从不同角度、用不同证据来论证客观世界的虚幻性，同时又千方百计地论证主观精神世界的绝对性，因此佛教哲学属于唯心主义的思想体系。只不过禅宗所主张的"佛向性中作，莫向身外求"，是进一步否定了佛教所设想的"西方极乐世界"，只承认主观精神世界的绝对存在罢了。这样，禅宗就把佛教哲学的客观唯心主义转化为主观唯心主义。在这个过程中，儒、佛、道三家，互相排斥又互相影响，互相斗争又互相吸收，在唯心主义的思想体系中结为一体。宋代以来的唯心主义思想几乎都从佛教哲学中吸取营养。二程、朱熹的程朱理学借用了华严宗的某些命题，陆九渊和王守仁的陆王心学则吸收了禅宗的某些思想。而无神论和唯物主义思想也是在批判佛教哲学的斗争中不断成长和发展起来的，到明清之际的王夫之发展到较高的水平。我们说汉唐以后的中国哲学史，根本就离不开佛教思想史，它是中国哲学史的重要组成部分之一。

2. 佛教与中国文学。佛教对中国文学的影响是显而易见的。以题材而论，历代描写佛教的诗文不计其数。从全唐诗来看，共收唐诗约五万首，其中与佛教有关的诗占了近十分之一。首先，这些诗赞美佛寺风光，歌颂僧俗友谊，有不少写得相当精彩和生动。唐宋以来，名僧的社会地位很高，文人纷纷为他们树碑立传，留下许多渗透佛理的散文。其次，以艺术风格而论，由于佛教追求自我解脱，主张离尘出世，至禅宗而宣扬心中求佛，使文学界形成一种清淡悠远的艺术流派。他们在美学上追求"韵外之致""言外之意"。唐代诗人王维、韦应物奉佛最盛，这种风格也体现得最为显著。即使是其他流派的作家，其世界观和创作实践也都不同程度地受到佛教思想的影响，如唐代白居易、宋代苏轼等。再次，以诗歌理论而言，唐宋以后，主张"以禅论诗"，讲究诗歌创作要"物象超然""意境空蒙"，认为"说禅作诗，本无差别"。宋代张汝勤甚至在诗中说："学诗如学禅，所贵在观妙。肺肝剧雕镂，乃自凿其窍。冥心游象外，何物可供眺。空山散云雾，仰避日初照。旷观宇宙间，璀璨同辉曜。但以此理参，而自诗料理。持以问观空，无言但一笑。"（《戏徐观空》）类似的主张，非止一端。最后，以创作队伍而论，在中国文学史上出现了不少和尚诗人，史书上称作"诗僧"。著名的如唐代诗僧寒山、皎然、齐己、贯休，都有诗集留传后世。宋代重显、文莹、祖可、惠洪，及至清代八指头陀，近代苏曼殊等，都在中国文学史上占有一定的地位。

3. 佛教与艺术。尤其是绘画和雕塑更能显示出佛教的影响。佛教传入中国，印度以及西域的石窟艺术也跟着传入。人们知道，古印度的佛教艺术主要就是石窟壁画和雕塑，以犍陀罗（今巴基斯坦白沙瓦一带）和阿旃陀（在今印度德干高原）的石窟艺术为代表，均为公元前3世纪到前1世纪的作品。前者以雕塑著称，后者以壁画闻名。中国的石窟艺术正是它们的继承和发展。其影响的路线，就是我们常说的"丝绸之路"。新疆境内现存的石窟艺术，如拜城县克孜尔千佛洞、库车县森木塞姆千佛洞等，不但开凿年代早于中原，其艺术风格也接近犍陀罗。但中原地区的石窟雕塑，则逐渐吸收和融合中国艺术的风格，造像也模拟中国人的形象，当然也保留了印度雕塑艺术的某些特点。如各大寺庙中的十八罗汉和五百罗汉像，既有中国人的形象，又有印度人的形象。至于壁画，自佛教传入以后，以佛教为内容的宗教壁画大大发达起来，出现了像吴道子等著名的宗教画家。在表现手法上，释迦牟尼在印度的修行生活，加入了中国传统的亭台楼阁，使中国人在感觉上更为接近和亲切。

4. 佛教与中国语言。佛教的流传，使佛语、佛典、佛偈大量渗入社会生活，并失去了佛教含义而具有了社会含义，成为人们常用的成语、俗语、谚语和惯用语。如"一尘不染"，佛家把色、声、香、味、触、法叫作"六尘"，如果在修行时能摈除一切杂念，佛语就叫"一尘不染"，变为社会语言以后，是非常干净的意思。又如"五体投地"，是拜佛的姿势，指双膝、双肘和头颅都着地。又如"当头一棒"，现义是警告，其来源是佛教禅宗支派临济宗（在今河北省正定县）的一种拜师方式。这一派的创始人义玄在拜师时向师傅请教佛理，三问三被打，于是人为醒悟，以后相沿成法，对初习禅法者，常常给当头一棒或大喝一声,要对方立即回答问题,以考验他对佛理的理解程度。此外,如"苦海无边,回头是岸""放下屠刀,立地成佛",还有"头头是道""心心相印""清规戒律""想入非非""现身说法""恍然大悟""火烧眉毛""菩萨心肠",等等,都来自佛经、佛语和佛教故事。至于从佛教生活衍化出来的语言就更多了,如"丈二和尚摸不着头脑""和尚打伞——无发(法)无天""无事不登三宝殿""跑得了和尚跑不了庙""庙小菩萨大""临时抱佛脚""不见真佛不烧香",等等。

(六)佛教文物和佛教胜迹

佛教主张离尘出世,因此寺庙建筑大多建在幽深的山林里,形成了"天下名山僧占多"的局面。千百年来,各阶层的人们,为了信佛、拜佛、敬佛和护佛的需要,花费大量的资财,人工建造了无数的石窟、佛像、佛塔和佛寺,留下许多有价值的佛教文物和佛教胜迹,有的甚至堪称世界奇迹。国内现存最多的文物古迹就是佛教的。概括起来有:

1. 佛教四大名山,即山西五台山(在山西省五台县)、四川峨眉山(在四川省峨眉山市)、安徽九华山(在安徽省青阳县)和浙江普陀山(在浙江省舟山市)。这四大名山是怎么形成的?中国佛教属于大乘佛教,而大乘佛教尊崇四大菩萨,即文殊、普贤、地藏、观音。所谓菩萨,是指能利众生、可于未来成佛的修行者,但佛教徒实际上把他们当佛来供养。大乘佛教认为,文殊菩萨有"大智",普贤菩萨有"大行",地藏菩萨有"大愿",观音菩萨有"大慈"。他们曾分别在中国境内的四个地方显灵说法,因此形成佛教四大名山。五台山相传是文殊菩萨显灵说法的道场,从东汉时开始在山中建寺,到南北朝时全山寺庙已达200余所,隋唐时增至360余所。宋以后大为缩减,元明以后,喇嘛教渗入,到清代尚有寺庙122所,现仍存49所。这些寺庙规模大小各不相同,但都有专供文殊菩萨的"文殊殿"。山中最高的文殊骑狮像达9米。原太平兴国寺传为杨五郎出家之地,菩萨顶则是康熙和乾隆皇帝朝山拜佛时的住所,也是清初五台山大喇嘛(传为康熙皇帝的私生子)

的居处。峨眉山相传是普贤菩萨显灵说法的道场，历代修建的寺庙达 100 余所，现只存 10 余处。山中有普贤骑象铜像，高 7.3 米，重 62,000 斤，是宋代遗物。九华山佛国的形成与朝鲜人有关。据载，新罗国王族金乔觉早年入华留学，心与佛理甚合，遂于唐高宗时来华再度，入九子山（即今九华山）修行，活到 99 岁坐化，死后尸体不腐，相貌与地藏菩萨一样，人们以为地藏显灵，把他的尸体藏在塔中供奉。此后，九华山的佛寺日益增多，最多时达 200 余所。山中"肉身宝殿"供奉的就是金乔觉的尸体。普陀山的兴起与日本人有关。据传，五代后梁时，有日本僧人惠萼入五台山朝圣，得观音像一尊由南方乘船回国，途经梅岑山（即今普陀山）附近，恰遇大风掀起海浪，海中万物纷呈，船不敢前行，惠萼以为观音显灵不肯离去，遂下船上岸，在岛上建"不肯去观音院"一所，因佛经中说观音菩萨住"普陀洛迦"，梅岑山从此改为普陀山。从宋代开始大兴土木，到清末普陀山已有三大寺、八十八庵和其他小寺庙，寺内都供观音像，最高的有 8.8 米。

2. 佛教四大禅林，或称"天下四大名刹"，指山东省济南市长清区灵岩寺、浙江省天台县国清寺、湖北省当阳市玉泉寺和江苏省南京市栖霞寺。所谓"禅林"，原指僧人的陵地，后来借指规模巨大的寺院。这四大禅林都是隋唐时代形成的，反映了当时佛教的鼎盛情况，到宋元明清都保持了较大的规模。如玉泉寺在宋代占地方圆十里，有九大楼、十八大殿、三千七百余间僧舍。灵岩寺最盛时也有殿阁四十余处，禅房五百多间，僧侣五百余人。

3. 三大石窟艺术，指云冈、敦煌、龙门三处规模最大的石窟。如果加上麦积山石窟，那就是四大石窟。山

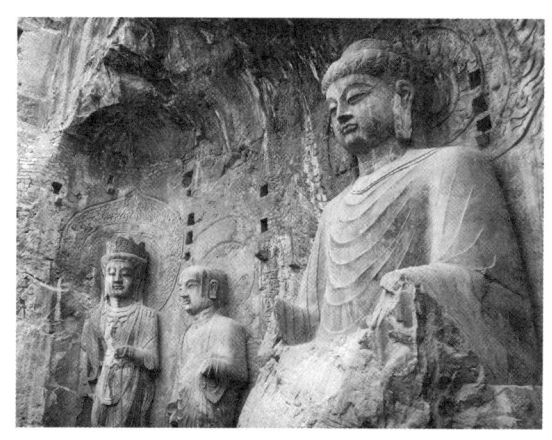

龙门石窟

西省大同云冈石窟始于北魏和平元年（460年），现存主要洞窟53个，造像5万余尊。它的特点是造像雄伟，大佛很多，一般大佛均在13米以上，最大的一尊是第5窟中央的坐佛，高达17米。河南省洛阳市龙门石窟始于北魏太和十八年（494年），其特点是大佛较少，古人题记、碑刻及洞壁浮雕丰富多彩。现存窟龛2,100多个，大小造像10万余尊。甘肃省敦煌石窟约始凿于前秦建元二年（366年），是一个由建筑、绘画、雕塑组成的综合性艺术宝库。壁画面积达45,000余平方米，画面如按两米高排列，可构成长达25公里的画廊。1900年（一说1899年），在莫高窟第17窟发现了藏经洞，内藏从4世纪到10世纪的各种珍贵文书、文物五六万件，是研究中国文化极宝贵的资料。可惜，三分之二以上的敦煌遗书被外国人掠夺。洞内的这些历史文物和艺术珍品引起国内外学者的极大兴趣，由此而形成了享誉世界的"敦煌学"。

4.十大坐佛，这里指单独营造的石刻大佛，位于石窟中的不计在内，这类大佛多依山而凿。全国20米以上的大型坐佛已知有十个：（1）乐山大佛，在四川省乐山市，高71米，为中国第一大佛，脚面长达19.92米，上可坐百余人，唐代开凿，历时90年。（2）太原西山大佛，在山西省太原市西，高约63米，环列126根石柱刻《华严经》，北齐天保二年（551年）开凿，历时25年，是中国开凿最早的大佛。只是后来草木生长，毁坏严重，湮没不闻。现已经过修复，重新刻制了佛头。（3）甘谷大佛，在甘肃省甘谷县，高38米，唐宋时开凿。（4）屏山大佛，在四川省屏山县，高37米，建造年代不详。（5）荣县大佛，在四川省荣县，高36.67米，宋代开凿。（6）浚县大佛，在河南省浚县，高27米，南北朝开凿。（7）潼南大佛，在重庆市潼南区，高27米，宋末开凿。（8）彬县大佛，在陕西省彬县，高24米，南北朝时开凿，现有佛殿保护，人们只能远看佛头，近看佛脚。（9）石门大佛，在重庆市江津区，高23米，明代开凿。（10）资阳大佛，在四川省资阳市，高21米，唐宋时开凿。十大坐佛，川渝占其六。

5.四大卧佛，多为岩石开凿，也有木胎泥塑。一在重庆市潼南区马龙山，全长54米,其中露相36米,隐相18米,约1930年前后开凿。二在甘肃省张掖市,长34.5米,木胎泥塑,为西夏时(1098年)的作品,现有大殿保护。三在重庆市大足区,长31米,岩石雕刻,宋代作品。四在四川省的安岳县,长23米,也是岩石雕刻,营造较晚,大约是民国时所造。

6. 两大木佛,一般取站立姿势。一是河北省承德市普宁寺大佛,高22.23米,是一尊千眼千手观音像,用松、柏、榆、杉、椴五种木材雕成,是我国最大的一尊木雕佛像。二是北京市雍和宫大佛,高18米(地下还有8米),为弥勒佛站像,用整块白檀香木雕成。该佛由七世达赖从尼泊尔购来木料,经三年时间运到北京,乾隆皇帝花八万两白银雕成。

7. 两大铜佛,一是西藏日喀则市扎什伦布寺未来佛,全高26.2米,座高3.8米,净高22.4米,肩头宽阔,可放一辆解放牌汽车,1914年到1916年铸造,耗铜23万斤,是我国最大的一尊铜佛。二是河北正定县隆兴寺铜菩萨像,为千眼千手观音菩萨,全高22米,底座为石造,高2米,宋开宝四年(971年)铸造,是现存最大的铜铸大佛之一。"沧州狮子景州塔,正定城里的铜菩萨",该佛像为河北三大古迹之一,可见其珍贵。

8. 一部金版《大藏经》。所谓《大藏经》,是以佛教经典为主,也包括了印度、中国等佛教著述在内的大型丛书。它是佛教发展的成果,也是佛教思想和佛教史的集中体现,因而是佛教文化的代表之一。我国从宋开宝四年开始刻印《大藏经》,因最早在四川成都刻成,因此又叫蜀版《大藏经》,后来传入日本和朝鲜,以后陆续翻刻,出现了藏文、蒙文、日文、西夏文《大藏经》。但现存最早、最完整的版本是金代在山西解州(今属运城市)雕印的《大藏经》,刻印于金皇统八年(1148年)到大定十三年(1173年),共收佛典六千九百余部,后藏于山西赵城(今属洪洞县)广胜寺,称为"赵城金藏",为全世界孤本。其发现于1933年,新中国建立后,入藏北京图书馆(今国家图书馆)。

9. 一处石经山。这又是一处国宝,在北京市房山区云居寺,以石刻佛经闻名于世,故名"石经山"。据史书记载,石刻佛经始于隋代静琬和尚。静琬从北魏灭佛事件中得到教训，发誓以石刻经，永久存藏，即在今房山云居寺附近凿石为洞，四壁刻经，又取石块刻写，藏于洞内。当时的隋炀帝及诸大臣都给予财力支持。到了唐代，静琬继续刻经，死后由其弟子继承，唐末五代，一度中断，辽金时又转盛，直到清康熙时才告结束，历时达千年之久，刻经达 1,000 余部，经版 15,000 余块，分藏于 9 个山洞和一些地穴内。除少量损坏外，大都保存完好，是中国佛教史上最宝贵的文化遗产之一。

10. 一枚佛指灵骨。1987 年 5 月发现于陕西省扶风县法门寺塔基地宫内，这是迄今世界佛教史上最重要的发现之一。所谓佛指灵骨，是指释迦牟尼的真身遗骨。据佛教传说，释迦牟尼死后，笃信佛教的阿育王把佛的遗骨分为 84,000 块，葬于世界各地 84,000 处，因而建佛塔 84,000 座。据说法门寺塔内即葬佛指一节。唐代帝王曾多次从寺内迎佛骨进宫内供奉，韩愈为此向唐宪宗呈交了《谏迎佛骨表》。明代帝王后妃也曾到寺内进香，因而产生了一个戏曲剧目《法门寺》。据县志记载，明万历年间曾在修塔时打开过地宫，发现有佛骨。但真情如何，一直是个谜。1981 年原塔塌毁，决定重建。1987 年在清理塔基时发现地宫，共取出四枚佛骨，其中一枚置于四重宝函和棺椁内，外刻"奉为皇帝敬造释迦牟尼真身宝函"字样，证明这一枚为真身灵骨，其余三枚为影身（即复制品），同时出土大批唐代金银器和丝织品，均属唐代宫廷用物，证明唐代帝王奉迎佛骨的事件不假。

三、道教

（一）道教的产生与基本信仰

道教是在中国本土上产生的宗教。它正式形成的时间晚于佛教，但它的渊源却很早。大体说来，有以下几个方面：一是原始宗教和巫术。在远古社会，人们对自然万物的变化和人的生老病死等现象不能理解，认为有一

道教神仙

种超自然力（即神力）在起支配作用，因而产生了对自然物和祖先的崇拜，于是采取祭祀和祈祷的办法，来求得鬼神的保佑，这就是"巫术"。从事这种巫术活动的人就叫"巫人"。那时的人认为，巫人可以沟通人与鬼神的关系，依仗巫术可以使人祈福禳灾。这种巫术，被道教继承和吸收。二是春秋战国时代产生的"方术"。这是鼓吹长生不老，借助炼丹采药企图成仙的一种奇术，又叫"仙术"。那些通奇术、好神仙的人就叫"方士"。春秋战国以后，方术非常盛行，秦始皇、汉武帝都曾迷信方士，派人寻找海上仙山，祈求长生不老。这种方术及其神仙信仰成为道教的一个重要来源。三是阴阳五行学说。战国时邹衍的阴阳五行思想在秦汉之际已广为流行，无论是道家、儒家还是方士们都受其影响。这在《礼记》《吕氏春秋》及后来的道教经典里都有体现，以至成为道教内外丹学的重要理论根据。四是黄老学说，即道教把传说中的黄帝和春秋时的老子当作道教的创始人，认为黄帝和老子都主张以清净之术治天下，而且道家所崇尚的"道"具有神秘化的倾向，道家所宣扬的养生理论，也包含了长生的思想，这些思想资料都被道教所吸收。加上后来对黄帝和老子不断地神秘化和宗教化，到东汉时已出现了奉黄帝和老子为教主的"黄老道"，这就是道教的前身。

那么，道教正式产生是在什么时候呢？大体在东汉中叶。具体有两种看法：一种认为，汉顺帝时有一个名叫于吉的琅邪人，自称得神书170卷，名《太平清领书》（即《太平经》），由他的门徒献给皇帝，书中内容庞杂，以顺应阴阳五行为宗旨，广述治世之道、伦理之则，以及长寿成仙、治病养生、通神占验之术，以此为道教之始。另一种认为，与于吉差不多同时的张陵（又称张道陵）首创道教。张陵本在汉明帝时任巴郡江州（今重庆市）令，后隐于鹄鸣山（在今四川省大邑县），自作道书24篇，奉老子为教主，创立了一种宗教，教人悔过奉道，用符水咒法给人治病，很快拥有一批信徒，凡是入道的人都要交五斗米，因此叫作"五斗米道"。张陵后来被道徒尊为"天师"，因而又叫"天师道"。到东汉末年，有河北张角、张宝、张梁三兄弟，奉《太平经》为经典，以老子为教主，创立"太平道"，也用符水咒法给人治病，广收道徒，发动了黄巾起义。这就是道教的早期派别。

  道教的基本信仰是所谓的"道"，也称"大道"。这是从道家那里借来的一个概念。因此，与老子所讲的"道"既有联系又有区别。道教认为，道是"虚无之系，造化之极，神明之本，天地之元"，"万象以之生，五行以之成"，即宇宙、阴阳、万物都是由它化成的。也就是说，"道"是宇宙的本体，是天地万物的母体。它无所不在，无所不生，无所不化，无所不管，是一个包容一切又生成一切的抽象无比的创世物。同时，道教还认为，"道"清虚自然，无为自化，人们只有清静无为，恬淡寡欲，才能体"道"，认为老子就是"道"的化身。道教认为，"道"始于天生，"道"生元气，由元始妙一之气化生出"玉清境清微天，上清境余禹天，太清境大赤天"。这就是道教所说的"一气化三清"。道教所尊崇的三个最高神就分别住在三清天，如"元始天尊"住玉清境清微天，是道教开天辟地之神，地位最尊；"灵宝天尊"住上清境余禹天，辅佐元始天尊，位居第二；"道德天尊"（即太上老君）住太清境大赤天，位居第三。他们分别把天上的道经秘籍传授给人们，故道教把道经总称为"三洞真经"。"三清"之下又有"四御"，是道教神籍中地位仅次于"三清"的四位天神，职责是辅佐"三清"，所以又称"四辅"：一是"昊天金阙至尊玉皇大帝"，总掌天界政权，对其他众神发号施令，相当于人间的皇帝。据说他是光严妙乐国的王子，舍弃王位，学道修真，历3,200个劫难，成为金仙，又经亿万个劫难，方成玉帝。但在中国民间诸神中，玉皇大帝是最高的天神，如《西游记》所描写的那样，他可指挥太上老君，这与道教神仙系统并不相同；二是"中天紫微北极大帝"，协助玉帝执掌日月星辰、四时气候；三是"勾陈上宫天皇大帝"，协助玉皇大帝执掌南北极、天地人三才及人间兵革之事；四是"承天效法土皇地祇"，是执掌阴阳生育、万物之美与大地山河的一位女神。此外，道教神仙谱系中还有掌管女仙的"王母娘娘"，掌管天书的"九天玄女"，掌管年、月、日、时的"四值功曹"，以及掌管天上众星的"三十六天罡""七十二地煞"，《水浒传》后来附会为108个梁山好汉。

道教的基本特点，就是它保留了较多的民间信仰和方术，其宗教理论和信仰素质，都与中国的传统文化、生活风俗密切适应；它保留了历史上的自然宗教因素，而且还夹带着不少迷信成分；它的宗教内容和修行活动包括了道家、神仙术和为人驱鬼治病等几个层次；它以长生成仙为信仰目标，以修身养性为现实利益，是一种既重视眼前利益，又有长远追求的宗教，很符合中国人的传统。

（二）道教的发展与宗派

道教产生以后，其发展速度比佛教要快得多。以张角创立的太平道为例，仅在170年至183年的十余年间，道徒达数十万，遍及当时的青州、徐州、幽州、冀州、荆州、豫州、扬州等地，以致发展成为规模巨大的农民起义。又以五斗米道为例，张陵的孙子张鲁，曾依靠众多道徒，攻取汉中，在汉中地区建立了政教合一的区域性政权达三十多年，后被曹操攻灭。曹操从黄巾起义和张鲁政权看到了道教的力量，在攻灭张鲁后，对道教采取了分化瓦解和限制利用的政策。道教之所以获得如此迅速的发展，并取得某种成功，其原因大致有三：一是道教所依据的哲学思想是中国本土产生的，从战国到东汉末年已流行了四五百年，产生了广泛的影响，确立了一定的民族根基。道教所信仰的神，都是从远古神话、民间传说及天文地理等诸家学说中演化而来的，为中国民众所熟悉。二是道教的传播手段与各阶层群众的切身利益直接相关。太平道也好，五斗米道也好，都施药治病，只要能治好一次病，就会取得人们的信任。三是入道成仙的口号有相当的诱惑力。一能不老，二能成仙，对于处在迷信和苦难中的人们无疑是一条好的出路。但是，道教的发展虽然快，却不比佛教后来的影响大，原因主要是中国古代一直灾难不断，广大民众长期处于水深火热之中。而流行中国的大乘佛教在传播中融合了儒家的仁善思想，主张"普度众生"，要将众生从重重苦难中解救出来。这对那些祈盼摆脱苦难的广大中国民众来说，具有很大的吸引力。而道教是从道家思想分化而来的，虽然通过治病消灾也吸引了许多信徒，但道教更注重修炼养生，主张得道成仙，更多局限于个人的修行层面，在修福向善等方面没有深入到更广阔的人群中去。

道教发展的重要阶段是魏晋南北朝时期。这是因为，一方面佛教的发展刺激了道教的发展，即道教必须在理论上和实践上发展自己的对抗能力，以减弱佛教的影响，抬高自己的地位；另一方面，封建帝王已从东汉末年的农民起义中领受到道教的力量，因而也利用道教来巩固自己的统治地位。在这种情况下，道教出了四个人物，他们对道教的发展贡献很大。一个叫葛洪（284—364或343年），今江苏省句容市人，号"抱朴子"，年轻时就喜欢神仙导引之术。他的叔祖父葛玄，是三国时著名的方士。葛洪跟着葛玄的弟子学道，也曾在朝中做小官。后来听说交趾（今越南北部和我国两广一带）产丹砂，请求到那里任勾漏令，经杭州到广州，后住罗浮山炼丹著书。所著《抱朴子》，分内外篇，共70卷，把神仙道教思想和儒家思想结合起来，系统地论述了"神仙方药，鬼怪变化，养生延年"的理论和方法，大大丰富和发展了道教理论。现存有关他的胜迹和传说极多。第二个是寇谦之（365—448年），北魏道士，今北京市昌平区人，18岁入河南嵩山修道。七年以后，自称太上老君授予他"天师"之位，命他清整道教，开始在道教界取得影响。又过八年，声称老子让他辅助北方的"太平真君"，深得北魏太武帝的信任。在他的鼓动下，太武帝消灭佛教，提倡道教，让他改革天师道。他的口号是"除去三张（张陵、张衡、张鲁）伪法"，制定了乐章颂诫新法，专以礼度为道，又加上服食闭炼等修炼手段，建立了服务于官方的"北天师道"。

第三个叫陆修静（406—477年），南朝宋道士，今浙江省湖州市人，早年出家修道，喜欢云游卖药，后入庐山，在刘宋王朝的全力支持下，"祖述三张，弘衍二葛（葛玄、葛洪）"，系统整理道教经典，编制各种斋戒仪范，使道教理论和组织形式更加完备，称为"南天师道"。今庐山简寂观就是陆修静当年的道场。第四个叫陶弘景（456—536年），陆修静的再传弟子，他在道教理论、医药、炼丹方面都有一定造诣。他在道教发展史上的贡献是搜罗道教所奉神仙七百余人，撰《真灵位业图》一书，分出神仙的等级、品位，构想出一个等级森严而又玄大细密的神仙谱系，使道教形成一个庞大的信仰系统。

唐宋时期是道教进一步兴盛和发展的阶段，道教理论不断深化，道教制度不断完善。封建统治者大都采取崇教政策，利用道教来巩固他们的统治。唐高宗封老子为李姓祖先，追封老子为"太上玄元皇帝"，令各州建观一所供奉。唐玄宗时又命令各家藏《老子》一本，规定《老子》为真经，其他道家著作如《庄子》等也被列为道教经典。道书的研究和写作日益成风，就刺激了道教理论的发展。到了宋代，由国家整理道藏，朝廷敕建宫观，宋徽宗更自称"教主道君皇帝"，下诏全国求仙访道，在太学里设置《道德经》博士，使道教获得更大发展。元明两代也十分尊崇道教，明世宗甚至自号"玄都境万寿帝君"，不理朝政，亲自斋醮，任命道士担任朝廷要职，使政教关系更为密切。明朝中叶以后，作为上层的官方道教逐渐失去它的势头，而民间的通俗道教仍然十分活跃。进入清代，由于统治者转而重视佛教，道教势力逐渐衰微。

大凡一种宗教，都要分成许多宗派。道教也不例外。因其产生的渊源不同，道教内部早分为两大派：丹鼎派和符箓派。"丹鼎派"由方术发展而来，以炼丹取药、祈求长生成仙为其特点。"符箓派"由巫术发展而来，以鬼神崇拜、画符念咒、驱鬼降妖、祈福禳灾为其特点。但这两派不过是就其宗教活动形式不同而做的一种区分，各自并无严密的组织系统。粗略讲来，远在南北朝时，道教已形成楼观派、茅山派、上清派、灵宝派等，与天师道一并流行。"楼观派"以起于楼观台（在今陕西省周至县）而得名，相传创于三国，盛于北魏，经历代流传，到元代并入全真道。这一派内外丹兼修，又以符召神驱鬼，为人治病。为了与佛教对抗，该派极力主张"老子化胡"说，认为老子出关教化胡人才形成佛教。"茅山派"因以茅山（在今江苏省句容市）为其修炼地而得名，主要以符咒降神驱鬼，也兼修炼丹术和导引术，到元代归入正一道。"上清派"由传授《上清经》得名，成于晋末，历代流行，元代归入正一道。这一派主张存思内修，不重视炼丹。"灵宝派"因传授《灵宝经》而得名，由葛玄、葛洪创立，甚重斋法仪规，南朝道士陆修静以此为主，改革道教，创立南天师道。南、北天师道在发展中逐渐合流，到元代形成比较统一的正一道。至此，正一道与金代创立的全真道，成为长期并行的两大教派。

正一道，是以天师道为主，融合上清、灵宝、茅山等派形成的一大教派，保留了符箓派的许多特点。该派以江西的龙虎山为传道基地，历代天师均为张陵后裔，唐宋以来，受到皇室尊崇。元大德八年（1304年）第三十八代天师张与材受封为"正一教主"，主领"三山（龙虎山、阁皂山、茅山）符"。这一派道士可以结婚，天师世袭，明代很盛。

全真道创于金代，其创始人为王重阳，号"重阳子"，本为金熙宗时的武举，因郁郁不得志，遁入空门，弃家修道，在终南山自筑坟墓居住，称"活死人墓"。他自称遇神人教授修炼秘诀和仙术，往山东地区传道，收马钰和孙不二夫妇以及谭处端、刘处玄、王处一、丘处机、郝大通等七人为徒，世称"七真"。这一派主张儒、道、佛三教合一，不重符，也不烧炼，专重养生修性，但道士必须出家。至元代丘处机掌管全国道教，全真道获得巨大发展。1219年，成吉思汗于西域雪山召请丘处机，丘带领弟子18人西行觐见。成吉思汗问以治世之方，答曰："敬天爱民。"问以养生之道，答曰："清心寡欲。"遂得宠信，赐号"神仙"，封为"长春真人"，居北京长春宫（今北京市白云观），掌全国道教，死后葬于宫内。其西行事迹，由弟子整理为《长春真人西游记》。

此外，在金代，北方产生过太一道和真大道等教派，但流行时间较短，影响也不太大。

（三）道教文化和道教胜迹

道教信仰主要来源于道家思想和古代神话，在发展过程中又吸收了儒家思想和佛教精神，构成独具特色的道教文化，对中国古代文化的发展产生了巨大影响。第一是道教的某些活动包含了一定的科学精神，因而对某些科学技术的发展做出了某种贡献。如炼丹，实开中国冶炼工业和化学工业的先河，火药的发明与利用即与此有关；采药治病，促进了中国医药的发展。第二是道教的养生之道和导引之术，是今天气功、武术、太极拳等体育活动的直接来源，其养生理论仍是当今人们关注和研究的一个课题。第三是对文学艺术的影响。道教的成仙思想和仙界构想，刺激了作家和艺术家们的想象力，丰富了文学创作中的浪漫主义色彩。唐代诗人李白是最突出的代表。同时，《封神演义》《西游记》以及民间广泛流传的"八仙故事"等，都直接以道教神仙活动为题材。第四是在民间习俗方面，不少传统节日渗入了道教内容，许多道教神仙如玉皇大帝、王母娘娘、文昌帝君、关圣帝君等在民间有普遍信仰，给人们的文化心理结构以深刻的影响。

道教流行也使道教胜迹遍布全国，其数量仅次于佛教。但因道教早期不设神像，到宋代以后才普遍供奉，所以道教造像和道教石窟非常有限，其艺术水平也未能超过佛教。

第一座道观——楼观台。道教一般把楼观台当作最早的道观，其被称为"天下第一福地"。楼观台在今陕西省周至县，相传最初是周代函谷关令尹喜隐居的地方。据说尹喜结草为楼，以观天象，一日忽见紫气东来，知有圣人到来，不久，果见老子骑牛而至，尹喜为老子筑台，请他讲《道德经》（即《老子》），后被道教奉为圣地，历代增修扩建，大部建筑保存完好，现存上山池、百竹林、说经台、炼丹炉、化女泉、老子墓等，已建为楼观台国家森林公园。

其他重要道观有：

太清宫，在河南省鹿邑县。鹿邑原为楚国苦地，老子故里，东汉桓帝时开始修建道观，宫内尚存唐玄宗所书《道德经注碑》。

上清宫，在江西省贵溪市，是天师道历代天师道场。据传，张陵的第四代孙张盛，自汉中迁至贵溪龙虎山，历代相传至清末民国时期。《水浒传》描写的龙虎山即指这个地方。离上清宫不远，有规模宏大的天师府，是历代天师及其家眷居住之处。

白云观，在北京市，是全真道第一丛林，即全真道道徒修行、受戒的大庙之一。庙为唐代始建，金代称太极宫，元代因长春真人丘处机在此掌教，改为长春宫，明代改现名。宫内的丘祖殿，即丘处机的安葬之所。

永乐宫，在山西省芮城县。相传永乐（在芮城县）原为八仙之一吕洞宾的故里，唐代改建为祠，元代全真道流行，尊王玄甫、钟离权、吕洞宾、刘海蟾、王重阳为北宋五祖师，吕为其一，于是大兴土木，加以扩建，宫内的壁画闻名于世。

道教名山很多，有"三十六洞天、七十二福地"之说。道教认为，高山深洞都是神仙修炼和居住的地方，所以天下名山几乎都被道教列为洞天福地。现在比较重要、道观集中的名山还有以下几处：

泰山，在山东省泰安市境内，五岳之长，道教称为"第二小洞天"。道教宫观布满山间。山下岱庙供奉泰山主神，山顶的碧霞元君祠供奉泰山女神。此外，还有王母池、斗母宫、玉皇殿等。

华山，在陕西省华阴市，古称西丘，道教称为"第四小洞天"。山上道教宫观甚多。北麓谷口的玉泉院，相传是北宋著名道士陈抟隐居之地。此外还有镇岳宫、东道院、群仙观、玉女庙、雷祖殿等。

青城山，在四川省都江堰市，是张陵创立五斗米道以后讲道收徒的地方。山上有上清宫、天师洞、丈人宫等多处道教建筑。

茅山，在江苏省句容市，南朝道士陶弘景即在此炼丹修道，撰写道书。隋唐时道教建筑多达二十余处。清代尚有许多重要宫观。抗日期间，多被日军焚毁。一些著名道观现在正在逐步修复。

罗浮山，在广东省博罗县境内，道教称为"第七洞天"，相传为东晋道士葛洪修道炼丹之地，山上有宏大的冲虚观，即为当年葛洪创立的宫观之一。此外，还有葛洪的洗药池、炼丹灶等古迹。

武当山，在湖北省丹江口市，旧称"太和山"，唐代已有建筑，明代大为发展。道教以青龙、白虎、朱雀、玄武为四方守护神。玄武又称真武，即民间所供真武大帝。道教认为玄武是黄帝脱胎转世，生为净乐国王子，入太和山修炼成仙，被玉帝封为玄武，守护北方。因非玄武不能担当此任，遂改太和山为武当山。明永乐皇帝发迹北京，自言玄武转世，即位后大修武当山，山顶有全国最大的铜殿，殿中真武铜像酷似永乐皇帝。著名的武当拳即发源于此。

崂山，在山东省青岛市，宋元以后形成道教圣地，山中多为道观，只有一座佛寺。崂山道士因蒲松龄所著《聊斋志异》的描写而闻名天下。

四、伊斯兰教

（一）伊斯兰教的创立和教义

伊斯兰教在中国又叫"回教""天方教""清真教"，与佛教、基督教并称为世界三大宗教。它的教徒称为"穆斯林"。所谓"伊斯兰"，是阿拉伯语"顺服"的意思；"穆斯林"则是阿拉伯语"顺服者"的意思。伊斯兰教于7世纪初产生于阿拉伯半岛，后来流行于亚洲和非洲的大片地区，尤以西亚、北非、南亚次大陆和东南亚为盛。它的创始人叫穆罕默德，是一个没落贵族的后裔，属于古莱氏部落的哈希姆家族。他于570年出生麦加（在今沙特阿拉伯），自幼父母双亡，由他的祖父和伯父抚养长大。12岁就跟着伯父到叙利亚等地经商，目睹了阿拉伯地区的一些社会情况。25岁的时候，被麦加一个很有钱的中年寡妇雇用，替她经商，随后即跟她结婚，一跃而成为麦加的富翁。由于当时的阿拉伯半岛连年战争，社会动荡不安，阶级对立十分严重，客观上亟需一种能够实现统一和安定的力量，伊斯兰教于是应运而生。这时的穆罕默德已经40岁，由于他受到当时犹太教、基督教和反对多神崇拜的哈尼夫信仰的影响和启发，还由于穆罕默德本人出身贫苦，痛感人间不平，就针对阿拉伯地区的社会情况，开始宣扬末日审判、死后复活、行善济贫者入天园、作恶者入火狱等初期教义，并利用家中资产进行施舍救济，很快换得穷苦人民的拥戴和支持。随后，他声称自己是安拉神的使者，于612年在麦加公开传教，宣扬安拉神是宇宙唯一的主宰，要求人们反对多神崇拜。穆罕默德的宗教主张和传教活动，直接威胁到麦加奴隶主贵族的多神信仰，因而遭到麦加贵族的反对和镇压，被迫与教徒们逃到埃塞俄比亚。622年回到麦地那（在今沙特阿拉伯），在当地一些部落的支持下继续传教，积极壮大伊斯兰教的力量。这时的穆罕默德着手建立武装，并改革政治、经济、军事和宗教制度，建立政教合一的宗教公社，自任政治、军事和宗教首领。在此期间，他用武力征服了犹太教的一些部落，并多次对麦加贵族发动战争。630年，穆罕默德的伊斯兰大军包围了麦加，麦加贵族被迫与穆罕默德妥协，宣布接受伊斯兰教，承认穆罕默德为最高权威；穆罕默德也承认麦加贵族在宗教和经济上的利益，原多神教的克尔白庙改为伊斯兰教的朝拜中心。伊斯兰教取得最终胜利。第二年，阿拉伯半岛各部落纷纷皈依伊斯兰教，阿拉伯半岛也归于统一，初步形成了政教合一的伊斯兰大国，穆罕默德就是这个国家的首脑。632年，穆罕默德死于麦地那，而伊斯兰教也成了阿拉伯地区占统治地位的意识形态了。

  伊斯兰教的教义集中在该教信奉的《古兰经》里。《古兰经》又叫《可兰经》，共分30卷，114章，6,200多节，总体上分为"麦加篇章"和"麦地那篇章"两大部分，是穆罕默德在传教过程中以安拉神的名义陆续发布的训诫、告示和谈话，最初由他的弟子默记或记录在兽皮、椰树叶和石板上，后来才归纳整理成册。其内容相当庞杂，包括了伊斯兰教的基本信仰和基本功课；关于阿拉伯社会的各种主张和伦理规范；宗教公社的各种制度；与多神教、犹太教、基督教辩论的记述以及传教时引用的阿拉伯民间故事、传说、谚语等。

伊斯兰教的基本信仰是"六大信仰"，也简称"六信"：(1) 信仰安拉是唯一的神，"除安拉外，再无神灵"。伊斯兰教认为，安拉是创造宇宙万物、主宰万物、无所不在、唯一永恒的神。波斯语称其为"胡达"，中国穆斯林称"真主"。(2) 信仰穆罕默德是安拉的使者。伊斯兰教宣称，安拉曾在不同时期向不同地区派遣过许多使者，他们都是安拉选来治世安民、拯救世人的"先知"，穆罕默德则是安拉派遣的最后一个使者，称为"封印至圣"，专门传达神意，开导世人。(3) 信诸天神。伊斯兰教认为天界有无数天神存在，他们是安拉创造出来的一群精灵，没有性别之分，用肉眼也看不见，但他们遍布天上人间，神通广大，变化莫测，供安拉驱使，有各自不同的职责。(4) 信《古兰经》是安拉启示的经典。伊斯兰教认为《古兰经》是安拉的语言，是万古不变的教条、穆斯林生活的准则。(5) 信一切皆由安拉前定。该教认为人的富贵贫贱、吉凶祸福、生死寿限以及国家的兴衰，都是由安拉决定和操持的，既不能预测也不能改变。(6) 信"死后复活"和"末日审判"。该教认为，人在结束现世生活而死亡后，将有一天被安拉复活，接受末日审判，并依据各人在现世的善恶表现，由安拉裁定是永居天园还是永入火狱过后世生活。

为了坚定教徒的基本信仰，伊斯兰教规定教徒必须做"五功"：(1) 念功。教徒必须经常念经祈祷，公开朗读《古兰经》中关于安拉是唯一的神、穆罕默德是安拉的使者等条文。(2) 拜（礼）功。每天礼拜五次，分别叫作"晨礼"（日出以前）、"晌礼"（午后）、"晡礼"（午后四时）、"昏礼"（日落以前）、"宵礼"（晚上）。每星期五午后在清真寺做集体礼拜，称为"聚礼"。在礼拜之前，都要沐浴净身，以示涤罪。洗全身为"大净"，一般在参加聚礼前进行；洗身上某些部位为"小净"，一般在举行小礼拜前进行。(3) 斋功。凡是教徒，除了病人、孕妇、婴儿、旅行者和作战士兵以外，都必须在每年斋月（回历9月),把斋一个月,从凌晨到日落戒除一切饮食和房事。该教认为,回历9月是颁布《古兰经》的吉祥高贵之月,教徒应该把斋表示虔诚。(4)课功。即纳天课,是该教以安拉神的名义向教徒们征收的一种课税。规定每年按资产比例纳课,一般为商品和现金纳四十分之一,农产品纳二十分之一或十分之一,据说目的是为了拯救贫民。(5)朝功。规定身体健康和有经济能力的教徒一生中要去麦加克尔白神庙朝觐一次。朝觐活动在回历12月上旬进行,最后一天正好是宰牲节。除此以外,伊斯兰教还有严格的禁食制度,据《古兰经》规定,教徒要食清洁物,禁食自死物、血液和猪肉等。

(二)伊斯兰教的宗派斗争

穆罕默德死后,伊斯兰教的统治集团不断运用军事和商业手段向外传播伊斯兰教。在不到三十年的时间里,伊斯兰教的势力已到达亚非两洲和西南欧地区。后来又随着倭马亚王朝、阿巴斯王朝和奥斯曼帝国的对外扩张,传播到更为广大的地区。在它的传播和发展过程中,围绕最高权力的继承问题,统治集团内部展开了不断的争权夺利的斗争,形成了不同的政治派别进而发展为宗教派别。由于伊斯兰教实行政教合一的制度,也由于它一开始就拥有宗教武装,因此,伊斯兰教的宗派斗争总是伴随着剧烈的军事冲突。它的教派名目繁多,对立情绪相当严重。一般来说分为两大对立派:逊尼派和什叶派。伊斯兰教把穆罕默德的继承人称为"哈里发"。最初有四大哈里发,即阿布·伯克尔、欧麦尔、奥斯曼和阿里。这四人之中,只有阿里出身于哈希姆家族,他是穆罕默德的堂弟和女婿。逊尼派认为,四大哈里发都出身于古莱氏部落,都是穆罕默德的合法继承人,因而获得历代哈里发的支持,成为人数最多、势力最大的一个教派。世界穆斯林多属此派,中国穆斯林一般也属此派。什叶派是在同逊尼派的斗争中形成的。在奥斯曼担任第三任哈里发期间,由于腐化奢侈,实行贵族专政而引起人民群众的不满,阿里及其拥护者趁机组成一派,随后奥斯曼被杀,阿里继任哈里发,其拥护者即宣称出身于哈希姆家族的阿里才是穆罕默德的真正继承人,并推崇阿里为永不犯错的"超人",这就是什叶派。在伊斯兰教的历史上,逊尼派和什叶派一直对立和斗争,但什叶派的势力一直没有逊尼派的势力大,而且被当作伊斯兰教的"异端"教派,受到逊尼派的镇压和打击,其内部也因主张各异而形成不同的派系。它主要在也门、伊朗、伊拉克、叙利亚、阿富汗和巴基斯坦等国流传。在中国,伊斯兰教有新老两派之分,两派并无多大差别,都遵循伊斯兰教教规,重视伊斯兰教的习俗,只是新派强调革新,主张"中阿并重"的经堂教育。此外,在新疆地区曾有过白帽回(白山派)和黑帽回(黑山派)之分,20世纪初已泯灭。

(三)伊斯兰教在中国的传播

伊斯兰教传入中国,大约是在唐代,但年代说法不一。有说在唐高宗永徽二年(651年),穆罕默德的第三任哈里发奥斯曼派遣使者到长安来觐见中国皇帝,介绍了阿拉伯帝国的情况和伊斯兰教的教义。一般学者把这一事件作为伊斯兰教传入中国的时间;有说早在唐太宗时,即有穆罕默德的门徒四人来华传教,一个在广州,一个在扬州,两个在泉州;有说在唐肃宗至德二年(757年),在平定"安史之乱"的唐军中有一支大食军队,事后即留居长安,入中国籍,他们多为伊斯兰教徒。我们不妨笼统地认为,伊斯兰教约于唐代初年传入中国,而后才逐步发展。

唐宋时期,来华的阿拉伯商人逐渐增多,他们在东西方贸易和文化交流中起了重要的桥梁作用。其中不少人就侨居在中国的京城和沿海城市。由于信仰伊斯兰教,需要经常做礼拜,就比较集中地住在一处,形成所谓的"番坊",并于坊中建清真寺,于附近建公共墓地。这些人在华久居,其后裔就成了中国的穆斯林。到13世纪,成吉思汗领兵西征,西域地区信仰伊斯兰教的群众和一部分伊朗人、阿拉伯人被迫东迁到中国的内地。这些人主要充当元军士兵,战时作战,平时屯田,后来则在中国定居,与当地居民结婚生育,繁衍人丁,逐步形成回族,史书上称为"回回"。他们主要分布在河西走廊一带,河南、山东、陕西、云南等地也有不少。开始时,他们还保留原有的姓氏，到后来就陆续改用汉姓。如元代初年有一个名叫阿老丁的人，祖籍波斯，生于中国，信仰伊斯兰教，因经商致富，跟他的弟弟一道资助忽必烈西征，以功受赏，获田宅于京师。其子孙辈尚保留波斯姓氏，加粘思丁、职马禄丁，到他曾孙时即改用汉姓，取名丁鹤年，成为元代著名的回族诗人。元朝统治者对伊斯兰教和穆斯林的上层人物也比较重视，不少穆斯林在元朝政府中担任各种不同的官职；元朝政府还为回族子弟建立回回国子学，为各地穆斯林建立清真寺，因此有"元时回回遍天下"的说法。到明代初年，回族已形成民族共同体，伊斯兰教由原来的个体信仰变为一种民族共同体的信仰，大大扩大了社会基础，成为中国宗教信仰不可分割的一部分。

（四）伊斯兰教与中国文化

伊斯兰教在中国的传播也对中国文化产生了一定的影响，它虽然比不上佛教的影响那么深广，但依然是不能忽视的。首先如前所说，它的传播影响了中国的民族成分，促成了回族的形成和各民族间的融合。到目前为止，我国的回族人口已超过一千万，在全国所有民族中占据第三位。他们与汉族杂居，使用汉语言文字，与汉文化有极为密切的关系，但又保持了伊斯兰教的许多习俗，并因普遍信仰伊斯兰教而与信仰伊斯兰教的其他少数民族发生了一定的文化联系，在全国各民族的大团结中起着特殊的作用。他们中的许多人对中华民族的历史发展做出了卓越的贡献，明代大航海家郑和就是云南回族人。其次是随着阿拉伯人的东来和伊斯兰教的传入，阿拉伯文化也进入中国，其中最重要的如天文、历法、数学、医学等，都对中国的科学技术产生过重要的影响。如回回历，从元代到清初沿用达四百余年，实际上它是阿拉伯地区使用的太阳历，专供农民耕地之用。元代采用以后，对中国的历法改革起了重要作用。又如阿拉伯数字（原由印度人始创），书写和计算都比较方便。再次，促进了东西方文化的交流。阿拉伯地处欧亚大陆之间，是东西方商业贸易和文化交流的桥梁，我国的造纸术、炼丹术、指南针、印刷术、火药等发明创造，都是由阿拉伯商人带回阿拉伯，然后才传到欧洲的。这些交流活动，虽然都是由商人进行的，但也同伊斯兰教的流传有关。这种文化交流扩大了中国文化的对外影响，也丰富了中国文化的历史内涵。

（五）现存伊斯兰教胜迹

伊斯兰教在中国的流传也引入了阿拉伯风格的建筑，以清真寺、塔和穆斯林墓地最为常见。现存伊斯兰胜迹是很多的，特别是在中国的西北地区。但建筑时间较早的寺庙，有"四大清真寺"之说，它们是：(1) 广州怀圣寺。始建于唐代，相传最早为唐代初年来华传教的阿拉伯人宛葛素所建，因怀念圣人穆罕默德而称"怀圣寺"。经历代修建，保存至今。寺内有光塔高36.3米，为阿拉伯式的建筑风格。该寺附近地区则是唐代阿拉伯人聚居的番坊。此外，在广州还有清真先贤古墓，相传内葬宛葛素，其后，伊斯兰教徒多附葬于此，成为一处伊斯兰教徒墓地，是广州著名古迹之一。(2) 泉州清净寺，又名麒麟寺。始建于北宋大中祥符二年（1009年），即回历400年；300年后，耶路撒冷人阿哈马重修。其门楼建筑形式正是11世纪到16世纪阿拉伯通行的建筑，寺内有石刻阿拉伯文《古兰经》，至今保存完好。另外，泉州市东门外，还有一座伊斯兰教圣墓，当地又称"三贤四贤墓"，相传即为唐初来华传教的穆罕默德四门徒中的二人之墓。两墓并列，墓盖用花岗岩雕刻，墓侧石碑详记"三贤四贤"事迹。泉州自古为对外交通港口，故伊斯兰教遗迹甚多。附近晋江市陈埭乡有明建丁氏祠堂一座，村中丁姓居民正是阿拉伯人后裔。(3) 扬州仙鹤寺。相传为南宋时来华传教的穆罕默德十六世裔孙普哈丁所建，寺内礼拜殿的建筑吸收了中国传统建筑的样式，是中阿风格相结合的产物。扬州现在还有普哈丁的墓园，当地称为"回回堂"，其建筑也为阿拉伯常见的形式。(4) 杭州凤凰寺，又名真教寺。创建于唐代，元代阿老丁重修，现存大殿仍为元代遗物。以上四大清真寺反映了伊斯兰教在中国的传播历史，也记录了中国和阿拉伯国家的友谊。

中国最大的清真寺是新疆喀什市的艾提尕清真寺，为清代建筑，礼拜殿可同时容纳六七千人做礼拜，殿内 140 余根雕花木柱雕工精美，让人目不暇接。

具有中国传统建筑风格的清真寺是西安市的化觉寺，它的建筑风格完全采用中国的宫殿式，五进院落，五座大殿，层层递进，并配以花园小景，设有唤醒楼、望月楼等建筑。相传为唐代所建，现存多为明代建筑。

此外，北京牛街清真寺、宁夏同心清真寺、上海松江清真寺、山西太原清真寺等都比较古老和有名。

五、基督教

（一）基督教的产生与分裂

基督教大约在 1 世纪中叶产生于奴隶制罗马帝国。那时的罗马帝国，阶级压迫极为严重，不但千百万奴隶受到残酷迫害，连自由民也陷入穷困潦倒的境地。为此，他们进行了激烈的反抗，发动了多次奴隶起义，其中斯巴达克起义和"犹太战争"都是最好的证明。但是，由于奴隶主国家政权的强大，这些起义都被镇压下去了。广大的人民群众阶层，充满极度压抑、绝望和萎靡的情绪，并幻想有一条逃避苦难的出路。这时，流传于巴勒斯坦和以色列地区的犹太教，信奉雅赫维（即基督教所说的"耶和华"）为"独一真神"，并相信他作为救世主将降临人世，拯救人类。在这个基础上，又吸收了当时流行的天堂、地狱、灵魂不死等迷信观念和古希腊、古罗马哲学家所宣扬的忍耐、弃世、禁欲等说教，逐渐形成了原始基督教。可见，基督教是罗马帝国时代奴隶制压迫的产物。

基督教因信仰耶稣基督而得名。据基督教教义称，基督教是由耶稣基督和他的门徒在今巴勒斯坦、以色列地区创立的；说耶稣于罗马帝国奥古斯都时代出生在犹太伯利恒一个木匠的家庭里，是他母亲玛利亚因圣灵降孕而生，13 岁起开始宣传上帝的福音，并招收了 12 个门徒，其中有渔夫、农民、穷人和政府的官吏等。在耶稣的身上有许多神迹，他能使盲人复明，死人复活；以五个饼子、两条鱼分给五千人食用，等等。他的说教得到了许多群众的信仰，但也遭到犹太教祭司和罗马统治者的反对，最后被罗马派驻犹太的总督彼拉多判处死刑，钉上十字架，但不久又复活，而后升天，以后将再次降临人世，对世界进行审判，以建立"千年王国"。

早期基督教所宣扬的救世主解救人世苦难的思想，在一定程度上反映了被压迫阶层的愿望，理所当然地赢得了许多人的信仰，同时也受到统治者的残酷迫害。因此，基督教的初期也可以说是被压迫者的宗教。但随着它在群众中的传播，一些富有阶层逐渐加入，他们宣扬顺从忍耐，祈求死后从上帝那里得到报答，其主旨逐步适合了统治者的需要。313年，罗马帝国的军事统治者君士坦丁大帝颁布法令，承认基督教的合法地位，肯定了基督和圣父（天主）的同体信仰，加强了教会和主教的权力。393年，罗马皇帝狄奥多西干脆宣布基督教为国教。

此后，基督教的政治权力和经济实力不断扩大，罗马教会成了西欧最大和最富有的封建主，并且在756年拥有了自己的领土，建立了独立的教皇国。但是，基督教同其他宗教一样，在它发展的过程中，逐渐形成了西部的罗马和东部的君士坦丁堡两个中心。东西教会为了争权夺利和保持自己的地位，长期进行激烈的斗争。

罗马帝国的东西两部分分裂后，基督教也于1054年分裂为两派：以罗马教皇为首的罗马公教（即天主教）和以东罗马帝国首都君士坦丁堡为中心的希腊正教（即东正教）。

中世纪的基督教完全是封建统治的精神支柱和对外侵略扩张的工具。从11世纪开始的"十字军"东征，就是由罗马教廷号召和发动的侵略战争。罗马教廷为了维护自己的统治，禁锢人民的思想自由，敌视科学研究，对所谓的"异端运动"采用了非人道的镇压手段，并设立"宗教裁判所"作为宗教法庭，数百年间被残杀的人士达30万，其中意大利的天文学家布鲁诺，因宣传哥白尼的日心说而被活活烧死。16世纪，德国人马丁·路德率先举起宗教改革的旗帜，反对罗马教皇的封建统治。德国农民思想家闵采尔与之呼应，掀起了反教会的农民斗争。在这一宗教改革运动的冲击下，代表欧洲新兴资产阶级利益的基督教新教应运而生，并宣布脱离罗马公教（天主教）。因其对罗马公教持抗议态度，而被称为"抗议宗"。随后，新教又分为信义会、长老会、圣公会、浸礼会、公理会等。

（二）基督教的教义和组织

基督教所依据的经典为《旧约全书》和《新约全书》。前者是从犹太教继承来的，用古希伯来文写成，约成书于公元前3世纪至公元1世纪，内容主要是犹太人关于世界和人类起源的神话以及犹太教的法典和教义；后者是基督教自身的经典，用希腊文写成，约成书于1世纪至2世纪，内容是基督教早期的活动和教义。现在通行的《新旧约圣经》是4世纪的定本，是糅合犹太教和早期基督教各派主张的结果。

基督教教义宣称上帝（天主）创造世界，上帝全善、全智、全爱，人民必须对他敬畏顺从，听他安排；它认为人类始祖亚当和夏娃违反上帝禁令，偷吃禁果，造成"原罪"，因此必须忍受苦难，依靠救世主耶稣为人赎罪；如果顺从神的意志，死后将升入天堂，否则，就要受到末日审判，被抛入地狱。为了达到这一目的，要求教徒遵循"十诫"：(1) 除上帝外，不信别的神；(2) 不造不拜偶像；(3) 不妄称上帝的名；(4) 守安息日为圣日；(5) 孝敬父母；(6) 不杀人；(7) 不奸淫；(8) 不偷盗；(9) 不作假见证；(10) 不贪恋他人的财物。在宗教仪式方面，天主教和东正教都有所谓的"七件圣事"：(1) 领洗，入教仪式；(2) 坚振，坚定教徒的信仰；(3) 告解，教徒将自己的"犯罪"行为向神职人员表明，以示悔改；(4) 圣体，领食象征耶稣血肉的圣饼，以示获得耶稣的生命；(5) 终傅，教徒临死前由神职人员赐圣油，以示赦免一生罪过；(6) 神品，一种使神职人员神圣化的仪式；(7) 婚配，为教徒的婚姻祝福。新教的圣事只有两种：洗礼和圣餐。

基督教的组织以天主教最为严密，罗马教皇为天主教的最高首领，被认为是"基督在世间的代表",其教廷设在梵蒂冈,采取封建集权制的组织形式,统治着全世界的天主教和教徒。在有天主教的国家,还分成教省、教区,由神职人员进行管理。

天主教的神职人员主要有:枢机主教,即通常所说的红衣大主教,他们由教皇任命,有选举和被选举为教皇的权利,一般都担任罗马教廷和各国教会的重要职务;首席主教,各国天主教会的首脑;总主教,负责一个教省的主教;神甫(也称神父),在基层教堂工作,直接管理教徒;修士和修女则是终身为教会服务的传教人员。东正教教会在各国的组织是独立的,彼此间只有松散的联系,有一个不定期的东正教最高会议起协调作用。其主要神职人员有牧首、都主教、大主教、主教、大祭司、祭司、修士等。新教的组织活动更为松散,神职人员的等级也比较简单,只有牧师和传道员。牧师负责宗教活动,一般在某个教堂工作,传道员则属于教会下层的宗教工作人员。

(三)基督教在中国的传播

基督教传入我国是很早的,时间在唐贞观九年(635年)。据保存在西安碑林的《大秦景教流行中国碑颂》记载,基督教的一支——景教,经由陆路从波斯传入我国,而后在唐政府的允许下开始传教,并且曾经"法流十道,寺满百城",一度很兴盛。但在会昌五年(845年)唐武宗灭佛时,一道被禁绝。此后,一直到13世纪,成吉思汗及其继承者们连续西征,沟通了东西交通,使景教在中国复活,也引进了罗马天主教,通称为"也里可温教",朝廷设崇福司掌管,教徒主要是蒙古人和色目人。元朝灭亡后,也里可温教也归于灭绝。至明代下半叶,基督教重新传入中国,其成绩巨大者当数耶稣会传教士、意大利人利玛窦。在他"习儒归汉"的影响下,天主教发展迅速。清代初年,清朝政府重用传教士,也推动了天主教的传播。随后,因罗马教廷在"中国礼仪"问题上的激烈争论,颁布了所谓"禁约",引起清朝政府的不满,康熙皇帝下令禁止西方传教士在中国传教,但民间的信仰活动并没有完全禁绝。

东正教在我国的传播，约在 17 世纪中叶。早在 1689 年《中俄尼布楚条约》签订以前，东正教已在我国的境内有所活动。康熙五十四年（1715 年），沙皇俄国向我国派出了第一个传教使团。雍正五年（1727 年），《中俄恰克图界约》签订后，该使团变为常设机构，加强了对华传教活动，势力扩展到华东、华北、西北各地，到 1949 年前教徒已发展到数万人。

新教传入我国是在鸦片战争时期，始于英国东印度公司秘书马礼逊来中国。1823 年，马礼逊出版了汉文的《神天圣书》（即《新旧约全书》）。而后，随着西方侵略势力在中国的扩大，新教也获得迅速传播，其影响较大的宗派有路德宗、长老会、圣公会、公理会等。

● 学习与思考

1. 如何理解中国的多神信仰？
2. 印度佛教如何演变为中国佛教？标志性的现象是什么？
3. 道教与道家有何联系与区别？
4. 藏传佛教有哪些派系？达赖与班禅两大宗教领袖是如何确立的？
5. 伊斯兰教在中国的传播对中国文化有哪些影响？
6. 基督教是什么时候传入中国的？为什么在明末能获得较快发展？

参考答案

● 相关资料

1. 金宜久．伊斯兰教史．南京：江苏人民出版社，2008.
2. 李刚．中国道教文化．长春：长春出版社，2011.
3. 彭林．中国古代礼仪文明．北京：中华书局，2013.
4. 王辅仁．西藏佛教史略．西宁：青海人民出版社，2005.
5. 王美秀．基督教史．南京：江苏人民出版社，2008.
6. 谢路军．中国佛家文化．长春：长春出版社，2011.

第八章 古代教育

西汉 文翁石室授经讲学图

中国的封建社会是很重视教育的，这主要表现在两方面：（一）突出教师的崇高地位，提倡全社会尊师。《礼记·学记》云："凡学之道，严师为难。师严然后道尊，道尊然后民知敬学。"意思是说，在教育问题上最难的是尊师，只有尊师，才能重道；只有重道，才能使人重视学习。荀子在《礼论》中进一步突出了教师的地位和作用，把天地、先祖、君师三者相提并论，认为君师是治理国家的根本，因此他在《荀子·大略》中说："国将兴，必贵师而重傅……国将衰，必贱师而轻傅。"由此他得出结论说："有师法者，人之大宝也；无师法者，人之大殃也。"可以认为，荀子是从战略的高度肯定了教师的地位和作用。后来，韩愈又在《师说》里具体地加以论述，指出教师的作用在于"传道""授业""解惑"，强调只要有知识和真理存在，也就有教师存在。这些思想无疑影响了社会风气，促成了重视教育的优良传统。孔子所以在封建社会具有全局性的影响，也正是历代尊师的缘故；而封建社会隆重的尊孔祭孔活动，也包含了尊师的含义在内。旧时的学校，在建校或开学之初，都要举行"释菜""释奠"之礼，以祭祀先师先圣。"释菜"只供奉蔬菜，礼比较轻；"释奠"除供奉蔬菜外，还供奉牲牢布帛，礼比较重。不管哪一种，都表示"为学，尊师在前"。（二）强调读书的神圣地位，引导全社会敬学。旧时有一句话叫"万般皆下品，唯有读书高"。这固然有轻视农、工、商、兵的一面，但其主旨还是强调读书的崇高。此外，过去许多人家的门口，都挂有这样一副对联："耕读传家久，诗书继世长。"这里把"耕读"当作传家的两件大事，这正是中国古代文化的两大特点：重农和重教。所以在长期的封建社会里，无论帝王还是臣民，都把读书当作神圣事业，不允许有任何的轻视和亵渎行为。旧时代的广大读书人，尽管经济状况都不太好，被人们称为"穷秀才"，但在"知书达礼"这一点上，普遍受到人们的尊敬。而封建国家也以科举为手段，以高官厚禄为诱饵，吸引一部分读书人参与政治，这也在很大程度上刺激了敬学的文化心态的形成。

中国传统教育的基本特点是重视道德的培养，而忽视才能和技能的训练；重视师生间的承袭而忽视创造和发明；它的基本目的是培养统治阶级所需要的各级官吏，而不是建设国家的各种人才。归纳起来说，中国传统教育的基本方针是教人怎样做人，而不是教人怎样去创业，怎样去开拓前进，怎样去改造社会。这样一种教育思想可说是源远流长。拿"教育"二字的构成来讲,"教"是会意字,它的甲骨文写作𡥉,表示的是一只手拿一根棍棒打一个孩子,孩子的头上还有被打的两个记号,说明"教"的本义是以棍棒训子,令其服从长辈的意志,所以《说文解字·教部》说:"教,上所施,下所效也。""育"是个形声字,它的篆书字形是个颠倒的"子"字,古人认为颠倒之子即不顺之子,也即不孝之子,以骨肉之情感化、教导不顺之子谓之"育",所以《说文解字·云部》说:"育,养子使作善也。"由此可见,"教育"二字的古义就是培养人的良好品德,当然,培养的手段离不开棍棒政策。最早把"教育"二字连起来使用的是孟子。《孟子·尽心篇》说,君子有三种乐趣,其中第三种就是"得天下英才而教育之"。这里,"教育"二字的含义跟今天已没有多少差别,都是"教导、教诲、培养、培育"的意思。我们只要大体回顾一下封建教育的各种形式和内容,对历史上形成的教育传统就会有一个基本的了解。

一、古代的学校教育

我国的古代教育起源很早,可以上溯到原始社会。那时的人们主要从事渔猎和农耕等生产活动,原始状态的教育就融在这些生产实践之中,教育内容也只是传授如何制造和使用工具以及其他生产经验。传说中的"燧人氏教民钻木取火"、"伏羲氏教民结网捕鱼"、"神农氏教民制耒耕作"等,反映了我国原始教育的某些情况,即教育与生产劳动相统一,没有一定的组织与形式,也没有特定的教育场所和教育制度。进入奴隶社会以后,由于生产力的发展和社会分工的扩大,社会文化事业较原始社会大为繁荣,出现了专门从事脑力劳动的知识分子,他们向奴隶主贵族子弟单独传授礼乐和御射,教育开始从生产劳动中分离出来,并且被奴隶主贵族垄断,形成了奴隶社会的教育。

我国的学校究竟出现于何时？历来的看法并不一致。文字记载显示，我国在夏代已经有了正式的学校。《孟子·滕文公上》说："设为庠、序、学、校以教之。庠者，养也；校者，教也；序者，射也。夏曰校，殷曰序，周曰庠，学则三代共之，皆所以明人伦也。"这里，"庠""序""学""校"都是那时学校的名称。但是，迄今所知有文物佐证的最早的学校，出现在商代，因为殷墟甲骨文里记载了殷商学校的名称，如"庠""序""学""瞽宗"等。从文献记载来看，大约"庠""序"属于教育平民子弟的乡学，"学"则属于培养贵族子弟的国学，而"瞽宗"则可能是学习祭礼的学校。因为殷人迷信，祭祀盛行，在祭祀时多半配乐，乐官多由盲人担任，"瞽"就是盲人。

到了周代，随着宗法制度的逐步确立，为巩固宗法制度而建立的学校教育有了进一步的发展，教育制度较前代更为完善，学校的结构也更为完备。大体来说，西周的学校分为"国学"和"乡学"两种。国学是中央设立的学校，有"大学"和"小学"之分。小学设在王宫南边左侧，大学则设在国都的南郊。周天子的大学叫"辟雍"，诸侯国的大学叫"泮宫"。所以古书上说，"天子曰辟雍，诸侯曰泮宫"。天子设立的大学，规模较大，分为五学，中间为"辟雍"，又称大学，四周环以圆形水池，供天子举行飨射和自学；水南为"成均"，供习乐舞；水北为"上庠"，供习典书；水东为"东序"，供习干戈；水西为"瞽宗"，供习礼德。五学之中，辟雍最尊，故大学统称辟雍。四学之中，又以成均最尊。按照班固《白虎通·辟雍》的解释："辟者，璧也，象璧圆，又以法天，于雍水侧，象教化流行也。"诸侯国的大学，规模则较小，按规定只能环以半水，故名"泮宫"。当时的教育内容因国学和乡学而有所不同。以国学而论，包括了德、行、艺、仪四个方面，具体内容则为六艺：礼（规章仪式）、乐（音乐舞蹈）、射（射箭）、御（骑马驾车）、书（历史）、数（数学）。大学以诗、书、礼、乐为重点，小学则以书、数为重点。实施教育的目的，如《礼记·大学》所说"大学之道，在明明德，在亲民，在止于至善"，即培养道德高尚、热爱人民、对人民有益的人。

商周两代的学校教育，都是由国家来管理的，即古书中所说的"学在官府"。这是因为只有奴隶主贵族及其子弟才能入学受教育。到了春秋时期，由于生产力的发展，封建制的生产关系开始产生，经济结构和政治结构都迅速发生变化，作为上层建筑的教育制度也随之而改变，出现了"天子失官，学在四夷"的局面。一些知识分子聚众讲学，宣传自己的思想和主张，于是私学产生了。最早的私学创立者是孔子，他的儒学注重诗、书、礼、乐，同时重视言、德、政、文等才能的培养。与儒学并行的还有墨学。墨学重视实际生产技能的培养，同时也注重对力学、光学和几何学的研究。后来，墨学衰微，儒学大行天下。孔子以后，官学和私学并重，形成了中国古代教育的双轨制。到了战国时代，随着经济和文化的发展，官学和私学都有了相当的规模，教育管理已形成较为完整的制度。如齐宣王在都城设立的"稷下学宫"，当时就读的文学游说之士达数千人。他们在学宫内议论讲学，发表意见，气氛相当活跃。为了管理和组织他们的学术活动，在学宫设有"祭酒"等领导人员。荀子当时就曾担任这个学宫的祭酒，他所作的《劝学篇》，称得上是我国最早的教育学论文。所谓"祭酒"，是古代"食必祭先，酒必敬长"的意思，后用为官名，相当于今天的大学校长。

封建制度确立以后，为了培养统治阶级所需要的人才，国家采取"内法外儒"的文教政策，积极兴办学校，招纳士子们就读。汉代的学校也分官学和私学两类，而以官学为最发达。官学中有中央政府主办的"太学"和"鸿都门学"，也有地方政府主办的"郡国学"和校、庠、序等。汉代的太学，始于汉武帝时。史载，元朔五年（公元前124年），武帝下令兴太学于京师，以"五经博士"为教官，为博士配弟子（即后来的太学生）50人。这就是中国历史上正式设立的第一所大学。其后，太学规模不断发展，学生人数不断增加，到汉成帝时已增至3,000人。东汉建都洛阳，太学设于城南，到汉顺帝时来自全国各地的学生达三万余人，甚至连匈奴也派子弟来学。太学之外，则为"鸿都门学"，这是汉灵帝于光和元年（178年）设立的一所专科性质的学校，因设在都城的鸿都门下而得名。鸿都门学主要教授辞赋书画，类似今天的文化艺术学院，学生多时达千余人。汉代的地方官学也有一个发展过程。汉武帝时只有郡国学。所谓"郡国"乃地方高级行政区划，"郡"直隶中央政府，行政长官称为"郡守"；"国"则由分封的诸王统治。郡与国的地方官学称郡国学。直到汉平帝元始三年（3年）才明确规定：郡国设学，县邑设校，乡设庠，聚（自然村）设序。这样，从中央太学到郡国学、校、庠、序的封建教育体系就正式形成了。

魏晋南北朝时期，由于战乱不断，太学时兴时废，官学教育有所削弱。这一阶段教育的变化，是晋武帝于咸宁二年（276年）在太学之外，另设"国子学"，只收五品以上官员子弟入学，太学则成为六品以下官员子弟的学校，这是晋代门阀制度的必然结果。北齐时，改国子学为"国子寺"，设博士、助教等训教国子。南朝的宋文帝立儒学、玄学、史学、文学四馆，相当于大学下属的四个科系。隋唐一统天下，加强了对学校教育的控制。隋文帝为了振兴学校教育，以国子寺总辖国子学、太学、四门学等。隋炀帝时又改国子寺为"国子监"。这样，国子监的职能便相当于后来的教育部。唐代承袭隋代的制度，但学校的体系更加完备，仅中央设立的学校就分直系和旁系两类，通称为"六学二馆"。"六学"属于直系，由国子监统一领导，它们是国子学、太学、四门学、律学、书学、算学，前三者属于大学性质，后三者属于专门学院性质。"二馆"属于旁系，都是大学性质，一是"弘文馆"，归门下省管辖；二是"崇文馆"，直归太子东宫管辖。"二馆"学生资格高于国子学，只限皇亲国戚及三品以上官员子弟入学。"二馆"之外，旁系学校还有太医署管辖的医学，秘书省管理的小学（"二馆"的预备学校），直系还有祠部管辖的"崇玄学"（学习老子、庄子等）。唐代的学校教育体系完备，在入学分科考试等方面，都有严格的制度。如国子学名额300人，限文武三品以上的官员子弟；太学名额500人，限文武五品以上官员的子弟；四门学名额1,300人，限文武七品以上官员的子弟500人，其余800人可由庶民子弟补充。各学分科都按其学习内容规定修业年限，同时还要对学生进行旬试、岁试及毕业考试，不及格必须重学，三次不及格者，延长学习期限九年；仍不及格，则勒令退学。在校学生享受供膳，但要向老师行"束"

之礼。所谓"束",就是学生与老师初次见面时敬奉的礼物。这种礼仪,据说孔子时代已经实行,但到唐代才做了明文规定。礼物轻重,因学校的性质而异。国子学和太学,每人送绢三匹;四门学二匹;其他学一匹。绢之外还有酒肉,数量不定。送礼时还要举行一定的缴纳仪式,目的是密切师生关系。特别应当提到的是,唐代六学之中有不少外国留学生就读,如新罗、百济、高丽、日本等国,其中以日本学生最多。有的日本学生,成绩卓著,对中日两国间的文化交流起了巨大作用。

二、明清时代的国子监

如前所说,国子监最初只是管理教育的行政机关,后来在发展演变中与国子学合一,到明代已取代国子学,兼有行政机关和最高学府两种性质。到清代又取代太学,成为国家唯一的最高学府,但其职权已大大缩小,不再是教育行政领导机关。现在,我们所看到的北京国子监,就是元、明、清三代沿用的最高学府。它始建于元大德十年(1306年),东与孔庙毗邻,这就是封建社会规定的"左庙右学"。走进它的大门——太学门,经过琉璃牌坊,就是国子监的主要建筑——辟雍殿,辟雍殿四周环绕一个圆形水池,叫作"泮水",其名称和建筑布局都沿用周代大学的旧名和样子。自汉代以来,太学内多设辟雍,供皇帝讲学。每逢皇帝来讲学,太学(或国子监)的官员和学生都要跪在泮水四周聆听。辟雍以北是"彝伦堂",意为法规和伦理之堂,是供学生们讲习经义的地方,类似今天的大礼堂,后又作为藏书处。彝伦堂后的"敬一亭",是国子监首脑办公处。辟雍两侧,设"率性""诚心""崇志""修道""正义""广业"六堂,是学生们平时学习的地方,类似今天的教室。各堂的名称充分体现了封建社会的基本要求,即重视伦理和道德,忽视专业和技能。彝伦堂两侧为四厅:"典簿厅"负责文书财会,"绳惩厅"负责制度和纪律,"典籍厅"负责图书资料,"博士厅"负责教授经义,它们是国子监内的行政与教学管理机构。

国子监的最高领导人为祭酒,习惯上称作"国子祭酒",一般都由学识渊博、声望较高的儒家学者担任,唐代文学家韩愈曾任此职。北京国子监的第一任祭酒是元代著名学者姚燧。国子监的副职是"司业",协助祭酒管理全监事务,类似今天的常务副校长。唐代诗人张籍,就因担任国子司业而被称为张司业。司业以下为"监丞",坐绳愆厅办公;"典簿"坐典簿厅办公;"典籍"坐典籍厅办公,类似今天的大学图书馆馆长,清代著名史学家章学诚曾任此职;"博士"和"助教",分坐博士厅和六堂工作,负责讲解经义,他们就相当于今天的大学教授和讲师。

入国子监学习的人叫"监生"。明清时代的监生没有唐代那样的出身限制,但因入学资格不同而分为四类:在京会试落第的举人,由翰林院择优选送入监就读的叫"举监";从各地方学校中选拔入监就读的叫"贡监";三品以上官员子弟靠父荫入监就读的叫"荫监";因监生缺额由普通人家捐资而特许其子弟入监就读的叫"例监"。此外,还有外国留学生在监就读,称为"夷生"。监生们学习的主要课程是程朱学派注释的"四书",及"五经"、《资治通鉴》等,八股文是必修课程。通"四书"而未通经者居正义、崇志、广业三堂,为初级班;一年半以后经考试,文理通顺者升入修道、诚心二堂,为中级班;又一年半以后,经史兼通、文理俱优者升率性堂,为高级班,再一年结业。明代的国子监实行"会食"和"历事"制度。会食就是会餐,即掌馔(今伙食科长)预备桌椅器皿于馔堂,祭酒南向,司业北向,监丞、博士诸官东西向坐,监生则分东西两班坐其后,膳夫(今炊事员)一人管监生25人,进餐前先鸣铎(大铃)传唱:"食不语,坐必安。"这种会食制度的意义并不在吃而在礼,目的是培养监生们极严格的言行举止。历事则类似今天的实习,即将监生们分往衙门各司学习政事,熟悉政务,为以后任官做必要的准备。开始时为半年,后来改为三个月,一般为白天实习,晚上归舍;实习成绩分为上、中、下三等,上等的选用,补充缺官;

中等的继续历事；下等的回监读书。明清入监学生的待遇极为优厚，衣食住全由国家供给；已婚者还可养其家小，未婚者赐钱婚聘；回家探亲还发给路费，等等。但在思想和行为上却控

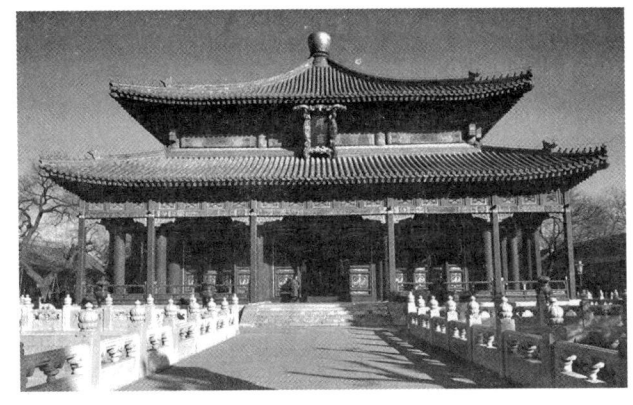

北京国子监

制极严，凡上课、起居、饮食、服饰、沐浴及告假出入等，都有严格的规定，小有过失，即行处罚。清代的监规规定："其不守规条，屡行记过，三月不悛者，绳愆厅具实呈堂，令其回原籍，不许肄业；至有酗酒喧争、造谣生事、诋忤师长诸大过者，不论平日有无功过，本堂官立即移绳愆厅，呈堂究治。"对那些狎妓嫖赌、出入官衙、寻衅闹事者，还要按律惩治，轻则笞打，重则处死。

三、书院的兴起与衰落

书院是我国封建教育的一种特殊形式，从宋代到清末，历时千余年，其管理制度与教学方式跟国子监与太学等有很大区别，在我国教育史上产生过重要的影响。因此，要了解中国的古代教育，不能不了解书院教育的有关情况。

其实，书院有点相当于今天的私立大学，是从古代的"精舍""精庐""学馆"发展来的。根据地方志的记载，最早出现的书院是唐贞观九年（635年）遂宁（今属四川省）人张九宗建立的书院，但它还不是一个讲学授徒的机构，

而只是一个私人读书治学的场所。其后，见于史书记载的书院是唐开元六年（718年）由朝廷设立的"丽正修书院"和开元十三年（725年）设立的"集贤殿书院"。这些书院设在宫中，但也不是用于讲学，而是用于整理和校勘国家藏书。从私人和国家设立的两种书院来看，它们最初都不具备讲学的功能。大约到唐代的中晚期，有一些私人建立的书院才开始教授生徒，这就促成了教育书院的诞生。

教育书院的出现和兴起是在宋代初年。宋王朝建立以后，初步结束了五代十国分裂割据的局面，实现了国家的统一。但是，当时朝廷的主要精力还用于征服南方仍在割据的地方政权，无暇顾及文化教育问题，官学几乎没有什么发展，后周遗留下来的国子监不过是一个空架子。而散居于草野之中的那些读书人，由于国家的初步统一和安定，又产生了强烈的进身要求，希望通过读书获得功名。书院教育就在这种历史契机下开始兴盛起来。宋朝统治者看到这些民办书院为之解决了很大的社会问题，培养的人才也有助于维护国家的统治，于是从政策和物资两方面给予积极的支持，这就形成了我国书院教育的第一个高潮。在这个阶段，出现了一些规模较大的书院，历史上称为"宋初四大书院"。其名称与说法并不一致。一说是石鼓书院（在今湖南省衡阳市）、岳麓书院（在今湖南省长沙市）、睢阳书院（又称应天府书院，在今河南省商丘市）和白鹿洞书院（在今江西省庐山）；另一说有嵩阳书院（又称太室书院，在今河南省登封市）而无石鼓书院。但究其实，史书记载的宋初大书院有六个：石鼓书院、嵩阳书院、岳麓书院、睢阳书院、白鹿洞书院和茅山书院（在今江苏省句容市）。它们都因得到皇帝的"御赐"而名扬天下。

然而，为时并不长，北宋的书院就沉寂和冷落下来，原因是宋王朝把兴办教育的重点逐渐转向了官学。一方面，书院培养的人才不能满足其内政和外交的大量需要；另一方面，北宋的一些名臣如范仲淹、王安石等，大力兴学。多数读书人看到通过官学才能有进身机会，自然不往书院求学，书院教育也就冷落下来了。到了南宋，官学腐败，州县学校有名无实，而兴盛起来的理学又需要宣讲的场所。这时，理学代表人物朱熹相继恢复白鹿洞书院和岳麓书院的教学活动，并亲自讲课，指导生徒。各地纷纷效法，书院教学蔚然成风。书院因此迅速发展，形成了我国书院教育的第二个高潮。据统计，北宋时仅有书院37所，而南宋时多达136所，特别是岳麓、白鹿洞、丽泽（在今浙江省金华市）、象山（在今江西省贵溪市）四个书院，因张栻、朱熹、吕祖谦和陆九渊的主持，成为全国最有影响的理学学术中心，被称为"南宋四大书院"。宋朝政府对书院的政策，一是提倡利用，二是加强控制，尽力使书院教育官学化。

元朝建立以后，首先由中央政府在燕京设立了"太极书院"，这是一所官办的书院，与南宋书院的性质已截然不同。及至统一江南以后，许多南宋名儒不愿在元朝政府做官，退居山林讲学。元朝政府也不强其所难，反而给予鼓励和支持，因此，元代书院也比较兴盛。但元朝政府把书院的领导权控制在手里，书院的领导人和管理人员由政府委派，或经政府批准。

明代初年，转而重视官学，提倡科举，书院又一次衰落。明代中叶以后，政治黑暗，科举腐败，以王守仁、湛若水等为代表的儒学名士借书院宣传学术思想和政治主张，发动了一场思想解放运动，书院教育重又兴起，成为书院教育的第三个高潮。这一阶段书院教育的特点，就是学术活动与政治活动密切地结合在一起。其结果是政治活动威胁到封建专制统治，于是书院屡遭禁限。著名的"东林学案"即发生在无锡的"东林书院"。当时书院的主持人顾宪成、高攀龙等，以东林书院为中心，"讽议朝政，裁量人物"，把攻击的矛头指向专权的宦官头子魏忠贤，吸引了很多人前来听讲，一时盛况空前。书院成为江南人文荟萃的一大区会，又是议论国事的主要舆论中心，形成了巨大的社会影响，因而书院中人被视为"东林党人"，遭到残酷的镇压。苏州的"五人墓"和张溥的《五人墓碑记》记述了苏州东林党人与魏忠贤阉党激烈斗争的历史事实。

清朝建立之初，统治者怀疑所有书院为群聚党徒之所，曾极力加以抑制。直到雍正十一年（1733年）才准许在各省省会设立一所书院，领导人由政府任命，经费由国家拨给，教育为科举做准备，书院至此已完全成为官办的了。

书院的教学内容与历代官学并没有多大的不同，但因为书院的发达与宋代的理学有密切的关系，所以历代书院都以研究和讲解理学为根本，也可以说，书院与理学互为表里。其基本教材仍是"四书五经"，辅助教材和参考读物则是理学家们的著作和语录，如周敦颐的《太极图说》、朱熹的《朱子语录》、王守仁的《传习录》、湛若水的《心性图说》等。教学方法除教师讲授外，最重要的是学生自学。各个书院都很重视学生自学，朱熹为此提出了六条读书原则：（一）居敬持志（讲学习态度）；（二）循序渐进；（三）熟读精思；（四）虚心涵咏（二、三、四讲学习方法）；（五）切己体察；（六）着紧用力（五、六讲领会方法）。书院在教学方面的最大特点，是朱熹创立的"讲会制度"，即学术辩论制度。宋明理学分作不同学派，书院中的"讲会"，就是不同学派的学术论争。如朱熹和陆九渊的学术观点并不相同，但朱熹在白鹿洞主讲"君子喻于义，小人喻于利"时却邀陆九渊来同讲，并举行了隆重的讲学仪式。从此形成一个传统——书院讲会必定有宗旨、有规约、有规定的日期和隆重的仪式。这种讲会制度，对促进学术交流和理学发展，起了积极的作用。

书院的组织机构，起初比较简单，官学化以后，日渐复杂。以清代大书院为例，设有山长（也称"洞主""洞正""主洞""院长""教授"等）、副山长、堂长、管干、典谒、经长、学长、引赞、伙夫、门斗等行政和教学管理人员。山长为书院最高负责人，主管全院事务，聘海内名儒担任；堂长主管教务；管干负责财务、后勤；典谒负责接待；经长分管习经；学长分管习事（礼、乐、射、御等）；引赞负责接引来宾；伙夫负责膳食；门斗负责门卫和夜间巡守。学生在院中分斋学习，斋即今天的教室。各斋的功用不同，有的专供习文，有的专供习武，有的专供习经，有的专供习艺等。书院的学规明确而又严格。第一个完整系统的书院学规是由朱熹制定的《白鹿洞学规》，历代书院大都依此行事，但也有增订和补充。如朱熹的两个学生程瑞蒙和董铢所制《程董二先生学则》有"凡学于此者，必严朔望之仪，谨晨昏之令。居处必恭，步立必正,视听必端,言语必谨,容貌必庄,衣冠必整,饮食必节,出入必省;读书必专一,写字必楷敬;几案必整齐,堂室必洁净;相呼必以齿;接见必有定;修业有余功,游艺有适性"的规定。清康熙二十四年(1685年),贺来汤入主白鹿洞,拟定七条学规:(一)专心立品;(二)潜心读书;(三)澄心烛理;(四)虚心求益;(五)实心任事;(六)平心论人;(七)公心共学。其中有一些今天仍有借鉴意义。

现在,全国留存的古代书院还有相当数量,它们都是中国书院文化的历史实物。在宋初的六大书院中,庐山白鹿洞书院、长沙岳麓书院、嵩山嵩阳书院还保存完好。其中庐山白鹿洞书院由于朱熹精心主洞,在我国教育史上影响巨大。它在南唐时为庐山国学,宋初改为白鹿洞书院。岳麓书院因在长沙岳麓山而得名,朱熹和南宋另一理学家张栻曾在此讲学,现为湖南大学校址,算得上是名副其实的千年学府。此外,江西省铅山县的"鹅湖书院"、吉安市的"白鹭洲书院"、福建省尤溪县的"南溪书院"等,都保存完好。鹅湖书院因朱熹与陆九渊最早在这里举行辩论而闻名于世,历史上称这次辩论为"鹅湖之会"。南溪书院为朱熹的出生地和少年读书之处,朱熹有一首诗叫《活水亭观书有感二首·其一》,描写的即是此地。诗云:"半亩方塘一鉴开,天光云影共徘徊。问渠哪得清如许,为有源头活水来。"至于江西吉安的白鹭洲书院,其学生中出过一位著名将领——文天祥。

岳麓书院

四、古代的家庭教育

同现代的家庭教育一样,古代的家庭教育也是学校教育的补充。只是由于古代的学校教育不够发达,教育对象又多半限于官僚贵族子弟,大多数平民百姓的子女很难入学就读,家庭教育的重要性就更大了。许多历史人物的成长过程说明,他们是在父母兄长的严格管束和教育下,经过刻苦读书而取得成就的。比如孟子,史书上载有"孟母三迁"的故事,应是我国较早的家庭教育事例之一。《三字经》云:"昔孟母,择邻处。"说明孟母懂得环境对儿童教育的影响,所以她煞费苦心地把住处从墓地迁往商市,又从商市迁到学宫旁边,这时孟子才开始读书习礼,孟母见此才高兴地说:"此真吾儿之所居也。"魏晋时期有一个历史学家叫皇甫谧,著有《帝王世纪》等书,但此人从小过继给叔父,年已二十出头还游荡无度,不肯读书,叔母一把鼻涕一把眼泪地苦苦劝他,终于使他感动,发奋之下,终成学者。岳飞最初也是跟他父亲读书识字,听他父亲讲述历史,直到他从军之前,母亲还教导他要精忠报国。明末有一个神童叫夏完淳,在他父亲夏允彝的教育下,从小立志报国,15岁就跟着父亲抗清,后来不幸被捕,17岁英勇就义。他当面怒斥叛将洪承畴的场面,展现了他的气节和机智,令洪承畴无地自容,真是妙绝千古。类似的例子不胜枚举。我国历史上出现过许多人才,有不少是父子两代、祖孙三代或兄弟数人接连取得成就,对社会发展做出贡献的情况。这种现象尽管在现在也可以找到一二,但不像古代那么突出,这恐怕跟古代的家庭教育有关。

孟母教子

从文献记载来看，我国的家庭教育应当说最早始于西周。周公本受封于鲁，但因周成王年幼，便留在京师辅助成王，让他儿子伯禽往鲁。儿子临行，周公教育儿子说："我是文王的儿子，武王的弟弟，成王的叔父，地位可说也不贱了。但我洗脸的时候常常还要拿着头发，吃饭的时候常常还要三次吐出食物，急急忙忙地去接待来人，生怕失掉一个贤才。你到了鲁国，千万不要骄横待人。"这可能就是文献记载中最早的家庭教育。但周公没有形成系统的教育思想，因此孔子是理所当然的家庭教育的鼻祖。据《论语·季氏》载："（孔子）尝独立，鲤趋而过庭。曰：'学诗乎？'对曰：'未也。''不学诗，无以言。'鲤退而学诗。他日，又独立，鲤趋而过庭。曰：'学礼乎？'对曰：'未也。''不学礼，无以立。'鲤退而学礼。"这里，孔子的教育目的、教育内容都是很明确的。他对儿子的教育跟对其他弟子的教育一样，都是要他们学诗习礼，以立于社会、用于社会。"趋庭"二字也成为古代承受父教的同义词。

汉代以后，由于儒学的特殊地位和影响，封建士大夫家庭以及一般家庭，都以如今的诗礼之教作为家庭教育的基本内容；把忠、孝、节、义作为家庭教育的基本要求，封建的家庭教育由此而逐步规范化。到南北朝末年和隋代初年，出了一位教育家叫颜之推，据说是孔子弟子颜渊的后代。他博览群书，学问渊博，很重视家庭教育。他搜集历代家教典故，结合自己的家教实践，写成《颜氏家训》二十篇，其中有"教子""勉学""兄弟""治家""风操""慕贤""涉务""杂艺"等篇目，涉及封建家庭教育的各个方面，其精华部分在塑造人们的民族文化心理、维护社会的稳定方面，起过积极的作用；有关尊老爱幼、勤政廉洁、为人正直、勤奋学习、节俭朴素等内容，至今仍有积极意义。因此可以说，《颜氏家训》是我国最早的一部家庭教育专著。其后，便有"家范""家则""家箴""家约"等出现。明清以后，家训更为流行，最有代表性的著作是清代朱柏庐的《治家格言》，集中了许多家训的名言警句，内容丰富，贴近生活，雅俗共赏，易懂易记。

旧时家庭教育的启蒙教材是《三字经》（传为南宋王应麟编，一说明代黎贞编)、《百家姓》(宋代无名氏编)、《千字文》(南朝梁代周兴嗣编)和《幼学琼林》(明代程登吉编),稍后则是"四书五经"之类。这同学校教育的内容又差不多了。

五、清代的学塾教育

在清代的教育系统中,学塾教育比较发达。它不完全属于学校教育,又不完全属于家庭教育。但就其教育阶段而论,属于民间的小学教育,有蒙馆、家塾、族学等多种不同的名称。在办学形式上,可分成三种情况:(一)有钱人聘请教师在家教读子弟,称为"教馆"或"坐馆";(二)教师在家设馆教授生徒,称为"家塾"或"私塾";(三)地方出钱聘请老师在公用场所设馆教授贫寒子弟,称为"义学"或"义塾"。这三种塾学,我们在文学作品和影视作品中都见过。鲁迅先生早年读书的"三味书屋"就属于私塾。

入学塾就读的学生叫作"学童",年龄多在5岁至13岁之间;学馆的人数多寡不定,一般在4人至20人之间;教学方法主要采取个别教授。五六岁入学后先学识字,识至千字,开始学《三字经》《百家姓》《千字文》;也有直接教读"四书"的,一般先读《大学》,接着读《中庸》,然后读《论语》《孟子》。教读方法是,学童立于教师案旁,教师先读,学童随之而读,读到数遍或十数遍,让学童回到座位上自读,然后到教师面前背诵,直到倒背如流,才教新课。学生能熟读相当多的篇目后,教师才逐句给学生讲解。除此之外,学童的另一项学习内容就是习字,即书法课,一笔一画,逐日练习,所以旧时私塾结业便可写得一手好字。学童读到一定程度,就要教他们学习作对,以便为以后写诗做准备。其基本教材是《声律启蒙》,如:"云对雨,雪对风,晚照对晴空。来鸿对去燕,宿鸟对鸣虫";或如:"高对下,短对长,柳影对花香。词人对赋客,五帝对三王",等等。在读懂"四书"的基础上,童子们研读"五经",学作"八股",为以后科举应试做准备。学塾中的规矩极严,教师有绝对的权威,如有违反或不敬,轻则罚立、罚跪,重则打手、笞臀。这种体罚制度一直延续到新中国成立前夕。

● **学习与思考**

1. 中国古代教育的基本特点是什么?
2. 简述古代学校教育的发展历程。
3. 古代书院教育的特点及其意义是什么?
4. 中国古代家庭教育的重要作用是什么?

参考答案

● **相关资料**

1. 白新良.中国古代书院发展史.天津:天津大学出版社,1995.
2. 任继愈,毕诚.中国古代家庭教育.北京:商务印书馆,1997.
3. 王凌皓.中国教育史纲要.北京:人民教育出版社,2014.

第九章 科举制度

宋代科举考试图

科举制度是中国历史上延续时间最长的制度之一。它与古代的教育制度和官吏制度（俗称官制）构成封建社会三位一体的人才制度。教育用于培养人才，科举用于选拔人才，官制用于使用人才，而其中又以科举为中心环节。这就决定了科举制度的某些特点：（一）它是教育进行阶段和结束阶段选拔人才的一种手段，因而也是古代教育的一个组成部分，自始至终与教育密不可分。（二）它选拔人才的基本标准并不是一个人解决问题的实际能力，而是对儒家经典的理解程度，或者说主要不是看重干才，而是看重文才。（三）它所构成的价值体系，只是教人获取功名利禄，充当皇帝的工具和奴仆。被选拔人员的行为目标大多是高官厚禄和封妻荫子，行为准则是按皇帝的意志办事。俗话说："十年寒窗无人问，一举成名天下知。"这正是旧时知识分子的写照。（四）它所造成的社会结构是官贵民贱、官重民轻，从而形成一个官吏社会。在这样的社会中，少数一两个肯为人民主持公道的官吏，自然就成了人民的救星，这就是千余年不衰的"清官政治"。以上几点是我们从文化史的角度去考察科举所得出的一些认识，并不是从根本上否定科举制度。科举是一种历史现象，它能在历史上产生、发展，直至消亡，有它深刻的历史原因。尽管它本身存在很多弊端，并且在发展中产生了许多腐败现象，但不能不承认，它也为封建国家发现和选拔了不少人才，其中有相当多的人为社会进步和民族发展做了杰出的贡献，有些人甚至是国家和民族的栋梁，至今仍有巨大影响。从不拘资历、以才取人和通过考试这一平台公平竞争的特点来看，科举制也有它的可取之处。

一、科举制以前的选士制度

中国古代的治国之道，主要依靠两条：一是尊贤，二是选士。"贤"是指有道德有才能的人；"士"是指有见识有才干的人。两条途径实际上是一条：选用人才。历史上有作为的政治家，大都懂得礼贤下士和任贤使能；相反，那些低能的政治家却一味地排斥异己和嫉贤妒能。因此，班固的《白虎通》云："治国之道，本在得贤。得贤则治，失贤则乱。"

远在周代，已有选士做官的情况存在。《礼记·王制》云："大乐正论造士之秀者，以告于王，而升诸司马，曰进士。司马辨论官材，论进士之贤者，以告于王，而定其论。论定，然后官之；任官，然后爵之；位定，然后禄之。"这就把人才和官禄结合在一起了。但在春秋战国以前，由于奴隶主贵族把持政权，因此官吏的选拔，主要实行"世卿世禄制"，即奴隶主贵族凭借血统关系，子孙世代做官，国君不能随意任免，选士做官只是一种辅助手段而已。到了春秋时期，由于社会经济文化的发展和阶级关系的变化，士的数量越来越多，士的作用也越来越重要，到管仲为相的齐桓公时代，已形成"士""农""工""商"四个阶层，"士"位居第一。各国为了政治和军事上的竞争，纷纷招贤纳士，就像燕昭王筑黄金台广招贤才那样；贵族和士大夫们为了提高自己的威望，也纷纷开门养士，就像孟尝君、信陵君、春申君、平原君那样，他们的门客多达千人，其中不乏各式各样的人才。因此，这时实行的选士制度是"客卿制"，即将相重臣往往从下层军士或平民中选拔，只要他们有一技之长，能够解决君主或其他统治者迫切需要解决的问题，就可以登上政治舞台一展才干。

由秦及汉，进入封建集权时代，统治阶级需要大批为之效命的人才，所以到汉代，便扩大了选拔的范围。其基本办法有两种：一是察举，二是征辟。所谓"察举"，就是由公卿、列侯和地方郡守等高级官员经过考察，把所谓品德高尚、才干出众的人才推荐给朝廷，由朝廷授予他们官职。察举的对象主要是官府的属吏和地方学校的学生，察举的科目有"贤良方正"（能直言极谏者）、"秀才"（才能优秀者）、"孝廉"（孝顺、廉洁者）、"明经"（通晓经义者）。对被举荐的人员，朝廷有时也要进行考试，方法是由皇帝提出政治或经义方面的问题，称为"策问"；然后把这些问题按难易程度分为甲、乙等科，由被举荐者抽选答对，称为"射策"或"对策"。朝廷根据他们的成绩分配官职。比如董仲舒，就是汉武帝即位那年（公元前140年）察举的百余名贤良方正之一，以古今治道对策被录用。察举除被荐之外，也可以自荐。如历史上著名的滑稽大王东方朔，就是跟董仲舒同一次靠自荐上来的。他在汉武帝面前以善辩获得信任，被汉武帝留侍左右。所谓"征辟"，就是由皇帝和官府直接聘请有名望的人来做官。"征"是由皇帝聘请，"辟"是由官府来聘请。如扬雄以文才闻名当世，汉成帝就直接召用他为"郎中"；科学家张衡最初被汉安帝征用为"郎中"，以后即升为"太史令"。此外，汉代还实行所谓"任子"制度，即担任"二千石"（汉代郡守级官员的称呼）以上的官员，任期满三年以后，可以保举自己的一个子弟任"郎官"，苏武就是由父亲保举做官的。汉代史书里所说的"少以父任为郎"，指的就是这种任官制度。但是，汉代的这些制度，很快就暴露出了它的弊端。首先是被选的范围有限，选出来的人都是官僚和富豪子弟；其次是以财产为入选标准，因此所选人才未必都是贤才，以财富钻营者大有人在。东汉初年，街头出现了"举秀才，不知书；举孝廉，父别居"这样的歌谣。

曹操或许看到了这种弊端，所以他提倡"唯才是举"，并直接颁布了"求贤令"。到魏文帝曹丕当政，他采用礼部尚书陈群的建议，制定了"九品官人法"，即"九品中正制"，将被选者分为上上、上中、上下、中上、中中、中下、下上、下中、下下九等，由朝廷任命的"中正官"进行品评，然后按等录用。那些由朝廷任命的中正官对被选者并不真正了解，因此很难做到公正。到了曹魏后期，九品中正制发生了新的变化，豪门显贵把持了中正的任命权，有许多中正甚至直接由他们担任，选取标准以门第为重，于是出现了"上品无寒门，下品无士族"的现象，选士制度沦为门阀制度的组织保证。到南北朝时，豪门士族的子弟只凭自己的显贵门第，就可以"平流进取，坐至公卿"。由于这些官员的无能和政治的腐败，九品中正制受到来自庶族地主阶级的冲击，到了难以维持的地步。隋朝建立以后，隋文帝下令废除九品中正制，规定各州被举荐的人必须经过考试，才能被录用，从而拉开了科举制的序幕。

二、科举制的产生与发展

隋开皇七年（587年），隋文帝废九品中正制，规定采用考试方法选拔官吏，并于开皇八年设立"志行修谨"（有德）和"清平干济"（有才）两科，以选拔人才。大业三年（607年），隋炀帝又在诸多科目中设立"明经""进士"二科，以考试策问取人。这就是科举制的真正开始。因其基本做法是设立科目，以考试举士，故称"科举"。科举制的实施，是中国古代用人制度的历史性变革。因为它彻底破除了魏晋以来以门阀高下作为取人标准的腐朽制度，打破了由豪门士族把持国家政权的政治格局，为广大中小地主阶级的知识分子提供了进身的机会，并由此壮大了中小地主阶级的政治力量，成为此后千余年封建统治的政治基础。

唐代继承、发展和完善了隋代开始的科举制。唐代的考试方式主要分作两类：一是常科，二是制科。"常科"就是每年举行的考试，设立的科目不下几十种，常见的有秀才、明经、进士、明法、明字、明算、史科等，但以应考明经、进士两科的人数最多，其中又以进士科的考试最受尊崇，报考的人数最多，因而录取最严。因为考中进士的人在仕途上晋升较快，唐朝的宰相大都是进士出身。"制科"是皇帝临时设立的科目，也叫"特科"，其内容也相当庞杂，是朝廷特选人才的一种办法。参加常科考试的考生大体有两种：一种是中央及地方学校的学生，称为"生徒"；另一种是不在学校的读书人，他们可以向所在的州、县官府报考，经州、县考试合格后到京城参加考试，这些人称为"乡贡"。常科考试最初由吏部主持，由吏部考功员外郎

隋代文官俑

（约同于今天的司长、局长）任主考，后因考功员外郎位卑望轻，唐玄宗时改由礼部侍郎（约同于今天的副部长）主持，因此也叫"礼部试"。考试地点在京城长安，中唐以后有时也分别在长安、洛阳两都举行。考试时间在每年春季。考试的内容和录取标准，各科并不相同。以进士科为例，规定"试时务策五道，帖一大经（《礼记》或《春秋》）。经、策全通为甲第，策通四、帖过四以上为乙第"。所谓"帖经"，就是背写经文，即由主考官任择经书中一页，遮盖左右两边，中间只露一行，另剪纸为帖，遮盖数字，让应考者背写出来，全对即全通。唐高宗时，又在进士科加试杂文两篇（即一诗一赋），以测试应考者的文才。诗的题目和韵脚都有极严格的限制，题目前冠以"赋得"二字，这类诗很难作好。后来，凡是先有题目而后有诗的，也冠以"赋得"二字。白居易的《赋得古原草送别》，即属于后一种情况。至于制科考试，通常都由皇帝亲自主持，考试内容和录取标准，都凭皇帝本人的好恶。

考试合格被录取称为"及第""擢第""登第""登科"，考不上就叫"落第"。进士及第就叫"进士第"，第一名叫"状元"或"状头"。新科进士互称"同年"，他们都是主考官的"门生"。及第以前，他们的身份都是平民，称为"白衣"或"布衣"；及第以后，就算有了出身，具备了做官的资格。下一步还要经过吏部的选试，才能授予官职。选试包括身、言、书、判四个方面，即相貌、言谈、书写、表达四方面是否合格。选试的科目也分"博学宏词"和"拔萃"等。前者主要测试文章论述，后者主要测试司法判词。唐代文学家柳宗元即是在考中进士后因前者授"集贤殿正字"（负责校勘典籍的官员）；而白居易则是在中进士后以后者授予"秘书省校书郎"（也是负责校勘典籍的官员）之职。考中进士以后有一系列庆贺活动，足见进士身份的显贵。首先，新进士都要到杏园去举行宴会，由两名年少英俊的进士去采集名花点缀盛宴，称为"探花使"，宴会则称为"探花宴"。所以诗人孟郊在中举后写诗道："昔日龌龊不足夸，今朝放荡思无涯。春风得意马蹄疾，一日看尽长安花。"（《登科后》）而后还要到长安城南的曲江亭聚会庆贺，称为"曲江会"。随后到慈恩寺塔（即今大雁塔）下题名，称为"题名会"或"雁塔题名"，以求流芳后世。如白居易于贞元十六年（800年）考中进士，同榜进士17人，白居易年龄最小，29岁，因此作诗道："慈恩塔下题名处，十七人中最少年。"

宋代完全继承了唐代的科举制，并且有一些重要的改革。最重要的有三点：一是礼部的考试，主考官直接由皇帝任命，而不是按例由礼部侍郎担任。这等于是加强了皇帝对科举考试的控制，使人才的选拔能更符合最高统治者的心愿。二是继承和发展了殿试制度，对那些考中进士的人进行最高一级的考试，由皇帝亲自主持，并决定录取的名次。这在实际上打破了唐代以来主考官与众多门生之间的特殊关系，使被录取的人只对皇帝本人感恩戴德。到宋太宗时，把殿试录取的进士按三等发榜，称为"三甲"：第一甲由皇帝赐以"及第"名义，第二甲赐以"出身"名义，第三甲赐以"同出身"名义；三甲都可直接授官，有的还能很快得到高官。殿试以后，皇帝于琼林苑赐宴，称为"琼林宴"。北宋时，殿试第一名称"榜首"，二、三名称"榜眼"，一、二、三名都可以称"状元"。南宋以后，专以第一名为状元，第二名为榜眼，第三名为探花，其后历代成为定制。三是到宋神宗时，

唐、五代时的文官

又于国子监内实行三舍法取士。所谓"三舍法",就是把国子监的学生分为上舍生、内舍生、外舍生三个等级。在校考试成绩优秀的,外舍生可以升为内舍生,内舍生可以升为上舍生。如果考到上舍上等,就可以直接授官;考至上舍中等,可以直接参加殿试;考为上舍下等的,可以参加京城的省试。由于理学在宋代的发展,宋代的科举选官特别注重考生对理学的理解和运用,理学便逐渐成为后来科举取士的最高标准。因此我们可以认为,宋代是我国科举制发展的重要阶段。

三、明清时代的三级考试

宋以后的元代也实行科举考试,而且已经实行三级考试,即乡试(各行省的考试)、会试(京城的礼部考试)、御试(殿试),考题都出自朱熹的《四书章句集注》。但是,科举考试的完备阶段却在明清两代,而流弊之盛也在明清两代。两代制度基本相同,只是清代在录取时分为满汉两榜,满汉考生的考试内容也有所区别。明清两代科举的正式考试也分为乡试、会试、殿试三级录取,考试内容以八股为主,每级考试都严密而繁琐。殿试以后,一般还要经过朝考才能分配官职。

明清乡试之前实际上要经过三次考试,即县试、府试、院试,合称"童生试"。参加考试的人,不论年龄大小,一律称为"童生"。这三次考试及格以后,就叫"生员",也叫"诸生""庠生",俗称"秀才"。有了秀才的资格,才能参加更高一级的考试。先说县试,就是由知县主持的考试,考期多在每年的二月。参加考试的童生先要向本县衙门礼房报名,填写姓名、籍贯、三代履历,并且还要由同考的五个童生连环作保,称为"童子结",此外还要本县秀才中的廪生(由政府按时发给生活补助的生员)作保,称为"廪保",保证报考者不是冒籍、匿丧,出身清白,不是倡优皂隶的子孙,才能参加考试。县试及格称为"出案",第一名叫"县案首"。接着是府试,由知府主持,多在四月间举行,其报名方式与县试基本相同。府试第一名称为"府案首"。再然后是院试,由朝廷委派的学政主持。学政轮流到各府主持院试。报名手续除童子结、廪保之外,还另加派保,在考生点名入场时,当面核对。院试及格,就取得了秀才资格,被送入县学或府学学习,称为"进学",第一名就叫"院案首"。入学之后,就要换穿蓝袍,俗称"蓝衫"。这些生员依据成绩分为贡生(送入国子监学习的学生)、廪生、增生(廪生原有名额以外增加的廪生)等。这些人都具有参加乡试的资格。

明清乡试是一省范围内的考试,参加者必须是秀才,秀才乡试及格就称为"举人"。主考官为朝廷任命的朝官,地位高于学政,但要回避原籍省份。乡试每三年举行一次,即每逢子、卯、午、酉年举行,时间在秋八月,故又称"秋闱",地点在各省城(包括京师)的贡院,贡院的外墙很高,上植荆棘,故又称"棘闱"。贡院内分成许多考棚,以《千字文》编为号舍,考生入场,搜查极严。发榜时正值桂花开放,因而叫作"桂榜"。乡试及格者都叫举人,第一名称为"解元",是解送朝廷录用之意。中举以后,就算正式进入了统治阶级,可以被人们称作"老爷",既可以参加会试,继续上进;也可以要求担任教职,去做学官,甚至还可以参加大选,候补知县。《儒林外史》"范进中举"描写的就是范进参加乡试中了举人一事。

明清会试是全国范围内的考试,也是每三年举行一次,即于乡试的第二年举行,也就是在丑、辰、未、戌年举行,时间是春三月,因由礼部主持,所以又叫"礼闱"或"春闱"。发榜时正值杏花开放,故称"杏榜"。主考官由皇帝亲自任命,均由一、二品大员担任,并且必须是进士出身。参加考试的人员,必须是举人,已经做官与尚未做官的均可。各省举人进京,由地方政府发给路费。考试地点在北京贡院,就在今天的中国社会科学院一带。会试取中后,通称"贡士",第一名叫"会元"。会试之后接着举行殿试,地点在今故宫保和殿,由皇帝亲自主考,有时只设御座,而由钦命大臣宣读考题,清代一般由亲王担任。应试者必须是贡士,考中者才是进士。发榜时采用金榜，因而考中进士又叫"金榜题名"。殿试分三甲录取：第一甲取三名，一甲第一名为状元，第二名为榜眼，第三名为探花。二甲第一名叫"传胪"。前十名名次决定之后，皇帝首先接见，称为"小传胪"，然后再于太和殿接见全体进士，称为"大传胪"。接见时，御旨宣布名次，同时宣布一甲赐"进士及第"，二甲赐"进士出身"，三甲赐"同进士出身"。如果一个人在乡试、会试、殿试中都考取第一名，就叫"连中三元"。大传胪之后，由礼部赐"琼林宴"，到孔庙拜孔子，而后由礼部将进士的名字刻碑立于国子监，称为"进士题名碑"。殿试之后，还有一次朝考，目的是分配官职。状元、榜眼、探花不参加朝考，按例状元授"翰林院修撰"，榜眼和探花授"翰林院编修"，其余按会试、殿试、朝考三项总成绩分别授"翰林院庶吉士"、各部主事和知县等。庶吉士为学习研究性官员，三年期满才授实职；主事为实习性官员，三年后才能转正。这些按规定举行的考试，称为"正科"，学生三年才有一次考试机会。朝廷为了延揽人才，常在皇帝即位或其他国家性的大典时特别增加一次考试，这叫"恩科"。现在在北京孔庙院内，存有元、明、清三代进士题名碑118座，元代的极少。从明永乐十四年（1416年）到清光绪三十年（1904年），刻进士姓名51,624人（包括少量元代进士）。其中光绪三十年甲辰恩科是中国科举制的最后一次考试，上面刻有沈钧儒和谭延闿。沈钧儒是浙江秀水人，新中国成立后曾任全国人民代表大会常务委员会副委员长和最高人民法院院长；谭延闿是湖南茶陵人，新中国成立前曾任国民党政府的行政院长。沈、谭二人是最后一次科举考试的"同年"。

四、科举制的影响与功过

首先，科举制打破了门阀制度的出身限制，对国家而言，大大拓宽了选拔人才的基础，为选人任人开辟了更大的空间；对社会而言，科举考试给更多中小地主阶级的知识分子提供了参与治国和施展才能的机会，这无疑有利于社会发展与国家稳定。

其次，它与以前的人才选拔制度相比，具有相对公平、公正和公开的优点，是用人制度的历史性改革与进步，不但影响了日本、朝鲜半岛、越南的科举制，还影响了欧洲的文官制。正是科举制为古代中国选拔了数以百万计的可用人才，虽然他们之中并非都是杰出之士，但能过关斩将，荣登金榜，也绝非等闲之辈。那些通过科举考试走上国家管理高层的正直、有才之士，也确实为国家和民族的发展贡献了自己的聪明才智。

唐代以后至"五四运动"以前的历史名人，大多是进士出身，有的还是头名状元。不妨以南京大学历史系所编《中国历代名人辞典》为材料依据，辞典中所载唐代至"五四"以前历代名人约2,480余人，其中除去帝王、宗室、将领、农民起义领袖和宗教人士约1,000人左右，尚有1,480余人是通过各种途径在朝廷任职或从事其他文化工作的。在这1,480余人中，由科举考试而进士及第的达800余人，约占总人数的60%。这一数字表明，科举制确实为封建统治阶级选拔了众多的人才。应当说，他们之中的许多人的确还是有才能的，因而也是有成就的。

唐代以来的大学问家、书画家、科学家、政治家和著名将领，大多是通过进士及第才得以施展抱负的。诸如刘知己、颜真卿、王维、裴度、韩愈、刘禹锡、白居易、柳宗元、柳公权、李商隐、杜牧、寇准、范仲淹、欧阳修、王安石、司马光、苏轼与苏辙兄弟、包拯、沈括、程颢与程颐兄弟、黄庭坚、陆游、李纲、朱熹、陆九渊、王十朋、范成大、文天祥、刘基、解缙、于谦、丘浚、湛若水、王守仁、杨慎、张居正、汤显祖、董其昌、徐光启、史可法、吴伟业、王士祯、沈德潜、郑板桥、全祖望、纪昀、钱大昕、章学诚、王念孙、阮元、龚自珍、林则徐、魏源、俞樾，等等，真是挂一漏万。其中有的如王十朋、文天祥、杨慎等还是头名状元。一般说来，由科举入官的人，不少人因为出身比较贫寒，了解民间疾苦，同时又专心致志读书，所以居官后尚能比较清正。人们熟知的寇准、范仲淹、包拯等都是如此。与寇准同时的吕蒙正，幼时困苦，寄居佛寺破窑内，靠和尚施舍在窑内读书，后一举中状元，曾三度出任宰相。有一出戏叫《破窑记》，讲的就是他的故事。史书上说他"质厚宽简，知人善任"。有一次有人向他献一面古镜，声称可照二百里远，吕蒙正说："我的脸也不过盘子大，要照二百里的镜子干什么？"把来人给顶回去了。吕蒙正的宾客富言，请求允许自己十多岁的儿子与吕的几个儿子一起读书，及至看到这个孩子，吕蒙正惊叹他有宰相才，便欣然同意。这个孩子，就是后来的宰相富弼。有一次，宋真宗问吕蒙正："你那些儿子里哪个可以任用？"他说："我的儿子都笨如猪狗，但我侄儿吕夷简却有宰相之才。"后来，吕夷简由科举入仕，到宋仁宗时果然出任宰相，在任十余年间，内政外交基本安然。虽然不能用这些例子来以偏概全，但也可以说明，科举制以考试方法选用了不少比较好的人才，这是历史事实。相反，历史上臭名昭著的奸佞之徒，多数不是通过科举考试上台的，如唐代口蜜腹剑的宰相李林甫、杨国忠，北宋的高俅，南宋的贾似道，明代的魏忠贤，清代的和珅等。这些人靠旁门左道、奸邪手段向上爬，一旦大权在握，便倒行逆施，祸国殃民。比如高俅，原本是苏轼的书童，后苏轼北往定州任太守，留给枢密院都承旨（军政最高机关负责人之一）王铣。王铣与当时的端王赵佶关系密切，有一次派高俅去给赵佶送剃须刀，赵佶正在踢球，高俅接了一球，深受赵佶的赏识，遂被留用，从此发迹。后来赵佶即位为徽宗，高俅官至太尉（武官最高一级），与蔡京等人勾结，为非作歹，时称"六贼"。臭名远扬的奸臣当中，只有蔡京、秦桧、严嵩等少数人是进士出身。

然而，科举制也同其他事物一样，从它产生的那一天起，就包含了它的负面作用。它的弊端，早在唐代已经显露出来。这突出表现在两方面：一是使一般读书人养成一种侥幸进取的心理，认为只要一登龙门，便可身价百倍，因而寻章摘句，死记硬背，并不在实际本领上下工夫；二是全国举子甚多，而录取的名额又十分有限，考中实在不易，于是举子们不得不找靠山，行贿赂，通关节，走后门，费尽心机，不择手段，而比较正直一点的人往往屡试不中。到了明清两代，科举考试采用八股文取士，其流弊更甚于前代。

八股文形式死板,束缚思想,不能发挥一个人的真正才智。人们为了应试,不得不学作八股,人的灵气和才思全被湮没了。明清以来,科举考试益发腐败,考官和考生考场作弊层出不穷,屡见不鲜。清康熙五十年(1711年)辛卯科江南乡试,在南京贡院举行。正考官为左必番,副考官为赵晋,二人私通关节,贪赃枉法,受扬州盐商的贿赂,发榜时多取盐商子弟。结果江南举子千余人抬着财神爷到孔庙示威,用一副对联嘲讽两位考官:"左丘明两目

江南贡院明远楼

无珠,赵子龙一身是胆",并且把"贡院"二字改成"卖完"。康熙皇帝见事态严重,局势不可收拾,只好砍了赵晋的脑袋,以抚江南举子。这恐怕是中国历史上最大的一次科举考试舞弊案了。即使是殿试,皇帝有时也胡乱取士,并不真正按确定的标准。如永乐皇帝有一次见殿试状元为孙曰恭,认为"曰恭"二字组合为"暴",于国大不吉利,一笔把他降为探花,另取一名叫邢宽的为状元,据说是"以宽压暴"。这就近乎荒唐可笑了。

全国各地的科举考场被称为"贡院",现已大多毁圮,目前可供参观的仅有南京的"江南贡院"。这座始建于南宋时的贡院,至明清两代,由于江南考生人数不断增加,规模不断扩建,成为全国最大的科举考场。鼎盛时期,仅用于考试的号舍即达两万余间,明清官吏有一半是经过江南贡院走上仕途的,仅清一代,从江南贡院中举后考取状元的就占了全国状元总数的二分之一。目前保存的建筑只有一小部分,连同复建的部分建筑,用以展示中国科举历史与文物。

● 学习与思考

1. 中国人才选拔制度经历了怎样的演变过程?
2. 什么是科举?如何评价科举制度在中国历史上的作用?

参考答案

● 相关资料

1. 任继愈,郭齐家.中国古代考试制度.北京:商务印书馆,1997.
2. 王凯旋.中国科举制度史.沈阳:万卷出版公司,2012.

第十章 典籍藏书

汉简

中国是世界上拥有古代典籍最多的国家之一。它们记录和保存了中国传统文化的丰富成果，哺育了现代中国的许多发明和创造。但是，现存的古代典籍一共有多少，迄今没有人能作出精确的回答。在20世纪30年代，有人曾经根据现存古籍目录做过一个初步的统计，认为我国的古代文献大约有10,585部，共171,558卷。1959年，上海图书馆编了一本《中国丛书综录》，共收入古籍38,891部。有人认为，如果删去重复的内容，加入未收进丛书的单刻本和佛藏、道藏、通俗小说、讲唱文学、金石碑录等，总计约有七八万种之多，这的确是一个不小的数字。

中国古代典籍的构成主要有简册、帛书、纸写本和刻印本，甚至还包括石刻书籍。"简册"也称"简策"，可说是中国最早的书籍。它是用毛笔蘸墨把文字写在竹片或木片上，然后再一片片连接起来，成为一部书。每根竹片叫"简"，我们习惯上称为"竹简"，连接起来的竹片，就称为"简册"。在甲骨文里，"册"的象形字，就是把许多竹片连接起来。连接竹片的材料，主要是麻绳和牛皮绳。用牛皮绳连接的就叫"韦编"，所以成语有"韦编三绝"。根据先秦典籍记载推断，这种简册大约在商周时代已经出现，因为《尚书》里有"惟殷先人，有册有典"的文字记载，只是到现在为止还没有任何考古发现可以证实。自春秋战国到两汉三国的千余年间，简册一直是全社会流行的主要书籍，上自官廷的奏折、文牍，下至文人学士的诗文创作，都以简册书之。古今不同时期都有很多重要简册出土。较早的一次是汉武帝时在孔子旧宅的墙壁中发现的一批儒家经典著作，被称为"古文经"。另外一次是晋武帝时在今河南省卫辉市魏襄王墓中发现的数十车竹简，被称为"汲冢古书"，其中就有今天所见的《竹书纪年》和《穆天子传》等。这两次发现的都是战国简册。1975年底在湖北省云梦县睡虎地发现了秦代的竹简，属于秦代法律文书，是研究秦史的重要资料。1930年和20世纪70年代曾两次在甘肃省额济纳河流域发现三万多支汉代木简，大多属于当时的官府公文和器物账簿，为研究汉代边境地区的政治、军事、经济等状况提供了可靠的资料。1972年在山东省临沂市银雀山汉墓出土的西汉竹简7,500余枚，其中有《尉缭子》《孙子兵法》《孙膑兵法》等重要兵书以及《汉武帝元光元年历谱》。1996年10月在湖南省长沙市走马楼发现了三国孙吴竹木纪年简牍数万片，对研究三国时期吴国的政治、军事、经济等具有非常重要的价值，是我国近几十年来在古典文书方面数量最多、最重要的考古发现。1997年7月，又在长沙市中心五一广场发现了数百片东汉时期的简牍，填补了长沙简牍从西汉至三国之间的空白。

与竹木简册并行的还有帛书，也就是用丝织品写成的书籍。古书中提到的"书于竹帛"，就是写在竹简和丝帛上。丝帛质地轻软，易于书写绘画，但因其造价太高，难于普遍采用，只有朝廷和贵族之家有条件使用。据史书记载，汉代官廷里藏有许多帛书。1973年在湖南省长沙市马王堆汉墓中不但出土了一批帛书，如《老子》《易经》《战国策》等，而且还有绘在帛上的三幅驻军分布图。这是迄今为止所见到的最早的地图实物。

书籍的另一种形式是纸写本。从史籍记载知道，我国的纸写本书籍在东汉时已经出现了。但简册和帛书同时存在，而且还是主要的书籍形式。到了三国时代，随着造纸术的改进和纸张的大量出现，纸写本才取代简册和帛书，成为书籍的主要形式。我国现存最早的纸写本书籍是晋人写的《三国志》残卷。

隋唐时代，纸写本书籍有了很大发展，书籍的装潢也不断改进，这就为一些雅好藏书的文人学士提供了大量藏书的可能。后来，发明了雕版印刷技术和活字印刷技术，使书籍的产生和流传更加便捷，藏书事业也有了更大的发展。20世纪初在敦煌莫高窟发现的唐咸通九年（868年）刻印的《金刚经》和1944年在四川省成都市出土的唐代《陀罗尼经咒》是目前我们所知较早的印本书籍。宋以后，印刷业日渐发展，书籍的印刷和出版也日渐增多，大型典籍的产生就不是什么问题了。

中国古籍的最大特点就是包罗丰富和经典第一。前者是面，后者是点，点面结合，广博专深，形成了中国的典籍文化。所谓"包罗丰富"，是指包括了天文、地理、历史、哲学、文学、艺术、宗教、军事、经济、农学、医学、烹调以及历代典章制度等，涉及人类文化的各个方面，表明了中国人在各个领域的探索和贡献。所谓"经典第一"，是指儒家著作在所有典籍中的崇高地位，同时也指儒家著作及对其的研究和解释性的著作数量很多。延续至今的古籍分类依然是按照"经""史""子""集"四部来划分的。历代对经书的研究，产生了中国文化中特有的"经学"，因此，"经学"为尊，众学为从；

"经学"为纲,众学为目,构成了中国近两千年的藏书特色和治学原则。

一、经书

浙江省宁波市的明代藏书楼"天一阁"有一副对联,云:"此地有崇山峻岭,茂林修竹;其人读三坟五典,八索九丘。"上联写天一阁前的园林风光,也可以理解为楼中所藏的学问犹如崇山峻岭、茂林修竹;下联说天一阁的主人曾读"三坟五典""八索九丘",意思是学识非常渊博。那么,什么是"三坟五典""八索九丘"呢?据说都是上古时代的书籍。汉代学者孔安国在《尚书序》中说:"伏羲、神农、黄帝之书谓之三坟,言大道也;少昊、颛顼、高辛(帝喾)、唐(尧)、虞(舜)之书谓之五典,言常道也。"唐代学者孔颖达进一步解释说,"三坟"讲的是三皇的事,其道理是至高至大的,"坟"就是"大"的意思;"五典"讲的是五帝的事,其道理是百代常用的,"典"就是"常"的意思。可是,孔颖达也同时指出一个事实,东汉时的经学大师郑玄已经怀疑"三坟五典"的真实性,而最早记录古书目录的《汉书》和《后汉书》都没有提到这些书,此后人们也没有看到过这些书。然而到了宋代,有个名叫张商英的官僚忽然出示此书,并称得于民间。其内容

西汉马王堆帛书

荒诞不可信，世人认为这是张商英的伪造，目的是想沽名钓誉。到了明代，有人把张商英的书刻印后收入《魏晋丛书》，并且标上晋代阮咸作注，来了一个假上作假。因此，所谓"三坟五典"实际是子虚乌有，它极有可能是春秋战国时代，人们为了附会"三皇五帝"的事迹而捏造出来的古书名。但"坟典"一词却成为中国古籍的代称。

"八索九丘"也是传说中的古书。据孔颖达解释，记载八卦的书叫"八索"，"索"是"探索"的意思；记载九州地理的书叫"九丘"，"丘"是"聚集"的意思，九州风气所聚，土地所生，所以叫"九丘"。但详细情况如何，没有人能说得清楚，因为从来没有人见过。

"五经四书"却是实实在在的古代典籍，而且是实实在在的儒家经典。所谓"五经"，始于汉代。汉武帝设立太学，置五经博士教授弟子，开始有"五经"的说法。汉代的"五经"包括《周易》《尚书》《诗经》《仪礼》《春秋》，后来用《礼记》代替《仪礼》，把《左传》并入《春秋》，仍为五经。"四书"的说法比较晚。南宋时朱熹自注《论语》，又从《礼记》中摘出《大学》《中庸》两篇，分章断句，同时加以注释，再加上《孟子》，合称《四书章句集注》，作为初习儒学的入门读物，这才开始有"四书"之称。也正是从此以后，历代的读书与科举，都以"四书"为本，以朱熹的注释为准。"五经""四书"合在一起，成为封建社会知识分子的必读教材和安身立命的根基。

说到"五经""四书"，就不能不交代一下"十三经"，因为"十三经"是"五经"的扩展，而又为历代学者所重。如前所说，汉代以《周易》《尚书》《诗经》《仪礼》《春秋》为"五经"，刻石立于太学，以昭示在校学习的学生，由此开创了我国石刻经书的传统。东汉熹平四年（175年），由蔡邕等人用隶书写成《尚书》《鲁诗》《周易》《春秋》《公羊传》《仪礼》《论语》等七经，刻成46块石碑，立于洛阳南郊（今属河南省偃师市）的太学前，称为"熹平石经"或"一体石经"。到三国魏正始二年（241年）又刻《尚书》《春秋》《左传》等约27块石碑，立于洛阳南郊太学前，因经文用古文、小篆和汉隶三种字体写成，又叫"正始石经"或"三体石经"。以上两种石经，现都有残石保存。唐代以科举取士，在"明经"科中规定"三礼"（《礼记》《周礼》《仪礼》）、"三传"（《左传》《公羊传》《穀梁传》），再加上《诗经》《尚书》《周易》，合称为"九经"，后来又加上《孝经》（传为曾参著）、《论语》、《尔雅》，合为"十二经"。唐大和七年（833年）至开成二年（837年）刻石立于国子监太学，这就是保留到现在的"开成石经"，现仍存于西安碑林，是国内保存最早的石经。其后，五代时的后蜀孟昶曾命刻《孝经》《论语》《尔雅》《周易》《诗经》《尚书》《仪礼》《礼记》《周礼》《左传》等十种经书，因刻于广政元年（938年），故称"广政石经"。北宋嘉祐年间，宋仁宗又命刻《周易》《诗经》《尚书》《周礼》《礼记》《左传》《孝经》《论语》《孟子》等九种，称为"嘉祐石经"。由于宋代把《孟子》列入经书，因此到明代出现了"十三经"的名称，即唐代所列的"十二经"再加上《孟子》。清代乾隆年间，江苏文人蒋衡在西安看到"开成石经"众手杂书，字体混乱，大不为满，便发誓以一体自书"十三经"，历时12年方才完成，后献给朝廷，以3年时间刻成，共计63万余字，刻石190块，名曰"乾隆石经"，现仍完好保存于北京孔庙和国子监的夹道之中。这怕是我国现存规模最大的石刻经书了。

二、史书及其类别

中国文化的又一明显特点就是崇古重史。"以史为鉴，以古为镜"，几乎是历代封建统治者奉行的教条，因而历代修史，非常重要。相传早在黄帝时代，已经设有史官，负责修史的工作。到了周代，中央设"太史"一职，掌管天文历法和记载历史。司马迁（字子长，约公元前145或前135—？）和他的父亲司马谈，都在汉武帝时担任过"太史令"的官职，所以司马迁著《史记》顺理成章。这样一代一代地修史，就使我国的史籍极为丰富，史学极为发达。现存史籍的数量恐怕也是很难统计的。其类别可以有两种分法：以其运用的体裁来看，史书可分为"编年体""纪传体"和"纪事本末体"三大类；以其记述的内容来看，又可分为"正史""实录""制度史""杂史"和"传记"等类。

先说编年体。编年体以《春秋》（鲁国史）为起始，以司马光（字君实，1019—1086年）的《资治通鉴》为代表，是按历史编年分述历史事件，并杂以评论，借以总结历史经验教训的一类史书体裁。《春秋》一书记载了上自鲁隐公元年（公元前722年）下至鲁哀公十四年（公元前481年）合计242年的鲁国历史。关于它的作者，古人多断为孔子，其实应是鲁国的史官。全书按年编次，开创了我国编年史的先河。因为记载过于简略，后来注释和阐述纷起。现存的有《左氏传》（即《左传》）、《公羊传》和《穀梁传》三种。宋代司马光依照《春秋》的做法，与范祖禹、刘恕等人，编写成《资治通鉴》一书，目的在于"善可为法，恶可为戒"，借史实作为治理当今朝廷的明鉴。全书记述从周威烈王二十三年（公元前403年）一直到959年（宋建立前），共计1,362年。由于资料丰富，内容翔实，繁简适当，文笔流畅，又有很多精辟的见解，因而成为一部历史名著。《资治通鉴》之后，陆续产生了许多编年体史书，如宋代李焘的《续资治通鉴长编》，记录了从960年到1127年的历史；清代毕沅的《续资治通鉴》，则记录了从960年到1368年（元代末年）的历史；明末清初的谈迁以平民史学家的身份，历时26年，"六易其稿，汇至百卷"，终于完成了编年体明史《国榷》，全书400万言，时间起自1328年，终至1645年。不料书稿刚写完即被人全部偷走，他痛哭一阵之后又重起炉灶，写成第二稿，结果比第一稿写得更好。此外，这一类史书还有清代陈鹤的《明纪》、清代夏燮的《明通鉴》等。

再说纪传体。纪传体以司马迁的《史记》为开端，此后历代相沿，成为我国记载正史的主要体裁。纪传体以人为纲，穿插史实，并用专章记载典章制度。如果说编年体是以纵记史，那么纪传体就是以横记史。《史记》首创了"本纪"（记述帝王事迹）、"表"（按年月简列历史大事和人物）的分类写法、"世家"（记述诸侯、圣哲名人事迹）、"书"（记述典章制度，《汉书》

以后改称"志")、"列传"(记述其他历史人物)的分类写法。全书从黄帝写到汉武帝,分为十二本纪、十表、八书、三十世家、七十列传。加上此后班固的《汉书》,南朝宋范晔的《后汉书》,晋代陈寿的《三国志》,唐代房玄龄等人的《晋书》,南朝沈约的《宋书》,南朝萧子显的《南齐书》,唐代姚思廉的《梁书》《陈书》,北朝魏收的《魏书》,唐代李百药的《北齐书》,唐代令狐德棻的《周书》,唐代李延寿的《南史》《北史》,唐代魏徵的《隋书》,五代刘昫等人的《旧唐书》,宋代欧阳修等人的《新唐书》,宋代薛居正的《旧五代史》,欧阳修等人的《新五代史》,元代脱脱等人的《宋史》《辽史》《金史》,明代宋濂等人的《元史》,清代张廷玉等人的《明史》,合称为通常所说的"二十四史",如果加上1920年成书的《新元史》,就是"二十五史"。这些史书的编写工作,开初都是由史学家个人独自进行和完成的。从南朝的沈约开始,由皇帝下诏修史,常常由宰相、史官牵头,组成编写班子,或者由皇帝任命几位史学家共同负责。这种情况在唐代表现得最为明显,因而唐代编写的史书也最多。这一变化,反映了封建国家对修史工作的高度重视,表明统治者把修史当作治理国家的头等大事。

但个人修史的情况并没有绝迹,而且在修史方面的某些创新,往往又依赖于有独创精神的史学家个人。如南宋史学家郑樵,曾仿《史记》体例作《通志》200卷,从"三皇五帝"一直写到隋,有的篇章还写到唐,全书共500多万字,分为"帝王纪""后妃传""年谱""略""宗室传""列传"等部分,其中"略"记述历代典章制度的沿革变化,是全书的精华所在,包括氏族、都邑、礼、谥、器服、乐、职官、选举、刑法、金石、昆虫草木等20个内容,对研究中国文化极具参考价值。它虽然跟《史记》一样属于通史,但又突出了典章制度的演变,为修史创立了一种新的思路。到清代乾隆年间敕撰的《续通志》,时间与《通志》衔接,分类与《通志》相同,一直写到元明两朝的历史,但写作班子又变成由皇帝任命的人员。

三是纪事本末体。它以历史事件为纲,按类组织史料,每一类记述一个大的历史事件,可以单独成篇。这种写法,可以克服编年体"一事而隔越数卷,首尾难稽"和纪传体"一事而复见数篇,宾主莫辨"的缺点。它的创始者是南宋史学家袁枢。他觉得294卷的《资治通鉴》卷帙浩繁,难于查找,便自出新意,以事为纲,分立许多题目,把《资治通鉴》改编为239个专题的《通鉴纪事本末》,因而创立了一种新的史书编写体例。从此以后,便陆续出现了明代陈邦瞻的《宋史纪事本末》《元史纪事本末》,清高士奇的《左传纪事本末》,以及其他学者的《辽史纪事本末》《金史纪事本末》《明史纪事本末》《清史纪事本末》等。

其他类型的史书。一种是"实录",它是忠实记录帝王言行的史书,故称"实录"。它由汉代"起居注"和"日录"发展而来,如汉武帝时就有《禁中起居注》。据《隋书》记载,我国最早的实录是南北朝时出现的两本《梁皇帝实录》,分别记录梁武帝和梁元帝的言行,可惜已经亡佚。现存的起居注和实录有唐代温大雅的《大唐创业起居注》,记述李渊、李世民父子从太原起兵到建立唐朝的过程。从唐高祖李渊起,唐朝的每个皇帝都有实录,但保存至今的只有韩愈撰写的《顺宗实录》。宋朝各代皇帝的实录几乎全部失传,现存只有《太宗实录》的一小部分。《明实录》和《清实录》现存完整,大陆和台湾都有全本。第二种是制度史一类的史书,它是记述历代典章制度的专书,对研究中国文化史中的制度史和器物史尤其有参考价值。这类史书的首创者是唐代史学家杜佑,他用30多年的时间写成《通典》,时间上自远古,下至唐肃宗、唐代宗之际,把历代典章制度分为"食货"(记述土地财政制度)、"选举"(叙述科举选士、官吏考核制度)、"职官"(叙述官制)、"礼"(叙述礼仪制度)、"乐"(叙述乐制)、"兵"(叙述军事制度)、"刑"(叙述刑法制度)、"州郡"(叙述地理沿革)、"边防"(叙述境外邦国)等九门。全书以事类为中心,按朝代先后编次,不但汇集了各代典章制度的详细材料,而且引进了很多前人的评论,也写入了作者本人的看法。因此后人评论此书,说它"详而不烦,简而有要,元元本本,皆为有用之实学。"

南宋末年元代初年,江西人马端临在《通典》的基础上加以增补,并广泛搜集唐天宝末年到南宋嘉定末年的材料,写成《文献通考》348卷,全书分为24门，内容包括了政治、经济、军事、文化等各方面的制度。每一门都按时代排比，前有小序，说明考订的新意；后附按语，阐发自己的见解，给后来的研究者们提供了极大的方便。后来，人们把杜佑的《通典》、郑樵的《通志》、马端临的《文献通考》合称为"三通"。此后，这一类书又接连不断，一直有"九通"（"三通"加上《续通典》《续通志》《续文献通考》《清通典》《清通志》《清文献通考》）、"十通"（"九通"加上《清续文献通考》）。

还有一类记述典章制度的史书叫"会要"，它只记述一朝一代的典章，具有断代史的性质。此类史书的编撰始于唐代，由唐德宗时的苏冕首作《会要》，记述唐高祖至唐德宗九代史实，后又有杨绍复等人作《续会要》，记德宗以后史实。北宋初年，王溥在二书基础上增补唐末史实，成《新编唐会要》，即现存《唐会要》，共100卷，分为帝系、礼、宫殿、舆服、乐、学校、刑、历象、封建、佛道、官制、食货、四裔等类，引用的资料非常丰富。之后，王溥又著《五代会要》，此后才有其他各朝的"会要"出现。

杂史一类的书很多，其中东汉赵晔的《吴越春秋》、北魏杨衒之的《洛阳伽蓝记》和唐代吴兢的《贞观政要》等比较重要。《吴越春秋》记述春秋末期吴越两国的事迹，但杂入一些传说和人物描写，使全书介于史书和小说之间。《洛阳伽蓝记》主要记述北魏都城洛阳的佛寺、园林建筑，但每一寺都附记有关历史和典故，涉及北魏的政治、经济、军事、文化诸方面，有很高的史料价值。《贞观政要》主要记述唐太宗的"贞观之治"，有许多君臣商议国事的问答，能使人体会到"贞观之治"之所以产生的原因。全书涉及的范围很广，是贞观一代的专题政治史。

传记一类的史书有汉代刘向的《列女传》，它记述古代妇女的贞烈事迹，开中国为妇女立传的先河。南朝慧皎的《高僧传》，记述梁代以前佛教大师们的事迹，是研究中国佛教史的重要史料。其后便有《续高僧传》《宋高僧传》等。清代阮元的《畴人传》，是关于我国古代科学家的唯一传记汇编。

三、类书和辞书

　　类书是辑录各个门类或某一门类的资料,经过编排后供人查阅的工具书。它最早出现于魏文帝曹丕时期,那时的几个大臣把"五经"等书分类编排,供皇帝阅览,故名《皇览》。原书已失传,现只有辑本。现存最早的类书是隋代末年虞世南编的《北堂书钞》。虞在隋代任秘书省秘书郎(约相当于今国家图书馆馆长),北堂是秘书省的后堂,因为该书在这里抄录编排而成,故名《北堂书钞》。全书现存160卷,分为帝王、后妃、政术、刑法、封爵、设官、礼仪、艺文、乐、武功、衣冠、仪饰、服饰、舟、车、酒食、天、岁时、地19部,部下再分类,共计852类。唐代初年,欧阳询主编的《艺文类聚》是唐代的第一部类书。全书根据唐以前的1,400多种古籍,分门别类,摘录汇编,内容相当丰富。由于摘引的资料主要是文学作品,故名《艺文类聚》。全书分为天、岁时、地、州、郡、山、水、符命、帝王、后妃、储宫、人、礼、乐、职官、封爵、治政、刑法、杂文、武、军器、居处、产业、衣冠、仪饰、服饰、舟车、食物、杂器物、巧艺、方术、内典、灵异、火、药、香草、宝玉、百谷、布帛、果、木、鸟、兽、鳞、介、虫豸、祥瑞、灾异等部,以下又分子目。每个子目下面,先事后文,"事"的部分摘取古书中有关资料,"文"的部分摘引诗文,很有参考价值。唐代的另一部类书是《初学记》,是唐玄宗命徐坚等人编辑后专供皇子们初学作文时用的,分23部,"其博不及《艺文类聚》,而精则胜之"。

　　宋代著名的两大类书,一是《太平御览》,二是《册府元龟》。《太平御览》是宋太宗命李昉等人编撰的,因编于太平兴国年间,初名《太平总类》,后因宋太宗每天阅览三卷,一年阅完,改名《太平御览》,成语"开卷有益"的典故就出于此。全书1,000卷,以天、地、人、事、物为序,分为55部,暗合《周易》所说的"凡天地之数五十有五"(即1、3、5、7、9为天数,其和为25;2、4、6、8、10为地数,其和为30,合计55),以示包罗万象。

部下再分子目，共计有子目 4,558 个。它摘引的古籍达 1,690 余种，对保存古代文献资料做出了巨大贡献。特别是它所摘引的古籍现已大多失传，它的历史价值也就更加突出。《册府元龟》是宋真宗命王钦若、杨亿等人编撰的，是一部史料性的大类书，汇辑了从上古至五代的历代君臣事迹，概括了宋代以前的十七史，目的是以古鉴今。所谓"册府"，是图书府库的意思；"元龟"即大龟。古人认为龟可卜知未来，供人借鉴，故总名《册府元龟》。全书共 1,000 卷，按事类和人物编次，分为帝王、闰位、僭伪、列国君、储宫、宗室、外戚、宰辅、将帅、台省、邦计、宪官、谏诤、词臣、国史、掌礼、学校、刑法、卿监、环卫、铨选、贡举、奉使、内臣、牧守、令长、宫臣、幕府、陪臣、总录、外臣等部，部下分门。如果你想要研究古代的"和亲"问题，可以在"外臣部"的"亲门"中找到宋代以前的资料。

明代规模最大的类书就是举世闻名的《永乐大典》，由明成祖命解缙（1369—1415 年）、姚广孝等人主持编撰，参加工作的人员达 2,169 人，前后用了五年时间，成书后由明成祖赐名《永乐大典》。全书总计 22,937 卷，其中目录即达 60 卷，装订为 11,095 册，约 37,000 万字。规模之宏大，包罗之丰富，如同一部百科全书。它的编撰是中国文化史上的巨大工程之一。全书编完之后，只缮写了一部，藏在南京"文渊阁"，后因迁都运入北京。由于卷帙浩繁，始终没有刻印。一直到嘉靖末年，才抄写了一部副本，藏在今北京市南池子的"皇史宬"。正本大约在明亡时被毁，清代将副本藏至翰林院，后来由于散失、被劫和八国联军焚毁，到清末只剩下 64 册。新中国成立后，陆续收到 100 多册，现藏为 215 册，国外尚流传 160 余册。《永乐大典》的编撰比英、法两国的大百科全书要早三百余年，在世界文化史上占有辉煌地位，可惜我们已无法看到它的全貌了。

清代的大类书叫《古今图书集成》，成于康熙、雍正年间，初由陈梦雷主持编撰，雍正时改为蒋廷锡，是现存规模最浩大、体例最完善、用途最广泛的一部类书。全书 16,000 万字，分 6 汇编、32 典、6,109 部。在每一部里，先列汇考，引证古籍以考证某一事物的源流；次列总论，收录古籍中对所列事物的评论；然后配以图表说明，采集与该项内容有关的诗、文、词、赋，并附以其他有关的材料，内容丰富，编排有序，为各行各业的研究者提供了很多的方便。比如要了解古代是如何记述、评论和描绘"菊花"的，只要找到"博物汇编·草木典"中的"花部"，就可以得到所需要的材料。《古今图书集成》自编成以后，一共用活字印刷过4次，今国内著名大图书馆都有藏本。

辞书在我国也有悠久的历史，种类也很多。这是因为我国的历史文献异常丰富，为研究这些文献就产生了众多的辞书。这里只介绍几种：一是东汉许慎编撰的《说文解字》，它不但是我国最早的字典，恐怕也是世界上最早的字典。全书收9,353个字，其体例是先列篆文，然后解释意义，最后按"六书"的方法来分析字形的结构，由此而建立了中国的"文字学"。二是《尔雅》，其作者已无考，一般认为是汉代学者编辑整理前代著作而成。这是一种训诂性质的辞书。"训诂"是解释词义和字义的意思。所谓"训"，是以比较通俗的话来解释词义；"诂"则是以今天的话来解释古语或以通行的话来解释方言。现存《尔雅》共19篇，前3篇解释一般词语，后16篇分类解释词语，对各种名物加以解说。《尔雅》不但是我国最早的训诂学专著，而且是后世词典的雏形，其历史影响是不言而喻的。《尔雅》之后，产生了一系列类似的辞书。三是《广韵》，宋代陈彭年、邱雍等编撰，是我国现存最早的韵书。全书收入26,194字，按韵编排，因此凡同音字都编在一起，可以看作是按韵编排的词典。后来，宋代的丁度等人以《广韵》为基础，增补成《集韵》，收入5万多字。四是《康熙字典》，这是康熙皇帝命张玉书等人编撰的，收入汉字47,035个，是当时世界上收字最多的字典。其体例是先注音，后释义。五是《佩文韵府》，这是查阅诗文典故的一部辞书，因由康熙皇帝命张玉书等人编成，故用康熙皇帝在畅春园的书斋"佩文斋"命名。全书收入单字12,057个，引录诗文典故达140万条，按韵排列。体例是先列单字，接着释义，然后按字数多少列出韵藻，韵藻下尽列古书用例。如"台"，在注音释义之后，列出"鹿台、灵台、夏台、章华台、轩辕台"等

320多个韵藻,又在"章华台"下引《左传》"楚子成章华之台,……",并注"台在今华容城内,……李白诗:狂风吹古月,窃弄章华台"。书中所收典故的出处,都用此方法标明。

四、方志

"方志"是"地方志"的简称。所谓地方志就是以行政区划为记述内容的历史书,"志"即"记"的意思,取"永志不忘"之意。方志,就是对一个地方的记录,包括自然地理、人文地理和经济地理,所以它同时具备两种特性,一是地理的,二是历史的。一部完善和成功的地方志应是一个地区的综合性资料典籍。它记载的内容相当广泛,所记载的地区又相当集中,所涉及的资料也相当丰富,可以称得上是一个地方的百科全书,所以受到人们的高度重视,是颇能反映我国传统文化特色的古籍之一。据不完全统计,流传到今天的地方志约有 8,500 余种,共计约 10 万余卷。

地方志的种类很多。全国性的叫"一统志",如《大元一统志》《大明一统志》《大清一统志》等;一省的地方志叫"通志",如《湖北通志》《河南通志》等;郡、州、府、县的地方志则分别叫"郡志""州志""府志""县志";此外还有"关志""山志""寺志""庙志";有的地方还有"乡志""村志"。当然,地方志的名称也不都叫"志",有的叫"图经",即地图再加上文字说明,如宋代的《吴郡图经续记》;有的叫"考",即"考证""研究"的意思,如清代的北京地方志叫《日下旧闻考》。但绝大多数还是叫"志"。

我国的地方志起源很早,《尚书》里有一篇《禹贡》,记载了战国以前的方域、物产、贡赋等,实是我国地方志的雏形。还有《山海经》,它记载远古时的山川、形势、物怪等,也给后来的地方志以应有的启示。秦汉时代已有记述国内风俗的地理书,到班固写《汉书》的时候,已特辟一部分为《地理志》。东汉初年，出现过一本《南阳风俗记》，专记汉光武帝刘秀故乡的风土人情，可说是我国最早的一部地方志，不幸后来失传了。现存最早的一部地方志是东晋常璩著的《华阳国志》。"华阳"就是今天的四川。此书详细记述了这一地区的政治沿革、风土人情、物产土俗和豪门大姓，是研究古代西南地区历史、地理最早也是最重要的文献。

南北朝时的地方志著作明显地多了起来，但多已失传。隋唐时期，天下一统，为便于了解全国州郡情况，朝廷诏令编写全国性的地方志，从此开始了由中央政府编写地方志的传统。如隋代的《诸郡物产土俗记》《区宇图志》《诸州图经集》和唐代的《括地志》《元和郡县图志》等，都是由中央政府编纂的全国性总志。唐建中元年（780年），朝廷规定各州郡每三年编造一次图经报送中央，后又改为五年一次。《元和郡县图志》就是宰相李吉甫在各郡县图经的基础上编成的一部总志，详细记载了当时各郡县的辖区、山川、要塞、沿革、户口、贡赋、物产和名胜古迹。后因图亡，改名《元和郡县志》，是迄今所知保存最早的全国性地方志。两宋时代，地方志的编纂有了进一步的发展，朝廷三令五申修志造图，文人学士也加以关注，这就使地方志的数量大大增加，也使编写体例更加完备。宋代以前的方志，其内容大多局限于自然地理方面，到宋代则扩展到人文历史方面，如由乐史编撰的《太平寰宇记》，体例沿袭《元和郡县志》，但又吸收《华阳国志》的长处，于地理情况之外，增加了姓氏、人物、风俗等内容，又由人物详及官爵、艺文。自此，方志内容包罗万象，编写体例明显大变，方志由地理领域迈入史学领域，从而大大提高了地方志的学术价值和实用价值。现存宋代地方志约有二十多种，大都体例完备，考证有据，记事审慎，说明地方志已经定型。元代疆域广大，深感修志之重要，于大德七年（1303年）完成《大元一统志》1,300卷，尽录古今建置沿革、山川、古迹、形势、人物、风俗、土产，是我国历史上第一部规模巨大的全国一统志，为明清两代编修大一统志提供了范例和模式。明代从中央到地方都对编写地方志非常重视，各地修志工作蔚然成风，所修方志质量也较高。明代志书约有1,500余种，现尚存400

余种。清代是编修地方志的极盛时期,特别是乾隆、嘉庆之际,三修《大清一统志》,形成举国上下编修地方志的高潮。清政府还明确规定各个省、府、州、县地方志60年一修。据《中国地方志联合目录》统计,清代方志达5,800多种,大大超过历代的总数。

各种方志的内容多少并不相同,详略也不一样,但它所包括的项目是差不多的。以宋代范成大的《吴郡志》和明代康海的《武功县志》为例,《吴郡志》共50卷,分为沿革、分野、户口、税租、土贡、风俗、城郭、学校、营寨、宫宇、仓库、坊市、古迹、封爵、牧守、官吏、祠庙、园亭、山、虎丘、桥梁、川、水利、人物、进士题名、土物、宫观、府郭寺、郭外寺、县记、冢墓、仙事、浮屠、方技、奇事、异闻、考证、杂咏、杂志39门,读者对当时的苏州风貌可一览无余;《武功县志》共3卷,分为7篇,包括了山川、城郭、古迹、宅墓、官署、学校、津梁、市集、祠庙、寺观、户口、物产、官师、艺文(散附各条之下)。通过阅读县志,一县之貌,也可尽知。

因方志而有"方志学"。它是在修志实践中形成和总结出来的理论见解。它研究的主要内容包括:方志的产生和发展、方志的性质和分类、方志的特征和功能、志书编纂理论、旧志整理和方志利用、方志批评和志书评论、方志和其他学科的关系等。我国的修志工作虽然早有丰富的经验,但在清代以前却缺乏系统的理论研究。清代修志进入极盛阶段,不少著名学者参与其事,他们通过自身的实践,对如何修志产生了一系列看法,因而使方志学很快建立和发展起来。它的代表人物是乾嘉时期的著名史学家章学诚。他的史学论著《文史通义》,主张史学经世,揭露时弊。他曾主撰《永清县志》《和州志》和《湖北通志》等,对撰修方志有深刻见解。

由于对方志的性质、内容和作用有不同的理解,清代的方志学形成两大流派。一派为"历史派",以章学诚为代表,主张方志是"一方之全史","志属信史"。为此,章学诚为编修地方志创立了"三书"体例,即"仿纪传正史之体而作志,仿律令典例之体而作掌故,仿文选、文苑之体而作文征,三书相辅而行,缺一不可;合而为一,尤不可也"(《方志立三书议》)。这一派注重历史，志书内容比较详尽，材料大量采用官府档案，因此，它的史料价值极高。另一派是"地理派"，以戴震、洪亮吉为代表，主张方志主要记述地理状况，如戴震认为"古今沿革，作志首以为重"，"夫志以考地理，但悉心于地理沿革"；洪亮吉也主张"一方之志，沿革最要"。一般来说，这一派的志书不重视历史文献，除地理部分外，人物、职官等项记载都比较简略。两派各有特色，但以历史派的理论影响最大。

正因为地方志的记载十分详备，故而对各种研究工作都有极高的参考价值。如自然科学方面的矿产资源、天文气象、自然灾害（如蝗虫、地震等）以及社会科学方面的民俗民情、方言俗语等，都可以在地方志中找到相应的资料。如宁夏《隆德县志》总结了当地观察地震先兆的经验，归纳为"地震六端"，指出：（一）井水本湛静无波，倏忽浑如墨汁，泥渣上浮，势必地震。（二）池沼之水，风吹成毂，荇藻交萦，无端泡沫上腾，若沸煎茶，势必地震。（三）海面遇风，波浪高涌，奔腾泙汹，此常情；若风日晴和，台飓不作，海水忽然绕起，汹涌异常，势必地震。（四）夜半晦黑，天忽开朗，光明照耀，光异日中，势必地震。（五）天晴日暖，碧空清净，忽见黑云如缕，蜿如长蛇，横亘空际，久而不衰，势必地震。（六）时值盛夏，酷热蒸腾，挥汗如雨，蓦觉清凉，如受冰雪，冷气袭人，肌为之栗，势必地震。这种对地震先兆的全面总结，在其他的古籍里还看不到，它对今天的群众性预测、预报活动仍有参考价值。又如乾隆年间编撰的《曲沃县志》，考证出晋国都城新田不在曲沃，而在侯马，果然为新中国成立后在侯马发现的"新田遗址"所证实。这都说明地方志的价值很高。近代，有人把地方志的功用总结为六个：一是社会制度之隐微不见于正史者，往往于方志中得其梗概；二是前代人物不能登名于正史者，往往于方志中存其姓氏；三是遗文佚事散在某部者，赖方志然后能以地为纲有所统摄；四是方志多详物产、税额、物价等类事实，可以窥见经济状态之变迁；五是方志多详建置兴废，可以窥见文化升隆之迹；六是方志多详族姓之分合、门第之隆衰，往往可与其他史实互证。

地方志的这种科学价值，国外相关领域也早有认识。美国人从1859年起就有意搜罗我国珍贵图书,其中有方志5,500余种,仅哈佛大学就藏有宋、明方志100多种,如《大明一统志》90卷为明天顺五年(1461年)内府刻本,首尾俱全,各卷都有"广运之宝"印记,这"广运之宝"原为明成祖专用,后为内府专用;《广舆图》2卷,是明嘉靖四十五年(1566年)刻本;现存最早的《广西通志》《潞城县志》等,今都在哈佛大学。日本所藏比美国还要多。此外,英国、法国、德国、瑞典、荷兰、比利时、意大利等国也有收藏。

目前国内收藏的地方志,以国家图书馆为最多,约6,000部;上海图书馆次之,约5,000部;南京图书馆第三,约4,000部。大学图书馆的收藏,则北京大学第一,南京大学第二,北京师范大学第三。前边提到的宁波天一阁以收藏明代地方志为特色,现存的270余种,都是极有价值的地方文献资料,其中有164种为海内孤本,如正德《赵州志》《汝州志》《莘县志》、万历《兖州府志》《郴州志》、嘉靖《沛县志》《广州志》、成化《颖州志》、弘治《黄州府志》等都极为珍贵。1961年以来,已影印出版了《天一阁藏明代方志选刊》107种,以发挥它的作用。

五、官藏与私藏

为了保护和利用古籍,古人早有藏书之举。这样一代一代地收藏,形成了我国的藏书史。据记载,周代的史官兼掌记事和收藏国家文献,这些文献就是那时的国家图书。《史记》说老子"周守藏室之史也"。这个守藏室就是周王朝专门收藏图书的地方。老子作为史官,兼守藏室史,可算史书记载的最早的国家图书馆馆长。秦始皇统一天下,兼并六国,使国家的图书总量大大超过周王朝的藏书,但是为了加强思想控制,秦始皇却采取了"焚书坑儒"的措施,把秦国史籍以外的史书和诸子百家的著作尽行烧毁,只有科技性的书籍不在禁毁之列。这一举动,造成我国藏书史上的第一次浩劫。

虽然如此，民间还是有人冒着杀头的危险保存图书。相传当时有儒生二人把家藏图书（竹简）偷偷运出咸阳，日夜水陆转运，到达今湖南沅陵县西北的"二酉山洞"，二人就在此隐居，并死守着这些图书，一直到刘邦建立汉朝，才将藏书献出。"二酉藏书洞"由此成为著名的中华文化圣迹。

汉朝建立以后，对文化事业给予了应有的重视。首先在未央宫内建筑了三座藏书阁，即石渠阁、天禄阁和麒麟阁，从此确立了我国藏书史上的皇家藏书制度，习惯上称之为"官藏"。为了防火防潮，汉代把藏书室用石块砌为"石室"，把书柜用铜皮包为"金匮"，这就是史书上所说的"石室金匮"，并为后世所沿用。由于汉朝中央政府广开献书之路，秦代私藏秘籍重新面世，国家藏书不断增加，到汉武帝时又在宫内增辟延阁、广内等殿阁专供藏书，宫外则有太常、太史、太学三处官署藏书。汉哀帝时，皇家藏书已达33,000余卷。东汉皇帝崇儒尚文，也重视图书的收藏和利用，当时的图书一般都藏在东观、兰台、仁寿阁、宣明殿和太学等处。为此，汉桓帝时特设"秘书监"一职，专管收藏艺文图书，这便是我国历史上最早设立的专职国家图书馆馆长，以后历代相沿此职。

东汉末年到魏晋南北朝战乱频繁，皇家藏书屡遭厄运。有些帝王因为喜弄文墨，偏好诗书，即位后总是广收奇书，藏于秘阁，所以藏书量也能达到可观的数目，可是一遭战乱，便被焚抢一空。梁武帝曾在宫中藏有大批图书，遭侯景叛乱，全部被焚。他的儿子梁元帝平定侯景叛乱，积得各种图书14万余卷，但他在被西魏军队俘虏之前，竟下令把所有藏书付之一炬。事后问他为什么焚书，他说："读书万卷，犹有今日，故焚之。"这表现了封建统治者遭到政治惨败时的那种仇视文化的心理。

隋唐时期，一统天下，经济和文化都得到迅速发展，国家对图书的收藏也更加重视。隋文帝曾派人四处求访"异书"，至隋炀帝已积得图书37万余卷，超过了以往任何朝代。唐太宗时，虞世南、魏徵、颜师古相继出任秘书监，广购天下图书，并从五品官员的子弟里挑选书法好的人抄写，然后统一收藏于秘书省。唐玄宗时甚至诏令"公卿世庶之家"献所有异书，由国家组织专人抄写后收藏，并为此新辟集贤书院和丽正书院为校正图籍之所，由秘书监等人负责分类编目，共录图书48,000余卷，加上新旧收藏，使那时的官藏总数达到16万余卷。宋元以后，官藏仍有发展，否则就不会产生《太平御览》《册府元龟》和《永乐大典》等皇皇巨著。但日益发展起来的私藏，却使官藏黯然失色，私藏逐渐发展成为我国文化史上的一朵奇葩。

其实，私藏在我国也是很早就有的。孔子讲学，没有一点藏书恐怕是不行的。史书记载的战国名辩学派的代表人物惠施"有书五车"，算得上是当时的一位藏书家，因此我们比喻一个人学识丰富，常说"书通二酉，学富五车"。如前所说，那时的书都是竹木简牍，五车实际上并没有多少。正因为如此，那时的藏书是很不容易的。直到东汉中叶造纸术发明推广以后，书籍的传抄才变得比较方便，私藏才可能起步发展，汉末蔡邕才能够家藏万卷。魏晋以来盛行卷轴抄书，至唐犹然，书肆也比前代增多，中唐时的李泌是那时的一位大藏书家，据说藏书量达三万卷。唐代中期出现雕版印刷以后，特别是进入宋代，手抄书籍多半被雕版刻印取代，官刻私刻并行发展，因此私人得书比较容易，官僚士大夫藏书成为一种风气，出现了不少著名的藏书家，如王溥、宋敏求、司马光等。他们常常广求奇书，筑室收藏，所藏书目，甚至胜于官藏。到了明代，印刷业更加发达，私藏也更加兴盛，出现了许多著名的藏书家和藏书楼（阁）。特别是文化比较发达的江浙两地，私藏的活跃世所罕见。据吴晗先生的《两浙藏书家史略》统计，晋至清末，浙江藏书家有399人，藏书楼186处，在全国首屈一指，现今保存完好的藏书楼仍以浙江为最多。明清两代著名的藏书楼有：浙江宁波的天一阁，建于明嘉靖年间（1561—1566年），它的主人是当时的兵部右侍郎范钦。范氏性喜藏书，凡海内异本，必购而藏之。范钦死后，传于子孙，累计藏书量达7万卷。现楼阁保存完好，是现存最古老的藏书楼。天一阁的名字取于《周易》，意在防火。《周易》曰："天一、地二、天三、地四、天五、地六、天七、地八、天九、地十。"十数交叉变化，生成万物，天一生水，地六成之。因此天一阁的设计是上下两层，上层一大间（天一），下层六开间（地六）。江苏省常熟市的汲古阁是又一著名藏书楼，主人是明末清初的毛晋，他广收宋元刻本，抄录罕见秘籍，藏书多达84,000余卷。常熟市的绛云楼是另一个著名藏书楼，主人钱谦益也是明末清初人，其所藏图书可与内府相比，可惜后来毁于

天一阁藏书

大火。山东省聊城市的海源阁也相当有名，主人杨以增为清代道光、咸丰年间人，任漕运方面的官职，一生收藏丰富，祖孙三代做过很多目录编订工作，其孙杨保彝所编《海源阁宋元秘本书目》，收书460余种，对古籍考订极有价值。浙江省湖州市的皕宋楼，是清末陆心源的藏书楼，所藏图书比天一阁还多，并且像现代图书馆一样向公众开放。可惜全部藏书于1907年被日本人买去，至今藏于东京静嘉堂文库。此外，还有常熟市的铁琴铜剑楼，主人为清代的瞿镛，与海源阁的主人杨以增为同时代的大藏书家，故有"南瞿北杨"之说。现存完好的藏书楼除天一阁外，还有浙江省瑞安市的玉海楼、余姚市的五桂楼和湖州市的嘉业堂。

　　回过来再说一下清代的官藏，因为它不但是前代官藏的继续，而且深受私藏的影响，形成自己独特的风格。乾隆三十八年（1773年），诏令搜集天下珍贵典籍，编纂规模巨大的《四库全书》。宁波天一阁的主人——范钦后裔范懋柱以家藏珍书献之，乾隆皇帝非常高兴。他见范家藏书数百年不毁，就派人前往宁波察看天一阁的建筑设计，之后首先在承德避暑山庄仿天一阁式样建文津阁，接着在北京紫禁城内建文渊阁，在圆明园内建文源阁，在沈阳旧宫建文溯阁，合称"内廷四阁"或"北四阁"。另外，考虑到江浙文化发达，特在扬州建文汇阁，在镇江建文宗阁，在杭州建文澜阁，合称"宫外三阁"或"南三阁"。至乾隆五十二年（1787年），《四库全书》全部编成，

总计36,304册，79,337卷，写成七部，分藏于七阁。其中扬州文汇阁、镇江文宗阁在咸丰年间毁于战火，圆明园的文源阁被英法联军焚毁，所以现在尚存四阁，《四库全书》尚存四部，以承德文津阁所藏最完整，现存于国家图书馆。沈阳文溯阁所藏存在甘肃省图书馆，杭州文澜阁所藏存在浙江图书馆，而北京故宫文渊阁所藏则在台湾。

六、版本与善本

不论官藏也好，私藏也好，藏书都十分注重版本；而读者要在汗牛充栋的古代典籍中获取可靠有用的知识，也不能不注意选择版本。那么，什么是"版本"？其最初的含义非常简单，是指用雕版印刷的书本。我国在出现雕版印刷以前，书本都靠手抄，这类书就叫"抄本"或"写本"。版本的最初含义就是与抄本、写本相对而言的。可是，随着印刷技术的进步和文化事业的发展，图书典籍不断增加，不同时间、不同地点、不同纸张、不同字体印刷的同一种书大量出现，于是版本的含义发生了很大的变化，其内容包括了书籍抄印的时代源流、纸墨刀法、装帧形式以及书籍的优劣等。如何科学地辨别不同的版本，比较各种印本和抄本的优劣，这就是"版本学"。比如一本线装的《李太白全集》，你要辨别它的刻印年代，知道它是不是一个比较好的本子，那就需要通过研究它的刻印方式、刻印地点、刻印时采用的印墨纸张、字体刀法以及印在书上的标记（刻书人姓名及书坊名等），来做出正确的判断。这必须有丰富的版本学知识。拿字体来说，宋代刻印的版本有肥瘦两种字体，瘦者学欧（欧阳询）、柳（柳公权）体，肥者学颜（颜真卿）体，而元代版本则学赵孟頫体。因此，辨别字体成为辨别宋元版本的重要根据之一。明代以后，字体杂乱无章，单凭字体就不好辨别，必须同时依靠其他的标记。

在版本辨别的基础上，就产生了"善本"的概念。所谓善本，就是好的版本。由于宋代私藏的发展，那时的收藏家和读书人都已经注意到善本的重要性，认为一部善本应当在内容上没有缺漏，在文字上没有讹错。但是，古人刻书抄书，往往讹漏很多，如果按宋代人的这个标准去判断善本，就会有不少孤版珍品被淘汰，那是非常可惜的。因此，清末的张之洞提出了"善本三义"：一要"足本"，即内容没有缺漏或删节；二要"精本"，即经过仔细的校对和注释；三要"旧本"，即时间比较老的本子。什么才算时间比较老的本子呢？那时把时间划到明代和明代以前。符合三条中的一条，即算善本。今天，我们将善本的含义规定为"三性"：一是因年代久远而具有的"历史文物性"；二是内容有重要参考价值的"学术资料性"；三是印刷考究、装帧精美的"艺术代表性"。具体来说，符合下列情况都可归入善本范围：明代和明代以前刻印的图书；清代乾隆时期和乾隆以前流传较少的印本和抄本；太平天国及历代农民政权刻印的图书；辛亥革命以前在学术研究上有重要参考价值的稿本和流传很少的印本和抄本；辛亥革命前有名人批注、题跋而有参考价值的印本和抄本；能反映我国印刷技术、代表一定时期印刷水平的各种活字本等。现在，已经按这些标准对全国（除台湾地区以外）各图书馆所藏的古籍进行了比较和鉴定，并且编印了《中国古籍善本书目》供研究者们参考。这是新中国成立以后古籍整理的一大工程。

七、图书分类

为了收而藏之和广而用之，我国在古代就注意给图书分类。西汉时的刘向，奉汉成帝的命令整理和校阅皇家图书，主要工作就是订正讹错，编排次序，然后写成正本，最后再写一篇书录。后来他把各种书录汇集在一起，称为《别录》，这就是我国最早的"目录学"专著。之后，刘向的儿子刘歆继承父业,在《别录》的基础上写成《七略》。所谓"七略",就是按性质把书的内容分成七类。据《汉书》记载,这七略是:辑略(实为总目)、六艺略(《诗》《书》《礼》《乐》《易》《春秋》等"六经")、诸子略、诗赋略、兵书略、术数略、方技略(医、卜等)。除了总目,实际只有六类。但因名七略,习惯上还是把它叫作"七分法",这也就是我国最早的图书分类法。因此,刘向父子是我国图书分类和目录学的奠基人和开山鼻祖,也是我国最早的古籍校勘专家。

继"七分法"之后,到晋代产生了"四分法"。当时有个叫荀勖的人在他所著的《中经新簿》中把图书分为甲、乙、丙、丁四部。甲部记"六艺",乙部记诸子、兵书、术数,丙部记《史记》、旧事,丁部记诗赋。后来,东晋的李充在整理皇家秘阁藏书时,把乙、丙两部的内容加以互换,变为甲部记经书,乙部记史书,丙部记诸子,丁部记诗赋,这就给后世长期沿用的"经""史""子""集"四分法打下了基础。

"经""史""子""集"四部体制的最终确立,体现在《隋书·经籍志》中。《隋书·经籍志》著录了东汉以来的大量文献,并按"经""史""子""集"四部分类,另附佛、道二类,但不列入四部之内,从此有了"四部"之称。"经部"包括儒家经典以及研究、解释这些经典的著作;"史部"包括了所有的史书以及研究、评论这些史书的著作;"子部"包括除儒家经典之外的兵、法、农、医、天文、算术等各家著作;"集部"包括历代作家的文学作品,如诗、词、赋、曲、散文等。隋代以后,虽然也还有用"七分法"的,但主流是沿用四部分类。新中国成立前曾印刷有《四部丛刊》和《四部备要》等书,它们都是从历代四部图书中挑选出来的范本和代表性著作,直到现在仍为学术界所重视。

前面谈到的《四库全书》就是按四部分类法编选的,因此名曰"四库"。在编辑《四库全书》的过程中,又由著名学者纪昀(纪晓岚)执笔写成《四库全书总目》(也称《四库全书总目提要》)200卷。这本总目对每部书的内容、得失优劣、流传情况及作者事迹,都做了简明扼要的评介和考证,因此学术价值很高,一直受到后世学者们的推崇。如果人们无法阅读那些浩如烟海的古籍,就只看看这本《总目》,也会对古代学术思想的源流及其发展情况有一个基本的了解。但是,《总目》也难免有错误失当之处,为此,近人胡玉缙著有《四库全书总目提要补正》,余嘉锡著有《四库提要辨正》,对《总目》的错误失当之处提出了精辟的见解。三本书参考着看就不至发生大错了。

由于我国的典籍繁多,历代所编的目录便十分复杂。大致说来有"史志目录""官修目录"和"私家目录"三大类。史志目录是指史书中所记载的图书目录。这种目录的首创者是汉代史学家班固,他在《汉书》中辟《艺文志》一篇,著录了当时流传的文献资料。他的这种办法为后来的史书所仿效,但有的叫"艺文志",有的叫"经籍志",其内容都是记录书目,叙述学术源流。在通行的"二十五史"中,只有《汉书》《隋书》《旧唐书》《新唐书》《宋史》《明史》《清史稿》有史志目录。官修目录始于刘向父子,它是由政府主持对国家图书整理后编写的目录。历代的官修目录很多,如宋代的《崇文总目》、明代的《文渊阁书目》和清代的《四库全书总目》等。私家目录是由藏书家编纂的目录,它是随着私藏的发展而产生的,已知最早出现于宋代。这一类书目,内容广泛,体例不一,现存以明清两代编纂的为最多。

● 学习与思考

1. 中国典籍丰富体现了哪些文化内涵?
2. 简述三类史籍的主要区别及其代表作。
3. 《永乐大典》是 部什么样的典籍?
4. 地方志主要记载哪些内容?它的重要性在哪里?

参考答案

● 相关资料

胡道静. 中国古代典籍十讲. 上海:复旦大学出版社,2004.

第十一章 科技成就

战国时代的司南

英国科学家李约瑟在他的巨著《中国科学技术史》中写道，中国人"在许多重要方面有一些科学技术发明，走在那些创造出著名的'希腊奇迹'的传奇式人物的前面，和拥有古代西方世界全部文化财富的阿拉伯人并驾齐驱，并在3世纪到13世纪之间保持一个西方所望尘莫及的科学知识水平"。的确，从秦汉到宋元的千余年间，中国的科学技术曾长期处于世界领先地位，在人类文明发展的过程中做出了巨大贡献。但在13世纪以后，中国的科学技术就停留在经验阶段，创新意识没有进一步提升，科学技术理论没有进一步发展，其根本原因是与中国社会的伦理型结构、中国科技的实用性特点和科学研究的整体性观念密切相关的。

中国的古代社会是一个伦理型的社会，占主导地位的儒家思想主要强调"修身、齐家、治国、平天下"，强调人的道德修养和人格完善，整个教育的目标也只是培养维护封建统治秩序的各级官吏，因而与此相悖的科学技术活动被视为"旁门左道"。一部"二十四史"，写满帝王将相、文人学士、贞女烈妇的事迹，却偏偏没有科技发明者的专门篇章。从中国科学技术本身来说，它具有强烈的实用性特点，一切学科、一切研究，都以"国家"的实用为最终目的。比如中国古代天文学有很高的成就，而且比较发达，但其科学研究活动都是为王朝的一统天下寻求"授命于天"的根据；中国古代的农学也很发达，仅农书即达300余种，但它是历代王朝"以农立国"和"民以食为天"的一种反映；即使是著名的"四大发明"，也与国家的实用目的有关。因此，中国古代的科学著作大多是经验性的总结，而不是理论性的探讨，所记各项发明，都是为了解决国家与社会生活中的实际问题，而不是企图在某一研究领域获得重大突破，以带动科学事业的发展。从研究方法来说，中国科技重视综合性的整体研究，重视从整体上把握事物，而不是把研究对象从错综复杂的联系中分离出来，独立研究它们的实体和属性，细致探讨它们的奥秘。正是这些原因，使中国古代的科学技术停留在原有的水平上，没有朝着现代化的道路发展。

一、天文与历法

应当说,中国古代的天文学是十分发达的,不仅具有很高的成就,而且广为普及,因此古代的农夫村妇都懂得"七月流火""三星在户""月离于毕""龙尾伏辰"是什么意思,但这些到今天却成了艰涩的古语了。

中国古代天文学是从天象观测开始的。如《周易》所说:"观乎天文,以察时变。"可见古人观测天象的目的,是为了了解时间的变化。历代对天象的观测,积累了丰富的天文学资料,也留下了早于世界各国的天文学古迹。河南省登封市告成镇有一座测景台,据碑文所载为东周时创建,唐代天文学家僧一行(张遂,683—727年)曾在此观测天文,改革历法。现存最早的天文台遗址则在古洛阳的南郊(今河南省偃师市),古名"灵台",汉代天文学家张衡(78—139年)曾在此领导天文学研究十余年,写成天文学专著《灵宪》,提出了"宇之表无极,宙之端无穷"的科学见解,并创制了"浑天仪"和"候风地动仪"。今河南省南阳市有张衡墓。位于登封市告成镇的观景台,则是元代天文学家郭守敬(1231—1316年)创建的,至今仍保留着观测日影的"圭表"。

由于我国人民的天文观测开始很早,所以早就发现了太阳黑子。甲骨文的"日"字写作"☉",其圆圈内的一点,即代表太阳的黑子。目前世界公认的关于太阳黑子的最早记录是在汉成帝河平元年(公元前28年):"三月己未,日出黄,有黑气大如钱,居日中央。"(《汉书·五行志》)这一记载,

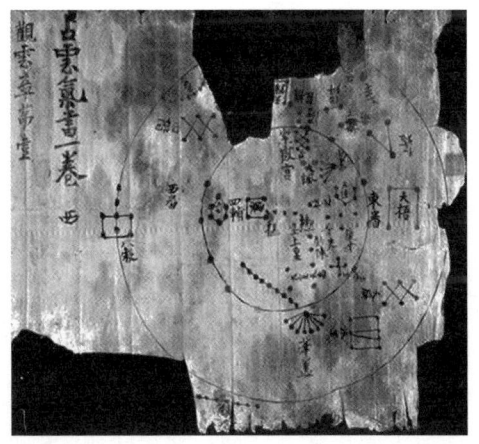

敦煌星图
绘制于唐中宗时期(约705年至710年之间),图上共有1,350多颗星,是世界上现存最古老的全天星图。

把太阳黑子活动的时间和位置叙述得很详尽。而同一史书里还有关于太阳黑子活动的更早记录：汉元帝永光元年（公元前43年），"日黑居仄，大如弹丸"。而欧洲这方面最早的记录是在807年，比中国晚了8个世纪。据统计，从公元前43年到1638年，中国共有关于太阳黑子的文字记录106条。又如对彗星，从殷商到清末，也有500余次的记录，最早的记录见于周昭王十九年（约公元前977年）："有星孛于紫微"。（《竹书纪年》）据《公羊传》解释说："孛者何，彗星也。"可见中国记载彗星之早。而世界公认的关于哈雷彗星的最早记录见于文公十四年（公元前613年）："秋七月，有星孛入于北斗。"（《春秋·文公十四年》）而欧洲最早的彗星记录是在公元前11年，最早记录哈雷彗星是在66年。1974年，在江苏省盱眙县的西汉墓中发现了一幅《盱眙星象图》，比1世纪的耶路撒冷彗星图还早100多年。此外，中国对新星、超新星的记录，对日食、月食的记录，也是世界上最早和资料最丰富的。如《汉书·天文志》记载，公元前134年夏六月，"客星见于房"；已发现的殷商甲骨文有五次日食记载；《春秋》一书还记载了鲁隐公三年二月己巳日（公元前720年2月22日）的日全食。因此，法国思想家伏尔泰评价中国古代的天文学成就时说："全世界各民族中，唯有他们的史籍，持续不断地记录下日食和月球的交会，我们的天文科学家在验证他们的计算后，惊奇地发现，几乎所有的记录都真实可信。"

在中国古代天文学知识中比较重要的是人们常说的"七曜"和"二十八宿"，因为它们与我们的关系比较密切。所谓"七曜"，指日、月和金、木、水、火、土五大行星。日起日落为一天；月缺月圆为一月；日、月周而复始为一年；至于金、木、水、火、土，则是人们实际观测到的五颗行星。金星古称"明星"，又称"太白"，黎明见于东方，称作"启明"，黄昏见于西方，称作"长庚"，《诗经》中多有描述。木星古称"岁星"，也简称为"岁"，古人认为木星十二年绕天一周，并据此纪年。水星又名"辰星"，火星古名"荧惑"，土星又名"镇星"。但是，古书中提到的"水"与"火"，并不是指水星和火星，而是指恒星中的"定星"和"大火"。《诗经》"七月流火"即指"大火"。所谓"二十八宿",是指黄道、赤道附近的28个星宿,每个星宿都是若干颗星的集合。而"二十八宿"又以方位分为四组,与中国古代四方保护神相配,分别为:

东方苍龙七宿:角、亢、氐、房、心、尾、箕;
北方玄武七宿:斗、牛、女、虚、危、室、壁;
西方白虎七宿:奎、娄、胃、昴、毕、觜、参;
南方朱雀七宿:井、鬼、柳、星、张、翼、轸。

这二十八宿的形成经历了一个很长的过程,《诗经》中已见多处记载,到《吕氏春秋》中已有完整的名称,而在1978年湖北省随州市曾侯乙墓出土文物的盖箱上,已有二十八宿的完整图画和名称,可见它在战国时代已经形成。二十八宿之所以重要,首先是古人认为它们属于恒星,它们的方位永恒不变,因此被用来作为其他行星的坐标,以便观测日月及五星所处的位置。其次是古人将天文与地域相联系,使之互相对应,并将与星宿对应的地域称为"分野",这在《淮南子·天文训》《史记·天官书》等书中都有记载。综合各家所记,中国古代的分野为:

斗、牛、女三宿,对应吴越和扬州;
虚、危二宿,对应齐和青州;
室、壁二宿,对应卫和并州;
奎、娄、胃三宿,对应鲁和徐州;
昴、毕二宿,对应赵和冀州;
觜、参二宿,对应晋和益州;
井、鬼二宿,对应秦和雍州;
柳、星、张三宿,对应周和三河;
翼、轸二宿,对应楚和荆州;
角、亢二宿,对应郑和兖州;
氐、房、心三宿,对应宋和豫州;
尾、箕二宿,对应燕和幽州。

中国的历法，是随着原始农业生产的发展而逐步建立起来的，也就是说，中国的历法与农业生产直接相关，所以在中国的历法里有二十四节气的安排。什么是历法？就是用年、月、日计算时间的方法。《尚书·尧典》中已经记载了一年分四季，有366天以及闰月。从殷商时起，用六十干支纪日，以月亮的圆缺纪月，此法相传数千年，至汉武帝时才制定了"太初历"，形成了中国第一部完整的历法。此后历代改历，到元代郭守敬创"授时历"，历法基本定型。明代所用的"大统历"，实际上就是郭守敬制定的元历。

人们知道，以地球自转一周的时间为一"日"；以月相变化的周期为一"月"，现代科学称为"朔望月"；而地球绕太阳运行一周的时间为一"年"，称为"回归年"。为了观测日、月的变化，古人做过许多努力，后来便利用"圭表"。所谓"表"就是直立于地面的杆子或柱子，"圭"则是地面上南北方向平放的尺子，二者垂直，日光照表，投影于圭。当太阳走到最北且位置最高时，杆影最短，此为日北至，即"夏至"；相反，杆影最长，则为日南至，即"冬至"。两个冬至之间的时间就是一个回归年。春秋时期，中国人已将一个回归年的长度确定为365.25日，1199年南宋杨忠辅已将这一数值精确到365.2425。元代郭守敬所制的"授时历"就采用了这一数值。这个数值比地球绕太阳公转一周的实际时间只差26秒，3,320年才相差一天，与现代世界通行的公历"格里历"完全相同。

实际上，中国古代历法是一种阴阳合历，平年为12个月，大月各30天，共6个大月；小月各29天，也有6个小月。这样，全年共有354天，比一个回归年少11.25天，积三年即少一个月以上的时间，所以三年要闰一个月。这一年就称为"闰年"，所闰之月即称"闰月"。

古人纪月的方法，一般以序数为纪，但岁首的月份为正月，依次为二月、三月等。从春秋时起，以十二支纪月，称为"月建"。通常以冬至所在十一月配子，称为"建子之月"，十二月为"建丑之月"，以此顺推，再循环往复。关于纪日，殷墟甲骨文中已有用干支纪日的记载。所谓"干支"就是干枝，以天为干，以地为枝，也是一种天地阴阳观念的表现。"天干"十个：甲、乙、丙、丁、戊、己、庚、辛、壬、癸;"地支"十二个:子、丑、寅、卯、辰、巳、午、未、申、酉、戌、亥。天干和地支依次组合为六十个单位,其组合方法是天干的单数配地支的单数,天干的双数配地支的双数,从甲子始,至癸亥终,称为"六十甲子",每个单位代表一天。六十甲子周而复始,循环不断。这一方法从殷商中叶一直用到1911年,是世界上使用时间最长的纪日方法。

为了让历法更好地配合天象和自然季节,用以安排农业生产,古人还创制了"二十四节气"。从史料来看,中国最早出现的是"二分"与"二至",即春、秋分,冬、夏至。《吕氏春秋》又出现了立春、春分、立夏、立秋、秋分、立冬等节气。到西汉初年的《淮南子》,则出现了全部的二十四节气。实际上,所谓二十四节气是指根据地球在围绕太阳公转的轨道上的二十四个不同的位置,将一年划分为二十四个时段。每个时段所反映的气温、物候、雨量变化不同,古人以此来确定它们的名称,依次为:

正月立春、雨水,二月惊蛰、春分;
三月清明、谷雨,四月立夏、小满;
五月芒种、夏至,六月小暑、大暑;
七月立秋、处暑,八月白露、秋分;
九月寒露、霜降,十月立冬、小雪;
十一月大雪、冬至,十二月小寒、大寒。

二、农学

中国自古以农业立国,把农业生产作为生存与发展的根本。世界上恐怕还没有任何一个国家像中国这样,几千年来始终把农业放在社会政治和经济生产的首位。对农学的研究历来受到人们的重视,并且取得了丰硕的成果。

考古证明,大约在距今7,000年前的新石器时代早期,中国已经有了比较发达的原始农业。在浙江省余姚市的河姆渡遗址中,就发现了世界上最早栽培的稻谷,而且已开始用骨制农具耕作。在黄河流域仰韶文化的许多遗址中,都曾发现了粟以及储存粟的窖穴。其后,文献都有夏、商、周重视农业生产的记载。周人的祖先后稷就是一位农业生产的专家,相传他曾教民耕稼,因而在陕西省武功县还保留着纪念他的"教稼台"。在春秋战国以前,人们基本上使用石制或骨制农具,其中主要是双齿的耒和铲形的耜。至少在春秋时期,人们已部分使用铁器,并逐渐代替石器,从而大大提高了劳动生产率,促进了农业生产的快速发展。

农业生产经验的积累和生产技术的进步,反映到思想领域,就是对生产经验和生产技术的研究和总结,因而产生了农学家和农学著作。战国时代出现的《神农书》《野老书》已经失传,其内容已不得而知。今天我们所能看到的是《吕氏春秋》里的《上农》《任地》《辨土》《审时》等四篇文章和散见于诸子百家著作中的零星资料。其中,《管子·地员》可以看作我国最早的土壤分类学文献,《尚书·禹贡》则记载了依据土壤肥沃程度划分土地等级的方法。《吕氏春秋》的四篇文章,不但提出了流行数千年的重农思想,阐述了土地利用的原则,而且从农业生产的三要素——天、地、人的角度,论述了三者之间的关系,总结出"不违农时"的生产规律。

汉画像石　劳作图

在魏晋南北朝以前,我国的经济重心主要在黄河流域,这里的农业生产比较发达,生产技术也比较先进,因而对农学的研究也比较集中。西汉时的氾胜之所著《氾胜之书》,总结了北方旱地,特别是关中地区的耕作制度,提出了"趣时""和土""务粪泽""早锄早获"的生产原则。北魏时的贾思勰所著的《齐民要术》，系统总结了黄河流域的农业生产经验，阐述了古代因地制宜、因时制宜的农学思想，并根据北方农业生产的特点，提出了一系列精耕细作、保墒施肥的方法，成为中国历史上最重要的农学著作之一。隋唐以后，我国的经济重心南移，南方的农业生产很快发展起来，水稻是主要农作物之一。南宋陈旉所著的《农书》，论及以水稻为主的耕作法，谈及麻、粟、养牛和蚕桑，内容切合实际，所论都依据实践。与此同名的另一部《农书》，为元代王祯所著，它总结了自《齐民要术》以来，黄河流域旱田和江南水田的耕作技术，第一部分为"农桑通诀"，是全书的总论；第二部分为"百谷谱"，叙述了谷、稻、麦等农作物及瓜果、蔬菜的栽培、保护、收获和贮存等多方面的技术；第三部分为"农器图谱"，画出所能搜求到的农具图形；此外还涉及农田水利建设和水的利用，具有很高的科学技术价值。

明清时期，西方科技逐渐传入中国，对中国的农学研究产生了一定的影响。同时，由于农业生产技术已经历了千余年的积累，到明清时已有了更多可总结的东西。通过这种中西科技的交流与渗透，到明朝时期便产生了像徐光启（1562—1633年）这样的大科学家。他所著的《农政全书》规模宏大，共60卷，达70万字，内容涉及农业耕作、土地开垦、水利建设、食品制造、果树技艺等众多方面，尤以系统而集中地叙述了屯垦、水利工程和备荒为一大特色，是对宋代以来农桑种植经验和水利建设的全面总结。鸦片战争以后，中国社会连年战火，动荡不安，水利建设遭到严重破坏，农业生产处于衰退局面。为了富国强兵，一些有识之士提出了振兴农业的主张，并注意吸收西方国家和日本的农业技术，到"戊戌变法"前后，人们已开始兴办农业教育。1897年，罗振玉等人编辑出版了《农学丛书》，借以推动中国近代农业的发展。

总括起来说，中国的农学研究着重解决农业生产中的实际问题，对关系到收成的每一个环节，诸如土壤改良、合理施肥、良种选择、抗旱保墒等，都予以高度重视，并且形成了一整套农业生产的技术体系，为全人类的生存与发展做出了应有的贡献。

三、算学

也称为"数学",在我国的起源可以追溯到原始社会的新石器时代,具体地说,它产生于结绳记事。经过漫长历程,先民们大约在原始社会后期已发明了"十进制"的计算方法,并把它运用到生活和生产之中。商代甲骨文和周代钟鼎文,已见"一""二""三""四""五""六""七""八""九""十""百""千""万"十三个数字记数,而《尚书》中也屡见"亿""兆"等数,足见我们的祖先对十进制的运用已非常熟练。可以说,十进制计算法是中国人对世界文明的又一大贡献。

在中国算学发展的辉煌史上,不能不提到两汉之际成书的《周髀算经》和《九章算术》。前者记载了周代的商高提出的直角三角形的"勾三股四弦五"的关系,即所谓"勾股弦定理",成为世界上关于勾股定理的最早记录;后者对以后历代算学产生了深刻影响,其意义与古希腊欧几里得的《几何原理》对西方数学的意义不相上下。《九章算术》的作者无考,流传至今的是晋刘徽和唐李淳风的注本。所谓"九章算术",就是九个问题的解法,合计有246个数学问题,记载了当时世界上最先进的四则运算和比例算法。书中运用的开平方、开立方及在此基础上求解一元二次方程、联立一次方程的方法,所讲的负数与最小公倍数的概念,都比印度和欧洲要早得多。刘徽在《九章算术》注中第一次提出了"极限思想",并创造性地运用割圆术,计算出圆周率的精确值为3.1416。继刘徽之后,南北朝时的大数学家祖冲之(429—500年)进一步把圆周率精确到3.1415926至3.1415927之间,这在当时的世界上是最先进的,比荷兰人安托尼兹求得此值的时间要早1,000多年,直到15世纪的阿拉伯数学家阿尔·卡西和16世纪的法国数学家维叶特才打破这个记录。

宋元时代的算学成就更是辉煌,先后涌现出不少杰出的数学家。北宋的贾宪在《黄帝九章算法细草》一书中,提出指数为正整数的二项式定理系数表,史称"贾宪三角",凭此可以求出任意高次方程的数解值,这比欧洲阿皮纳斯的系数表要早400年。之后不久,数学家秦九韶在《数学九章》中,提出了"大衍求一术"和"正负开方术",前者即数学上常说的"一次同余式解法",后者则为"高次方程的求正根法"。二者在当时都领先于世界,秦氏被美国科学史家称为"所有时代最伟大的科学家之一",他的"大衍求一术"被世界同行公认为"中国剩余定理"。

中国算学的一大特色计算法是"珠算",它由以竹签作筹码进行运算的"筹算"发展而来,至元末明初已得到普遍应用。珠算的工具就是算盘,采用上下分框,上框两珠,一珠当五;下框五珠,一珠当一。其计算方式形成口诀,至今仍十分流行。详细说明珠算算法的著作很多,影响巨大且流行最广的是明代程大位所著的《直指算法统宗》。珠算东传还流行于日本和朝鲜半岛。

四、医学

我国的中医学在世界医学史上独树一帜,是中国传统文化中最珍贵的遗产之一。它的最大特点就是诊断和治疗的整体观念。它把人体的生理机能看作一个整体,进而把人体的生理机能与自然环境看作一个整体,把治病过程看作一个统一性运动,认为人体各部位器官的功能休戚与共,认为自然环境影响人体的生理功能,人的病理过程实际上就是外在环境作用于内部机体的过程,是一个由表及里、由虚到实的过程。因此,中医诊治强调"四诊""八纲"。"四诊"即"望"(望色)、"闻"(闻味)、"问"(问情)、"切"(切脉),"八纲"即"阴""阳""表""里""寒""热""虚""实"。医生正是在"四诊"的基础上,依照"八纲"之间相互对立统一的关系,对病人进行综合的辨证施治。

中医的这一理论和治疗方法可说有非常悠久的历史，而且受到中国古代哲学"天人合一观"和"阴阳五行学说"的深刻影响。据文献记载，远在四五千年前的原始社会已开始有医药。传说中的神农遍尝百草，发现药材，可以看作是这一事实的佐证。成书于春秋战国时期的《黄帝内经》，则全面奠定了中医理论的基础。司马迁在《史记》中描写的战国扁鹊和西汉淳于意（仓公），可说是早期杰出医学家的代表。成语"病入膏肓"和"讳疾忌医"，都出于扁鹊治病的故事，而仓公则在中国医学史上首创病历。扁、仓二人一直是中国药王庙里供奉的鼻祖。

汉代名医首推张仲景与华佗。二人都对中国医学发展做出了巨大贡献。张仲景（约150—219年），名机，南阳（今河南省南阳市）人，据说曾任长沙太守。因当时伤寒流行，死亡人数很多，他"勤求古训，博采众方"，写成医学巨著《伤寒杂病论》（即今《伤寒论》和《金匮要略》两部分）。他总结和创制的200余种处方，贯彻了"理"（医学理论）、"法"（治疗原则）、"方"（处方）、"药"（用药）一致的原则，治疗效果显著，至今仍为人们所应用。由于他的医学成就，他被后人尊为"医圣"，在其家乡建有规模宏大的医圣祠纪念他。华佗（约145—208年），沛国谯（今安徽省亳州市）人，他的贡献是首创中医外科，《三国演义》里描写他为关羽刮骨疗毒的故事，至今仍为人们传诵。他发明的一种名叫"麻沸散"的中药，具有麻醉全身的作用。可惜他后来被曹操杀害，他的医学著作未能流传下来。汉末成书的《神农本草经》，收载药物达360余种，大大推动了后世中药学的发展。

魏晋隋唐，中医中药在理论和实践上都有新的总结和提高。首先是晋代王叔和在总结前代经验的基础上，编写了《脉经》一书，详细描述了脉象所反映的各种病症；由晋代葛洪编撰的《肘后备急方》，搜集了大量治疗有效的处方；隋代巢元方等人编写的《诸病源候论》，专门描述病情，分析病理，确定了诸多病症的病名；唐代名医孙思邈（581—682年）则耗毕生的精力从事治疗和著述，他先后编成的《千金要方》和《千金翼方》，载方6,000余条，涉及中医百科，被誉为中医百科全书式的巨著。他长期活动的陕西省铜川市耀州区药王山至今仍保留着刻有孙氏药书的石碑。唐显庆二年（657年），唐朝政府组织人员在南朝医学家陶弘景补充的基础上，将《神农本草经》扩编为《新修本草》，并向天下颁布。这就是我国的第一部国家药典，也是世界上最早的国家药典。

宋元以后，对中医理论的探讨日趋活跃，在学术上形成了许多流派，主要有"金元四大家"：主张用药首应泻火清热的刘河间，被称为"泻火派"；主张脾胃为本，治法采用补气升阳的李东垣，被称为"补土派"；主张攻邪去病，反对滥用补药的张子和，被称为"攻邪派"；取三家之长，主张泻火养阴的朱丹溪，被称为"养阴派"。明清以后，又有许多名医各有所长，都对中国医学做出了应有的贡献。明代医学的伟大成就是李时珍（1518—1593年）编定了药典巨著《本草纲目》。他用了近30年时间，查阅了数百家文献，并且亲自外出考察、研究，录入1,892种药物，为中国医学写下了光辉的篇章。

中国医学的又一突出成就是针灸，它在世界上是独一无二的疗法。所谓"针灸"，就是用针和灸两种方法刺激特定的穴位，以达到温通经脉、调和气血、消除病症的目的。针灸依据的理论是历史悠久的"经络学说"。这种学说认为，人体的腧穴（即穴位）是人体腑脏和经络之气输注并散发于体表的部位；联系腧穴和腑脏的道路，就是经络。因此，针灸就是将外界的刺激，通过腧穴注入，经由经络而达于相关的腑脏。对针灸疗法的探讨与总结，至魏晋时已有皇甫谧的《针灸甲乙经》，这是世界上最早的针灸学专著；至北宋时，针灸专家王惟一以针灸疗法制造针灸铜人，作为针灸的样本，而后，又写成《铜人腧穴针灸图经》，进一步普及和规范了针灸疗法。明代杨继洲著《针灸大成》，徐凤著《针灸大全》，高武著《针灸聚英》，称为明代"三大针灸巨著"。清代针灸学虽也有些著作，但总体上没有新的提高。只是在新中国建立以后，才设立了专门的针灸研究机构和针灸医院，来促进针灸疗法的现代化发展。

五、地学

中国地域辽阔，山川壮美，其奇特地貌及丰富物产早已引起人们的注意，由此而展开了对地学的研究。相传大禹治水，考察山川，分天下为"九州"，这里已包含了对地理的研究。战国及其以后成书的《禹贡》《山海经》《尔雅》等，都有关于地理、物产的阐释。东汉时代成书的《水经》已记载了130余条河流的简况。因其太略，北魏郦道元（466或472—527年）详加补充，扩大篇幅，取名《水经注》，记述了1,250余条河流源头、支流、河道以及沿河流域的水文、地形、物产、古迹，成为一部内容丰富的地理学巨著。

出于行政管理、军事活动和地理研究本身的需要，我国很早就开始绘制地图。据《尚书·洛诰》记载，西周初年在建造洛阳城时便绘有洛邑一带的地图。而《管子·地图》，已将山川、道路、城郭的位置与大小列入地图绘制的必备内容。1973年在湖南长沙马王堆汉墓中出土三幅2,000多年前的地图实物，其测量和制图的技术水平都很高，其中湖南地区的"地形图"，水道、山脉、地势绘制出色，城郭位置准确，表明当时的制图理论和技术都已有相当的基础。需要特别提出的是，晋代制图学家裴秀（224—271年）曾主持编绘《禹贡地域图》和《地形方丈图》，确定"以一寸为百里"，即将地图绘制于矩形网格上。他用"制图六体"的理论，即"分率"（比例）、"准望"（方位）、"道里"（里程）、"高下"、"方邪"、"迂直"来进行实地测绘，因而使地图绘制水平及理论，都达到当时世界的先进水平。所以英国科学史家李约瑟说："从三世纪裴秀时代起，地图都是画在矩形网格上，每格相当于一百里……在把十进位应用于制图方面，中国人比阿拉伯人和欧洲人约早一千年。"

中国地学史上的一位旷世奇人，就是明代末年的徐霞客（1587—1641年），他是南直隶江阴（今江苏省江阴市）人，名弘祖，字振之，"霞客"是他的号。他以坚强的意志和耐力，进行了前无古人的地理旅行和考察生活，用34年"旅泊岩栖,忍饥耐寒",走遍了大江南北的16个省区。旅途中的艰苦非常人所能想象。他将实地观察所得,逐日记述,这些材料后被整理成一部旷古奇书——《徐霞客游记》。书中不但记述了所到地区的农业、手工业、矿产、交通等方面的情况,而且描述了当地少数民族的生活和风俗习惯,更为可贵的是,他对西南地区的石灰岩地貌进行了深入考察和研究,对这一带峰林、溶洞、地下暗流的特征和成因,都做了准确而生动的描写。

六、四大发明

中国对人类文化发展的巨大贡献当首推"四大发明",即造纸术、指南针、火药和印刷术,因为它们是改变世界历史进程的伟大科学技术成就。

先说造纸术。我们知道,在纸张发明以前,我们的祖先是利用龟甲、兽骨和青铜器记事,称为"甲骨文"和"金文";后来又改用竹片和木片,称为"简牍";几乎与此同时,人们又用丝织的绢,称为"帛书"。但所有这些书写材料,不是笨重,就是昂贵,都影响了信息储存和交流。在制造丝织品的过程中,人们发现了一种薄薄的丝绵可以书写,这就是所谓的"絮纸"。遗憾的是,这种絮纸由于原料有限,不能大量制造,但人们却从中得到启发,去植物中寻找纤维,于是就发明了植物纤维纸。"纸"字的偏旁所以从"纟",原因就是纸张最早是从丝织品开始的。1957年,从西安市郊灞桥的西汉古墓中出土了中国最早的植物纤维纸——麻纸,足见在东汉蔡伦造纸之前中国已发明了纸。只是这种纸质地粗糙,不便书写,仅可作包装之用。从1973年到1974年间,又在甘肃居延汉代遗址中发现麻纸两片,其色泽白净,质薄而均匀,似乎已能书写。蔡伦的伟大,在于他用树皮、麻头、破布等多种植物纤维造纸,并且大大提高了纸的质量,这种纸史称"蔡侯纸"。因此,蔡伦在中国造纸术上的地位和贡献仍然是不可替代的。

蔡伦之后，东汉末年又有一位造纸的能手，他的名字叫左伯，字子邑，因他所造的纸质量很高，备受世人称赞，所以南北朝时，萧子良在写给王僧虔的信中称，"子邑之纸，妍妙辉光"。这一时期，造纸原料有新的拓展，造纸设备也得到了改进，加工技术也有新的提高，出现了色纸。隋唐以后，造纸业进入全盛时期，造纸原料更加丰富，麻皮、嫩竹、桑皮、稻秆等均可造纸；纸的种类愈益增多，宣纸、蜀纸、苏纸、歙纸竞相媲美；造纸技术更加成熟，纸的应用范围已不仅仅局限于书写。可以说，直到近代机器纸出现以前，我国的造纸术一直居世界领先地位。

4世纪时，中国的造纸术首先传入朝鲜半岛、日本；8世纪时传入阿拉伯帝国；后经阿拉伯地区传入欧洲，欧洲人才结束了用羊皮书写的历史。但到18、19世纪以来，欧洲工业革命时期，开始用机器造纸，发明造纸机，并且不断改进造纸技术，我国的造纸术落在了世界的后面。

再说指南针。早在春秋战国时期，我国人民已发现了天然磁石吸铁的性能和指示南北的现象，这在《管子·地数》中已有记载。大约也就在这时，人们利用天然磁石的特性制成了最初的指南针——"司南"。其形状像一把小勺子，底部为圆形，置于平滑的刻有二十四向的地盘上，勺柄就会自动转向南方，但因地盘与司南底部产生的摩擦，所测方向难以准确。司南发展到宋代，已成形为"指南鱼"和"指南针"。指南鱼是将薄铁片剪为鱼形，经磁化后带有磁性，使用时让它浮出水面，鱼头就会指南。指南针则是将钢针磁化，其使用方法在北宋科学家沈括（1031—1095年）的《梦溪笔谈》中描述了四种。后来，人们又将指南针与二十四向方位盘结合起来，制成"罗盘"。有了罗盘，只要看一看指南针所指的地方，就可以定出精确的方位。但是，人们也发现，指南针并不完全指南，因为地球存在地磁偏角。《梦溪笔谈》最早记录了这个事实，书中说："方家以磁石磨针锋，则能指南，然常微偏东，不全南也。"

指南针的最大用途就是航海，它给航海事业带来了划时代的影响。据北宋朱彧的《萍洲可谈》记述："舟师识地理，夜则观星，昼则观日，阴晦观指南针。"南宋吴自牧的《梦粱录》也说:"风雨晦冥时,唯凭针盘(即罗盘)而行……毫厘不敢差误,盖一舟人命所系也。"在明代郑和七下西洋的航海壮举中,指南针的作用不能低估。

由于中国的航海业在宋代已很发达,与阿拉伯诸国的往来十分频繁,因此指南针在宋代已传入阿拉伯地区。1180年左右,指南针又从阿拉伯人传到欧洲人手中。正因为如此,加上西方地圆说的确立,才有后来哥伦布发现新大陆、麦哲伦环绕地球航行,并为殖民地和世界市场的建立提供了可能。

然后说火药。火药是硝酸钾、硫黄和木炭三种粉末的混合物。它的发明是古代炼丹术长期实践的结果。汉代的《神农本草经》已明确记载石硫黄"能化金银铜铁",被称为"奇物"。最晚在唐代,火药已被发现并利用。据唐代炼丹著作《真元妙道要略》记载,"有以硫黄、雄黄合硝石,并蜜烧之,焰起,烧手面及烬屋舍者"。《诸家神品丹法》收录的孙思邈的《丹经内伏硫黄法》一文,其实讲的就是制造火药的具体方法。

火药发明以后,首先被用到军事上,以火药为动力的杀伤性武器被制造出来。这是武器制造史上的一次革命。11世纪的宋代,已制成了火箭、火球、火蒺藜等武器。由曾公亮、丁度等人编的《武经总要》首次记录了火炮等三种火药武器的火药配方,宋末抗击金兵的宋军已在战争中使用"霹雳炮",稍后,金人在抗击蒙古人的战争中则使用了"震天雷"。到元代开始出现铜铸或铁铸的筒式火炮——火铳,因其威力巨大而被称为"铜将军"。《水浒传》中的"轰天雷"凌振,就是文学作品里刻画的一位火炮专家。在元代甚至还制造出一种火药箭,其发射原理与现代火箭发射差不多。到明代又出现了同时发射十支以上,甚至几十支和上百支箭的"火弩流星箭""一窝蜂""飞镰箭""百矢弧"等,此外还有自动爆炸的地雷、水雷等。特别是有一种名叫"火龙出水"的火箭,已具有两级火箭的雏形。

大约在唐代晚期,制造火药的主要原料——硝石,已传到阿拉伯、波斯等地,因其洁白如雪,被称为"中国雪"或"中国盐"。约在13世纪左右,火药才经由商人传入阿拉伯地区,因那时的阿拉伯人称中国为"契丹",故把中国传入的火药武器称为"契丹火枪"或"契丹火箭"。在蒙古人西征的过程中，阿拉伯人得到了中国的火器；而欧洲人又在与阿拉伯人的战争中学会了火药和火器的制造方法。

最后说印刷术。中国的印刷术开启于古代的印章和石刻文字。到隋代初年，民间已开始用雕版印刷佛像和历书等。其方法是将文字或图画以阳文反刻在质地坚硬的枣木或梨木板上，然后刷墨铺纸加以印刷。到唐代已逐渐用雕版印刷流行较广的书籍。1900年，在敦煌千佛洞发现了唐咸通九年（868年）印刷的《金刚经》，其雕刻精美，图文清晰，是目前已知世界上最早的印刷品，比欧洲最早印刷的《圣克利斯托菲尔》画像要早600年。

五代以后，雕版印刷进一步发展，到宋代已达盛期，印刷出版了众多经、史、子、集各类书籍。这时除官刻本（政府）和私刻本（文人）外，还有许多以盈利为目的的私营书坊，所以宋代藏书事业有了很大发展。宋开宝四年（971年），张从信在成都雕印的全部《大藏经》达1,046部，共5,048卷，所用雕版达13万块之多。

但雕版的使用并不方便，不但刻版费时，而且保存不易，常因气候、虫蛀等腐蚀变形，并且即使有错字也不能改正。这时出现了活字印刷的平民发明家毕昇。他以丰富的实践经验，经过不断的摸索，终于在宋庆历年间（1041—1048年）制成了胶泥活字，实行排版印刷，完成了印刷史上的一次伟大革命。在后来的发展中，元代曾改用锡活字。过去认为，元代农学家王祯发明了木活字，并且将活字按韵排列，大大提高了工人的拣字效率。但据1991年9月在宁夏回族自治区贺兰县西夏方塔中出土的西夏佛经《吉祥遍至口和本续》研究，此经为西夏后期（12世纪下半叶）以木活字印刷，这把木活字印刷技术的发明时间又提早了一百多年。到明代出现了铜活字，16世纪又产生了铅活字。可以说，直到20世纪电子排版系统出现以前，人类一直使用毕昇发明的活字印刷技术。

中国的印刷术大约在8世纪传到日本，在12世纪前后传入波斯和埃及。中国的印刷术连同其他发明沿着"丝绸之路"传向西方。约在13世纪，欧洲才用雕版印刷印制了第一张画像。随后，14 世纪到 15 世纪，雕版印刷与活字印刷在欧洲同时流行。人类文明因纸与印刷术的发明而大大加快了传播、交流和发展的速度。英国哲学家弗兰西斯·培根曾经这样评价中国的这几项发明，他说印刷术、火药和指南针"这三种东西已经改变了世界的面貌。第一种在文学上，第二种在战争上，第三种在航海上。由此又引起了无数的变化。这种变化如此之大，以至没有一个帝国、没有一个宗教教派、没有一个赫赫有名的人物，能比这种发明在人类的事业中产生更大的力量和影响"。马克思也评论说："火药、指南针、印刷术——这是预告资产阶级社会到来的三大发明。火药把骑士阶层炸得粉碎，指南针打开了世界市场并建立了殖民地，而印刷术则变成了新教的工具，总的来说变成了科学复兴的手段，变成了对精神发展创造必要前提的最强大的杠杆。"

● 学习与思考

1. 中国古代科学研究的特点是什么？它对后来的科学事业产生了什么影响？
2. 为什么李约瑟称中国为"发明的国度"？
3. 谈谈中国四大发明对人类文明的贡献。

参考答案

● 相关资料

1. 陈美东. 简明中国科学技术史话. 北京：中国青年出版社，2009.
2. 潘吉星. 中国古代四大发明——源流、外传及世界影响. 北京：中国科学技术大学出版社，2002.

第十二章 传统建筑

慕田峪长城(局部)

人类生存发展的四大物质要素是衣、食、住、行。人类文化中的器物文化就是围绕这四大物质要素产生和发展起来的。由于地理环境对人类生活的深刻影响，居住在不同区域的民族对这四大物质要素的要求是很不相同的。这就形成了不同特点的器物文化。一般来说，建筑首先是为了满足人们住的需要而出现的，随着社会生活的日益复杂和变化，才出现了用于其他活动的建筑。所以，我们说，建筑基本上属于住的物质文化的范畴。它的设计和建造，很能体现一个民族的历史特点、审美意识和文化传统。

人们知道，远在原始社会的旧石器时代，并没有什么人工的建筑，原始人群都是利用天然的岩洞作为居住的处所，如同我们已知的北京猿人和山顶洞人在北京周口店所住的洞穴那样。这种情况在我国的古籍中都有记载，如《周易·系辞下》云："上古穴居而野处。"《礼记·礼运》亦云："昔者先王未有宫室，冬则居营窟，夏则居橧巢。"《墨子·节用上》亦云："古者人之始生，未有宫室之时，因陵丘堀穴而处焉。"后来，人们感觉到这些洞穴在夏天时比较潮湿，开始在地面挖些土坑，坑壁即为四周的土墙，上面搭些简单的木架、杂草和树叶，形成高出地面、略略通风的"半穴居"或"浅穴居"，如人们在西安半坡遗址中所看到的那样。在更早一些的浙江省余姚市河姆渡文化遗址中还发现了迄今最早的有榫卯结构的干栏式建筑遗迹。因此，这种半穴居就是最早的房屋建筑，这已经到了新石器时代。在半穴居的基础上才逐步发展成为地面上的建筑物。据报道，考古工作者在甘肃省秦安县大地湾新石器时代遗址发掘出一处大型殿堂建筑遗址，整个建筑分正室、左右侧室、后室、前门附属建筑，平面长方形，正门在南，可能是氏族或部落联盟的公共活动场所。

关于中国古代建筑的发展，研究古代建筑史的专家们把它分为六个阶段：（一）从原始社会后期到春秋战国时期为成型期。其显著特点是城市规模不断扩大，宫殿已成为高台建筑，大型建筑各自封闭而独立，并且已经形成一定的建筑制度，用以规范各种建筑的规模、方位和等级。（二）从秦汉到三国时期为成熟期。其特点是宫殿建筑规模宏大，台榭楼阁建筑精巧，砖石结构的建筑也迅速发展起来。比较有代表性的建筑如秦始皇时修建的阿房宫、三国时曹操建造的铜雀台等，其规模巨大，结构复杂，体现了这一时期的建筑水平。(三)魏晋南北朝时期为吸收期。其特点是随着佛教的传播,佛教建筑大量出现,中国原有建筑形式吸收佛教建筑艺术,形成丰富多彩的寺、塔、石窟等佛教建筑,如《洛阳伽蓝记》所记载的那样。(四)隋唐两代为高峰期。其特点是城市和宫殿的规模空前宏大,布局和造型都有很高水平,比如唐代长安城是当时世界上最大的城市,它的建筑规划影响了渤海国(在今东北)和日本。从现存遗迹来看,其各种建筑的装饰具有很高的艺术水平。(五)宋元两代为转变期。其特点是城市的建筑规模缩小,大型建筑也缺少隋唐时的那种恢宏气势,但是显示出某些变化。同时,为了适应商业经济的发展,大城市里封闭性街坊建筑格局被打破,活跃的城市商业建筑纷纷出现,如《清明上河图》所描绘的北宋都城那样。(六)明清两代为渐进期。其特点是官式大型建筑完全程式化、定型化,发展呈迟缓状态,可见体现在建筑形式中的封建意识已经积淀为一种心理定势。但在同时,不同地区的民用建筑却在追求不同的艺术风格,南方的大型宅院和北方的四合院形成最鲜明的对比。

从一般的意义上来说,中国传统建筑有四个特点:(一)在建筑上普遍采用木构架,并且由此形成中国建筑的独特风格。木构架的结构方式因地区和建筑种类的不同而有好几种,但以"抬梁式"为最重要。所谓"抬梁式",就是人们通常所见的以梁柱为骨架的斗拱结构。这种斗拱结构以宫殿、寺庙和其他高级建筑运用最多。(二)在平面布局上以"间"为单位构成单体建筑,再以单体建筑组成庭院,然后以庭院为单元构成组群建筑。但不论单体建筑还是组群建筑,在设计上多取方形或长方形,而且常常以南北为纵轴线,以东西为横轴线安排主要建筑和次要建筑,以围墙和回廊构成封闭式的整体。这种布局是古代封闭性的思维模式和小农经济意识在建筑中的反映。(三)在建筑的审美意识上追求平稳、整齐、对称,讲求秩序,适合礼度。主要建筑讲究宏伟高大,讲究气势,并以次要建筑来衬托主要建筑。许多建筑有意利用地形,造成高低错落的形态,使整齐、对称的平面布局在主体上显示出丰富多彩的变化。至于园林建筑,它所追求的不是整齐、对称,而是曲折变化和诗情画意。(四)在艺术造型上,中国建筑多采用庞大的出檐屋顶,即通常所说的"大屋顶"。宫殿、寺庙等大型建筑还往往采用高台基。这种高台大顶造型,给人以稳固、庄严、雄伟的感觉。至于组群建筑的造型还要讲究主次分明，有起有落，由正门到最后一座庭院，要像戏曲和音乐一样，显出序幕、高潮和尾声。

一、古代城池

在传统建筑中，城市建筑是最重要的一类。这不但因为早期的城市是奴隶主贵族立国的标志，还因为后来的城市一直是封建社会的各级统治中心。中国在什么时候出现城市？古籍记载有说神农始作城的，也有说黄帝始作城的，也有说"夏鲧作城"或"禹作城郭"的。从近年来的考古成果知道，中国的造城时代非常早，1979年在湖南省北部的澧县发现了距今6,000多年的"城头山古文化遗址"，其古城址保存完整，城区面积达8.8万平方米，城墙外有宽阔的护城河，是迄今为止中国已知年代最早的城市。此外，河南郑州西山城址距今已有5,300年，是中原地区已知最早的古城址；在传说中的伏羲建都的陈（今河南省淮阳县），发现了一座龙山文化时期的"平粮台古城址"，经测定，距今已有4,000余年，不妨认为，这座古城可能同伏羲部落的活动有关。进入奴隶社会以后，城市就意味着国家，因为受封的诸侯都可以按照自己的爵位建造相应规模的城市。战国时期，周天子的地位大大削弱，诸侯们可以随意建造城市，因而出现了许多规模很大的城市，如齐国临淄、赵国邯郸等。秦始皇统一中国以后，实行郡县制，城市成为各级统治机构的所在地。由汉及清，基本沿袭这一体制。

古代的城市叫作"城池"。这"城池"二字很能体现古代城市的建筑设计思想。"城"指城墙；"池"指城外环绕城墙的河池，俗称"护城河"。这种设计可以看作是封闭式的防御性设计。在氏族社会，它是为了保护本部落的成员不受侵扰；在奴隶社会则是为了保护奴隶主贵族的安全；而在封建社会是为了保护各级政权的合法地位。为此，要求城市的建设要"固若金汤"，即所谓"金城汤池"。在具体设计上，首先把城市分作"城""郭"两部分，城内供统治者居住，郭内供老百姓居住。郭或附于城的一边，或围于城的四周，即古书所说的"内之为城，外之为郭"。其次是采用高墙深池的办法同时在城门上设置瓮城（即二道门），以确保城市的安全。第三是在城墙上建造城楼、城垛（俗称"女墙"）和矩形墩台，以利于战时守卫和杀敌。这种设计造成了古代城市的封闭状态：一是城市的整体性封闭，即用高墙深池把整个城市与外界隔绝开来，只辟若干城门在规定的时间里供人们出入；二是城市的分体性封闭，即由春秋至隋唐时期在城内实行"里坊制度"，把城内居住区划成许多里坊，里坊内的街巷用高墙隔开，设门把守，夜间关闭，禁止通行。到了北宋，由于商业经济的发展，里坊制度才被迫取消，但整体性的封闭状态并没有改变。

目前考古发现的古城遗址和保存完好的城池很多，它们都是很有价值的文化遗存。如近年在河南省偃师市发现的商代早期都城遗址，是迄今发现的年代最早、规模最大、保存最好的古代都城遗址。据研究，它可能是商汤建国后的第一个都城"西亳"。城址大体成长方形，东西宽1,200米，南北长1,700米，城墙用夯土筑成，厚约18米，残高尚有1~2米，现已找到七座城门和若干纵横交错的大道，还有三座大型宫殿遗址。另一处重大的发现，是位于陕西省凤翔县的春秋时期的秦国都城"雍城遗址"。经查明，雍城南北长3,200米，东西宽3,300米，总面积达十余平方公里，规模超过东周王城洛阳；城内有三大宫殿区，南郊有墓葬区等。已发现的遗址表明，雍城布局宏大，建筑壮丽，是20世纪最重大的考古发现之一。

我国历史上最大的古城是隋大兴城（后名唐长安城），全城面积为84.1平方公里，约为现存西安古城（明代建）的7.5倍以上，比较早建城的东罗马帝国都城君士坦丁堡（今土耳其伊斯坦布尔）也大7倍多。隋大兴城建于开皇二年（582年），总设计师是宇文恺。唐朝建立后，沿袭旧制，改名"长安"。全城由郭城、皇城和宫城三部分组成。东、西、南、北四面各开三个城门，其中以南边正中的"明德门"为最大，是全城的正门。城内划分为108个里坊（唐代增为110个）和都会（东市）、利人（西市）两个市场。南北向有11条大街，东西向有14条大街，其中六条主干道宽100米以上，由皇城朱雀门通往明德门的朱雀大街宽达150米。其宏伟规模反映了隋唐时代的兴盛气象。

明清的北京，是封建社会后期全国最大的城市，面积60.2平方公里。它是在忽必烈所建元"大都城"的基础上改建而成的。元大都城的平面为方形，分为都城、皇城、宫城三部分，皇城、宫城略偏城南，位于南北中轴线上。全城东、西、南三面各有三个门（东为光熙、崇仁、齐化，西为肃清、和义、平则，南为顺承、丽正、文明），北面为两个门（健德、安贞），元末又加筑瓮城，号称"都城十一门"。明朝建立后，把北面城墙南移5里，南城墙也略往南移，取消"肃清""光熙"二门，改"健德"为"德胜"，改"安贞"为"安定"。随后，又改"崇仁"为"东直"，"和义"为"西直"，"平则"为"阜成"，"齐化"为"朝阳"，"顺承"为"宣武"，"丽正"为"正阳"，"文明"为"崇文"，号称"都城九门"。明代中叶，为防御北方蒙古族入侵，又加筑外城，但因物力财力不足，只修了南边的外城，南向加开"右安""永定""左安"三门，东西向加开"广宁"（清代改为"广安"）、"广渠"二门，形成

紫禁城

"凸"字形平面，清代相沿未变。旧时北京，外城、内城、宫城有三道护城河。全城有两条与中轴线平行的干道，一起崇文门，一起宣武门。由于明清商业经济的发展，城内街巷通常以集中的行业命名，如羊市、马市、米市、花市、珠市等。

现在地方上保留的城池还有不少，现存面积最大的是明代建筑的西安城，大体相当于唐代长安城的皇城，城外环河，四面设门，门外又建一座瓮城，这种布局在北方府县城市建筑中很有代表性。其次是荆州古城，即今湖北省江陵县城，始建于三国，现存为清代初年所建，周长9.3公里，东、北各开二门，西、南各开一门，今城墙、城门、护城河大多保存完好。第三是建于明正德六年的商丘古城，由砖城、城湖、城郭三部分构成，外圆内方，呈一巨大的古钱币造型，建筑十分独特，城墙周长3.6公里，有东、西、南、北四门。城内地势为龟背形。城门为拱券式，至今保存完好。第四是山西省平遥古城，明代初年建，周长6.4公里，呈正方形，外环护城河，辟六门，东、西各二，南、北各一，城内市井街道，仍如明代形制。第五是宁远卫城，即今辽宁省兴城市，周长3.2公里，辟四门，设瓮城，城内十字大街设鼓楼一座。明末督师袁崇焕曾驻守于此，数次击退努尔哈赤父子的进攻。还有一座是赵家城，也称"赵家堡"，在福建省漳浦县，是一座保存完好的宋式古城。虽然其规模很小，但是素有"五里三城"之称。其布局立意，处处仿照两宋故都。该城堡内外两道城墙，外城是条石砌基的三合土墙，高6米，宽2米，周长1,082米，筑东、西、南、北四个城门。东门横匾刻"东方钜障"，南门刻"丹鼎钟祥"，西门刻"硕高居胜"。城内现住赵姓居民102户，多为宋太祖赵匡胤三弟赵匡美的子孙。南宋末年，丞相陆秀夫抱幼帝投海身亡，随驾宗室、赵匡美十四世孙赵若和与一部分侍臣返回福建隐居。明万历年间，赵若和十世孙赵范在原有地基上重建小城，城内分为内城、外城、府第官厅，设计与建筑均保留宋代风格。

二、宫殿建筑

宫殿是随着封建中央集权制度的建立而成为帝王居住和施政的专用场所的。在此之前，宫、室、殿、堂都是指居住的房屋，只是居住的位置和大小有所不同而已。"宫室"是房屋的通称，《周易·系辞上》云："上古穴居而野处，后世圣人易之以宫室。"《战国策·秦策》云，苏秦"路过洛阳，父母闻之，清宫除道，张乐设饮，郊迎三十里"。可见宫室都是普通人住的房屋，并没有等级区别。古时房屋分前后两部分，前边叫"堂"，后边叫"室"，所以成语说"登堂入室"。"殿"与"堂"同义，多指高大的正房。秦汉以后，宫殿成为帝王专用房屋的名称，后来也用作宗教建筑名称。这里，我们主要说帝王享用的宫殿。

中国的封建社会历时很长，每一个新的王朝建立，都要建造大批宫殿。明末清初的思想家顾炎武，汇集历代都城宫殿的文献资料，写成《历代宅京记》一书。根据这本书的记载，历代帝王营建的宫殿不计其数，有名字可查的宫殿达1,200余座。历史上建造宫殿最多的帝王要算秦始皇。据《史记》载，秦始皇即位，大兴土木，营建宫殿，"每破诸侯，写放其宫室，作之咸阳北阪上，南临渭，自雍门以东至泾、渭，殿屋复道，周阁相属"，以至"关中计宫三百，关外四百余"（《秦始皇本纪》）。这简直是一个宫殿的世界，不知耗费了多少人力、物力和财力。据报道，河北省考古工作者在秦皇岛市北戴河发现了秦始皇东巡渤海时的宏大行宫建筑遗址，被史学家确认为"碣石宫"，证明史载不虚，说明秦皇岛的得名是确有来由的。

从考古发掘知道，远在奴隶社会，供奴隶主居住和使用的房屋的规模就比较大。到中央集权制度形成以后，为了显示帝王至高无上的地位和领有天下的威严，宫殿的建筑设计特别追求高大、雄伟、壮丽。它反映了唯我独尊的文化心理，适应了统治万民的政治需要。如始皇三十五年（公元前

212年),秦始皇嫌原来的"咸阳宫"狭小,驱使70万人新建一座"朝宫",到他死前只建成一座前殿,这便是后世所说的"阿房宫"。史载这一座前殿"东西五百步,南北五十丈,上可以坐万人,下可以建五丈旗",后经秦二世继续营建,成为"五步一楼,十步一阁"的壮丽宫殿。可惜,项羽入关后,阿房宫被付之一炬。今西安市郊区阿房村尚留前殿遗址,约略可见当年的宏伟规模。

刘邦定都长安,开始住在由秦代旧宫改建的"长乐宫",命萧何监造新宫。据文献记载,萧何建造的"未央宫"由40多座殿堂组成,周长达11公里。刘邦见如此豪华壮丽,故意发怒:"天下匈匈,劳苦数岁,成败未可知,是何治宫室过度也?"萧何说:"天子以四海为家,非令壮丽无以重威,且无令后世有以加也。"刘邦听了转怒为喜,高高兴兴地搬进了未央宫。到汉武帝时,又在未央宫以西,建造了一座更加宏丽的"建章宫",宫内殿阁林立,千门万户。长乐宫、未央宫、建章宫,合称"汉三宫"。近年来,考古工作者对未央宫遗址进行了发掘,出土了许多文物资料,证明它是明清以前中国古代最大的宫殿,从西汉、前秦到北周,累计使用达360多年。

"唐三宫"是"太极宫""大明宫"和"兴庆宫"。太极宫原为隋文帝修建的"大兴宫",其位置正好在今西安城墙以内,居唐代长安城的中轴线上。宫城分为三部分:中部为太极宫,由南到北,一字排开五座大殿,即正殿"太极殿""两仪殿""甘露殿""延嘉殿"和"承香殿",是李渊和李世民父子处理朝政的地方;东部为"东宫",供太子居住;西部为"掖庭宫",是被没入官的官僚家庭的妇女服役的地方。太极宫的北门叫"玄武门",驻有保卫皇宫的重兵,著名的"玄武门事变"即发生于此。大明宫在今西安城外东北部的龙首原上,地势比较高,是李世民即位后为他父亲李渊修建的,专供太上皇避暑。唐高宗李治因患有风湿病,嫌太极宫潮湿,迁往大明宫处理朝政,此后唐代帝王即以此为施政中心。宫内中轴线南部建"含元""宣政""紫宸"三大殿,以含元殿最为雄伟高大,两边有"栖凤""翔鸾"二阁相连。另一座大殿叫"麟德殿",在大明宫内偏西,面积为今故宫太和殿

唐大明宫含元殿（复原图）

的三倍，是皇帝举行国宴、接见外宾的地方。唐肃宗平定"安史之乱"后，在此举行过3,500人的大宴。兴庆宫原为唐玄宗即位前的住宅，后改建为皇宫，因而规模比较小，但豪华程度并不亚于前二宫。南部园苑以"龙池"为中心，北部宫殿以"兴庆殿"为主体。唐玄宗与杨贵妃的故事大都发生在这里。现为西安市兴庆公园。

  北宋的宫殿在汴梁（今开封市），南宋的宫殿在临安（今杭州市），金、元宫殿主要在幽州（今北京市），我们都不去细说。单说明代建造的宫殿。明太祖朱元璋即位后，建都南京，首先在钟山之下建了一座宫城，即南京皇宫，而后，又以其故乡临濠（今安徽省凤阳县）为陪都，于洪武五年（1372年）用14万军士、民工营建"中都城"。其雄伟壮丽，远胜于南京皇宫和今天的北京故宫，但六年以后又宣布罢建。明末，凤阳的明宫被张献忠烧毁，南京皇宫也在清代毁于战火，两处只留些残址。北京故宫是明成祖朱棣迁都北京时仿照上述两宫建造的，规模与南京故宫差不多，占地面积达72万平方米，房屋9,000多间。北京故宫的设计完全按照君权的至高无上和绝对权威来安排各种建筑，使它成为一个主次分明、尊卑有序而又和谐统一的整体。总的结构承袭古制，采用"前朝后寝"的布局，即"外朝"三大殿（今太和、中和、保和）为朝会施政之所，以空旷衬托宫殿的雄伟高大，立于殿外，大有皇权威严和个人卑微之感；"内廷"后三宫（乾清宫、交泰殿、坤宁宫）为帝后居所，清雍正以后在此处理日常政务。东西六宫，街巷纵横，院落分明，以密集的格局适应起居需要，显示生活情趣。

  中国封建时代的宫殿建筑，有极为严格的等级规定，其中以殿顶形式及其装饰表现得最为突出。中国的殿堂（包括宗教殿堂）都采用大屋顶，主要形式有悬山、硬山、庑殿、歇山、卷棚、攒尖六种。"悬山顶"为双坡屋面，构成一条正脊（平脊）和四条垂脊，屋面两侧伸出山墙之外；"硬山顶"也是双坡屋面，但两侧山墙与屋面齐平；"庑殿顶"是四坡屋面，相交处构成一条正脊和四条斜脊，屋檐屋角向上翘起，屋面略略弯曲；"歇山顶"是两坡和四坡相结合的形式，有一条正脊、四条垂脊和四条戗脊；"卷棚顶"是前后两坡相交处不用屋脊而用弧形曲面；"攒尖顶"是一种锥形屋顶，平面可以是圆形、方形，或其他多边形，亭、阁较为多用。从出土文物和汉代画像砖来看，这几种屋顶形式在汉代就形成了。在发展过程中，重檐庑殿顶演变为一种最尊贵的形式，只有皇家宫殿和一些特许的建筑物的主殿才能采用，如北京故宫太和殿、乾清宫、太庙主殿都取这一形式。其次为歇山顶，多用于城楼和门楼建筑，如天安门城楼即取这一形式。其他殿顶则普通民家也可采用。殿顶装饰，也很讲究，那些各式各样的动物，统称为"吻兽"或"瑞兽"。吻兽的数量，表明宫殿的等级，一般以单数排列，最多为九个，故宫太和殿破例为十个。正脊两端有一对吻兽，叫"鸱吻"。

几种屋顶的画图

据古书记载,它是一种可以灭火的海鱼,汉代的建章宫已经有这种装饰。它背上插了一把剑,据说是怕它擅离职守。另外还有一种说法,说它本是海龙王的次子,因与哥哥争位,商定吞掉一条屋脊者为胜,不料被它哥哥从背后一剑刺死,钉在屋脊上。从封建社会的文化心理来看,置鸱吻是为了避火灭灾。至于四条屋脊上的小动物,第一个是骑凤仙人,之后依次为龙、凤(象征和谐祥瑞)、狮子(象征勇猛)、海马、天马(象征吉祥)、押鱼(可以灭火)、狻猊(象征刚勇)、獬豸(象征正义)、斗牛(可以灭火)、行什(即猴子),除仙人外,一共十个,象征吉祥安定、灭火消灾、主持正义、剪除邪恶,也是文化心理的一种反映。除太和殿以外,其他殿顶的吻兽数目都按等级减少。

三、帝王陵寝

帝王生前居于豪华壮丽的宫殿发号施令,死后也想保持这种尊荣,因此,历代帝王(元代除外)都要为自己建造陵寝。那么帝王的坟墓为什么叫"陵寝"呢?其形制和演变情况又如何呢?这要从坟墓的起源说起。人死了要埋葬的习俗出现于原始社会。但从文献记载和考古发掘来看,周代以前还没有坟墓,古书称为"不封不树"。殷商时期,只有祭祀死者的地面建筑,并没有封土作为葬地的标志。大约到了周代,始有封土出现,并且按照死者的爵位来决定封土的大小。爵位越高,封土越大,大者如山丘,因而那时把一些国君的墓叫作"墓丘",如赵武灵王的"灵丘",燕昭王的"燕丘"等。后来,一些国君的墓越造越大,大得如同山陵一样,因而帝王的坟墓就称为"山"或称为"陵",加上陵前供死者灵魂起居的寝殿和子孙祭祀用的祭殿等,合称"陵寝"。但在实际上,帝王陵寝除了地面建筑以外,还有华丽的地下宫殿,那是帝王死后真正活动的世界,因此帝王陵寝还应当包括地下宫殿在内。这里,我们从陵冢、陵园、地宫三个方面简述一下帝王陵寝的形制和演变。

先说陵冢。早期的陵冢叫"方上",就是把封土垒成上小下大的方锥体,但顶部是平的,呈覆斗形,故称"方上"。秦汉时的帝王陵冢都取这一形式。如陕西省西安市临潼区的"秦始皇陵",状呈覆斗,底部近似方型,原本底面积约25万平方米,高115米,但由于经历了2,000多年的风雨侵蚀和人为破坏,现封土底面积约为12万平方米,高度仍有87米。陕西省兴平市的汉武帝"茂陵",形如覆斗,今所存与史书记载的相差无几。中期的陵冢,主要不以人工封土,而是以山为陵。这种形式以唐代最为突出。据史书记载,唐太宗的皇后长孙氏临终时嘱咐薄葬,因山为陵,不另起坟。也许这位皇后是好意,但实际结果却使工程更为浩大,气势也更为雄伟,所以在唐代相沿成制。唐太宗的"昭陵"选在今陕西省礼泉县的九嵕山,与长孙皇后合葬。其山高耸,主峰险峻,昭陵即于主峰下开凿地宫,据说地宫深达230余米,工程之巨可想而知。唐高宗和武则天合葬的"乾陵",在陕西省乾县的梁山,地宫凿于梁山主峰之下,南边两峰,东西对峙,峰顶置阙,形成天然门户,气势宏伟异常,在中国帝王陵墓中极其罕见。晚期陵冢以明清为代表,都采用"宝城宝顶"形式,就是在地宫上面建筑圆形或长圆形的砖城,然后在城内堆土,使封土成为圆顶,并略略高出城墙,这就是所谓的"宝城宝顶"。北京的明十三陵和河北省遵化市的清东陵、易县清西陵都是如此。

再说陵园。帝王的陵园建筑规模都很大,这也是要显示帝王的威严和至尊。比如秦始皇的陵园,经过多年的普查,其基本面貌已比较清楚:陵区如同一座小城,有内外两道城墙,呈"回"字形,外城周长达6,000多米,内外各开四门;陵冢在内城的南半部,祭殿(也称献殿、享殿)在北半部,现在发掘的兵马俑正当外城东门北侧,应当说是守卫地下宫城的一部分御林军。汉武帝的茂陵也有地面城垣建筑,只是规模比秦始皇的要小,周长仅1,600米。唐太宗的陵园面积2万公顷,占地30万亩,周长66公里,因种满柏树,称为"柏城"。园内陵冢四周再建方城一座,四面开门,东"青

明十三陵

龙"，西"白虎"，南"朱雀"，北"玄武"，其中朱雀门内面对陵冢建献殿，玄武门内建祭坛，在陵冢的西南建下宫，供守陵官员居住。然后在陵冢西南以扇形排列功臣皇族陪葬墓，计有167座。汉唐时代帝王陵墓比较分散，各起陵园，互不相关。宋代帝陵稍有集中，但陵园还是各成一体。从明代的北京十三陵开始，形成"陵墓聚集制"，只统一建一个大陵园，园内各陵自成体系，功臣不再陪葬，只允许皇族葬于园内。清代沿袭明代做法，先在今河北省遵化市建东陵，到雍正皇帝又别出心裁，规定"子不随父葬"，于东陵之外，在今易县又建西陵。明清陵园的形制大体相同。以明十三陵为例，十三座陵共一个陵园，四周围墙达40公里，南边为正门，由南向北有一条长达七公里的中轴线，正门前为大石牌坊（陵园起点）、大红门（陵园正门，围墙由此开始延伸左右）、牌楼（内立明成祖神功圣德碑）、石像生（在神道两侧，共18对，依次为狮子、獬豸、骆驼、象、麒麟、马、武臣、文臣、勋臣各两对。狮子表示威严勇武；獬豸表示辟邪扶正；骆驼、大象表示疆域广大；麒麟表示吉庆祥瑞；马为皇帝坐骑；石人称为"翁仲"，相传原为秦始皇大将阮翁仲，因防范匈奴有功，死后始皇铸其铜像立于宫门口表示纪念，后来把这类立于墓前的石像也称为翁仲）、棂星门，然后一直通向明成祖的长陵。而长陵自立围墙，建有一套完整的地面建筑，如"棱恩门""棱恩殿""明楼""宝城宝顶"等。其他各陵没有单独的神道，地面建筑基本相同，只是规模有所差异。

然后说地宫。地宫又叫玄宫、元宫，是放置棺椁的地方，也是帝王在阴间的宫城，建造得也极为豪华。据《史记》载，始皇陵的地宫砌有纹石，涂有丹漆，建有宫殿，设有百官位置，放满珠宝玉器，点着用鱼膏做的蜡烛，装有防备盗墓用的弩机暗箭，灌注水银如同江河大海，顶部画日月星辰，地面像山川大地。始皇下葬时，凡宫女未生育子女者全部殉葬，参加修建地宫的工匠全被封在墓里。《水经注》记载说，项羽入关以30万人掘墓，宝物运了一个多月还没有运完，然后用火烧了地面建筑，后来一个放羊的孩子因羊跑进墓室，手执火把进去寻找引起火灾烧毁地宫。近年经科学探测证明，秦陵地宫保存完好，古人所记，纯系误传。据专家们从文献记载推断，在古代帝王陵墓的地宫中，藏有难以胜数的宝物，其中以秦始皇陵、唐太宗昭陵、武则天乾陵最引人注目，如世上失传的王羲之《兰亭集序》真迹极有可能在昭陵地宫。据载，昭陵地宫深75丈，有石门五道，中间为正寝，是停放棺椁的地方，东西两厢排列着石床。床上放着许多石函，里面装着殉葬品。墓室到墓口的通道上，用3,000块大石砌成，每块石头有两吨重，石与石之间相互铆住。现在已经挖掘开放的皇陵地宫有：南京市江宁区的"南唐二陵"，为南唐前主李昪、中主李璟的墓，1950年至1951年发掘；四川省成都市"永陵"，为前蜀皇帝王建的墓，1942年发掘；北京明十三陵的"定陵"，为明神宗朱翊钧的墓，1956年发掘；清东陵的"裕陵"，为乾隆皇帝的墓；"定东陵"，为慈禧太后的墓，1928年被军阀孙殿英掘盗；清西陵的"崇陵"，为光绪皇帝的墓，1931年被盗。

俗语说："南方的才子北方的将，陕西的黄土埋皇上。"西汉和唐代帝陵集中分布于陕西关中地区，现只残余陵冢土堆，但其雄伟气势仍很清晰。现今地面保存较好的帝王陵墓是宋、明、清三代的，尤以明清两代的最好。北宋帝陵集中于河南省巩义市，连同赵匡胤父亲的"永安陵"，合称"七帝八陵"（徽、钦二帝死于漠北，不在其内）。同时有皇族王公大臣的陪葬墓300余座。现地面建筑多已不存，只有陵冢和石人石兽。南宋帝陵在浙江省绍兴市城外，共六座，称为"南宋六陵"，其建筑规模本来就小，加上元代的破坏，已所存无几。

明代皇陵除北京十三陵以外，还有五处：（一）明祖陵，在江苏省盱眙县。朱元璋即位后追尊其祖先四辈为皇帝，为其高祖、曾祖、祖父建陵于此，现存陵前石像生，颇有元代艺术风格。（二）明皇陵，在安徽省凤阳县，是朱元璋为其父母建造的陵墓，旧时有地面城垣三重，现仅存墓冢、石像生和朱元璋亲撰的皇陵碑。（三）明孝陵，在南京市钟山南麓，为明太祖朱元璋的陵墓。原建筑规模宏大，现存不多，但气势尚存。（四）景泰帝陵，在北京市玉泉山北，为明代宗朱祁钰的陵墓，为十三陵外又一陵。明正统十四年（1449年）蒙古瓦剌部进犯北京，英宗朱祁镇御驾亲征，在土木堡被俘，其弟朱祁钰在于谦等人的拥戴下即位，是为景泰皇帝。第二年，英宗被放回，后来趁景泰帝病重复辟。景泰帝死，以王侯礼葬于西山，直到英宗死后才追复景泰帝的帝号，依礼改建为帝陵，现已荒芜。（五）明显陵，在湖北省钟祥市，是明代"恭睿献皇帝"朱祐杬的陵墓。此人生前不是皇帝，死后才做了皇帝。明武宗朱厚照死后无嗣，遗诏以其叔父兴献王朱祐杬之子朱厚熜入继大统，是为嘉靖皇帝。嘉靖皇帝即位后，在尊谁为皇考的问题上，朝廷内部斗争激烈。大学士杨廷和、杨慎父子等坚持依礼尊孝宗朱祐樘为皇考，张璁等人则主张以亲尊兴献王朱祐杬为皇考，这就是著名的明代"大礼议之争"，结果嘉靖皇帝以其父为皇考，追尊为献皇帝，为其建陵于此。

清代皇陵，除了关内的东陵和西陵以外，还有四处在关外：（一）东京陵，在辽宁省辽阳市郊外，原为努尔哈赤祖父、父亲、伯父、弟弟、侄子的坟墓，清顺治时将努尔哈赤的祖父、父亲迁往新宾县永陵。东京陵现存努尔哈赤胞弟舒尔哈齐、长子褚英、庶母弟穆尔哈齐及其子达尔差等人的四座陵园。（二）永陵，在辽宁省新宾满族自治县，为努尔哈赤远祖、曾祖、祖父、父亲及其伯父、叔父的陵墓。（三）福陵，在沈阳市东北，是努尔哈赤的陵墓。（四）昭陵，在沈阳市区北部，是皇太极的陵墓，也是关外清陵中最大的一座。

四、万里长城和关隘

万里长城，举世闻名，犹如一条巨龙盘旋起伏于北方的崇山峻岭之中。现在，它不但是中华民族智慧和不屈精神的体现，而且是中国文化的象征，被列为世界古代史上的"七大奇迹"之一。近几年来，人们对长城的研究已经非常活跃，都企图通过研究它的历史与现状，充分揭示它的文化意义，因而逐渐形成了"长城学"。这里，我们主要谈两个问题。

首先说长城的基本情况。很多人有一种误解，以为长城是秦始皇开始修建的。其实，长城的修建早在公元前7世纪的春秋战国时期就已经开始了。据文献记载，最早修建长城的是南方的楚国。公元前656年之前，楚国为了防御齐国的进攻，已在齐楚边界（约今河南、山东一带）修建了一道城墙，那时不叫长城，而叫"方城"。此后的四百余年间，各个诸侯国为了保护自己的安全，防御他人的侵扰，陆续在本国的边界修建长城，比如齐、魏、郑、韩、秦、燕、赵等。这些长城自成体系，并没有连在一起。其中，秦、燕、赵三国都北临匈奴，为了防御匈奴贵族的入侵，三国都在他们的北部边界筑城自卫。现在在内蒙古自治区的包头市西北还可以看到长约130公里的"赵长城遗址"。

公元前221年，秦始皇消灭了六国，统一了天下，为了防御匈奴贵族的进攻，巩固新建立的中央集权制度，立即派大将蒙恬和长子扶苏，"将三十万众，北逐戎狄，收河南，筑长城，因地形，用险制塞，起临洮，至辽东，延袤万余里"。这项工程耗时十年，把秦、燕、赵三国的长城连在一起，形成了一个强大的军事防御体系。从此，"万里长城"就在我国的北方出现了。因此，正确的说法应该是，秦始皇修筑了万里长城。

秦始皇以后，仍有十个王朝陆续修建长城，如汉、北魏、东魏、北齐、北周、隋、辽、金、宋、明。其中以汉、明两代修筑的规模最大。西汉长城一般分为内外两重，并沿城墙建立了许多亭、障、烽、燧等军事建筑物，形成

"五里一燧,十里一墩,卅里一堡,百里一城"的整体防御体系。今天在甘肃境内还可以看到汉长城的遗址,尤以敦煌市玉门关附近的保存较好。汉长城的功用,除抵御匈奴之外,还保护了"丝绸之路"的畅通以及西域和长城沿线的屯田。明代修长城从明太祖朱元璋开始,延续了270多年。明朝刚刚建立,朱元璋就派大将军徐达修筑居庸关等处长城。明成祖朱棣迁都北京以后,因靠近北部边界,更重视长城防务,用大量物力、人力、财力,修筑长城达12,700余里。一些著名将领如戚继光、谭纶等,曾负责长城防务,督兵修建长城。今天我们看到的从山海关到居庸关的长城,都是由戚继光监修的,其中包括了天津黄崖关长城、河北滦平金山岭长城、北京密云古北口长城、怀柔慕田峪长城、延庆八达岭长城等,工程之艰巨、建筑之精巧,都是让人惊叹的。

建筑长城的目的全在于军事防卫。但是,历史证明,御敌的力量并不在一座长城,而在于国策和民众。所以,一旦政治腐败,人心溃散,长城还是不能挽救一个王朝的命运。唐代汪遵写的一首诗讲的就是这个道理,诗曰:"秦筑长城比铁牢,蕃戎不敢过临洮。虽然万里连云际,争及尧阶三尺高。"(《长城》)李自成起义和清兵入关也都证明了坚城铁甲不如政治清明。清朝建立以后,虽然在修不修长城的问题上有过一番争论,但清朝统治者最后还是决定不修。康熙皇帝有一段话很有见地,他说:"帝王治天下,自有本原,不专恃险阻。秦筑长城以来,汉、唐、宋亦常修理,其时岂无边患?明末,我太祖统大兵长驱直入,诸路瓦解,皆莫敢当。可见守国之道,唯在修德安民。民心悦,则邦本得,而边境自固。所谓众志成城者是也。"(《清实录·圣祖仁皇帝实录》卷一百五十一)因此,康熙、乾隆皇帝对少数民族一反过去军事征讨的政策,采取笼络和团结的方针。承德"外八庙"就是这一政策的产物。

其次,谈几点由长城得出的认识:第一,长城是一个防御性的军事系统工程,它所反映的战略是防御性的,而不是进攻性的。这是由中国封建社会封闭型的社会形态决定的。建立在小农经济基础上的封建社会,只祈求封建统治不断延续(即国祚久长、长治久安),满足于社会生产的自给自足,因此，历代王朝尽可以妄自尊大，认为自己"老子天下第一"，喜欢四海来朝，却很少出兵侵略外域。国家的对外战略基本上是一种封闭性的防御战略。"拒敌于国门之外"，是这种战略的理论概括，万里长城就是这一战略的物质形态。第二，长城是大一统封建

居庸关

专制主义的产物。像万里长城这样宏伟艰巨的工程，单靠小农经济的分散意识，是根本不可能完成的。它还必须依靠一种意志，这种意志既是统一的，又是专制的；既是强制命令的，又是符合当时整体利益的。从秦始皇消灭六国开始，这种意志就在封建帝王的身上体现出来。它的明显特点就是民众对帝王的绝对服从。这要求民众为帝王随时做出最大的牺牲。没有这一点，长城的修建是不可能的。第三，长城是中华民族勤劳和智慧的结晶，是力与智、灵与肉铸成的美的实体。试想，长城翻越千山万岭，高低起伏，曲折蜿蜒，是一个难以想象的伟大工程。据统计，如果把现存明长城的砖石土方，用来修建一条高五米、厚一米的大墙，其长度可以围绕地球一周。在生产力很不发达的古代，没有现代化的建筑机械，那些巨大的条石、方砖是怎么运上悬崖和山顶去的？那些敌楼、敌台是怎么规划出来的？整个工程是怎么协调进行的？我们至今想来还是一个谜。但是，有一点可以肯定，就是需要力量，需要智慧，需要绝技，为此，不知道有多少人献出血肉和生命。如果说龙是我们的民族用想象和信仰创造的，那么长城就是我们的民族用力量和智慧创造的。一个是精神的，一个是物质的，但内在的美是一样的。第四，长城是民族文化冲突和融合的见证。说长城的功能是防御外敌，其实在古代就是防御北方的少数民族，防御北方游牧文化对中原农业文化的冲击和

破坏。但是，历史上统治中原地区的民族，既有汉族，又有从北方南下的少数民族。在秦以后修建长城的十个王朝之中，只有汉、隋、宋、明四个是汉族建立的王朝，其他六个王朝都是少数民族建立的，北魏、东魏、北齐、北周为鲜卑族，辽为契丹族，金为女真族。因此，历史上长城的修建不但表现出汉族统治者和少数民族统治者之间的矛盾，也表现出许多少数民族统治者之间的矛盾；不但是中原农业文化和北方游牧文化之间的矛盾，也是北方不同游牧文化之间的矛盾。矛盾和冲突的结果是促进了民族文化之间的融合。长城正是这一历史现象的见证。这说明，万里长城是整个中华民族的文化遗产。

长城是一个完整的防御体系，尤其是明长城采取了一种多层结构，以确保军事防御的有效性。明长城有三道防线：第一道是从"山海关"到"嘉峪关"的长城。第二道是从山西地界的"偏关"，经"雁门关""平型关"，再向东北到"居庸关"，一直延伸与第一道长城相接。这一道防线上的"偏关""宁武关""雁门关"，被称为"外三关"。第三道是从"居庸关"南下，入河北境内，经"紫荆关""倒马关"，止于井陉县境，这称为"内三关"。关门的建筑凭借险要，往往建于两山狭隘之处，故称为"关隘"。古语云："一夫当关，万夫莫开。"这八个字充分体现了关隘重要的防御作用。按照明代的说法，长城内外三道防线共有九大关隘，即以上所说的"九关"。在这九关之中，以山海关和嘉峪关的规模最大。

但是，中国设关，并不自明代始，也不自秦始皇修万里长城始。它是春秋战国时代诸侯割据的产物，后来才用于万里长城，纳入长城的防御体系。最早的关，主要用于贸易，检查货商出入，因此而称"关卡"。后来诸侯之间的军事冲突日益加剧，关的主要功能演变为军事防御。古书云："关在境，所以察出御入。"这就把关的位置和功用说得很明白。史书上记载较早的关，是豫陕边境的"函谷关"，战国时秦国所置，因山谷深狭如函，故名。后来以"关中""关西"代指陕西，这里的"关"即指函谷关。传说中的老子出关，也指此关。《史记》载，齐国孟尝君使秦，被扣作人质，夜半逃至函谷关。秦国规定，鸡鸣才能启关，孟尝君怕天亮时被认出，便叫随从学鸡叫，四周群鸡皆鸣，他才连夜逃出关外。成语"鸡鸣狗盗"即由此而来。公元前241年，赵、魏、韩、卫联合攻打秦国，至此关大败。秦末，刘邦攻入咸阳，曾以此关拒阻诸侯军队。这是"秦建函谷关"，旧址在河南省灵宝市东北。还有"汉建函谷关"，在今河南省新安县东。据称汉元鼎三年（公元前114年），武帝的楼船将军杨仆以功封侯，但家却在关外，他耻做关外民，捐家产将关门东移三百余里，其家即划在关内。河南省荥阳市的"虎牢关"也是秦国设置的一个关口，相传周穆王曾在此地养虎，故称虎牢。《三国演义》中描写的刘、关、张战吕布即发生于此。安徽省含山县的"昭关"，建于春秋时期。伍子胥父兄被楚王杀害，他逃往吴国，因无法过关而愁得一夜之间须发全白，说的就是这个关。陕西省潼关县的"潼关"，是东汉末年设立的一个关口，地当秦、晋、豫三省要冲，为历代兵家重地，现关城保存基本完好。历代描写潼关的诗文很多，唐代诗人杜甫的《潼关吏》描写了这里的险要形势。此外，甘肃省敦煌市的"玉门关"、四川省剑阁县的"剑门关"、山西省平定县的"娘子关"、河南省信阳市的"武胜关"、广西壮族自治区凭祥市的"友谊关"（旧称"镇南关"），都是中国历史上的名关。

纵观历代关隘的建设，都是利用地形，因险制胜，易守难攻。一般说来，大多设在两省（或两国）边界的山隘之间，用以控制交通要冲，如川陕、豫陕、冀晋、鄂豫、赣粤等交通要道都曾置关把守。如果说，春秋战国时的关隘主要是对付邻近诸侯国的进攻，那么秦汉以后的关隘主要就是对付农民起义和军事叛乱了。如"安史之乱"，安禄山军队攻至潼关，唐玄宗派哥舒翰把守。相持数月，叛军寸步难进。后唐玄宗在杨国忠的鼓动下，催哥舒翰出关应战，一战大败，哥舒翰被俘投降，潼关失守，玄宗奔蜀，安禄山占领长安。这是"一关系安危"。明末李自成起义军东渡黄河，明军集结于山西的宁武关抵御，一番激战，起义军攻下宁武关，直取大同、宣化，长驱直入北京，明朝宣告灭亡。这是"一关系兴亡"。因此，了解历代关隘的设置情况，有助于了解古代军事战略以及民族斗争和阶级斗争的某些侧面。

五、古代桥梁

如果把长城和关隘看作是用于防守的阻隔性建筑物,那么桥梁就是用于交流的沟通性建筑物。长城和关隘主要用于军事,目的是维护国家和民族的安全;桥梁则主要用于经济和文化,目的是促进社会的进步和发展。长城和关隘多建于山岭之间,桥梁则建于水流之上,如果说两者之间有民族文化的某种内在联系的话,那就是民族的生存。

我国地域辽阔,山川壮丽,江河纵横,桥梁建设因此而成为民族发展的一个重要问题;后来,随着园林艺术的发展,桥梁成为点缀风景、美化环境的一种建筑。这就决定了桥梁建设既要实用,又要美观。在长期的历史发展中,我国劳动人民建造了无数精美的桥梁,积累了丰富的经验,在造桥艺术上形成了自己独特的风格,给人类文化以重要的影响。

专家们认为,我国的桥梁应当出现于原始社会。大约古人受到横木跨水的启发,置条木于河上成为一种独木桥,即最初的"梁桥",所以"桥梁"二字都带"木"字旁。最早见于文献记载的桥是用舟船临时组成的"浮桥"。《诗经·大雅·大明》云:"文定厥祥,亲迎于渭。造舟为梁,不显其光。"是说周文王为了娶亲,在渭水上用船搭了一座浮桥。后来,这种浮桥用于战争,到战国时已普遍采用。一些外国学者还认为,"吊桥"(索桥)也是最早出现在中国。据有关文献证实,我国最早的吊桥是出自建造都江堰的李冰父子之手。在各种形式的桥梁中,以"拱桥"(曲桥)出现得最晚,大约到东汉时才形成。所以,我国桥梁的四种主要形式——梁桥、浮桥、吊桥、拱桥,至迟在东汉时期就已经完备了。之后,由于拱桥的承重能力强,实用价值高,并且能够充分显示造桥技术的进步和桥梁艺术的魅力,因而成为桥梁建设中的基本形式。

我国的古代桥梁,特点主要有三个:一是它的地区性,即各种不同的桥形、构造及其用料,都因地区不同而不同。如黄河两岸,自古多都城首府,物资运输多依赖骡马大车、手推板车，故平坦宽阔的石拱桥和石梁桥最为适宜；江南水乡，运输以舟船为主，所以遍布凸起的石拱桥；而西南地区，多峡谷急流，难筑桥墩，故多用吊桥。同时，北方和南方的山区，桥墩厚实稳重，称为"厚墩"，以防山洪暴发，冲毁桥梁；而江南水乡，桥墩纤细轻盈，称为"薄墩"，以利桥下通航。二是它的实用性，即古人造桥，讲究实用，注意发挥桥梁的最大效益。比如许多古桥上建有亭阁长廊，既可以保护桥面，又可供行人躲避风雨，休息住宿。三是它的公益性，即为全社会共同享用。古代的许多建筑物，都属皇帝和王公贵族私有专用，平民百姓不得涉足。唯有桥梁有些不同，凡是在江河峡谷建造的桥梁，皇帝能走，平民百姓也能走。只有建在皇宫、皇陵和皇家园林里的那些桥梁是例外。有些王公贵族为了表面上修善积德，甚至还破费为老百姓修桥，如明代奸相严嵩就曾在他的老家江西省分宜县修建"万年桥""永济桥"等。

从美学欣赏的角度去看，我国桥梁的艺术风格表现于三个方面：一是造型优美多姿，有的形如长虹，有的状如弯月，有的轻巧欲飞，有的雄壮厚实，各种造型都体现出不同的审美趣味。古典诗词赞美古桥，都首先从描写桥的优美的造型开始。如关于河北省"赵州桥"有一副对联云"水从碧玉环中过，人在苍龙背上行"，把赵州桥的造型和桥下之水比喻为苍龙和碧玉，极富美感。二是桥梁建筑与周围环境的协调，使人工建筑与自然风光融合，这正是中国艺术的特点所在。这样，凡建桥之处，往往形成迷人的景点。如"卢沟晓月"为燕京八景之一，"断桥残雪"是西湖十景之一，等等，都是因为桥梁建筑能与自然环境融为一体。又如河北省井陉县苍岩山有一座"桥楼殿"，桥建于两山断崖之上，又以桥为基，桥上建殿，桥面距涧底70余米，远望高阁凌空，疑是仙宫。颐和园中的"十七孔桥"，由东岸飞连湖岛，站在"佛香阁"远望，也有仙境的感觉。三是桥梁的附属建筑和雕刻，都体现了中国特有的民族风格，并且往往与当地的风俗、民情和历史有关。如在桥梁两端或桥上建亭阁、牌坊和华表，在栏杆和栏板上雕刻狮子、龙凤、人物、花卉等。

史书上记载较早的历史名桥，首先是西安市东郊的"灞桥"，它横跨灞水之上，建于春秋时代的秦穆公时期。现存的桥是隋代改建并经历代重修的。灞桥的闻名与我国的历史和文学有关。古长安历代为都城，灞桥是出入长安的必经之地。因此，像秦始皇送王翦伐楚、汉高祖刘邦入咸阳、安禄山夺取长安、李自成攻占西安以及因八国联军入京而逃往西安的慈禧太后，都经过了灞桥。古代有折柳送别的风俗，灞桥两边长柳依依，住在长安的人送行都到灞桥，折柳相赠，表示怀念。诗人墨客借景抒情，所作诗词大多充满离愁别恨，所谓"年年柳色，灞陵伤别"就是这些文学作品的概括。

第二座历史名桥就是河北省赵县的赵州桥，本名"安济桥"，由隋代石匠李春建造，是全世界最早的敞肩拱桥之一。赵州桥的建筑巧夺天工，体现了科学性和艺术性的高度结合，历代文人学者对它赞不绝口，认为"奇巧固护，甲于天下"，以至产生了神奇的传说，说赵州桥是鲁班所造。

第三座历史名桥是北京的"卢沟桥"，始建于金大定二十九年（1189年），以后虽有修补而原貌未变，至今已有八百多年的历史。它是经《马可·波罗游记》介绍到西方的第一座中国石拱桥，被称为"世界上最好的、独一无二的桥"。俗话说，"卢沟桥上的狮子数不清"。据记载，卢沟桥上的石狮原有627个，现存501个，为明清之物，也有少量金元遗存。

此外，江苏省苏州市的"宝带桥"，始建于唐元和十四年（819年），是我国古代最长的石拱桥，全长317米，有53个桥洞。福建省泉州市的"洛阳桥"，为宋代书法家蔡襄任泉州太守时建造，现长1,100余米，宽7米，尚有船形桥墩31座。福建省晋江市的"安平桥"，建于南宋绍兴八年（1138年），长达2,000余米，折合五华里，故俗称"五里桥"，是我国现存最长的古桥。桥上有联曰："世

赵州桥

间有佛宗斯佛，天下无桥长此桥。"

我国拥有古桥梁最多的城市是浙江省的绍兴市。据1893年统计，全城有桥239座，平均每平方公里有31座，而当时的意大利威尼斯平均每平方公里只有6座。现在绍兴桥梁的数目已大大减少，所余寥寥，但所存古桥仍是全国最多的。最早的建于宋代，如"八字桥"。其他桥梁形式各异，传说优美动人。

六、古代园林与亭台楼阁

壮丽的宫殿、雄伟的长城和曲折多变的园林，是中国建筑文化中的三大瑰宝，并一起构成中国古代建筑的主调。宫殿体现崇拜与信仰，长城体现意志和力量，园林体现趣味和感情，这些建筑都蕴藏着丰富的精神内涵。

可以说，中国古代园林是中国文化宝库中的主体画卷。它以自己独特的艺术风格和意趣，以自己丰富的历史内涵和追求，在世界园林史上独树一帜。马可·波罗和明清以来的西方传教士把中国园林风貌介绍到欧洲以后，引起了西方人士的极大惊异和兴趣，很多人企图仿造中国园林。因此，在18世纪的欧洲掀起了一阵"中国园林热"。但是，欧洲人最终发现，中国的造园艺术极难掌握，没有深厚的中国历史文化根基是很难造出来的。于是，由欧洲人自己建造中国园林的"热"慢慢冷却下来。今天，随着中国的改革开放和中外文化交流的发展，

苏州西园寺的云墙

西方的"中国园林热"重又兴起,不过,它不再是由西方人自己建造,而是由中国的园艺家设计,而后作为文化产品出口,在西方国家落户。改革开放以来,我国已先后向美国出口"明轩""东方园""思退庄",在英国建成"燕秀园",在德国建成"帼园",在荷兰建成"名胜宫",在加拿大建成"苏州园"等。自然,今天的西方人对中国园林的了解和欣赏,已进入了一个较高的层次,比如在德国就有专门研究中国园林的学者,其著作已达到美学欣赏和美学比较的水平。这都说明,中国的园林艺术已经超越东方的界限而具有世界性的魅力。关于中国园林这里谈三个问题。

(一) 中国园林的种类和历史发展

按其所属,中国园林可分为四类:皇家园林、私宅园林、寺庙园林和公共园林。由于历史造成的原因,"皇家园林"或称"帝王园林",主要在北方;"私宅园林"多数在南方;"寺庙园林"所存无几;而"公共园林"多分布于山水胜地。但不论哪一类园林,在中国都有悠久的历史。传说中的黄帝曾于昆仑山置"圃","圃"即园林。有据可查的中国园林史,恐怕也有三千多年了。据《史记·殷本纪》载,殷纣王"益广沙丘苑台,多取野兽蜚鸟置其中"。这"沙丘苑台",就是以"沙丘"命名的一座园林,其中还养有许多动物。殷纣王在沙丘苑台中"以酒为池,悬肉为林,使男女倮相逐其间,为长夜之饮",可见这座园林是专供纣王寻欢作乐的一个场所。这是见于史书记载的第一座中国园林,也是最早的帝王园林。到了西周,周文王"有囿方七十里",筑台曰"灵台",凿地曰"灵沼",并置禽兽于其中,设"囿人"管理。"囿"即周代的园林,其特点是有高台、池水和动物,而高台作为赏景之处,在园林中占有重要地位。因此,春秋战国时代的帝王园林,都以高台为主要建筑。秦代以后,改"囿"为"苑",因而又合称"苑囿"。始皇即位,大修苑囿,并且把苑囿和宫殿相结合,为后世帝王的宫苑建筑开创了先例。如秦始皇修建的"上林苑",规模极大,阿房宫只是其中的一处建筑。此外,秦始皇还在咸阳"作长池,引渭水……筑土为蓬莱山",这也为后世帝王在宫苑中设置"海上仙山"开创了先河。汉武帝时在秦代上林苑的基础上进一步扩建，于其中养珍禽异兽，建离宫别馆，其规模达二百余里；同时在长安城西筑建章宫，宫内挖"太液池"，池中堆造三山，以象征"蓬莱""方丈""瀛洲"等海上仙山。隋唐以后，皇家宫苑都仿效这一布局，并沿用太液池等旧名，一直到明清。现在北京中南海和北海就是明清时代的太液池。由此可知，中国最早出现的园林属于皇家园林，它们经过数千年的发展，已形成自己的特点，即合朝会、居住、游赏、狩猎于一体，成为一个多功能的处所。承德避暑山庄就是典型的例子。

私宅园林始于西汉，园主人多为贵族、富豪。如梁孝王刘武曾在今河南省商丘市一带建"兔园"（又称梁园），邀司马相如等一班文人在园中饮酒作赋。这是贵族私园。其后，茂陵富户袁广汉在今陕西省兴平市北门外营建私宅园林。据载，这座园林"东西四里，南北五里，激流水注其内，构石为山，高十余丈，连延数里"，其间"徘徊连属，重阁修廊"，园内也养珍禽异兽。这是富豪私园。魏晋时期，玄学大盛，佛教开始流行，大大影响了士大夫们的精神生活，他们在山水之间寻找寄托和乐趣，因而私人造园大有发展。如西晋官僚石崇在洛阳建造的"金谷园"，依山傍水，园内凿池修台，绿树成荫，楼阁相连。石崇与左思、陆机等在此吟诗作赋，号为"二十四诗友"。隋唐时代，文人显贵造园更盛，长安和洛阳两城郊外建有很多私园，较著名的如王维在长安终南山下的"辋川别业"、裴度在洛阳城南的"绿野堂"等，在中国园林史上都有重要地位。唐代以来，江南经济迅速发展，文人显贵多出江浙，大量私宅园林在南方出现，到明清形成几次造园高潮。南方现存私宅园林大多是明清两代的遗物。

寺庙园林大量出现于佛教传入和道教产生以后，更早的也许跟古代的祭祀活动有关。一般说来，它是寺庙的附属建筑。在山林深处，它多利用自然景物加以人工点缀；在城市里，多用人工凿池堆山。现存较大的寺庙园林是山西省太原市的"晋祠"，它最早是纪念晋国创始人唐叔虞的祠庙，到北魏时已形成一定的园林规模。它就是利用自然山水，围绕圣母殿和唐叔虞祠建成的。江苏省苏州市的"狮子林"本为元代菩提正宗寺的后花园，后来寺毁园存，经几番修建，始成现状。

公共园林约略出现于唐代，长安城外的"曲江池"是突出的代表。这里本属汉上林苑的范围，隋代在池中种植莲花，唐开元年间开凿为胜境，成为都城游赏之地。杜甫的《丽人行》所说"三月三日天气新，长安水边多丽人"，即是描写显贵们在此游乐的盛况。杭州西湖也是在唐宋以后日益兴盛起来，成为公共旅游胜地的。至于福建省福州西湖、山东省济南大明湖等，到五代和宋代才兴盛起来。以后，公共园林虽然也有所增加，但总不如皇家园林和私宅园林发展迅速。这是由封建政治和经济制度决定的。但公共园林的出现和发展，在中国园林发展史上毕竟是一个重要的标志。它说明，在封建社会中，人的精神文化需求发生了重大转变：士大夫的"雅文化"拓宽了界限，向更广阔的社会层面寻求发展天地；老百姓的"俗文化"扩大了地盘，使富有民族根基的民间文化获得更大的传播空间。雅俗文化在公共园林里的交汇，使中国的园林文化得到更丰富多彩的发展。

（二）中国园林艺术的特点

概括来说，中国园林艺术的特点主要有三：

第一，追求人与自然的统一和融合。中国园林无一例外的都是艺术地再现自然，都是范山模水，取法天然，为作为生存主体的人创造一个和谐统一的客体环境。它造园的根本思想可以概括为八个字——"虽由人作，宛自天开"，

明 仇英 春夜宴桃李园图

反对任何牵强附会和故意雕琢。这一造园思想实际上是"天人合一"的哲学观念在园林艺术中的体现。古代的哲人们早就从自然界寻找美感,孔子说"仁者乐山,智者乐水",荀子则盛赞"天地之大美"。这些美学思想都给后来的造园艺术以深刻的影响。事实上,中国的园林都是以山水为主体,山是骨骼,水是血脉,二者同样是自然的主体。因此,造园时特别注重山水的配置,要求山要有脉,水要有源,水随山转,山因水活。在具体布局上,有的以水为主,有的以山为主,有的山水并重,因而中国的园林又可以叫作"山池"。

第二,注重体现人的意趣和精神追求。中国园林虽然是艺术地再现自然,却不是无目的地再现自然,而是在自然景物中寄托一定的理想和信念,借助自然景物来表达园林主人的志向和趣味,以满足人的某种精神追求。因而中国园林大多借景寓情,以景明志,赋予外在的景物以丰富的文化内涵。因自古受神仙思想的影响,皇家园林中多见海上仙山,以体现封建帝王祈求成仙和长享富贵的愿望。北京的中南海、北海以及琼华岛、水云榭和瀛台就是这一思想的具体表现。私宅园林也都有园主人的某种寓意。如苏州的"拙政园"为明代御史王献臣所建,王不满朝政,退而居家,取晋代潘岳《闲居赋》中"拙者为政"之意命名,寄托了娱山水而避朝政的愿望。上海市松江区的"醉白池"则是清代官员顾大申因仰慕唐代诗人白居易晚年醉酒吟诗的风度,而造园题名的。类似的例子还有很多。中国的园林还常常借助字画、碑匾描绘四周景物,表明园主的志趣。因此,园林中的题名、匾额、楹联等都有点景、抒情、寓意等作用。如"碧梧栖凤""无际归舟""紫气东来""小山丛桂",又如"知春亭""看山楼""赏诗阁""画舫斋""两宜轩"等,无不充满诗情画意。单就这些景物的命名去研究,就可以触及传统文化中的那些深层结构。

第三,在造园手法上讲究含蓄、曲折、变化,反对僵直、单调、一览无余。因此,园林中的景物大多藏而不露,隐而不现。"大观园"的无穷景致,都隐于一进园门的假山之后。绘画讲究"远山无脚,远树无根,远舟无身(只见帆)",造园也同此理,就是含蓄而有层次。具体来说,造园要充分表现自然的活力,要在有限的空间里显示出自然景物的无限层次;要在造园时小中见大，虚实相间，主次分明，高低互现，远近相衬，动静宜变。园林面积越小，要求变化越多，而在变化中又不失为一个有机的整体。中国造园艺术之难就难在这里。中外专家所以推崇苏州的"网师园"，正是因为它充分体现了中国造园手法的这些特点。

（三）历史名园一瞥

我国历史上有很多名园，有的已经湮灭了，有的还保留到现在。而目前所存的古代园林多数是明清两代建造的。即使是明代以前的作品，也已经过后人的改造和整修。现存时代最早的古代园林遗址，是山西省新绛县的"绛守居园池"，建于隋开皇十六年（596年），本是古绛州太守官衙的后花园，现留存建筑物极少，但在古代园林中它是有据可查、有遗迹可寻的最古老的名园，具有文物价值及园林艺术价值，是园林艺术重要的实物资料。现在园池的地形、地貌基本保存完整，总体规模、布局、形制及池塘、渠道、亭台部位尚清晰可辨。历史上闻名中外的皇家园林是"圆明园"，包括圆明园、长春园、万春园三园，占地达5,200余亩，建于清康熙、乾隆年间。该园汇集当时江南诸园特点，集我国古代造园艺术精华，建造各种景点达140多处，有"万园之园""人间天堂"等美称，可惜毁于英法联军和八国联军之手。现存完好的三大皇家园林是北京三海（北海、中海、南海）、颐和园和承德避暑山庄，以避暑山庄为最大。南方私宅园林多集中于苏州、扬州、杭州等地，以苏州为最多。苏州至清末有记载可查的大小园林有200多个，因而被称为"园林之城"。其中以"沧浪亭""狮子林""拙政园"和"留园"最负盛名，合称"苏州四大名园"。沧浪亭建于宋代，狮子林建于元代，拙政园建于明代，留园建于明代而大修于清代，基本上体现了四代园林艺术特色。此外，"曲园""怡园""耦园""网师园"也极尽风趣。扬州市的"个园""何园"（寄啸山庄），无锡市的"寄畅园"等也极有名。上海市的"豫园"是明代官僚潘允端为其父亲所建，素称"东南名园之冠"，距今已有400多年的历史。广东的私宅园林也较多，其中东莞"可园"、番禺"余荫山房"、顺德"清晖园"和佛山"梁园"合称清代"广东四大名园"。北方的私宅园林集中在北京，现存主要是清代的。但河北省保定市的"莲花池"建于元代，明代增建，清代改为行宫，是北方少有的历史名园。历史上有两座名声很大的私宅园林，一座在北京，是明代书画家米万钟的"勺园"；一座在浙江省海宁市，是清代官僚陈元龙父子的"安澜园"。勺园故址在今北京大学校园内。明代的北京西郊，王公贵戚的私宅园林很多，而米氏勺园独擅第一。园主人米万钟诗文书画石刻棋艺，无不精通，万历二十三年（1595年）中进士，曾任"太仆寺卿"。他的艺术造诣很深，与董其昌合称"南董北米"。他高超的艺术造诣，决定了他设计的勺园非同一般。勺园占地百亩，园门题额曰"风烟里"。园内以水为主，水中植荷，水上架桥，水边种竹，杂以亭台楼榭，间以各种奇石。米氏爱石成癖，凡有奇石必高价购得，自号"友石"，一生积得很多奇石，被称为"米家石"；他常邀请文人学士入园游赏，吟诗作画，为了显示他的园林胜景，他把园中风景画成彩灯，挂在园中，被称为"米家灯"；他教子有方，儿子也挺出众，诗、书、画名冠京师，被称为"米家童"。因此，当时把他的园、灯、石、童称作"米家四奇"，而勺园则是四奇的集中表现。现在，颐和园乐寿堂前有一块巨石叫"青芝岫"，是米万钟由房山采到的，运京途中，米氏被革职，遂弃于路旁，到清代被乾隆皇帝运到颐和园里。浙江的安澜园在清代盛极一时，其地位和影响超过江南其他私园。园主人陈元龙，康熙时中进士，历任工部尚书、礼部尚书，官至内阁大学士，当地称为"陈阁老"，与康熙、雍正皇帝关系密切。他82岁退职归乡，建"遂初园"，死后由其子陈邦直（翰林院编修）增建。乾隆皇帝六次下江南，有四次住在这里，一方面说明此园构造杰出，甚得乾隆欢心，另一方面也体现了陈氏父子与皇室关系非同一般。此园毁于清咸丰年间，现仅存极少建筑。

中国的园林实际上是由自然山水和人工建筑的亭台楼阁混合而成的，因此，亭台楼阁是园林建筑中不可缺少的组成部分。但是，它们又可以单独构成景点和用作实用建筑物，如台可以观察天文，用于军事；楼阁可供居住、藏书，或用于供养神佛。在造园手法上，亭台楼阁各有妙用，如"危楼跨水，高阁依云"，置亭阁于山间，筑楼台于溪畔，会使山光水色更富有生气和魅力。它非但没有破坏自然，反而进一步美化了自然，达到了物我融合、情景合一的目的。

先看亭。亭的历史很早。《说文解字·高部》云："亭，民所安定也。"可见，最早的亭与边防和军事有关，是边塞哨所一类的建筑，所以《战国策·魏策》说："卒戍四方，守亭障者参列，粟粮漕庾，不下十万。"战国时期，在国与国的边境上都设有这种亭，置亭长，任务是侦察敌情，防备敌人。到秦汉时，这种亭演变为一级行政机构的所在。乡村每十里设一亭，十亭为一乡，每亭设亭长一人，管理当地治安和民事纠纷。刘邦起义前就是"泗水亭"的亭长。大约在秦汉以后，亭的政治作用消失了，亭成为人们远行送别的休息场所，出现了"十里长亭，五里短亭"，所以南北朝时的庾信在《哀江南赋》里说："水毒秦泾，山高赵陉。十里五里，长亭短亭。"李白在《菩萨蛮》中也说："玉阶空伫立，宿鸟归飞急。何处是归程，长亭更短亭。"

亭何时成为一种风景建筑，还说不上一个确切的时间，但它可能是由专供休息的亭子演变而成的。因为坐在亭中休息，不免风景在目，于是随园林的发展而成为一种风景建筑。在汉代，已有人把亭子建在庭院里供歇息，如扬雄在西蜀建有"玄亭"（后人称为"子云亭"），刘禹锡在《陋室铭》中所说的"西蜀子云亭"即此。今四川省绵阳市的"子云亭"是为纪念扬雄而建，并非原亭。东晋大书法家王羲之与一些好友曾在"兰亭"临水赋诗，说明那时的亭已经是一种风景建筑，它与周围的崇山峻岭、茂林修竹已融为一体，所以人们可以"游目骋怀"，"极视听之娱"。唐宋以后，这种风景亭越来越多，人们在亭中饮酒赋诗，观赏风景，亭子的文化功能日益突出。逐渐地，人们又用亭子作为一种纪念性建筑，用以纪念某一历史事件或某一历史人物。如广东省海丰县五岭坡有"方饭亭"，是纪念文天祥的。文天祥率兵抗元至此，正在吃饭，突然被元军包围，宋军不及防备，文天祥被俘。明代立亭纪念，亭前横碑上刻"一饭千秋"。浙江省绍兴市有"风雨亭"，是纪念辛亥革命烈士秋瑾而建的。随着社会的发展和进步，出现了交通亭、电话亭、售货亭、指路亭等，亭子的功能大大地增加了。

亭顶的基本建筑形式是攒尖顶，平面设计可以是圆形、扇形、方形、六角形、八角形等，也可以用双圆或双方构成连环亭或鸳鸯亭。亭顶也可以采用重檐结构。在园林和风景区建的亭，大多立于山间（山顶或山腰）、水边、路口，以充分发挥它供人赏景、小憩、游乐的作用，因此有很多湖心亭、半山亭等，这样既点缀了山水，美化了环境，又陶冶了人的性情，给人以美的享受。

现存亭子最多的地方是北京，据不完全统计，北京有近百座亭子，仅颐和园就有四十多座。位于颐和园十七孔桥东头的"廓如亭"是全国最大的一座亭，面积达130多平方米；万寿山上的"铜亭"，用207吨青铜铸成，在全国也不多见。至于景山"五亭"、北海"五龙亭"、天坛"双环亭"等，都各具风采。现存名亭，为数不少，如"兰亭"（浙江省绍兴市），为王羲之写《兰亭集序》之处；"历下亭"（山东省济南市），杜甫有诗曰"海右此亭古，济南名士多"（《陪李北海宴历下亭》）；"烟水亭"（江西省九江市），由白居易始建；"醉翁亭"（安徽省滁州市），欧阳修有《醉翁亭记》；"放鹤亭"（分别在江苏省徐州市和浙江省杭州市），为宋代徐州云龙山人张天骥、杭州诗人林逋招鹤放鹤之地；"爱晚亭"（湖南省长沙市）；"陶然亭"（北京市），等等。

再看台。《尔雅》曰："四方而高曰台。"但在实际上，把高出平地的一块较为平坦的地方也称作"台"。传说中的黄帝住在"轩辕之台"，所以李白有诗云："燕山雪花大如席，片片吹落轩辕台。"（《北风行》）可见，台的概念在我国也是很早的。据《左传·昭公四年》记载，禹的儿子继位王天下，"有钧台之享"，就是在"钧台"上举行仪式，设宴庆贺，这等于是中国历史上最早举行的开国大典和国宴，后世在台上举行的各种庆典活动都来源于此。这座钧台的地址在今河南省禹州市，原台已淹没，现存的台是后人建造的。周文王曾造"灵台"于囿中，这说明台在园林中出现得比亭早，而且春秋战国时代的大型园林往往就是以台为中心的，如楚国的"章华台"，建造得很高，到顶上去要休息三次，因此又叫"三休台"。战国到秦汉，是中国历史上造台的高潮。秦始皇建造的"云明台"，"穷四方之珍木，搜天下之巧工"；汉武帝建造的"渐台"，"南有壁门三层，高三十余丈，中殿十二间，阶陛咸以玉为之",足见那时建台之热。台居高临下,可以登高望远,又可以用于军事和天文观测,因而有瞭望台、烽火台、拜将台、阅兵台、观星台、观象台等。秦汉以后,因朝廷的许多办公机构建于台上,于是把"台"作为国家行政机构的名称,如"三台",汉代指"尚书台""御史台""谒者台",唐代指"尚书省"(中台)、"门下省"(东台)、"中书省"(西台)。称宰相为"台辅""台衡""台鼎",称其任职和去职为"上台""下台"。作为园林中的一种建筑,台往往不是孤零零、光秃秃的,它常同亭、榭、楼结合在一起,形成一种比较高耸的组合性建筑物,因而有"亭台""台榭""楼台"等名称。在园林构景上,讲究高台临水,台水相映。历史上一些以台为主的游赏性建筑,如春秋时吴王阖闾所建的"姑苏台",三国时曹操所建的"铜雀台""金虎台""冰井台"都是如此。特别是铜雀台,在建成之后,曹操曾让其诸子登台作赋,曹植作了《登台赋》。曹操临死,留恋人世,遗令将他葬于西门豹祠旁,在铜雀台上设帷帐,供果品,每月十五日让他生前的舞女对着他的坟墓起舞。这件事使后来的文人大受触动,在乐府里产生了一支曲子叫《铜雀伎》(又称《铜雀怨》),而有关铜雀台的历代文学作品就更多了。铜雀台因此名噪古今,算得上中国第一名台,现仅存台址。

目前所存的历史名台,大多经后来不断维修和重建。如"越王台"(浙江省绍兴市),为越王勾践习武之处,现存之台为1980年重建;"丛台"(河北省邯郸市),为赵武灵王观看军事演习和歌舞之地,今为丛台公园;"戏马台"(江苏省徐州市),为项羽观看跑马演武之所,今为市内胜景;"歌风台"(江苏省沛县),刘邦还乡宴请父老、唱《大风歌》之地;"拜将台"(陕西省汉中市),为刘邦拜韩信为大将之地,等等。

三看楼阁。"楼""阁"二者并无多大区别,都是指两层以上的房屋建筑。它们的区别在于,阁通常在四周开窗,或设置栏杆回廊;而楼则三面为墙,一面开窗。但实际情况又非如此,有些叫楼的建筑物也四面开窗。最早的楼都是两层,所以《说文解字·木部》云:"楼,重屋也。"楼阁作为居住用房,是贵族女子专用的,故有"绣楼""闺阁"之称,连妓女所居之处也叫"青楼"。

此外，楼阁还可以用来悬钟挂鼓、藏书供佛、装饰城门，故有"钟楼""鼓楼""城楼""藏书阁""观音阁""玉皇阁"等。旧时皇宫里常把楼阁建于台上，作为宰相等人的办公场所，因而有"内阁"之称。但是，作为观赏风景的建筑物，楼阁一般都建在山水胜地，要求"危楼跨水，高阁依云""飞阁流丹，下临无地"，以便让人们在登高览胜之时，能把四周风光尽收眼底。唐诗说："白日依山尽，黄河入海流。欲穷千里目，更上一层楼。"诗中表现的正是这种如临天境的美学境界。当然，在空间有限的园林中，楼阁建筑要同其他景物相协调，不可能很高大，但它所遵循的美学原则是一样的。

现存的历史名楼，确实都在山水胜地。首先是"江南三大名楼"——黄鹤楼（湖北省武汉市）、岳阳楼（湖南省岳阳市）和滕王阁（江西省南昌市），它们分别建于长江、洞庭湖和赣江之岸，极山光水色之胜，历代文人登临览胜，吟诗作赋，留下许多名篇。此外，蓬莱阁（山东省蓬莱市），传为八仙过海之地，有海市蜃楼胜景；八咏楼（浙江省金华市），南朝沈约在此任职时作诗八首，宋代女词人李清照流落于此，曾有"千古风流八咏楼，江山留与后人愁。水通南国三千里，气压江城十四州"的诗句；烟雨楼（浙江省嘉兴市），所临南湖为中国共产党"一大"召开之处；望江楼（四川省成都市），为唐代女诗人薛涛居所，现为望江楼公园；大观楼（云南省昆明市），因清代文人孙髯翁作大观楼长联而久负盛名；还有甲秀楼（贵州省贵阳市）等，这些楼阁都很有名。

七、宗教祭祀建筑

在中国的封建社会里，宗教祭祀活动是社会各阶层很重要的精神生活，它所表达的是人们的精神信仰，所以不论是帝王公卿，还是士农工商，都不惜花费巨资来建造宗教祭祀建筑。其规模之巨大，建筑之精美，分布之广泛，都是令人惊叹的。可以说，封建社会数量最多、质量最好的建筑，大多是宗教祭祀建筑；迄今保存最多、最好的古代建筑，也正好是以前的宗教祭祀建筑。这类建筑主要有寺、观、祠、庙、塔。其中除清真寺仍保留较多外来特征以外，其他都只是中国宫殿和居住建筑的翻版，即中轴线突出，左右整齐对称，以殿堂门廊组成前后庭院，以高低错落、主次分明造成艺术效果。由于受宗教思想的支配，祭祀建筑不能不考虑祭祀与信仰活动的需要，因此，其格局比宫殿和居住建筑更加规整、严格，显出极为程式化的态势。

现存的宗教祭祀建筑，以传统礼法建筑、佛寺建筑和道教建筑最为突出，又以佛寺建筑留存最多。我国的佛寺建筑源于印度，但到隋唐以后，其平面布局和殿堂结构已跟中国宫殿没有明显的区别了。大体来说，印度佛寺是一种"塔寺结构"，即建塔于寺中，以塔藏佛之"舍利"。我国早期的佛寺建筑，就是这种塔寺结构。唐代以后，塔寺分家；宋元以后，佛寺已完全摆脱外来影响而成为中国式的宫殿建筑。如宋代以前，盛行"伽蓝七堂"制度，即整个佛寺建筑由七座房屋组成——山门、佛堂、法堂、僧堂、经堂、库房、浴室，主要建筑都不称"殿"。宋崇宁二年（1103年），因孔庙主体建筑为"大成殿"、关庙主体建筑为"崇宁殿"，佛寺仿而效之，称佛堂为"大雄宝殿"。宋以后，七堂制度逐渐破坏，佛寺建制大小不同。不同宗派的佛寺，其布局也往往不同。现存佛寺，大都是明清两代改建或重建的，体现的基本是明清格局。一般为"山门殿"，由三座门——"空门""无相门""无作门"构成，其中至少中间一座应建成殿堂式；再往里为"天王殿""大雄宝殿""观音殿""地藏殿""藏经楼"；进山门后的左右大多有钟、鼓楼和配殿等建筑。这是中国广大地区的佛寺布局。至于蒙藏地区的佛寺，布局跟内地不同，规模也比较宏大。由于佛寺大都建于山林，因此在建筑上往往依山就势，高低错落，把人文景观融入自然景观，给人以丰富的美感。当然，佛寺建筑也要尽力体现它的宗教含义，表达一种信仰上的追求，如有的佛寺在山门外建53级台阶，暗喻佛经"五十三参，参参见佛"；有的在寺前筑108个台阶，是说世间有108种烦恼，走完这些台阶，烦恼也就消除了。

五台山的"菩萨顶""南山寺"即是如此。

宫观是道教建筑，现存数量仅次于佛寺。在建筑上，宫观仿效佛寺，但一般不建塔。其殿堂布局常因主祀的道教神祇不同而有所差异。一般说来，有"山门"、"三清殿"、"四配殿"（也称"四御殿"）、"玉皇殿"等，有的还有"真武殿""灵官殿""吕祖殿""三皇殿""王母殿"等。如北京的"白云观"，其建筑布局依次为牌楼、山门、灵官殿、玉皇殿、老律堂（七真殿）、丘祖殿（供丘处机）、四御殿等，白云观规模宏丽，风格已完全接近佛寺，唯装饰彩画仍用道教图案。而山西省芮城县的永乐宫，是为祭祀吕洞宾而建的，由宫门、龙虎殿、三清殿、纯阳殿和重阳殿五座主体建筑组成，宫内元代壁画中外闻名。

祠庙大多属于传统礼法建筑，其设计饱含文化意蕴，符合传统的礼度。典型的代表是北京的天坛、地坛、日坛、月坛、社稷坛等。中国传统的观念是"天南地北""日东月西"和"天圆地方"，因此，天坛在北京南郊，建筑取圆形，圜丘坛和祈年殿的栏杆、铺石、柱子都要暗合天象；地坛在北京北郊，建筑取方形，坛上的设置也要象征中国的大地；日坛在北京东郊，月坛在北京西郊，建筑都取圆形。社稷坛象征国家，体现农业文化，坛上设置的"五色土"——中黄、东青、西白、南赤、北黑，寓意"普天之下，莫非王土"。其他祠庙的整体平面设计也采取宫殿式或住宅式的庭院布局。一般来说，庙的规模比祠大。在建筑学上，由中轴线上的建筑和墙垣分割的庭院叫"进"。一个庭院就是"一进"，依次类推。普通的祠只有一进，即进门以后只有一座大殿，东西配以厢房。较大一点的祠可以有三进，如湖南省汨罗市的屈子祠。庙就不同了，除了那些乡间神祇小庙之外，祭祀帝王先圣、五岳四渎的庙，规模都比较大，起码要有三进，有的要四进、五进、六进、七进、八进，形成宏伟的古建筑群。据认为，山东省曲阜市孔庙仿皇宫建制，前后共有九进；而河南省嵩山脚下的中岳庙，从"中华门"起到"御书楼"止，前后多达十一进，殿堂房屋四百余间，与曲阜孔庙、北京故宫并称为"中国三大古代建筑群"。其他大型建筑还有山西省运城市的关帝庙，山东省泰安市的岱庙,陕西省华阴市的西岳庙,山东省邹城市的孟庙,四川省成都市的武侯祠,等等。

现存的塔有很多,据统计全国有三千多座,历史达七八百年的少说也有百余座。它基本上属于宗教建筑,而且主要是一种佛教建筑。但在后来的发展中,道教和儒家文士也建塔,有一些塔又建在山水胜地,其性质就接近风景建筑了。佛寺大多建在山清水秀之处,后来往往寺毁塔存,而原来的佛塔也变成了风景点缀之物。它们或挺拔秀丽,或雄峻高耸;或立于山顶,或立于水际;或孤塔雄姿,或双塔对影,有的甚至三塔并立,无不使江山生色,为大地添秀,成为一种独具风格的高耸建筑物。

塔起源于印度的"窣堵婆",汉文译作"浮图"或"浮屠"。它的用途是收藏释迦牟尼的"舍利"(佛骨、佛牙、佛发等),因此又叫"舍利塔"。后来又用于收藏佛经和埋葬长老,出现了"经塔""墓塔",再后来逐渐成为一种纪念性建筑。汉末,它随佛教传入中国。史载洛阳白马寺首先建塔,其塔为木制方形,位于寺院中心,其形制和寺塔布局都不脱印度影响。到了唐代,逐渐吸收中国建筑的风格,并与中国建筑的形式相结合,采用六角形、八角形、棱形等平面布局,出现了各种造型的塔。在造塔材料上,最早用木料,唐代以后还采用石料、铜铁、琉璃、陶瓷、金银等。从塔的出现和演变,可以看到中国文化吸收和融合外来文化的巨大能力。

根据塔的造型,一般可以把塔分为五种:"楼阁式""密檐式""喇嘛式""花塔"和"金刚宝座塔"。楼阁式塔仿照我国传统的多层木构架建筑,数量

应县木塔(楼阁式)

嵩岳寺塔(密檐式)

北海白塔(喇嘛式)

广惠寺花塔(花塔)

呼和浩特五塔(金刚宝座塔)

几种塔的造型

很多，是我国古塔建筑中的主要形式。它采用大型砖石仿木结构，代表如西安大雁塔。这种塔的特点是层与层之间距离大，每层设门窗、斗拱，塔外有飞檐，塔内有楼梯，可以登高远眺。苏州虎丘塔、应县木塔、杭州六和塔、开封铁塔、银川海宝塔都属这一种。密檐式塔出现于北魏，盛行于辽、金，多用砖石构造。其特点是塔身下部第一层特别高大，辽金时的密檐塔第一层都雕有佛龛、佛像、门窗等。从第二层往上，各层距离很小，塔檐很密，因而没有门窗，有的只设小型假窗；塔内实心不设楼梯，因而无法登临。这种塔东北地区较多，著名的如辽阳白塔，北京的天宁寺塔和慈寿寺塔也属于这一种。喇嘛塔多分布于蒙古族和藏族地区，元代以后兴于华北，它的形式最接近印度的窣堵婆，其特点是方形底座，塔身为圆大肚，上有尖顶，塔面都施白色，如北京妙应寺白塔、北海白塔、扬州瘦西湖白塔等。花塔出现于唐代，盛行于辽、金，元代以后就不多见了。其特点是塔身上半部建成莲瓣式，或雕饰佛龛、佛像、花卉等，远看就像一朵花，故称为花塔。著名的花塔有河北省正定县广惠寺花塔、北京市房山区万佛堂花塔等。金刚宝座塔是在一个方形（或长方形）的高台上建五座小塔，以供奉金刚界五佛。敦煌石窟的壁画中已有这种塔，但真正建造却在明代。其数量也极少，全国现存的比较有名的金刚宝座塔坐落于北京五塔寺、碧云寺、黄寺和内蒙古呼和浩特市五塔寺寺内。塔的结构一般分为地宫、塔基、塔身、塔刹四部分，所藏舍利都埋在地宫里。塔身的层数都为单数，即一、三、五、七、九、十一、十三。奇数属阳，一般的塔以七、十一、十三层为多见。我国现存最早的石塔是济南市历城区四门塔，为单层方形，建于隋大业七年（611年）；现存最早的砖塔为河南省登封市嵩岳寺塔，密檐十三层，十二角形，建于北魏正光元年（520年）；现存最高的砖塔是河北省定州市开元寺塔，楼阁式，八角十一层，高84米，宋至和二年（1055年）建成，费时50年，宋时此地为边界，因登塔望敌情而又称"料敌塔"；现存最早最大的木塔是山西省应县木塔，全名为"佛宫寺释迦塔"，楼阁式，八角九层（明五暗四），辽清宁二年（1056年）建；现存最早最高的琉璃塔是开封铁塔，全名为"祐国寺塔"，琉璃呈铁色，仿木结构，楼阁式，八角十三层，高57米，宋皇祐元年（1049年）建；现存最高的铁塔是山东省济宁市铁塔，八角形，宋代建为七级，明代增为九级，高23.8米，铁壳砖心，仿木结构。除这些单塔以外，还有太原双塔、宁夏拜寺口双塔、云南大理三塔、青海塔尔寺如来八塔、宁夏青铜峡一百零八塔，都是塔建筑的奇观。

八、装饰性建筑

中国的古建筑，除本体雄伟壮丽以外，还要在外围点缀一些装饰性建筑，使整个建筑物协调而有节奏，严谨而有变化。人们常见的华表、牌坊、碑阙、照壁都是装饰性建筑。当然，它们的作用也不仅仅是装饰，同时也有某种纪念功能和用途。

华表一般立于宫门口、桥头、墓前。它的产生，现在有多种说法。一说与天文学有关，认为古人常用一根直立的杆子测定冬至和夏至，后来又用于在建筑时测定南北方向，久而久之，以石杆代替木杆，加以装饰，成为建筑的一种附属物。另一种说法，认为它是由远古时的"诽谤木"演变而来的。据说，尧舜时代曾在交通大道路口设立木桩，上边用两根横木相交，让人们"书其善否"，这就是"诽谤木"，用来表示君王纳谏的诚意，同时也便于人们识别方向。"诽谤"二字，本义为"言其过失"，后来才转化为"无中生有、捏造罪名"之意。当然，尧设诽谤木只是一种传说，很难确认它就是华表的始祖。不过，古代确有一种叫"木铎"的东西，是一种可以敲击的木制音响工具。有的说天子用它征求百姓的意见，百姓敲击它以惊动天子的大驾；有的说它是天子用来宣示政令的工具，由天子派出的官员敲击它以警告百姓，后来立于宫门口张贴告示。华表的形成可能与这种"木铎"有关。从史书记载和出土的画像砖可以知道，华表在汉代已经比较常见了，有的设于路口,有的立于墓前。汉代的华表用木制成,"高丈余,有大板,贯柱四出",很像一朵花,古时"华""花"通用,所以叫"华表"。东汉时开始以石柱作表,立在墓前作为神道的标志。南北朝时开始在柱顶雕刻圆盘,并在盘上雕一个蹲着的小神兽——辟邪,造型已近于我们今天所看到的华表。从《洛阳伽蓝记》的记载看,华表在北魏时又出现在桥头,其高20丈,上作凤凰,似欲冲天。在《清明上河图》中可以看到,虹桥两端共有四座华表,顶端立白鹤。这说明,华表在宋代已是桥头的一种装饰性建筑了。现在,我们在北京地区看到的华表最多。一是卢沟桥两头共立四座,石制,上端横贯云板,柱顶为莲座圆盘,上蹲石狮子。二是天安门前后共立四座,柱身雕蟠龙,柱上贯云板,顶端圆盘,上蹲犼,是一种传说中的动物,性忠和正直。后面一对华表向北,俗称"望君出",是吁请皇帝出宫体察民情;前面一对华表向南,俗称"望君归",是提醒在外巡视、游乐的皇帝早日回京理事。三是北京大学西门内办公楼前有一对,为圆明园的遗物,后迁建于此。四是北海文津街北京图书馆旧址有一对。

牌坊的产生跟华表有一定关系,因为一对华表中间加一根横木连接,就可以构成一座大门。在隋唐时代,我国大城市中曾实行一种"里坊制度",里坊的四周设围墙,墙中央设坊门,这种坊门就是在两边华表中间加一横梁或横板构成。如果某个里坊的居民在伦理道德或科举方面有什么值得表彰的,就张榜于门首,这叫"表闾"。随着里坊制度被取消,坊门单独立于街口,演变为牌坊,成为装饰性的建筑,设于桥头、庙前、墓前、街口,同时也保留了它的旌表功能,所以古代多为贞女、烈妇、孝子、忠臣、状元立牌坊。牌坊进一步发展,出

牌坊

现了牌楼。牌坊只在华表中间加横梁,牌楼则仿楼阁造型在横梁上修造斗拱、飞檐、翘角,成为一座楼阁式的门,而且往往采用多开间(三间或五间)设计。设在路口的多开间牌坊或牌楼,一般中间最大,以便于人员车马通行。早期的牌坊和牌楼,多用木造,明代则多用石造,或砖砌饰以琉璃,其造型多仿木结构,石造梁柱上面多雕刻精美图案。北京城内旧时牌楼很多,现在不少只剩下地名了,如东单、西单是说东、西各有一座牌楼;东四、西四是各有四座牌楼。北京现在保留的牌坊和牌楼大多在园林、寺庙、陵墓建筑中,如颐和园、北海、中山公园、东岳庙、十三陵、雍和宫等处,街道牌楼只保留了国子监成贤街的两座。安徽省歙县是个牌坊、牌楼比较集中的地方,城外的"棠樾牌坊群",七座牌坊相连,蔚为壮观,是明清两代当地鲍氏家族为旌表本族杰出人物而建造的,按忠、孝、节、义排列,颇能反映这一建筑的文化特色;城内有"许国石坊",是一座罕见的明代石坊建筑,全坊四面八柱,平面呈"口"字形,是明代皇帝为表彰许国的功绩而建造的。辽宁省兴城市有石坊一对,是明崇祯皇帝为表彰总兵祖大寿、祖大乐兄弟抗清功绩建造的,想不到石坊建成之后兄弟二人却叛明降清而去。另外,山东省单县城内也有石坊一对,一为"百寿坊",一为"百狮坊",坊上分别雕百"寿"和百狮,在全国绝无仅有。此外,山西五台山的牌楼也建得极为精巧。

碑起源于先秦时代。那时的碑有三种,但都没有文字。一种叫"宫碑",立在宫院中测定日影,以确定时间;一种是"庙碑",立在庙院中拴系祭祀用的牲畜,等待屠宰;另一种是"丰碑",立在墓穴旁边,上边凿孔,作为棺椁下葬时牵引用的石柱。等到葬礼结束,丰碑就留在原地,后人为了追念死者,往往随手刻些文字,逐渐成为纪念性的石碑。在陕西秦公一号大墓的发掘过程中,就发现了这种用于下葬棺椁的丰碑。据考,西汉时已有人单独树立这种纪念性的墓碑,到东汉时已成一种风气,凡达官显贵故去,子孙便于墓前立碑刻字,歌功颂德,宣扬门阀。到了隋唐,立碑之风更盛,不但立于墓前,而且立于庙中,碑的制作也越来越精细和考究。富贵之家不惜以重金求大文豪、大书法家为之撰文书字，因此现存的唐代碑文非常丰富，成为一种珍贵史料和书法艺术遗存。古代的碑分长方形和上圆下方两种，前者叫"碑"，后者叫"碣"，因而合称"碑碣"。隋唐时规定五品以上官员立碑，并用螭首龟趺作为碑的装饰；其他人等立碣，禁用螭首龟趺。明代把龟趺的头造得很大，突出了它的负重能力，使碑的整体结构更为协调。至于龟趺，本不是龟，古时称为"霸下"（也称赑屃），相传为龙的九子之一，力大无穷，喜欢负重，于是领了这份差事。全国现存碑碣很多，难以胜记。陕西省西安碑林、山东省孔庙碑林是古碑荟萃之地。现存最大的墓碑，是江苏省苏州市城外灵岩山的韩世忠墓碑，高达三丈，碑文13,000多字，领全国之冠。明成祖朱棣即位后，为了颂扬朱元璋的功绩，在今南京市城外阳山凿石成碑，碑高60米，因无法运至朱元璋墓前而在山中沉睡至今，称为"阳山碑材"。古代，某些帝王还喜欢在自己的陵前立"无字碑"，如武则天自认为功德无量，几字碑文，无可尽述；有的则说她认为功过是非应由后人评论，不应自己立字。究竟如何，难以定论。明十三陵前也多无字碑，据说朱元璋生前曾批评说"皇陵碑记皆儒臣粉饰之文，恐不足为后世子孙戒"，于是明代儒臣不敢再撰帝陵碑文，结果只好由活着的皇帝来写。但明十三陵中前七陵，直到嘉靖十五年（1536年）才正式立碑，而贪酒好色的嘉靖皇帝也不愿写这么多碑文，后来的几位皇帝见祖宗碑上无字，也只好自立空碑。

阙是古代宫室门前的高大建筑，古时又称"观"，也称"象魏"，"魏"同"巍"，是高大的意思。其作用有二：一是张贴布告和法令；二是表示宫室主人的尊卑等级。因此春秋时代有"天子外阙两观，诸侯内阙一观"的区别，后世遂以"宫阙""魏阙""城阙"代指宫城和都城，也代指朝廷。到汉代，阙又用于墓前，以表明墓主人的身份等级，同时也作为装饰性建筑，立于庙门之外。东汉时，曾在嵩山的太室庙、少室庙和启母庙前分别建阙，经过两千年的风吹雨打，如今庙毁阙存，合称"中岳汉三阙"。我国保存古阙最多的地方是四川省，都是墓阙，著名的有"高颐阙""冯焕阙""樊敏阙"等，均系汉代遗物。这类阙都用石块雕凿而成，一般高四米至六米，阙身

汉代画像石　阙

上有屋顶，下有基座，外形为仿木结构的楼阁式样。

照壁又叫"影壁"，多建于府门、宅门、庙门及园林大门内外。设在门外的叫"照壁"，设在门内的叫"影壁"，古时统称为"屏"。《荀子·大略》曰："天子外屏，诸侯内屏。"可见先秦时代，设置照壁也是有尊卑规定的。近年在陕西省岐山县发掘了西周早期大型宫殿遗址，在宫殿大门外就发现了照壁遗址，正与文献记载的礼制相同。而普遍地在建筑中设置照壁，据认为是自元代开始的。元朝统治者在农村实行"村社制度"，以五十家为一社，每社设社长，负责生产和税收。政府规定各家须在院门处设一处墙壁，有违反制度者，由社长书于壁上，按事处罚。元朝灭亡后，这种墙壁建筑反倒保留了下来，成为一种附属建筑物。明清以来，照壁相当流行，许多府第寺庙门前，以置照壁为时尚，因而设计、工艺和用料都十分考究。现存最精美的照壁是山西省大同市的"九龙壁"，它原是明代代王府门前的照壁，壁长45.5米，高8米，厚2米，以琉璃建成，仿木结构庑殿顶，壁面九龙飞腾，宛然若生。陕西省汉中市城隍庙照壁，明末始建，壁长14米，高5米，厚1.2米，庙毁后夹于居民住宅的隔墙之内，近年才被发现。湖北省襄阳市"绿影壁"，原为明代襄王府前的照壁，以石料刻砌而成，壁面为二龙戏珠。上海市松江区城隍庙前的照壁也是明代建造的，壁面以一头怪兽为主，此兽名"犭贪"，鹿角、狮尾、牛蹄、龙鳞，传说此兽贪婪无比，妄图吞日，掉入大海被淹死，立壁意在告诫人们戒贪。北京北海公园和故宫的两座九龙壁都是清代建造的,规模也不小,但其精美程度与大同九龙壁不可同日而语。

九、衙署与会馆

在我国现存的古建筑中,还有两种值得一提,即衙署与会馆。"衙署"也称"衙门",是封建官吏施政的场所,它的功能是政治性的;"会馆"是文人和商人活动的场所,它的功能是经济和文化性的。两种建筑的性能并无共同之处,但它们的存在却给我们提供了一个了解旧有社会结构的机会。

衙署古已有之,是从古代"牙门"演变来的一个名称。古代将军领兵在外,树大旗以表示营门。由于旗上装饰象牙,这种军旗便称为"牙旗",因而营门被称为"牙门"。后来文官的办公处也习称"牙门"。因"牙""衙"二字同音,后世通称"衙门"。从有关文献记载看,至少在宋代已经把官署称作衙门了。

较早的衙署建筑因为没有可供参考的资料,我们无法想象它的基本面貌。从地方志所载的衙署平面图来看,明清时代的衙署大都是三进院落的建筑群,布局类似缩小了的皇宫。当然,各项建筑要低得多,规模也小得多。各地衙署在清朝灭亡以后都陆续改为他用,因而原貌不存了。所幸河南省内乡县县衙、叶县县衙,山西省平遥县县衙、霍州署衙,河北省保定市直隶总督署还保存完好,可供我们作基本的了解。

内乡县衙始建于元大德八年(1304年),现存是清光绪二十二年(1896年)扩建维修的。它的基本格局是三进院落,前衙后宅。进入县衙大门,经百米青石甬道,即为大堂,是知县审理大案、要案,迎接圣旨、钦差及上级官员的地方。堂内正中为暖阁,为知县升堂之处,两侧置刑具、兵器,堂下两块跪石,左为原告,右为被告。大堂后东西为皂房,是三班衙役值班的地方。中有重光门,门内为琴治堂,即二堂,是知县审理一般案件的地方。

堂后为二门，门内为迎宾厅。厅后为三堂，是知县日常办公之处。两侧廊厅，供知县家眷居住。三堂后为后花园。县衙中轴线东侧有县丞院、巡捕局、迎宾馆、谯楼、衙神庙、申明亭，西侧有主簿院、吏舍院、书房、监狱、狱神庙、旌善亭等，可谓布局完整，功能齐全。

会馆即聚会之馆，始设于明代前期，大约在15世纪的明代中叶才较多出现，到清代特别盛行，在旧北京的前三门外，会馆云集，热闹非凡。从会馆的实际用途来看，明显地分成两种：一种是绅士们兴建的"同乡会馆"，它同政治、文化有密切关系；一种是商贾们兴建的"同业会馆"，它与商业经济有密切关系。同乡会馆接待同乡人居住，供同乡人聚会。一省有一省的会馆，一府有一府的会馆，一县有一县的会馆。因此同乡会馆都以当地名字命名，如旧时北京的广东会馆、四川会馆、福州会馆、绍兴会馆等。明清时代，北京三年一会试，各省举人纷至北京，就都住在本地的会馆里。这次考不上，要等三年，边远地方来往不易，就住在会馆里等待下一次考试。会馆不但给这些人提供住处，而且还供应膳食，但是有一条规矩，不接待女眷。此外，凡从本地来的乡人，都可以住在本乡的会馆里，如清代康有为初入京住在南海会馆，谭嗣同住在浏阳会馆，鲁迅先生最初则住在绍兴会馆。同业会馆则以行业命名，接待同行业的商人，供他们聚会休息。但也有两种性质兼有的会馆，既接待同乡，又接待同行，或只接待同乡的同行商人，如旧北京的"银号会馆"，就是接待山西的金融商人的；四川省自贡市的"西秦会馆"则接待陕西的盐业商人。在同乡与同业会馆之中，以同乡会馆居多。但我们仍然认为，会馆实际上是经济发展的产物。因为科举早在隋代就已经产生，却不见那时有什么会馆，入京应考的举子，都住于客店。明代中叶以后，城市商业经济进一步发展，资本主义萌芽已经出现，各地商人聚集于都市和交通要口。为了经商和竞争，一些同行业的商人常有聚会，以交流信息，会馆于是应运而生，并且很快发展起来。或许这些会馆最初只是供同乡的商人聚会，借以维护自己的利益，但这也诱发了同乡的文人寻求聚会，产生了同乡会馆。所以我们有理由认为，同业会馆产生于前，同乡会馆效法于后,但因为中国封建社会重士轻商,与文化、政治相关的同乡会馆反而比同业会馆多得多了。

会馆的建筑规模有大有小,其基本格局依然是院落式的。旧北京为京师重地,各种会馆很多,大的有两三个院落,小的只一个院落,目前留存下来的极少,前门外小江胡同的"平阳会馆"还大体保持着原来的格局;虎坊桥的"湖广会馆"还保留着古代的戏台。从外地保存的一些大会馆来看,其建筑特点是馆庙合一、商神两用,建筑格局一般采取大门、戏楼(或戏台)、钟鼓楼、大殿、中殿、后殿的组群形式。如果是由山西、陕西商人合建的"山陕会馆",殿内则供奉关羽,有的干脆与关帝庙合一;若是福建人建筑的"福建会馆",殿内则供奉天后娘娘(即妈祖)。会馆里建的戏楼经常有演出,目的一是娱乐,二是酬神。由于这些会馆都是由商人集资建造的,其用料和建筑工艺都非常考究。现存著名的会馆有北京市湖广会馆,天津市广东会馆,苏州市全晋会馆,山东省烟台市福建会馆,山东省聊城市山陕会馆,河南省舞阳、社旗等县的山陕会馆,四川省自贡市的西秦会馆和陕西省丹凤县的船帮会馆等。

十、北京四合院与各地民居

住宅是所有建筑物中出现最早、使用最多的建筑类型,因而也是最基本的一种类型。由于我国地域辽阔,民族众多,因此根据不同的地理气候条件和生活方式,形成了各种不同风格和不同形式的住宅,如江南的官商府第、楼房民宅,黄土高原的窑洞,云南地区的干栏式小楼,维吾尔族的庭院和蒙古族的蒙古包等。一般来说,北方寒冷多风,房屋建筑多取正南正北方向,庭院比较宽大,墙顶比较厚重,以充分接受日照、避免寒风;南方炎热潮湿,房屋建筑不一定正南正北方向,庭院比较狭小,墙顶比较薄轻,而且多设门窗，以避免日照，有利通风。

现在各地留存的古代民居，大都是明清时代的建筑，以其形式和种类繁多，为世界各国学者所瞩目。这里简略介绍三种：

一是徽派民宅，分布于安徽省南部的歙县、绩溪、屯溪、黟县等地。这些徽派民宅的基本格局以三开间或五开间的二层小楼为正房，一侧或两侧配以厢房，用高大围墙包绕，形成一个狭小的庭院和天井。比较大的住宅，可以是两个、三个或多个庭院，堂前屋后设置花坛盆景，院内布置水池。在面对天井的楼上设置栏板和带有扶手的坐椅，俗称"美人靠"，供宅主和家眷观赏风景。各处梁柱、栏板都有精美雕刻，如同一个艺术世界，但厅堂内却不用天花板，室内其他木结构也不雕饰，显出自然之美。目前在黟县西递村仍保存古宅300多座，其中较完整的仍有120余座，层楼迭院，高低错落，雕梁画栋，各具风采，被誉为"古民居博物馆"。

二是苏杭官商大宅。苏杭一带，旧为江南经济文化中心，是官僚、富商麋集之地。他们的住宅反映了这一地区的建筑水平，代表了这一地区的建筑风格。其基本特点是庭院与园林相结合，基本格局采用纵深几进的院落式，小的一条轴线三进，大的两三条轴线五进。在中轴线上一般为照壁、大门（取门厅式）、轿厅（不设门窗，全部敞开，两侧为账房和家塾）、大厅（举办喜庆典礼之处）、正房（主人住室，有的为楼房），中轴线两侧则布置花厅（主人宴饮、听曲之处）、书房、小花园、戏台以及其他用房。花厅建筑大都临近水池，采取四面无倚的开放形式，或一面开放的船厅形式。各进之间的交通，不必经正中门厅，而在两侧另开甬道，狭长阴暗，称为"避弄"。屋顶多用硬山顶，或山墙高于屋面之上，构成封火墙。整个建筑，色调淡雅。

三是北方四合院，以北京四合院为代表。它的布局不但体现了封建宗法制度对住宅的影响，同时也反映了北方住宅对尺度与空间的安排已达到比较高的水平。它的建筑特点是对外隔绝，形成一个封闭性的小天地；对内严格区别尊卑，构成小与大、内与外的几进庭院；在布局上讲究中正对称、正南正北。大门的方位一般南向，位于整个住宅的东南。地位高的人家，大门采用屋宇式（有门屋），地位低的人家采用墙垣式（无门屋）。大门外设照壁，入门迎面设影壁，影壁前置石台花盆。入门折西，则为前院，院子很浅，房屋倒座，用作门房、客房，还有隅角杂物小院。前院与里院，以门隔开，外人不得进入。门设于

北京四合院

中轴线上，常用"垂花门"形式，即四角檐柱不落地，悬于半空，如花下垂。里院由正房和两侧耳图垂花门房、东西厢房构成长方形庭院，是院主人一家生活起居的天地，其中正房由长辈居住，厢房由晚辈居住。院中栽花种树，养鱼养鸟，构成人与自然融洽相处的氛围。正房以北有时另辟小院，布置厨房、仓库及仆役住室，称为"后罩房"。整个建筑除贵族府第可以用琉璃瓦、彩画、朱红大门外，一般四合院都用青灰色砖瓦，色调朴素淡雅，跟皇家建筑形成鲜明对照。

简单的四合院仅里外两个院落，大的四合院是纵横院落，形成纵深几进、两侧跨院的格局。不论院落有多少进，正房和垂花门都在中轴线上，而且垂花门都位于最后一进的入口处，即院主人居住的院落的入口处。北京的胡同南北距离有限，只能容纳四五进的四合院，因此大型住宅往往要另择地段，以便布置园林。北京现存的许多王府建筑就是如此。

北京现存的王府都是清代王府。明代北京王府只剩下一个名字——"王府井"。由于时间较近，清代王府有一些被保存下来，成为了解和研究北京大型四合院的实物。清代的王府建筑，都采取四合院的形式，其房屋布局有一定规制。清朝规定：王府中路建筑一律相同，东西两路可略有变化。其中路为：府门五间，过道高出地面，门前有石狮、灯柱、拴马桩等，门内仪路一条，通至正殿"银安殿"，殿后为二府门，门内为后殿，然后为寝殿

两重，最后为后楼（小姐楼），东西两路配置其他用房和花园。前海西街的恭王府是北京现存最完整的清代王府。其前身为乾隆时大学士和珅的府第。嘉庆时成为庆王府。咸丰皇帝后来将它赐给他的弟弟恭亲王奕䜣，遂成为恭王府。其整个格局分为东、中、西三路，花园建在府后。中路正殿银安殿已毁，其他保存较好。其花园变化曲折，风景幽深，所以被认为是《红楼梦》中所描写的大观园。朝阳门内路北为"孚王府"，原为康熙第十三子怡亲王允祥的府第，后来成为道光第九子孚郡王奕譓的府第，俗称"九爷府"，现保存较好。醇王府有两个，一个是南府，即今中央音乐学院所在地。醇亲王奕譞是道光第七子，其次子光绪皇帝生于此府，成为"潜龙邸"，他人不得再住，于是在后海北沿另建新府，即北府。奕譞死，其子载沣袭爵，末代皇帝溥仪即载沣之子。这座北府也保存较好，府邸现归国家宗教事务局和中华宗教文化交流协会所有，部分改为宋庆龄故居。此外，全国政协所在地、教育部所在地，都曾为清代王府，尚留一些遗迹。

目前，在全国引人注目的民居是山西晋商的一些院落住宅，集中于晋中一带，是由许多大小四合院组成的大型院落。这些院落以其规模宏大、建筑精美、风格独特，蕴含着深厚的文化意蕴，在中国传统建筑中显示出夺目的光彩，近年来日益引起中外人士的浓厚兴趣，前往参观者络绎不绝。其中如祁县的"乔家大院"（又名"在中堂"）和"渠家大院"、太谷县的"曹家大院"（又名"三多堂"）、平遥的"日升昌"大院、灵石的"王家大院"、榆次的"常家大院"等均可称"北方民居建筑中的明珠"。

十一、古代大型水利工程

中国自古以农业立国，是一个以农业为生存命脉的国家，因此，兴修水利、防洪防旱就成了非常重要的事情。黄河流域，自古多水患，传说中的"大禹治水"，就反映了先民与洪水搏斗以确保生存与发展的伟大精神。从文献记载可知，西周时期已设有专门主管水利工程的官员和机构。战国时代已有较大的水利工程。《史记》载，魏国西门豹"引漳水溉邺"，开凿了12条沟渠；又相传楚国孙叔敖引芍陂（即今所存安丰塘灌溉工程）水浇灌农田。但后来彪炳史册的却是秦始皇统一中国前后修建的三大水利工程。

一是由蜀郡太守李冰主持兴建的"都江堰"，在现在四川省成都平原的都江堰市。李冰和民工经过测量，首先凿通了挡住岷江水路的玉垒山，称为"宝瓶口"，然后在宝瓶口上流筑堤，修建成"分水鱼嘴"和"飞沙堰"。前者将江水分为内、外二江，外江为岷江正流，内江则从宝瓶口进入灌溉渠；后者用来调节水量大小。这一工程，使岷江水流化险为夷，变害为利，川西平原的万亩农田千年受益。直到现在，都江堰的主体工程依然屹立在岷江中流，李冰父子也在附近的二王庙里享受世世代代的香火。

二是由战国时期韩国水工郑国修建的"郑国渠"，在现在陕西省泾阳县境内，全长300余里。相传郑国本为韩国间谍，开凿此渠的目的，是为了消耗秦国的人力、物力和财力，后被识破。秦国要杀死他，他对秦始皇说："始臣为间，然渠成亦秦之利也。臣为韩延数岁之命，而为秦建万世之功。"始皇见他说得有理，命他继续施工。果然渠成之后，"关中成沃野，无凶年，秦以富强，卒并诸侯"。以后历代修建，现仍存七大方形大坑，为研究古代水利的实物资料。

三是由秦将史禄开凿的"灵渠"，在现在广西壮族自治区兴安县，凿于公元前223年至前214年。当时因两广交通不便，秦始皇为统一岭南，调动军队和军需，命史禄将湘、漓二水沟通，纳入长江和珠江两大水系。灵渠全长34公里，使当时的水路可以直达今天的广州。灵渠工程由大小天平、铧嘴、南北渠、秦堤、泄水天平及陡门等30多处工程组成完整的防洪、泄洪、航运、灌溉体系，附近的许多祠墓古迹更增加了它的历史风采。

另一项闻名世界的大型水利工程就是贯通中国南北的"大运河"。它由隋炀帝于大业元年（605年）开始修建，至大业六年（610年）完成，部分地段利用春秋时期吴国开凿的邗沟（从今江苏省江都至淮安）故道和汉代汴渠，以河南洛阳为中心，北从荥阳过黄河，经临清直达北京；南面则向东开掘，到淮阴后折而向南，由扬州过长江，从江南的镇江经苏州到达杭州终点，全长 2,400 余公里，是世界上规模最大、里程最长的内陆运河。元代建都北京，为了漕运方便，又将大运河裁弯取直，另开济州河、会通河，由苏北经山东与临清的旧运河衔接，里程缩短到 1,794 公里。南北大运河的开通，大大促进了南北经济、政治、文化的交流，并使运河两侧的农田得到灌溉。只是近代铁路通行以来，大运河才逐渐失去它南北通道的主干作用，但作为古代最伟大的水利工程，仍有它不灭的历史价值。

● **学习与思考**

1. 中国传统建筑的特点是什么？
2. 中国的宫殿建筑与陵寝建筑体现了哪些文化意蕴？
3. 中国的园林建筑有什么特点？
4. 北方四合院布局怎样体现儒家思想？

参考答案

● **相关资料**

1. 刘敦桢．中国古代建筑史（第二版）．北京：中国建筑工业出版社，2003．
2. 王其钧．华夏营造——中国古代建筑史（第二版）．北京：中国建筑工业出版社，2010．

第十三章 古典文学

《诗经·豳风》八月剥枣图

中国古典文学是中国文化体系中最辉煌灿烂、最有活力的一个部分，是经久不衰、咀嚼不尽的精华。如果从《诗经》算起，它已经历了3,000年的岁月而没有中断。它的内容和形式，都生动地体现了中国文化的基本精神，体现了中华民族的理想信念和美学追求。中国文学不但在思想和形式的密切融会中，表现出自己独特的个性和精神风采，而且以连绵不断和高潮迭起著称于世。在3,000的历史长河里，瑰丽奇特的上古神话是其开端，接着是《诗经》、《楚辞》、诸子散文，而后是汉赋、魏晋诗文、唐诗、宋词、元曲、明清小说，它们此起而彼伏，此隐而彼显，不断创造出与时代风貌相契合的文学奇观。

中国古代的文学创作具有鲜明的民族个性，其主要表现有三：第一，中国文学自始至终体现了关注现实和人生的伟大精神。中国的上古神话中所描写的人物，都是活跃于先民生活中的英雄，不同于西方神话中那些远离人群的天上神灵。钻木取火的燧人氏、教民稼穑的神农氏、怒触不周山的共工、炼石补天的女娲、取箭射日的后羿以及与洪水搏斗的大禹等，其实都可能是氏族部落的首领，他们神力非凡的活动与创造，其实也就是先民改造自然环境的斗争和成果，他们的神格其实也就是人格力量的集中和体现。后来的诗词歌赋和戏曲小说，更加关注社会发展和人们的命运。诗人们以极大的热情去拥抱人生，即使是浪漫主义诗人也不曾忘却世态。后来的小说家们也都以深刻的观察去揭露丑恶，张扬美好。《西游记》虽然是一部神话小说，却是借神话世界来描写现实社会，其中必定寄托了人们反抗邪恶势力的理想。第二，中国文学自古强调教化功能，主张"文以载道"，这是由于中国文学深受儒家思想的影响，在其发展中一直离不开"修身""齐家""治国""平天下"的轨道，因而诗词文赋都成为政治教化的手段。文人都通过著书立说来表达自己的社会政治理想，其中大多数以积极参与治乱的态度忧国忧民，时刻不忘自己的人生追求，只有在自己的理想受到挫折的时候才"独善其身"。第三，中国文学具有强烈的抒情色彩。中国文学无论是散文还是诗歌戏曲，都是抒发情怀、表现意趣的。这与中国的其他艺术创作是一样的。中国是诗的国度，诗词歌赋一直是中国古典文学创作的主要形式。中国的文人士大夫都喜欢利用简洁、含蓄、回环的语言形式来抒发自己的情怀，这就形成了中国文学特有的抒情传统。即使像《史记》这样的历史巨著,作者也表达了浓厚的感情色彩,读起来让人回肠荡气,因而被鲁迅称为"无韵之《离骚》"。

一、诗词作品及诗人

如上所说,中国是诗的国度,诗歌创作在中国文学史上占了突出的地位。隋唐以后,它还成为科举考试的重要科目,而这种诗歌考试又促进了诗歌的创作与繁荣。人们知道,诗歌产生于劳动,它是人们在劳动中表达感情、协调力量的一种语言形式,因此最早的诗歌应当是民歌。现存的古诗作品也可以说明这一点。

《诗经》是我国最早的一部诗歌总集,它收集了我国公元前11世纪到前6世纪的诗歌作品,共有305篇,代表了从西周初年到春秋中叶大约500年间的诗歌创作水平。其作者大部分已不能确定,但肯定有不少是平民百姓。这些诗篇至迟在孔子出生以前就已编定,后来经过孔子删编整理和评价,被推为儒家经典,列为"五经"之一。《诗经》中的作品本来都是合乐的歌词,因此按乐调分为风、雅、颂三部分。"风"指地方乐调,即各地的民乐;"雅"指周王朝直接统治地区的乐调;"颂"则是用于宗庙祭祀的音乐。《诗经》的艺术表现手法一般分为赋、比、兴三种。"赋"是直接铺陈和描写客观事物;"比","以彼物比此物也",就是比喻;"兴","先言他物以引起所咏之词也",就是联想,触景生情,一般用于诗歌的开头。《诗经》的形式主要采用四言体,兼有少量的杂言,重章叠句,铿锵有力,词句清新,一唱三叹,对后世的诗歌创作产生了深刻的影响,为中国诗歌的发展奠定了稳固的基础。《诗经》的内容,真实而深刻地反映了当时的社会现实,是我国古典文学现实主义传统的光辉起点。特别是那些来自各地的民歌,反映了劳动人民的悲惨生活,歌颂了青年男女之间的纯洁爱情,表达了他们反对剥削、渴望幸福与和平的心声。历代学者对《诗经》的研究,促成了中国文化中"诗经学"的建立。

"楚辞"是继《诗经》之后出现的一种新诗体,公元前4世纪在楚国的文化氛围里孕育出来,深受南方自然山水和巫术文化的影响,具有浓郁的地域特色。由于楚地巫风盛行,祭祀活动多杂以歌舞,其乐曲的词句长短不一,形式自由,极易表达奔放的感情。屈原(约公元前340年—前278年)运用这种民歌体裁,发挥其丰富的想象,抒发其爱国情怀,写出了《离骚》《九歌》《九章》《天问》等传世名篇;后有宋玉,代表作为《九辩》;到汉代又有一些人模仿这种诗体。这些作品经刘向、王逸等人整理,编为《楚辞》。因屈原的《离骚》为楚辞的代表,故也称这种诗体为"骚体"。它在形式上突破了《诗经》的四言体,以其自由舒展的语句,丰富了中国诗歌的表现力。屈原作为《楚辞》的主要作者,经历了楚国由强盛到衰败的演变,自身也经受了残酷的打击,他将祖国的破落、人民的痛苦和自身的遭遇熔于一炉,写出了诸如《离骚》这样辉煌的诗篇。《离骚》表现了诗人对祖国忠贞不渝的热爱和对理想的不倦追求,两者融会成一种震撼千古的精神力量,同时,其瑰丽奇特的浪漫主义色彩也大大影响了中国诗歌的创作手法。屈原在诗中直抒胸臆,驰骋高远,观乎四极,求乎上下,使《离骚》成为我国最早的一首长篇抒情诗,屈原自己也由此成为中国历史上第一个抒发个人激情的伟大诗人。他的光辉照亮了中国文学史,以至他当年所到之处,都让后人难以忘怀,立祠祭祀。现今湖北省秭归县和湖南省汨罗市,都有屈原庙或屈子祠留存。"骚人墨客"成了文人学士的代称。历代学者对《楚辞》的研究,形

元 张渥 九歌图(局部)

成了中国文化中的"楚辞学"。

《诗经》与《楚辞》以其巨大的艺术魅力而被称为"风骚",构成中国诗歌发展史上的两大源头。汉魏六朝乐府是我国诗歌发展的又一个高峰。汉代独尊儒术,注重诗教,专门设立"乐府",负责采集民歌,编制乐章,整理外来乐曲。后来把汉代乐府搜集来的歌词及魏晋六朝到隋唐时代可以入乐的诗歌和模仿乐府古题的作品统称为"乐府诗"。宋代郭茂倩编辑的《乐府诗集》主要收录了从传说中的陶唐氏之作到隋唐、五代的乐府歌辞兼及先秦至唐末的歌谣。汉魏乐府"感于哀乐,缘事而发",具有强烈的现实主义精神,比《诗经》有更强的叙事性。其诗体自由多样,句式以五言为主,三、四、六、七言不等,奠定了五言诗和七言诗的基础;其内容深刻反映了汉代以来社会生活的各种矛盾。著名篇章如《十五从军征》《战城南》《东门行》《妇病行》《陌上桑》《孔雀东南飞》等,其中《孔雀东南飞》完整地描写了一个爱情悲剧,塑造了栩栩如生的人物形象,是我国古代长篇叙事诗之最。南朝乐府,多叙女子相思,生活气息浓厚,风格清新婉丽。北朝乐府风格比较豪放,带有较浓厚的民歌色彩。《木兰辞》《敕勒歌》语言质朴,风格刚健,"敕勒川,阴山下,天似穹庐,笼盖四野。天苍苍,野茫茫,风吹草低见牛羊",永远闪耀着美的光芒。

在汉乐府民歌的直接影响下,东汉末年出现了文人创作的五言诗,如班固的《咏史诗》、张衡的《同声歌》和无名氏的《古诗十九首》。特别是《古诗十九首》,借景抒情,语言精炼,交替使用赋、比、兴手法,达到了很高的艺术成就,对后来的诗歌创作产生了深刻的影响。建安时期,以曹操(155—220年)、曹植(192—232年)父子和"建安七子"(孔融、王粲、刘桢、陈琳、阮瑀、徐干、应玚)为代表的建安文人把五言诗推上了一个高峰。他们面对混乱的社会现实,在诗中抒发丧乱之情,感叹身世之遇,吐露了忧国治世的思想和愿望,形成一代诗风,即文学史上所称的"建安风骨"。其中尤以曹植的成就最高。他的《白马篇》《箜篌引》《七步诗》《赠白马王彪》等格调高古,词情兼胜,征服了众多的古今读者。女诗人蔡琰(字文姬)

的《悲愤诗》《胡笳十八拍》抒发自身的不幸遭遇,悲怆感人,流传千古。

魏晋之际,五言诗有了进一步发展,杰出诗人有阮籍(210—263年)、嵇康(224—263年)、左思(约250—约305年)、陶渊明(本名潜,365—427年)等。阮籍的《咏怀诗》、嵇康的《幽愤诗》、左思的《咏史诗》,或以古喻今,或遣幽排愤,都表现了诗人们不畏艰难的英雄气概和情怀。而此时,由于玄学的影响,"玄言诗"也颇流行,但陶渊明却以率真自然的笔调描绘田园风光和田园生活的感受。陶诗语言自然平淡,不事雕饰,诗旨宏阔深远。陶渊明成为我国诗歌史上"田园诗派"的奠基者。其代表作《归去来兮辞》《归园田居》《饮酒》《咏荆轲》《桃花源诗》等,都创造性地继承了前代诗歌的优秀传统。而南朝刘宋时期的诗人谢灵运(385—433年)则纵情于会稽、永嘉、庐山等地的山水,通过诗歌艺术挖掘山水风光的艺术魅力,开辟了我国诗歌史上的"山水诗派"。其代表作《登池上楼》《石门岩上宿》等,抒发了作者对山水风光的非凡感受。鲍照(约414—466年)擅长七言歌行,也是一位成就很高的诗人。他的《拟行路难》18首,感情激烈奔放,关注社会现实。

南北朝时期可以说是我国诗歌发展的重大转变时期,其标志就是"音律"的出现,代表诗人是沈约、谢朓等。他们依据四声的规律,在诗歌创作中注意声、韵、调的相互配合和词语对偶形式的运用,创造了一种讲究声律和对仗的新诗体。因其活跃在南齐永明年间,故称为"永明体"。从此,中国诗歌开始从比较自由的形式向讲求格律的方向发展,这一变化对唐代以后的诗歌以及宋词、元曲都产生了巨大的影响。这一时期集大成的作家是由南入北的庾信(513—581年),其早年作品绮艳轻靡,晚年作品如《哀江南赋》《拟咏怀》27首,苍劲悲凉,起了南北交流、承前启后的作用。

诗歌发展到唐代,进入了高度繁荣的阶段。以数量而论,清代编定的《全唐诗》共录作者2,300余位,诗作48,900余首,还有许多散失的作品未能包括在内,可称盛况空前;以诗体而论,以由"永明体"发展而来的"近体诗"(即格律诗)为主,其中又分五律、七律,五绝、七绝,其他五言、七言古体诗以及杂言歌行诗也占不小比例，可称百花争艳；以风格而论，或悲壮，或苍凉，或细密，或粗犷，或幽远，或飘逸，或诡异，或豪放，实在难论穷尽，可称色彩缤纷；以作者队伍而论，上自帝王公卿、学者名流，下至僧尼道士及妓女，各个阶层，形形色色，都可以作诗，其间名家迭出，各有千秋，独具特色的诗人不下五六十位。唐诗如此发达，首先是当时的政治、经济、文化高度发展，为它创造了丰厚的物质条件；其次是唐代科举制度加试诗赋，刺激了文人学士作诗的热情和欲望；三是诗歌自身的发展和成熟构成了唐诗发展的内在动力。

初唐诗坛尚有齐梁艳丽诗风的余绪，先有王绩作《野望》，魏徵作《述怀》等，开了平淡清新之风。至"初唐四杰"——王勃、杨炯、卢照邻、骆宾王，诗风为之一变，更有陈子昂高举诗歌革新的旗帜，提倡"汉魏风骨"，并以自己的创作实践，开盛唐雄健诗风。而被称为"沈宋"的沈佺期、宋之问则大作律诗、绝句，对创立近体诗做出了重要贡献。从开元到大历的50余年间，唐诗到达一个辉煌的境界，有两大流派、两大巨星照耀诗坛。一派是以高适、岑参为代表的"边塞诗派"，描写边塞奇丽、雄阔的自然景象，抒发驰骋疆场、建功立业的情怀。如高适的《燕歌行》，岑参的《白雪歌送武判官归京》《走马川行奉送出师西征》以及王昌龄的《出塞》《从军行》等，都是千古传诵的名作。另一派是以王维、孟浩然为代表的"田园诗派"，描写秀丽恬淡的山川美景，营造一种清疏淡远的意境，如王维的《山居秋暝》《积雨辋川庄作》和孟浩然的《过故人庄》《夜归鹿门歌》等。两大巨星一是李白（字太白，号青莲居士，701—762年），二是杜甫（宁子美，号少陵野老，712—770年）。李白狂放不羁，藐视权贵，所作诗歌词句如行云流水，风格飘逸绝尘，具有浪漫主义色彩，被奉为"诗仙"。他的诗作有如天马行空，驭万里风云，代表作有《梦游天姥吟留别》《将进酒》《蜀道难》《行路难》等。杜甫忧国忧民，心系治乱，所作诗歌词句凝练精湛，风格沉稳跌宕，更多表现了现实主义精神，被誉为"诗圣"。他的诗作有如田牛耕地，体验现实的艰辛，代表作有《自京赴奉先县咏怀五百字》《茅屋为秋风所破歌》

《兵车行》《丽人行》等。二人难分轩轾,光辉伟大,被后世称为"李杜",真所谓"李杜文章在,光焰万丈长"。两人不同的创作风格对后世产生了巨大的影响,在中国大地上也留下了他们的许多印迹,其中四川省成都市的杜甫草堂和安徽省马鞍山市的太白楼,最突出地体现了他们的影响和成就。诗至中唐已无盛唐时的恢宏气象,因国家衰败而致民众疾苦,诗歌更多反映了人民的苦难。白居易(字乐天,号香山居士,772—846年)继承杜甫的现实主义传统,与好友元稹倡导"新乐府"运动,主张诗歌反映民生,针砭时弊,创作了许多浅显易懂的社会讽喻诗,尤以《秦中吟》《长恨歌》《琵琶行》《新乐府》等最为著名。因二人活跃在元和年间,这种诗歌被称为"元和体",白居易也成为唐代第三大诗人。这一时期,还有元结、顾况、刘长卿、韦应物、韩愈、贾岛、孟郊、张籍、王建、柳宗元、李贺等,特别是李贺(约790—约816年),以其奇特惊人的想象和浪漫情调及诡异惊绝的词句,在诗坛上独树一帜。晚唐诗坛笼罩着哀伤凄凉的气氛,成就最大者当数李商隐和杜牧,二人被合称为"小李杜"。李商隐特色独具,作诗多借形象,寓意含蓄,极富象征意义和美学价值。

  唐代诗坛还出现了一种新的诗体,这就是"词"。词由民间的"曲子词"发展而来。李白早作《菩萨蛮》和《忆秦娥》,中唐以后也有不少文人作词。晚唐诗人温庭筠,与李商隐并称为"温李"。温庭筠词风艳丽,与韦庄等人的作品被编入《花间集》,因而被称为"花间派"词人。至五代,则有冯延巳、南唐中主李璟、南唐后主李煜,他们对词的发展贡献甚大。李煜先帝王而后囚徒,生活天上地下,变化甚巨,写下了许多不朽的传世之作。

  词至宋代,发展到极盛时期,成为中国诗歌史上的又一高峰。宋初词坛仍沿五代绮丽之风,以晏殊、晏几道父子为代表人物。范仲淹以一曲《渔家傲》("塞下秋来风景异")将边塞诗风吹进词坛;欧阳修(字永叔,号醉翁、六一居士,1007—1072年)则以其清丽明媚、语浅意深的词作成为大家。柳永词作一反往昔雕琢习气,吸收口语入词,以白描手法抒发情感,一时广为流传,柳永也以《雨霖铃》("寒蝉凄切")和《八声甘州》("对潇潇暮雨洒江天")等独步北宋词坛。其后,宋词分为两大流派,一派因苏轼(字子瞻,号东坡居士,1037—1101年)而形成,称为"豪放派"。该派词作内容突破"艳科"传统藩篱,吐纳社会人生,辞章雄健,风格豪放,境界超然,代表作有苏轼的《水调歌头》("明月几时有")、《念奴娇·赤壁怀古》("大江东去")、《江城子》("老夫聊发少年狂")等。一派则是秦观起了突出作用,他作词风格清婉,以长调抒写柔情,辞章婉转,颇近柳永,称"婉约派"。代表作有秦观的《鹊桥仙》("纤云弄巧")、《踏莎行》("雾失楼台")等。还有贺铸,一曲《青玉案》("凌波不过横塘路")流传千古;周邦彦则言情体物,极尽工巧,集婉约派之大成。南宋词坛因突出的民族矛盾而散发出强烈的爱国主义精神。女词人李清照原本词风清俊,遭亡国之变,词作时有豪放之气。辛弃疾、张孝祥、张元幹、陆游等均以豪放见长,悲愤爱国是他们词作的主题。特别是辛弃疾(字幼安,号稼轩,1140—1207年),他既有经邦济世之才,又有廓清天下之志,个人经历颇富传奇色彩,词作充满爱国豪情和英雄气概,是中国历史上杰出的爱国词人,代表作有《水龙吟》("楚天千里清秋")、《破阵子》("醉里挑灯看剑")、《南乡子》("何处望神州")等。南宋后期成就比较高的词人还有姜夔、周密、吴文英等。

宋诗虽然不是诗坛唯一的诗体,但是仍保持独立的格调。宋初曾有一些诗人模仿李商隐互相酬唱,其作品被编为《西昆酬唱集》,这些诗作词藻艳丽而内容贫乏,被称为"西昆体"。欧阳修、梅尧臣等人提倡诗体革新,至苏轼而气势雄壮,意象恢宏,诗情自由奔放,苏轼也以其不尽的才情成为诗坛泰斗。随后即有黄庭坚主张作诗"无一字无来历",提倡"点铁成金""脱胎换骨",形成著名的"江西诗派",在宋代诗坛影响巨大。南宋诗坛有尤袤、杨万里、范成大、陆游,号为"尤、杨、范、陆"四大家,而以陆游(字务观,号放翁,1125—1210年)为第一大诗人。他一腔忠烈,慷慨悲愤,爱国诗词熔铸血泪,一生作诗达一万多首,现存有九千多首,至临终绝笔云:"死去元知万事空,但悲不见九州同。王师北定中原日,家祭无忘告乃翁。"(《示儿》)宋末的文天祥则以《正气歌》和《过零丁洋》中所表达的杀身报国的英雄精神，结束了南宋的诗坛。

到了元代，散曲杂剧兴起；明清小说转盛，诗词创作已无大的景象。明代曾流行雍容典雅的"台阁体"，明中叶以后有以李梦阳、何景明为首的"前七子"和以李攀龙、王世贞为首的"后七子"，反对"台阁体"，提倡复古，之后派别纷起，都难逾唐宋。清初的诗坛盟主为钱谦益，其他则有吴伟业、王士禛、纳兰性德、朱彝尊等，都创作了不少有特色的诗歌作品。及至清末的龚自珍、魏源、林则徐写出了洋溢着爱国主义激情的诗篇，而黄遵宪以诗歌的形式反映近代革命史上的重大事件，其诗歌被称为"诗史"。

二、散文及其作者

中国古代的散文，一向被看作是"经国大业，不朽盛事"。文人借助文章可以雄视千古，垂名百代，可以表达自己的功业道德和治国理想，因此历代文人都很重视散文创作。但中国的散文概念比较宽泛，除了纯文学的散文以外，还有生动的政论、传记、史论等。那些文采飞扬的字里行间，蕴含着丰富的中国文化的精髓，是我们取之不尽、用之不竭的源泉。

中国散文以先秦散文为起点，其渊源可以上溯到殷商和西周。先秦的散文分为两种：历史散文和哲理散文。历史散文主要集中于《尚书》《国语》《左传》《战国策》等。《尚书》的内容主要是殷商和西周初年的王室文告、命令、王公大臣的谈话等，是我国最早的一部历史文献汇编。现存58篇，其中28篇《今文尚书》比较可信。《尚书》的文词虽然难懂，但也有许多生动的比喻和描写。《国语》记载周、鲁、齐、晋、郑、楚、吴、越八国历史事实，以晋国为最详。有的事件已有情节描写，语言也比《尚书》要浅近质朴。《左传》以具体的史实来丰富和补充文字过于简略的《春秋》，文字简练，句式灵活，能完整地叙述事件并通过细节刻画人物。如"郑伯克段于鄢"，《春秋》

仅此六字，而《左传》增为600余字，描写得很精细。特别是诸侯之间的战争，写得很激动人心。《战国策》主要记述战国时代谋士们的言行，分西周、东周、秦、齐、楚、赵、魏、韩、燕、宋、卫、中山十二策。文章注重刻画人物，善于铺张描绘，许多故事写得有声有色，如《邹忌讽齐王纳谏》《触龙说赵太后》《鲁仲连义不帝秦》，成为古代散文的名篇；还有一些篇章着意刻画人物性格，写得神采照人，如《荆轲刺秦王》《冯谖客孟尝君》等。哲理散文则集中于诸子著作，《老子》（又称《道德经》）语言凝练，哲理深邃，很像散韵夹杂的格言诗。《论语》言词简约而意旨丰厚，说理论事富于哲理和抒情意味，许多句子成为后世格言和成语，如"三人行必有我师""欲速则不达""温故而知新""学而不厌""诲人不倦"等。《墨子》文风质朴，论证有力，既有演绎，又有归纳，实开辩论文之先河。《孟子》是从语录体过渡到长篇论文的桥梁。孟子善于雄辩，词锋犀利，观点鲜明，很有气势，讲解道理多用比喻和寓言，与《论语》的深沉舒缓风格迥异。尽人皆知的"缘木求鱼""五十步笑百步""揠苗助长"等极有意趣。《庄子》已开始摆脱语录体，部分篇章已是专题论文，其特点是以寓言说理，将思辨与形象融为一体，文中的人与神、河与海、蛙与鳖、鹏与鸟等，俱可抒发妙论。文章挥洒自如，波澜起伏，想象奇特，充满理趣，对后世的浪漫主义文学有深远影响。其他如《荀子》已是成熟的议论文；《韩非子》则逻辑周密，说理透辟。二者都有脍炙人口的名篇。此外，《晏子春秋》《吕氏春秋》等也都具有一定的文学价值。

汉魏六朝散文在先秦散文基础上继续发展，其成果主要体现在政论和史传两方面。贾谊和晁错是西汉初年最重要的散文作家。贾谊的《过秦论》和晁错的《论贵粟疏》都可算得上不朽之作。前者见解深刻，文笔奔放，分析了秦王朝覆灭的历史教训；后者立论精辟，思路明畅，提倡重农抑商，安定人民生活。但是，汉代最伟大的散文作家当数司马迁。他的《史记》是一部历史著作，也是一部传记文学总集，司马迁的散文是中国文学史上的一座丰碑。他通过一系列重大历史事件，塑造了许多性格鲜明、形象突出的历史人物，如廉颇、蔺相如、刘邦、项羽等。这些事件今天读来，仍觉气氛逼真，有声有色。东汉班固的《汉书》，写西汉一代的历史，叙事周密，语言精炼，其中也有许多名篇，如《苏武传》等，但在总体上无法与《史记》相提并论。一般说来，西汉的散文比东汉朴实，气势也较东汉雄厚。

魏晋南北朝因玄学流行，文学思潮发生了重大变化，文学创作成为人们的自觉活动，散文开始从哲学和史学中独立出来，艺术特质更为明显，抒情色彩也更为浓厚。曹操首开一代新风，他的《让县自明本志令》和《求贤令》，一抒胸臆，慷慨雄浑；其子曹丕的《与吴质书》则写得清丽绰约，十分动情；其他如曹植、王粲、孔融等，都文如其人。诸葛亮的前后《出师表》论述与抒情水乳交融，情辞恳切，语言质朴，其情感人肺腑。阮籍崇老庄而恶世俗，他的《大人先生传》散韵相间、挥洒自如，以惊世骇俗的写法表达自己的理想。嵇康性格刚直，疾恶如仇，他的《与山巨源绝交书》嬉笑怒骂，痛快淋漓，说古道今，气势如虹，表现了他正直的人格。而李密的《陈情表》则感情浓郁，凄恻动人，被历代奉为范文。西晋以后，骈体文发展成为一种正宗的文学体裁，写散文的作家已不多见，突出的两位是王羲之和陶渊明。前者的《兰亭集序》写得情融山水，文辞亮丽；后者的《桃花源记》《归去来兮辞》和《五柳先生传》则淡泊自然，情感真挚，给人以丰富的艺术美感。

骈体文的流行造成了创作中的形式主义。这种风气严重阻碍了散文的发展，也扼杀了儒家思想的生命。到了中唐，以大散文家韩愈（字退之，768—824年）、柳宗元（字子厚，773—819年）为首，掀起了以复古为口号的"古文运动"。这次古文运动的根本性质是恢复儒家道统，改变文体、文风。运动所提出的基本口号是"文以载道"，用现在的话说，就是文章必须有思想性，必须表达和宣扬儒家的道统，反对空洞无物，反对因袭模仿，反对矫揉造作。韩愈本人身体力行，创作了许多优秀散文，如《师说》《与孟东野书》《送李愿归盘谷序》《柳子厚墓志铭》《祭十二郎文》等，都写得情文并茂，光彩动人，为历代所师法。柳宗元也以他对劳动人民的同情心，从某些侧面揭露当时社会的黑暗，如《捕蛇者说》《种树郭橐驼传》《童区寄传》等；

而他的山水游记如"永州八记"则清新明丽，意境幽峭，寓意深沉，在描写自然景物的同时，寄托了许多感慨。韩柳二人的创作理论和实践，无可争辩地确立了他们在中国文学史上的崇高地位。苏轼盛赞韩愈"文起八代之衰"，应是毫不过分的。

韩柳之后，古文运动一度衰微。宋代欧阳修举起第二次"古文运动"的旗帜，并以他的道德文章彪炳当世，成为宋代文坛的领袖。继而王安石、苏洵、苏轼、苏辙、曾巩，都以他们的绝妙散文名垂古今。他们八人也被后世称为"唐宋八大家"。特别是苏氏父子三人，才高文奇，抒情、议论异于常人，史称"三苏"。其中尤数苏轼成就最高，是堪与司马迁、韩愈、欧阳修相提并论的散文大家。他的政论，说理精辟；他的小品，妙趣横生；而《石钟山记》《超然台记》《凌虚台记》《放鹤亭记》等名篇散文融叙事、写景、抒情于一体，充分展示了作者的创作个性。其他如范仲淹的《岳阳楼记》，文中的"先天下之忧而忧，后天下之乐而乐"，成为我们为人治世的千古格言；周敦颐的《爱莲说》托物言志，"出淤泥而不染，濯清涟而不妖"，也成为我们道德品格的追求。南宋的散文，大都以爱国主义为基调，表达了一种光明磊落的情怀。胡铨、陆游、辛弃疾、陈亮、文天祥，都有文辞慷慨、感情激越、感人肺腑的作品。

元代散文比较寂寥。明代初年始有清新之作出现，其代表作家是刘基、宋濂。前者的散文集《郁离子》有文笔犀利、寓意深刻的寓言和小品；后者则擅长传记性散文，他的《秦士录》《送东阳马生序》都写得相当出色。明中叶以后，文坛上出现了以李梦阳、何景明为首的"前七子"和以李攀龙、王世贞为首的"后七子"，他们反对形式主义的"台阁体"，主张"文必秦汉，诗必盛唐"，对革新文风起了一定的积极作用，但他们盲目崇古也带来消极影响。因而便有推崇唐宋古文的"唐宋派"产生，其主要作家是唐顺之、茅坤和归有光等，尤以归氏的成就最高。他的《项脊轩志》等，物中写情，凄楚动人。明后期又有袁宗道、袁宏道、袁中道兄弟三人，主张散文"独抒性灵"，不拘客套，因三兄弟是湖北公安人，因而被称为"公安派"。

他们的散文文笔秀逸，不事雕琢，给人以很深的印象，如袁宏道的《虎丘记》《满井游记》等。还有钟惺、谭元春等湖北竟陵作家，主张散文表现"幽情单绪"，使文章的题材更窄，被称为"竟陵派"。明末的散文家张岱，以清新活泼、题材广泛的小品文著称，其散文集《陶庵梦忆》和《西湖梦寻》中的许多文章风格清丽，手法细腻。而张溥则以其慷慨悲壮的《五人墓碑记》感动了数百年来的读者。

清代的散文大体可分为三个阶段：清初的优秀散文大都反映抗清斗争，如夏完淳的《狱中上母书》、邵长蘅的《阎典史传》等。清中叶，产生了以方苞、刘大櫆、姚鼐为代表的"桐城派"和以恽敬为首的"阳湖派"，两派都提倡唐宋古文，讲究"义法"，但以前者的影响为大。方苞的《狱中杂记》和姚鼐的《登泰山记》，都令后世的读者难忘。鸦片战争以后，中国文坛受到资产阶级改良主义思想的影响，散文的内容和形式都发生了崭新的变化，其强烈的战斗性和较高的艺术性给读者以新的感染。如龚自珍的《病梅馆记》，表达了作者改变病态局面的决心；梁启超的《少年中国说》、康有为的《强学会序》都纵论天下大事，张扬改良派思想。此外，章炳麟的《邹容传》讴歌青年革命家的壮烈事迹，也写得气势磅礴、激励人心。

三、辞赋及其作者

辞赋是兼具诗歌和散文特点的一种文体，它不像诗歌那样可以配乐歌唱，也不像散文那样毫无韵脚，而是讲究辞藻华美，大体整齐押韵，通过细致入微的描绘以抒写情志。好的辞赋作品散韵相间、抑扬顿挫，给人以美的艺术享受。

赋作为一种文学形式，先秦时代已经出现，至两汉而繁荣，魏晋隋唐而丰富与变化，并延续至宋、元、明、清。最早以"赋"命名的篇章是荀子的《赋篇》和宋玉的《风赋》等。两人一南一北，恰好代表了赋在初期的两种不同的风格。荀子的《赋篇》以四言韵语为主，杂以散文形式，显然受了《诗经》的影响；宋玉的赋则文采典雅而华美，显然受了《楚辞》的影响。宋玉的《风赋》《高唐赋》《神女赋》《登徒子好色赋》等，为后世历代文人所传诵。

至两汉时代，赋一跃成为主要的文学形式，并且达到了鼎盛阶段。仅《汉书·艺文志》著录的汉赋作品就达九百余篇。贾谊的《吊屈原赋》、淮南小山的《招隐士》以及枚乘的《七发》是早期汉赋的代表作。之后，司马相如、班固、扬雄、张衡被称为"汉赋四大家"，他们的作品"润色鸿业"，"劝百讽一"，极尽铺张排陈之能事，特别是司马相如的《子虚赋》和《上林赋》，奠定了散体大赋的体制，显示了散体大赋的风格。前者叙述楚国子虚和齐国乌有各自夸耀本国的故事，后者则写亡是公听了子虚、乌有二人的对话，大肆夸赞上林苑的壮丽和汉天子打猎盛举的故事。此外，扬雄所著《羽猎赋》《长杨赋》、班固所著《两都赋》、张衡所著《二京赋》，都是汉代大赋的名篇。

魏晋南北朝的辞赋虽然继承了汉赋的遗风，但与汉赋相比，已发生某些变化，即由"润色鸿业"的歌功颂德转向咏物抒情，写作的题材更加广泛，语言由散体趋向骈体。建安时代的文人都擅长辞赋，其中最为人传诵的是

东晋　顾恺之　洛神赋图（局部）

曹植的《洛神赋》、王粲的《登楼赋》，二者状物抒情，文笔清丽；蔡邕的《述行赋》和祢衡的《鹦鹉赋》则抒情言志，寓意深刻。左思的鸿篇巨制《三都赋》，虽然在写作手法上模拟汉大赋，但作品风格豪迈，文辞富丽，使得国人竞相传抄，洛阳为之纸贵。由于受魏晋玄学的影响，这时的赋多谈老庄玄旨，清新质朴的短篇小赋也日渐增多，其中如孙绰的《游天台山赋》、陶渊明的《闲情赋》、潘岳的《怀旧赋》，都是这类作品的代表。这一时期的骈体赋，对偶工整，辞藻精美，音律和谐，其中如鲍照的《芜城赋》，江淹的《恨赋》《别赋》和庾信的《哀江南赋》等，都是中国文学史上的不朽名篇。

唐代虽然以诗歌创作为主调，但辞赋也是文人学士显示文学才华的一块园地。可以说，唐代的许多著名诗人，都写过辞赋作品。如王勃的《春思赋》，抒发了自己渴望建功立业的雄心壮志；张九龄的《荔枝赋》，表达了才士位卑，欲求上达的思想；李白的《大鹏赋》，则以搏击云天的大鹏自况，等等。中晚唐以后，诗人们在古文运动的影响下，突破骈体赋的限制，运用辞赋反映社会问题，十分关注人生，如李商隐的《虱赋》，陆龟蒙的《蚕赋》，柳宗元的《瓶赋》《牛赋》，杜牧的《阿房宫赋》等。特别是杜牧的《阿房宫赋》，多用白描手法，语言清新，议论鲜明，体现了赋的艺术手法的新变化。

宋代辞赋继承了前代辞赋创作的传统，继续采用古赋和骈体赋的形式，但在唐宋古文运动的推动下，受杜牧《阿房宫赋》的启示，产生了一种用韵比较自由、章法比较严谨、气象十分生动的文赋，其代表作有欧阳修的《秋声赋》、苏轼的《前赤壁赋》和《后赤壁赋》。这些作品散韵间杂，文辞富于变化，想象丰富，说理精辟，写景状物惟妙惟肖。如苏轼《前赤壁赋》中的"白露横江，水光接天"，《后赤壁赋》中的"山高月小，水落石出"，都是一派画境；作者在赋中所表达的旷达胸怀和乐观态度，使之成为了千古不朽的杰作。

金元以后，辞赋作品仍不断涌现，但已无法与前代相比，值得玩味的佳作已屈指可数。金代元好问的《秋望赋》、郝经的《怒雨赋》,还值得一读。明代的前后七子也作过一些辞赋,但多辞藻华丽而少寄托;清代的某些文人企图模仿汉赋,又都流于歌功颂德,因此,辞赋创作在明清两代只能算是高音余响了。

四、戏剧及戏剧家

中国的戏曲在经历了漫长的发展过程之后,到元代形成"元杂剧"。由于元代城市经济的繁荣,城市生活随之繁华起来,市民阶层对文化生活的需求较前代更为强烈;许多文人因元朝政府残酷的民族统治,难有进身机会,遂落入下层,与艺人结合,通过艺术创作表达自己的心声。这都给元代戏曲的发展提供了必要的客观环境和物质条件。

繁荣兴盛的元杂剧,在中国文学史上写下了辉煌的篇章,有名字可考的剧作家达200余人,见于书面记载的剧目有700多种,流传到今天的也有150多种。这些剧目,有的属于爱情剧,有的属于公案剧,有的属于世情剧,有的属于历史剧,它们都深刻反映了当时社会的黑暗现实,描写了各阶层人民所遭受的残酷压迫,表达了人民群众追求美好生活的愿望。其中创作最早、成就最高、影响最大的戏剧家理所当然应推关汉卿。

元杂剧壁画

关汉卿（约1220—约1300年），大都（今北京）人，又有祁州（具体在今河北省安国市）人、解州（今山西省运城市西南解州镇）人诸说。其毕生的艺术活动主要集中在大都，晚年可能到过扬州、杭州一带。他不但谙熟戏曲创作，而且还亲自表演，一生创作了近70个剧本，现存的还有18个，代表作有《窦娥冤》《救风尘》《拜月亭》《望江亭》《单刀会》《调风月》等。他与马致远、白朴、郑光祖并称为"元曲四大家"。他的创作着重表现劳动人民，特别是青年妇女的苦难和斗争，歌颂她们的机智和勇敢，塑造了许多个性鲜明的艺术形象。他创作的剧本结构严密，冲突强烈，安排巧妙，语言通俗，字字本色，对后世戏曲的发展产生了巨大的影响。

王实甫是元代前期又一位杰出的戏剧家，他所创作的杂剧，至今仍存14种，其《西厢记》被誉为"天下夺魁"。西厢故事最早源于唐代元稹的传奇小说《莺莺传》，至金代而成董解元的说唱文学《西厢记诸宫调》。王实甫在此基础上，拓展结构，铺张情节，渲染冲突，刻画人物，使之成为一个震烁古今的剧目。

元杂剧前期的艺术活动中心主要在北方，京城大都和地处山西的平阳（今临汾市）都是戏曲艺术最活跃的地方。著名剧目有纪君祥的《赵氏孤儿》、马致远的《汉宫秋》、白朴的《梧桐雨》和《墙头马上》、尚仲贤的《柳毅传书》和李好古的《张生煮海》等。直到今天，山西临汾地区仍保留着一些古老的元代戏台，可作元杂剧的实物研究资料。元杂剧的后期活动则转向南方，原南宋京城临安成为艺术创作和表演中心，但其兴盛状况已与北方不能同日而语。这时的创作成就主要表现在郑光祖的《倩女离魂》、乔吉的《扬州梦》和宫天挺的《范张鸡黍》等。

明代流行的戏曲形式是"传奇"，它是在南方流行的"南戏"的基础上发展起来的。传奇的剧本结构和表演要求比较自由，篇幅也比杂剧长，更利于表现起伏跌宕的故事。元末明初的重要传奇作品有高则诚的《琵琶记》和被称为"四大传奇"的《荆钗记》（元柯丹丘作）、《白兔记》（作者不详）、

《拜月亭记》（元施惠作）、《杀狗记》（作者不详）。高则诚在《琵琶记》中，依据民间传说，演绎了汉末蔡伯喈（即蔡邕）与妻子赵五娘的故事。作者在剧中大肆宣扬封建伦理道德，对明代以来的传奇创作产生了重要的影响。之后，便陆续出现了《宝剑记》（李开先作）、《鸣凤记》（传为王世贞作）、《浣纱记》（梁辰鱼作）等优秀剧目。特别是《浣纱记》，首开传奇剧用昆山腔演唱的传统，为后来昆曲的兴起奠定了基础。

明代戏曲的鼎盛时期是明代下半叶，这时出现了以沈璟为代表的"吴江派"和以汤显祖为代表的"临川派"。沈璟（1553—1610年），吴江（今属江苏省）人，致力于戏曲声律理论的研究，主张创作严守音律，写过17个剧本，主要有《义侠记》《博笑记》《埋剑记》等，现存较为完整的只有7个。属于吴江派的作家还有王骥德、卜世臣、叶宪祖、顾大典等人。汤显祖（1550—1616年），临川（今江西省抚州市）人，居于"玉茗堂"，是中国文学史上继关汉卿之后又一位不朽的大戏剧家，其生活的年代与英国大戏剧家莎士比亚恰好同时，其创作成就也与莎氏不分轩轾。在创作上，他反对拟古和死守格律，主张写情，作品只有五部传世，即《紫箫记》、《紫钗记》、《还魂记》（即《牡丹亭》）、《南柯记》、《邯郸记》，其中以《还魂记》（《牡丹亭》）的影响最大。因后四种的剧情都涉及梦境，故被称为"玉茗堂四梦"。

明末清初传奇创作成就比较高的作家是李玉，他的剧作相传有60多个，以"一（《一捧雪》）、人（《人兽关》）、永（《永团圆》）、占（《占花魁》）"为代表。此外，朱素臣的《十五贯》，李玉与朱素臣合著的《清忠谱》，在文学史上也有一定地位。到清代初年，戏曲家李渔（号笠翁）以其在戏曲理论上的突出贡献，在中国文学史上独树一帜。他的《闲情偶寄》一书系统地论述了戏曲文学及戏曲表演艺术的特点，具有重要的文学价值。

清初杰出的戏剧家当数洪昇和孔尚任，世称"南洪北孔"。洪昇（1645—1704年），浙江钱塘（今杭州市）人，一部《长生殿》，通过描写唐明皇和杨贵妃的爱情故事，反映了唐代广泛的社会政治生活，歌颂了一批忠臣义士的爱国精神。孔尚任（1648—1718年），山东曲阜人，一部《桃花扇》，通过李香君和侯方域的爱情故事，反映了南明小王朝覆灭的历史，塑造了李香君刚强正直、深明大义、忧国忧民、不屈不挠的形象，表达了作者的爱国情怀。清代中叶以后，各地地方戏曲逐渐兴起，京剧也在"四大徽班"进京后逐渐形成，古代杂剧和传奇剧都陆续走上了末途。

五、小说及小说家

中国的古典小说发源于先秦的神话传说，后来又吸收了史传文学和寓言散文的一些东西，至汉代出现了将历史故事与民间传说结合在一起的作品，如西汉刘向的《说苑》《新序》和无名氏的《燕丹子》等。魏晋以后出现了所谓的"六朝小说"，一类"志人"，主要记载士族阶层的逸闻轶事，其代表作为刘义庆的《世说新语》；一类"志怪"，主要记述神话故事和民间传说，多神仙鬼怪，代表作为干宝的《搜神记》。

唐代继承六朝小说的传统，发展了小说的文学特色，作品人物、故事情节都趋于丰富多彩，形成所谓的"唐人传奇"，其内容多描写爱情故事和豪侠故事，也有六朝志怪的痕迹。唐人传奇作品极多，其艺术性也很高，较为著名的有牛僧孺的《玄怪录》、李复言的《续玄怪录》、薛用弱的《集异记》和裴铏的《传奇》等。《李娃传》《莺莺传》《霍小玉传》《柳毅传》《离魂记》《枕中记》《南柯太守传》等许多名篇，都成为后世戏曲创作依据的蓝本，并且影响了后来的小说创作。

宋元以来由于市民阶层的兴起，产生了与市民艺术趣味密切相关的白话小说——"话本"。其内容主要有"小说"和"讲史"两类。小说一类主要包括传奇、公案、灵怪等，其中描写婚姻爱情和狱断公案的小说尤其生动感人，给后来的短篇小说创作以深刻影响；讲史一类则主要是将历史演绎为小说形式,对中国古典小说影响巨大,是中国长篇小说的开端。其代表作有《大宋宣和遗事》《大唐三藏取经诗话》和《全相平话五种》(即《武王伐纣平话》《七国春秋平话》《秦并六国平话》《前汉书平话》《三国志平话》)。

明清两代是中国古典小说兴盛繁荣的时代,特别是白话小说创作广泛流行,并且达到了很高的艺术水平。这时被称为明代"四大奇书"的《三国演义》《水浒传》《西游记》《金瓶梅》出现在文坛上,放射出亘古未有的光辉。《三国演义》,全称《三国志演义》,

《西游记》孙悟空绣像

作者为罗贯中(约1330—约1400年),太原(一说杭州)人,据近年考证为今山西省清徐县(在太原附近)人。他依据元代讲史话本《三国志平话》,经艺术加工整理,写成了《三国演义》,生动、逼真地描写了魏、蜀、吴三大政治集团的激烈斗争,是一幅全景式的历史图卷。书中故事情节变化万端,人物形象栩栩如生,成为后来历史小说的范本。《水浒传》的作者为施耐庵(约1296—约1370年),本名子安,原籍钱塘(或说苏州),后迁居兴化(或说淮安,今均属江苏省)。他以《大宋宣和遗事》为蓝本,吸收了元杂剧中"水浒戏"的许多情节,经再创作而成《水浒传》。该书描写了北宋末年以宋江为首的可歌可泣的梁山农民起义的故事,反映了宋代阶级压迫的社会现实,揭示了封建社会"官逼民反"的道理,塑造了李逵、武松、林冲、鲁智深等众多英雄人物形象。但宋江等人的"招安"结局,也反映了作者思想的局限性。《西游记》的作者为吴承恩(约1500—约1582年),山阳(今江苏省淮安市)人。该书是作者在民间流行的唐僧西天取经的故事和宋元话本《大唐三藏取经诗话》的基础上，经再创作而成的，是一部规模宏伟、结构完整、情节曲折、想象丰富、语言生动诙谐的艺术巨著。全书借助幻想的形式，歌颂孙悟空不畏强暴、降妖伏魔的顽强精神，肯定了孙悟空等护法取经、维护既定统治秩序的观念。《金瓶梅》，全称《金瓶梅词话》，书名取于潘金莲、李瓶儿、庞春梅等三个主要女性的名字，作者题"兰陵笑笑生"，但究竟为何人，众说纷纭，难以断定。全书借《水浒传》中西门庆与潘金莲的故事为线索，描写西门庆由发迹到毁灭的过程，展示了这个家庭肮脏丑恶的生活，揭露了明代中叶封建市侩与官僚地主相互勾结以残酷压迫百姓的事实。作品人物刻画细腻，语言特色鲜明，但书中对性生活的自然主义描写，也造成了不良影响。

明代后期，出现了白话短篇小说繁荣的局面，代表作有由冯梦龙编纂的"三言"（《喻世明言》《警世通言》《醒世恒言》）和凌濛初创作的"二拍"（《初刻拍案惊奇》和《二刻拍案惊奇》）。"三言"属于宋、元、明三代短篇小说的选集，"二拍"则是凌濛初个人的创作。这些作品突出反映社会矛盾，其中大量描写市民爱情生活，对妇女命运的描述尤其生动。如"三言"中的《杜十娘怒沉百宝箱》《卖油郎独占花魁》《玉堂春落难逢夫》《沈小霞相会出师表》等，都是中国文学史上闪光的篇章。"三言""二拍"还着重描写了商人生活，反映了明代中叶以后资本主义萌芽对社会影响的加深。

清代盛期，中国古典小说创作也转向极盛，各种长短篇小说争相辉映，其中蒲松龄的《聊斋志异》、吴敬梓的《儒林外史》和曹雪芹的《红楼梦》，是古典小说创作的高峰。蒲松龄（1640—1715年），淄川（今山东省淄博市）人，他的《聊斋志异》继承六朝志怪小说和唐人传奇的传统，以浪漫主义手法，借狐鬼花妖之形，写嬉笑怒骂之情，通过各种狐鬼精灵的动人故事，表现青年男女追求婚恋自由的愿望，揭露封建统治的黑暗和罪恶，抨击科举制度的腐朽和弊端，对后来的文言创作产生了巨大的影响。吴敬梓（1701—1754年），安徽全椒人，他的《儒林外史》是一部讽刺小说，以自己的经历和体验创作而成。它从多方面揭露和抨击了封建统治的黑暗、科举八股取士的罪恶，生动地描写了一群受科举毒害和被市侩熏染的儒林形象，并将这些虚伪人物的丑恶灵魂暴露无遗，再现了封建社会末期的社会现实。曹雪芹（约1715—约1763年），本名霑，祖籍河北省丰润县，生于南京，晚年居于北京西山，"十年增删，五易其稿"，创作了中国最伟大的古典长篇小说《红楼梦》（又名《石头记》《金玉缘》）。该书共120回，前80回为曹雪芹所作，后40回为高鹗续写。全书以贾宝玉、林黛玉和薛宝钗的爱情婚姻为主线，通过一个封建大家庭的盛衰变迁，描述了家庭内外在政治、道德、文化、教育、财产诸方面错综复杂的矛盾冲突，展示了一个个青年女子的悲惨结局，和封建制度行将灭亡的历史命运，显示了作者对社会生活巨大的概括力和精确的表现力，从而使这部小说成为世界性的文学名著。无怪乎法国《通用百科全书》称其为"18世纪中国社会的一面镜子"，"世界文坛上的一座丰碑"。自问世以来，《红楼梦》已有数十种外文译本，对它的研究已成为国际上的显学——"红学"，作者曹雪芹也成为了世界性的文化名人。

清代中期以后，小说创作已走向衰落，好的作品寥若晨星。值得一提的有李汝珍的《镜花缘》，叙述了唐敖等游历海外的见闻；吴趼人的《二十年目睹之怪现状》，描绘了晚清社会官场、洋场、商场的种种丑态；刘鹗的《老残游记》，展示了晚清山东一带的生活现实，揭露了所谓"清官"的暴政；曾朴的《孽海花》，描写了从慈禧到妓女及三教九流的各种人物，谴责了当时社会的各种官僚市侩、洋奴走狗及社会的丑恶现象。

● 学习与思考

1. 中国文学有哪些鲜明特点？
2. 为什么说中国是诗的国度？
3. 为什么到明清出现了长篇小说？试从社会发展与文学发展的角度阐述其出现的必然性。

参考答案

● 相关资料

1. 钱穆. 中国文学史. 成都：天地出版社，2016.
2. 袁行霈. 中国文学史（第二版）. 北京：高等教育出版社，2005.

第十四章 各类艺术

五代 顾闳中 韩熙载夜宴图（局部）

中国的传统艺术门类很多,品种齐全,雅俗共存,动静兼具,并以其同一的艺术精神,构成一个巨大的艺术体系。大到佛教石窟的众多雕塑,小到民间的各种工艺;雅到京剧、昆曲的艺术表演,俗到穷乡僻壤的民间小调,都体现了中国人对美的理解和追求,展现了他们的艺术才能和趣味。在数千年的历史发展和演变中,中国艺术形成了自己独特的传统,成为世界文化宝库中最珍贵的遗产之一。

较之西方艺术,中国的传统艺术有如下四个明显特点:

一是"礼乐一体"的原则。所谓"礼乐一体",包含了两层意思:第一是有礼必乐,乐附于礼;第二是乐在诸多艺术中独具至尊地位。这是因为历代儒家学者都把"乐"看作是道德感化和政治教化的手段。远的不说,儒家所推崇的周公"制礼作乐",即是把"礼""乐"一并作为维持西周奴隶主统治的两大支柱,因而一旦到春秋战国时期发生了社会变化,孔子就认为是"礼崩乐坏"。由于儒家的不断提倡和发挥,"礼""乐"并列为封建统治者的统治工具,"乐"也在社会生活和艺术领域中占有崇高地位。孔子曰:"兴于诗,立于礼,成于乐。"(《论语·秦伯》)足见孔子把"乐"当作人们修身成仁的关键。又曰:"礼乐不兴,则刑罚不中,刑罚不中,则民无所措手足。"(《论语·子路》)可见孔子又把"乐"作为兴邦治国的根本。其后的孟子、荀子以及其他儒家学者无不重视"乐"的作用。荀子写过一篇《乐论》来论述音乐的审美、教育作用,认为乐"可以善民心","移风俗",使"行列得正","进退得齐";认为中平、肃庄的音乐可以使"民和""民齐""兵劲城固",敌人不敢入侵;而妖冶的音乐可以导致人民"流轻鄙贱",引起战争。《礼记》也专有《乐记》一篇,系统论述了音乐的本质、美感、作用以及乐与礼的关系等问题。《乐记》认为,"凡音之起,由人心生也。人心之动,物使之然也。感于物而动,故形于声","治世之音安以乐(lè),其政和;敌世之音怨以怒,其政乖;亡国之音哀以思,其民困。声音之道,与政通矣"。这里把音乐当作衡量天下兴亡治乱的标尺。正是由于这一缘故,历代统治者都非常重视乐。《诗经》《楚辞》原本都是乐的歌词,而不是独立的文学作品。秦代专门设立"乐府",掌管音乐事务。汉武帝时进一步扩大乐府规模,掌管朝会宴飨、道路游行时的各种音乐,同时采集民间歌曲。我们今天所见的汉乐府诗,就是那时乐曲的歌词。整个封建社会可说是有礼必有乐，无乐不成礼。如祭祀天地山川、先祖先师要用乐，叫"郊庙乐章"；举行宴享朝会要用乐，叫"燕射乐章"；练兵习武也用乐，叫"鼓吹曲"或"横吹曲"，等等。可以说，封建帝王的各种礼仪活动，都有乐曲相配，因此，朝廷总是拥有庞大的乐队，并且由"太常寺"负责管理。这是朝廷的礼乐。民间也有自己的礼乐，如乡间的红白大事，都有当地的乐手为之演奏乐曲；集体的喜庆之事，也要由乡间的剧团演出节目。这种礼乐一体的原则是很突出的。西方的情况则不同，他们的音乐既不从属于礼，更不从属于法，而是一门独立的艺术，音乐家有独立的地位，音乐会也是独立的艺术活动。

二是融合互通的精神，即中国艺术的诸门类不是各自为域、互不相关的，而是彼此相通、融合为一的。古代所谓的"乐"，实际不只是音乐，而是音乐、舞蹈和诗歌的综合。墨子说儒者"诵诗三百，弦诗三百，歌诗三百，舞诗三百"，即是说《诗经》三百首，可以朗诵，可以弦弹，也可以歌唱和舞蹈。其后历代诗词，既可以配曲演唱，又可以闻之起舞。汉唐以后，流行书画，二者结合得难以分家，向来被称为"书画同源"，其理论和技法都是相通的。中国历史上的画家，往往同时又是书法家。诗画也如此，古语说："诗中有画，画中有诗。"诗是无颜色的画，画是有颜色的诗；画面上的题画诗往往画龙点睛，道出画旨。元代以后兴起的戏曲，也是一种综合性的艺术，念、唱、舞、曲、诗、乐共熔于一炉，缺一构不成戏曲艺术。如果把戏曲舞台上各类人物的扮相和表演跟历代神佛雕塑做一番比较，也会发现戏曲艺术和雕塑艺术之间有某种融合。可以认为，戏曲人物的扮相和表演，吸收了历代雕塑艺术的造型美，而后来的雕塑艺术家们恐怕也从戏曲人物的扮相和表演中得到了一定的启发。台湾学者钱穆先生在比较中西文化时指出，中国文化讲"合"，西方文化讲"分"。在中国文化中，诗画一家、书画同源、文史哲自古难分，而西方文化中诗画无关，乐舞独立，文史哲各自为一门学科，甚至歌剧、话剧也各自分野。为什么中国艺术具有这种融合性和相通性？因为中国的艺术讲情、讲趣，即讲喜怒哀乐之情、讲远近虚实之趣，而情趣都归之于心，心只一处，所以只能合；而西方艺术则讲理、讲形，即讲万事万物之理、讲长短方圆之形，这二者都归于物，物具万象，所以必定分。

三是注重神韵的技法,即中国艺术注重表现事物的意趣和人的内在感情,要求在艺术创作中突出神似。我国古代的艺术家和艺术评论家们都非常重视"神似"这个问题。所谓"神似"就是要求艺术创作要表现对象的典型特征,揭示它们的内在精神。顾恺之说的"以形写神"以及传说他画人很注意一双传神的眼睛的画法;南齐书法家王僧虔说的"神采为上,形质次之";南齐画论家谢赫说的"气韵生动";唐代书法家张怀瓘说的"风神骨气";宋代欧阳修说的"古画画意不画形"等,其含义都是强调艺术创作不能追求形似,而要追求神似。艺术家们所要表现的,不应当是与外界完全相同的客观事物,而应当是这些事物的神采和气韵,是艺术家自己的意趣和感情。有一个成语叫"得意忘形",本义是说一个人太高兴了以至忘记自己本来的样子。如果用它来解释中国艺术,可以说,只要真正摄取了事物的意态和人物的神态,就不必去考虑它本身的形态。中国画特别注重写意,京剧艺术中的脸谱、表演中的哭笑,也都是一种写意,都是追求神似。明代徐渭说"不求形似求生韵",他自己就是一位大写意画家。明末八大山人朱耷的画更是如此,他画的飞禽走兽,往往寥寥几笔,墨水淋漓,初看不知是什么东西,细看才知道有无穷意趣。应当说,注重神韵、大笔写意是中国艺术的本质特点。

四是用于教化的目的,即传统艺术很重视艺术的目的性和社会功能。从孔子开始,儒家学者就非常重视《诗经》的思想教育作用。孔子曰:"诗可以兴,可以观,可以群,可以怨。迩之事父,远之事君。"(《论语·阳货》)就是说《诗经》的思想教育作用是可以感发人的意志,可以观察兴亡得失,可以提高人的道德修养,还可以表现人们的哀怨情绪以批评不良政治。近可以侍奉父母,远可以为国君效力。因此,历代儒家学者都特别推崇《诗经》,认为"故正得失,动天地,感鬼神,莫近于《诗》。先王以是经夫妇,成孝敬,厚人伦,美教化,移风俗"(《毛诗·关雎序》)。正因为《诗经》有这么大的社会功能,所以孔子才说:"不学诗,无以言。"音乐更是如此。儒家认为乐通于伦理,故审乐可以知政。东汉郑玄说:"听乐而知政之得失,则能正君、臣、民、事、物之礼。"(《礼记·乐记》郑玄注)由于汉代以来的封建统治者以儒学作为自己的统治思想,因此特别强调艺术"厚人伦,美教化,移风俗"的社会作用,要求乐要移情,诗要言志,戏曲表演要教人为善。但是,也存在另外一面,即统治阶级鄙视劳动人民的艺术。远在春秋战国时代，儒家就把"乐"分为"正声"和"淫声"、"雅乐"和"俗乐"两类。"正声"和"雅乐"是统治阶级的艺术，"淫声"和"俗乐"是劳动人民的艺术。在儒家看来，"雅"的艺术有助于教化，"俗"的艺术有伤于教化。因此，封建统治者总是竭力排斥劳动人民的艺术。以元明以来的戏曲而论，它最初发源于民间，而且一直在市民阶层中广泛流行。尽管它的作者们也在创作中表现封建说教，尽管"雅"腻了的统治者也常常"俗"一下戏曲，但戏曲艺术一直受鄙视，作家和演员都被视作下等人。西方艺术不讲明确的社会功能，人们对艺术的要求主要是娱乐、刺激或得到一种艺术享受，雅俗的界限也不怎么明显。同样是大剧作家，莎士比亚在西方有很高的地位，而关汉卿在中国只能入《录鬼簿》。中西艺术的目的性也截然不同。

下面就各类艺术分别概而述之。

一、书法艺术

书法成为一门艺术，是以汉字的方形结构和线条变化为基础的。不妨认为，古人在创造这种方块字的时候，已经融入了中国人对造型美的基本见解，即结构平衡，线条流畅，整齐而有变化，均匀而有对比。这就给书法家提供了施展艺术才能、驰骋艺术想象的天地。另一方面，汉字结构的写实主义精神，使汉字本身就具有自然之美和人文之美的因素，因此书法家们在挥毫洒墨的时候，完全可以依据自己对美的感受，把天地山川的自然之美以及人物房舍之美与汉字的结构之美紧密地结合起来，并淋漓尽致地表现出来。离开汉字的方形结构，就不可能有书法艺术，西方的拉丁化文字便是最好的证明。

书法艺术源远流长，应当说从甲骨文就开始了。但是从总体上讲，书法艺术是在汉魏时期才真正形成的。汉代以前的金石文字，如《毛公鼎铭文》

（西周晚期）、《石鼓文》（春秋时期）、《泰山刻石》（秦代）等，由于当时艺术创作的自觉性还没有形成，审美风尚还没有出现，书法理论还没有萌发，所以只能算是书法艺术产生阶段的作品。那时的书体是金文和秦始皇统一文字以后的小篆。这一时期的书法家无疑以李斯为代表。

汉代是书法艺术成熟的时期。在这个阶段，隶书定型，草书、行书、楷书也应运而生，终于形成隶书盛行、诸体皆备的辉煌局面。应当指出，隶书的产生是很早的。据史籍记载，秦代由于官狱多事，奏章繁多，为了求得速决速用，官府让隶人（奴隶）们省易抄写，遂称"隶书"。这种书体在秦代只是使用；到汉代逐步定型为横扁形的，从起笔到结体都有一定的规格；到东汉，成为官定标准字体。这一书体的变革，文字史上叫作"隶变"。这种隶变后通行的隶书，即为"汉隶"。它上承秦隶，又显出汉隶本身点画均匀、舒展自由的特点。汉代的竹简、碑石、印章，大多采用汉隶。新中国成立以后出土的大量竹简，如山东省临沂市银雀山汉墓出土的《孙子兵法》《孙膑兵法》，湖南省长沙市马王堆汉墓出土的《老子》等，都属西汉墨迹；而著名的《张迁碑》《汉故雁门太守鲜于君碑》《礼器碑》《西岳华山庙碑》《仓颉庙碑》等，都是有代表性的东汉墨迹。它们有的笔力遒稳，以拙取胜；有的方整劲挺，斩钉截铁；有的游行自在，变化若龙，充分显示了汉隶的艺术特色。两汉的书法家应当很多，但因作品多未署名，故今天尚能知名的甚少，其中蔡邕、曹喜可称代表。江苏省沛县所存的《大风歌碑》，相传即蔡邕所书。

魏晋南北朝的书法处在承上启下、完成书体演变的阶段，其特点是篆、隶、楷、行、草诸体俱臻完善，同时产生了一大批优秀作品和钟繇、王羲之等大书法家。钟繇师承蔡邕、曹喜，又习众家之长，最终完成了楷书的定型化。现在河南省临颍县的《上尊号碑》记述了汉献帝禅位于曹丕的历史事件，碑文即由钟繇书写，是他的隶书代表作，其楷书墨迹迄今未有发现。前人评他的隶书"点如山颓，滴如雨骤，纤如丝毫，轻如云雾，去若鸣凤之游云汉，来若游女之入花林"，毫不为过。王羲之（303—361年或321—

王羲之的行草代表作之一《丧乱帖》

379年）的艺术成就更是非凡，因他曾任"右军将军"，后世称为"王右军"。王羲之被尊为"书圣"，与钟繇并称为"钟王"，与他的儿子王献之并称为"二王"。他的书法"兼撮众法，备成一家"，终于"贵越群品，古今莫二"。早在南北朝时，梁武帝就认为他的书法"字势雄逸，如龙跳天门，虎卧凤阙"，还有人说他的书法是"清风出袖，明月入怀"。唐太宗甚至称赞说："观其点曳之工，裁成之妙，烟霏露结，状若断而还连；凤翥龙蟠，势如斜而反直。玩之不觉为倦，览之莫识其端。心摹手追，此人而已。其余区区之类，何足论哉？"因此他临死还把王羲之的《兰亭序》真迹带入昭陵。南北朝时的书法，风格多在"二王"的影响之下，书法作品大都出自无名书法家之手。值得一提的是陈僧智永，他是王羲之的七世孙，书法深得家风，他写的《千字文》，极受后世推崇。北朝书法，数魏碑最佳，其结构严密，笔力雄厚，清代包世臣、康有为所推崇的魏体正是这一类。现存河南省洛阳市的《始平公造像记》、山东省曲阜市的《张猛龙碑》和山东省莱州市的《郑文公碑》，都是魏碑的代表作。

隋唐两代是书法艺术的鼎盛阶段。这同隋唐时期高度繁荣的经济和高度辉煌的文化密不可分。由于统治阶级的提倡，书法被列为"书学"，被定为学校中的学习科目，因而无论是理论还是创作都达到了新的高度。这一时期,不但大书法家较前代为多,而且书法理论专著也远胜于前代,其对日本书法的影响也由此肇始。唐初的四大书法家是"虞(世南)、欧(阳询)、褚(遂良)、薛(稷)"。虞世南(558—638年)是智永的学生、唐太宗的老师。他的书法笔圆而体方,外柔而内刚,发笔出锋如抽刀断水,传世名作有《孔子庙堂碑》。欧阳询(557—641年)的书法以楷书为最好,用笔和结构都有严肃的程式,字体劲险刻厉,于平正中见险绝,"若草里惊蛇,云间电发;又如金刚怒目,力士挥拳",代表作有《九成宫醴泉铭》《皇甫诞碑》,被推为唐人楷书第一,与其子欧阳通并称"大小欧阳"。褚遂良(596—659年)的书法习王羲之、虞世南。据说他深得王羲之三昧,唐太宗把所藏王羲之墨迹拿出来让他鉴别真伪,他能一一判断出来。他的书法"字里金生,行间玉润,法则温雅,美丽多方",其代表作是《大唐三藏圣教序碑》。薛稷(649—713年)的名气较前三人为小,但他的字"用笔纤瘦,结字疏通",实开后世瘦体之先河,其传世作有《升仙太子碑》等。稍后的唐代大书法家还有李邕、张旭、颜真卿、柳公权、僧怀素。李邕从"二王"入手,但又突破"二王"体格,书体介于行楷之间,代表作有《岳麓寺碑》《云麾将军碑》,风格险峭,笔力舒放。张旭以草书出名,因其为人及书法如狂如癫,世称"张癫"。韩愈说他"喜怒窘穷,忧悲、愉佚、怨恨、思慕、酣醉、无聊、不平,有动于心,必于草书焉发之。观于物,见山水崖谷,鸟兽虫鱼,草木之花实,日月列星,风雨水火,雷霆霹雳,歌舞战斗,天地事物之变,可喜可愕,一寓于书。故旭之书,变动犹鬼神,不可端倪,以此终其身而名后世"(《送高闲上人序》)。杜甫的《饮中八仙歌》也写"张旭三杯草圣传,脱帽露顶王公前,挥毫落纸如云烟",可想见他的

颜真卿书《东方画赞碑》(局部)

狂态与醉态。他的草书极富神韵和意趣,笔画癫而不乱,狂而不怪,刚柔相济,气韵连贯,其代表作为《肚痛帖》。颜真卿曾受张旭指导,师法前辈而又有独创。他把篆隶笔法用于楷行草书,又把楷书的横画写得细瘦,把点、竖、撇、捺写得肥壮,世称"颜体",作品极多,著名的如《多宝塔感应碑》《东方画赞碑》《元结墓志》及《颜氏家庙碑》等。柳公权与颜真卿并称"颜柳",他有意避开颜体竖画的肥壮,把横竖画都写得均匀硬瘦,把点画写得如刀切一般,独创"柳体",世称"颜肥柳瘦",代表作有《玄秘塔碑》《义阳郡王苻璘碑》《神策军碑》等。怀素是一位和尚,是继张旭之后的又一唐代草书家。因从小家贫,无钱买纸,种芭蕉万株,以叶代纸,苦练成功,他住的寺庙因此叫"绿天庵"。现在湖南省永州市绿天庵旧址仍保留清代摹刻的怀素《千字文碑》。李白赞他"吾师醉后倚麻床,须臾扫尽数千张。飘风骤雨惊飒飒,落花飞雪何茫茫。"怀素代表作有《自叙帖》等。

宋代盛行帖学,书法艺术不甚景气。所谓"帖学",就是辗转翻刻前代名帖,然后又师法于帖。结果因翻刻走样,难得真谛,限制了宋代书法的创新。此外,宋人习书,时俗趋贵,即以帝王好恶和权臣书体为转移,也很难有独特的发展。可为称道的是"北宋四大家"——"苏(轼)、黄(庭坚)、米(芾)、蔡(襄)"的作品和宋徽宗赵佶的"瘦金体"。元代书法越两宋而直承晋唐,故出现了赵孟頫这样的大书法家。赵孟頫(1254—1322年),字子昂,号松雪道人,为宋太祖赵匡胤十一世孙。他篆隶行草无所不学,学而思变,集晋唐书法大成,成为可与"颜、柳、欧"并称的楷书四大家之一,并独占元代书坛,代表作有《仇锷墓碑铭》《兰亭十三跋》《度人经》《洛神赋》《妙严寺记》等。明代书法从总体上看有如江河日下,字都写得呆板齐整,缺少神气,形成所谓"台阁体"。其间影响较大的书法家主要有祝允明(枝山)、文徵明、董其昌、邢侗、米万钟,有创新的书法家则有张瑞图、徐渭等人,其中"董(其昌)、米(万钟)、邢(侗)、张(瑞图)"被称为"晚明四大家"。清代书法中兴,力图摆脱帖学的影响,于是极力提倡"碑学",并以嘉庆、道光为界,分为前后二期。前期重帖学,书法不很景气;后期重碑学,注重继承与革新,突出个人风格,因而出现了新的局面。清代书法家极多,有突出成就的如郑燮(板桥)、金农、邓石如、伊秉绶、包世臣、何绍基、吴昌硕、康有为等。

书法艺术的特点是运笔取势,力在其中,以笔法的曲直、行滞,章法的虚实、疏密,结构的奇正、主次,显示出"相反相成"的美感。所谓"运笔取势"是指起笔要注意"逆",结体要注意"违",章法要注意"侧",即形成一定的势态。"逆"就是落笔要取逆势,也叫"逆锋",即欲行其右,先行其左;欲行其下,先行其上,这就可以使笔画充满力感。"违"就是错杂、多样、变化、参差、互异,即"数画并施,其形各异;众点齐列,为体互乖",但又要"违而不犯",即不能杂乱无章。"侧"就是笔画和章法要多取侧势,因为侧势造成的美更富于变化。总之,笔画不要雷同,不要呆板,要讲变化、讲互异,还要讲主次分明、虚实相间、刚柔并济,要讲正中有奇、连中有断、连断自如、开合自成,否则就构不成书法艺术。

二、绘画艺术

中国画是中国的国粹之一,它的艺术成就和民族风格早已受到世界人民的赞誉。从艺术特征上讲,它跟西洋画有根本的不同。西洋画注重"形似",以写生为主;中国画注重"神似",以写意为主。画人物,着力表现他的精神和个性;画山水、花鸟、树木,则着力表现它们的形态特点和意趣。因此,中国画在构图时特别讲究"立意",即确立画家所表现的那个意境,而这种意境也正是画家所追求的情趣所在。在色彩的运用上,西洋画大多是依据一定的光源,表现客观事物的色彩变化,明暗的对比比较强烈,感性的描绘比较突出;而中国画运用色彩,并不依照自然的光源,它主要是为了表现事物的特性,同时也是为了加强作品的情调和气氛,追求一定的装饰效果,因此有时采用非常鲜明的对比色,形成所谓的工笔重彩。西洋画在画法上,很注意描写对象的比例，高低远近给人以真实的感觉，中国画却只注意线条的运用，以线条的疏密、繁简、曲直、刚柔来体现画中丰富的韵律节奏，从而造成一种空灵的艺术效果。关于中国画分两个问题来谈。

（一）中国画的历史发展

中国画发端于原始人类对自然万物的审美活动。在距今六七千年的新石器时代，远古先民已经在陶器上用红、黑、白等颜料画出鱼、鹿和各种装饰花纹，这表现了他们强烈的审美意识。应当说，这就是最原始的绘画。1978年，在河南省汝州市阎村遗址出土的彩陶上有一幅新石器时代的图画，距今约5,000年，画幅高37厘米，宽44厘米，画面内容为一只鹳叼着一条大鱼，另外还有一把带木柄的石斧，展现了当时的某种生活图景，这是现存幅画最大的一幅原始绘画。商周时代，祭祀盛行，殿堂庙宇中布满尧、舜、禹等人的画像和天地山川神灵的图像。所以王逸《楚辞章句》中说："楚有先王之庙及公卿祠堂，图画天地、山川、神灵，琦玮僪佹，及古圣贤怪物行事"。据说，屈原正是看了这些壁画以后，才创作了《天问》的。这些材料说明，绘画在先秦时代已经是成熟而又独立的艺术门类。但在相当长的历史阶段里，人们都没有见到过那时的绘画实物。1949年和1973年，先后在湖南省长沙市的楚墓中出土了两幅帛画。一幅画中有一女子，垂髻束腰，侧身前行，双手做祈祷状，头顶有一龙一凤，引导死者的灵魂；另一幅中则画有一男子，长袍高冠，驭一巨龙。画面采用线描，简洁有力，形象生动，显示了我国传统绘画的特征。

秦代绘画应当直承先秦，但保留下来的作品极少。1976年以来，在陕西省咸阳市秦宫遗址中发现了一部分宫廷壁画，技法虽然比较粗率，但画面上人物远小近大，形似而又传神，人物车马和亭台楼阁用线条勾成，已体现出一定的艺术水平。从秦始皇兵马俑的斑斓色彩估计，秦始皇的地宫内一定有内容生动、色彩鲜明的壁画作品。汉代经历了四百多年，绘画艺术有了很大的发展。由于儒学独尊，绘画成为政治统治和封建教化的一种手段。以人物为主的绘画大都采取了壁画的形式，布满王公贵族的宫殿、官衙、祠堂、庙宇、住宅和墓室，还有的大量刻于各种建筑物的石壁上，其内容有历史故事、生活场景、神仙鬼怪和神话传说。新中国成立以来，陆续发掘的汉墓中的绘画作品，展现了当时绘画艺术的风采。迄今最早的汉代墓室壁画是1976年在洛阳市发现的卜千秋墓内壁画，内容表现墓主人死后升仙的情景，画法上采用线条勾勒客体和物象，画面夸张变形，色彩鲜艳斑斓，体现出力与动的韵律。这样，加上1972年在长沙市马王堆汉墓中发现的西汉帛画以及辽宁、内蒙古等地发现的东汉墓室壁画，就可以对汉代绘画有一个基本的了解。汉代画家有姓名流传后世的仅十数人，其中以给王昭君画像的宫廷画师毛延寿最为知名。

魏晋南北朝时期由于佛教流行，宗教画（主要是表现佛教内容的画）取得支配地位，同时由于社会动乱，崇尚清谈，文人士大夫们普遍趋向避世，并企图在自然山水中求得心理平衡和心境和谐，于是山水画形成和发展起来，并出现了关于山水画的理论。这个阶段，佛教艺术发展很快，并给宗教画的兴盛以巨大影响。三国时的曹不兴是第一位画佛能手，相传他为孙权的屏风作画，误落墨点，点为苍蝇，竟使孙权误认为真，用手指去弹。东晋时的顾恺之（约348—409年）是人物画大师，以画绝、才绝、痴绝被称为"三绝"。"痴绝"是说他做人太痴，"才绝"是说他才华横溢，"画绝"是说他画技高超。他画的线条犹如青蚕吐丝，富于表现力和韵律感。他有意识地追求"传神"效果，极注意刻画人物的神态，并总结出"传神写照，正在阿堵中"的绘画理论，给后世绘画艺术以重大影响。现在人们还可以看到他的《女史箴图》和《洛神赋图》。另一位大画家是张僧繇，生卒年不详，主要活动于6世纪上半叶，"画龙点睛"的故事就是指他。他在技法上善于革新，创造了一种只用彩色而不用墨骨的"没骨法"，以色彩深浅增强立体效果。据说他曾为建康（今江苏省南京市）一座新寺作花卉图案，因色彩深浅而有凹凸不平的立体感，寺名遂称"凹凸寺"，他画的图案被称为"凹凸花"。另一位画家是陆探微，所画人物极重笔法，描线如刀刻一般。这三个人合称"六朝三杰"。

隋唐绘画,成就惊人,是这一时代文化昌盛的形象表现。这个阶段无论是画的种类,还是画的技巧,都显示了绘画艺术的高度发展。著名画家有隋代的展子虔,现存作品《游春图卷》采用青绿重彩渲染春天的气氛,表现了苍茫的山水烟景。这幅画解决了山水画空间的远近关系问题,使山水画从原来"水不容泛,人大于山"的幼稚阶段,达到和谐自然的成熟阶段。唐代绘画艺术空前繁荣,涌现出许多绘画大师;宗教画日趋世俗化,以宗教故事反映现实生活;从人物画中产生出仕女画,等等。阎立本父子兄弟三人(父阎毗、兄阎立德)为唐初著名画家,其中以阎立本成就最高。其画迹流传到今天的还有《历代帝王图》《步辇图》等七八种。其中《历代帝王图》画了由汉至隋13个帝王的肖像,并以人物面部的特征,揭示了人物的精神状态。而《步辇图》则反映了文成公主与吐蕃(公元7—9世纪藏族政权名)赞普(君长)松赞干布联姻的历史事件,画中描绘了唐太宗接见吐蕃使者的情景。唐代中期最杰出的画家是吴道子(约680—759年),他在历史上被尊为"画圣"。他一生主要创作壁画,作品数量多得惊人,但没有一幅相同。他在艺术上的贡献是发展"线描",创造了"兰叶描"的线型,

唐　吴道子　八十七神仙卷(局部)

丰富了线条在中国画中的表现力。相传他画成《地狱变相图》后，京师的屠宰户们纷纷改业。他的绘画真迹没有流传下来，现在有宋人摹画的《送子天王图》比较接近原作。吴道子之后有张萱和周昉，这两位都是描绘贵族生活的能手。张萱的《虢国夫人游春图》（宋徽宗摹本）、周昉的《簪花仕女图》是他们的代表作。在二人的影响下，形成了仕女画这一画科。唐代山水画的代表人物是李思训、李昭道父子和王维。李氏父子喜用强烈而又鲜明的色彩，创造了一整套青绿着色的方法，画面金碧辉煌，世称"金碧山水"。王维则另辟蹊径，从抒情的角度描绘山水，把淡泊恬静的诗意展现在画面上。他不施色彩，而以墨的浓淡表现山水的神韵，被称为"水墨山水"。此外，唐代还有画马的曹霸、韩干，画牛的韩滉等。五代时由于西蜀和江南比较安定和富庶，人们相对更多地追求艺术生活，为此宫廷设立了画院，搜罗画家们进行创作。花鸟画从最初的工艺装饰演变成独立的画科，五代成为花鸟画的成熟阶段。西蜀画家以黄筌、黄居寀和黄居宝父子为代表。黄氏父子的花鸟画采用勾线填色的技法，称为"勾勒法"，其画风称为"黄体"，演变为后世的工笔画；江南以徐熙为代表，他的花鸟画直接用色彩点染，不用墨笔勾勒，称为"没骨法"，其画风称为"徐体"，演变为后世的写意画。这时的山水画都以真山真水为范本，着力表现大自然的秀丽和壮美，同时在画中寄托作者的思想感情。著名画家有荆浩、关仝、董源、范宽等。

宋代绘画继续发展。由于帝王将相及地方官吏们富于文化教养，追求更高的艺术享受，绘画艺术进入了一种新的境界；同时，城市市民阶层的兴起和商业经济的发展，也给绘画艺术开辟了新的天地。朝廷在宫内设立了翰林图画院，以考试吸收画家，产生了"院体画"，其特点是严密精细，注重法度，作品多供帝王观赏，题材多为山水、花鸟。宋徽宗赵佶身为帝王，擅长书画，其花鸟画尤为突出。其画风格工整艳丽、高贵优美，是院体画的代表人物之一，流传下来的作品有《芙蓉锦鸡图》等。同时，反映社会生活的风俗画也在宋代大量出现，举世闻名的《清明上河图》就是由宋代画家张择端创作的。此外，流传至今的宋代风俗画还有李唐的《村医图》、李嵩的《巴船下峡图》以及无名氏的《耕织图》《归牧图》等。宋代的大画家是李公麟，他擅长人物画，所画的人物能区别面貌、性格、年龄，现存作品有《五马图》《维摩居士像》和《免胄图》等。米芾和米友仁父子、赵伯驹、李唐、刘松年、马远、夏圭多以山水画、花鸟画闻名。后四人被称为"南宋四家"。其中马、夏二人创立"水墨苍劲"的画风，善于利用画面的空白表现画外之意。马的画集中于一角，夏的画集中于半边，世称"马一角""夏半边"。在花鸟画方面，宋代还兴起了以梅、兰、竹、菊为题材的"四君子画"。这些画借物抒情，表现文人的节操和雅趣，

李公麟　《维摩居士像》

代表画家有文同、苏轼、郑思肖、杨无咎等。元代绘画更注意表达艺术家的情绪意兴，突出展示个人思想、感情的色彩，因此，山水花鸟注重水墨写意，"四君子画"大为流行。为了充分表达情趣，作者往往在画面题诗，以诗文点醒画意，书法、绘画相映成趣，形成文人画的独特意味，这一特点至今如此。倪瓒、黄公望、王蒙、吴镇被称为"元代四大家"。

明代绘画到中叶以后才有生气，这是因为这一阶段的学术比较活跃，画家们以各自的独特创造，推动了花鸟画的发展。出身于苏州一带的文徵明、沈周、仇英、唐寅，以水墨写意见长，被称为"吴派四大家"。他们的继起者董其昌、陈继儒等人又各成支派，称为"华亭派""苏松派"。此外，还有以戴进为代表的"浙派"（时间较早），以吴伟为代表的"江夏派"等。但是，明代写意花鸟画的大师当推徐渭。他放笔纵横，水墨淋漓，随意挥洒，不拘成法，真正发挥了中国画中的笔墨趣味，被称为"大写意"画家。他

陈洪绶人物画

甚至用泼墨勾染的技法画牡丹，不愧为大胆的创造。明末的大画家中，陈洪绶（老莲）擅长人物画，其画作形象夸张变形，高度概括，以表现人物的个性。清代绘画受统治者高压政策的钳制，形成一种仿古的风气。另有一些人则逃避现实，消极反抗，以一种怪异的风格出现。前者以王时敏、王鉴、王翚、王原祁、吴历、恽格为代表，习称"清初六家"；后者则以石涛、八大山人为代表。石涛、八大山人等的绘画手法夸张，形象怪异，用山水花鸟抒发内心的幽愤。"扬州八怪"（李鱓、金农、罗聘、郑燮、闵贞、汪士慎、高翔、黄慎，或有李方膺而无闵贞）继承了他们的精神，反对仿古的正统派，主张艺术革新，表现个性；艺术上构图简练，造型突兀，画面奇特，笔法刚健，形成独特的艺术风貌，被视之为"怪"。但正是这种突破传统的精神，才能把艺术推向前进。清代末年，在江浙、上海出现了许多有名的画家，显示了江南文化的昌盛，其中最有名的是"四任"（任熊、任薰、任颐、任预）和吴昌硕。"四任"中的任颐（即任伯年）和吴昌硕是这一时期的杰出代表。任伯年对山水、人物、花鸟，无一不精；吴昌硕则把书法、绘画、金石篆刻结合在一起，卓然成一大家。"五四"新文化运动以后，西洋画开始流行，中西绘画相互影响，中国画进入新的阶段。这期间，齐白石承先启后，徐悲鸿融合中西，陈衡恪、黄宾虹各有特色，影响了今天的画坛。

（二）中国画论的几个问题

中国画论是随着中国画的发展逐步成熟起来的。它既是绘画实践的理论总结，又是审美心理的挖掘和描述，因此，了解中国画论中的某些传统观点，对欣赏中国画的内在魅力极有帮助。大抵说来，先秦两汉时的画论比较简略，魏晋南北朝形成理论，隋唐五代构成系统，宋代进一步精深，元以后是继承和发展。主要问题有：

1. 形与神的问题。中国画注重气韵和神似，注重表现对象物的神态，抒发艺术家所获得的意趣，至于对象物的形态则在其次。但这不能理解为不要形似，因为没有一定的形态，神态也无从表现，所以艺术上常讲"形神兼备"。这里所说的神似，是指艺术创作的主导精神和艺术欣赏的主导趣味。这一思想由来已久，可以上推到顾恺之的"传神论"。但真正把这一见解加以精深发挥的是欧阳修、沈括、苏轼等人。欧阳修率先提出"古画画意不画形"，并且认为"萧条淡泊"的意境比"飞走迅速"的禽类更难表现。沈括十分赞赏欧阳修的这一观点，认为欧阳修是"真识画也"。他还说："书画之妙，当以神会，难可以形器求也。世之观画者，多能指摘其间形象、位置、彩色瑕疵而已，至于奥理冥造者，罕见其人。"（《梦溪笔谈》卷十七）这正是从艺术欣赏的角度阐明画贵神韵的道理。苏轼也认为"论画以形似，见与儿童邻"，还说"观士人画，如阅天下马，取其气意所到"。这里强调的仍然是"神似"。他用相马来比喻看画的道理，即是不是一匹好马，要看它是不是有神骏意气；同样，一幅画好不好，也要看它有没有神韵和意趣。宋代诗人陈与义跟苏轼有相同的观点，他在一首《水墨梅》的诗中说："意足不求颜色似，前身相马九方皋。"这里的"意足"就是"神足"，只要能把梅花的意态充分表现出来，颜色的像与不像是不重要的。这些思想对后世的绘画理论和艺术实践有很大的影响。如元代画家倪瓒主张作画要"逸笔草草，不求形似"；明代画家徐渭也主张"不求形似求神韵"，而且创立"大写意"画法。清代以后对这一理论阐述有了新的发展，石涛说："名山许游未许画，画必似之山必怪。变幻神奇懵懂间，不似之似当下拜。"（《大涤子题诗画跋·卷一》）"不似之似"正是画家所要表现的那种艺术境界。这一思想被齐白石继承和发展，他提出画贵在"似与不似"之间，可以说，他把绘画的真谛说得非常明白。

2. 诗情与画意。作为一种评画标准，苏轼首先提出这一观点，后世成为民族艺术的传统特色。情指情趣，意指意境，都是艺术家们所要表现的人生韵致，是他们与自然相通又相融的那种精神感受。作为文学的诗和作为艺术的画，都是艺术家们表现这一感受的依托，所以中国的诗画可以结合。但早期的结合，是画以文学作品为题材，如顾恺之的《洛神赋图》就是根据曹植的《洛神赋》创作的。及至唐代，诗人为画题诗，画家以诗作画，这种情况已屡见不鲜。如有人曾以李益的诗句"回乐峰前沙似雪，受降城外月如霜"作画。这种结合方式在宋代画院科举试题里还可以看出来，如以"野水无人渡，孤舟尽日横"，"嫩绿枝头红一点，动人春色不须多"命题作画。这都是以诗命题，画家须按诗作画，其画主要看画家的构思立意是否巧妙。诗画结合的另一种形式是王维开创的"画是无声诗，诗是有声画"。王维号摩诘居士，他既是诗人，又是画家，善于在诗中表现画的意境，在画中表现诗的情趣。如"大漠孤烟直，长河落日圆"是边境的苍茫画面，"明月松间照，清泉石上流"是园林的幽静小景，诗画已经融为一体。这种诗画艺术的交融状态，表明人们的审美活动已经深化到"神交"的高级阶段。但王维自己并没有认识到这一点。宋代由于禅宗思想的影响和理学的兴起，人们对艺术的认识大幅度深化，因此苏轼说："味摩诘之诗，诗中有画；观摩诘之画，画中有诗。"（《东坡题跋·书摩诘〈蓝田烟雨图〉》）此后这成为一种评画标准。"诗中有画"是指诗的意境鲜明如画，"画中有诗"是说画中有一种诗的意境美，诗画都描绘一种境界，抒发一种感情。久而久之，诗情画意成为传统美学艺术标尺之一。

3. 心师造化和迁想妙得。这实际指中国画的创作原则和创作方法。"心师造化"就是以造化为师。"造化"本指自然界，后来泛指一切客观事物。"心师造化"这一说法，是南朝陈代姚最在《续画品录》里首先提出来的。这一理论，正确指出了画家与客观事物之间的关系，即客观事物是画家创作的艺术源泉，是画家进行创作的客观依据，也就是说画家要向自然和生活学习，这样才能创作出生动的作品来。在这方面，古人有很多故事，如唐代韩干从曹霸学画马，成名以后被召入宫，唐玄宗要他拜宫廷画师为师，他却说："皇宫马厩中的名马都是我的老师。"元代的赵孟頫是一位全能书画家，他画山水，取法自然，因此他说："久知图画非儿戏，到处云山是我师。""迁想妙得"是顾恺之首先提出来的，这是关于画家如何体验生活以获得艺术构思的理论。顾恺之主张绘画写神，有人问他怎么样才能得到"神"，他答："迁想妙得"。什么是迁想妙得呢？画家在作画之前，首先要观察、研究描绘的对象，深入揣摩、体会描绘对象的内在精神和思想感情，这就叫"迁想"；在迁想的基础上画家逐渐了解和掌握对象的精神气质，经过分析、提炼，获得艺术构思，这就叫"妙得"。因此，迁想妙得的过程，就是形象思维活动的过程，是艺术家体验生活，进行艺术构思的过程。它对中国画实践的影响是相当深远的。

  4.六法与四格。"六法"是南朝绘画理论家谢赫提出来的绘画创作与批评的六条标准。他在《古画品录》里说，所谓"六法"，第一是"气韵生动"，第二是"骨法用笔"，第三是"应物象形"，第四是"随类赋彩"，第五是"经营位置"，第六是"传移模写"。"气韵"指人物的精神气质，即顾恺之所说的"神"或"韵"。谢赫把它列为评价绘画优劣的第一条标准，足见这一条是绘画的要旨。"骨法用笔"是指用笔的功力。中国画向来讲究笔墨，这"笔墨"二字也就包含了笔力的问题，因为运笔施墨必得以力行之，而力的大小、墨的深浅是大有讲究的。"应物象形"是指绘画应按照客观事物所具有的面貌来表现，而不应当主观臆造，也就是说，讲究神韵不能完全脱离客观事物本来的形态。"随类赋彩"是指绘画中的色彩问题，即按照不同的绘画对象表现不同的色彩，但它不是自然主义地表现色彩，而是按照事物的精神气质去表现色彩。"经营位置"是指构图设计。中国画的构图与西洋画不同，它不采取西洋画的定点透视，而是采取散点透视，讲求疏密聚散，疏可走马，密不透风；讲求无画处也是画，如"留白"，即留画出空白表示天空、云气、烟波等，给人以想象的空间。"传移模写"是指临摹画的技能，按说可不列入创作和评画标准，但习惯上还是称为"六法"。"四格"是唐代才提出来的评画标准,体现了中国画的创作趣味,其内容比"六法"要抽象得多。唐开元年间,张怀瓘在《画断》中提出"神""妙""能""三品"的标准以比较画的优劣。之后,朱景玄在《唐朝名画录》中又增"逸品"一项,并且认为"逸品"是"不拘常法",但对其他"三品"仍然没有具体解释。到宋代,黄休复在《益州名画录》中把"逸品"列为首位,并对"四格"逐一阐明含义。这一变化,反映了人们审美趣味的变化。"逸格"是指不在意绘画的规矩,笔墨精炼,意趣出常;"神格"指形神兼备,立意妙合自然;"妙格"指绘画得心应手,笔墨精妙;"能格"指有功力,能生动表现对象物的作品。这"四格"长期成为欣赏文人画的等级标准,富有意趣的作品才被认为是第一流的。

5. 南宗与北宗。这是在佛教南北禅宗理论影响下形成的山水画理论。首创者是明代画家莫是龙、董其昌、陈继儒、沈颢等人,以董其昌的影响最大。莫是龙首先提出这一概念,他说,佛教禅宗有南北二宗,唐代开始这样区分;画也有南北二宗,也是从唐代开始这样区分,但人并不分南北。北宗是李思训父子,画法是着色山水,下传至宋代赵伯驹、马远、夏圭;南宗是王维,画法是笔墨渲染,下传到荆浩、关仝、范宽、董源、巨然及"元代四大家"。董其昌等人进一步发挥这一观点,认为南宗是文人画,北宗是非文人画。就其理论依据来看,实则是因为南禅主张顿悟,追求淡远,适合士大夫们的心理需求;而北禅主张渐悟,追求深透,不太适合文人们的口味。但南北二宗的绘画理论,只是讲了两种不同的画风,而不是不同的画法。实际上,南北二宗的画家里,风格也并不统一,所以用南北二宗来区别中国山水画的观点是并不切合实际的。

三、雕塑艺术

中国的雕塑分为人像雕塑和动物雕塑,同书法、绘画一样,都要求表现对象物的神韵。它的最高美学要求就是传神,即展现对象物的内心世界,刻画对象物的神情仪态。但因为它是一种立体的造型艺术,除了动人的神态美以外,还应当有适度的形体美。因此,人们在欣赏雕塑作品的时候,往往会注意它是否形神兼备。而艺术家们在创作雕塑作品的时候,也总是以形写神,刻意追求神采飞扬和形神兼备的最佳艺术效果。

考古发掘的成果已经证明,我国的雕塑艺术可以追溯到原始氏族社会。河南省裴李岗文化遗址中已发现陶塑人像,仰韶文化遗址中出土的陶塑人像就更多,其中1964年在甘肃省礼县高寺头出土的圆雕少女头像,是仰韶文化陶塑人像的杰作。而1986年在辽西文化遗址的牛河梁出土的陶塑裸体女神像及无头裸体女神坐像中,有一尊女神头像与真人头大小接近,眼珠用碧绿的圆玉球镶嵌而成,显得双目炯炯有神。这些雕像注意外形轮廓的健美柔和,又追求内蕴神态的感情流露,造型准确生动,形象栩栩如生,显示出我国原始雕塑已经具有惊人的艺术水平。接下来是在河南省安阳市商墓中出土的商代石雕,其中虎首人身石雕用大理石雕成,雕像屈膝跪坐,张口龇牙,显出咆哮、吞噬的神态,也是一件珍贵的艺术作品。

数量很多、阵容最大的雕塑作品,乃是发掘于陕西省西安市临潼区的秦始皇兵马俑。它是世界文化史上迄今为止空前巨大的彩色陶塑群体,仅现挖掘的部分,已出土形同真人大小的人俑、车马俑6,000多件,形成一个气势磅礴、场面肃静的军事阵局,被誉为"世界第八奇迹"。雕塑家们在创作这些人物、车马塑像的时候,注意从多方面去刻画它们的形象,揭示他们的特征,所以有的挺胸直立,目视前方,外表刚毅勇猛;有的浓眉大眼,阔口宽腮,显得勇敢机智;有的性格开朗;有的沉默多思,而马也表现出一种蓄势欲动的神情。规模如此巨大的彩陶秦俑作品,不但显示了秦始皇统一全国以后的那种气势,而且表明了我国古代雕塑艺术的高度成熟。

汉代雕塑是秦代雕塑的继承和发展。一方面是运用寓意手法,造成浪漫主义的艺术效果;另一方面是采取现实主义手法,展现以人与人为主要关系的现实生活。前者的代表作是陕西省兴平市霍去病墓前的《马踏匈奴》石雕。

霍去病墓建造为祁连山式,象征他的功绩永垂不朽;石雕置于墓前,石马与真马大小相近,造型厚重,结构简练,脚踏一个正在挣扎而又紧张恐惧的匈奴军士,以此表现他北伐匈奴的功绩。后者的代表作是先后在陕西省咸阳市、江苏省徐州市、河南省洛阳市等地发现的汉代兵马俑和杂技人俑。特别是徐州楚王墓汉代兵马俑,已出土兵马俑2,500余件,是继秦兵马俑之后的第二大兵马俑军阵。跟秦俑比起来,汉俑要小得多,最大的不过54厘米,不及秦俑的1/3。但这很可能反映了秦汉间艺术观念的变化,即秦代重"写真",汉代已趋向"写意"。

魏晋南北朝时期由于佛教的流行,我国的雕塑艺术深受佛教的影响,以表现佛教内容为题材的雕塑作品大量出现,敦煌、云冈、龙门和麦积山四大石窟中有许多这个时期的造像。这一时期人物形象的主流仍然是体态修长、面貌清瘦、直鼻大眼、耳廓长垂的印度佛模样,在塑工上注意圆润,讲究"行云流水";在形象上注意浓丽淳厚的色调和朴实的装饰美;在思想上,由于南北战乱,社会动荡,人们饱经苦难,因而在塑像中寄托愿望,使塑像充满宁静、飘逸、洒脱的智慧和神态,表现出人的脱俗情感。

唐代经济繁荣,文化昌盛,雕塑艺术呈现出另一番辉煌气象。这一时期的雕塑作品大多色彩明快,趋于华丽;人物造型比例适度,凝练健康;人物神情温和慈祥,具有浓郁的人情味和亲切感。特别是女性菩萨像,更是体态秀美,气度娴雅,眼含柔情,嘴带微笑,极少神的韵味。而龙门石窟唐代奉先寺的卢舍那大佛面庞丰腴,神情柔美,与两旁的弟子、菩萨、天王、力士等上下呼应,显示出一种秩序井然、气氛和谐的景象,就像武则天与她的臣僚们正在协商对话。唐代

龙门石窟雕像

帝王陵墓前的石雕作品，也是姿态生动有力，造型略显夸张，注意刻画对象物的性格特征。像唐太宗"昭陵六骏"和武则天母亲杨氏顺陵前的走狮、天禄等，都是具有代表性的作品。

宋代雕塑虽然没有那种恢宏的气象，但在刻画人物性格、表现人物心理方面却达到了很高的水平。这时的神佛造像已经更加世俗化，在人物造型上注意从人物的日常生活和言行举止中展示人物的心灵境界，注意从面部、眼神、姿态、人物之间的相互关系以及人物与环境的关系去刻画人物的风采和神情。如山西省太原市晋祠圣母殿中的44个宫女塑像，因各自主掌的事务不同，她们所穿的服饰和手执的器物也不同，更重要的是她们的姿态自然，神情各异，展现出各自不同的女性美。又如山东省济南市灵岩寺千佛殿的40尊罗汉彩塑，他们或深沉、或恬静、或喜怒哀乐的表情，可以引人共鸣，被梁启超赞为"海内第一名塑"。而重庆市大足石刻中的宋代作品，在佛教造像中大量展示社会生活场景，与《清明上河图》所描绘的社会风俗具有相同的时代精神。

元明以后，雕塑艺术没有更多的长进，造像的世俗化越来越明显，有一些精品尚能达到比较高的水平。但总的看来，元代雕塑比较粗犷，明代雕塑过于繁琐，清代雕塑不免庸俗，这都同一个时代的精神面貌有关。总之，中国的雕塑艺术既有各自的时代个性，又有整体的民族共性，即通过一定的形体，充分地表现神韵；依据一定的现实，尽力地表现理想，只要能突出对象物的崇高、神圣、可亲、可敬，不用过多地考虑肌肉和骨骼的透视关系。这正是与西方雕塑的不同之处。

四、戏曲艺术

中国的戏曲是一种综合性的表演艺术，并且因地域的差异而形成丰富多彩的剧种。尽管不同的剧种异彩纷呈，却在表演艺术方面保持着虚拟写意的共同特点。这种戏曲种类的多样性和表演艺术的同一性，从一个方面说明了中国文化多元一体的结构特征和相融共进的民族精神。这里分两个问题来谈。

（一）戏曲的发展与种类

中国的戏曲起源于原始的乐舞，后来巫术盛行，巫人以舞降神，巫舞逐渐演变为民间歌舞和小调。古代在每年腊月还举行一种驱鬼逐疫的仪式，叫作"驱傩"或"大傩"，由4个人头戴面具，身穿熊皮，手执戈盾，口中发出"傩傩"之声，这叫"方相"；或由12人朱发画衣，手执麻鞭，甩动作响，高呼各种专吃恶鬼的神名，这叫"傩舞"，以后逐渐演变为戏曲，就叫"傩戏"。古代还有一些专门以乐舞戏谑为职业的人，在天子、诸侯设宴时进行一些乐舞滑稽表演,这些人叫作"俳优""倡优"。以上这些乐舞表演，都可看作是戏曲的起源。秦汉时代，出现了"百戏"，其中包括杂技和歌舞。"戏"的本义是古代的军事行动，所以《说文解字·戈部》云："戏，三军之偏也，一曰兵也。"其偏旁为戈，后也指角力相斗。秦汉时的"百戏"就是由角力相斗演变来的。汉代又称为"角抵戏"。隋唐两宋，百戏兴盛，节目繁多，内容丰富，有的节目已具备故事情节。为了管理宫廷的这些歌舞、百戏等的排练、演出活动，唐代开始设立"教坊"。唐玄宗时又在宫廷禁苑里选择了"梨园"作为教练宫廷歌舞艺人的场所，选数百人在此学习歌舞，通晓音律的唐玄宗亲加教正，这些艺人就被称为"皇帝梨园弟子"。因此后世称戏班为"梨园"，称演员为"梨园弟子"，奉唐玄宗为戏曲祖师。在秦汉俳优的基础上，唐代出现了"参军戏"，由参军、苍鹘两个角色做一些滑稽对话和动作，以引人发笑，有时也讽刺朝政和社会现象。到宋代进一步发展成为"杂剧"，角色也不限二人，一般由末泥、引戏、副净、副末和装孤5个角色扮演。后来，南方杂剧发展演变为"南戏"，北方杂剧则发展演变为"元杂剧"。明代中叶以后，南戏已成为"传奇"，一直到清乾隆年间，传奇盛行一时，其结构比南戏更完整，曲调也比南戏更丰富，角色分行、表演艺术都接近今天的戏曲。剧种主要有昆腔、弋阳腔、青阳腔、高腔等，剧作家有汤显祖、洪昇、孔尚任等。今天的昆曲、浙江的绍剧、江西的赣剧等就是从南戏和传奇演变而来的。元杂剧流行于元代，角色已有正末、正旦、净等多种，当时以元大都（今北京市）、山西平阳（今临汾市）、杭州为演出中心，现存最早的戏剧壁画和金元时代修建的戏台，都保存在山西，说明山西是元杂剧的发源地之一。明中叶以后，元杂剧衰落，陕甘一带的民间曲调与元杂剧结合形成最早的梆子戏秦腔。明

京剧《盗御马》中的窦尔敦

末清初，主要唱吹腔、二黄等调；差不多与此同时，南下湖广地区的秦腔，又吸收了安徽传入的二黄，逐渐发展成汉调，主要唱西皮、二黄等调。从清乾隆五十五年（1790年）开始，"三庆""四喜""春台""和春"四大徽班先后进京演出，汉调、秦腔也入京献艺。于是以徽汉二调为主，吸收昆腔、秦腔唱法，又接受北方方言的影响，艺人们创造了新的唱腔，它以京韵念白，并逐渐发展成为今天的京剧。应当指出，在今天现存的戏曲艺术中，以昆腔、秦腔最为古老，二者对今天丰富多彩的戏曲种类的形成贡献最大。特别是北方广泛流行的梆子戏，都受秦腔的影响。昆腔曲调高雅，辞章优美，为封建士人夫所欣赏，被称为"雅部"，这在一定程度上限制了它的影响力，但因为它在京师颇有地位，所以对京剧的形成有特殊贡献。直到今天，我们在京剧唱腔中时时可以听到昆腔唱段。昆腔以外的其他地方戏曲剧种，特别是北方的梆子戏，因为风格粗犷，语言通俗，深受广大市民阶层的欢迎和喜爱，所以被贬称为"花部"。但事实已经证明，凡是群众喜闻乐见的艺术形式，它的发展就快，生命力就强，因而花部中的京腔（即后来的京剧）、各地的梆子戏日益兴盛，而昆腔反倒趋向衰亡。新中国成立以后因《十五贯》

的演出大获成功，经过扶植和提倡，昆腔才又重新振兴起来。

中国现有戏曲一共有多少种？《中国戏曲曲艺词典》载有287种，实际上超过360种，其中包括了各地演出的秧歌、皮影、木偶等，因为皮影、木偶也要配有一定的曲调，表演也有一定程式，所以归入戏曲一类。京剧是流行最广、影响最大、表演艺术最成熟的一个剧种，代表了中国戏曲发展的水平。京剧在表演风格上分成京、海两大流派。京派重视基本功的训练，严格讲究艺术规范；海派勇于革新创造，注意吸收新鲜事物。通过南北交流，竞相发展，形成了五花八门的京剧流派，出现了梅兰芳、尚小云、程砚秋、荀慧生"四大名旦"，李世芳、张君秋、毛世来、宋德珠"四小名旦"以及周信芳（麒麟童）、马连良、唐韵笙、张英杰（盖叫天）等大艺术家。此外，较大的剧种有豫剧（河南梆子）、秦腔、川剧、越剧、吕剧、晋剧（山西梆子）、黄梅戏、河北梆子等，其次还有湖南、湖北、广东的花鼓戏，江西等地的采茶戏，西北的道情，华北的秧歌，还有乱弹、高腔、碗碗腔，真是丰富多彩，各具芬芳。在唱腔上，有的用高腔（如北方梆子戏、江西高腔戏），有的用低调（如山东柳子戏、河南太平调）；有的激越高亢（如秦腔、晋剧、河北梆子），有的婉转抒情（如越剧、沪剧、黄梅戏）。在表演上，有的庄重严肃，显示出帝都气派，给人很强的历史感（如京剧、昆曲、晋剧、秦腔）；有的轻松活泼，富于民间情趣，给人较强的现实感（如川剧、花鼓戏）；有的擅长古装戏；有的擅长时装戏，等等。这些都体现了各地历史、文化、风俗习惯及人的精神气质的差异。

（二）戏曲表演艺术的特点

戏曲表演艺术的特点主要包含以下三点。

第一是虚拟的时空环境。这一点跟西方传入的话剧有根本不同。话剧要求真实地表现生活，因此，演员的表演必须在规定的时间和空间里，即必须有一个固定的环境，野外就是野外，室内就是室内；春天有花红柳绿，秋天有落叶枯枝，人物的表演离不开这些实有的环境。中国的戏曲不是这样，它没有固定的环境，时间和空间自由灵活，完全用虚拟的手法来表现。所谓"虚拟"，就是以虚代实，就是想象和写意。台上摆着一张桌子和两把椅子，在演员出场以前，观众不知道是什么时间和什么地点。只有演员出场以后，由剧中人通过"唱"或"念"做出交代，观众才动用自己的想象，进入剧中的时空境界。如《打渔杀家》开始，萧恩、萧桂英父女上场先唱两句，交代出地点是"河下"，父女的活动是"打鱼"；然后二人下场，通过两句念白，交代出时间是"黄昏"，下面的故事就在这个时空里展开。如果要转换时空，也不用像话剧那样把幕拉下来，而是剧中人在舞台上走一个圆场，就算展开了一个新的环境。比如，四员大将身着大靠，八个"龙套"高举旌旗，主帅披蟒着靠，站在中间，喊一声"发兵前往"，诸将士在曲牌的演奏声中围着主帅转一个圈子，曲牌奏完了，主帅再喊一声"人马列开"，十万大兵的长途行军就算结束了，人马就从军营到了战场。一个小小的舞台一下子变成大大的天地，这只有在中国的戏曲里才有这样的时空效果，难怪连提倡戏剧"间离效果"的德国戏剧家布莱希特也惊叹不已。更妙的是，闽剧《拜月亭》中写蒋世隆兄妹和瑞兰母女四人逃难失散，四人各自在不同的地点寻找亲人，他们同时在台上边唱边走着"∞"字形，彼此却可以视而不见，听而不闻，而观众却完全理解剧中的情景，这正是对舞台时空无限自由运用的结果，没有虚拟的手法是根本不可能的。至于上楼下楼、开门关门等地点的转移，也要依靠虚拟的表演动作来表现。因此，这种高度简练、泼墨写意式的虚拟手法，是中国戏曲的最大特点。

  第二是严格的表演程式。中国的艺术都是虚实结合，虚中有实。戏曲的虚拟依据于一定的真实生活，而虚拟的表演又不能没有规范，想怎么样就怎么样。这个规范，就是表演程式。它是以生活为原型，经过艺术加工，逐渐形成的一种形式结构。它跟生活有距离，但有的近，有的远，有的虚，有的实。如开门关门的表演，虽然做一个开关的动作就可以，但必须是在什么地方关，就在什么地方开；上楼下楼也一样，上时迈几步，下时也必须迈几步。这就是程式的严格性。又如千军万马的调度，只要走一个圆场就行，但走得要有规律,你东我西就失去了真意;姑娘穿针引线,虽然不需要针线,但必须穿而引之,若是先引后穿,便违背了真实。《三岔口》描写两个英雄在黑夜里搏斗,灯光如昼的环境是虚拟的,但演员表现的紧张心情和蹑手蹑脚的探察动作是真实的,一举一动都是程式,都是虚拟环境中的表演程式。如果为了那种真实,把台上的灯关掉,只剩下两个黑乎乎的人影在晃动,那还有什么意思呢?因此,戏曲的程式,既是严格的程式,又是虚拟的程式。它好比是一首中国古典诗词,虚拟是创造意境的手法,程式是创造韵味的格律,是互相结合的。

第三是夸张的艺术形象。一切艺术都有夸张,戏曲当然也不例外。但戏曲的夸张主要在形象方面。比如脸谱就是一种极度的夸张,忠义、宽厚的人用红脸,正直、严肃的人用黑脸,稳重、正义的人用紫脸,内有心计的人用黄脸,桀骜不驯的人用蓝脸,勇猛、暴躁的人用绿脸,奸诈、多疑的人用白脸,滑稽可笑的人用丑角脸,等等。但是,这种夸张又不能有随意性,它已经具有某种规定性,各个人物要按照一定的谱式勾画。又如髯口(假胡须),分三(三绺胡子)、满(满口胡子)和扎(露嘴的吊口胡子)三大类。有的胡子有一尺来长,实际生活中很少有这种胡子。佩戴髯口不光是为了表示年龄,更是为了艺术表演,如生角演员的"捋髯""甩髯"和净角演员的"撕髯",都可表现人物情绪。至于表演方面的夸张则更为明显。舞台上的笑,不是生活中的哈哈大笑;舞台上的哭,也不是生活中的号啕大哭。同样,《白蛇传》中的小青杀许仙也不用真的去杀,生活中的丫环也用不着像舞台上那么蹦蹦跳跳。

五、民族音乐艺术

音乐同其他艺术一样,起源于原始人类的生产劳动,起源于人们对自然和动物声音的模仿。随着人类的进化，它成为表达感情的一种手段，并逐步发展为一种艺术。在音乐艺术的早期阶段，一方面，它和诗歌、舞蹈密不可分，所以古人说："情动于中而形于言，言之不足，故嗟叹之，嗟叹之不足，故永（咏）歌之，永（咏）歌之不足，不知手之舞之，足之蹈之。"（《诗·大序》）另一方面，原始社会的音乐又与原始宗教祭祀活动密切相关，因此《周易·豫卦》云"象曰：雷出地奋，豫。先王以作乐崇德，殷荐之上帝，以配祖考"。这一段话，不但表明音乐的起源与先民对自然的模仿有关，而且说明了音乐与宗教祭祀的关系。据文献记载，传说中的远古帝王时期和夏、商、周三代，都有自己的乐舞，如黄帝的《云门》、尧的《咸池》（亦说黄帝时已有）、舜的《大磬》（亦即《大韶》）、夏的《大夏》、商的《大濩》、周的《大武》。这六代之乐到周代称为"六乐"或"六舞"，分别用以祭祀天地、日月、山川、先祖。由此可见，早期音乐的功能主要用于巫术祭祀，而且没有形成音乐理论。那时的音乐家就是巫人。

周朝建立以后，相传周公"制礼作乐"，"礼""乐"并列为维护奴隶主统治秩序的两大支柱。这时的音乐明显具有三大特点：一是它的等级化，即天子、诸侯、卿大夫和士拥有的乐队、编排和人数都有等级差别，如天子的乐队排四面，舞队八人一行，共八行；诸侯排三面，四人一行，共四行，等等。二是音乐成为教育的中心，是学生学习的课程。据《周礼》记载，周代有庞大的音乐机关，首长称大司乐，总管音乐教育和音乐事务。三是音乐的功能由用于祭祀转向主要为政治（阶级统治）服务。一如《周礼·大司徒》所说，"以六乐防万民之情，而教之和"。"和"即指阶级之间的"和合"。周代音乐的这一变化，是形成音乐理论和产生音乐家的基础。因此，由春秋下及战国，出现了音乐思想的论争，产生了《乐记》（传为公孙尼所作）、《乐论》（荀子所作）等音乐理论专著，并有师襄、师旷、高渐离等音乐家留名后世。而"伯牙鼓琴"志在高山流水的传说和"韩娥悲歌"余音三日不绝的故事，都说明那时的音乐已达到很高的水平。

秦汉两代，确立了封建中央集权的统治，封建帝王需要一整套适合这一体制的礼乐制度来维持新的统治秩序。汉武帝独尊儒术之后，以儒家思想为正统，对音乐的社会功能予以特别重视。从理论上说，汉代统治者推崇音乐"征诛揖让"和"教化于民"的作用，倾向于恢复古乐。从实践上看，汉代在继承先秦礼乐制度的基础上，重定祭祀天地的大礼以及祭祀时配用的乐舞，如《安世房中歌》（十七章）、《郊祀歌》（十九章）；同时设立专门负责乐舞的机构——"乐府"，搜集民间音乐创作或配写歌词和曲调，安排乐舞演出。据《汉书·礼乐志》记载，乐府"采诗夜诵，有赵代秦楚之讴。以李延年为协律都尉，多举司马相如等数十人造为诗赋，略论律吕，以合八音之调，作十九章之歌"。乐府的建立，为后世保留了一部分当时的民间创作，这在中国音乐史上实在是一件大事。它对后来的音乐发展，产生了重大的影响。

魏晋南北朝是中国音乐发生嬗变的重要阶段。首先是南北混战和民族迁徙带来的民族融合为隋唐音乐的大发展准备了前提条件；其次是在魏晋玄学的影响下，音乐理论转向探求音乐的美感作用；第三是由于佛教的广泛流行，宗教音乐得以传播，并且同民间音乐相结合，形成"改梵为秦"的佛教音乐。具体说来，这一时期各族音乐文化的大融合以西域和西凉地区（今甘肃省酒泉市和敦煌市一带）为中心。那时著名的龟兹乐、西凉乐和高昌乐以及疏勒、鲜卑、高丽等地的音乐先后传入中原地区，有的还作为宫廷宴享之乐。经过两百年左右与汉族音乐的融合，各族音乐就为隋唐音乐的发展奠定了基础。在民间音乐方面，也出现了南北融合的局面。由于晋室南迁，流行在北方的"相和歌"随同南下，与南方的"吴歌""西曲"等结合而形成"清商曲"，二者比较起来，清商曲的曲调比较清越，也比较抒情。历史上著名的《春江花月夜》《玉树后庭花》和《子夜四时歌》等，都属于清商曲。这一时期音乐理论方面的代表人物是阮籍和嵇康。二人同属"竹林七贤"，深受老庄思想的影响，但二人的音乐见解却不尽相同。一般来说，阮籍认为音乐是"天地之体，万物之性"，颇带神秘主义的色彩；而嵇康则认为音乐是在四时变化的运动中产生的，承认"劳者歌其事，乐者舞其功"，肯定了音乐是人们抒发感情的手段,指出了"郑声是声音之至妙",涉及音乐的美感作用。嵇康善弹琴,尤以弹《广陵散》名重一时。他因不满司马氏集团而被杀,临刑前,还"顾视日影,索琴弹之",哀叹"《广陵散》于今绝矣",后世称之为"嵇琴绝响"。

强大繁荣的隋唐时代也是音乐艺术的盛期。由于国力强盛,经济富庶,唐代社会对外显得格外自信,对异质文化表现出巨大的兼容能力,一切有用的外来文化都被吸收和消化,音乐、舞蹈、文化尤为突出。又由于大都市(如长安)的迅速兴起,市民阶层迅速形成,他们的物质和文化需求显然有不同于其他群众的特点。因此,在唐代数百年间,特别是盛唐时期,不但对外文化交流十分频繁,文化生活也十分活跃,"燕乐""曲子"和"变文"代表了这一时期音乐文化的成就。

所谓"燕乐",就是宫廷宴饮之乐。唐朝建立后沿袭隋制,奏"九部乐":清商、西凉、龟兹、天竺、康国、疏勒、安国、高丽、礼毕(即文康),后来删礼毕而增燕乐,列为第一;改天竺而为扶南,仍合九部之数。到唐太宗平定高昌,收高昌乐合为"十部乐",以"燕乐"总称其名。到唐玄宗的时候,燕乐的演出改为"立部伎"和"坐部伎"两种形式。据《新唐书·礼乐志》载:"堂下立奏,谓之立部伎;堂上坐奏,谓之坐部伎。"二部不仅演出形式不同,演奏技术也有高下之分。自然,坐部伎的水平比较高。唐玄宗所选的"皇帝梨园弟子"就都属于坐部伎。唐代著名的《破阵乐》和《霓裳羽衣曲》都曾是燕乐中的乐舞。

所谓"曲子",就是配词演唱的歌曲,所配的歌词称为"曲子词"。它是市民生活的产物,"歌者杂用

唐代 《唐人宫乐图》

胡夷里巷之曲"，配以长短句的歌词，以通俗流畅的语言和活泼多样的节奏，演唱于歌楼舞肆之间，赢得大多数市民及出入于歌楼舞肆的贵公子和士大夫们的欢迎，后经文人加工，形成宋代诗歌的主要创作形式。

所谓"变文"，是一种说唱艺术，它起于佛教的讲经宣传。佛教为了扩大影响，采取民间说唱形式宣扬佛教故事，从而形成了一种新的音乐文化，并由寺院走向民间。变文内容有故事情节，演唱时讲究音律节拍，很受人们的欢迎，后来发展为宋元时的"诸宫调"。唐代音乐的这种大发展，使得歌手、音乐家和音乐著作大量出现，描写音乐活动的唐诗也举不胜举。较为重要的音乐著作有《乐书要录》（传武则天著）、《教坊记》（崔令钦著）、《羯鼓录》（南卓著）、《乐府杂录》（段安节著）等。著名歌手和音乐家有：何满子、康昆仑、段善本、雷海青、李龟年等。《乐府杂录》记载了康昆仑与段善本的一次琵琶演奏比赛："始遇长安大旱，诏移两市祈雨。及至天门街，市人广较胜负，及斗声乐。即街东有康昆仑琵琶最上……弹一曲新翻羽调《绿腰》……西市楼上出一女郎……及下拨，声如雷，其妙如神。昆仑即惊骇，及拜请为师。女郎遂更衣出见，乃僧也。……（德宗）……令教授昆仑……段奏曰：'且遣昆仑不近乐器十余年，使忘其本领，然后可教。'诏许之，后果尽段之艺。"从这一段记载，也可见唐代音乐生活的盛况。

宋元时代，城市的商业经济进一步发展，市民阶层也进一步壮大，与之相适应的音乐艺术也随之产生。但从音乐思想上来说，由于理学的形成及其影响，在音乐理论方面出现了复古主义倾向。这似乎很矛盾，但其实却是很自然的现象。因为日益发展的市民阶层的艺术与儒家的正统说教成为一种对照，所以理学家们就会出来维护儒学的正统地位。唐代的曲子词这时已成为词。凡词都有一定的曲牌。宋代词人大都通晓音律，其中以北宋姜夔（号白石道人）、南宋张炎为代表。现在还有注明乐谱的姜夔作品保存下来。曲子发展到元代，被散曲代替。吴自牧《梦粱录》载："今街市与宅院，往往效京师叫声，以市井诸色歌叫卖物之声，采合宫商成其词也。"由此可知，散曲更是市民经济的产物。元代的关汉卿、马致远、张养浩等都有著名的散曲作品。此外，宋元时期还出现了专门的卖艺场所和艺人，这也是市民文化娱乐活动非常活跃的反映。那时，管游艺场叫"瓦子"，或叫"瓦舍"；管演戏的地方叫"勾栏"，艺人叫"勾栏艺人"。他们演出的节目多数与音乐有关，其中的诸宫调因为有多种宫调，适合于表现复杂的感情和社会生活，所以颇受欢迎。这一时期的音乐专著是北宋陈旸的《乐书》，共200卷，全书包括历代音乐论述，各种乐器、歌舞、杂乐和各种典礼，是一部百科全书式的音乐著作，反映了我国宋代以前的音乐成就。

从明代初年到鸦片战争前夕，是我国封建社会的后期。这一时期一方面是明清贵族的残暴统治，另一方面是资本主义经济因素的出现，反映在音乐上是某些创作和理论的战斗意识和复古主义并存。但是，由于科学技术的发展，乐律的研究获得划时代的成就。这一时期音乐艺术的重要特点之一是民歌异常活跃，尤以情歌为多，内容表现出要求自由和个性解放。因此明人说："我明诗让唐，词让宋，曲让元，庶几《吴歌》《挂枝儿》《罗江怨》《打枣竿》《银纽丝》之类为我明一绝耳。"这话不无道理。此外，明代以后的鼓词和弹词相当流行，二者都属于说唱相间的曲艺艺术，但都用乐器伴奏，前者流行于北方，后者流行于南方。至于戏曲中的音乐，经宋元杂剧，到明代发展为传奇，后又演变为昆曲、秦腔、京剧，成为别具特色的戏曲音乐。这一时期音乐理论的最高成就是朱载堉的《乐律全书》。朱载堉是明郑恭王朱厚烷之子，早年跟舅父学习天文、历法。后他父亲因罪下狱，他研究乐律、数学、历法达19年之久。其父死，不袭爵，专事著述，有《乐律全书》等多种著作。他在书中详细阐明的"十二平均律"理论比欧洲的类似理论更早、更精确。可惜，封建制度埋没了他的成就，使之没有在社会进步中发挥实际效用。

说到十二平均律，有必要交代一下古音律的一些知识。首先说"五音"。五音也称"五声"，是中国古代五个音阶的总称，即宫、商、角(jué)、徵(zhǐ)、羽，相当于现代音乐的1、2、3、5、6，是在阴阳五行学说影响下产生的音乐形态，也是中国古代音乐和音阶形式的基础。如果某个人不善唱歌，常以"五音不全"自谦。五音理论在春秋战国时已经形成，之后一直是中国音乐的基本形态。其次说"七音"，或称"七律"。这是五音的进一步发展，即在角徵、羽宫之间各出一个偏音，即现代音乐简谱中的4、7。但这两个音既可比徵和宫低半个音，称为"变徵"和"变宫"，排成音阶为宫、商、角、变徵、徵、羽、变宫；也可比角和羽高半个音，称为"清角"和"闰"，排成音阶为宫、商、角、清角、徵、羽、闰。第三说"三分损益法"。这是古代确定准律的方法，即把一根弦分为三段，去其三分之一，取其三分之二，它振动所发出的音比原来全长所发的音高出纯五度，这叫"三分损一"；相反，将弦分为三段，增其三分之一，取其三分之四，该弦发出的音比原来低出纯四度，这叫"三分益一"，合为"三分损益法"。据知，此法产生于春秋战国，最早记载见于《管子·地员》。第四说"十二律"。这是用三分损益法将一个八度分为十二个不完全相等的半音形成的。因此，一个律也就是一个分割的半音，每一个律都有一个名称，由低至高为黄钟、大吕、太簇、夹钟、姑洗、仲吕、蕤宾、林钟、夷则、南吕、无射、应钟。奇数各律称"律"，偶数各律称"吕"，合称"律吕"。这一律制早在春秋战国时代已经形成，之后历代以此固定音高，形成各种不同的调式，如同现在的C大调、D大调等。

顺便再说一下中国古代的乐器，共分为吹、拉、弹、打四大类，分别由八种材料（金、石、土、木、匏、革、丝、竹）制成，史称"八音"。从乐器发展的过程来说，是先有打击乐、吹奏乐，后有弹弦乐，最后才有拉弦乐的。原始社会的乐器从劳动工具演化而来，被用来作为祭祀时为歌舞伴奏的器具。那时的乐器都用骨、土、石、木制成，如骨哨、土鼓、陶埙、石磬等。青铜器出现以后，开始用铜制作乐器，如编钟、编磬等。竹制乐器的产生也比较早，如商周时期的竽、笙等。丝制乐器都为弦乐，春秋战国时已出现，秦汉以后大为流行。在发展过程中，中国音乐还采用了大量外来乐器，经过一番改造和消化，使之成为中国的乐器，如琵琶、胡琴、羯鼓等，反映了中外文化的交流和融合。这里，我们介绍几种有代表性的乐器：

编钟，商周（包括春秋战国）时期的重要乐器，在八音系统中属金，打击乐器，其特点是组合性、系列化，规模比较大，用大小不同的铜钟来显示音质。据文献记载，钟的数目为16枚，但近代出土的编钟多不合此数。陕西省扶风县出土的西周晚期编钟，一套只8枚；河南省信阳市出土的春秋末期编钟为13枚。迄今所知最大的编钟是湖北省随州市曾侯乙墓出土的战国编钟，连同一枚磬，共计65枚，分三层悬挂，音域可包括现代钢琴的所有黑白键音响。其规模之大，音质之好，制作之精，反映了当时制铜工艺和音乐文化的水平。

竽，形态像笙而比笙大，故被视为大笙，在八音系统中属竹，吹奏乐器，最早见于商代，战国时很流行。从典故"滥竽充数"所反映的齐宣王使300人吹竽的故事中，可见其流行的盛况。文献记载的竽长四尺二寸，有36根簧管，但湖南省长沙市马王堆出土的汉竽有22根管，分前后两排。

琴，常与瑟合称，在八音系统中属丝，弹弦乐器，在中国音乐史上至为重要，被视为音乐艺术的代表，故古人以"琴棋书画"概括一个人的才艺。琴在周代已经产生，《礼记·曲礼下》云："士无故不彻琴瑟。"《诗经·周南·关雎》也云："窈窕淑女，琴瑟友之。"琴大约到汉代基本定型。琴身为狭长的木质音箱，琴面张弦七根，故又名"七弦琴"，是历代的主要伴奏乐器之一。通过琴保存下来的古代乐曲相当丰富，演奏流派也很多，并有《琴史》（宋朱长文著）、《琴操》（传为东汉蔡邕著）及《琴学丛书》（近代杨宗稷著）等专著传世。古代的爱情故事多与琴有关，如司马相如和卓文君的佳话。

箜篌，又写作空侯、坎侯，古代的弹弦乐器，分卧式和竖式两种。据东汉应劭《风俗通》载，卧箜篌为汉武帝时的乐人侯调所造，样子像琴而略小，七弦，用拨弹奏。竖箜篌则是竖琴的前身，后汉时经西域传入中原地区，是古波斯乐器。琴体弯曲而秀长，张弦22（也说23）根，奏时抱在怀中用两手弹拨。箜篌在魏晋以后十分流行，古诗《孔雀东南飞》中有"十五弹箜篌，十六诵诗书"之句，乐府诗、曹植诗中有《箜篌引》，都可为证。李贺的《李凭箜篌引》、杨巨源的《听李凭弹箜篌诗》等唐诗作品，生动地描写了梨园弟子李凭弹奏箜篌的情景。

筚篥,吹奏乐器,南北朝时已从波斯经"丝绸之路"传入中国,隋唐流行甚广,是一种九孔的竖笛,龟兹乐、天竺乐、安国乐、疏勒乐、高昌乐等,都离不开它。据《乐府杂录》记载,唐德宗时有一位将军名尉迟青,善吹筚篥,技艺冠绝古今。幽州王麻奴技艺不凡,不服尉迟青,入京与之比试高下,尉迟青不予理会。后允其入宅比赛,王麻奴以高般涉调吹奏《勒部羝曲》,一曲终了,汗流浃背。尉迟青却以平般涉调吹之,使王麻奴佩服得涕泣谢罪。这一记载说明,筚篥在当时社会的中下层都很流行。

琵琶,亦作批把,弹弦乐器,种类很多。一类是秦琵琶,由中国古乐器演变而来,但也受了胡乐的影响。其形状为圆体直柄、四弦、12柱(音位),后因魏晋"竹林七贤"之一的阮咸善于弹奏此器,故世人称之为"阮咸",并增加为13柱。现在日本正仓院收藏有唐代阮咸。一类是曲项琵琶,南北朝时由西域传入,隋唐时代盛极一时,名人高手不断涌现,在敦煌壁画和雕塑中都有它的形象,因形制不同而称为龟兹琵琶、五弦琵琶、小忽雷、大忽雷等,其共同特点是半梨形曲颈。唐宋以后不断改进,演奏技法也日益丰富,如反弹琵琶之类。唐诗中描写琵琶的作品很多,尤以白居易的《琵琶行》最为著名。

六、楹联艺术

"楹联"又叫"对联",春节贴于门上叫"春联",是我国一种独特的艺术。它主要将文学(诗词)和书法结合在一起,有时也将雕刻融合进来,如某些石刻和木刻的楹联。中国的艺术很注重美化和修饰,而楹联正好是一种美化和修饰的艺术。但它所蕴含的仍然是人们的理想和情趣,是人们对真善美的追求。楹联艺术的作用,在于美化客观环境,激荡人的心灵。好的楹联，有很高的文学价值和美学价值。

我国的楹联起源于古代的桃符。据《山海经》记载，东海度朔山上有大桃木，树上有神荼、郁垒二神人，能治领百鬼，并且能用苇索把恶鬼捆起来喂虎。因此黄帝作礼，在除夕或元日门上立大桃人，画神荼、郁垒二神像，以避鬼驱邪。后来形成一种风俗，于每年春节悬挂桃符。据文献记载，五代后蜀皇帝孟昶过年时在卧室门外的桃符上题了两句话："新年纳余庆，嘉节号长春。"一般认为，这就是中国的第一副对联。但据谭嗣同的《石菊影庐笔识》记载，南朝梁代文学家刘孝绰罢官后闭门不出，在门上题了两句话："闭门罢庆吊，高卧谢公卿。"他的三妹续题两句："落花扫仍合，丛兰摘复生。"谭嗣同认为，此虽似诗，但对仗工整，又题写在门上，应当是对联的开始。近年又有新的发现，湖北省黄梅县一位农民献出一副王羲之题写的对联，联云："文章移造化，忠孝作良图。"如果这一墨迹为王羲之真迹，那么对联产生的时期既非五代，也非南北朝的梁代，而是更早的晋代了。

事实上，单就对联的形式而言，它的渊源可以追溯到《诗经》《楚辞》中的对偶句式，如"冬日烈烈，飘风发发"（《诗经·小雅·四月》）；"昔我往矣，杨柳依依；今我来思，雨雪霏霏"（《诗经·小雅·采薇》）；"石濑兮浅浅，飞龙兮翩翩"（《楚辞·九歌·湘君》）；"悲莫悲兮生别离，乐莫乐兮新相知"（《楚辞·九歌·少司命》）等。至于汉魏六朝诗赋，类似的对偶句式和骈体格式就更多了，在此基础上形成了严密工整的唐代格律诗，其中的颔联（第三、四句）和颈联（第五、六句）实际上就是对联，如"海内存知己，天涯若比邻"（王勃《送杜少府之任蜀州》）；"大漠孤烟直，长河落日圆"（王维《使至塞上》）；"晴川历历汉阳树，芳草萋萋鹦鹉洲"（崔颢《黄鹤楼》）；"锦江春色来天地，玉垒浮云变古今"（杜甫《登楼》）等。此外，唐代还流行一种联句活动，即若干人在一起互相对句。这种对句已经突破五、七言的格局，短自一言，长到九言或者更多。如中唐时的严维等八人有一次在一起对句，从一言对到九言："东，西；步月，寻溪；鸟已宿，猿又啼；狂流碍石，进笋穿溪；望望人烟远，行行萝径迷；探题只应尽墨，持赠更欲封泥；松下流时何岁月，云中幽处屡攀跻；乘兴不知山路远近，缘情莫问日过高低；静听林下潺潺足湍濑，厌向城中喧喧多鼓鼙。"因此，我们不妨这样认为，作为对联的形式，整齐对仗的上下联句在晋唐时代已经形成，但将对联题写在门口的桃符上，成为新春佳节时的一种装饰艺术，或许是五代时的事。

如果说楹联的形成在五代，那么它的发展则在宋代，而它的普及和兴盛却在明、清两代。有足够的资料表明，楹联作为点缀生活环境的工艺品，在宋代已为文人学士们所接受和喜爱，并且形成一种题联的风气。一些文人通过题联来表达自己的志向和感情；有的则用来装饰自己的厅堂，以显示自己的高雅和风范。北宋的苏轼和南宋的朱熹都是很喜欢题联的。据载，苏轼在黄州，遇除夕访友，为其门上题联云："门大要容千骑入，堂深不觉百男欢。"至今民间流传的苏轼巧对的故事相当多。《朱子全集》所载朱熹题写的对联也不少，如"日月两轮天地眼，诗书万卷圣贤心"，很能反映朱熹的哲学见解。元代楹联已悬于殿堂酒楼。据载，元世祖忽必烈请赵孟𫖯为殿门题联，赵题："日月光天德，山河壮帝居。"文献又载赵孟𫖯过扬州明月楼，楼主请他题联，他挥笔题云："春风阆苑三千客，明月扬州第一楼。"到了明代，由于明太祖朱元璋喜好风雅，予以大力提倡，对联便广为普及开来。相传朱元璋于除夕下旨，命城中各家均挂春联一副，然后微服出访，见一家屠户门前未挂，询问何故，答曰："尚无人写"。他提笔写了一副："双手劈开生死路，一刀割断是非根。"据说他还数次题联赐给大将徐达，其中一联云："始余起兵于濠上，先崇捧日之心；逮兹定鼎于江南，遂作擎天之柱。"清代以来，楹联非常盛行，内容和形式都有很大变化。从形式上看，出现了许多长联，一联多达数百字，有的甚至达千余字；从内容上看，它分为门联、墓联、挽联、室联等，可以表示志趣、喜庆，也可以表示哀悼、讽刺。民间广泛流行的是春联，因为它已经成为春节习俗的组成部分了。

对联从古典诗歌发展而来，它的艺术特点也就跟古典诗歌一样，要讲求工整、对仗、平仄。它所显示的是一种整齐对称的形式美、抑扬顿挫的韵律美、写景状物的意境美、抒怀吟志的哲理美，因此要写好一副对联是很不容易的。一般来说，对联首先要上下联字数相等，这是对联最基本的特点，至于每联字数多少可以不限；不论对联贴于门上还是刻于柱上，都是上联在右，下联在左。少的只有一个字，如1931年"九·一八"惨案后，有人为死难者写了一副挽联，上联为"死"，下联是倒着的"生"字，表示宁肯站着死，不肯跪着生。长的达1,612字，是清末四川文人钟云舫作的《江津临江楼联》，这是迄今最长的一副对联了。其次是上下联对应的词的词性要相同，如秦皇岛市孟姜女庙联：

秦皇安在哉　万里长城筑怨①
姜女未亡也　千秋片石铭贞

其中"秦皇"与"姜女"是名词，"安在"与"未亡"是动词性词组，"哉"与"也"是虚词，"万里"和"千秋"是由数量词组成的名词，"长城"和"片石"是名词，"筑"和"铭"是动词，"怨"和"贞"是名词。第三是结构要相应，即上下联的句法结构要互相照应，主谓结构对主谓结构，动宾结构对动宾结构，偏正结构对偏正结构，如济南市的趵突泉有一联：

佛脚清泉　飘飘飘飘　飘下两条玉带
源头活水　冒冒冒冒　冒出一串珍珠

"佛脚清泉"和"源头活水"都是偏正结构，"飘飘飘飘"和"冒冒冒冒"都是动词重叠结构，"飘下两条玉带"和"冒出一串珍珠"都是动补结构。第四是平仄要相对，即上联用仄声字，下联就应当用平声字，如杭州市西湖岳飞墓前有秦桧后裔题的一副联：

人从宋后羞名桧（平平仄仄平平仄）
我到坟前愧姓秦（仄仄平平仄仄平）

但这不是绝对的，一般说来，可以"一三五不论，二四六分明"，有时为了不以词害意，在"二四六"的地方也可以灵活，如北京市潭柘寺弥勒佛联：

---

① 古今对联均无标点，本书为便于分析，特以空格表现联句的停顿。

大肚能容　容天下难容之事（仄仄平平，平平仄平平平仄）

　　开口便笑　笑世间可笑之人（平仄仄仄，仄仄平仄仄平平）

在具体的对仗方面，可以有很多方法，主要有"拆字对"。如相传朱元璋微服出访，与重庆府一书生相遇，出一联想试试他的才学，联云：

　　千里为重　重水重山重庆府

那人已看出朱的身份，但不点破，对一下联：

　　一人为大　大邦大国大明君

又如有一个贪官叫李儒卿，人们把他的名字拆开作一联讽刺：

　　本非正人　装作雷公模样　却少三分面目

　　惯开私卯　会打银子主意　绝无一点良心

此联上联拆"儒"（"人"，"雷"的"雨"，"面"去三横为"而"），下联拆"卿"（"卯"，"银"的"钅"，"良"无一点为"艮"）字。

又有"嵌字对"，如秋瑾挽联：

　　悲哉　秋之为气

　　惨矣　瑾其可怀

又如袁世凯窃据总统之位后，有人曾为他题联：

　　民犹是也　国犹是也　无分南北

　　总而言之　统而言之　不是东西

内嵌"总统不是东西"。

又如：

　　东塔寺和尚　朝南坐北吃西瓜

　　春水庵尼姑　自夏至冬穿秋衣

上联嵌"东南西北"，下联嵌"春夏秋冬"。

还有"叠字对"，如杭州市九溪十八涧有一副对联：

　　重重叠叠山　曲曲环环路

　　叮叮咚咚泉　高高低低树

又如苏州市网师园联：

风风雨雨　暖暖寒寒　处处寻寻觅觅

　　莺莺燕燕　花花叶叶　卿卿暮暮朝朝

又如南京市秦淮河联：

　　佳山佳水　佳风佳月　千秋佳地

　　痴色痴声　痴梦痴情　几辈痴人

还有"回文对"，如浙江省新昌县大佛寺联：

　　人过大佛寺

　　寺佛大过人

又如厦门市鼓浪屿联：

　　雾锁山头山锁雾

　　天连水尾水连天

又如昆明市翠湖联：

　　翠湖喷水日水喷湖翠

　　春城飞花时花飞城春

还有"谐音对"，如：

　　塔上点灯　方方孔明诸角亮

　　滩前洗藕　节节太白理长根

"诸角亮"谐"诸葛亮"，"理长根"谐"李长庚"即李太白。

还有"异字同音对"，如：

　　贾岛醉来非假倒

　　刘伶饮尽不留零

又如长沙市天心阁联：

　　天心阁　阁落鸽　鸽飞阁未飞

　　水陆洲　洲停舟　舟行洲不行

还有"同字异读对"，如秦皇岛市姜女庙联：

　　海水朝　朝朝朝　朝朝朝落

　　浮云长　长长长　长长长消

这副楹联可以依据"朝（zhāo, cháo）、长（cháng, zhǎng）"的不同读音构成四种读法。

关于楹联的文学形式，我们不应当把它看作一种单纯的文字游戏。从中国文化的整体来看，楹联与汉字、汉语的结构有密切关系，又与中国人的审美观念不可分割，因此它也蕴含了中国文化的审美特征和审美情趣。汉字是方块字，表意，单音节，而汉语中最基本、最活跃的部分就是由单音字组成的单音词，如天、地、日、月、风、云、山、水、多、少、先、后、上、下、春、秋、有、无、来、去，等等。这些单音词又分属平、上、去、入四个古调（今天归入阴平、阳平、上声、去声四个声调），而同类性质的单音词，又往往分属平、仄二调，如天（平）、地（仄），来（平）、去（仄），男（平）、女（仄），多（平）、少（仄），先（平）、后（仄），山（平）、水（仄），这些单音节排列起来，最能体现工整对仗、抑扬顿挫的特点，很符合中国人的审美需求。如温庭筠《商山早行》中的"鸡声茅店月，人迹板桥霜"，仅仅十个单音节名词，就可以构成一个非常迷人、十分完美的艺术境界：客店的茅屋上挂着一轮弯月，一声声鸡叫像动听的音乐；低低的木桥还没有人走过，霜面上只留下我的足迹。这要是译成外语，需要冠词、连词，甚至还要注意时态和变位，怎么可能成为工整对仗的对联呢？

从个人的角度来看，它可以体现一个人的聪明才智，因为要作好一副对联，除了博学多闻之外，还要反应机敏。所以古代常以此测试一个人的聪敏程度。如传说乾隆皇帝想出一个两字对——"色难"，却想不出"色难"的妙对，他找来纪昀（《四库全书》总纂纪晓岚）要他对。纪昀随口说道："容易。"乾隆见他老半天不开口，便问："你说容易，怎么不见对句呢？"纪昀说："臣已对过了。"乾隆这才恍然大悟。相传《永乐大典》主编解缙，幼时极机敏，他还在读书的时候，有一次摘了一朵花玩，不提防老师进来了，他急忙藏于袖内，老师随口吟道：

　　小子暗藏春色

解缙忙对道：

　　　　大人明察秋毫

稍大，一位尚书请他试才，指着棋盘出了一联：

　　　　天当棋盘星当子　谁人敢下

他对道：

　　　　地作琵琶路作弦　哪个能弹

尚书见他身着绿袍，颇似青蛙，出一联：

　　　　出水蛙儿穿绿袄　美目盼兮

他见尚书身着红袍，极像红虾，对一联：

　　　　落汤虾子着红袍　鞠躬如也

尚书佩服之至，将女儿许配于他。

从社会生活的角度来看，古人曾用它来解决某些军事、外交、刑狱等重大问题。这似乎有点滑稽可笑，但在重视文墨涵养的情况下，有的事件反映了一定的历史真实性。如民间传说有包公用对联破案、苏轼用对联制服辽使、明代官吏用对联退兵等。明代边将张斌反叛，官军奉命征讨，张斌出一上联，如明军对得出，他即退兵。联云：

弓长张　文武斌　张斌元帅　统领琴瑟琵琶八大王　單戈叫戰①

明军中有人对道：

一人大　日月明　大明天子　横扫魑魅魍魉四小鬼　合手擒拿

于是张斌下令退兵。

● **学习与思考**

1. 举例说明中国传统艺术的特点。
2. 怎样欣赏中国的书法艺术？
3. 戏曲表演艺术的特点有哪些？

参考答案

---

① 此处为体现对联之意，特保留"單"与"戰"的繁体。

● **相关资料**

1. 贾志强. 中国古代艺术常识. 兰州：兰州大学出版社，2006.
2. 罗森（Jessica Rawson）. 中国古代的艺术与文化. 北京：北京大学出版社，2002.
3. 余甲方. 中国古代音乐史. 上海：上海人民出版社，2014.
4. 周传家. 中国古代戏曲. 北京：商务印书馆，1996.

第十五章 精美器物

西汉青铜器 长信宫灯

一切文化体系中的器物都是一个民族的精神创造，其中所包蕴的内涵、所体现的历史、所展示的技艺，都显示了这个民族的发展智慧和创造能力，揭示了这个民族文化体系演变的过程。不同种类的器物、不同器物的装饰，不但能告诉人们它们产生的地域和时代，还能告诉人们在那个地域、那个时代生活的居民有怎样的生存状态和审美心态。这也正是考古学家、民俗学家以及相关学术研究特别看重各种器物的缘由。拥有五千年文明的中华民族，创造了琳琅满目、精美绝伦的器物，这从一个侧面证明了中国文化的博大精深。下文我们将结合中国文化发展史，选择几类最典型的加以介绍。

一、玉器

　　中华文明古老悠久，玉器是重要标志之一，也是中国文化的物质载体之一。古代玉器与中华文明起源有密切关系，是中华文明的基石。最新研究成果显示，在内蒙古自治区敖汉旗兴隆洼遗址和辽宁省阜新县查海遗址中发现的玉玦和玉坠，距今至少有8,000年的历史。但是，考古学界所称的"玉器时代"，要到新石器时代的中晚期才出现。远古先民在石器加工过程中，发现了硬度更高的玉石。它们质地坚硬，晶莹美丽。这种神秘的特性与当时先民的原始宗教意识和审美意识不谋而合，于是玉石被用来装饰自己、礼敬神灵，这就开始了制造和使用玉器的历史。目前在中国境内发现的两大玉器时代的文化遗址，一是北方辽河流域的红山文化遗址，它出土的钩形玉龙的身体蜷曲呈"C"字形，符合早期龙的形象，其他玉兽形饰、玉箍形器等，形象刻画栩栩如生；二是东南太湖地区的良渚文化遗址，它出土的玉琮、玉璧、玉钺、三叉形玉器及成串玉项饰等，以浅浮雕的装饰手法见长，线刻技艺水平更高。这两种文化距今的时间都在四五千年以上。

　　中国传统文化的本质特征是阴阳二元相辅相成，"阳刚与阴柔"就是它的主要内涵。玉的文化内涵正是坚利（阳刚）和温润（阴柔）。因此，玉和玉器的文化内质，与中国传统文化的特质正相一致。玉的出现和玉器的使用，最早是因为符合远古先民的审美意识和审美情趣，但同时也给原始宗教信仰提供了很好的物质载体，成为当时社会的一道亮色。

良渚文化玉琮

玉器除了用作各种佩饰以外，还雕刻成"玉龙""玉凤""玉龟"等，用作部落图腾的标志。随着奴隶社会的形成，玉又逐步用来表示等级和权力。《周礼·春官》说"以玉作六瑞，以等邦国"，就是以六种瑞器显示六等爵位标准：王执"镇圭"、公执"桓圭"、侯执"信圭"、伯执"躬圭"、子执"谷璧"、男执"蒲璧"；"以玉作六器，以礼天地四方"，则是以六种礼器祭祀天地与东南西北四方，如祭天用"璧"，祭地用"琮"，祭东用"圭"，祭南用"璋"，祭西用"琥"，祭北用"璜"。儒学出现以后，玉被用来承载儒家的伦理道德，使玉成为人格象征。孔子提出"君子比德于玉"，认为玉"温润而泽，仁也；缜密以栗，知也；廉而不刿，义也；垂之如坠，礼也；叩之，其声清越以长，其终诎然，乐也；瑕不掩瑜，瑜不掩瑕，忠也；孚尹旁达，信也；气如白虹，天也；精神见于山川，地也；圭璋特达，德也；天下莫不贵者，道也。《诗》云：'言念君子，温其如玉。'故君子贵之也"（《礼记·聘义》）。许慎的《说文解字》，也秉承这一说法。这种美玉载德的思想与人们的审美情趣相结合，逐渐为社会所接受，形成"君子必佩玉""君子无故，玉不去身"的社会风尚。长此以往，玉及玉器就成了高贵、纯洁、友谊、吉祥、平和、美丽的象征，最终形成了中华民族尊玉、爱玉、佩玉、赏玉、玩玉的文化传统。汉字中以"玉"为偏旁的数量之多，足以说明玉在中华文化中的特殊功用了。

中国的玉器发端很早，大约在原始社会的末期就已经成熟，成熟的标志是形成了主要的礼器，如圭、璧、琮、璜、璇玑、玉衡等。这在仰韶文化、大汶口文化、龙山文化、红山文化和良渚文化的遗址中都有发现。这些玉器具有明显的社会功能和精细的制作工艺。到了夏、商、周三代，用玉制度愈加完备，使用范围愈加广泛，用玉制作的礼器普遍见于各种礼仪场合。随着西周等级制度和礼乐制度的形成，玉器的社会功能持续增强，体现了当时的政治需要。这时的制玉工具得到进一步改善，雕刻工艺得到进一步提高，特别是春秋战国时期，佩戴玉器成为一种社会风尚。玉器制作技术已经出现了浮雕、半浮雕和透雕，采用的玉材主要是青玉和黄玉，白玉还十分少见。从战国到两汉时期，中国社会进入转型期，由旧日的礼崩乐坏和群雄争霸的混乱局面，发展到秦汉中央集权的确立，商周以来的传统礼制已失去原有的社会基础。这种社会制度的变化，反映到礼仪制度上来，就是大型礼器向世俗化逐步发展。由玉制作的礼器开始淡出人们的视线，各种玉制佩饰出现在了人们的身上，如玉璧、玉环、剑佩、带钩等。玉材多采用青玉、黄玉、墨玉，白玉以其洁白透明迅速升为玉中上品。需要特别指出的是，秦始皇统一中国后，正式确立了号令天下的凭证是"玉玺"。"六方玉玺"成为最高统治者权力的象征。除帝王外，任何人不得使用玉料篆刻印章。玉器在总体上失去了礼仪功能，转向具有保护精气和防止尸身变腐的实用功能。汉代王侯大墓中接连出土的"金缕玉衣"就是突出的例证。东汉以后，玉器的世俗用途更加明显。随着漆器、金银器和瓷器制作工艺的产生，玉器失去了原有的独尊地位，雕刻工艺也向着现实主义和浪漫主义的方向发展。各种配饰和实用生活器具大大丰富起来，龙凤图案、人物花卉、瓜果鱼虫、飞禽走兽，纷纷被表现得栩栩如生。历经唐宋至明清，玉雕工艺达到了繁盛时期。玉雕作品无论是大件，还是小件，都是精雕细刻，活灵活现。佩戴玉器的品种主要为耳饰、腕饰、手饰、头饰。这时的玉器已基本上成为艺术、财富和把玩的代名词，尽管也还有以玉佩辟邪护身的现象存在，但与以往社会的政治、文化和宗教用途已不能同日而语。玉器至此摘下了高贵、圣洁、无所不能的神秘面纱，走出神权、王权的殿堂，回到普通的世俗世界，还原为世人共同鉴赏的艺术作品。

玉器的材质是玉石，国际上通称的玉石分"硬玉"和"软玉"两种。硬玉主要指翡翠，按颜色和质地区分，有二十多个品种；而软玉则包括了白玉、青玉、碧玉、黄玉和墨玉等品种。在世界上，我国使用软玉的历史最为悠久，历代雕刻玉器基本都使用软玉。按产地区分，软玉有新疆"和田玉"、辽宁"岫岩玉"、陕西"蓝田玉"和河南"南阳玉"等。

和田玉被称为"真玉"，一向被视为玉中珍品，产于新疆维吾尔自治区昆仑山北侧。古语云"金生丽水，玉出昆冈"，这昆冈玉就是和田玉。它"温润滋泽""缜密而栗"，为其他玉所不及，特别是其中"精光内蕴，体如凝脂，坚洁细腻，厚重温润"的羊脂玉，使美轮美奂的和田玉古今独尊。清代以前都很推崇羊脂玉，到了清代，由于黄玉的"黄"与"皇"谐音，又极稀少，经济价值一度超过羊脂玉。早在春秋战国至秦灭六国时，和田玉已从昆仑山北侧的和田诸地源源不断地输向内地，古代的一些重器和宫廷里的陈设玉器，大多用和田玉中的优质白玉制作而成。如乾隆时期就用和田玉制作了很多大型玉器，其中《大禹治水图》巨型玉雕，高2.24米，宽0.96米，重达5,300多公斤，系根据宋代绘画《大禹治水图》雕琢而成。这是中国玉器史上用料最宏，运路最长，花时最久，费用最贵，雕琢最精，器形最巨，气魄最大的玉雕工艺品，也是世界上最大的玉雕之一。

岫岩玉，又称岫玉，以产于辽宁省岫岩满族自治县而得名，为中国历史上的四大名玉之一。广义上可分为老玉、岫岩碧玉两类。老玉质地朴实、凝重、色泽淡黄偏白，属于岷归的璞玉；岫岩碧玉质地坚实而温润，细腻而圆融，多呈绿色至湖水绿，其中以深绿、通透少瑕为珍品。考古发现，最早的岫岩玉是距今约7,000年左右的辽宁省沈阳市新乐文化遗址出土的刻刀和距今约5,000年的辽宁省朝阳市与内蒙古赤峰市一带红山文化遗址出土的手镯。被称为"中华第一玉龙"的内蒙古三星他拉玉龙，也出土于红山文化遗址，其玉材也是岫岩玉。世界上最大的玉佛位于辽宁省鞍山市玉佛苑玉佛阁内。玉佛高7.95米，宽6.88米，厚4.1米，重达260.76吨，正面为释迦牟尼佛，背面为观世音菩萨，由1960年发现于玉乡岫岩的"玉石王"精雕细琢而成。

蓝田玉产于陕西省西安市东南的蓝田县，因颜色以翠绿居多，俗名"菜玉"。《汉书·地理志》已经有记载。唐代诗人李贺的《老夫采玉歌》，写的就是开采蓝田玉。它质地坚硬，色彩斑斓，光泽温润，纹理细密，适合雕刻各种配饰。据说，秦始皇曾用蓝田玉制作玉玺，杨贵妃佩的玉带也是蓝田玉。传说当年李隆基送给杨玉环的爱情信物就是蓝田玉。

南阳玉产于河南省南阳市的独山，故又名"独玉"，早在6,000年以前就已经开采。在安阳市殷墟妇好墓出土的玉器中，就有不少是独山玉的制品。成语"完璧归赵"中的"和氏璧"，据称就是楚国人卞和发现的南阳玉。秦灭六国之后它归属秦始皇，并琢为传国玉玺。秦始皇命李斯上刻"受命于天，既寿永昌"八个篆字。秦亡，玉玺归于汉高祖刘邦，历经战乱，唐以后失踪。陈列在北京市北海公园团城的"渎山大玉海"是元世祖忽必烈令皇家玉工雕制而成的，重达3,500公斤，意在反映元初辽阔的版图、强盛的国力。经对比鉴定，其玉质也是南阳独山玉。

二、青铜器

青铜是一种红铜与锡、铅、镍、磷等化学元素的合金。它熔点低、硬度高、化学性能稳定，可以铸造出用于生产和生活的各种器物。人类在历史发展进程中发现了这种材料，用它制造生产和生活工具并替代石器，从而提高了生产力，促进了社会经济的发展，起到了划时代的作用，显示了人类文明的进步。历史学家把这一阶段称作"青铜器时代"。青铜器时代是人类发展史上的普遍现象，中国也不例外。

中国青铜器的发展阶段约略可以分成形成期、兴盛期和衰落期。形成期大约在新石器时代晚期的龙山文化时期，相当于传说中的尧舜时代，距今约5,000年到4,000年之间。古文献上记载当时的人们已开始冶铸青铜器。1975年在甘肃省东乡林家村遗址出土的一种铜刀，年代大约在

战国时期青铜器　犀尊

公元前3,000年，是中国迄今发现的最早的青铜制品，是中国境内的先民开始使用青铜器的见证。

兴盛期大体上处于夏商两代至春秋后期，这正是中国社会发展史上的奴隶制时代，是中国古代文明的早期阶段，也正是中国历史上的"青铜器时代"。1959年，在河南省偃师市二里头夏代都城遗址中发现了许多青铜器，包括生产工具、兵器和乐器等。其铸造技术相当成熟，已不是初始形态。进入商周时期，青铜冶铸技术进一步提高，制作工艺更加成熟，青铜制品种类更为繁多，以制造大量青铜礼器、兵器和生产工具为最大特点。迄今已经出土的大型精美青铜器大多属于这一时期的作品。

衰落期始于春秋后期至战国早期，原因是冶铁业兴起，生产出了硬度更强、韧性更大、更锋利的铁器。自此中国历史开始进入"铁器时代"，青铜铸造总体上开始衰落，但是冶铁技术又促进了青铜冶炼技术的提高，青铜器制作工艺益加精良，器物向日常实用方面发展。秦汉以后，青铜制品进一步减少，青铜礼器和乐器逐渐退出人们的视线，唯有铜镜、铜佛和铜币继续流行。后来铜镜也消失，剩下铜佛与铜币，到现在只有一些铜制工艺品了。

中国古代青铜器多为王侯贵族所有，于是在历史烟尘中跟着它的主人藏于地下，随后又在历史风雨中接连出土。汉代已有关于青铜器出土的文字

记载，汉武帝"元鼎"年号就与出土大鼎有直接关系。可以说，中国古代青铜器埋藏的范围之广，数量之丰，是世界上少有的。陕西关中地带是周秦汉唐的王都所在，随帝王公卿下葬的青铜器更是难以胜数，历史上在这个区域内屡有重大考古发现，仅从1949年新中国成立到1979年的30年间，就在这里先后出土商周青铜器3,000余件。1976年12月在扶风县出土了微氏家族铜器群，一个窖藏就藏有103件精美的青铜制品。2003年1月，眉县5个农民一次发现了27件西周青铜器，其上的铭文记载了周王朝11个王的业绩，与司马迁在《史记》中所表述的周王序列惊人地一致。2005年，因盗墓而进行抢救性发掘的陕西省韩城市梁代村古墓群，出土了大量西周文物，其中仅青铜器就多达111件。1980年在秦始皇陵封土西侧，发现了铜车马两乘，经复原，大小约为真车、真马的二分之一。1号车为横长方形，有圆形车盖，盖下立一铜御官俑。2号车为凸字形，分前、后二室，后室有椭圆车盖，左、右、前三面各有一窗，后有门，门窗可灵活启闭，铜御官俑戴冠佩剑坐于前室。二车皆双轮、单辕，由四马驾车，挽具齐全，有的用金、银装饰。两车结构完整，装饰华丽，被誉为"青铜之冠"。更为惊人的发现是在远离关中的川蜀地区，即四川省广汉市，1980年起出土了大量文物，其中仅青铜器就有三四百件，内有大型人头像、人面像、人面具、兽面具、跪坐人像、神坛、神树等，如大型立人像高达2.62米，重180多公斤；大型兽面具宽1.38米，重80多公斤，方形脸，非人非兽，极度夸张；神树高3.84米，上有九枝，枝上栖鸟，枝下垂果，俱为中国古代青铜器的精品之作。

如前所述，商周时期是中国青铜器极度兴盛的时期，是中国青铜文化最辉煌的时期。这一时期的青铜制品不但数量众多，制作精良，而且品种丰富，形制瑰异、花纹繁缛、富丽堂皇。其中许多制品是用于国家大礼的重器。《左传》说"国之大事，在祀与戎"，"祀"就是国家的公祭仪式，"戎"就是国家的军事行动。鉴于青铜器坚实、厚重和耐用，商周的奴隶主贵族把它用于这两大方面，借以表达当时人们对神灵的敬畏，显示统治者的威严和高贵。商代前期，以酒器为主，体量轻薄，纹饰简单；到了商代后期和西周前期，成套的礼器和乐器多了起来，造型也变得厚重华丽，而且出现了简单的铭文，也就是人们所称的"金文"；周中期至春秋中期，食器的比重逐渐增加，造型风格趋于简朴，纹饰以粗线条为主，其上有记载史实的长篇铭文，内容涉及军事、政治、经济、文化、宗教等各方面，成为珍贵的历史资料，是研讨中国古代历史文化的重要依据。这也是商周青铜器的历史价值所在。

概括说来，商周时期的青铜器，主要分为礼器、乐器、兵器和杂器，礼器又分食器、酒器和水器。各种器物都依据用途和等级限定有不同的造型和名称，如食器有鼎、簋、鬲、甗、簠、敦、盨、盂、桓、铺等，酒器有爵、觚、觯、角、斝、彝、卣、壶、樽、缶、罍、盉等，水器有盘、匜、洗、盆等。乐器有铙、钲、钟、鼓，兵器有戈、矛、钺、刀、剑等。礼器和乐器不能在一般的生活场合使用，而必须陈设在庙堂用于祭祀，或者用于宴飨、盥洗，因此非常神圣与隆重。这里介绍一下较常接触的几种：

鼎，用以烹饪的器具，常于祭祀或典礼时炖煮和盛放猪牛羊肉等食物，相当于现在的锅，但在商周时期却成了象征统治权威的国家重器。据传大禹立国之前，曾经铸造九鼎以象征九州，并在上面镌刻魑魅魍魉的图形以警戒世人。鼎由此成为立国与传国的重器，后来的奴隶主贵族便用它来"别上下、明贵贱"。史载西周"天子九鼎，诸侯七鼎，卿大夫五鼎，士三鼎或一鼎"。鼎的基本形式有圆形，三足两耳；也有方形，四足两耳；也有其他形状的。鼎的纹饰一般装饰在口沿下、腹部和足部，铭文则多铸在器体内。中国最早的青铜鼎发现于河南省郑州市二里岗商代遗址，历经西汉，乃至魏晋，是用时最长、变化最大的青铜器。迄今出土的最大的青铜鼎是1939年在河南省安阳市发现的"后母戊鼎"（原称"司母戊鼎"），此鼎器型高大厚重，气势雄伟，纹饰华丽，工艺高超。鼎腹长方形，鼎足四根圆柱形，鼎高1.33米、重达875公斤，是目前世界上发现的最大的青铜器。迄今铭文最多的鼎是清代道光年间在陕西省岐山县出土的"毛公鼎"。其形状为半球腹，三足两耳。其上铭文多达499字，内容为周王为了周室中兴，命其重臣毛公忠心辅佐周王，并赐给他大量物品，毛公为感谢周王，特意铸鼎记录此事。

由于鼎在古代青铜器中的重要地位,"鼎"在汉语中组成很多成语,如"一言九鼎""一代鼎臣""人声鼎沸""问鼎中原"等。

簋,盛放食物的器具,古人在宴饮时席地而坐,簋即置于席上,所以簋的下面多附有三足、四足或方座。它自商代开始出现,一直延续到战国时期,造型多样,变化复杂,有圆体、方体或上圆下方,两边有耳或环,常与鼎搭配使用。在西周时期,使用铜簋有严格的等级规定,与鬲一样,与鼎搭配以偶数出现,如天子用九鼎八簋,诸侯七鼎六簋,大夫五鼎四簋,士三鼎二簋。已经出土的簋很多,各地博物馆都有藏品。如1981年在陕西省宝鸡市出土的西周弓鱼伯簋,下部即为一个方座;1993年在河南省平顶山市出土的"乍伯簋",器内底部铭文有70余字,记述周王命南宫率人进行了一次"射"的活动。乍伯用所获赏赐作器,以纪念先祖周公,是不可多得的珍贵文献。

尊与彝,都是盛酒器。盛行于商代至西周,春秋以后少见。金文中"尊""彝"两字联用,统指祭祀用的青铜礼器。宋代以后把大型或中型广口的圆形或方形盛酒器称为"尊",而把形体为方形、盖为屋顶形、下边有圈足的盛酒器称为"方彝"。商晚期至西周早期有方形尊和觚形尊,也有模拟鸟兽形状的尊,如鸟尊、羊尊、牛尊、虎尊等。如1938年在湖南省宁乡县出土的商代晚期四羊方尊,是中国现存商代青铜器中最大的方尊。尊高58.3厘米,重近34.5公斤,它的四面铸有四只羊,造型精美绝伦。1923年在山西省浑源县出土的"牺尊",是一头牛形器皿,历经劫难,现为上海博物馆的镇馆之宝。

盘与匜,盛水器和盥洗器。盘是商周时期宴飨时举行一种名为"沃盥之礼"所用的器物。"沃"是自上而下浇水,"盥"是洗手后水流入盘内。匜就是浇水用的器物。《礼记·内则》载:"进盥,少者奉盘,长者奉水,请沃盥,盥卒授巾。"沃盥时盘匜是配合使用的,即用匜把水浇在手上,以盘来承接用过的污水。战国以后,随着"礼崩乐坏","沃盥之礼"渐渐被废,盘逐渐演变为"洗"。最早的青铜盘,出现于商代前期,一般为圆盘,也有方盘，沿口有两耳，底部有座或足。匜则形状椭长，前面可以流水，后面有把手，下面有足。已知的"虢季子白盘"是西周青铜器中体积最大的一件，高39.5厘米，口长137.2厘米，形若现代的长方形大浴缸。白盘内有铭文111字，记述了周宣王西伐戎人的一次战事。此盘在清代道光年间出土，曾被当地农民用来喂马，几经动荡，后被淮军将领、曾任台湾第一任巡抚的刘铭传觅得。刘氏后人为确保安全，将它重埋地下，直至新中国成立后，刘氏家人才将它掘出献给国家。

乐器中最突出的就是编钟，它是古代的一种组合打击乐器，大约在西周时已经出现。它由大小不同的扁圆钟按照音调的高低依次排列起来，悬挂在一个巨大的钟架上，用丁字形的木槌和长形的棒分别击打铜钟，从而发出不同的乐音。春秋战国时期，钟的数量逐渐增多。迄今发现个数最多、保存最好、音律最全、气势最宏伟的全套编钟，是1978年在湖北省随州市曾侯乙墓发现的"曾侯乙编钟"。其钟架长7.48米，宽3.35米，高2.73米，重4,400公斤，以大小和乐音的高低为序编成8组悬挂在3层钟架上。斜挂的钟称"甬钟"，直悬的钟称"钮钟"，大小共65件。上面所铸铭文，都与音乐有关，说明当时已具备很高的音乐水平。

兵器中人们最熟悉的是青铜剑。史书记载黄帝时已开始铸剑："帝采首山之铜铸剑，以天文古字铭之"，史称"轩辕剑"。那正是中国刚刚步入青铜文化的时期。迄今所知最早的青铜剑，约出现在商代早期，发现于内蒙古自治区伊金霍洛镇，名为"鄂尔多斯直柄匕首式青铜短剑"。后来，随着商周"礼乐制度"的建立，剑的配备有了限定。据《初学记》引贾了说："古者天子二十而冠，带剑；诸侯三十而冠，带剑；大夫四十而冠，带剑；隶人不得冠，庶人有事得带剑，无事不得带剑。"至春秋战国时代，剑已成为步兵主要武器，而此时的铸剑技术已达高峰，史书所记的欧冶子、干将、莫邪，都是当时的铸剑名匠。如越国人欧冶子，曾为越王铸"湛卢""纯钧""胜邪""鱼肠""巨阙"等五剑，据说都可削铁如泥。吴国刺客专诸刺杀吴王的剑正是"鱼肠剑"。吴国人干将、莫邪夫妇为楚王（或说吴王）所铸之剑则称"干将剑"和"莫邪剑"。1965年在湖北省江陵县楚墓中，出土了"越王勾践剑"，剑长55.7厘米，柄长8.4厘米，剑宽4.6厘米，剑身上装饰着菱形花纹，镌有八个错金鸟篆体铭文，剑主人为"鸠浅"，即"卧薪尝胆"的越王勾践，发现时依然锋刃锐利。

三、瓷器

我国是世界上最早发明瓷器的国家，也是瓷器制作技艺最早成熟的国家。精美绝伦的瓷器自隋唐以后不断地输出到世界各地，特别是17世纪大量销往欧洲之后，"瓷国"的美誉便冠给了中国。因此，把瓷器作为中国文化的闪亮符号，想来一点也不过分。

中国瓷器的前身是"原始青瓷"，它是由陶瓷向瓷器过渡的产物，在全国各地都有发现，烧制窑址在浙江省发现多处。从它的胎骨、施釉和火候来看，已基本上具备了早期瓷器的特征，但是加工还不够精细，火候控制还不够成熟，产品质量还比较差。最早的原始青瓷在龙山文化时期已经出现，距今有4,000多年的历史。

原始青瓷经过漫长的发展，到东汉时期成熟，成为真正的瓷器，而且最早是在中国的南方开始的。1975年在浙江省上虞县发现了"小仙坛窑址"和许多青瓷碎片；2005年又在不远处发现了"大园坪窑址"，其中出土的两只碗"温润如玉，晶莹似冰"，与现代瓷器已无二致，由此开创了中国瓷器史上的"越窑系"。

从三国到魏晋南北朝，瓷器烧制发展迅速，今江苏、江西、福建、湖南、四川等地都有窑场出现，但以越窑（主要遗址在今浙江省慈溪市上林湖和杜湖滨湖地区）为代表的南方青瓷生产仍然处于领先地位。越窑窑场分布广泛；质量独领风骚；产品以青瓷为主，间有黑瓷；品种繁多；式样新颖。

约在北魏统一北方之后，今河南、河北一带开始生产青瓷和黑瓷；到北齐时出现了白瓷，这就为瓷器业的进一步发展开辟了一条广阔的道路。因为有了白瓷，才能有琳琅满目、色彩缤纷的彩瓷。白瓷的发明，开创了瓷器生产的崭新局面，并形成我国制瓷业的南北两大瓷系。

隋唐两代，随着国家统一和经济繁荣，瓷器业进入了一个新的时期。重要窑场已出现在大江南北，白瓷生产已相当成熟，从而形成了"南青北白"的生产格局。唐代烧造的白瓷，胎釉白净，如银似雪，标志着白瓷的真正成熟。目前已发现的河北、河南、山西、陕西、安徽等地的古窑都曾烧制白瓷。其中河北的"邢窑白瓷"（窑址在河北省内丘、临城两县境内）成为风靡一时的名瓷，并与越窑青瓷分别代表了北方瓷业与南方瓷业的最高水平。陆羽在《茶经》里如此评价这两大名瓷："邢瓷类银，越瓷类玉。"值得一提的是众所周知的"唐三彩"，它虽然属于低温烧制的陶器，但伴随盛唐气象而出现，色泽鲜明亮丽，造型生动逼真，显示了盛唐文化的韵律，理所当然地成为中国古代陶瓷的精品。

宋代是中国瓷器发展史上的繁荣阶段。在唐代的基础上，各地瓷业竞相发展，不断创新，制瓷工艺继续改进。因自然条件与民风习俗不同，形成了六大窑系：北方地区的定窑系、耀州窑系（今属陕西省铜川市）、钧窑系、磁州窑系（在今河北省磁县）；南方地区的龙泉青瓷系和景德镇的青白瓷系。出现了"定、汝、官、哥、钧"五大名窑：（一）定窑，窑址在今河北省保定市曲阳县涧磁村及燕山村，宋代属定州，故称"定窑"。以生产白瓷著称，也兼烧黑釉、酱釉等，史称"黑定""紫定""绿定"，产品以碗、盘、瓶、碟、盒、枕居多。原来属民窑，北宋后期一度烧制官瓷，因此影响巨大。（二）汝窑，窑址在今河南省宝丰县清凉寺，宋代属汝州，故称"汝窑"。是北宋朝廷钦定的宫廷用瓷产地，所产瓷器的胎为灰白色，称为"香灰胎"；釉为天青色；

宋代汝窑瓷器　莲花式温碗

纹为"蟹爪纹",可惜烧制时间很短,存世作品很少。(三)官窑,有南北之分,属官办窑场,专门烧制宫廷用瓷。所烧青瓷出类拔萃,精美绝伦,古气盎然,被视为瓷器中的瑰宝。明清时代,"官窑"特指景德镇御器厂为宫廷生产的瓷器。(四)哥窑,窑址至今没有发现,瓷器釉色以灰青为主,主要烧制炉、瓶、碗、盘等,质地优良,工艺精细,全部采用宫廷用瓷的样式。(五)钧窑,窑址在今河南省禹州市城内"古钧台"附近,产品享有"黄金有价钧无价"的美誉。北宋时被定为御用珍品,作品多为尊、鼎、钵、洗、瓶等陈设品。钧瓷色彩艳丽,色调丰富,有玫瑰红、海棠红、胭脂红、鸡血红、朱砂红、茄色紫、葡萄紫、鹦哥绿、葱翠青、梅子青、天青等,尤其以胭脂红、葱翠青和墨色为佳品,历来称钧瓷"入窑一色,出窑万彩"。除此五大名窑之外,其他宋代名窑尚有建窑(在今福建省建阳市水吉镇)、吉州窑(在今江西省吉安县永和镇)、泉州窑(在今福建省泉州市)、德化窑(在今福建省德化县)等。1991年9月,在四川省遂宁市南强镇金鱼村发现了一宗数量巨大、器物精美的宋代瓷器窖藏,出土宋瓷985件。其中的荷叶盖罐精美绝伦,被尊称为中国瓷器中的三大国宝之一,全球仅此一件。因之随后在市内建成国内唯一的"宋瓷博物馆"。

　　元代瓷器承前启后,北方瓷窑因战争破坏而走向衰败,南方的龙泉窑(在今浙江省龙泉市)和景德镇窑却进一步发展,特别是景德镇窑相继烧制出青花、釉里红和颜色釉,使景德镇在全国制瓷业中的地位大大提升。元朝政府专门在景德镇设立"浮梁瓷局",直接管理瓷器生产,这就为景德镇日后成为中国的"瓷都"奠定了基础,而景德镇生产的青花瓷也逐渐发展成为中国瓷器的主流产品。

　　进入明清两代,中国的瓷器生产达到鼎盛,产品的数量之大和质量之高均前所未有。由于明代的社会经济出现了资本主义因素,市场对瓷器生产的需求增加,各地工匠和制瓷高手纷纷涌向日益繁荣的景德镇,形成了"工匠八方来,器成天下走"的局面。于是景德镇的制瓷业突飞猛进,景德镇也很快发展成为全国的瓷业中心,最终确立了它作为"中国瓷都"的地位。

它所生产的"宣德青花瓷""成化斗彩瓷"和"嘉靖五彩瓷",都是明代瓷器的代表作。到了清代康熙、雍正、乾隆三朝,中国瓷器的生产达到了高峰,进入了黄金时代。凡是明代已有的工艺和品种,这时大多有所提高或创新,除了明代的青花、五彩和斗彩,还发展出粉彩、珐琅彩、釉下三彩、墨彩、乌金釉、天蓝釉、珊瑚红、松绿釉以及采用黄金为着色剂的胭脂红等,而高级白瓷的质量,达到了历史上的最高水平。嘉庆以后,特别是鸦片战争以后,随着中国社会的衰落、欧洲制瓷业的兴起和日本制瓷业的竞争,中国的瓷器生产也一步步走向衰落。

中国瓷器外销的历史始于隋唐,那时外销的产品主要是越窑的青瓷、邢窑和定窑的白瓷以及长沙窑的彩绘瓷等,外销地主要是日本、朝鲜半岛、东南亚地区,也有到印度、巴基斯坦和斯里兰卡的。宋元以后,海上贸易进入繁荣阶段,出现了广州、泉州、明州(今浙江省宁波市)、杭州、秀州(辖境相当于除今天海宁市以外的杭州湾以北、桐乡市以东地区及上海市所辖吴淞江以南地区)等贸易大港,为此,北宋朝廷从开宝四年(971年)开始,陆续在上述地方设置"市舶司"(类似今天的海关),专门用来管理进出口事务,瓷器便是主要的外销商品。这些外销瓷器,宋元时代主要是江西景德镇窑、浙江龙泉窑和福建德化窑的产品,也有陕西耀州窑、河南汝州窑,甚至广东、广西一带窑场的产品。自元朝政府在景德镇设立"浮梁瓷局"之后,景德镇窑获得发展良机,制瓷工艺迅速提高,所烧制的青花瓷成为最受欢迎的产品。

明朝建立伊始,一度实行海禁,但并没有杜绝瓷器出口。官方对外国的馈赠以及民间贸易都是瓷器出口的渠道。郑和下西洋的大规模远航行动,也带有数量巨大的瓷器。明中期以后重新开关,合法的对外贸易迅速活跃起来。从明代中晚期到清代初年,瓷器外销进入黄金时期,出口瓷器主要是青花瓷,也有白瓷和彩瓷,产品多为外国定制,造型与图案增加了外邦色彩。欧洲贵族喜欢订购绘有自己家族纹章图案的"纹章瓷",其间英国曾订购过299套,瑞典也订购过300套以上。这一时期出口的瓷器数量前所未有,研究数据显示,自1602年荷兰东印度公司成立后,从中国贩运到欧洲的瓷器不下两千万件。因此在欧洲掀起了以使用中国瓷器为时尚的风气,各国王室、贵族及各阶层人士纷纷购买、收藏和陈设中国瓷器,以此作为财富和高贵的象征,连普鲁士皇帝迎娶皇后也不惜用禁卫军与邻国君主换取中国花瓶来装点自己的婚礼。欧洲的商家瞄准这个赚钱机会,纷纷在各地开设经营中国瓷器的商店。

到了18世纪下半叶,欧洲国家经过100多年的摸索,才在中国制瓷技术的基础上生产出数量较多的瓷器,从而减少了从中国的进口。中国转而向美国市场出售瓷器,但为时不久。由于英法等资本主义强国的入侵、国内太平天国战争的破坏以及清朝政府的腐败,官窑生产更加低落,民窑瓷器尚能在挣扎中生产一些较好的产品。这种衰败现象直到新中国成立以后才得以逐步扭转,出现了步步繁荣的景象。

目前,中国的瓷器生产主要在江西省景德镇市、河南省禹州市、湖南省醴陵市、福建省德化市、河北省唐山市、山东省淄博市和广东省佛山市等地。景德镇依然保持着它"中国瓷都"的地位,并发展成为我国集陶瓷生产、销售、科研、教育与旅游于一体的庞大基地。河南省禹州市仍然是钧瓷的产地,而中心产地在该市神垕镇,那里拥有许多知名企业,已研制开发出各类品种造型1,200多种、窑变釉色30多种。湖南省醴陵市是釉下五彩瓷原产地,现在以生产红瓷闻名天下,"中国红"更是它的一大品牌。福建省德化市的白釉瓷最为著名,享有"中国白""象牙白""奶油白"的美誉。河北省唐山市是后起之秀,主要生产档次高、工艺精、外观美的"骨质瓷"。山东省淄博市早在原始社会已经开始制陶,一直传承至今,其产品分为"美术琉璃"(又称"料器")和"美术陶瓷"两类,瓷器以"雨点瓷"最为著名。广东省佛山市的陶瓷生产历史悠久,被誉为"南国陶都",制陶业现在仍属重点产业,其中石湾陶瓷享誉中外,佛山祖庙的陶瓷装饰是最有说服力的展示。

四、文房四宝

中国文化传承所依靠的重要载体之一，就是独具特色的汉字与图书。担负这一传承任务的骨干人群，自然是今天所称的知识分子，即文人。可以说，中国文化的诸多方面，都是由历代文人把它书写出来，经过刻印，成为典册的。其间各个环节所使用的工具中，笔、墨、纸、砚是最主要的四件。它们也是文人进行书画艺术创作的必用器具，因此美其名曰"文房四宝"。

"文房"一词，古已有之，这里指文人居家读书与工作的书房。如唐代诗人元稹在《酬乐天东南行诗一百韵》中就有"文房长遣闭，经肆未曾铺"之句。文人要在自己的书房里工作，必须具备笔、墨、纸、砚这四样工具，称它们为"四宝"，足见它们有不可取代的重要作用。当然，除此以外，文房里还要有其他辅助工具，如笔筒、笔架、笔洗、印盒、图章等。经过历史的发展与积淀，我们今天再谈到"笔""墨""纸""砚"的时候，就是专指"湖笔""徽墨""宣纸"和"端砚"了。

先说笔。笔是中国文化的专有发明，民间传说笔的发明者是秦国大将蒙恬。但考古证明，至少在春秋时期已经有笔。到目前为止，已经在湖北省随州市曾侯乙墓中发现了春秋时期的毛笔，随后在湖南省长沙市发现了战国笔，在湖北省云梦县、甘肃省天水市发现了秦笔，此外还先后发现了汉笔和西晋笔。

笔，古称"聿"。据《说文解字·聿部》："楚谓之'聿'，吴谓之'不律'，燕谓之'弗'。"可见那时虽有"笔"这种东西，但是各国的叫法不同。秦始皇统一中国后，统称"笔"，并在"聿"字上加了"竹"字头，成为繁体的"筆"。

古人最初制笔，多用各种禽、兽之毛。但在长期实践过程中，逐渐体会到兔毛是最好的原料，而且要选用秋冬时节比较坚挺耐用的兔毛。魏晋时期，一度选用鼠须，到唐代又选用兔毛，特别是韧性较强的老兔毛，称为

"紫毫"。宋代以后，大量采用羊毫制作。到了元代，浙江湖州生产的"湖笔"，采用当地的优质山羊毛做原料，加上精湛的工艺，制作出毛细、锋嫩、色白和质净的上品羊毫，同时也生产狼毫（黄鼠狼尾毛）、紫毫（野兔毛）、兼毫（羊毛、兔毛与黄鼠狼尾毛）和鸡毫（鸡绒毛），最终使它取代了久已流行的"宣笔"，成为中国毛笔之冠。

湖笔所以能成就它的辉煌，与湖州这块宝地的历史人文环境不无关系。湖州山水秀美，人文荟萃，历代才子迭出。三国时期的大画家曹不兴，南北朝时期的画家张僧繇、文学家沈约，元代大书画家赵孟頫，都是湖州籍人士，王羲之、王献之父子也与湖州有密切关系。他们的诗文酬唱与书画创作，无疑是湖笔脱颖而出的一种动力。特别是赵孟頫受到元朝皇帝垂青，以朝廷儒学提举任职江南，与众多文人雅士谈诗论画，挥毫遣兴，在很大程度上促进了湖笔的质量提升。那时，人们把画家钱选（钱舜举）的画、赵孟頫的字和制笔技师冯应科的笔称作"吴兴三绝"，正好说明了这个问题。

湖笔的生产制作中心在今湖州市吴兴区善琏镇，那里几乎家家有笔工，户户出湖笔。湖笔制笔工艺相当复杂，有流程120余道。相传秦朝大将蒙恬为毛笔发明者（实际可能是毛笔改进者），善琏镇笔工以蒙恬为行业始祖，故在镇西建有"蒙公祠"，每年农历三月十六和九月十六举办两次庙会祭祖，现已发展成为"国际湖笔文化节"。

次说墨。"墨"一般指书画创作所用的墨，就其来源可分为天然墨和人工墨两种。天然墨在新石器时代已经出现，而人工墨的发明者据文献记载是周宣王时期的"邢夷"。但在实际上，商代的甲骨文的红黑两色字体是用人工墨涂写的。经科学化验，红色为朱砂，黑色为碳素单质（烟或煤），都是制墨的原料。人工墨发展到汉代，原料开始取自松烟，其次是漆烟和桐烟。那时的制作方式非常简单，只要用手捏合即可，缺点是比较松散。后来采用模制，经过许多程序，制成比较结实耐用的墨锭，才算是完成了墨的制作。三国时，已有韦诞（字仲将）墨闻名于世，故南朝萧子良在《答王僧虔书》中说："仲将之墨，一点如漆。"

我们今天谈到墨，一般就指"徽墨"，即今安徽省宣城市绩溪县、黄山市屯溪区和歙县等地所生产的墨。史料表明，徽墨大约始于唐末。那时处于战乱，易州（今河北省易县）墨工奚超父子避乱逃至歙县，把制墨技术带到了江南。他们所制的"奚氏墨"很快传入南唐宫廷,李后主是文学大家、诗词圣手，整日吟词作句，舞弄笔墨，对"奚氏墨"大加赞赏。于是封奚超之子奚廷为"墨务官"，赐姓李氏，"奚氏墨"从此改称"李氏墨"，并有"黄金易得，李墨难获"的美誉。自此，"李墨"名闻天下，全国制墨中心转移至歙县。因歙县为古徽州治所，故称李墨为徽墨。

墨在历史发展中，逐渐形成三大流派：歙县墨、休宁墨和婺源墨。歙县墨在三大流派中影响最大，其特点是隽雅大方、烟细胶轻、香气浓郁，装匣也极讲求精致，因此皇家用墨都由歙县墨上贡，文人学士也纷纷到歙县制墨。其制墨名家有明代的罗小华、程君房、方于鲁，清代的曹素功、汪近圣、任节庵、程公瑜、程正路、江希古、方振鲁等。休宁墨则华丽精致，式样繁多，且饰以金银彩色，已成精美的工艺品，制墨名家有明代的汪中山、清代的叶玄卿、汪时茂、汪斗山、胡开文等。婺源墨又叫"新安墨"，它的特点是"落纸如漆，色泽黑润，入纸不晕，捺笔不胶，经久不褪，馨香浓郁，防腐防蛀"，风格多民间特色。制墨名家以詹氏族人为最，如詹云鹏、詹衡襄、詹致、詹成圭与詹子云等。由于制墨工艺相当考究，使用墨模花样繁多，在明代已形成徽州"四大墨谱"，即《方氏墨谱》《程氏墨苑》《方瑞生墨海》和《潘氏墨谱》。

三说砚。砚俗称"砚台"，按照古人的解释，"砚"就是"研"的意思，而"研""磨"同义，所以，砚是研磨的工具。它的历史也很早，在西安半坡遗址和宝鸡北首岭遗址中都发现过仰韶文化时期的研磨器。1980年，又在西安临潼姜寨遗址发现了一套完整的彩绘陶制工具，包括了石砚、石盖、磨棒、黑色颜料以及陶质水盂，足见中国砚的历史已达5,000年以上。

最早的砚应当就是石砚。到汉代发明了人工制墨，墨可以直接在砚上研磨，就陆续出现了其他材质的砚，如铜砚、陶砚、银砚、瓷砚、瓦砚、铁砚、玉砚、象牙砚等，但真正大量生产和使用的还是石砚。这大概是因为石质砚材量多，而且易于加工。除了它的实用价值以外，由于它加工精细，制作精美，并与文学、历史、绘画、金石和雕刻汇为一体，石砚又成为一种可以收藏的艺术品。唐代书法家柳公权在《论研》中记载："蓄砚以青州黑山红丝石为第一，绛州次之。后始重端、歙、临洮，及好事者用未央宫铜雀台瓦，然皆不及端，而歙次之。"后来就把"端""歙""洮"列为中国名砚，到了清代，又把山西的澄泥砚列入，遂有"中国四大名砚"之说。

首先是端砚，又称"端溪砚"，位列中国四大名砚之首。它是用今广东省肇庆市羚羊峡烂柯山端溪至北岭一带出产的石材制作而成的。因肇庆古称"端州"，故名"端砚"。历代公认它"叩之不响，墨之无声，刚而不脆，柔而不滑，贮水不耗，发墨利笔"，堪称绝品。其石质细腻温润、致密坚实，花纹秀丽多姿，颜色以紫色为主调，另有灰色、青黑色、青色和绿色等，主要特点是石纹丰富，有青花纹、朱砂钉（斑点）、五彩钉等，还有形似动物眼睛的"石眼"，这些都在制作时被用来作为天然装饰，更具有艺术性。一般而言，端砚始于唐代初年，最早见于李贺的《杨生青花紫石砚歌》，其中说"端州石公巧如神，踏天磨刀割紫云"；刘禹锡的《唐秀才赠紫石砚以诗答之》也有"端州石砚人间重，赠我因知正草玄"之句，可见端砚在那时已相当流行。随着文人对它的喜爱，端砚由单纯的文房用具逐步向艺术品演变，形制日益丰富多彩起来。至宋代实用与欣赏并重，明清两代更在艺术加工上大下工夫，成为文人学士的挚爱。端砚的制作过程十分考究，在题材、立意、构图、造型、雕刻方面都很精心，其中不乏精品。北京故宫收藏的"端石双龙砚""猫蝶砚"就是端砚中的佳品。

歙砚，又称"龙尾砚"或"罗纹砚"，产于今江西省婺源县龙尾山，因在古歙州治所——今安徽歙县加工与集散，而婺源也旧属歙州管辖，故称"歙砚"。据有关史料记载，歙砚初产时间，大约在唐代开元年间（700年左右）。由于它石质优良，色泽青莹，纹理细密，坚润如玉，磨墨无声，因此所制砚台深受文人士大夫的欢迎。至南唐时代已在歙州设立"砚务官"，专门搜集质地优良的石材，为宫廷制砚，更因李后主的喜爱而名满天下。史料载"李后主留意翰墨，用澄心堂纸、李廷珪墨、龙尾砚。三者为天下冠，当时贵之"。歙砚的品种也有许多，其中以罗纹砚和眉子砚为最上品。所谓"罗纹砚"，其纹如罗丝精细，其色青莹，其理坚密。比如刷丝罗纹砚银色刷丝如发之密，而金星罗纹砚在光线照耀下，熠熠发光，如满天星斗。所谓"眉子砚"，则是石纹如人画眉，成双成对，像是脸上挂了双眉。今北京故宫收藏有"歙石竹节砚""歙石鱼子竹节砚"等。

洮砚，又称"洮河绿石砚"，因产于甘肃省南部洮河中游与岷县、临潭县交界的卓尼县喇嘛崖一带的峡谷中而得名。石材在大河深水之底，非人力所能致，因此得之即为无价之宝。唐代已有制作，与端、歙砚齐名，至宋代初年已闻名于世。其石材色泽碧绿，晶莹如玉，石质坚而细腻，古称"涩不损毫，滑不拒墨；发墨迅疾，久蓄不涸"，制成的砚台雅丽珍奇，故为文人墨客、皇亲贵族所重。洮砚颜色常呈绿色，有的带有水波状纹路，称"绿漪石"；有的在纹路中夹杂黄色痕迹，称"黄标绿漪石"；有的则带深色墨点，称"湔墨点"；有的带有朱砂点，称"柳叶青"。其中以"黄标绿漪石"最为名贵。宋代诗人黄庭坚曾评价"洮州绿石含风漪，能淬笔锋利如锥"；苏轼也在《鲁直所惠洮河石砚铭》说"洗之砺，发金铁。琢而泓，坚密泽。岁丙寅，斗南北。归予者，黄鲁直"，说明洮砚在文人眼中有很高的品位。

澄泥砚，是四大名砚中唯一不用石材而用胶泥制作的砚台，唐代已是"贡砚"，产地大多认为是山西绛州（今绛县）或虢州（今河南省三门峡市）。由于采用沉淀千年的黄河渍泥为原料烧制，类似于制陶与制瓷，只是温度控制不同，所以制作过程十分艰难，制成一方砚台相当不易。据说首先要取河泥加以淘洗过滤，除去杂质，使之变为"澄泥"，再放置一年以上去其燥性，然后入窑用高温烧成砚砖，最后雕凿成砚。这样的制作方法使砚台坚实如铁，质地细腻，以致贮墨不涸，历寒不冰，不伤笔，不损毫，与石砚相比也毫不逊色，堪称砚中一绝。其品种有朱砂红、鳝鱼黄、蟹壳青、绿豆砂、檀香紫等，尤以朱砂红、鳝鱼黄最为名贵。澄泥砚在端、歙砚以前已经大有名声，所以宋代《砚谱》说，"虢州澄泥，唐人品砚以为第一，今人罕用"。其制作技艺在清代失传，今已恢复，在山西省定襄县与河南省新安县都有生产。

四说宣纸。宣纸是专供书画创作与古籍印刷使用的纸，因原产地为安徽省泾县，古属宣州（今宣州市）管辖，故称为"宣纸"。对宣纸的记载最早见于唐代书画评论家张彦远的《历代名画记》，书中说："好事家宜置宣纸百幅，用法蜡之，以备摹写。"新旧《唐书》也有记载，可见宣纸在唐代已经用于书画。至南唐，李后主已亲自监造名为"澄心堂"的宣纸，据说它"肤如卵膜，坚洁如玉，细薄光润，冠于一时"。古人云：落笔宣纸，墨分五色。这里说的"墨分五色"，是指墨色在纸上的丰富变化。宣纸对书画创作的重要性不言而喻。宣纸的原料以皖南山区特产的青檀树为主，配以部分稻草，经过长时间的浸泡、蒸煮、漂白、制浆等十八道工序，历时一年有余，才能制成优质的宣纸。而青檀树是泾县的主要树种，泾县优质沙田里的长秆籼稻草纤维性强，不易腐烂，也容易自然漂白，因此泾县成为宣纸的原产地顺乎自然。宣纸按照原料可分为"棉料""皮料"和"特种净皮"三大类，棉料的青檀皮约占30%，稻草占70%；皮料的青檀皮约占60%，稻草占40%；而特净的青檀皮占80%以上，稻草只占20%以下，因此特种净皮是宣纸中的精品，它的拉力、韧力比较强，泼墨的性能也比较好，是最适合书画家使用的，也最能体现中国书画的艺术精神。如果按照纸的厚薄还可分为单宣与夹宣，按照加工程度又可分为生宣和熟宣。熟宣是用矾水加工制作的，水墨不易渗透，遇水不化开，可用于整体细致的描绘，也可反复渲染上色，适于青绿重彩的工笔山水；生宣则没有经过矾水加工，吸水性和渗水性都比较强，遇水即化，极易产生丰富的墨韵变化，多用于写意山水。至于其他的分类，我们就不去详述了。2009年9月宣纸传统制作技艺入选联合国"人类非物质文化遗产名录"，成为中国文化艺术史和造纸科技史上的一朵奇葩。

● 学习与思考

1. 中国文化如何看待玉？玉器的运用经历了怎样的变化？
2. 什么叫"青铜时代"？
3. 中国瓷器在器物文化史上占有什么地位？
4. 试从文化传承的角度解释"文房四宝"的意义。

参考答案

● 相关资料

1. 常素霞. 中国玉器发展史. 北京：科学出版社，2009.
2. 郭军林. 中国青铜文化. 北京：时事出版社，2009.

第十六章 风俗习惯

《清明上河图》(局部)

各个民族在历史发展过程中,由于自然条件和社会环境不同,形成各自不同的行为方式和生活方式,这就是人们常说的风俗习惯。所以古语说:"百里不同风,千里不同俗。"从文化考察和文化研究的角度去看,一个民族的风俗习惯能最充分地体现这个民族的心理、志趣、信仰和历史,因而也是这个民族最有意义的文化特征。世界上一些著名的文化学家,几乎都是通过对风俗习惯的考察来研究一个民族的文化的。如美国学者罗伯特·路威于1929年写的《文明与野蛮》,用了绝大部分篇幅来谈风俗习惯,以此来比较不同民族的文化特质;另一位美国学者约瑟夫·布雷多克写的《婚床:世界婚俗》,则是从婚俗角度来比较不同民族的文化。因此,文化学家和人类学家总是从观察、了解和比较不同民族的风俗习惯入手,去研究和认识这个民族的文化。从社会调查和社会研究的角度去看,风俗习惯的演进和变化,往往反映了社会的演变和发展;根据民族的风俗习惯制定相应的政策,是维护社会稳定、促进社会发展的必要因素。中国的传统文化重视"政教"和"教化",因而总是从社会治理的角度去考察风俗习惯,从维护统治的角度去强调移风易俗,认为"国家元气,全在风俗;风俗之本,实系纪纲";"为政之要",在于"辨风正俗",在于"移风使之雅,易俗使之正"。为此,早在东汉末年,应劭就写成《风俗通义》一书,这恐怕是世界上最早的民俗学著作了。

中国有56个民族,风俗习惯各不相同。那么,它们的共同特点是什么呢?

一是积久性,即中国人的风俗习惯大多具有古老的历史渊源,经历了漫长的演变过程。原因很简单,我们的历史非常悠久。在长达数千年的时间里,各种习俗积聚人们的感情、信念、愿望和追求,以其缓慢变化的方式,反映一定历史阶段上的物质生活水平。比如祭祖这一风俗,产生于4,000年以前的原始社会。它所体现的情感是后人对先人的怀念和尊敬,认为先祖生育了后代,他们的伟大就在于他们有生育功能。因此,祭祖风俗实发端于生殖崇拜。但原始社会的人们认为人死后灵魂还活着,于是就用自己吃的东西祭奠他们。大抵初时只是一些鱼、鸟和野果,后来便专用酒肉。随着宗法制度的建立和发展,不但祖先被奉为一家一族的神明,年年岁岁享受子孙最虔诚的祭祀,而且祭奠的东西也日益丰富,后来还发展到烧纸钱、纸衣服。因此,宗法制度形成以后的先祖,已不仅仅是只有繁殖后代的功能,还是家族兴旺发达、家庭平安康健的保证。到封建社会的中晚期,祭祖活动与"齐家""治国""平天下"的政治需要结合到一起,被看作是"人生第一吃紧事"。人们把遵循教条和道德的自我完善,看成是对先祖恩德的最好报答。因此,那些功成名就、衣锦还乡的人,总认为自己是光宗耀祖;而那些家境败落或毫无成就的人,总是在内心深处谴责自己愧对"列祖列宗"。这种祭祖活动的道德化与政治化,是封建制度长期发展的结果,其中生理的、道德的、政治的、宗教的各种积淀,都表明祭祖风俗的积久性。又如八月十五吃月饼,传说产生于元末,初时只是为反抗元朝统治者而采取的相互传递信息的一种手段,后来逐渐演化为一种风俗。但是究其起源,这一风俗则生成于远古人类对月亮的崇拜,汉唐时代已形成拜月活动,人们期冀在这一天能合家团聚、夫妻团圆。待到元末,民族斗争十分尖锐,于是,八月十五的拜月活动融入了新的内容,表现了汉族人民团结一心的民族精神。这种变化也是一种历史的积淀。

二是多元性,即风俗习惯的多民族性、多区域性和多系统性。由于民族不同、地域不同,形成的风俗习惯也不同,这一点是很容易理解的。每个民族都有自己的丧葬、婚姻、祭祀方式和衣、食、住、行方式。同一民族居于不同地域的人们,也有各自不同的习惯。西南地区的彝族、傈僳族、拉祜族、纳西族等都过"火把节",但他们火把节的来历、举行火把节的方式并不相同。这说明,他们对火与光的理解存在着民族差异。彝族认为火可以除害(蝗虫),白族认为火可以除霸(奴隶主和国主),纳西族认为火可以救己,拉祜族则认为火可以驱恶。至于各个民族的婚俗更是千差万别,异彩纷呈。其原因是,各民族经历的社会发展阶段不同,所受的封建礼教的影响也不同。从总体上来看,汉族婚姻束缚性很强,而云南很多少数民族男女间婚姻的自由度较大。这是习俗的多民族性和多区域性。它的多系统性是指民俗中存在着各种系统的"神"。中国自古是多神崇拜,认为世间万物都有神,天神、地神、日神、月神、山神、河神以及家中的门神、灶神,但始终没有一个主宰万事万物的神。及至佛教传入、道教产生以后,逐渐形成儒、佛、道三大系统的神谱,尔后又形成三教合一的民间系统的神谱。明代编写的《三教搜神大全》对此有详细的记载。在漫长的历史发展中,各个系统的神灵以各自不同的特性,与中国人发生着信仰关系,并产生了各种不同的宗教习俗。虽然三教之间时有斗争，但并不一定要斗个你死我活。

三是相融性，即各个民族的风俗习惯互相影响、互相融合，以求共同发展的一种特性。在这个过程中，由于汉民族的文化比较发达，因此它的影响力和融合力都比较大。大凡入主中原的少数民族，都接受了汉族文化的影响。历史上记载的北魏孝文帝改革鲜卑旧习，是最有代表性的事件。在丧葬问题上，我们也可以看到汉族文化的影响力。汉族崇尚土葬、厚葬，特别是对于帝王公卿，在秦汉时代已形成一定的陵寝制度。其他少数民族的统治者，在丧葬问题上大多受过汉族的影响，如藏族崇尚天葬，但吐蕃时期的赞普都是建墓立碑的；宋代的西夏王和辽代诸王也建有陵园和陵墓。金人入主中原以后，帝王建陵方式完全学习汉人，在今北京的房山区建有规模宏大的金陵。清代帝王在入关前就仿效汉人葬法，入关以后的东陵和西陵，跟明十三陵的规制几乎完全一样。在入主中原的少数民族帝王中，只有元代帝王保留了蒙古贵族的葬法，"贵族死后不起坟，葬毕以马蹂之使平，杀骆驼于其上，以千骑守之，来岁春草既生，则移帐散去，弥望平野，人莫知也"，所以在中国找不到元陵。这大概是由蒙古游牧部落的生活方式决定的。当然从历史上看，汉族接受少数民族的影响也是很多的。有的是被迫接受的，这一般不会长久，如清代的人们留长辫子，辛亥革命以后人们便剪掉了；有的是主动吸收的，这会丰富自己的生活，如汉族妇女学穿满族妇女的旗袍，这在今天仍是一种显示妇女身材的服饰。这种习俗上的相融性是中华各民族长期和睦相处的保证之一。

下面就几种风俗习惯进行阐述。

一、茶酒与烹调

北京什刹海南边先前的一个小饭馆里有一副古联："陆羽茶经元亮酒，韦家食谱步兵厨。"这概括地讲了中国的饮食文化——茶酒与烹调。

茶，古称"荼"，也称"茗"，也称"槚"，也称"荈"，相传是由神农发现的。据《神农本草经》载："神农尝百草，日遇七十二毒，得茶而解之。"这个"荼"就是古"茶"字。茶的发现和利用是中国人对人类文化史的一大贡献，茶至今仍是世界三大饮料之一。

世界饮茶发源于中国，中国饮茶发源于四川。据文献记载，茶最初被当作一种药材，后来在医药实践中，人们才认识到茶不但可以治病，而且可以清热解渴，味道也清香扑鼻，是一种很好的饮料。据说，在秦代以前，只有巴蜀人在种茶和饮茶。秦始皇统一中国以后，这一习惯才由四川传播开来，到西汉时，茶已由药用完全转变为饮用。三国时期，饮茶在长江流域已成为习惯。到了魏晋南北朝，南北饮茶已成风气，茶已被用作招待客人、进行社交活动的一种媒介，并且出现了咏茶的文学作品，如晋杜育的《荈赋》。唐宋以后，饮茶的风气已相当普遍，并且传到西北和藏族地区。当时的一些城市里已开设了茶馆，运输茶叶的舟车相继不断，陕西省扶风县法门寺出土的唐代宫廷茶具表明，贵族饮茶还举行一定的仪式，即中国的"茶道"。805年，在天台山国清寺研习的日本最澄和尚回国时把茶籽带回日本，由此开始了日本的饮茶史。17世纪以后，中国的茶叶陆续传入印度尼西亚、印度和欧美大陆，成为一种世界性的饮料。

中国人的饮茶方式，随历史的发展而不断变化。唐宋时代通行煮茶，方法是先把茶叶碾成碎末，制成茶团，饮用时把茶捣碎，加入葱、姜、橘子皮、薄荷、枣

宋代斗茶图

和盐等调料一起煎煮。还有把茶叶碾碎，然后冲水将茶末调成糊状喝下的，这种方式被称为"吃茶"。煮茶这种方式，不但用起来麻烦，喝起来也没有茶叶的本味。宋元以后，改煮茶为泡茶，而且不加调料，人们尝到了茶的清香。明清以后，盛行泡茶，而且喜欢饮盖碗茶。

中国饮茶史上的一件大事是，唐代出现了陆羽的《茶经》。这是我国最早的一部茶叶专著。它总结了唐代以前种茶饮茶的经验，也记述了作者的切身体验，标志着饮茶文化的进步与转变。陆羽（733—804年），字鸿渐，唐代复州竟陵（今湖北省天门市）人。据说他是一个弃婴，得智积和尚抚养，用《易经》占卜，得"渐"卦，卦辞为"鸿渐于陆，其羽可用为仪"，遂以陆为姓，以羽为名，以鸿渐为字。智积和尚嗜好饮茶，陆羽从小给他煮茶，积累了许多经验，加上他钻研好学，后来又游历各地，识见颇多，终于写成这部享誉中外的《茶经》。书中从茶之源、茶之具、茶之造、茶之器、茶之煮、茶之饮、茶之事、茶之出、茶之略、茶之图十个方面，论述了饮茶的发展历史。陆羽《茶经》之旨在于"品"，即注重茶的意趣而不注重它的功用，这也是中国茶文化的灵魂所在。由于这一贡献，陆羽被尊为"茶圣""茶仙"。现在在他的故乡还保留着陆羽亭、文学泉等纪念他的古迹。中国茶文化方面的名人在陆羽之后要数宋代的书法家蔡襄，他是一位很有水平的品茶专家，著有《茶录》一书，书中记述了宋代流行的多种名茶。据说福建建安能仁寺的和尚曾把寺内自产的珍品"石岩白"送给他，后来他回到开封，朋友用上好的茶招待他，他端着闻了一下就问道："你从哪儿弄到的能仁寺'石岩白'？"这使他的朋友佩服不已，因为这茶正好是"石岩白"。

由于茶的利用，中国文化史上形成了两种风气：一是品评泉水，二是品茗赋诗。二者体现了中国人的饮茶特色。品评泉水的活动，始于陆羽。他从多年实践经验中懂得，水质的好坏对茶味的影响极大。因此，他煮茶时非常注意水的选用。据说他后来在云游各地时，把他品尝过的泉水按水质好坏分为20等，其中庐山康王谷谷帘泉第一，无锡惠山泉第二，蕲水县兰溪泉第三，宜昌石鼻山下蛤蟆泉第四，苏州虎丘山憨憨泉第五，庐山招贤寺下招隐泉第六，长江南零水第七……

从陆羽以后，文人士大夫们都喜欢根据自己的经验和体会，对适宜煮茶、泡茶的泉水评定等级，以显示自己在这方面的素养和水平。与陆羽差不多同时代的刘伯刍就以"长江南零水为第一"。文天祥经过品尝，非常赞同刘伯刍的这一主张。其后，到了清代，这种品泉风气影响到了帝王，爱好风雅的乾隆皇帝也加入品泉的行列。他的品泉标准超出煮茶、泡茶的范围，主要看泉水是不是可以养人，即长期饮用是不是有益于身体健康，因此乾隆认为，水质越轻，含杂质越少，则泉水越好。于是他让人特制一个银量斗，用来称量全国名泉的重量，结果北京的玉泉名列榜首，他亲自撰文立碑，名《御制天下第一泉记》，以嘲讽的口吻批评陆羽，说他没有到过北方，所以不知道北京玉泉的妙处。历代品评的结果，形成名泉排名并列的局面，现将历代公认的名泉归纳如下：

"天下第一泉"四处：

（1）江西庐山谷帘泉，在庐山康王谷，由陆羽评定。与庐山云雾茶相配，其味甚妙。

（2）江苏镇江中泠泉，即古长江南零水，在镇江金山公园西面。由刘伯刍评定。水质甘冽醇厚，表面张力很大，泡茶效果极佳。

（3）北京玉泉，在西郊玉泉山，由乾隆皇帝评定。元代以来被定为宫廷用水，煎茶、酿酒均好。

（4）山东济南趵突泉，在济南市西门桥附近，为济南七十二泉之首。由乾隆评定。相传乾隆至此，见泉水趵突，脱口加封为"天下第一泉"。

"天下第二泉"一处：

江苏无锡惠山泉，在无锡市锡惠公园内，由陆羽评定，因此又叫"陆子泉"。历代对它的地位众口一词，在中国名泉中稳坐第二把交椅。阿炳的《二泉映月》即诞生于此。唐武宗时的宰相李德裕有茶瘾，曾命地方官派人用传递的办法把惠山泉送往长安。

"天下第三泉"三处：

（1）湖北蕲水（在今浠水县）兰溪泉，由陆羽评定，又叫"陆羽茶泉"，配湖北老青茶味道最佳。

（2）江苏苏州陆羽井，在苏州虎丘山，传为陆羽开凿，由刘伯刍等评定，配以太湖碧螺春最好。

（3）浙江杭州虎跑泉，与西湖龙井茶相配，称为"西湖双绝"。

"天下第四泉"四处：

（1）湖北宜昌黄牛泉。

（2）蛤蟆泉，与黄牛泉不在一处，但地质结构相同，出于同一水源，因此均被陆羽评为第四。陆游入蜀，曾饮过蛤蟆泉水，并写诗赞美它。葛洲坝建成后，蛤蟆泉已沉入江中。

（3）湖北秭归香溪水，在秭归县香溪镇王昭君的故乡，传为陆羽评定。

（4）江西上饶陆羽泉，在上饶市第一中学内，旧为广教寺，陆羽曾在此隐居多年，泉为陆羽所凿。

"天下第五泉"是苏州惠惠泉，又名观音泉，由陆羽评定。

"天下第六泉"为江西庐山招隐泉，由陆羽评定。

至于品茗赋诗的风气，我们还说不上始于何时。如果从晋代杜育的《荈赋》算起，应当早于品评泉水的风气。但大抵来说，它是文人士大夫们的一种雅趣，是综合品味、赏景、清谈、修性、抒情等多种审美功能的文化活动，唐宋以来极为盛行。一般情况是文人聚集于名泉胜地，坐饮于亭台楼阁之中，见四周湖光山色，荡人心胸，于是按韵吟诗，以助雅兴。历代饮茶诗作不少。

此外，由于茶的利用，在我国古代还产生了茶礼，作为男女结婚时的媒介，即男女定亲后，男方送茶给女方作聘礼，叫作"下茶"；女方接受聘礼，叫作"受茶"。古人认为"茶不移本，植必子生"，即茶树只能下种，不能移植，因此取这层含义而以茶为聘礼。过去是"男不下茶，女不出门"。茶礼以外，还有茶话，就是一边饮茶，一边清谈，后来演变为"茶话会"，成为一种饮茶的聚会形式。而旧时城市中广泛开设的茶馆，则成为集中体现市民文化的一个场所。今日的茶座不过是茶馆的现代化发展罢了。

酒的历史比茶早。从考古发掘知道,在原始社会的新石器时代已经有酒,因为在陕西省眉县马家镇仰韶文化遗址中出土了十件粗陶容器,它们很可能是用来盛酒的。1986年在河南出土了一壶3,000年以前的古酒。这都说明中国造酒的历史十分悠久。但中国的古文化常把某一项文明成就归功于个人,所以传说中的造酒始祖是仪狄和杜康。仪狄是大禹时代人,据《战国策·魏策》载,仪狄造酒,献给禹喝,禹饮后大醉,因此疏远仪狄,并禁绝喝酒,认为"后世必有以酒亡其国者"。杜康也是夏代人,有人认为他就是夏代国君少康。杜康造酒的说法,古籍记载较多,对后来的影响也较大,所以河南、陕西出现了杜康村、杜康泉、杜康沟,相传都是杜康造酒的地方,杜康本人更是被尊为"酒圣"。历史上人们把杜康造的酒当作佳酿,杜康遂成为佳酿的代称,曹操说"何以解忧,唯有杜康","杜康"指的正是佳酿。

从酒本身的发展来看,最早产生的酒应当是果酒,因为野果子里一般含有糖分,其皮又附有天然酵母,可以自然发酵成酒。河南地区流行的有关杜康造酒的民间传说,说杜康所造的酒也正是果酒。后来发展到用谷物酿酒。到先秦时代,已经发明了曲酒。1974年在河北省平山县战国时期的中山王墓中,出土了一壶古酒,打开壶盖还有酒曲香味。汉代以后,酿酒技术不断进步,并注意到用甘美的泉水酿造好酒。北朝贾思勰的《齐民要术》列举了九种造曲法,而此时山西汾酒的前身"汾清"已经是一种名酒。唐宋以后,不但酒的种类增多,而且在酒中加进各种药材,酒的效用进一步提高了。

酒在社会生活中的文化功能,主要是用于祭祀和饮酒为乐两项。两者的实质都是享乐,只不过祭祀用于神,饮酒用于人。至少在春秋战国时代,酒已是祭祀、会盟、庆祝胜利和接待来宾必不可少的用品。以共乐为目的来联络感情,这一风尚延续数千年不衰。至于日常饮酒,早已成风。殷商时代可以说是一个饮酒的朝代,在出土的商代器物中就有各种各样的酒器。殷纣王"以酒为池,悬肉为林,使男女倮相逐其间,为长夜之饮",最终导致亡国,应了大禹的那句话。所以后来的周成王和三国时的曹操都严令禁酒,告诫人们不要贪杯好饮。保存在《尚书》里的《酒诰》，据说就是周成王的禁酒令。但是禁归禁，饮归饮，好酒之风，历代兴盛。到魏晋之际，饮酒成为社会政治风气的一种反映。由于当时天下动乱，杀戮不断，整个上层社会充满没落感，因此在哲学上产生了玄学和清谈，在生活上出现了腐化和放纵。狂饮大醉就是腐化和放纵的结合。还有一些人则出于对现实的不满，以醉态来忘却世态。人们熟知的阮籍和刘伶，都是狂饮的代表。特别是刘伶，自称"天生刘伶，以酒为名"，甚至作《酒德颂》，以饮酒为德，因此民间关于刘伶醉酒的传说很多。说他有一次喝了杜康酒，一醉三年不醒，民间称为"杜康造酒刘伶醉"。酒在中国文化中的最大特色，是它与文学结缘。酒既是文学描写的对象，又是文学创作的助力。古代文人诗必饮酒，酒必赋诗，诗酒一家，以此产生了无数与酒有关的诗赋作品。这方面的代表一是陶渊明，二是李白。陶渊明又字元亮，是中国酒文化特色最突出的代表者之一，旧有"陆羽茶经元亮酒"的说法。至于李白的"斗酒诗百篇"更是家喻户晓的事。要不，酒店的门口为什么要挂"太白遗风"的幌子呢？

当然，古人饮酒，大都为薄酒，其度数不高，远不像现在的"二锅头"和"茅台酒"那么厉害，否则，李白不可能"一日须倾三百杯"，武松也不会一口气喝十八碗。

烹调，或者叫烹饪，是中国饮食文化中最突出的一种。这不但因为烹调是一种艺术，而且因为吃的方式也大有讲究。孙中山说"是烹调者，亦美术之一道也"，把烹调与绘画相提并论，认为它们都是美的艺术活动。古今流行的"美食"一词，则进一步将烹调纳入美学范畴。在中国的习俗中，不论婚丧嫁娶、走亲访友，总是以吃作为重要内容和活动高潮。因此，婚宴、寿宴各不相同，主宾座次也各有分别，上菜顺序也大有奥妙。从中西文化的比较来看，西方的烹调从科学出发，多从营养学的角度去考虑菜肴的结构和食品的成分；中国的烹调则倾向于从艺术出发，多从色、香、味的角度去注重菜肴的外部表现，对营养方面的考虑则相对较少。

中国的烹调经历了漫长的发展过程。"烹"字下边从火，意思是把生的东西煮熟。这个"火"字非常重要。谁都知道，人类在最初阶段是抓到什么吃什么，跟其他的动物没有多大的区别。《礼记·礼运》记载的远古人是"未有火化，食草木之实、鸟兽之肉，饮其血，茹其毛"。但是，人类在偶然吃了用野火烧熟的"鸟兽之肉"之后，觉得味道好极了，于是懂得了用火烹煮，把生食变为熟食。这就是文化上的一大进步，因为熟食使人的健康水平明显提高。但光"烹"而不"调"，这还是一种低级阶段的文化；又"烹"又"调"才是高级阶段的文化。所谓"调"，就是在烹的同时或烹的基础上调剂食物的味道，也就是用各种调料、各种方法和技巧，把食物调制得精美好吃，让人舒服愉快，这就不但要讲究美味适口，还要讲究赏心悦目。所以说，"调"使饮食符合人的理想追求和实际享受。"烹饪"二字则不然，它不能体现这一文化层次。"饪"字的本义是担负做饭做菜的任务，就同妊娠的"妊"是担负生孩子的任务、缝纫的"纫"是担负做衣服的任务一样，讲的是一种劳动分工。由此看来，"烹调"二字的文化色彩更浓。

　　据考古证实，中国人远在北京猿人阶段就用火烧熟食吃了，这恐怕就是最早的"烹"了。不过那都是直接把食物放在火上烧。在距今8,000年左右的裴李岗文化时期，人们用陶器烹煮食物。待青铜器出现以后，又用青铜器作为炊具。在商周的青铜器中，烹煮器已经有鼎、鬲、甑、釜等十余种，可见当时的烹煮方法已经很多，同时说明人们对吃的东西也比较考究了，吃的行为已上升为一种文化了。当时专门从事烹饪的有"庖人""庖丁""庖正""膳夫"等，商汤的宰相伊尹就是庖正出身，主张"五味调和论"与"火候论"，并引申以治国。西周王室设有十分庞大和分工细致的膳食管理机构，并且有专门管理冷藏的"凌人"，有一种铜制的"冰鉴"实际上就是当时的冰箱。在食品的调制方面，已经运用油、盐、醯（醋）、酒、饴糖、姜等调料，可知当时的调制方法已属多样。《礼记》一书就记载了周代的许多烹制方法，而《诗经》对当时的饮食制作也有一定反映。由于烹调的进步和发展，到战国时期出现了专门探讨饮食问题的文章，即《吕氏春秋·本味》，文中记述了商汤宰相伊尹以至味说汤的故事，由此保存了世界上最古老的烹调

汉代画像石　庖厨图

理论。这时的人们对食物的卫生也有了更高的要求，孔子提倡"食不厌精，脍不厌细"，具体要求"八不食"（还有一种说法是"十不食"），即"食饐而餲（食物变味），鱼馁而肉败（鱼烂肉腐），不食；色恶（食物变色不鲜），不食；臭恶（变味），不食；失饪（饭菜做得不好），不食；不时（果实不到成熟时、吃饭不到时间），不食；割不正（刀工不合规定），不食；不得其酱（调料不符合要求），不食；沽酒市脯，不食"（《论语·乡党》）。从考古和文献知道，春秋战国时的诸侯设宴，食品多达40余种，以至如《墨子·辞过》所说："美食……前方丈，目不能遍视，手不能遍操，口不能遍味。"汉代的《盐铁论》也有"熟食遍地，肴旅成市"的记载，表明那时的熟食店铺已相当普遍。

　　烹调的发展，是基于人要不断满足自己口味的需求，但是，它也必须具备相应的社会经济条件。汉代经济繁荣，饮食文化也进一步发展，烹调技术已达到相当水平，当时的炖、炒、煎、煮、酱、腌、炙等烹调方法已被充分掌握。湖南省长沙市马王堆汉墓出土的简册记载，西汉时的精美菜肴已达近百种，与这种饮食相配的各种食器也是丰富多彩、琳琅满目。山东省诸城市汉墓出土的汉画像中有一幅《庖厨图》，图上所画40余人，各自忙着与烹调有关的劳动，是汉代烹调事业兴旺的生动写照。魏晋南北朝时期，我国已开始了对饮食文化和烹调技术的专门研究，出现了许多专著，如西晋的《安平公食学》、南齐的《食珍录》、北齐的《食经》等。唐宋时代，是中国烹饪兼收并蓄、博采众长的时代。这个阶段中外美食竞相争辉，宫廷菜与民间菜互相影响，这就使菜肴的制作技术更为精妙，食品的种类也更为丰富。唐代官吏韦巨源曾为皇帝制作了丰盛的宴席，他把这些菜肴一一记录下来，成为后世流传的《食谱》。前边提到的"韦家食谱"即指此。据《食谱》介绍，其中的馄饨竟用了24种馅。另据记载，唐代有一位精于烹调的尼姑，用酱肉、酱瓜、鱼等食品制成一个拼盘，表现王维隐居的"辋川二十一景"，其精妙有如一件工艺品。杜甫的《丽人行》中说："紫驼之峰出翠釜，水精之盘行素鳞。犀箸厌饫久未下，鸾刀缕切空纷纶。"这里既有佳肴，又有美器，令人不忍心下筷。宋代的饮食业情况，在孟元老的《东京梦华录》里有生动详细的记载，"集四海之珍奇，皆归市易；会寰区之异味，悉在庖厨"，名点佳肴，应有尽有，其中的炙鸡、鸭、蟹、盘兔、炖羊、姜虾、血羹、粉羹等，不但原料不同，制法也各异。苏轼诗句"慢著火，少著水，火候足时它自美"，正道出了烧肉的妙诀。吴自牧的《梦粱录》则记载了南宋都城临安（今浙江省杭州市）的饮食业盛况，说那里的茶肆酒楼装饰华丽，山珍海味丰富多彩，足见当时的烹调技艺非常高超。

明清两代是封建社会的晚期，在烹调方面积累了以前的经验，各种总结烹调技术和加工仪器的专著纷纷出现，其中以清代文学家袁枚的《随园食单》最有代表性，它不但记载了从明代到清初流行的食品326种，而且对烹调技艺提出了许多高明见解。在这一阶段，宫廷菜的发展特别迅速。尤其是清代，统治者作为入主中原的少数民族，他们在原有民族菜肴的基础上，沿袭明代宫廷宴席旧制，任用全国著名厨师，逐渐形成满汉一体的宫廷菜肴，每逢各种节日、婚礼、生日、登基等大典都要举行大宴。据研究，一桌"满汉全席"多时有菜点182种，少时也有64种。

经过几千年的演变与发展，各地依据当地的饮食习惯和食物条件，形成了不同的风味，即不同的菜系。通常分为"八大菜系"：鲁（山东菜）、川（四川菜）、粤（广东菜）、闽（福建菜）、苏（江苏菜，主要指淮扬菜）、浙（浙江菜）、徽（安徽菜）、湘（湖南菜）。也可分为"四大菜系"，即鲁、淮、川、粤。鲁菜历史悠久，流传很广，是齐鲁文化的结晶。由于北京是辽元以来的京师重地，鲁菜传入北京地区以后，很快进入宫廷，与大漠风味和其他风味融合,形成了北京地区的宫廷菜。因此,今天北京地区的山东菜,实际上是北京地区的宫廷菜。举世闻名的北京烤鸭就源于山东,而吃法上仍保留齐鲁人的薄饼卷大葱的做法。宫廷菜风格高贵,是一种"贵"菜,燕窝、鱼翅、鱼肚等都是席上珍品。淮扬菜发源地为淮扬苏州一带,这里商贾云集,富庶繁华,同时物产丰富,号称"鱼米之乡",因此,菜肴制作讲究富丽,是一种"富"菜。它刀工精细,色泽鲜丽,本味不变,浓而不腻。川菜比较接近大众,家常气息较浓,调味多种多样,尤以风味小吃著称于世。它虽然也有高档菜肴,但多数能雅俗共赏,麻婆豆腐也可入席。粤菜诞生地位于南海大门,这里自古为海外通商口岸,在饮食方面受外国影响较久,食物取材的领域比较广泛,中原地区不敢入口的猫、蛇、鼠等,均可上席,风格大胆怪异。

古人说"闻香下马,知味停车",可见香和味是烹调成功的重要因素。但对近于艺术的中国烹调来说,光有香与味还不够,还要色、香、味俱全。随着社会的进步,人们又开始注意食品的营养结构问题。今后的中国烹调将会在现有的基础上更上一层楼。

二、衣冠服饰

郭沫若先生说过两句话:"衣裳是文化的表征,衣裳是思想的形象。"这把服饰与文化的关系说得十分透彻。事实证明,世界各民族在各个历史时期的衣着打扮,是这个民族社会物质文明和精神文明的标尺,也是这个民族经济和文化发展水平的标志,以及民族历史意识和民族时代意识的体现。因此,服饰问题具有突出的民族特征和时代特征。

中国的古代服饰(以中原地区而言)体现了强烈的大一统精神和严格的等级观念,历代王朝都对上自帝王公卿、下至庶民百姓的穿戴,做了明确、严格的等级规定，任何人的衣着打扮都要符合自己的身份和地位。君臣、官民、主仆，都可以根据服饰辨别得一清二楚。因此，中国的古代服饰不是自由与灵性的体现，而是等级和礼度的象征。一个高官，一旦被摘去乌纱帽、脱去紫红袍，他立即就成了一个平民；而一个布衣，一旦高榜得中、冠服加身，他马上就成了达官贵人。虽然历代对服饰都有所革新，具体穿戴规定也有所不同，但服饰体现的这种等级差别却几千年延续不变，这就是中国古代服饰的最大特点。

一般说来，服饰的作用主要有三：御寒、遮羞、装饰。大抵说，衣服产生时首先是用来御寒；后来，人们有了羞耻观念，才懂得用它来遮羞；随着生产力的发展和物质生活的变化，才又懂得进一步用服饰装饰、美化自身。因此，服饰的三个作用，实际上反映了服饰文化早期进化的三个阶段。当然，今天的服饰早已把三个作用融为一体了。

在我国，远在几万年前的原始社会，人们就已掌握了最简单的缝纫技术，即以兽骨为针，把几块兽皮连接起来，做成可以御寒的粗陋衣服。在北京周口店山顶洞人居住的洞穴里就发现了缝制兽皮的骨针。大约到新石器时代出现了农业和纺织，人们开始用麻布缝制衣服。这个时代大体上是传说中的黄帝时代。古籍记载说"黄帝始去皮服布"，又说"黄帝、尧、舜垂衣裳而天下治"，这与考古发现基本相符。这时的衣服形制是上衣下裳，颜色是上玄下黄，其含义象征天地：天在未明时为玄色，故上为玄衣；地为黄色，故下为黄裳。这种由"天地崇拜"而来的服色观念，给予后世的冠服制度以深刻的影响。

在服饰发展的最初阶段，并没有什么等级差别，作为文化的表征，它只说明人类文化已发展到一个新的水平。进入阶级社会以后，服饰的政治色彩逐渐浓厚。随着宗法制度的形成和确立，服饰就成为区别尊卑等级的重要标志，用以"严内外，辨亲疏，明贵贱，别尊卑"，从而形成中国数千年的冠服制度。

从文献记载和考古发掘知道，商代服饰还没有明确的等级差别。那时服装的基本形式还是分为上衣下裳两部分。一般的奴隶主贵族，头戴扁帽，上衣为窄袖右衽交领，下裳为裙或裤，腰间束带，带上系一韠（蔽膝）垂下，脚穿翘尖鞋。这种上衣下裳、右衽交领的装束，是古代华夏族服饰的基本特点。周代宗法制形成后，根据天子、诸侯、大夫的等级差别，其服饰也有了尊卑之分。具体来说，有冕服、弁服、元端、深衣等。冕服是一种最尊贵的礼服，结构复杂，装饰繁多，各种装饰都有象征意义，是天子、诸侯等在祭天地、先王等大礼时穿用的服饰。人们在电影、电视中看到秦始皇所穿的衣服即为冕服。弁服较冕服为次，是天子视朝、接受诸侯朝见时穿用的服饰。元端是天子退朝以后穿的衣服，对诸侯而言是祭祀宗庙时穿的衣服，对士则是早晨叩见父母时穿的衣服。以上三种服装，形制都是上衣下裳，互不连属。唯有深衣一种是衣裳相连的。它宽袍大袖，"被体深邃"，形制为裳的左边相连，右边则用一块布裁成角形把下边缀起来，称之为"续衽钩边"。这种服装上下通服，用途很广。到战国后期流行"胡服"，这是赵武灵王"胡服骑射"的结果。这种服装上身为筒袖短上衣，下身为裤，腰间系皮带，穿起来活动方便、骑射灵敏。可以说，这是中国服饰史上第一次有意义的革新。

汉代服饰上承先秦时代，人们喜欢把深衣当作礼服。但深衣下襟缀在身上，行动不太方便，于是后来逐渐出现一种直裙的襜褕，其下襟只到脚边而不缀于身上。至于平时，男子喜着襦裤，女子喜穿襦裙。襦是一种短衣，长度只到腰间，裙则为长裙，配上高高的发髻，使女性的身段愈显苗条秀丽。此外，汉代盛行冠制，以其为区别尊卑的标志之一。古时是成年及冠，汉代改为尊者及冠，卑者戴帻。帻就是头巾。冠的名称和种类很多，如"通天冠"为皇帝接受朝贺时所戴，"远游冠"为诸王所戴，"进贤冠"为文儒者所戴，"法冠"为执法者所戴，"武冠"为诸武将所戴，"却非冠"为宫殿门卫所戴，"却敌冠"为卫士所戴，等等。但因冠的区别比较细微，所以汉代还用腰间的绶带来区别官阶的高低。绶带的颜色和织法不同，则其代表的官位等级也不同。

魏晋南北朝是中国各民族和中外文化交流融合的时代，南北服饰、中外服饰互相影响，形成这一时期服饰变化的两个流向：一是胡服穿戴更为广泛，南朝的汉族穿北方民族的"裤褶服"。"褶"就是比襦略长的短袍,圆领紧身,袖裤均窄,汉族穿时把袖裤加肥。一是北朝的帝王公卿醉心于穿戴汉族统治者的冠冕朝服,北魏孝文帝即其代表。这样,从南北朝起,历代帝王公卿的服饰遂正式有"法服"(礼服)和"常服"之分。"法服",即宽袍大袖、高冠博带的冠冕服,为朝会祭享时穿戴;"常服"则为日常生活所用,由圆领窄袖的"裤褶服"发展而来。这种法服与常服并存的制度,一直延续到明代。

隋唐时期是中国服饰发展的盛期。一方面是服饰演变,表现出大胆开放、积极吸收外来影响的特点;另一方面则是官服制度有了更加明确具体的规定。那时的长安是个国际大都市,大批外国和少数民族的商人、使臣、留学生云集长安,他们五光十色的服装给唐代社会以巨大影响。最高统治者和一般平民也不担心"胡化"。据史书载,"天宝初,贵族及士民好为胡服胡帽";唐诗中也有盛行"胡妆"的描写。这说明,唐代服饰的"胡化"实是一种社会风尚。盛唐以后,人们多穿团领、窄袖袍。而妇女则多着衫、裙,肩上披帛,前胸外露,实学印度妇女的样子。贵族妇女额上涂"额黄",眉间贴"花钿",两颊点"妆靥",如敦煌壁画、章怀太子墓壁画中所见。另一方面,唐代常服在继承前代基础上,又有重要变化。首先是头上以幞头代冠。"幞头"原本是用来系发髻的头巾,一般都采用质地柔软的黑纱、黑罗。初时只用一方幅,以后于四角缀四带,后边二小带系发髻,前边二大带裹脑袋,在脑后收结。其中二带垂下,叫作"软脚幞头";中唐以后,用铁丝把下垂二带略略撑起,叫作"硬脚幞头"。帝王公卿着常服均可戴之。其次是"品

唐代女性服饰

色衣"成为定制。所谓"品色衣",就是以服装的颜色区分官位的品级,即把颜色引入服饰等级制度。唐代规定:皇帝着黄袍衫;亲王及三品以上官员着紫袍衫;五品以上着绯(大红)袍;五品以下着绿袍、青袍;士兵着皂(黑色)袍;未进入仕途的士子和庶人着白袍衫。除服色之别以外,官员还以腰间所佩带铐区别等级。带铐是一种方形饰片,系于腰带之上。唐代规定,三品以上金玉带十三铐,四品金带十一铐,五品金带十铐,六品、七品银带九铐,八品、九品鍮石带九铐,庶人黄铜铁带七铐。

宋代服饰依唐制而很少变化,色泽不及唐代鲜艳夺目。官服的变化在于幞头和鱼袋。宋代幞头,里边用木骨撑起,外罩漆纱,成了一种"幞头帽子",可以随时脱戴。后边的两脚向外侧展平,称"硬脚幞头",为文官所戴;两脚向上在脑后相交,叫"交脚幞头",为武官所戴。有的还在两脚上变些花样,因此,宋代幞头样式比较丰富。金鱼袋在唐代是五品以上官员佩带的一种袋子,内装鱼符,上刻官职姓名,作为出入宫门的凭证。到宋代则在袋上用金银饰为鱼形,佩在官服腰带上面并垂之于后,用来分别贵贱。皇帝经常对恩宠的大臣赐"金紫银绯"。所谓"金紫",就是佩金饰的鱼袋和穿紫色的官服;"银绯",就是佩银饰的鱼袋和穿绯色的官服。臣子们未合官品而得赐"金紫银绯",被视为一种殊荣。司马光就曾得赐紫金鱼袋,苏轼、黄庭坚曾得赐绯银鱼袋。宋代的妇女服饰,变化主要在头上和脚上。贵族妇女喜戴花钗冠,皇后则戴九龙四凤冠。由五代末年兴起的缠脚之风至宋代而普遍流行,因此妇女以布缠脚,待成"三寸金莲"后着三角形小鞋。至于士、农、工、商的衣服,一般追求简朴,讲求实用,显示出平民化的特点,所以《东京梦华录》中说:"其士农工商,诸行百户,衣装各有本色,不敢越外。""越外",即超越市民以外的官僚阶级。

元代是蒙古族统治的王朝,其服饰承袭汉族制度而又保留本族特色,皇帝、百官的冠冕服,均参古今制度增损。同时根据蒙古族特点,另定"质孙衣",汉人称为"一色衣",形制是上衣连着下裳,上紧下短,便于活动。头上则冬天戴帽,夏天戴笠。帽为貂皮暖帽,前额露发,耳后下垂;笠如钹形,顶上缀珠。蒙古贵妇则喜欢戴用绒锦做的"姑姑冠",其冠高二尺,以木竹为骨,包以绒锦,顶上用翠花或羽毛装饰。

明朝建立以后,根据汉族习俗,重新规定服饰制度。冠冕只准皇帝、太子、亲王、郡王穿着,并且只在祭天地、享太庙、册立、登基时穿用。日常官服规定皇帝穿黄龙缎袍,头戴"翼善冠"(形似"善"字,故名),腰束玉带。百官则依品级穿着不同颜色并绣有其他花纹的宽大袍服,头戴乌纱帽,品级还用袍服上的"补子"加以辨别。明朝规定:公侯、驸马、伯绣麒麟或白泽(传说中的神兽);文官用鸟,一品仙鹤、二品锦鸡、三品孔雀、四品云雁、五品白鹇(白雉)、六品鹭鸶、七品鸂鶒(紫鸳鸯)、八品黄鹂、九品鹌鹑、杂职练鹊、风宪官(执法官)獬豸;武官用兽,一、二品狮子,三、四品虎豹,五品熊罴,六、七品彪,八品犀牛,九品海马。身上所佩,以牙牌代替鱼袋。牙牌用象牙制成,刻官职于上,以字号分等:公、侯、伯用"勋"字,驸马用"亲"字,文官用"文"字,武官用"武"字,教坊用"乐"字等。贵妇服饰方面,皇后戴龙凤珠翠冠,穿龙凤真红大袖子,加霞帔,着红罗长裙。其他依等变化。民间一般服饰为男子青布衣裤;女子上衣下裙或着袍衫,颜色淡浅,不得用大红、鸦青、黄色。

清代以高压政策推行满族服饰打扮。首先是强令汉人削发留辫,当时有"留头不留发,留发不留头"的说法,可想制度之严。其次是废除明代服饰制度,以满族风尚重定冠服制度。最明显的特点是,官员穿"蟒袍",蟒的数目因品级而异。在蟒袍外,又加一外褂,也称"补服",短袖,对襟,前后正中习明代绣补子,以表示官衔。上面所绣鸟兽与明代大同小异。礼服中还增加了马蹄袖。第三是帽子上饰花翎,花翎尾部晶莹似眼,以单眼、双眼、三眼区分官位品级,以三眼为最尊贵。第四是朝珠,挂在脖颈垂于胸前,数目为108珠,源于佛教数珠,限五品以上朝官悬挂。普通百姓多用长袍、短褂和马褂。满族男子一般系腰带,长袍外面加背心或马褂。满族女子则喜穿旗袍,外面罩马甲。汉族妇女多沿明制,上身穿袄、衫,下身着裙、裤。到清朝后期,京师妇女的衣服多镶嵌绲边。

三、婚俗与葬俗

婚俗和葬俗是人类社会学和人类文化学上很重要的问题。以婚姻而论，其制度的变化与风俗的形成，既反映了人类自身的进步，也反映了社会生活的发展，因而它也是衡量人类文明的一个尺度。而如何丧葬则深刻表现了人类对死亡这一问题的理解和认识。不同民族由于各自的历史进程并不一致，他们对未来世界的幻想和描绘也不尽相同。不同民族的婚姻关系和丧葬方式存在着许多殊异现象。考察婚丧嫁娶的各种不同，一直是社会学家和人类学家最感兴趣的课题。

"婚姻"这个词，通俗地说是男女两性结合为夫妻。但历史状况和实际生活远比这一解释要复杂得多。我国古书对"婚姻"二字的解释是："婚"同"昏"，是昏时迎娶的意思；"姻"同"因"，是因男而嫁的意思。《诗经·陈风·东门之杨》云："东门之杨，其叶牂牂；昏以为期，明星煌煌。"可见，"婚姻"二字的产生，应是父权制度已经完全确立以后的事。

在远古时代，人类群居野处，男女混杂，性关系非常混乱而又自由，并没有什么婚姻概念。这正是《吕氏春秋·恃君览》所说的"其民聚生群处，知母不知父，无亲戚、兄弟、夫妻、男女之别"的那种原始群婚生活。青海的土族，在新中国成立前还流行"戴天头"的婚俗，即女子到15岁，在除夕与天结为夫妻，此后性生活即可自由，生下子女归女家。这是原始群婚的遗风。类似的群婚遗迹在世界其他地方的民族中也先后存在过。但从整体上说，我国约在距今20万到30万年以前的旧石器时代中期，就结束了原始群婚阶段而进入了血缘群婚阶段。

所谓"血缘群婚"就是由血缘关系构成的一种群婚现象。它的特点是在同血缘的氏族内，相同辈分的男女互为夫妻，即所有的祖父、祖母，所有的父亲、母亲，所有的兄弟姐妹按辈数互为夫妻。只要是同辈男女都可以自由地发生性关系，但排斥祖孙之间、双亲和子女之间的性关系。这种血缘群婚在我国的神话传说中,可以看到一些痕迹。如传说中的伏羲、女娲兄妹结为夫妻,生下一个肉团,内有15对童男童女,他们又互相结合,生男育女,才有了人类。我国的其他少数民族,也都有兄妹配婚的传说。随着社会的发展和文明的进步,人类逐渐认识到血缘婚姻的危害并逐渐产生明确的婚禁,即禁止一切血缘亲属间的性关系,而到无血缘关系的其他氏族集团寻找婚配对象,这就出现了氏族之间的"对偶婚",也就是古代所说的"同姓不婚"。它的特点是:非同一血缘氏族的男女方得婚配;男女间的结合尚不固定,没有严格的排他性,男可以多妻,女也可以多夫,但有一点是主要的,即都是男子入赘到女方氏族,子女归女方,从母姓,血统按母系计算,财产由女子继承。这就是母系氏族社会。对偶婚在我国大约从旧石器时代晚期一直延续到新石器时代晚期,距今约五万年到五千年。但在我国西南地区的一些少数民族中,直到新中国成立前还保留对偶婚的残余形态,如瑶族男子的"上门婚"、傣族男子的"入寮婚"和独龙族的"伯惹婚",其特点多是男子出嫁、女子娶亲,男子在家劳动,女子外出谋生,所生子女归女家。其婚姻关系也不稳固,只要叫人做个证明,双方就可以离婚。在神话传说里,尧把娥皇、女英二女嫁给舜,是对偶婚晚期向一夫一妻过渡的一种表现。按照当时氏族的习惯,对偶婚的男女双方死后各葬于本氏族的墓地。在陕西省宝鸡市发现的一个原始氏族墓地里,可以看到一个墓地分为男、女两个区域,这就是从其他氏族归葬的男子和本氏族的女子。

对偶婚的进一步发展,就是固定的"一夫一妻制"。我国的"婚姻"概念也正是在这个阶段产生的。这一婚姻形态从仰韶文化中晚期到龙山文化时期开始出现和发展,一直持续到现在,包括了整个父权时代和刚刚开始的男女平等的时代。考古工作者曾经在陕西省华阴市发现了龙山文化时期的一个夫妻合葬墓,它正好是这种婚姻形态早已形成的证据。但是,父权制度的确立,就标志着女子地位的下降。一旦奴隶制度形成,妇女首先成为奴隶主掠夺和占有的对象。这些掠夺来的妇女不但要被奴隶主玩弄,而且还得服苦役,所以"奴"字带"女"字旁,而"奴隶"一词的本义正是隶属于他人的女子。从奴隶社会一直到新中国成立前,表面上是一夫一妻制,实际上是一夫多妻制;或者说劳动人民是一夫一妻制,剥削阶级是一夫多妻制。在帝王那里是三宫、六院、七十二嫔妃和数不清的宫女,在公侯那里是夫人姬妾,在官僚富豪那里则是妻妾侍女。这时的妇女已完全是男子的附属品了。

一夫一妻制的婚姻形成以后,跟着产生了媒人和婚礼。这是因为当时的社会和家庭都认为婚姻是"上以事宗庙,下以继后世"的大事,必须经过"父母之命、媒妁之言",才能组成合乎上述宗旨的婚姻。媒人大约最早出现于周代。《诗经·卫风·氓》云:"匪我愆期,子无良媒。"《诗经·齐风·南山》又云:"析薪如之何?匪斧不克。娶妻如之何?匪媒不得。"可见,至迟在周代,已经要靠媒人从中撮合,男女方可完婚。据《周礼·地官》记载,周代已设有专门负责男女婚姻的官员"媒氏",其职责是"掌万民之判。凡男女自成名以上,皆书年、月、日、名焉"。"判"同"半",意为男女各半,相配成婚。看这媒氏的工作,极像今天婚姻登记处的负责人。至于婚礼,古代的繁文缛节很多,尤其是大户以上人家,更是礼重如山,男女双方的礼节纠缠没完没了。但大致说来,从周代起,规定嫁娶时须行"六礼":纳采、问名、纳吉、纳征、请期、亲迎。"纳采"是男方聘媒到女方说亲,并向女方送礼的环节。礼物是大雁,因为男属阳,女属阴,大雁南迁北返顺乎阴阳,象征男女和顺;同时还因雁雌雄固定,有类夫妻,一只先死,另一只不再择偶,象征爱情忠贞。后世因雁不易捕得,改用鸡、鸭、鹅代替。"问名"是男方派人送信给女方,求问对方的名字及出生年月,女方复信具告的环节。"纳吉"是问名之后将男女双方的生辰八字通过巫师卜卦,卜得吉利即可相配;卜得凶兆,双方告吹的环节。古人迷信,此礼至关重要。"纳征"是经占卜可以成亲后,由男方给女方正式下聘礼的环节。历代礼物不同,不外乎金、银、布、帛、茶。女方受得聘礼,这一门婚事就定了。"请期"是请巫师选一吉日,经双方议定嫁娶的日子的环节。"亲迎"是成亲那天,新郎奉父母之命亲自到女方家迎娶的环节。回到男方家里以后就要举行结婚仪式,要一拜天地,二拜高堂，然后夫妻对拜，最后饮合卺酒（或交杯酒）。后来又发展成合髻的仪式，即夫妻并坐，将二人一缕头发束在一起，"结发夫妻"一词由此而来。汉代以前，婚礼并不热闹，汉代以后日趋排场。至于皇帝的婚礼，形同国礼，其铺张场面更非庶民可比。

我国民族众多，他们在各自的历史发展中不同程度地保留了古代婚俗。新中国成立后经过改革，有的已不存在，有的仍在流行。这里略略介绍几种：

"转房婚"，在西南地区的怒族、彝族、佤族、独龙族、阿昌族、苗族和东北地区的鄂伦春族、鄂温克族等，都曾较长时间地流行过。其形式主要是兄死，弟以嫂为妻；姐死，妹代姐为妻；父死，子以异母为妻。王昭君出塞大家都很熟悉，那时的匈奴就是通行转房婚。王昭君先嫁呼韩邪单于为阏氏（即单于之妻），生一子；呼韩邪单于死后，长子继位为单于，又以昭君为妻，生下二女。这种转房婚带有"群婚"的遗风。

"阿注婚"，流行于云南泸沽湖畔的一支纳西族和一支普米族。"阿注"是纳西语，意为伴侣、朋友。只要不是同一母系血统的成员及其后裔，都可以互为阿注。他们之间的性关系非常自由，不用聘媒送礼，文雅的只用目光示意，粗俗的可以直接要求。到晚上，男阿注就到女阿注的专用房里过夜，天明赶回家去劳动。这种阿注关系可以三五日、三五月、三五年，也可终生。但每人除一个长期阿注外，还有许多临时阿注。所生子女不知其父，都归母家。这是古代对偶婚的遗风。

"抢夺婚"，在云南地区的景颇族、傈僳族、傣族、苗族都曾流行过。它是男子通过抢夺手段与女子成婚的一种婚俗。古书说"匪寇婚媾"，又说"婚礼不贺"，梁启超认为这些记载或许说明那时结婚采用了"寇"的手段。事实上，中国原始社会末期到奴隶社会初期确实存在过抢夺婚，但后来的抢夺婚有真假之分。真抢是官富之家抢夺民女，这是阶级压迫的表现，而不是民俗。假抢则只是形式，在此以前，双方早已换过礼物，选定成亲日子，但在迎亲那天，男方还是要组织一帮人，隐蔽在约定的地点，等到新娘一到，一拥而上，将她捆绑回家；新娘则大呼救命，女方家人假追一通。

丧葬也是人类生活中的一件大事,因而仪式往往很隆重,是我国"礼"的一部分,称为"葬礼"。应当说,在远古社会,人死以后并不埋葬。古书也有"其亲死,则举而委之于壑",让狐食蝇嘬的记载。后来产生了灵魂观念,认为人死了灵魂还活着,这些不死的灵魂还可能回来给人降临福祸,从而产生了对死者灵魂的怀念和敬畏,希冀它们安宁不躁,由此衍生出复杂的祭祀和丧葬制度。

最初的丧葬方式很简单,古书上叫"死陵者葬陵,死泽者葬泽"。随着氏族制度的形成和发展,一个氏族的死者集中葬在公共的墓地,死者的头都朝着一个方向,以表明他们具有相同的血缘关系。如果氏族迁移,墓地也要迁移,于是有所谓的"二次葬",或者叫"复葬"。这种情况,在仰韶文化的遗址中都可以看到。那时的随葬品都比较简单,只是一些原始的石器和兽牙制作的装饰品。父权制度确立后,形成一夫一妻制的婚姻形式,丧葬由氏族的集体合葬演变为夫妻和家庭合葬,随葬品也都是夫妻生前使用的农具和纺轮。

进入奴隶制的阶级社会以后,丧葬方式也因死者的地位高下而有了严格的区别。奴隶主视奴隶为会说话的工具和牲畜,所以奴隶主一死,属于他的奴隶就要同其他工具和牲畜一样从葬。这便是历史上最野蛮、最残忍的人殉制度。新中国成立后,考古工作者在河南省安阳市殷墟遗址范围内,发现了几处奴隶殉葬墓,殉葬奴隶多者近千人,少者近百人,尸骨都没有脑袋,说明是杀后殉葬的。《墨子·节葬》记载了春秋战国时的人殉制度,云:"天子杀殉,众者数百,寡者数十;将军、大夫杀殉,众者数十,寡者数人。"1986年发掘的陕西秦公一号大墓,被杀殉者达180余人,说明秦国奴隶主的殉葬人数是按天子等级安排的。逐渐地,一些奴隶主感到用活人和活畜殉葬是生产力的极大损失,因而改用仿制的人畜来殉葬,这就是人们常见的"俑"。秦始皇兵马俑的发现,表明至少在秦代已流行用俑殉葬。秦俑同真人、真马一样大小,说明它是早期的俑殉。徐州发现的汉代兵马俑,体格很小,从形式上说,是表示意思而已。但是,人殉并没有完全废止。特别是封建帝王,常以宫女殉葬。这一制度在明代前期还很盛行，如朱元璋死，宫女全部殉葬。直到明英宗时才明令废止宫女殉葬制度。

在中国历史上，汉族主要流行土葬；而贵族地主又特别重视厚葬，凡是死者生前使用的器物、喜欢吃的食物以及衣物都要随葬。封建帝王公卿的墓穴之所以设置众多的墓室，一方面是模仿他们生前的宫室住处，另一方面也是为了放置他们的随葬品。这就是中国大片土地下面埋藏了无数珍宝的原因。但也因此而在历史上产生了一个突出的问题——盗墓。在陕西省凤翔县发现的秦公一号大墓前后竟被盗200余次。后来的人们都注意到这个问题，但迷信和习俗仍使历代王公贵族执迷不悟。倒是1987年在广州发现的一位明代贵族妇女的墓葬表明这位女子有些见地。据其墓志铭记载，她遗言死后丧葬从简，一切用物、珍宝均不带走，目的是在地下图个安宁，不受惊扰，所以她的墓中空无所有。

汉族除了土葬以外，还有火葬，而且火葬的历史也很悠久。据《墨子》《荀子》等书的记载，我国在先秦时代就有火葬。当时实行火葬的先民，是生活在西北地区的民族，如氐族，后来融合于汉族。但据考古发现，在甘肃省临洮县发掘的原始社会村落遗址的墓葬中，有火化用的骨灰罐，说明当时已有火葬。佛教传入中国以后，由于和尚死后必须火葬，因而火葬风气对社会产生了一定影响，信仰佛教的王公百姓多有实行火葬的。如《水浒传》描写西门庆与潘金莲害死武大郎后，即运去火葬，说明那时确有火葬场所。但中国的儒学重视伦理道德，认为火葬有碍孝道，所以封建统治者还是明令禁止火葬的。

人们知道，土葬都用木棺。但我国古代还有一种"石棺葬"，就是用石板或石块构筑成长方形的棺材，置于地面，即为墓地。采用这一葬法的并非同一个民族，地区主要集中在东北的松花江流域、四川西部的岷江和金沙江流域以及云南境内的一些地方。而时间起于商周，盛行于战国到两汉，延续到明代。现今可见的著名的石棺有两处：一处是四川省芦山县的王晖石棺。王晖为东汉人，死于建安十六年（211年）。石棺为长方形匣式，长2.54

米，高1.01米，宽0.83米。一处是云南省巍山彝族回族自治县陈异叔石棺，棺长13米，宽10米，前低后高。棺两边有石烛两根，高5米；棺前有墓碑和石供桌；左右还有石方桌和石方凳。据县志载，陈异叔为明末孤臣，清兵入滇，他退避山中，晚年凿石为棺自葬。据近年来的学术研究，石棺葬起源于古人对石的崇拜。

我国古代还有一种葬法叫"悬棺葬"，就是把棺木高高悬于崖壁的木桩上或洞穴里。这种悬棺葬在福建省武夷山，江西省贵溪市和四川省兴文县、珙县地区都有发现。武夷山悬棺据科学测定已有3,800年之久。这些悬棺离地面有的几十米，有的上百米，形似小船。四川的悬棺是古代生活在巴蜀地区的少数民族僰人的葬俗遗物，多数置于嵌入崖壁的木桩上。据认为，采用这一葬法的少数民族迷信灵魂可以升天，认为把棺木放得越高，灵魂就越容易升天。

此外，我国很多地区，特别是一些少数民族地区流行着各自独特的丧葬制度和习俗。这些葬制和葬俗都得到了保护和尊重。

四、民族祥瑞动物

世界上的各个民族都有自己的祥瑞动物，其中既有狮子、雄鹰等现实中存在的动物，也有人们想象、虚构出来的动物，如龙、独角兽等。祥瑞动物的产生大抵是因为在历史发展过程中，某些动物的秉性与人类的追求和信念契合，人们便按照自己的意愿，对它们加以丰富、美化，使它们成为某一种瑞象，以表达人们的某种心理需求和愿望。

但是究其源，祥瑞动物实发端于原始社会的动物图腾。它们的最后形成，实际上是人们心理选择的结果。中华民族的祥瑞动物以龙、凤、麟、龟最引人注目，其中尤以龙最使人感到神秘和自豪。远在周代，龙、凤、麟、龟已被公认为动物中的"四灵"，受到人们的崇拜，所以《礼记·礼运》说："麟、凤、龟、龙，谓之四灵。""四灵"之中，除龟为现实中存在的动物之外，龙、凤、麟都是典型的由远古图腾崇拜演变而成的虚构的动物。它们的历史非常久远，所象征的民族意义非常深刻，反映了中华民族追求和平、幸福、吉祥、长寿的文化心理。

先说龙。龙在中国文化中是一种变化莫测的神物。封建帝王把它当作自己的真身，自称"真龙天子"；平民百姓把它当作自己的神灵，每每在祭龙求雨的时候，表现出极大的虔诚，以至经过几千年的演变，它成为中华民族的伟大象征，我们这些海内外的男男女女都自称是"龙的传人"。全国各地的山河湖泉，不知道有多少用龙来命名；天文学中的东方群星被称作"苍龙"；就连人们的生辰属相里也有一条龙；至于绘画、雕塑、书法、服饰、建筑，等等，到处都有龙的形象和踪迹。不仅如此，龙已经成为一种永不衰竭的精神力量，形成了内涵丰富，思想深邃，外形充满力感、动感和美感的"龙文化"。

关于龙的起源和形成，近年来的学术研究非常活跃，但迄今众说纷纭，难以形成定论。大体归纳起来，有如下三种说法：一是认为龙的产生源于自然现象，认为"龙是先民想象出来的自然神，龙的创造是出于先民在密云骤雨中观察霹雳、闪电的形象而萌发的灵感"。持这一观点的人认为，对具有原始思维的原始人来说，霹雳、闪电具有某种神秘的力量，他们对这种神秘的力

汉代画像石　坐在龙虎座上的西王母

量极感兴趣,并且总认为它有一种实体存在,于是就用自己头脑中熟悉的东西去构建这个并不存在的实体,这样就形成了具有多种动物特点的神龙。这是一种说法。二是认为龙的形象起源于鳄,诸如海鳄、扬子鳄等,因为它们都是远古时巨大的爬行类动物,而远古神话和天文学中的苍龙或青龙,正跟鳄的颜色相同。持这一看法的人还认为,龙之所以被看作雷雨神,是因为鳄确实有预知风雨的本领,每逢大雨来临前,鳄都要发出雷鸣一般的吼声。鳄鱼冬眠,到初春时苏醒,因此古书中说它"春分而登天,秋分而潜渊"。这是第二种说法。三是认为龙的产生源于蛇图腾,龙的形成是远古氏族逐渐联合发展的一种反映。古文献中记载的许多氏族和部落,都曾经以蛇为图腾,如《山海经》里记载的"延维""烛龙""相柳""轩辕"等先民形象,都是人面蛇身或人首蛇身,就连传说中的伏羲、女娲兄妹二人婚配的故事,也是用人首蛇身交尾像来表示的。持这一观点的人认为,龙就是这些蛇图腾的演变与发展。在氏族发展过程中,以蛇为图腾的华夏族联合了许多其他氏族,形成巨大的部落联盟,同时也就吸收了其他氏族的图腾,如虎、牛、马、羊、鹿、鹰等,逐渐演化出一种联合性的图腾——龙。它身上所具有的种种"能幽能明,能细能巨,能短能长"的特性,实际上是这种联合图腾的神性。这种神性主要是为提高氏族或部落领袖人物的地位,加强本氏族或本部落的威力,人为地创造出来的。人们在古书中看到的龙,大都是这种被美化了的"神兽";大凡是远古神话中的英雄或领袖人物,如黄帝、句芒、蓐收、祝融等,都乘龙而行。这也是后世帝王以"真龙天子"自居的起因。凡此种种表明,现在关于龙的起源和形成的说法纷纭,见解各异。但是有一点是共同的,即人们从历代艺术作品中见到的那条龙是根本不存在的,它只是几千年来人们用想象创造出的一种神物,是信仰、追求和权力的象征。

据考古发掘,迄今最早的龙形,是在河南省濮阳市仰韶文化前期墓葬中用蚌壳排成的龙、虎图案。龙置于墓主右侧,其形弯曲,长达1.78米,昂首拱背,其状似遨游于大海,腾飞于天空。此墓距今约五六千年,证明那时已存在着龙虎崇拜，而且其崇拜已与人的权力和地位有关。辽西红山文化遗址中出土的龙形玉器，整个身体呈"C"字形，因其整体上像猪，故称为"玉猪龙"。这一发现透露了龙的起源还可能与猪有关的某种信息。山西省襄汾县陶寺遗址中出土的彩陶制品上的龙纹，也呈"C"字形，但是大嘴，长脸，小眼，头角向后，身上有鳞纹，已不是一种具体的可以辨认的动物。殷墟甲骨文和商周金文中，"龙"字有多种写法，但都反映出龙的基本特点是身体蜷曲，巨口獠牙，有鳞有角；而青铜器上的龙纹，龙身明显加长，鳞纹细致，盘卷性很强。龙的精神、气质及其形态，大体上在汉代才基本定型：头大嘴长，头嘴的样子像马；锋牙利齿；其舌细长如蛇；龙角如剑；龙须如羊；龙爪如鹰；龙尾如虎、豹；体势飞舞流动，充满力量感。龙的这种基本形态，经过魏晋隋唐的进一步丰富和发展，到宋代以后就没有什么变化了。因此，宋代人从龙的形体结构和艺术表现上，对龙的形象作了理论上的概括。如罗愿《尔雅翼》和郭若虚《图画见闻志》描写龙的形象是"角似鹿、头似驼（亦作"头似马"）、眼似龟（亦作"眼似虾"）、项似蛇、腹似蜃、鳞似鱼、爪似鹰、掌似虎、耳似牛"，这就是习惯上说的"龙身九似"。宋以后龙的艺术形象大抵就是据此创作的。

龙与帝王的联系，可以追溯到远古神话传说。但那时的龙都是领袖人物的坐骑，如黄帝乘龙升天等。龙与皇帝合而为一，始于汉高祖刘邦。《史记·高祖本纪》说，刘邦母亲"尝息大泽之陂，梦与神遇。是时雷电晦冥，太公往视，则见蛟龙于其上。已而有身，遂产高祖"。高祖为人"隆准而龙颜，美须髯"。这个故事很可能是刘邦的谋士们为这位低级官吏成为万民之主而编造出来的，但却在中国文化史上影响深远。后世帝王为了证明自己的合法地位，纷纷仿效刘邦，自称"真龙天子"，并且根据《周易》关于"九五，飞龙在天，利见大人"的话，确认帝王为"九五之尊"的龙的化身。于是龙成了帝王家的专利品，皇宫是"龙廷"，宝座是"龙座"，几案是"龙案"，衣服是"龙袍"，身体是"龙体"，脸面是"龙颜"，子孙是"龙子龙孙"。宫殿内外则布满龙的绘画、雕刻和各种装饰。北京故宫就是个龙的世界，那里一共有多少龙，无人能说得清楚。

尽管帝王把自己的子孙叫作"龙子龙孙",可是传说的龙生九子,俱不成龙。古书记载,互有异辞,大体说来,一叫蒲牢,好鸣,为钟上钮鼻;二叫囚牛,好音,为胡琴头刻兽;三叫睚眦,好杀,为刀剑上吞口;四叫嘲风,好险,为殿阁走兽;五叫狻猊,好坐,为佛坐骑像;六叫霸下(又名赑屃),好负重,为碑碣石趺;七叫狴犴,好讼,为狱户首镇压;八叫负屃,好文,为碑顶蜿蜒;九叫鸱吻,好吞,为殿脊兽头。另一种说法是,一叫宪章,好囚;二叫饕餮,好水;三叫蟋蜴,好腥;四叫蠦蛭,好风雨;五叫螭虎,好文;六叫金猊,好烟;七叫椒图,好闭口;八叫虭蛥,好立险;九叫鳌鱼,好吞火。又说,一叫赑屃,形似龟,好负重,为石碑下龟趺;二叫螭吻,形似兽,为屋上兽头;三叫蒲牢,形似龙而小,性好吼叫,为钟上钮鼻;四叫狴犴,形似虎,有威力,为狱门镇兽;五叫饕餮,好饮食,立于鼎盖;六叫蚣蝮,性好水,立于桥柱;七叫睚眦,性好杀,立于刀;八叫金猊,形似狮,性好烟火,立于香炉;九叫椒图,形似螺蚌,性好闭,立于门辅首,等等。众词不一,其意略同。

龙在民间,自是另一番景象。作为力量与精神的象征,它受到人们的喜爱。自古以来的赛龙舟、舞龙灯等民间游艺活动,与皇家对龙的神化完全是两回事,它洋溢着喜庆、欢乐、奋进的气氛,而没有丝毫威严的样子。但皇家的龙与民间的龙又不能毫无联系,二者的潜在影响,才使龙成为今日中华民族的精神象征。

次说凤。关于凤的研究也日趋活跃。现在的说法,大体也有三种:一种认为,凤凰实际源于上古石器时代的鸵鸟,因为传说中的凤凰是太阳之鸟,又是歌舞之鸟,而鸵鸟在上古时代曾是太阳神图腾,它能辨听音乐,也极善于舞蹈。但这种鸵鸟约于距今4,000年之际在中国灭绝,因此,后世的凤凰有颇多想象的色彩。第二种说法认为,凤凰实际是两种自然神的组合,凤即风,是风神崇拜;凰即皇,是日神崇拜。只是在后来的演变中被附会转化为多种鸟类生物。第三种说法认为,凤凰是鸟图腾的融合与神化,如同龙是兽（以蛇为主体）图腾的融合与神化一样。据文献记载推断，远古氏族中有不少氏族以鸟为图腾，如以少昊为代表的东夷族皆以鸟为官。《左传·昭公十七年》云："我高祖少昊，挚之立也，凤鸟适至，故纪于鸟，为鸟师而鸟名。"实际是东夷族人都以鸟为图腾。又如商族，《诗经·商颂·玄鸟》云："天命玄鸟，降而生商。"《史记·殷本纪》也载，商之先祖契是其母食玄鸟之卵后有孕而生。足见商族也以鸟为图腾。至于南方的楚人，先祖也是崇拜鸟的，因此春秋战国的楚墓中出土的刺绣品，其纹样也以凤凰为最多。在这些鸟图腾的基础上就形成了神鸟凤凰。《山海经·南次三经》云："丹穴之山……有鸟焉，其状如鸡，五采而文，名曰凤皇。首文曰德，翼文曰义，背文曰礼，膺文曰仁，腹文曰信。是鸟也，饮食自然，自歌自舞，见则天下安宁。"《说文解字·鸟部》也云："凤……出于东方君子之国，翱翔四海之外，过昆仑，饮砥柱，濯羽弱水，莫（暮）宿风穴，见则天下大安宁。"这些记载表明，凤凰确与东方氏族集团有某种联系；凤凰被看作仁义道德和天下安宁的象征。至于它的形象，《韩诗外传》等描述为"鸿前而麟后，蛇颈而鱼尾，龙文而龟身，燕颔而鸡啄……延颈奋翼，五彩备举"，这虽说不都是鸟类特征的组合，但它的基本形态，我们从历代艺术作品中可以看出是锦鸡头、鹦鹉嘴、鸳鸯身、大鹏翅、孔雀羽、仙鹤足，五彩斑斓，仪态万方，具有鸟类的诸多特征。因此，不妨认为，文献中所说的凤凰的形象，只表明它是图腾的组合和神化，并不表明它的具体组成成分。从总体上说，凤凰是鸟图腾的丰富和发展，也是由人们借助想象创造而成的。

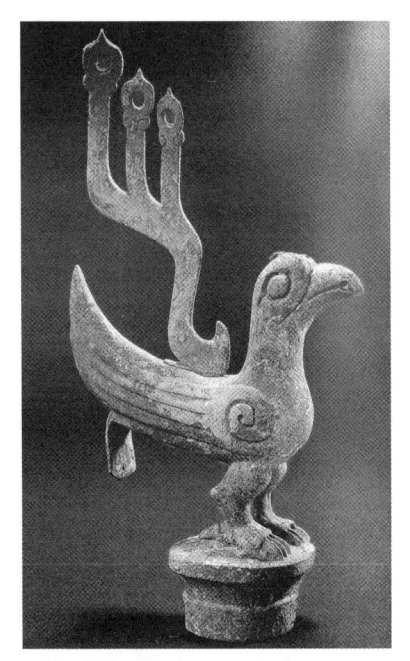

三星堆　神鸟

大约也是在龙被封建帝王垄断之后，凤凰也就为皇家所专有了。中国文化极重视天地、阴阳、男女相合的观念,既然龙代表帝王,代表天,代表阳;那就必须有一种神物代表后妃,代表地,代表阴。凤凰也就因它的神性而中选。乾坤相合,龙凤相配,成了理所当然的事。但是据记载,凤凰是凤鸟的总称,实际上,雄性曰"凤",雌性曰"凰",因此旧时男子求婚叫"凤求凰"。演变的结果是,雄性的凤做了龙的雌性配偶。帝王陵墓中的装饰纹样都是龙在上凤在下,唯慈禧陵的龙凤装饰正好相反。

三说麟。麟又叫"麒麟",它的出现也比较早,据《史记索隐》说:"雄曰麒,雌曰麟,其状麇身、牛尾、狼蹄、一角。"而《毛诗义疏》也说:"麇身、马足、牛尾、黄色、圆蹄、一角,角端有肉。"看上去也是一个组合型的动物。近年来有人认为麒麟也是一种图腾,而且极有可能是周族图腾。一般认为它由鹿及其同类演变而来。古人认为鹿是"纯善之兽","道备则白鹿见",可见鹿是善良和道义的象征。由鹿演变来的麒麟,也就具有统一与太平的象征意义,所以《春秋感精符》云:"麟一角,明海内共一主也。"又云:"麒麟生,和平合万民。"甚至认为"德及幽隐,不肖斥退,贤者在位则至",麒麟因此而成为瑞兽。相传孔子修订《春秋》的时候,听说鲁哀公打猎捉到一只麟,认为这是时无明主所致,感到周朝的衰败已不可挽回,于是停止了他的修订工作。这件事,历史上称之为"绝笔于获麟",《春秋》也因之称为"麟史""麟经"。史载,汉武帝时因获麒麟一只,遂于宫中建麒麟阁。汉宣帝时画功臣像悬于阁内,此后,多以麒麟比喻杰出人物,称聪明的小孩子为"麒麟儿"。唐代武则天当政时曾改秘书省为"麟台",规定武官三品以上穿麒麟袍。直到明清时代,公侯及一品武官的官服补子上还绣有麒麟。

四说龟。龟是实有的动物,以其能负重、能长寿、能预知吉凶而成为瑞兽灵物。据传说,龟在黄帝时代就从水中载着西王母的符出来交给黄帝,黄帝因此而战胜蚩尤。《列子》中记载,渤海中的仙山曾随波浮动,上下摇晃,住在山上的仙人甚感不安,于是天帝派了15只巨龟以背负之,仙山从此固定下来。这虽然都是道家编造的离奇故事,但对龟的神化却起了很大作用。古人认为,"龟者,神异之介虫也,玄采五色,上隆象天,下平象地","左睛象日，右睛象月……知存亡吉凶之忧"，说它"生三百岁，游于蕖叶之上，三千岁尚在蓍丛之下"（《孙氏瑞应图》），因此后世都把龟作为长寿的象征和预知吉凶的神物。周代设有"龟人"一职，专门掌管龟类，如遇祭祀需要占卜，即由龟人捧龟前往。汉代以来，以"龟龙"比喻人中英杰，以"龟龄"比喻高龄。汉代还规定，凡列侯、丞相、大将军皆以金铸印，制为龟形，称为"龟钮"，以后遂以龟为官印的代称。古书上所说"授龟绶"，就是授予官印和绶带，是授予官职的意思。

再说虎。虎也是实有动物，虽不属于"四灵"，但按古代"五灵"的说法，则在其内。如孔颖达在为《春秋左传·序》作的疏解中说："麟、凤与龟、龙、白虎，五者，神灵之鸟兽，王者之嘉瑞也。"古人认为虎为"山兽之君"，是威猛勇武的象征，人们常借虎以助威和驱邪。河南省濮阳市仰韶文化遗址出土的龙虎图案表明，原始社会已把虎当作神物，到周代已有在门上画虎驱邪的习俗。作为勇猛威武的化身，虎自然成为英勇作战的将士们的象征，故将士们又被称为"虎将""虎士""将门虎子"。周代设宫廷近卫官为"虎贲氏"，领虎士八百。汉代设"虎贲校尉""虎贲中郎将"，均为京师和宫廷高级武官。"贲"同"奔"，是"如虎奔跑以示勇猛"的意思。古代兵士的头盔、兵器和盾牌上均装饰虎的图案，元帅和将军的坐椅也用虎皮装饰。就连调动军队的信物，也做成虎的样子，称为"虎符"。战国时代，信陵君以计盗符，发兵救赵，所盗即为虎符。现在陕西博物馆藏有秦国虎符实物。虎是一种凶猛的动物，用在刑法上表示威严，因此古代的死牢又叫"虎头牢"。京剧《玉堂春》里的苏二在洪洞县仕的就是虎头牢，现在在那里还保留着传说中的遗迹。至于在民间，虎是劳动人民的保护神，被用来"镇宅""驱邪"，保护合家平安。农村的小孩子常穿虎头鞋、戴虎头帽、挂老虎肚兜，或许是希望他们成为虎士吧！

然而，理想的事物总是完美无缺的，现实的事物总是优劣兼具的。龙、凤、麒麟，都存在于理想中，它们的形象和神性，谁也没有真正见过。人们几乎找不到它们的缺点，由它们产生的故事和语言也几乎都是美好的。诸如"龙飞凤舞""龙凤呈祥""百鸟朝凤""丹凤朝阳""凤毛麟角""望子成龙"等，其意思和意境之美，都是显而易见的。龟、虎可就不同了。两者都是真实的存在，人们可以看到它们的形象，因而优缺点都看得一目了然。龟有长寿和"可以占卜"的一面，也有行动迟缓、畏缩不前的一面，"龟缩"等词极具贬义。虎有勇猛的一面，也有凶恶的一面，所以它可以与龙为伍，形成"龙腾虎跃""生龙活虎""龙盘虎踞""龙吟虎啸"等好的词语；也可以与其他猛兽结群，成为坏的东西，如"狼吞虎咽""放虎归山""狐假虎威""谈虎色变""虎狼之辈"等。老虎的这两种形象同时存在。

五、名贵花木

各个民族都有自己最喜爱的花木，并且常常在它们身上倾注深沉的感情。这种感情表现了人们对自然的热爱，甚至还表达了人们的某种寄托和愿望。许多国家因此形成了国花、国树。由于民族发展过程和生存环境的不同，也由于民族心理和趣味的不同，各民族最喜爱的花木也不同。中国人习惯于同自然的融合，把花木当作与自己一样，是有生命的活物，并且常常借花木及其他万物的自然属性来比喻人的社会属性。人的某些特性因此常常与花木的某些特性相合为一，其中以松、竹、梅、柳、牡丹最为突出。

松，常与柏并称。它为中国人所喜爱，主要是因为它有耐寒而又能常青的特性。这本来是一种自然特性，但中国人把它理解为一种遭遇环境变化而能保持自身不变的社会品格，理解为具有坚强不屈的精神。《礼记·礼器》云："其在人也……如松柏之有心也……故贯四时不改柯易叶。"这是以松柏的秉性比喻人的品格的开始。其后，孔子等人继续发挥这个观点，认为只有经过艰苦的考验，才能看出一个人的品质。松柏就是在岁寒之后才显出它与众不同的品格的，因此《论语·子罕》云："岁寒，然后知松柏之后凋也。""后凋"，实际是不凋。《庄子·让王》也说："天寒既至，霜雪既降，吾是以知松柏之茂也。"正是由于这种遇寒不凋的品性,古人才把松柏看作长生的象征,把它当作"百木之长",从而赋予它守卫宫阙的资格。《史记·龟策列传》云:"松柏为百木长也,而守门闾。"因此历代帝王、公卿及至士大夫都在自己安息的墓前广植松柏,而古代砍伐陵前松柏被视为大逆不道的行为,甚至有杀头之罪。又据古籍记载,晋代荥阳郡南有一石室,室后有孤松千丈,常有双鹤,绕松而翔。相传昔有夫妇二人在石室隐居,年岁数百,死后化为双鹤。这又是后世松鹤延年、松鹤长寿的来由。历代文人笔下的松,大都具有坚强不屈的精神和寒暑不变的品性。"建安七子"之一的刘桢有一首诗《赠从弟》,即以松比喻坚贞的品性:"亭亭山上松,瑟瑟谷中风。风声一何盛,松枝一何劲。冰霜正惨凄,终岁常端正。岂不罹凝寒,松柏有本性。"李白《赠韦侍御黄裳二首·其一》云:"太华生长松,亭亭凌霜雪。天与百尺高,岂为微飙折。桃李卖阳艳,路人行且迷。春光扫地尽,碧叶成黄泥。愿君学长松,慎勿作桃李。受屈不改心,然后知君子。"

竹,古人认为它是一种高雅的象征,其形象秀逸而有神韵,其品格虚心而能自持,故常被用来比喻人的品德高尚不俗。同时因为它生而有节,又被古人视为气节的象征。《礼记·礼器》云:"其在人也,如竹箭之有筠也。"《诗经·卫风·淇奥》云:"瞻彼淇奥,绿竹猗猗。""猗猗"是美丽茂盛的样子。历代文人欣赏竹的高尚和秀美,用它比喻自己的品格和情操。魏晋时代的嵇康、阮籍、山涛、向秀、阮咸、王戎、刘伶等人,"相与友善,游于竹林",共同以竹自喻,世称"竹林七贤"。王羲之的儿子王徽之(字子猷),生平爱竹,即使是临时住所,也让人种上竹了。有人问他"暂住何须尔",他说"何可一日无此君?"李白、孔巢父等六人,曾隐居于山东徂徕山,以竹溪为美,诗酒相欢,世称"竹溪六逸"。竹与贤、逸相提并论,也可见竹的品格是多么高尚了。苏轼更是爱竹成癖,他甚至说"宁可食无肉,不可居无竹"。历代文人以诗咏竹,以墨画竹,作品极多。唐代张九龄《和黄门卢侍御咏竹》云:"高节人相重,虚心世所知。"女诗人薛涛爱竹,以诗写竹名重一时,她的《酬人雨后习玩竹》云:"众类亦云茂,虚心宁自持。"苏轼的表兄弟文同

（字与可），是一位画竹能手，其《墨竹图》为传世奇作。"胸有成竹"即是他的画竹理论之一，今天已变为成语。元代的杨载《题墨竹》云："风味既淡泊，颜色不斌媚。孤生崖谷间，有此凌云气。"这首诗同时写出竹子的四种品性——淡泊、清高、自持、正直，这都与中国文人的精神追求相合。至清代的郑板桥，以诗、书、画三绝，把竹的品格与精神展现得更为淋漓尽致，而且将人与竹、竹与画融为了一体。他在竹子上看到的是"秋风昨夜渡潇湘，触石穿林惯作狂。唯有竹枝浑不怕，挺然相斗一千场"。他从竹声中听到的是"衙斋卧听萧萧竹，疑是民间疾苦声。些小吾曹州县吏，一枝一叶总关情。"他的两首题竹诗极能反映他的"傲骨亮节"，其一云："乌纱掷去不为官，囊橐萧萧两袖寒。写取一枝清瘦竹，秋风江上作鱼竿。"又一云："咬定青山不放松，立根原在破岩中。千磨万击还坚劲，任尔东西南北风。"至于竹的使用，在中国文化中也颇有特色。我国书籍最初的形式就是竹简，"册"的本义就是竹书。汉武帝开始建造竹宫，竹由此用于建筑。竹与爱情也有关系，一是成语"青梅竹马"的形成，二是古代流行的《竹枝词》实际上是爱情歌谣。先秦以来代表君主权威的信物——符，使臣出使外邦的凭证——节，都是竹子做成的。古代朝官用的朝笏是竹子的，古代的弓箭也是竹子的。"丝竹"作为乐器的代称，也表明很多乐器是竹子的，甚至连中国人特用的食具筷子（古称"箸"），最早也是竹子的。从精神文化到物质文化，竹的渗透力如此大，渗透范围如此广，不能不说是一种特有的文化现象。

梅，古代又叫"蘗""柟""楳"，在《周礼》《诗经》里都有记载。如《诗经·小雅·四月》云："山有嘉卉，侯栗侯梅。"这说明那时已认为梅花是最好的花卉之一。中国人喜欢它，主要是因为它花姿秀雅，风韵迷人，品格高尚，神行俱清；还因为它具有耐严寒、报早春、有清香的特点。古人以梅、兰、竹、菊为"四君子"；以松、梅、竹为"岁寒三友"。古人还用梅花的五瓣来比喻寿、福、康宁、好德、善终等人生五福，因此民间常在新春之际贴一个"梅开五福"的横额。梅花从宋代开始大量在南方繁殖起来，逐渐形成许多人工梅林。据范成大的《梅谱》记载，当时的梅花已有100

种左右。各种梅花争奇斗艳，随风摇曳，极有韵致。正是从宋代开始，描写梅花的诗画日益增多。如王安石《梅花》诗云："墙角数枝梅，凌寒独自开。遥知不是雪，为有暗香来。"这是写梅花耐寒的品格。陆游的《卜算子·咏梅》："驿外断桥边，寂寞开无主。已是黄昏独自愁，更著风和雨。无意苦争春，一任群芳妒。零落成泥碾作尘，只有香如故。"这是写梅花的节操。而北宋诗人林逋（又称"和靖先生"）一生以梅为妻、以鹤为子，对梅花自有别样感情，他笔下的梅花也非同一般，如《山园小梅二首》之一："众芳摇落独暄妍，占尽风情向小园。疏影

明　陈淳《梅花图》

横斜水清浅，暗香浮动月黄昏。霜禽欲下先偷眼，粉蝶如知合断魂。幸有微吟可相狎，不须檀板共金樽。"把梅花写得如此动人，真不愧是梅花的"丈夫"了。但也正是在宋代以后，文人雅士们对梅花的审美逐渐出现了问题，认为梅"以曲为美，直则无姿；以欹为美，正则无景；以疏为美，密则无态"，花匠们投其所好，故意把梅加工成曲、欹、疏的病梅，以求重价，梅因此而失去了自然美。清代的龚自珍决心"疗梅"，特意买了300盆病梅，痛哭三日，把盆打碎，把梅的棕缚解去，以五年为期康复，专辟"病梅馆"贮藏，还专门写了一篇《病梅馆记》。当然，作者是以梅寓人，旨在反对压抑人才。

柳，常与杨并称"杨柳"。它对环境有较强的适应能力，又早于其他树木在春天发芽，因而被认为是春的使者。在与柳的实际接触中，人们还发现垂柳婀娜多姿，风流可爱。因此，柳在人们的审美活动中日益占据重要地位，并逐渐形成柳俗。如古代在送行时"折柳"，表示留别，依依不舍。究其源头，乃是《诗经·小雅·采薇》中有"昔我往矣，杨柳依依"的诗句，"柳"与"留"

谐音，挽留不成，只好惜别。"依依"二字因此与"惜别"相连。另外，从"惜别"中又引申出"思念"，南北朝以后的《折杨柳》曲大多表达游子思乡之念，如"巫山巫峡长，垂柳复垂杨。同心且同折，故人怀故乡。山似莲花艳，流如明月光。寒夜猿声彻，游子泪沾裳"（梁元帝萧绎作）。又如唐代李商隐《离亭赋得折杨柳二首·其二》云："含烟惹雾每依依，万绪千条拂落晖。为报行人休折尽，半留相送半迎归。"折柳之外，古代清明节还有插柳的风俗。这是因为春秋时期晋文公的谋士介之推与母隐居绵山，晋文公为逼他出来，下令放火烧山，结果介之推与其母合抱一棵柳树而死。人们为纪念他，就在清明节这一天于门上插柳。

牡丹，素有"国色天香"的美誉，又被称为"花中之王"，以其华贵雍容深得人们喜爱。但唐代以前并没有"牡丹"这个专名，那时统称"芍药"，是芍药的一种。唐代专以"木芍药"称牡丹，由此也可知牡丹到唐代才真正显露出它的丰采。唐代的王公贵族无不以观赏牡丹为风尚。唐玄宗和杨贵妃在沉香亭前观赏的正是牡丹，而李白所作的《清平调》三首描写的就是牡丹和杨贵妃。"国色天香"的美称，也是唐文宗和大臣们在一次牡丹观赏会上，从中书舍人李正封的诗里总结出来的，诗云："国色朝酣酒，天香夜染衣。"白居易的《买花》则把长安富人热爱牡丹的盛况和穷奢极欲的生活全写出来了："帝城春欲暮，喧喧车马度。共道牡丹时，相随买花去。贵贱无常价，酬直看花数。灼灼百朵红，戋戋五束素。上张幄幕庇，旁织巴篱护。水洒复泥封，移来色如故。家家习为俗，人人迷不悟。有一田舍翁，偶来买花处。低头独长叹，此叹无人喻。一丛深色花，十户中人赋。"后来以洛阳牡丹最负盛名，所以欧阳修有诗云："洛阳地脉花最宜，牡丹尤为天下奇。"相传洛阳牡丹本在长安，一日寒冬，武则天传旨："明朝游上苑，火速报春知。花须连夜发，莫待晓风吹。"次日百花俱放，唯独牡丹不开。武则天一怒之下，将牡丹贬往洛阳。想不到洛阳水土更适宜牡丹生长。到宋代有"魏紫""姚黄"等名贵品种。明代中叶以后，山东曹州（今菏泽市）牡丹兴盛起来，现与洛阳为两大牡丹观赏地。

六、民族节日

由于我国地域辽阔,民族众多,历史上形成的传统节日多达数百个。许多重大节日,至今仍影响着人们的生活。这些节日的形成和活动内容,与欧洲及西亚诸国的节日有很大不同。欧洲及西亚诸国的节日大多直接源于宗教或受宗教的影响,如基督教的圣诞节、复活节、感恩节与伊斯兰教的开斋节、宰牲节等。其活动内容也与宗教信仰密切相关,并且要举行一定的宗教仪式。我国的民族节日,特别是汉民族的传统节日,大多与宗教无关。它的产生与演变,跟远古农业生产、祖先崇拜和原始禁忌有密切关系。中国的风俗打上了鲜明的农业文化色彩,节日本身就反映出农业社会的生活规律;与农业生产有关的天文、历法对节日的产生有直接的影响;节日活动中的祭祖仪式和合家团圆之乐,表明节俗中保留着祖先崇拜的痕迹,体现了中国节日中的伦理特色;同时,中国的节俗追求平安吉祥、驱病灭灾,不少节日活动是为了避凶就吉,这可以看出节日与古人禁忌的某些关系。至于在节日活动内容中融入的文人事迹及其彰显出的雅兴,也显示了中国节俗不同于西方之处。总之,西方节日重"神",它所体现的是"人与神"的关系;中国节日重"人",它所体现的是"人与人""人与事"(如农事)的关系。

(一)春节

又称"年节",古称"元日""元旦""三元"(岁之元、时之元、月之元)等,是我国最大、最隆重的传统节日。我国的大部分民族都过这个节日。"年"是个时间概念,它的产生与农业、历法直接相关,是古人对农作物生长周期和季节变化的一种总结。所以古籍云:"年,谷熟也。"相传远在尧舜时代人们称这种周期为"载",夏代称"岁",商代称"祀",周代称"年"。《诗经·豳风·七月》记载了西周时一年新旧交替时的活动;《诗经·周颂·丰年》则是周代过年时祭祖的颂词。这些活动应是后世年节风俗的雏形。但汉代以前由于历法没有定型,"年"的时间概念因时代而不同,如《诗经》中描写的周代年终为十月,岁首为十一月。汉武帝时确定以夏历纪年,并把二十四节气编入历法,定正月为岁首,十二月为年终。于是,正月初一作为年节被确定下来,围绕年节的各种活动于除夕开始进行,并逐渐形成节日风俗。从历代过节情况来看,年节风俗活动主要集中在两个方面:一是"洁祀祖祢",包括拜天地、祭祖宗及家人、亲友间的拜年活动,主要表达人们对天地养育之恩的感谢,对祖先的尊敬和怀念,对乡亲邻里的祝贺,这是中华民族重视伦理人情的体现,也是宗法观念在人们心理上的反映。二是"进酒降神",如放爆竹、贴春联、喝椒柏酒、跳灶神之类。放爆竹始于汉代,南北朝时已成岁时风俗。据南朝梁代宗懔《荆楚岁时记》载:"正月一日,鸡鸣而起,先于庭前爆竹,以避山臊恶鬼。"据说"山臊"是一种山中怪物,可使人致病,但惧怕爆竹声响。初时只是火烧竹子,故称"爆竹",后将火药装入竹筒燃放,宋以后普遍改用鞭炮。春联最初是桃符,即把两块桃木板挂在门上,画神荼、郁垒二神以驱鬼,五代以后演变为春联。但门神并不废。大抵来说,由汉至唐,门神为神荼、郁垒,是传说中统制百鬼之官。唐末五代,门神变为钟馗,据说他是唐玄宗梦中捉鬼之人,其像由玄宗口述、吴道子画成。宋末以后,以秦琼、尉迟恭为门神。据载,唐太宗病重卧床,夜晚常有鬼魂惊扰,太宗告于秦琼,秦琼与尉迟恭戎装立于门首,夜晚果然平安无事,太宗遂命画工画二人像张于门口,以驱邪祟。喝椒柏酒据说可以消灾灭病,健康长寿。旧时过年,腊月二十三这天叫作过小年,实际是年节准备工作开始的日子。从这天开始就要打扫门庭,送灶王上天,杀猪宰羊,采买年货,忙个不亦乐乎,直到除夕晚上吃年夜饭。北方民谣说:"二十三祭灶仙,二十四扫房子,二十五磨豆腐,二十六去割肉,二十七杀只鸡,二十八贴花花,二十九去打酒,三十日包饺子,三十晚上不睡觉,正月初一放鞭炮。"

(二)灯节

灯节即正月十五放花灯,古称"上元节",或称"元宵节",起源于古代的祭祀遗风，跟天地崇拜有一定关系。据《史记·乐书》载："汉家常以正月上辛祠太一甘泉，以昏时夜祠，到明而终。"史家认为这是灯节的源头。这是说，汉武帝于正月上辛在甘泉宫祭祀太一神，从昏祭至明。所谓"太一神"，又称"太乙""泰一"等，即远古时的太阳神，是天神中最尊贵者，因此汉代以隆重的仪式祭之。佛教传入中国以后，给中国节俗以一定影响。灯节就受到了这种影响。据《大唐西域记》载："摩竭陀国（在今印度比哈尔邦）正月十五日僧俗云集，观佛舍利，放光雨花。"汉明帝为了弘扬佛法，曾下令正月十五日夜在宫廷寺院燃灯礼佛。这样，中国的仙道思想与印度的佛教礼仪相结合而形成了灯节，到唐代以后十分盛行。每到正月十五日夜，士族庶民，家家挂灯，灯火辉煌，昼夜通明。唐人崔液曾作《上元夜六首》，其一云："玉漏银壶且莫催，铁关金锁彻明开。谁家见月能闲坐，何处闻灯不看来。"又一云："神灯佛火百轮张，刻像图形七宝装。影里如闻金口说，空中似散玉毫光。"据唐代刘肃《大唐新语》载，"京城正月望日，盛饰灯影之会，金吾弛禁，特许夜行，贵游戚属及下俚工贾，无不夜游"。唐代规定元夕灯会为十四、十五、十六三天。宋代增为五天，其规模更大，灯彩也更丰富，这在《东京梦华录》《大宋宣和遗事》《武林旧事》等宋代文献著作中都有记载。每逢灯节，"家家灯火，处处管弦"，"宫中作琉璃灯山，山灯有数千百种，怪怪奇奇，无所不有"。辛弃疾的《青玉案·元夕》是写元夕观赏灯火的，"东风夜放花千树，更吹落，星如雨。宝马雕车香满路。凤箫声动，玉壶光转，一夜鱼龙舞。

宋代宫中闹元宵图

蛾儿雪柳黄金缕，笑语盈盈暗香去。众里寻他千百度，蓦然回首，那人却在，灯火阑珊处。"明代恢复古制，规定初八上灯，十七日收灯，一连张灯十日。其灯节盛况，如《金瓶梅词话》中所写，"只见那灯市中人烟辏集，十分热闹。当街搭数十座灯架，四周围列些诸门买卖。玩灯男女，花红柳绿，车马轰雷，鳌山耸汉"。各种金莲灯、玉楼灯、荷花灯、芙蓉灯、绣球灯、雪花灯、骆驼灯、青狮灯、白象灯、七手八脚螃蟹灯令人目不暇接。而在灯节放的烟火，《金瓶梅词话》中也有一段集中的描写，其中炮仗的名称五花八门，如赛明月、紫葡萄、霸王鞭、地老鼠、八仙捧寿、七圣降妖、十面埋伏等，于此可见明代灯节的繁华和热闹。清代张灯，初为五夜，后改为三夜：十四试灯，十五正灯，十六罢灯。据《燕京岁时记》载，"每至灯节，内廷筵宴，放烟火，市肆张灯。而六街之灯以东四牌楼及地安门为最盛……东安门、新街口、西四牌楼亦稍有可观……自白昼以迄二鼓，烟尘渐稀，而人影在地，明月当天，士女儿童，始相率喧笑而散。"今北京城内灯市口大街，即当时灯火集散市场。由这一节俗形成的成语和俗语有"张灯结彩""灯火辉煌""光彩夺目""金吾不禁""只许州官放火，不许百姓点灯"等。

（三）三月三

由古"上巳节"演变而来。这一天，男女老少到郊外水边嬉戏，以消除灾难，古代管这一活动叫"修禊"，也叫"禊祭"。史载春秋时的郑国已有这种风俗。《荆楚岁时记》载云："三月三日，士人并出水渚，为流杯曲水之饮。"王羲之所作《兰亭序》是这一活动的真实记录。序曰："永和九年，岁在癸丑（353年），暮春之初，会于会稽山阴之兰亭，修禊事也。群贤毕至，少长咸集。此地有崇山峻岭，茂林修竹，又有清流激湍，映带左右，引以为流觞曲水，列坐其次。虽无丝竹管弦之盛，一觞一咏，亦足以畅叙幽情。是日也，天朗气清，惠风和畅，仰观宇宙之大，俯察品类之盛，所以游目骋怀，足以极视听之娱，信可乐也。"这一活动虽然是为了避凶就吉，但从"游目骋怀""极视听之娱"的实际效果来看，无疑是现代意义上的旅游活动，大大有益于身心健康。这一活动中的"流杯曲水"或"流觞曲水"，一直是上巳节的主要内容之一。流杯曲水的亭子，后世称为"禊赏亭"或"流杯亭"，在北京有四处：中南海流水音亭、故宫乾隆花园禊赏亭、恭王府流杯亭、潭柘寺猗玕亭（俗称"流杯亭"）。

（四）清明节

与古时"寒食节"相合而成，时间一般在冬至后第 105 天，正好是农历三月上旬，公历 4 月 5 日前后。在我国的传统节日中，它是唯一同节气合一的节日。"清明"一词的含义是天清气明。相传大禹治水之后，天下太平，万民以清明颂之。周武王伐纣，天下太平，故《诗经·大雅·大明》云："肆伐大商，会朝清明。"后制历律，定二十四节气，三月的第一个节气为清明，意为"万物生长此时，皆清洁而明净"。此时气温升高，雨量增多，是开始春耕春种的时候了，所以，清明节最初是个农耕节。后来因相传晋文公的谋臣介之推在清明前一日（一说前二日）同他母亲被焚死在绵山，太原一带人民为纪念他而禁火一个月（后改为三日），只吃寒食，并纷纷往绵山介之推墓祭祀，遂形成寒食节。后上坟祭祀的礼仪与人们扫墓祭祖的风俗相结合，融入清明节的活动内容。大约到唐代，清明节与寒食节已合二而一。白居易的《寒食野望吟》描写了唐代的祭墓情景："乌啼鹊噪昏乔木，清明寒食谁家哭？风吹旷野纸钱飞，古墓累累春草绿。棠梨花映白杨树，尽是死生离别处。冥冥重泉哭不闻，萧萧暮雨人归去。"杜牧的《清明》"清明时节雨纷纷，路上行人欲断魂"，写的也是行人因在雨天看见清明扫墓情景而产生的淡淡的哀愁。清明之时，除扫墓之外，人们还喜欢到郊外踏青，实则是今天的春游。这一活动唐代已盛，诗人崔护《题都城南庄》写到他清明在城南踏青的一次"艳遇"，极富情节性，诗云："去年今日此门中，人面桃花相映红。人面不知何处去，桃花依旧笑春风。"《遵生八笺》载，南宋时"清明前后十日，城中士女艳装秾饰，金翠琛缡，接踵联肩，翩翩游赏，画船箫鼓，终日不绝"。明清时代的北京人踏青，还折柳佩带，据说可免毒害，所以民间有"清明不带柳,来世变黄狗"的说法。清明节的另一项活动是荡秋千。"秋千"本写作"鞦韆",是春秋时期北方山戎族的一项习武活动,后传入中原,演变为娱乐活动。汉武帝于宫中祝寿,祈求千秋万岁,让宫女们荡之为嬉,为避讳,倒念为"秋千"。唐宋时极为盛行。唐玄宗天宝年间,每年清明节都在宫中树起秋千架,让嫔妃宫女们尽情玩乐。由于她们身轻如燕,彩衣翩翩,让人有升天之感,故唐玄宗称之为"半仙之戏"。唐诗宋词中有许多关于荡秋千的描写,如苏轼《蝶恋花》云:"花褪残红青杏小,燕子飞时,绿水人家绕。枝上柳绵吹又少,天涯何处无芳草。墙里秋千墙外道,墙外行人,墙里佳人笑。笑渐不闻声渐悄,多情却被无情恼。"

(五)端午节

又称"端阳节",时间为每年农历五月初五。其起源说法不一。有的说源于吴越地区的龙图腾崇拜;有的说是为了纪念屈原;有的说源于夏至;有的认为五月初五是个"恶日",端午节的活动是为辟邪驱恶,等等。这几种说法各有道理,很难判断谁是谁非。极有可能就是这众多因素的融合,成为了端午节的起源。因出于对屈原的怀念和同情,人们通常把节日的活动都附会到他的身上。据湖南一带相传,屈原于五月初五这一天投江而死,当地人民划着船争相前往抢救,这在后世演化为龙舟竞渡;为了保护屈原的尸体不受损害,人们用箬叶包了米喂鱼,这成为后来的节日食品粽子。从有关的史籍记载看,端午节在秦汉间已经形成,但两汉的端午风俗主要还是辟恶,其办法是用青、赤、黄、白、黑五色彩线合成细缕,系于臂上,称为"长命缕"或"续命缕"。隋唐时期的端午节已少辟恶气氛而多欢乐景象,龙舟竞渡盛于一时,尤以今湖南一带为盛,唐诗中有很多描写竞渡场面的。宋代的端午节又因道教影响,作天师泥像挂于门户之上,其中也含驱邪的意思。由于五月初五已入初夏,后来的节俗中又加入许多夏令卫生保健的内容,如明代盛行用雄黄画额、涂耳鼻,节前打扫屋子,洒雄黄水,因为雄黄有杀虫消毒的作用。旧时,人们还喜欢在门上插艾叶,其味也有避瘟功效。民谣说"五月五，晒被褥"，我们不妨把端午节看作是古代的卫生节。

（六）乞巧节

即七月初七，古代又称"七夕"。这一节日源于牛郎织女的传说。相传牛郎织女夫妻二人被天河隔于两岸，每年七月初七在鹊桥上见面。过去因妇女们常在这一天晚上趁牛郎织女高兴的时候，向他们乞求智慧和技巧，故名"乞巧节"，又称"女儿节"。但从节日内容和形成的风俗来看，它是我国特有的爱情节。关于牛郎织女的传说，本源于《诗经·小雅·大东》："维天有汉，监亦有光。跂彼织女，终日七襄。虽则七襄，不成报章。睆彼牵牛，不以服箱。"这里的织女和牵牛只是两颗星名，尚无爱情纠葛。到汉代的《古诗十九首》，牛郎织女已成为相爱而不得相见的情侣："迢迢牵牛星，皎皎河汉女。纤纤擢素手，札札弄机杼。终日不成章，泣涕零如雨。河汉清且浅，相去复几许？盈盈一水间，脉脉不得语。"魏晋南北朝时期，牛郎织女正式结婚，但婚后不久便发生了悲剧。据记载说："天河之东有织女，天帝之女也，年年机杼劳役，织成云锦天衣，容貌不暇整。天帝怜其独处，许嫁河西牵牛郎，嫁后遂废织衽。天帝怒，责令归河东，许一年一度相会。"至于在一年一度的什么时候相会，这里没有说，而在其他记载中说是七月初七，这可能与《汉武故事》中的描写有关。据说汉武帝生于七月初七，有一次他正为其生日坐在承华殿斋戒，有一只青鸟从西方飞来。汉武帝问东方朔这是怎么回事。东方朔说，这是西王母要来，派它先来报信。不多时，西王母果然从天而至。或许由于这个缘故，传说中的牛郎织女相会便成了七月初七。唐代以后，又因唐玄宗和杨贵妃的爱情故事跟七夕节有关，这一天又成为男女幽会盟誓的日子。据《开元天宝遗事》记载，唐玄宗与杨贵妃于七夕在华清宫过节，杨贵妃感牛郎织女分离，担心自己会遭玄宗抛弃，玄宗遂与她在长生殿山盟海誓，誓言生死不离。所以白居易的《长恨歌》云："七月七日长生殿，夜半无人私语时。在天愿作比翼鸟，在地愿为连理枝。"正是这些记载和文学作品，使七夕节充满浓郁的爱情色彩。关于七夕乞巧的风俗，早在南北朝时期已经形成。一般的仪式是在庭院中摆上香案，供上瓜果，妇女们拿着五彩线在月下比赛穿针，穿得快者为巧。南北朝诗人刘孝威有《七夕穿针》诗云："缕乱恐风来，衫轻羞指现。故穿双眼针，时缝合欢扇。"唐代诗人祖咏有《七夕乞巧》诗云："闺女求天女，更阑意未阑。玉庭开粉席，罗袖捧金盘。向月穿针易，临风整线难。不知谁得巧，明旦试相看。"

（七）中秋节

在农历八月十五，与春节、端午合称三大传统节日。农历七、八、九三个月为秋季，八月十五恰当一秋之中，故名"中秋节"。其起源说法不同。一说源于战国末期嫦娥奔月的神话，人们于八月十五祭月以盼嫦娥归来。二说源于古人对月亮的崇拜，我国远在周代已有秋日拜月的活动。古籍有"天子春朝日，秋夕月"的记载，"夕月"即于晚间拜月。但天子拜月，都在秋分时举行，跟中秋节不在同一天。从实质上说，中秋节是庆贺丰收的农事节日。因为这时大田秋熟，人们盼望五谷丰登，遂于月亮最圆最亮的时候对月祭天，表达人们"花好月圆""人寿年丰"的美好愿望。在祭月的同时也产生了赏月的风俗，这也是因为八月十五这一天是一年之中赏月最好的时节。古人云："十二度圆皆好看，其中圆极是中秋。"从历代文学作品中可以知道，唐诗中的赏月诗很多，其形象都很美，这说明中秋节至迟在唐代已经形成。"嫦娥奔月"、玉兔蟾宫以及唐玄宗夜游月宫的神话传说，使月中世界更具有浪漫迷人的色彩。因此唐代以来的咏月诗篇，无不具有浪漫主义的格调。中秋节最明显的风俗就是吃月饼。这一风俗唐代已有，明清以来特别兴盛。据说元末汉族人民为了反抗蒙古族统治，曾用月饼相约起义时间。到明代，有的月饼做得很大，凡是回娘家的女子都要在中秋节赶回婆家，与丈夫、公婆一块吃月饼，因而明代称中秋节为"团圆节"。清代北京中秋节除赏月、吃月饼之外，最有特色的风俗就是到处卖"兔儿爷"，这大概是因为月中有玉兔捣药的传说吧。

（八）重阳节

即农历九月初九。古人以九为阳数的代表，二九相遇，故名"重阳节"。其风俗来由源于道教记载，据南朝梁代吴均《续齐谐记》说，东汉汝南人桓景随道士费长房学道多年。一天，费长房告诉他，九月九日你家当有大难，须速速回家，令家人各做绛囊，装上茱萸系于臂上，登高喝菊花酒，方可免灾。桓景赶回家中，让全家于九月九日登山饮酒，晚上回家一看，鸡、狗、牛、羊通通暴死。费长房后来告诉他，是它们替他的家人死了。由此推断，重阳登高活动至迟产生于东汉，魏晋南北朝之际已经流行开来。究其来源，也有避凶驱恶的意图在内。后世的重阳风俗主要就是登高饮酒以避不祥。由登高而赏景，由赏景而赋诗，而饮酒又颇助诗情，因此，登高聚会、饮酒赋诗，就成为重阳节的主要活动。这一天，人们都要到野外登高赏景，有的地方还要出门去探望嫁出去的女儿。一旦登高望远，不免感怀思亲，唐代诗人王维的《九月九日忆山东兄弟》有云"独在异乡为异客，每逢佳节倍思亲。遥知兄弟登高处，遍插茱萸少一人"，写的正是这种感情。从现代科学来看，重阳秋高气爽，登高望远，见秋色如画，可陶冶性情，有益于身心健康。因此，重阳登高也是一种极好的秋季旅游活动。

（九）腊八节

即农历十二月初八。这是受佛教影响而形成的一个节日，佛家称之为"成道节"。据佛教传云，释迦牟尼在成佛之前，曾修苦行多年，结果饿得骨瘦如柴，因此决定放弃苦行。这时他遇见一位牧女，她送他一些乳糜吃，吃了以后体力逐渐恢复，后来端坐于菩提树下沉思，终于在十二月初八"成道"，故佛家称这天为"成道日"或"成道节"。中国佛教徒在这一天用米和果子煮粥供佛，这种粥被称为"腊八粥"。后来腊八粥传入民间，腊八节这天喝腊八粥演变为了民间习俗，宗教色彩已经基本消失。这说明，中国一些受宗教影响形成的节日，最后也不一定带有宗教色彩。这跟西方的一些节日不同。

七、其他崇尚和禁忌

在一定地域和一定历史条件下生成的民俗文化，往往还包括许多其他的迷信、崇尚和禁忌，比如按照传统，中国人在方位上喜欢正南而不喜欢正北；在颜色中喜欢黄色和红色而不喜欢黑色和白色；即使是一些极普通的数字，在中国人眼里也大有讲究。但是，由于人们对它们都已习以为常，很少探究它们的根由，因此也不曾想过它们所包含的文化意识和所体现的文化精神。事实上，这许多的民族崇尚和禁忌，既是中华民族在特定历史阶段对自然万物观察认识的结果，也是他们的思维方式、心路历程和精神气质的一种表现。这里略述几种：

（一）十二生肖

也称"十二属相"，指用来计算年岁的十二种动物。近年在内蒙古阴山北麓乌兰察布草原的一块岩石上，发现了刻有战国至西汉时期的十二生肖图像，说明先秦时期已有十二生肖。东汉王充的《论衡》里记载了十二生肖的名称。到魏晋南北朝时期，人们已普遍使用十二生肖。南朝陈代沈炯的《十二属诗》云："鼠迹生尘案，牛羊暮下来。虎啸坐空谷，兔月向窗开。龙隰远青翠，蛇柳近徘徊。马兰方远摘，羊负始春栽。猴粟羞芳果，鸡跖引清杯。狗其怀物外，猪蠢宿悠哉。"此后，十二生肖一直延续到现在。但为什么要用这十二种动物呢？自古说法很多。一种是"阴阳说"，认为十二生肖是阴阳相合的结果。如宋代洪巽在《旸谷漫录》中说："子、寅、辰、午、申、戌俱阳（即阳性地支），故取相属之奇数以为名，鼠、虎、猴、狗皆五指，而马皆单蹄也；丑、卯、巳、未、酉、亥俱阴（即阴性地支），故取相属之偶数以为名，牛、羊、鸡、猪皆四爪，兔两爪，蛇两舌也。"这种用阴阳学说来解释生肖起源的理论为明代的王阳明学派所继承。但这只能说明十二生肖排列的巧合，而不能说明选用这十二种动物的原因。二是"相术说"，认为这是术家观察、选择的结果。如明代叶子奇在《草木子》中说："术家以十二生肖配十二辰，每肖各有不足之形焉，如鼠无牙、牛无齿、虎无脾、兔无唇、龙无耳、蛇无足、马无胆、羊无瞳、猴无臀、鸡无肾、犬无肠、猪无筋，人则无不足。"为什么要选用这些有缺陷的动物来代表人的生年呢？这里没有进一步说明，因而解释也难以叫人信服。三是"混合纪年说"，认为十二生肖是古代华夏族纪年法与少数民族纪年法混合的结果。据有关记载，生活在中原地区的华夏族早在尧舜时代就使用天干地支纪年，而我国西北部的少数民族，因长期从事游牧活动，便创造了一种动物纪年法。到汉代，匈奴单于呼韩邪归附汉族政权，大批少数民族人民开始与汉族人民一起生活，两种文化互相融合，于是产生了十二生肖。但依据是什么，同样没有做进一步的解释。四是"外来说"，认为十二生肖是从印度传来的。研究者认为，十二生肖的动物形象原是印度十二位神将所驾驭的鼠、牛、狮（或虎）、兔、龙、蛇、马、羊、猴、金翅鸟、狗、猪。传入中国以后，与十二地支相配，用鸡代替了金翅鸟。五是"图腾与天象结合说"，认为十二生肖是远古动物图腾崇拜与天文学中的天象结合而成的。古人由于受远古动物图腾崇拜的影响，在观察星辰位置时，就习惯于用熟悉的动物去命名，因此古代天文学上常见以动物名称命名的星座。据英国科学史家李约瑟所著《中国科学技术史》载，美国自然史博物馆收藏了一面中国唐代铜镜，镜面图文并茂，内圈为四方神像，顺时针为玄武、青龙、朱雀、白虎，分别代表北、东、南、西四方；第二圈为十二生肖动物图案，依次为鼠、牛、虎、兔、龙、蛇、马、羊、猴、鸡、狗、猪；第三圈为八卦符号，依次为坎、艮、震、巽、离、坤、兑、乾，中间隔以花纹；第四圈则为二十八宿星象图，依次为斗、牛、女、虚、危、室、壁、奎、娄、胃、昴、毕、觜、参、井、鬼、柳、星、张、翼、轸、角、亢、氐、房、心、尾、箕。这一铜镜，表明了八卦、生肖与二十八宿之间有着紧密的联系。近年来，人们又发现汉代石刻《二十八宿》图上记载的二十八个星座是按周天分布方位的，代表十二时辰（今二十四小时），每辰二宿，子、午、卯、酉各三宿，并根据主星座的位置把二十八宿排列为东、南、西、北四组。为便于记忆，人们给每个星座配一种动物，与唐代铜镜完全相符，这就是：

东方：角（蛟）、亢（龙）、氐（貉）、房（兔）、心（狐）、尾（虎）、箕（豹）；

南方：井（犴）、鬼（羊）、柳（獐）、星（马）、张（鹿）、翼（蛇）、轸（蚓）；

西方：奎（狼）、娄（狗）、胃（雉）、昴（鸡）、毕（乌）、觜（猴）、参（猿）；

北方：斗（獬）、牛（牛）、女（蝠）、虚（鼠）、危（燕）、室（猪）、壁（貐）。

按照这个排列，根据星座所代表的时辰，绘成钟式图案，正好是子鼠、丑牛、寅虎、卯兔、辰龙、巳蛇、午马、未羊、申猴、酉鸡、戌狗、亥猪。这一种解释，似乎比较科学。

（二）数字迷信

在汉语里，数字不但是记数的符号，而且包含着深刻的哲学意义和其他的文化意义。比如"一"，它的含义不仅仅是"一个"，而且还表示"完全、全部、统一、专一、一样"等意思。在道家哲学里，它还代表"道"以及由"道"派生出来的"混沌之气"。这里，我们援引《周易·系辞上》中的一段文字来看数字在中国文化里的特殊意义，其文曰："天一地二，天三地四，天五地六，天七地八，天九地十。""大衍之数五十，其用四十有九。分而为二以象两，挂一以象三，揲之以四以象四时，归奇于扐以象闰。五岁再闰，故再扐而后挂。天数五，地数五，五位相得而各有合。天数二十有五，地数三十，凡天地之数，五十有五，此所以成变化而行鬼神也。乾之策，二百一十有六，坤之策，百四十有四，凡三百有六十，当期之日，二篇之策，万有一千五百二十，当万物之数也。是故四营而成易，十有八变而成卦，八卦而小成。引而申之，触类而长之，天下之能事毕矣。"这一段深奥的话全用数字表述，可见，数字在中国文化中并不简单。它们的产生和运用，应当说跟古人对天地万物的观察、认识密切相关；数字中所包含的文化意识很可能是古人哲学思维的发展和表现。不妨认为，古代曾存在过数字迷信，只是后来的人们习以为常罢了。比如"三"，就是一个十分奇妙的数字。就其表示数目这一层含义来看，只是"二加一"和概数"多"，似乎平淡无奇，但到实际生活中体验一下，就会感到"三"的运用奥妙无穷，甚至带有某些神秘意味。以政治结构而言，古代天子以下所设立的最高军政长官称为"三公"——司马、司徒、司空（或太师、太傅、太保）；"三公"以下设三个上大夫之职，称为"三少"，即少师、少傅、少保；汉代称尚书、御史和谒者的办公处为"三台"；唐代以中书省、门下省、尚书省为"三省"，三省长官共议国政，行宰相之职。在军事编制上，国家设置上、中、下（或左、中、右）三军，以中军统帅为全军统帅，有古语云："三军可夺帅也，匹夫不可夺志也。"古代京师的军政设置，从汉代开始由左内史、右内史和主爵都尉三人掌管，称为"三辅"，因此记载汉代长安情况的书被称为《三辅黄图》；到宋代，宫廷禁军由殿前司、侍卫亲军马军司和侍卫亲军步军司等三个机构统领指挥，合称"三衙"。在法律上，称经三讯而后判决的司法程序为"三刺"；规定可以减刑的情况有不识、过失、遗忘三种，称为"三宥"；规定可以赦免的人包括幼弱、老耄和蠢愚三种，称为"三赦"；甚至京剧《玉堂春》里的苏三在最后平反时，也要经过三级官吏的共审，称为"三堂会审"。在教育上，唐代称国子学、太学、四门学为"三学"，称弘文馆、崇文馆、集贤殿书院为"三馆"；科举考试要经过乡试、会试、殿试"三试"，录取的人员又分成"三甲"，头甲之中只取状元、榜眼、探花三名。在祭祀时，要供牛、羊、猪"三牲"；敬酒要"三献"；行礼要"三跪"。在天文历法方面，天空分为太微垣、紫微垣、天市垣"三垣"；日、月、星称为"三光"；一年四季也分为三春、三夏、三秋、三冬。在文学艺术方面，把文章中的情、事、辞称为"三准"；把评价艺术水平的上、中、下（或神、妙、能）三等称为"三品"；把艺术家的诗、书、画三种绝技称为"三绝"；把山水画的三种取景法称为"三远"（高远、深远、平远）；把绘画用笔时的三种毛病称为"三病"（腕弱笔痴曰"板"，心手相戾曰"刻"，行散不畅曰"结"）。在伦理道德方面，以君臣、父子、夫妻三种关系为"三纲"，以"父母俱存，兄弟无故""仰不愧于天，俯不怍于人""得天下英才而教育之"为人生"三乐"；以"不得闻、不得学、不得行"为君子"三患"；以"友直、友谅、友多闻"为"益者三友"；以"友便辟、友善柔、友便佞"为"损者三友"；以立德、立功、立言为"三不朽"。孟母教育儿子要"三迁"，刘备请孔明出山要"三顾"，梁山好汉攻打祝家庄要"三打"，就连唐伯虎点秋香也要"三笑"。现今我们常见的宫殿和寺庙建筑，常常是左、中、右"三座门"，前、中、后"三大殿"，皇家建筑总是有上、中、下三大台基。孔子及其弟子有云"三人行必有我师焉"，"吾日三省吾身"，"三年无改于父之道，可谓孝矣"，"三以天下让，民无得而称焉"；成语云"三人成虎""三阳开泰"；俗语云"三人一条心，黄土变成金"，"三个臭皮匠，顶个诸葛亮"，"三句话不离本行"，"三脚踢不出一个屁来"，"事不过三"，"火冒三丈"，等等。"三"的神通和奥妙由此可以想见。为什么中国人对"三"这么迷信？这恐怕与古人对客观世界的原始认知有关。在远古社会，人类对自身及周围的一切都感到极为神秘，并由此产生了对自然万物（包括人类自身的生殖现象）的崇拜。但是，随着人类思维能力的提升，必然在思维过程中进行选择，从而认为在自然万物中"天、地、人"是基本，天高覆万物，地厚载万物，而人是"天地之性最贵者"，因此合天、地、人为"三才"或曰"三灵"。《说文解字·三部》云："三，天地人之道也。"可见"三"的本义就是代表天、地、人，即上为天、下为地、中为人。基于这种认识，中国在很早就形成了对天帝、后土、先祖三大神灵的信仰，并产生了祭祀天地和宗庙的三大祭礼。在历史的进程中，人们还逐渐认识到，时间有昔、今、未之分，空间有上、中、下之分，方位有左、中、右和前、中、后之分。似乎有"三"就能代表全部，"三"因此隐含"完全、完美"的意思在内，并且积淀为中国人的潜意识，在生活中不自觉地用"三"来总结事物，指导行动。婚礼常行三鞠躬，丧礼默哀三分钟，文学巨著三部曲……

中国人对"四"和"五"的迷信，源于对大地的崇拜，并与五行学有密切关系。古人认为地是方的，共有东、西、南、北四面，"四"的象形字体也正好是一个方形实体。这一方向概念比较明确，东南西北很少混同。中国的古代建筑如城池、宫殿、庭院、寺庙，都取正南正北方向的方形（四边形），东南西北也分得十分清楚。在汉语中，由"四"构成的词语大多与大地的方形形态有关，如"四方""四极""四维""四角""四邻""四塞""四郊""四裔""四海""四渎""四镇""四京"，就连人体也按四面的结构去观察，称为"四体""四肢"。至于"四库""四部""四美""四难""四声""四德"等与方形有无关系，我们不敢主观定论，但成语"四分五裂""四海为家""四海升平""四面楚歌""四面八方""四通八达""四平八稳"等，确实体现了"方形"这一本义。在东南西北的基础上加一个"中"，即构成"五"，可见"五"的迷信也与大地崇拜有关。殷墟甲骨文证明，商代曾祭祀四方神和四风神，后来，周代又将四方神和四风神与四季相配，认为东为春、南为夏、西为秋、北为冬。到春秋时代，四方神转化为四帝，并于中央增一神而成五帝。到战国末年，以五帝崇拜附会阴阳五行学说，对"五"的迷信进一步加强，以"五"为一组的事物，于古籍中随处可见："五行"（木、火、土、金、水），"五方"（东、南、中、西、北），"五帝"（太昊、炎帝、黄帝、少昊、颛顼），"五佐"（句芒、祝融、后土、蓐收、玄冥），"五兽"（苍龙、朱雀、黄龙、白虎、玄武），"五音"（角、徵、宫、商、羽），"五色"（青、赤、黄、白、黑），"五器"（规、衡、绳、矩、权），"五味"（酸、苦、甘、辛、咸），"五德"（明、从、睿、聪、恭），"五常"（仁、义、礼、智、信），"五官"（耳、目、口、鼻、舌），"五脏"（肝、心、脾、肺、肾）等，多不胜数。

中国人对"九"的迷信源于对天的崇拜，还可能与龙图腾有关。《说文解字·九部》云："九，阳之变也，象其屈曲究尽之形。"有人据此考证，"九"的原始意义为九头龙。古人以天为阳，以九为阳数之最，故以"九"代表天，而天与龙又有非同一般的关系，这似乎不是一种巧合。由于封建帝王自命为"真龙天子"，"九"又成为皇家的象征数字，"九"的神秘性和崇高性因此更进一层。天有"九重",地有"九州",官有"九卿",阶有"九品",赏有"九锡",国有"九鼎",法有"九畴",乐有"九韶",诗有"九赋",经有"九经"。大凡皇家的建筑与器物,多合乎"九"数,如明代建造的都城北京共辟九门;紫禁城的房屋共9,999间半;天安门城楼分九楹;皇宫门钉横为九路,竖为九路(计81颗);皇家大宴的菜点为99种;各地王公和官员给皇帝的贡品也必须合于"九"数。可以看出,在民俗中,"九"是一种荣耀,是一个至高无上的标志,是一个极限,也是一个转折的开始,还是一种变化和发展。与"九"相关的数字,如"三十六"(三十六计、三十六洞天、三十六天罡星)、"七十二"(七十二福地,七十二地煞星,嵩山、衡山、黄山皆为七十二峰)等,也具有某种神秘的色彩。

(三)方向与颜色迷信

中国自古以南向和东向为尊,以黄色和红色为贵,贬低北向和西向,轻贱黑色和白色,甚至视白色和西向为不吉。这在中国的古代建筑、服饰、礼仪中体现得非常明显。中国古建筑中的正房、主殿、大门,只要地形允许,都是坐北朝南的。只有在表示谦恭的时候,才将主殿建为坐西朝东,如北京天坛的斋宫是皇帝祭天时的住处,因天子在天父面前不敢南向自居尊位,只好求其次朝东而居。古代有"南面称王,北面事君"的说法,《周易》也云:"圣人南面而听天下。"这说明,中国传统上以南向为主位、正位和尊位。古时天子接受朝贺,必须面南而坐;死后接受吊唁,灵柩也必须停放在北边。如果是天子吊唁臣子,则其灵柩必须临时移到南边。总之,古代以南向和东向为尊,而以北向和西向为卑,尤以西向为不吉利,"西"与"死"几乎同义,所以人们说"一命归西"。颜色迷信也一样,黄色自古为帝王垄断,成为皇家的专用色。赵匡胤陈桥驿兵变,黄袍加身,就意味着做了皇帝;而农民起义要夺取政权,也必须树起杏黄旗号召群众或头裹黄巾组织队伍。明清故宫、太庙及其他皇家建筑,一律取黄色屋顶。红色也是显贵标志,达官贵人的住宅是"朱门",所以杜甫诗云"朱门酒肉臭";他们穿的衣服称"朱衣",古语说"朱衣点头",意思是科举考试时文章得到主考官的认可;显贵们坐的车子也称"朱轩"或"朱轮"。红色还是喜庆的象征,在民间尤其如此:结婚贴红双喜字,新娘子以红巾遮面,过节挂红灯、贴红对联,婴儿满月吃红鸡蛋,劳模戴大红花,等等。而白色则被认为是凶色,多与死亡、丧事联系在一起。因而丧事也称为"白事",坏女人则被称为"白虎星"。这些方向迷信和颜色迷信从何而来?究其根源,还是来自于古人的天地崇拜和战国末期渗入的阴阳五行观念。

可以认为,以南向、东向为尊和以红色为贵,源于古代的日神崇拜;以黄色为尊,则源于古代的地神崇拜。太阳从东方升起,至中午而处于正南,它火红的颜色、炙热的温度和所居的位置颇给当时的人们以神秘莫测的感觉,由此,使古人产生了对太阳的崇拜。一些远古文化研究者已经注意到,日神崇拜是人类最早、最大的自然崇拜之一。我国古代祭祀的东皇太一、东君,实际就是太阳神,屈原的《楚辞》里就有专门描写东皇太一的篇章。学者们指出,神话传说中的伏羲(即太昊)也正是太阳神的化身,"羲""昊"二字均指太阳,古代所祭的"昊天大帝"也应当指太阳神。古籍记载说,太昊"立春","位在东方","象日之明",而古人又认为"东方主生",是万物开始生长的地方。如前所述,商周以来流行四方神的观念,并以四季与四方神相配,构成"四帝四佐"体系:东方为春,其帝太昊,佐神句芒;南方为夏,其帝炎帝,佐神祝融;西方为秋,其帝少昊,佐神蓐收;北方为冬,其帝颛顼,佐神玄冥。阴阳五行学说流行之后,又于中央置大神黄帝,佐神后土,并以五行、五色与之相配,构成"五帝五佐"的体系。炎帝主夏,位在南方,有祝融辅佐,颜色赤红。"炎"字二火,"融"字意为光照四海,均为太阳最热时的象征,以此看来,炎帝和祝融也由太阳神转化而来(也有人认为二者为火星)。古人认为,东方的苍色(青色)象征万物生长,南方的红色象征万物茂盛,因此古书对春夏二季的评价很高,如春天又叫"芳春""青春""阳春";春景叫"媚景""和景""韶景";春风叫"柔风""惠风";春天的时辰叫"嘉时""良辰"。夏天叫"朱夏""炎夏";夏天的风叫"炎风"，等等。正是由于这些原因，中国人对南向与东向、红色与青色产生了迷信。西向与北向、白色与黑色则截然不同，西方的白色属秋，北方的黑色属冬。古人认为秋收冬藏，秋天万物凋谢，生命接近尾声和消亡，带给人的是悲叹和哀伤。古书中称秋为"白藏"，即气白而收藏万物，故秋天又叫"素秋"，秋风为"素风""凄风""悲风"；甚至古代的斩刑也规定在秋天进行。古人在秋天常生感伤情绪，逢秋则悲，白色因此象征不祥。冬天也不好，风为"寒风""哀风""阴风"，景为"寒景"，所以黑色也不招人喜欢，与黑组成的词语如"黑帮""黑社会""黑名单"等都是很不好的。

黄色之所以成为最尊贵的颜色，主要是因为古人对地神的崇拜。这也深受阴阳五行学说的影响。古人认为，"土者，万物之所资生也"，"地者，万物之本源，诸生之根苑也"。《说文解字·黄部》云："黄，地之色也。"《淮南子》也云："黄色，土德之色。"可见黄色崇拜确与土地有关。五行观念产生之后，土居中央，黄色成为中央之色，其神为黄帝，而黄帝又是传说中的华夏族祖先，这种自我中心的文化观念，非常符合封建统治者的需要，黄色因此受到历代的推崇，终于独尊于诸色之上，与其他颜色一起，形成了有中国特色的色彩序列和等级：黄、红、青、黑、白。这一序列，也正是中国古代服饰色彩的序列，只不过是在"红"前加了"紫"，在"黑"前加了"绿"罢了。

（四）避讳之俗

避讳作为封建社会特有的禁忌制度，已经从现代社会生活中消亡了。但是，作为一种文化积淀，它的精神已演变为某些习俗，在现实生活中的影响依然存在。

什么叫"避讳"？就是为了表示对封建君主和尊者的敬畏，必须避免直接说出或写出他们的名字而采用别的方式加以表达的做法。它是封建宗法制度的产物，又是家天下和尊祖敬宗的体现。它起源于西周，完备于秦汉，盛行于唐宋，到清代的雍正、乾隆年间，讳禁制度极严，有不少人因触讳犯禁而被砍掉脑袋。讳禁之严，于此可见一斑。

讳有"国讳"和"家讳"两种。"国讳"是指统治者运用国家权力强令臣民们为之避讳；"家讳"是指封建士大夫们为其尊者自行避讳。统而观之，历代避讳方法有三种：改字法、空字法和缺笔法。"改字法"是对涉及与帝王及尊者之名相同的字时改用其他字代替的做法，所改的名称包括人名、地名、官职名、年号名、器物名、书籍名，甚至还有改姓的。如汉代为避汉文帝刘恒的讳，改"恒山"为"常山"；《汉书》作者班固为避汉明帝刘庄的讳，在书中称"老庄之术"为"老严之术"；东晋人为避晋文帝司马昭的讳，竟称"王昭君"为"王明君"；《后汉书》作者范晔，因其父名"泰"，为避家讳，凡《后汉书》中的"泰"均改为"太"；北宋官僚文彦博，本姓"敬"，因避赵匡胤的祖父赵敬之讳，改姓"文"；唐高宗有一个年号"显庆"，但到唐中宗李显时，为避讳，改"显庆"为"明庆"等。"空字法"是将应当避讳的字空出来不写，或空围"□"，或作"某"，或直书"讳"字的做法。如东汉许慎在作《说文解字》时，对当世皇帝汉安帝刘祜以及上至光武帝刘秀在内的五代帝王之名，皆取空字法，只作"上讳"二字，也不解释它们的形、音、义。又如《史记·孝文本纪》中记载的群臣请汉文帝早立太子一事，其中有"子某最长，纯厚慈仁，请建以为太子"的话，"某"即指汉景帝刘启，司马迁为避汉景帝讳而如此称之。又如唐人在撰写史书时，为避唐太宗李世民之讳，故将隋末"王世充"写成"王充"等。"缺笔法"是对所避之字采取最后一笔不写的避讳做法，如孔丘之"丘"，清康熙皇帝玄烨之"玄"等。

更为糟糕的是，封建社会还有"讳嫌名"的做法。所谓"嫌名"，就是与所避之字声音相近或相同的字。遇到这类字也要避讳，即为"讳嫌名"。如唐代诗人李贺，其父名李晋肃，"晋"与"进"同音，因"讳嫌名"而不得考进士。韩愈为此愤愤不平，作《讳辩》一文替李贺辩护，文中说："若父名仁，其子不得为人乎？"据陆游《老学庵笔记》载："田登作郡，自讳其名，触者必怒，吏卒多被榜笞，于是举州皆谓灯为火。值上元放灯，许人入州治游观，吏人遂书榜揭于市曰'本州依例放火三日'。"这便是成语"只许州官放火，不许百姓点灯"的由来。

辛亥革命以来，避讳制已随着封建统治一起消亡，但不许犯忌和害怕犯忌的双向心理习惯并没有消除。为了避凶就吉，出于习俗或礼貌，人们自觉不自觉地进行各种避讳，比如阿Q秃头上有癞疮疤，他就忌讳别人说"光""亮""烛"；明明家中的老人"死"了，却硬说"老了""走了""去了"，甚至还有"故世了""去世了"等。在现实生活中，尊者、长者总是厌恶或者不习惯他人直呼他的名字，卑者、幼者也觉得直呼尊长者之名太不礼貌。因此中国人对父母、师长、上级均不直呼其名，这一点跟西方国家也很不相同。

● 学习与思考

1. 中国传统风俗的特点是什么？
2. 简述茶文化与酒文化的中国特色。
3. 龙、凤崇拜包含了什么哲学内涵？
4. 本章节讲到的节日习俗体现了中国文化的什么特质？
5. 中国文化的方向、颜色迷信是怎么来的？

参考答案

● 相关资料

1. 林乃燊. 中国古代饮食文化. 北京：商务印书馆，2004.
2. 刘修明. 中国古代饮茶与茶馆. 北京：商务印书馆，1995.
3. 张海英. 中国传统节日与文化. 太原：书海出版社，2006.

第十七章　中外文化交流

敦煌壁画（局部）

任何一种民族文化都是在与其他民族文化的交流、融汇中发展壮大的,也就是说,文化的发展需要多元因子的相互碰撞和借鉴,需要借助他种文化的积极成分,以培植文化发展的新基因。单因子的文化发展,在人类文明史上是极为罕见的。甚至可以说,单因子的文化只能是一种窒息的文化,是毫无生气和自我消亡的文化。中国文化从发生的那一刻起,就呈现出一种多元融合与交汇的态势;发展到今天,更是多元融合与交汇的结果,直到现在它仍在不断吸收外来文化的优秀成果。所以,文化与生俱来的特性就是与他种文化的相互交流,在交流中扬清弃浊、取长补短,以达到发展进程中的良性状态。

必须指出的是,不同文化之间的交流总是相互的、双向的,即使是两种文化有先进和落后之分,也是一种相互影响的关系,并不是某一方总是影响者,而另一方总是被影响者,只不过有时候某一方对另一方的影响可能大一些或小一些而已。成熟的或发达的文化,可能对尚未成熟的或较不发达的文化影响大一些,反之可能小一些。但这也不是一定之规。后者对前者在特定阶段影响大一些的现象,也是可以在文化史上找到的。我们说,文化的品格应该是虚怀若谷、胸襟博大,能容纳异质文化中有益的东西,而不是居高自傲、颐指气使,总认为"老子天下第一",把自己的文化强加于人。

中国文化由于在发展过程中吸纳了多元文化的成分,因此它特别具有一种厚度、强度和融合力。这就是中国历史上的许多外来文化,如犹太文化及其他周边民族的文化,都被中国文化逐渐吸收甚至同化的缘故。从另一方面来说,外来的异质文化要想在中国文化的氛围里生根与发展,它也必须适应中国文化,必须按照中国文化的生存机制逐步地改造自己,如同印度的佛教文化在中国的传播、发展一样。即使是西方世界的基督教文化,它也必须像利玛窦那样先学习中国文化,而后才能"站稳脚跟"。若是以强势压人,甚至明火执仗、蛮横无理,都是不可能在中国文化里长久存在的。

史料和学者们的研究成果证明,我国中原地区与其比邻的四周各地文化的交流在新石器时代已露出端倪。从仰韶文化开始的中原彩陶文化曾向四边广泛扩散,其西向支系由甘肃、宁夏进入新疆,上起公元前五千年,下迄公元前一千年。新疆西部的和田、皮山、沙雅和伊犁河流域,都有中原彩陶文化的影响。夏商时代,中原地区的青铜文化与西伯利亚地区的草原文化也有相互间的遭遇和接触。法国学者在18世纪时还指出,殷商遗民在商亡后航海到了美洲。近年来还在墨西哥发现了战国或秦末"大齐田人之墓"石碑。这都说明,中国很早就与美洲有交往。影响巨大的早期中外交往事件是所谓的"周穆王西游会见西王母"。这在《史记》和晋代汲县战国墓中出土的《穆天子传》中都有生动的记载。文字记载说,周穆王自洛阳起程,北渡黄河,出今山西北部,到达河套地区,然后往西,经由柴达木盆地,直抵昆仑之丘。在那里,他会见了西王母,与当地一些部落酋长交换了牛马、器物,与中亚、西亚地区的人民建立了经济和文化上的联系。尔后的春秋战国时代,中国与中亚、西亚地区的交流逐渐多了起来,中国的丝织物也已传入波斯等地。中外文化交流的历史,就这样一页一页地写了下来。为了将中外文化交流的史实叙述得简明扼要,我们在这里只选择一些重要的事件来说。

一、海上仙山和徐福东渡

战国至秦汉时代流行的方术,曾使齐威王、燕昭王、秦始皇、汉武帝等对长生不老之药梦寐以求,方士们描绘的"海上仙山"更使他们魂牵梦绕。据传说,东海中有蓬莱、方丈、瀛洲三座神山,山形如壶,又称"三壶山",为仙人所居之地。山中有长生不老之药,仙人则以黄金白银为宫阙。司马迁《史记》中的《秦始皇本纪》《淮南衡山列传》和《封禅书》载,秦始皇东巡琅邪,刻石颂德已毕,齐人徐福(书中作"徐市")上书,称海上有三座仙山,有仙人居住,要求带童男童女渡海求仙,于是秦始皇派徐福率领童男童女数千人入海求仙人。并说徐福得平原广泽,而后称王不归,百姓悲痛相思。但徐福究竟去了何处,书中并没有讲明。至晋代陈寿《三国志·吴书》才说,徐福到达的是亶州,而"亶洲在海中,长老传言:秦始皇帝遣方士徐福将童男童女数千人入海,求蓬莱神山及仙药,止此州不还,世相承,有数万家"。但这"亶州"是哪儿？有的说是台湾，有的说是琉球，也有的说是日本。

唐宋以后，中日交往频繁，开始有人提出徐福到日本定居的观点。五代后周时的僧人义楚认为，秦时徐福率童男童女居于倭国，子孙皆称"秦氏"。明代的日本僧人在诗中也提到"熊野峰前徐福祠"，说明至少在明代日本已经祭祀徐福。其后，便有人撰写《徐福东渡的故事》《访徐福墓记》等，都言之凿凿地说徐福在当年渡海到了日本，开辟了中日文化交流的历史。

徐福是否真的到了日本？这当然是一个历史的悬案。但中日之间的交往开始得很早，这却是不容置疑的历史事实。在日本的民族中，就有一支3世纪前从大陆移民过去的"秦汉归化人"。这在日本文献中有多处记载，如日本的第一部史书《日本书纪》云，应神天皇十四年（约2世纪），"融通王月弓君率秦人来归"。而那时的日本人也冒着生命危险，渡海来华。据《后汉书·东夷传》载："建武中元二年（57年），倭奴国奉贡朝贺，使人自称大夫，倭国之极南界也。光武赐以印绶。"1784年，在日本福冈市志贺岛上发现了这颗金印，上刻"汉委奴国王"五个汉字。"委"即"倭"，"倭奴国"即"倭"的"奴国"，是当时日本列岛四分五裂的小国之一，在今日本的博多附近。可见秦汉时代中日两国之间的交往甚为密切。

近年来的徐福研究，已成为中日关系史中的热点，而且考定徐福的家乡在今江苏省连云港市赣榆区的徐阜村。"阜"即"福"，当地在秦汉时临海，是古代的一个重要港口。在文物普查中还发现了古代航海使用的"石锚"，竟与20世纪70年代在美洲太平洋沿岸发现的"石锚"一模一样。在日本新宫市还保留着徐福及其侍从人员的墓和徐福祠，每年八月都要举行隆重的大祭仪式。徐福东渡日本的事迹未必一定要确证，也未必就是事实，但它作为中日友好交往的一个象征还是值得人们记忆的。

二、陆海"丝绸之路"

2,000多年前,汉武帝派张骞(公元前?—前114年)出使西域,开辟了一条中西交通要道——"丝绸之路"。汉建元三年(公元前138年),张骞奉命往西域寻找被匈奴驱逐的大月氏人,以便与之联合,共同抗击匈奴。不料张骞在途中被匈奴扣留达十年之久,逃脱后,经楼兰、龟兹,翻越葱岭,经大宛、康居,终于到达大月氏,却遭到大月氏国王的拒绝。张骞使命未果,在返回途中,又被匈奴俘获,一年以后趁匈奴内乱,才回到长安复命。尽管这一次未能与大月氏取得联盟,但却打通了一条由长安通往西域的道路,使汉人与西域各国都互相了解到对方的存在和文化。公元前119年,张骞第二次出使西域。其时,匈奴的浑邪王已经归汉,河西走廊畅通无阻,张骞所率的三百余人,带着大批丝绸和其他物品,出玉门关,抵达乌孙国(在今伊犁河和伊塞克湖一带)。此后,汉使往来不断。东汉永平十六年(73年),班超也出使西域,其副使甘英还远至波斯湾。与此同时,西域的使臣与商人也东来汉疆,带来了他们的物产,换回了中国的丝绸及其他货物,"丝绸之路"就这样开通了。及至唐代,它仍然是沟通中西贸易往来和文化交流的重要通道。

"丝绸之路"东起汉唐的都城长安,向西经河西走廊至敦煌后,分为南北两线:北线经现在的吐鲁番、库车、喀什,南线经现在的若羌、和田、莎车,在木鹿城(在今土库曼斯

敦煌壁画　张骞出使西域

坦的马雷）汇合，经里海南沿、巴格达，抵达地中海东岸，转至罗马各地，全长7,000余公里。这条丝路的开通在古代东西方之间架起了文化交往的桥梁，中国的丝绸、刺绣、陶瓷和其他绚丽多彩的工艺产品被运往中亚直至欧洲，而异域的核桃、蚕豆、胡萝卜、葡萄酒和多姿多彩的音乐、舞蹈、绘画也在汉唐社会中产生了广泛的影响。特别是印度佛教通过这条丝绸之路传入中国，大大改变了中国原有哲学、文学和艺术的风貌；中国的"四大发明"也通过它传往中亚、西亚和欧洲，使整个人类文明都发生了深刻变化。

其实，除了这条陆上丝绸之路，还有一条"海上丝绸之路"，同样沟通着中国与外国的交往。最早见于史书记载的海上航线，是《汉书·地理志》所记的从西汉的南疆到达印度洋的海路：即从今广东、广西、越南北部港口出发，经东南亚抵达今印度东岸和斯里兰卡。东汉时，中国人已经知道从波斯到红海的海路。《后汉书·西域传》曾提到"大秦"（罗马帝国）有海路通往中国。《三国志》中裴松之注引《魏略》写到大秦"常利得中国丝，解以为胡绫，故数与安息诸国交市于海中"。魏晋南北朝时期，由于北方战乱，陆路交通有所阻隔，海上交通有了更大的发展。中外联系从而大大加强，大秦诸国的使臣和商人通过海路来华的数目也在不断增加。交易的货物主要是中国的丝绸、陶瓷和海外诸国的金银制品及玻璃。为了适应海上贸易的发展，唐宋时代开始在广州、泉州等地设立"市舶使"，负责管理海外贸易。随着海上贸易的扩大，中外人员交往越来越频繁，来华外国人有的就在沿海城市定居，形成所谓的"蕃坊"。伊斯兰教随着阿拉伯人的迁居传入中国，印度僧人也渡海来华传教。据文献所记，唐代以广州为起点的海上航线是：驶出珠江口，转向西南方，绕过海南岛东岸，再西南行，贴近越南沿海，越暹罗湾至马六甲海峡，沿海峡向西北，经印度半岛，过孟加拉湾抵达今斯里兰卡，然后渡阿拉伯海，驶入波斯湾。宋元以后，海上航行技术提高，航行能力增强，中外海上交往空前发展，至郑和下西洋达到高峰。

在这个阶段，中国的许多航海人士以其亲身经历撰写著述，描绘海外诸岛风貌。其中最重要的有两部，均为元人所作：一是南昌人汪大渊所著《岛夷志略》，二是浙江永嘉人周达观的《真腊风土记》。汪大渊先后两次从泉州起程，到达东南亚诸岛，并进入阿拉伯海。他在书中称"区宇之广，旷古所未闻。海外岛夷无虑数千国，莫不执玉贡琛，以修民职；梯山航海，以通互市"。周达观则是奉命出使真腊（在今柬埔寨境内），真实记录了当时已被遗弃的吴哥窟，揭示出柬埔寨历史上灿烂的吴哥时代的文化。

三、佛教东传与西行求法

佛教传入中国，是中外文化交流史上最重大的事件之一，也是对中国社会影响深远的文化交融的结果之一。印度佛经传入中国内地经由两条路线：一条是陆路，即由中亚、西亚地区传入我国新疆地区，然后再深入中原地区。史书上记载的东汉明帝永平十年印度僧人迦叶摩腾、竺法兰等以白马驮经到达洛阳，就是经由陆路而来的；稍后的安世高和支娄迦谶也是通过这条路线来到中原的。另一条是海路，大约到南北朝时才有著名的译经大师从海路来中国传教，如禅宗祖师达摩就是经海路到达广州，然后才逐渐北上，进入少林寺修行的。

如前所说，佛教传入中国以后，在魏晋南北朝时得到很快的发展。4世纪，朝鲜半岛正处于高丽、百济、新罗三国鼎立的时代，前秦苻坚于建元八年（372年）派遣使者和僧人顺道送佛经、佛像至高丽，随后，又有僧人阿道至高丽。不久，高丽即建寺供顺道、阿道居住，这就是佛教在朝鲜半岛传播的开始。到7世纪时，新罗统一朝鲜半岛，与唐朝交往甚密，来华留学的僧人很多，隋唐佛教宗派也陆续东传，特别是禅宗传入朝鲜半岛之后，在新罗时代发展成"禅门九山"，盛极一时。

6世纪时，佛教从朝鲜半岛南部的百济传入日本。这时的日本正由分散的部族权力结构向统一的中央政府过渡，摄政的圣德太子决定利用佛教作为政治思想工具，要求全体臣民信佛。随后，便有中国和朝鲜半岛的僧人赴日传法，日本僧人也大批来华求法，其中，扬州大明寺僧人鉴真，应日本僧人邀请，排除艰难险阻，六次冒死东渡，终于在天宝十三载（754年）东渡成功，并且在日本弘扬律宗，为中日文化交流写下光辉的一页，他自己也成为日本律宗的始祖。入华习法的日本僧人空海、最澄、圆仁等，也是中日文化交流史上的功臣。空海于唐贞元二十年（804年）来华在长安青龙寺研习密宗与汉学，回国后在日本建立了"真言宗"，史称"东密"。空海所著《文镜秘府论》等，保留了中国文字学和音韵学的许多资料。最澄与空海同时来华，入浙江天台山研习天台宗，后又往越州（今浙江省绍兴市）学习密法，回国后创立了日本天台宗。园仁为最澄弟子，来华求法，以其实地见闻写成《入唐求法巡礼行记》，这是中外文化交流史上重要的著作之一。到奈良时代（710—794年），日本佛教已形成不同的宗派。其中，在平安时代（781—1191年）传入的中国天台宗和真言宗（密宗），都以祈祷"镇护国家，积福灭灾"为神圣使命，深受皇族和贵族的尊崇，拥有众多的信徒，史称日本的"平安二宗"。之后，在镰仓时代（1185—1333年），禅宗、净土宗、日莲宗等极度兴盛，并向大众化的方向发展。佛教思想对日本的社会生活、文学艺术、风俗习惯都产生了极为深刻的影响。

在印度佛教东传的同时，中国的僧人兴起了西行求法活动。为了寻求佛教真谛，一些僧人不畏艰险，长途跋涉，西行广求佛典，形成一股热潮。据统计，西晋时已有三人西行求法，东晋已多达37人，六朝时达百人以上。其中以东晋时代的法显成就最大。法显（334—420年），晋平阳郡武阳（今山西省襄垣县）人，三岁出家，二十岁受大戒。后秦弘始元年（399年），法显以62岁高龄，与慧景、宝云等人从长安出发，西渡流沙，翻越葱岭，远赴印度寻求戒律，前后经过15年时间，遍游印度北部，后经狮子国（今斯里兰卡）和印度尼西亚的爪哇岛，渡海回国，取得经律六部，并将所见所闻撰写成《佛国记》（又名《法显传》），成为中外交通史上伟大的著作之一。

隋唐以后，仍有许多僧人赴印度求法，如妇孺皆知的玄奘和义净等，是唐代僧人西行求法的代表。玄奘（602—664年），俗姓陈，名祎，河南缑氏（今偃师市）人，出家后在长安、成都等地遍访名师。为了了解佛学底蕴，玄奘于唐贞观元年（627年）私出玉门关，取道西域，经葱岭，到达古印度境内，研习讲学，周游印度，历时17年，于贞观十七年（643年）载誉回国，主持佛经翻译，其所著《大唐西域记》详述亲所历见的各国风土人情，成为中外文化交流史上的不朽之作。义净（635—713年），比玄奘略晚，俗姓张，范阳（今北京地区）人，一说齐州（今山东济南）人，15岁即立志西行求法，于唐咸亨二年（671年）从扬州出发，经广州渡海南行，抵达印度后研修佛学，兼习印度医学，于武则天永昌元年（689年）回到广州，著有《南海寄归内法传》。该书描述东南亚和印度佛教、地理、民俗及医方，其价值不在《大唐西域记》之下。其后，又有慧超等去往印度取经。慧超本新罗人，来华后经海路抵达印度、波斯、阿富汗等地，然后经陆路回到中国。到宋代，西行求法都由政府资助，因此西行僧人都采取团组的形式。规模最大的一次是宋乾德四年（966年），由行勤组织的157人的僧团，从今天的甘肃省陇南市武都区起程，经西域诸国抵古印度的摩竭提国。他们在印度停留的时间并不相同，有的在数十年后才回国。这里需要指出的是，宗教的传播与交流，是世界各民族的文化相互交流与学习的重要渠道。由于宗教哲学涉及人生领域的许多

玄奘取经图

重要课题，触及民族文化的内核，因此，它的影响是深刻、巨大的，是人们所无法估量的。中外佛教交往无可置疑地证明了这一点。

四、日本遣唐使和留学生

周一良先生在《中日文化关系史论》一书中说："在中外文化交流史上，最能体现出相互学习、相互影响的例子，是中国与只隔一衣带水的邻邦日本。"的确，中日两国之间的交往，至隋唐时代达于频繁往来的鼎盛时期。这时，中国在社会发展阶段上处于先进地位，唐代中国的经济与文化高度发达，而尚在"大化改新"前夕的日本，社会发展还落后于中国。因此，中日之间的交流，都是日本采取积极主动的姿态，如饥似渴地吸收中国文化，先后派出使团、留学生和学问僧到中国来学习。在隋代，日本共派出遣隋使五次，特使高向玄理等人专程来华学习佛法；在唐代，从630年到894年的260多年中，日本共派出遣唐使18次（有的资料作19次），其中有16次（有的资料作15次）到了中国。使团成员包括正副使、僧人、学生和各类工匠，来访人数由起初的250人左右增加到后来的500人左右，最多的一次达651人，船只也由两只增加到四只。那时，日本的航海技术还很落后，连利用季节风向航海的技术都没有掌握。因此，几乎每次来华使团都要付出巨大代价，文献记载的遇难者达500余人，但他们为了学习中国文化锲而不舍，舍生忘死。他们来华以后，大多入国子监所辖的"六学"就读，学问僧则四处拜师，论道讲法。他们在中国学习的内容包括了文物典章制度、生活方式、社会习惯和文学艺术等各个方面，回国后终于在奈良时代以"大化改新"为契机，使日本建立了中央集权制度，进入了封建社会。这些在中国留学的日本人，其中有许多成就卓著，对日本的社会发展做出了贡献，如南渊清安、高向玄理等都是仿照中国井田制度实行班田制、促成"大化改新"的关键人物;吉备真备、空海等则是借助汉字创造日本假名字母的直接贡献者。中国的围棋也由吉备真备带往日本。膳犬丘则将尊孔仪式带回日本。有一些留学生则长期留在中国,如阿倍仲麻吕(中国名字为晁衡)随第八次遣唐使入唐,在长安完成了学业,接受了科举考试,并以优异成绩考中进士,官至秘书监(相当于国家图书馆馆长),与李白、王维等大诗人交厚。阿倍仲麻吕中间曾渡海回国,临行前唐玄宗、王维赋诗送行,中途遇险而还,李白以为他遇难,作《哭晁卿衡》一首,诗曰:"日本晁卿辞帝都,征帆一片绕蓬壶。明月不归沉碧海,白云愁色满苍梧。"这首诗成为了古代中日友好的见证。

五、郑和下西洋

中外交通史上最伟大的事件之一就是明代的"郑和下西洋"。从明永乐三年(1405年)到宣德八年(1433年),郑和及其副手王景弘受明成祖朱棣和明宣宗朱瞻基的派遣,先后七次率领庞大的船队,扬帆远航。他们从苏州刘家港(今江苏省太仓市浏河镇)出发,经越南南部、爪哇、苏门答腊和斯里兰卡,到达印度西岸,最远到达红海和非洲东海岸的索马里和肯尼亚。据《明史》记载,郑和每次率领的船队的船只数目不等,最多时有大小船只200余艘,其中大型宝船62艘,最大的宝船长44丈、宽18丈,船上载有官兵27,800余人,其中有水手、工匠、

郑和塑像

士兵、医生、翻译等。据随同郑和下西洋的巩珍所著的《西洋番国志》载，他们"所乘之宝舟，体势巍然，巨无与敌，蓬、帆、锚、舵，非二三百人莫能举"。这样的船队在一望无际的海洋上航行，浩浩荡荡，绵延数里，景象颇为壮观。郑和船队的规模之大，人数之多，组织之严，航程之远，不但在15世纪的中国航运史上，甚至在当时的世界航运史上都是空前的。郑和（1371—1433年），本姓马，小字三保，回族，云南昆阳（今昆明市晋宁区）人。其祖父与父亲都曾到伊斯兰教圣地麦加朝圣，因此郑和自幼即对海外情况有所了解。明代初年入宫为太监，后归燕王朱棣，因随朱棣起兵"靖难"有功，赐姓郑，升为内官监太监，深受朱棣信赖，被委以出使海外的重任。据史料记载和学者们研究，郑和七次航海所率领的船队曾到达五十余国，如中南半岛诸国、马来半岛诸国、南洋群岛诸国、阿拉伯半岛诸国和非洲东海岸诸国。郑和船队的这些远航活动，大大提高了明朝的国际地位，并且与所到各国建立了政治联系和贸易联系。中国特产的锦绮、纱罗、绫绢以及各种瓷器、铜器、麝香、金银等通过郑和船队输送到海外；而外国的各种珍宝、药品、颜料、棉布以及香料、珊瑚、象牙、宝石、珍珠等也经印度洋输入中国。郑和的创世壮举，大大促进了中国与南洋诸国的文化交流，奠定了他作为伟大航海家的历史地位。至今，南洋各地仍保留着许多有关郑和的遗迹，如在马来西亚的马六甲附近，有三保山、三保庙、三保井等；在印度尼西亚的爪哇岛上还有一座城市叫三保垅。

六、西学东渐和东学西传

应当说，东西方之间的往来，特别是中国与欧洲之间的往来，早在郑和下西洋之前就已经开始了。元代时来华的意大利威尼斯人马可·波罗算是那时有代表性的人物。据有关文献研究，马可·波罗（Marco Polo，1254—

1324年）随父亲和叔叔于元至元十二年（1275年）来到中国，在元上都（在今内蒙古自治区锡林郭勒盟正蓝旗）受到忽必烈的接见。他在中国生活近20年，回国后因战争被俘，被投入热那亚监狱。在狱中他讲述了在东方的游历和见闻，并由狱友鲁斯梯谦笔录成书，这便是著名的《马可·波罗游记》。这是有史以来由西方人撰写的详细介绍中国的第一部著作。当然，也有人怀疑这部著作的真实性，怀疑马可·波罗是否来过中国，但书中绝大部分的记述还是与当时的情况相符合的。因此，我们仍不能否认马可·波罗的巨大贡献。

明朝郑和下西洋之后，中国的船队及其造船技术，使阿拉伯航海界耳目为之一新，同时让来往于亚欧之间的威尼斯商人十分震惊，以致对欧洲的船舶设计产生了一种新的启示，出现了后来哥伦布和麦哲伦的航海奇迹。欧洲殖民者因此而开始了对东方的殖民扩张，罗马教皇借助葡萄牙、西班牙的炮舰，组织耶稣会，派遣传教士，加紧向东方扩展宗教势力。西方的科学技术及其思想就随着耶稣会传教士的东行传到中国来了。这些传教士的先行者和奠基人便是意大利人利玛窦。

利玛窦（Matteo Ricci, 1552—1610年）于1582年来华，先在澳门研习中文，次年进入肇庆，获准建筑教堂，并开始传教。他与各级官员和社会名流交往，宣讲欧洲文物和典章制度，介绍西方的天文、算学、理化知识，将自鸣钟、地图、天象仪器和三棱镜陈列于室内任人参观，起到了很好的宣传作用。1589年，利玛窦到韶州，大力结交官绅，攻读儒家经典，改穿儒服，习用儒礼，为北上进京做准备。1601年，利玛窦等人终于抵达

利玛窦像

北京，朝见明神宗，献上天主经像、自鸣钟、万国图及西洋琴等礼物，获准在宣武门内居住传教。

利玛窦在京期间，以尊儒为旗号，以所著《天主实义》为蓝本，不遗余力地进行传教活动，到他去世时已有教徒 2,500 余人。他的传教活动注意吸纳中国传统文化，融儒学与天主教义于一体，因而在明朝官绅和知识分子中间产生了广泛的影响。徐光启、李之藻、杨廷筠等朝野名流先后受洗，成为明末中国天主教的三大柱石。徐光启还与利玛窦合译欧几里得的《几何原本》，李之藻则随利玛窦学习地理和历算。他们在编译科学著作过程中，交流中西学术成就，沟通中西学术传统，为中西文化交流开辟了新的路径。1610 年，利玛窦在京去世，葬于北京二里沟。墓址在今北京市委党校内。其后，西方传教士龙华民（Nicolo Longobardi）、艾儒略（Giulio Alèni）、毕方济（François Sambiasi）、汤若望（Johann Adam Schall von Bell）等相继取得合法身份，先后供职朝廷，并且在徐光启的保举下参与修订历法、制造枪炮。清朝政府建立后，德国传教士汤若望备受信任，以外国人身份第一次出任清政府的钦天监（掌管天文历法的机构）监正，官至光禄大夫。后来又有比利时传教士南怀仁出任钦天监监正，为清王朝主持制造天文仪器。有的传教士还在宫廷充当表匠、药师、画师、御医等，为推进中国的科学技术发展做出了应有的贡献。

西方各国来华的传教士，以传教为其根本目的，但他们为了传教，也努力学习中国语言文字和典籍，了解中国社会，顺应中国风俗，从而也受到中国文化的熏染。在这样一个前提下，他们开始向欧洲、向他们的国家，提供更真实的与中国相关的信息，介绍中国文化。利玛窦首先于 1593 年将"四书"译成拉丁文；1626 年，法国人金尼阁（Nicolas Trigault）又将"五经"译成拉丁文，并在杭州刊印。其后，比利时人柏应理（Philippe Couplet）于 1687 年在巴黎出版《中国哲学家孔子》等。在翻译介绍的基础上，西方传教士又陆续出版研究性的著作，如法国人白晋（Joachim Bouvet）的《易经要旨》和马若瑟（Joseph de Prémare）的《经传议论》等。在介绍中国典籍的同时，传教士对中国的文明史也发生了浓厚的兴趣，于是介绍中国历史和地理的著作便接连出现。最早的一本是西班牙人门多萨（Juan Gonsales de Mendoza）于1585年在罗马出版的西班牙文《中华大帝国史》，接着又有意大利人卫匡国（Martino Martini）的《中国历史》、法国人冯秉正（Joseph de Moyriac de Mailla）的《中国通史》等。随后法国人杜赫德（Jean Baptiste du Halde）编撰的《中华帝国志》，也于1735年在巴黎印行，成为欧洲人研究中国的百科全书式的著作。此书的第一卷记述各省地理和历朝编年史，第二卷研究中国的政治、经济和教育，第三卷介绍宗教、道德和医药等，第四卷则专门研究满、蒙、西藏、朝鲜。后来轰动欧洲的《赵氏孤儿》就收在《中华帝国志》之中。

中国这个地处远东，具有与欧洲各国完全不同气质的煌煌文明大国，经过传教士们的介绍，便成为欧洲启蒙运动者吸取精神力量的源泉。中国古代哲学、儒家学说、道家学说以及宋明理学所提倡的基本原则，大大丰富了法国哲学家笛卡尔、伏尔泰，德国哲学家莱布尼茨等人的思想理论。莱布尼茨在《中国近况》的序言中说道："我们从前谁也不信在这世界上还有比我们伦理更完善、立身处事之道更进步的民族存在，现在位于东方的中国，竟使我们觉醒了。"他还对中西文化做了恰当的比较："欧洲文化的特长在于数学的、思辨的科学，就是在军事方面，中国也不如欧洲；但在实践哲学方面，欧洲人就大不如中国人了。"后来的费尔巴哈也说道："中国是世界上唯一的将政治和伦理道德相结合的国家。这个帝国的悠久历史使一切统治者都明了，要使国家繁荣，必须仰赖道德。"由此，在欧洲国家一度出现了仰慕中国的风尚。流行一时的洛可可艺术，正是吸收了中国艺术生动、优美、自然的风格；盛行于欧洲社会的中国茶、瓷器、漆器、丝绸、刺绣，也是中国文化在欧洲传播的体现；中国的人物、山水画法影响了欧洲的画家；中国园林艺术的亭台楼阁和湖光山色也出现在欧洲人的庭院之中，等等。总之，当欧洲传教士把西方学术与文化带到中国的时候，中国的学术与文化也同时传到了欧洲。传教士当时或许只想到传教，却无论如何也想不到由他们的传教活动促成了中西文化的交流与融会，促成了中国人民和欧洲各国人民前所未有的了解和沟通。就此，人类文明史应当记住欧洲传教士的贡献，我们中国人也不应当忘记他们。

● 学习与思考

1. 为什么说不同文化之间的交流是文化与生俱来的特性？
2. 举例说明文化交流实质上是相互影响的。
3. 举例说明自古以来，中国文化受到过的外来影响。
4. 西学东渐对中国文化的影响表现在哪些方面？

参考答案

● 相关资料

1. 沈福伟. 中西文化交流史. 上海：上海人民出版社，2014.
2. 王建民. 中日文化交流史. 北京：外语教学与研究出版社，2007.

附录 中国被列入《世界遗产名录》的名胜古迹

秦始皇陵及兵马俑坑(局部)

1972年11月16日,联合国教科文组织第十七届大会通过了《保护世界文化和自然遗产公约》(简称《世界遗产公约》)。1976年,该组织成立了世界遗产委员会并建立了《世界遗产名录》。被列入《世界遗产名录》的地方即成为世界级名胜,可受到世界遗产基金提供的援助。中国于1985年12月12日加入《保护世界文化和自然遗产公约》,从1986年起,开始申报世界遗产项目。截至2017年7月,中国已有52处文物古迹和自然景观被列入《世界遗产名录》,包括世界文化遗产36项,世界自然遗产12项,文化和自然双重遗产4项。它们(以时间顺序排列)分别是:

1. 明清故宫(北京故宫、沈阳故宫)(文化遗产;北京故宫,1987年;沈阳故宫,2004年)

2. 秦始皇陵及兵马俑坑(文化遗产,1987年)

3. 莫高窟(文化遗产,1987年)

4. 泰山(文化与自然双重遗产,1987年)

5. 周口店北京人遗址(文化遗产,1987年)

6. 长城(文化遗产,1987年)

7. 黄山(文化与自然双重遗产,1990年)

8. 黄龙风景名胜区(自然遗产,1992年)

9. 九寨沟风景名胜区(自然遗产,1992年)

10. 武陵源风景名胜区(自然遗产,1992年)

11. 武当山古建筑群(文化遗产,1994年)

12. 拉萨布达拉宫历史建筑群(文化遗产;布达拉宫,1994年;大昭寺,2000年;罗布林卡,2001年)

13. 承德避暑山庄及其周围寺庙(文化遗产,1994年)

14. 曲阜孔庙、孔林和孔府(文化遗产,1994年)

15. 庐山国家公园(文化景观遗产,1996年)

16. 峨眉山—乐山大佛(文化与自然双重遗产,1996年)

17. 平遥古城(文化遗产,1997年)

18. 苏州古典园林（文化遗产；拙政园、网师园、留园、环秀山庄，1997年；艺圃、藕园、沧浪亭、狮子林、退思园，2000年）

19. 丽江古城（文化遗产，1997年）

20. 北京皇家园林——颐和园（文化遗产，1998年）

21. 北京皇家祭坛——天坛（文化遗产，1998年）

22. 大足石刻（文化遗产，1999年）

23. 武夷山（文化与自然双重遗产，1999年）

24. 皖南古村落——西递、宏村（文化遗产，2000年）

25. 明清皇家陵寝（文化遗产；湖北钟祥市明显陵、河北遵化市清东陵、河北易县清西陵，2000年；江苏南京市明孝陵、北京市明十三陵，2003年；辽宁沈阳市盛京三陵，2004年）

26. 龙门石窟（文化遗产，2000年）

27. 青城山—都江堰（文化遗产，2000年）

28. 云冈石窟（文化遗产，2001年）

29. 云南三江并流保护区（自然遗产，2003年）

30. 高句丽王城、王陵及贵族墓葬（文化遗产，2004年）

31. 澳门历史城区（文化遗产，2005年）

32. 四川大熊猫栖息地（自然遗产，2006年）

33. 殷墟（文化遗产，2006年）

34. 开平碉楼与村落（文化遗产，2007年）

35. 中国南方喀斯特（自然遗产；云南石林、贵州荔波、重庆武隆，2007年；中国南方喀斯特二期，2014年）

36. 福建土楼（文化遗产，2008年）

37. 三清山国家公园（自然遗产，2008年）

38. 五台山（文化景观遗产，2009年）

39. 中国丹霞（自然遗产，2010年）

40. 登封"天地之中"历史古迹（文化遗产，2010年）

41. 杭州西湖文化景观（文化景观遗产，2011年）

42. 澄江化石遗址（自然遗产，2012年）

43. 元上都遗址（文化遗产，2012年）

44. 红河哈尼梯田文化景观（文化景观遗产，2013年）

45. 新疆天山（自然遗产，2013年）

46. 丝绸之路：长安—天山廊道的路网（文化遗产，2014年）

47. 大运河（文化遗产，2014年）

48. 土司遗址（文化遗产，2015年）

49. 湖北神农架（自然遗产，2016年）

50. 左江花山岩画文化景观（文化景观遗产，2016年）

51. 鼓浪屿：历史国际社区（文化遗产，2017年）

52. 青海可可西里（自然遗产，2017年）

53. 梵净山（自然遗产，2018年）